中华人民共和国行业推荐性标准

公路工程概算定额

JTG/T B06-01—2007

（上册）

主编单位：交通公路工程定额站

批准部门：中华人民共和国交通部

实施日期：2008 年 01 月 01 日

人民交通出版社

该办法及定额的管理权和解释权归交通部，日常解释和管理工作由主编单位交通公路工程定额站负责。请各有关单位在实践中注意总结经验，若有修改意见请函告交通公路工程定额站（地址：北京东四前炒面胡同，邮政编码：100010），以便修订时研用。

特此公告。

中华人民共和国交通部
二〇〇七年十月十九日

主题词：公路　概算　预算　定额　公告

交通部办公厅　　2007 年 10 月 23 日印发

总 说 明

一、《公路工程概算定额》(JTG/T B06-01—2007)(以下简称本定额)是全国公路专业统一定额,它是编制初步设计概算的依据,也是编制建设项目投资估算指标的基础。适用于公路基本建设新建、改建工程。对于公路养护的大中修工程,可参考使用。

二、本定额是以人工、材料、机械台班消耗量表现的工程概算定额。编制概算时,人工费、材料费、机械使用费应按《公路工程基本建设项目概算预算编制办法》(JTG B06—2007)的规定计算。

三、本定额包括:路基工程、路面工程、隧道工程、涵洞工程、桥梁工程、交通工程及沿线设施、临时工程共七章。如需使用材料采集加工、材料运输定额,可采用《公路工程预算定额》(JTG/T B06-02—2007)中有关项目。

四、本定额是按照合理的施工组织和一般正常的施工条件编制的。定额中所采用的施工方法和工程质量标准是根据国家现行的公路工程施工技术及验收规范、质量评定标准及安全操作规程取定的,除定额中规定允许换算者外,均不得因具体工程的施工组织、操作方法和材料消耗与定额的规定不同而变更定额。

五、本定额是以部颁的现行标准设计图为依据编制的,没有标准设计图的定额项目,则选择有代表性的设计图或施工组织设计图。不同载重标准和不同桥宽均可使用本定额。

六、本定额除潜水工作每工日 6h,隧道工作每工日 7h 外,其余均按每工日 8h 计算。

七、本定额中所列的工程内容,除扼要说明了所综合的工程项目外,均包括各项目的全部施工过程的内容和辅助工日。

八、建筑材料、成品、半成品从现场堆放地点或场内加工地点至操作或安装地点的场内水平或垂直运输所需的人工和机械消耗,已按一般正常合理的施工组织设计计算在定额项目内,并考虑了材料发生二次倒运费用和场内运输超运距用工以及材料从工地仓库运至施工现场用工。除定额中另有说明者外,均不得另行增加。

九、本定额中的材料消耗量系按现行材料标准的合格料和标准规格料计算的。定额内材料、成品、半成品均已包括场内运输及操作损耗。其场外运输损耗、仓库保管损耗应在材料预算价格内考虑。

十、本定额中周转性的材料、模板、支撑、脚手杆、脚手板和挡土板等的数量,已考虑了材料的正常周转次数并计入定额内。其中就地浇筑钢筋混凝土梁用的支架及拱圈用的拱盔、支架,如确因施工安排达不到规定的周转次数时,可根据具体情况进行换算并按规定计算回收,其余工程一般不予抽换。

十一、定额中列有的混凝土、砂浆的强度等级和用量,其材料用量已按预算定额附录中配合比表规定的数量列入定额,不得重算。如设计采用的混凝土、砂浆强度等级或水泥强度等级与定额所列强度等级不同时,可按预算定额附录所列的配合比进行换算。但实际施工配合比材料用量与定额配合比表用量不同时,除配合比表说明中允许换算者外,均不得调整。

十二、本定额中各类混凝土均未考虑外掺剂的费用,如设计需要添加外掺剂时,可按设计要求另行计算外掺剂的费用并适当调整定额中的水泥用量。

十三、本定额中各类混凝土均按施工现场拌和进行编制,当采用商品混凝土时,可将相关定额中的水泥、中(粗)砂、碎石的消耗量扣除,并按定额中所列的混凝土消耗量增加商品混凝土的消耗。

十四、本定额中只列工程所需的主要材料用量和主要机械台班数量。次要、零星材料和小型机具均未一一列出,分别列入“其他材料费”及“小型机具使用费”内,以元计,编制概算即按此计算。

十五、本定额中各项目的施工机械种类、规格是按一般合理的施工组织确定的,如施工中实际采用的机械种类、规格与定额规定的不同时,一律不得抽换。

十六、本定额中的施工机械的台班消耗,已考虑了工地合理的停置、空转和必要的备用量等因素。

十七、本定额未包括公路养护管理房屋等工程,如养路道班房、桥头看守房、收费站房等工程,这类工程应执行地区的建筑安装工程定额。

十八、其他未包括的项目，各省、自治区、直辖市交通厅(局)可编制补充定额在本地区执行，并报交通部备案；还缺少的项目，各设计单位可编制补充定额，随同概算文件一并送审，并将编制依据送各省、自治区、直辖市公路(交通)工程定额(造价)站备查。所有补充定额均应按照本定额的编制原则、方法进行编制。

十九、本定额有下列情况，可按《公路工程基本建设项目概算预算编制办法》(JTG B06—2007)中的有关规定办理。

(一)冬、雨季施工的工程；

(二)夜间施工的工程；

(三)高原地区施工的工程；

(四)边施工边维持通车的工程。

二十、定额表中注明“××以内”或“××以下”者，均包括“××”本身；而注明“××以外”或“××以上”者，则不包括“××”本身。定额内数量带“(　)”者，则表示基价中未包括其价值。

二十一、定额中凡定额名称中带有“※”号者，均为参考定额，使用定额时，可根据情况进行调整。

二十二、本定额的基价是人工费、材料费、机械使用费的合计价值。基价中的人工费、材料费基本上是按北京市2007年的人工、材料预算价格计算的(详见预算定额附录)，机械使用费是按2007年交通部公布的《公路工程机械台班费用定额》(JTG/T B06-03—2007)计算的。

二十三、定额中的“工料机代号”系编制概算采用计算机计算时作为对工、料、机名称识别的符号，不可随意变动。编制补充定额时，遇有新增材料或机械名称，可取相近品种材料或机械代号间的空号。

总 目 录

上 册

下　册

上 册 目 录

第一章 路基工程

说 明

本章定额包括伐树、挖根、除草、清除表土,土方工程,机械碾压路基,石方工程,洒水汽车洒水,路基零星工程,路基排水工程,软土地基处理,砌石防护工程,混凝土防护工程,抛石防护工程,各式挡土墙,铺草皮、编篱及铁丝(木、竹)笼填石护坡,防风固沙,防雪、防沙设施,抗滑桩等项目。

土壤岩石类别划分:

本章定额按开挖的难易程度将土壤、岩石分为六类。

土壤分为三类:松土、普通土、硬土。

岩石分为三类:软石、次坚石、坚石。

本定额土、石分类与六级土、石分类和十六级土、石分类对照表如下:

本定额分类	松土	普通土	硬土	软石	次坚石	坚石
六级分类	I	II	III	IV	V	VI
十六级分类	I ~ II	III	IV	V ~ VI	VII ~ IX	X ~ XVI

第一节　路基土、石方工程

说　明

1. 土石方体积的计算

除定额中另有说明者外，土方挖方按天然密实体积计算，填方按压（夯）实后的体积计算；石方爆破按天然密实体积计算。当以填方压实体积为工程量，采用以天然密实方为计量单位的定额时，所采用的定额应乘以下列系数：

公路等级＼土类	土方			石方
	松土	普通土	硬土	
二级及以上等级公路	1.23	1.16	1.09	0.92
三、四级公路	1.11	1.05	1.00	0.84

其中：推土机、铲运机施工土方的增运定额按普通土栏目的系数计算；人工挖运土方的增运定额和机械翻斗车、手扶拖拉机运输土方、自卸汽车运输土方的运输定额在上表的基础上增加0.03的土方运输损耗，但弃方运输不应计算运输损耗。

2. 下列数量应由施工组织设计提出，并入路基填方数量内计算：

（1）清除表土或零填方地段的基底压实、耕地填前夯（压）实后，回填至原地面高程所需的土、石方数量。

（2）因路基沉陷需增加填筑的土、石方数量。

（3）为保证路基边缘的压实度须加宽填筑时，所需的土、石方数量。

3. 路基土石方开挖定额中，已包括开挖边沟消耗的工、料和机械台班数量，因此开挖边沟的数量应合并在路基土石数量内计算。

4. 路基土石方机械施工定额中，已根据一般路基施工情况，综合了一定比例的因机械达不到而由人工施工的因素，使用定额时，机械施工路段的工程量应全部采用机械施工定额。

5. 各种开炸石方定额中，均已包括清理边坡工作。

6. 抛坍爆破定额中，已根据一般地面横坡的变化情况，进行了适当的综合，其工程量按抛坍爆破设计计算。抛坍爆破的石方清运及增运定额，系按设计数量乘以(1 - 抛坍率)编制。

7. 自卸汽车运输路基土、石方定额项目，仅适用于平均运距在 15km 以内的土、石方运输，当平均运距超过 15km 时，应按社会运输的有关规定计算其运输费用。当运距超过第一个定额运距单位时，其运距尾数不足一个增运定额单位的半数时不计，等于或超过半数时按一个增运定额运距单位计算。

8. 路基零星工程项目已根据公路工程施工的一般含量综合了整修路拱、整修路基边坡、挖土质台阶、挖截水沟、填前压实以及其他零星回填土方等工程，使用定额时，不得因具体工程的含量不同而变更定额。

1-1-1 伐树、挖根、除草、清除表土

工程内容 伐树：1）锯（砍）倒；2）断枝；3）截断；4）运出路基外；5）场地清理。

挖根：1）起土挖根；2）场地清理；3）运出路基外。

除草：1）割草；2）挖根（连根挖）；3）场地清理。

清除表土：推土机推挖表土，推出路基外。

单位：$1000m^2$、$100m^3$ 及 $10m^3$

<table>
<tr><th rowspan="4">顺序号</th><th rowspan="4">项目</th><th rowspan="4">单位</th><th rowspan="4">代号</th><th colspan="2">伐树及挖根（直径10cm以上）</th><th colspan="2">除草</th><th colspan="2">清除表土</th><th rowspan="3">砍挖灌木林（直径10cm以下）</th><th rowspan="3">挖竹根</th></tr>
<tr><th colspan="2"></th><th colspan="4">推土机功率（kW）</th></tr>
<tr><th>90以内</th><th>135以内</th><th>90以内</th><th>135以内</th><th>90以内</th><th>135以内</th></tr>
<tr><th colspan="4">1000m²</th><th colspan="2">100m³</th><th>1000m²</th><th>10m³</th></tr>
<tr><td></td><td></td><td></td><td></td><td>1</td><td>2</td><td>3</td><td>4</td><td>5</td><td>6</td><td>7</td><td>8</td></tr>
<tr><td>1</td><td>人工</td><td>工日</td><td>1</td><td>8.6</td><td>8.6</td><td>2.4</td><td>2.4</td><td>0.4</td><td>0.4</td><td>14.4</td><td>3.4</td></tr>
<tr><td>2</td><td>90kW以内履带式推土机</td><td>台班</td><td>1004</td><td>0.11</td><td>-</td><td>0.27</td><td>-</td><td>0.26</td><td>-</td><td>-</td><td>-</td></tr>
<tr><td>3</td><td>135kW以内履带式推土机</td><td>台班</td><td>1006</td><td>-</td><td>0.06</td><td>-</td><td>0.16</td><td>-</td><td>0.16</td><td>-</td><td>-</td></tr>
<tr><td>4</td><td>基价</td><td>元</td><td>1999</td><td>503</td><td>494</td><td>315</td><td>307</td><td>209</td><td>209</td><td>708</td><td>167</td></tr>
</table>

注：1. 挖芦根按挖竹根乘0.73系数；

2. 清除表土和除草定额不可同时套用。清除的表土如需远运，按土方运输定额另行计算。

1-1-2 人工挖运土方

工程内容 1)挖松；2)装土；3)运送；4)卸除；5)空回。

单位：1000m³ 天然密实土

顺序号	项目	单位	代号	第一个40m			每增运10m
				松土	普通土	硬土	
				1	2	3	4
1	人工	工日	1	148.1	206.6	284.0	12.8
2	基价	元	1999	7287	10165	13973	630

注：1. 当采用人工挖、装，机动翻斗车运输时，其挖、装所需的人工按第一个40m挖运定额减去72工日计算；

2. 当采用人工挖、装、卸，手扶拖拉机运输时，其挖、装、卸所需的人工按第一个40m挖运定额减去42工日计算；

3. 如遇升降坡时，除按水平距离计算运距外，并按下表另加运距：

升降坡度	高度差	
	每升高1m	每降低1m
0%~5%	15m	不增加
6%~10%		5m
10%以上	25m	8m

1－1－3 挖淤泥、湿土、流沙

工程内容 人工挖运：1)挖土；2)装土；3)运输；4)卸除；5)空回。

挖掘机挖装：1)安设挖掘机；2)挖淤泥、流沙；3)装车或堆放一边；4)移动位置；5)清理工作面。

单位：1000m^3

顺序号	项目	单位	代号	人工挖运				挖掘机挖装淤泥、流沙
				第一个20m挖运			人力挑抬，每增运10m	
				淤泥	砂性湿土	黏性湿土		
				1	2	3	4	5
1	人工	工日	1	547.0	301.6	441.0	28.6	10.0
2	75kW以内履带式推土机	台班	1003	–	–	–	–	2.10
3	0.6m^3以内履带式单斗挖掘机	台班	1027	–	–	–	–	6.48
4	基价	元	1999	26912	14839	21697	1407	5019

注：1. 如需排水时，排水费用另行计算；

2. 本定额不包括挖掘机的场内支垫费用，如发生，按实计算；

3. 挖掘机挖装淤泥、流沙如需远运，按土方运输定额另行计算。

1-1-4 夯实填土

工程内容 1)打碎土块并耙平；2)洒水或风干土壤；3)分层夯实。

单位:1000m³ 压实方

顺序号	项目	单位	代号	人工夯实	夯土机夯实
				1	2
1	人工	工日	1	151.8	101.7
2	蛙式夯土机	台班	1094	-	79.02
3	基价	元	1999	7469	6475

注:如需洒水时,备水费用另行计算。

1-1-5 机动翻斗车、手扶拖拉机配合人工运土、石方

工程内容 1)等待装;2)卸车;3)运送;4)空回。

单位:1000m³ 天然密实方

顺序号	项目	单位	代号	机动翻斗车					
				第一个100m		每增运50m			
						平均运距(m)			
						500以内		1000以内	
				土方	石方	土方	石方	土方	石方
				1	2	3	4	5	6
1	1t以内机动翻斗车	台班	1408	33.47	51.83	2.23	3.12	2.03	2.84
2	手扶式拖拉机(带拖斗)	台班	1415	–	–	–	–	–	–
3	基价	元	1999	4209	6518	280	392	255	357

续前页　　　　　　　　　　　　　　　　　　　　　　　　　　　　单位:1000m^3 天然密实方

顺序号	项　目	单位	代号	手扶拖拉机					
				第一个 100m		每增运 50m			
						平均运距(m)			
						500 以内		1000 以内	
				土方	石方	土方	石方	土方	石方
				7	8	9	10	11	12
1	1t 以内机动翻斗车	台班	1408	–	–	–	–	–	–
2	手扶式拖拉机(带拖斗)	台班	1415	41.87	63.45	2.21	3.10	2.02	2.82
3	基价	元	1999	5503	8339	290	407	265	371

注:本定额不包括人工挖土、开炸石方及装、卸车的工料消耗,需要时按“人工挖运土方”和“人工开炸石方”定额附注的有关规定计算。

1-1-6 挖掘机挖装土、石方

工程内容 1)安设挖掘机；2)开辟工作面；3)挖土；4)装车；5)移位；6)推土机清理余土。

单位:1000m³ 天然密实方

顺序号	项目	单位	代号	挖装土方								
				斗容量（m³）								
				0.6 以内			1.0 以内			2.0 以内		
				松土	普通土	硬土	松土	普通土	硬土	松土	普通土	硬土
				1	2	3	4	5	6	7	8	9
1	人工	工日	1	10.8	14.7	19.6	10.8	14.7	19.6	10.8	14.7	19.6
2	75kW 以内履带式推土机	台班	1003	0.59	0.69	0.80	0.38	0.44	0.51	0.21	0.24	0.27
3	0.6m³ 以内履带式单斗挖掘机	台班	1027	2.76	3.23	3.72	–	–	–	–	–	–
4	1.0m³ 以内履带式单斗挖掘机	台班	1035	–	–	–	1.78	2.06	2.36	–	–	–
5	2.0m³ 以内履带式单斗挖掘机	台班	1037	–	–	–	–	–	–	0.97	1.10	1.24
6	基价	元	1999	2273	2761	3315	2234	2694	3226	2023	2416	2873

续前页 单位:1000m^3 天然密实方

顺序号	项目	单位	代号	装石方					
				斗容量(m^3)					
				1.0以内			2.0以内		
				软石	次坚石	坚石	软石	次坚石	坚石
				10	11	12	13	14	15
1	人工	工日	1	–	–	–	–	–	–
2	75kW以内履带式推土机	台班	1003	–	–	–	–	–	–
3	0.6m^3以内履带式单斗挖掘机	台班	1027	–	–	–	–	–	–
4	1.0m^3以内履带式单斗挖掘机	台班	1035	2.9	3.20	3.72	–	–	–
5	2.0m^3以内履带式单斗挖掘机	台班	1037	–	–	–	1.79	1.96	2.26
6	基价	元	1999	2395	2642	3072	2515	2755	3176

注:土方不需装车时,应乘以0.87系数。

1-1-7 装载机装土、石方

工程内容 1)铲装土方或爆破后石方;2)装车;3)调位;4)清理工作面。

单位:1000m^3 天然密实方

顺序号	项目	单位	代号	土方			软石			次坚石、坚石		
				装载机斗容量(m^3)								
				1以内	2以内	3以内	1以内	2以内	3以内	1以内	2以内	3以内
				1	2	3	4	5	6	7	8	9
1	1.0m^3 以内轮胎式装载机	台班	1048	2.62	–	–	3.98	–	–	5.26	–	–
2	2.0m^3 以内轮胎式装载机	台班	1050	–	1.43	–	–	2.17	–	–	2.87	–
3	3.0m^3 以内轮胎式装载机	台班	1051	–	–	1.10	–	–	1.63	–	–	2.14
4	基价	元	1999	1054	1008	994	1601	1529	1474	2116	2022	1935

注:1. 装载机装土方如需推土机配合推松、集土时,其人工、推土机台班的数量按“推土机推运土方”第一个40m定额乘以0.8系数计算;

2. 装载机与自卸汽车可按下表配备。

装载机斗容量(m^3)	1以内		2以内		3以内		
自卸汽车装载质量(t)	3以内	6以内	8以内	10以内	12以内	15以内	20以内

1-1-8　自卸汽车运土、石方

工程内容　1)装、运、卸；2)空回。

单位：$1000m^3$ 天然密实方

顺序号	项目	单位	代号	土方							
				自卸汽车装载质量(t)							
				3以内				6以内			
				第一个1km	每增运0.5km			第一个1km	每增运0.5km		
					平均运距(km)				平均运距(km)		
					5以内	10以内	15以内		5以内	10以内	15以内
				1	2	3	4	5	6	7	8
1	3t以内自卸汽车	台班	1382	19.66	2.96	2.69	2.57	–	–	–	–
2	6t以内自卸汽车	台班	1384	–	–	–	–	13.79	2.04	1.85	1.77
3	8t以内自卸汽车	台班	1385	–	–	–	–	–	–	–	–
4	10t以内自卸汽车	台班	1386	–	–	–	–	–	–	–	–
5	12t以内自卸汽车	台班	1387	–	–	–	–	–	–	–	–
6	15t以内自卸汽车	台班	1388	–	–	–	–	–	–	–	–
7	20t以内自卸汽车	台班	1390	–	–	–	–	–	–	–	–
8	基价	元	1999	5801	873	794	758	5560	823	746	714

续前页　　单位:1000m³ 天然密实方

顺序号	项目	单位	代号	土方							
				自卸汽车装载质量(t)							
				8以内				10以内			
				第一个1km	每增运0.5km			第一个1km	每增运0.5km		
					平均运距(km)				平均运距(km)		
					5以内	10以内	15以内		5以内	10以内	15以内
				9	10	11	12	13	14	15	16
1	3t以内自卸汽车	台班	1382	–	–	–	–	–	–	–	–
2	6t以内自卸汽车	台班	1384	–	–	–	–	–	–	–	–
3	8t以内自卸汽车	台班	1385	10.28	1.42	1.29	1.23	–	–	–	–
4	10t以内自卸汽车	台班	1386	–	–	–	–	7.66	1.03	0.93	0.89
5	12t以内自卸汽车	台班	1387	–	–	–	–	–	–	–	–
6	15t以内自卸汽车	台班	1388	–	–	–	–	–	–	–	–
7	20t以内自卸汽车	台班	1390	–	–	–	–	–	–	–	–
8	基价	元	1999	5000	691	627	598	4278	575	519	497

续前页　　　　　　单位：1000m³ 天然密实方

顺序号	项目	单位	代号	土方							
				自卸汽车装载质量(t)							
				12以内				15以内			
				第一个1km	每增运0.5km			第一个1km	每增运0.5km		
					平均运距(km)				平均运距(km)		
					5以内	10以内	15以内		5以内	10以内	15以内
				17	18	19	20	21	22	23	24
1	3t以内自卸汽车	台班	1382	–	–	–	–	–	–	–	–
2	6t以内自卸汽车	台班	1384	–	–	–	–	–	–	–	–
3	8t以内自卸汽车	台班	1385	–	–	–	–	–	–	–	–
4	10t以内自卸汽车	台班	1386	–	–	–	–	–	–	–	–
5	12t以内自卸汽车	台班	1387	6.69	0.89	0.81	0.78	–	–	–	–
6	15t以内自卸汽车	台班	1388	–	–	–	–	5.63	0.71	0.65	0.62
7	20t以内自卸汽车	台班	1390	–	–	–	–	–	–	–	–
8	基价	元	1999	4168	554	505	486	3857	486	445	425

续前页 单位:1000m³ 天然密实方

顺序号	项目	单位	代号	土方				石方			
				自卸汽车装载质量(t)							
				20以内				3以内			
				第一个1km	每增运0.5km			第一个1km	每增运0.5km		
					平均运距(km)				平均运距(km)		
					5以内	10以内	15以内		5以内	10以内	15以内
				25	26	27	28	29	30	31	32
1	3t以内自卸汽车	台班	1382	–	–	–	–	29.33	4.67	4.19	4.00
2	6t以内自卸汽车	台班	1384	–	–	–	–	–	–	–	–
3	8t以内自卸汽车	台班	1385	–	–	–	–	–	–	–	–
4	10t以内自卸汽车	台班	1386	–	–	–	–	–	–	–	–
5	12t以内自卸汽车	台班	1387	–	–	–	–	–	–	–	–
6	15t以内自卸汽车	台班	1388	–	–	–	–	–	–	–	–
7	20t以内自卸汽车	台班	1390	4.31	0.55	0.48	0.46	–	–	–	–
8	基价	元	1999	3614	461	402	386	8655	1378	1236	1180

续前页 单位:1000m³ 天然密实方

<table>
<tr><td rowspan="6">顺序号</td><td rowspan="6">项　目</td><td rowspan="6">单位</td><td rowspan="6">代号</td><td colspan="8">石　方</td></tr>
<tr><td colspan="8">自卸汽车装载质量(t)</td></tr>
<tr><td colspan="4">6 以内</td><td colspan="4">8 以内</td></tr>
<tr><td rowspan="3">第一个1km</td><td colspan="3">每增运 0.5km</td><td rowspan="3">第一个1km</td><td colspan="3">每增运 0.5km</td></tr>
<tr><td colspan="3">平均运距(km)</td><td colspan="3">平均运距(km)</td></tr>
<tr><td>5 以内</td><td>10 以内</td><td>15 以内</td><td>5 以内</td><td>10 以内</td><td>15 以内</td></tr>
<tr><td></td><td></td><td></td><td></td><td>33</td><td>34</td><td>35</td><td>36</td><td>37</td><td>38</td><td>39</td><td>40</td></tr>
<tr><td>1</td><td>3t 以内自卸汽车</td><td>台班</td><td>1382</td><td>-</td><td>-</td><td>-</td><td>-</td><td>-</td><td>-</td><td>-</td><td>-</td></tr>
<tr><td>2</td><td>6t 以内自卸汽车</td><td>台班</td><td>1384</td><td>20.58</td><td>2.91</td><td>2.64</td><td>2.54</td><td>-</td><td>-</td><td>-</td><td>-</td></tr>
<tr><td>3</td><td>8t 以内自卸汽车</td><td>台班</td><td>1385</td><td>-</td><td>-</td><td>-</td><td>-</td><td>16.03</td><td>2.17</td><td>1.97</td><td>1.88</td></tr>
<tr><td>4</td><td>10t 以内自卸汽车</td><td>台班</td><td>1386</td><td>-</td><td>-</td><td>-</td><td>-</td><td>-</td><td>-</td><td>-</td><td>-</td></tr>
<tr><td>5</td><td>12t 以内自卸汽车</td><td>台班</td><td>1387</td><td>-</td><td>-</td><td>-</td><td>-</td><td>-</td><td>-</td><td>-</td><td>-</td></tr>
<tr><td>6</td><td>15t 以内自卸汽车</td><td>台班</td><td>1388</td><td>-</td><td>-</td><td>-</td><td>-</td><td>-</td><td>-</td><td>-</td><td>-</td></tr>
<tr><td>7</td><td>20t 以内自卸汽车</td><td>台班</td><td>1390</td><td>-</td><td>-</td><td>-</td><td>-</td><td>-</td><td>-</td><td>-</td><td>-</td></tr>
<tr><td>8</td><td>基价</td><td>元</td><td>1999</td><td>8298</td><td>1173</td><td>1065</td><td>1024</td><td>7797</td><td>1056</td><td>958</td><td>914</td></tr>
</table>

续前页 单位:1000m³ 天然密实方

顺序号	项目	单位	代号	石方							
				自卸汽车装载质量(t)							
				10以内				12以内			
				第一个1km	每增运0.5km			第一个1km	每增运0.5km		
					平均运距(km)				平均运距(km)		
					5以内	10以内	15以内		5以内	10以内	15以内
				41	42	43	44	45	46	47	48
1	3t以内自卸汽车	台班	1382	–	–	–	–	–	–	–	–
2	6t以内自卸汽车	台班	1384	–	–	–	–	–	–	–	–
3	8t以内自卸汽车	台班	1385	–	–	–	–	–	–	–	–
4	10t以内自卸汽车	台班	1386	12.65	1.66	1.50	1.44	–	–	–	–
5	12t以内自卸汽车	台班	1387	–	–	–	–	10.93	1.39	1.27	1.22
6	15t以内自卸汽车	台班	1388	–	–	–	–	–	–	–	–
7	20t以内自卸汽车	台班	1390	–	–	–	–	–	–	–	–
8	基价	元	1999	7065	927	838	804	6809	866	791	760

续前页 单位:1000m³ 天然密实方

顺序号	项目	单位	代号	石方							
				自卸汽车装载质量(t)							
				15以内				20以内			
				第一个1km	每增运0.5km			第一个1km	每增运0.5km		
					平均运距(km)				平均运距(km)		
					5以内	10以内	15以内		5以内	10以内	15以内
				49	50	51	52	53	54	55	56
1	3t以内自卸汽车	台班	1382	–	–	–	–	–	–	–	–
2	6t以内自卸汽车	台班	1384	–	–	–	–	–	–	–	–
3	8t以内自卸汽车	台班	1385	–	–	–	–	–	–	–	–
4	10t以内自卸汽车	台班	1386	–	–	–	–	–	–	–	–
5	12t以内自卸汽车	台班	1387	–	–	–	–	–	–	–	–
6	15t以内自卸汽车	台班	1388	9.25	1.07	0.98	0.94	–	–	–	–
7	20t以内自卸汽车	台班	1390	–	–	–	–	7.10	0.83	0.75	0.72
8	基价	元	1999	6337	733	671	644	5953	696	629	604

1-1-9 推土机推土

工程内容 1)推土;2)空回;3)整理卸土。

单位:1000m³ 天然密实方

顺序号	项目	单位	代号	推土机功率(kW)							
				105 以内				135 以内			
				第一个 40m			每增运10m	第一个 40m			每增运10m
				松土	普通土	硬土		松土	普通土	硬土	
				1	2	3	4	5	6	7	8
1	人工	工日	1	11.7	15.5	20.5	0.4	11.7	15.5	20.5	0.4
2	105kW 以内履带式推土机	台班	1005	3.16	3.36	3.83	0.68	-	-	-	-
3	135kW 以内履带式推土机	台班	1006	-	-	-	-	2.01	2.13	2.43	0.42
4	165kW 以内履带式推土机	台班	1007	-	-	-	-	-	-	-	-
5	240kW 以内履带式推土机	台班	1008	-	-	-	-	-	-	-	-
6	基价	元	1999	3116	3463	4087	566	2955	3284	3885	517

续前页

单位:1000m^3 天然密实方

顺序号	项目	单位	代号	推土机功率(kW)							
				165 以内				240 以内			
				第一个 40m			每增运10m	第一个 40m			每增运10m
				松土	普通土	硬土		松土	普通土	硬土	
				9	10	11	12	13	14	15	16
1	人工	工日	1	11.7	15.5	20.5	0.4	11.7	15.5	20.5	0.4
2	105kW 以内履带式推土机	台班	1005	–	–	–	–	–	–	–	–
3	135kW 以内履带式推土机	台班	1006	–	–	–	–	–	–	–	–
4	165kW 以内履带式推土机	台班	1007	1.61	1.71	1.95	0.34	–	–	–	–
5	240kW 以内履带式推土机	台班	1008	–	–	–	–	1.14	1.20	1.38	0.24
6	基价	元	1999	2803	3128	3706	490	2784	3087	3682	485

注:上坡推运的坡度大于10%时,按坡面的斜距乘以下表列系数作为运距。

坡度(%)	10~20	20~25	25~30
系数	1.5	2.0	2.5

1－1－10　铲运机铲运土方

工程内容　1)铲运土；2)分层铺土；3)空回；4)整理卸土。

单位:$1000m^3$ 天然密实方

顺序号	项目	单位	代号	拖式铲运机斗容量(m^3)											
				8以内				10以内				12以内			
				第一个250m			每增运50m	第一个250m			每增运50m	第一个250m			每增运50m
				松土	普通土	硬土		松土	普通土	硬土		松土	普通土	硬土	
				1	2	3	4	5	6	7	8	9	10	11	12
1	人工	工日	1	20.5	24.3	29.3	2.1	20.5	24.3	29.3	2.1	20.5	24.3	29.3	2.1
2	75kW以内履带式推土机	台班	1003	0.28	0.34	0.59	–	0.21	0.26	0.45	–	0.15	0.2	0.35	–
3	$8m^3$以内拖式铲运机(含头)	台班	1023	3.84	4.38	5.07	0.51	–	–	–	–	–	–	–	–
4	$10m^3$以内拖式铲运机(含头)	台班	1024	–	–	–	–	2.89	3.29	3.83	0.37	–	–	–	–
5	$12m^3$以内拖式铲运机(含头)	台班	1025	–	–	–	–	–	–	–	–	2.17	2.57	2.95	0.29
6	基价	元	1999	4327	4993	5958	521	4273	4925	5873	505	4129	4905	5773	508

注:1.采用自行式铲运机铲运土方时,铲运机台班数量应乘以0.7系数。

2.上坡推运的坡度大于10%时,按坡面的斜距乘以下表列系数作为运距。

坡度(%)	10～20	20～25	25～30
系数	1.5	2.0	2.5

1-1-11 人工开炸石方

工程内容 1)选炮位,打眼,清眼;2)装药,填塞;3)安全警戒;4)引爆及检查结果;5)排险;6)撬落,解小,撬移;7)清运,卸石;8)空回。

单位:1000m^3 天然密实方

顺序号	项目	单位	代号	第一个40m开炸运			每增运10m
				软石	次坚石	坚石	
				1	2	3	4
1	人工	工日	1	325.5	443.2	607.1	27.5
2	钢钎	kg	211	18.0	36.0	45.0	–
3	硝铵炸药	kg	841	132.5	180.0	228.3	–
4	导火线	m	842	338	503	635	–
5	普通雷管	个	845	268	385	461	–
6	煤	t	864	0.171	0.207	0.270	–
7	其他材料费	元	996	12.0	17.3	21.9	–
8	基价	元	1999	17426	23832	32416	1353

注:1. 孤石按坚石计算;

2. 当采用人工开炸、装车,机动翻斗车运输时,其开炸、装车所需的工料消耗按第一个40m开炸运定额减去120个工日计算;

3. 当采用人工开炸、装车、卸车,手扶拖拉机运输时,其开炸、装车、卸车所需的工料消耗按第一个40m开炸运定额减去69工日计算。

1－1－12 机械打眼开炸石方

工程内容 1)开工作面、收放皮管、换钻头钻杆；2)选炮位、钻眼、清眼；3)装药、填塞；4)安全警戒；5)引爆及检查结果；6)排险；7)撬落、撬移、解小；8)装、卸、人工及机械清运、空回。

单位：1000m^3 天然密实方

顺序号	项目	单位	代号	人工运输				机械运输(推土机功率:135kW 以内)			
				第一个 40m 开炸运			每增运 10m	第一个 40m 开炸运			每增运 10m
				软石	次坚石	坚石		软石	次坚石	坚石	
				1	2	3	4	5	6	7	8
1	人工	工日	1	291.5	341.6	398.4	27.5	55.6	105.7	162.5	3.2
2	空心钢钎	kg	212	9.0	18.0	27.0	–	9.0	18.0	27.0	–
3	ϕ50mm 以内合金钻头	个	213	17.0	25.0	32.0	–	17.0	25.0	32.0	–
4	硝铵炸药	kg	841	129.0	179.0	228.3	–	129.0	179.0	228.3	–
5	导火线	m	842	335	481	613	–	335	481	613	–
6	普通雷管	个	845	268	381	461	–	268	381	461	–
7	其他材料费	元	996	18.1	26.4	34.1	–	18.1	26.4	34.1	–
8	135kW 以内履带式推土机	台班	1006	–	–	–	–	4.13	4.51	5.03	0.99
9	9m^3/min 以内机动空压机	台班	1842	4.64	8.45	14.22	–	4.64	8.45	14.22	–
10	小型机具使用费	元	1998	273.2	494.4	830.3	–	273.2	494.4	830.3	–
11	基价	元	1999	18931	24489	31500	1353	12213	18221	25847	1329

1－1－13 控制爆破石方

工程内容 1）开工作面；2）选炮位，打眼，装药；3）爆破、排险；4）清理解小，装、卸、运 20m；5）安全警戒全部工作。

单位：1000m^3 天然密实方

顺序号	项目	单位	代号	人工运输 第一个40m开炸运 软石	次坚石	坚石	机械运输（推土机功率：135kW以内）第一个40m开炸运 软石	次坚石	坚石
				1	2	3	4	5	6
1	人工	工日	1	455.0	534.2	629.1	219.1	298.3	393.2
2	空心钢钎	kg	212	10.8	21.6	32.4	10.8	21.6	32.4
3	ϕ50mm 以内合金钻头	个	213	21.0	30.0	39.0	21.0	30.0	39.0
4	硝铵炸药	kg	841	232.2	322.2	410.9	232.2	322.2	410.9
5	导火线	m	842	603	866	1103	603	866	1103
6	普通雷管	个	845	80	90	100	80	90	100
7	非电毫秒雷管	个	847	402	596	730	402	596	730
8	其他材料费	元	996	33.2	47.9	61.4	33.2	47.9	61.4
9	135kW 以内履带式推土机	台班	1006	–	–	–	4.13	4.51	5.03
10	9m^3/min 以内机动空压机	台班	1842	5.75	10.11	16.93	5.75	10.11	16.93
11	小型机具使用费	元	1998	319.6	563.5	943.7	319.6	563.5	943.7
12	基价	元	1999	29079	36996	47049	22361	30728	41396

注：本定额仅包括爆破石方第一个 40m 的清运，如需超运时，可按机械打眼开炸石方定额中的增运定额计算。

1-1-14 抛坍爆破石方

工程内容 1)小炮改造地形;2)开挖井室、出渣并支撑;3)装药堵塞及敷设导爆线路;4)设立安全警戒、引爆及检查结果;5)排险;6)撬松、解小;7)人工及机械清运。

单位:$1000m^3$ 天然密实方

顺序号	项目	单位	代号	人工运输			机械运输(推土机功率:135kW 以内)		
				第一个40m开炸运		每增运10m	第一个40m开炸运		每增运10m
				人工打眼	机械打眼		人工打眼	机械打眼	
				1	2	3	4	5	6
1	人工	工日	1	190.8	150.9	9.6	80.1	40.3	1.1
2	原木	m^3	101	0.540	0.540	–	0.540	0.540	–
3	钢钎	kg	211	18.0	–	–	18.0	–	–
4	空心钢钎	kg	212	–	9.0	–	–	9.0	–
5	ϕ50mm 以内合金钻头	个	213	–	8.0	–	–	8.0	–
6	硝铵炸药	kg	841	649.6	646.0	–	649.6	646.0	–
7	导火线	m	842	260	249	–	260	249	–
8	砂包线	m	843	156	149	–	156	149	–
9	母线	m	844	17	17	–	17	17	–
10	普通雷管	个	845	226	224	–	226	224	–
11	电雷管	个	846	100	99	–	100	99	–
12	煤	t	864	0.099	–	–	0.099	–	–
13	其他材料费	元	996	50.4	52.5	–	50.4	52.5	–
14	135kW 以内履带式推土机	台班	1006	–	–	–	2.26	2.26	0.50
15	$9m^3/min$ 以内机动空压机	台班	1842	–	5.23	–	–	5.23	–
16	小型机具使用费	元	1998	–	284.6	–	–	284.6	–
17	基价	元	1999	14613	15920	472	11842	13153	646

1－1－15 机械碾压路基

工程内容 填方路基：1）机械整平土方，人工解小并摊平石方；2）拖式羊足碾回转碾压；3）压路机前进、后退、往复碾压。
零填及挖方路基：1）机械推松、整平土方；2）压路机前进、后退、往复碾压。

I. 填 方 路 基

单位：1000m³ 压实方

顺序号	项目	单位	代号	碾压土方								
				高速、一级公路					二级公路			
				光轮压路机		振动压路机			光轮压路机		振动压路机	
				机械自身质量（t）								
				12～15	18～20	10以内	15以内	20以内	12～15	18～20	10以内	15以内
				1	2	3	4	5	6	7	8	9
1	人工	工日	1	3.0	3.0	3.0	3.0	3.0	3.0	3.0	3.0	3.0
2	75kW以内履带式推土机	台班	1003	(1.72)	(1.72)	(1.72)	(1.72)	(1.72)	(1.72)	(1.72)	(1.72)	(1.72)
3	120kW以内自行式平地机	台班	1057	1.65	1.65	1.65	1.65	1.65	1.65	1.65	1.65	1.65
4	6t以内拖式羊足碾（含拖头）	台班	1073	–	–	–	–	–	–	–	–	–
5	6～8t光轮压路机	台班	1075	1.57	1.57	1.57	1.57	1.57	1.25	1.25	1.25	1.25
6	10～12t光轮压路机	台班	1077	–	–	–	–	–	–	–	–	–
7	12～15t光轮压路机	台班	1078	5.75	–	–	–	–	4.05	–	–	–
8	18～21t光轮压路机	台班	1080	–	4.33	–	–	–	–	2.96	–	–
9	10t以内振动压路机	台班	1087	–	–	3.26	–	–	–	–	2.29	–
10	15t以内振动压路机	台班	1088	–	–	–	2.43	–	–	–	–	1.67
11	20t以内振动压路机	台班	1089	–	–	–	–	1.78	–	–	–	–
12	基价	元	1999	4410	4343	4081	3923	3829	3629	3535	3394	3254

续前页

单位：1000m³ 压实方

顺序号	项目	单位	代号	碾压土方				碾压石方	
				三、四级公路				高速、一级公路	
				光轮压路机		振动压路机	拖式羊足碾	光轮压路机	
				机械自身质量(t)					
				6～8	10～12	10以内	6	12～15	18～20
				10	11	12	13	14	15
1	人工	工日	1	3.0	3.0	3.0	3.0	80.7	80.7
2	75kW以内履带式推土机	台班	1003	(1.72)	(1.72)	(1.72)	(1.72)	2.36	2.36
3	120kW以内自行式平地机	台班	1057	1.65	1.65	1.65	1.65	–	–
4	6t以内拖式羊足碾(含拖头)	台班	1073	–	–	–	2.01	–	–
5	6～8t光轮压路机	台班	1075	5.32	–	–	–	–	–
6	10～12t光轮压路机	台班	1077	–	4.05	–	–	–	–
7	12～15t光轮压路机	台班	1078	–	–	–	–	7.22	–
8	18～21t光轮压路机	台班	1080	–	–	–	–	–	5.46
9	10t以内振动压路机	台班	1087	–	–	2.01	–	–	–
10	15t以内振动压路机	台班	1088	–	–	–	–	–	–
11	20t以内振动压路机	台班	1089	–	–	–	–	–	–
12	基价	元	1999	2985	3110	2904	2709	8390	8319

续前页　　　　单位:1000m³ 压实方

顺序号	项　目	单位	代号	碾压石方						
				高速、一级公路			二级公路		三、四级公路	
				振动压路机						
				机械自身质量(t)						
				10 以内	15 以内	20 以内	10 以内	15 以内	10 以内	15 以内
				16	17	18	19	20	21	22
1	人工	工日	1	80.7	80.7	80.7	62.5	62.5	44.3	44.3
2	75kW 以内履带式推土机	台班	1003	2.36	2.36	2.36	2.71	2.71	3.04	3.04
3	120kW 以内自行式平地机	台班	1057	–	–	–	–	–	–	–
4	6t 以内拖式羊足碾(含拖头)	台班	1073	–	–	–	–	–	–	–
5	6~8t 光轮压路机	台班	1075	2.05	2.05	2.05	1.56	1.56	1.40	1.40
6	10~12t 光轮压路机	台班	1077	–	–	–	–	–	–	–
7	12~15t 光轮压路机	台班	1078	–	–	–	–	–	–	–
8	18~21t 光轮压路机	台班	1080	–	–	–	–	–	–	–
9	10t 以内振动压路机	台班	1087	3.52	–	–	2.29	–	1.99	–
10	15t 以内振动压路机	台班	1088	–	2.69	–	–	1.65	–	1.40
11	20t 以内振动压路机	台班	1089	–	–	1.96	–	–	–	–
12	基价	元	1999	8134	8015	7900	6560	6406	5639	5479

II. 零填及挖方路基

单位：1000m²

顺序号	项目	单位	代号	高速、一级公路 光轮压路机 12～15	高速、一级公路 光轮压路机 18～20	高速、一级公路 振动压路机 10以内	高速、一级公路 振动压路机 15以内	高速、一级公路 振动压路机 20以内	二级公路 光轮压路机 12～15	二级公路 光轮压路机 18～20	二级公路 振动压路机 10以内	二级公路 振动压路机 15以内	三、四级公路
				机械自身质量(t)									
				23	24	25	26	27	28	29	30	31	32
1	人工	工日	1	1.0	1.0	1.0	1.0	1.0	1.0	1.0	1.0	1.0	1.0
2	75kW以内履带式推土机	台班	1003	(0.52)	(0.52)	(0.52)	(0.52)	(0.52)	(0.52)	(0.52)	(0.52)	(0.52)	(0.52)
3	120kW以内自行式平地机	台班	1057	0.49	0.49	0.49	0.49	0.49	0.49	0.49	0.49	0.49	0.49
4	6～8t光轮压路机	台班	1075	0.31	0.31	0.31	0.31	0.31	0.31	0.31	0.31	0.31	–
5	10～12t光轮压路机	台班	1077	–	–	–	–	–	–	–	–	–	1.45
6	12～15t光轮压路机	台班	1078	3.68	–	–	–	–	3.06	–	–	–	–
7	18～21t光轮压路机	台班	1080	–	2.81	–	–	–	–	2.24	–	–	–
8	10t以内振动压路机	台班	1087	–	–	2.08	–	–	–	–	1.74	–	–
9	15t以内振动压路机	台班	1088	–	–	–	1.68	–	–	–	–	1.36	–
10	20t以内振动压路机	台班	1089	–	–	–	–	1.27	–	–	–	–	–
11	基价	元	1999	2088	2066	1873	1873	1848	1833	1763	1661	1625	1018

注：1. 本定额按自行式平地机整平土方编列，如采用推土机整平土方时，可采用括号内数字并扣除定额中平地机的全部台班数量；

2. 对铺设沥青混凝土或水泥混凝土路面的三级公路，零填及挖方地段的基底压实应采用二级公路定额；

3. 如需洒水，洒水费用另行计算。

1-1-16 洒水汽车洒水

工程内容 1)吸水；2)运水；3)洒水；4)空回。

单位:1000m^3 水

顺序号	项目	单位	代号	洒水汽车容量(L)							
				4000 以内				6000 以内			
				第一个1km	每增运 0.5km 平均运距(km)			第一个1km	每增运 0.5km 平均运距(km)		
					5 以内	10 以内	15 以内		5 以内	10 以内	15 以内
				1	2	3	4	5	6	7	8
1	4000L 以内洒水汽车	台班	1404	19.75	1.44	1.31	1.25	-	-	-	-
2	6000L 以内洒水汽车	台班	1405	-	-	-	-	16.76	0.99	0.89	0.85
3	8000L 以内洒水汽车	台班	1406	-	-	-	-	-	-	-	-
4	10000L 以内洒水汽车	台班	1407	-	-	-	-	-	-	-	-
5	基价	元	1999	8997	656	597	569	8632	510	458	438

续前页　　　　单位:1000m³ 水

顺序号	项目	单位	代号	洒水汽车容量(L)							
				8000 以内				10000 以内			
				第一个1km	每增运 0.5km 平均运距(km)			第一个1km	每增运 0.5km 平均运距(km)		
					5 以内	10 以内	15 以内		5 以内	10 以内	15 以内
				9	10	11	12	13	14	15	16
1	4000L 以内洒水汽车	台班	1404	–	–	–	–	–	–	–	–
2	6000L 以内洒水汽车	台班	1405	–	–	–	–	–	–	–	–
3	8000L 以内洒水汽车	台班	1406	13.25	0.65	0.59	0.56	–	–	–	–
4	10000L 以内洒水汽车	台班	1407	–	–	–	–	10.18	0.43	0.39	0.37
5	基价	元	1999	8784	431	391	371	8531	360	327	310

注:若水需要计费时,水费另行计算。本定额仅适用于运距在 15km 以内的情况,超出 15km 时按社会运输计价。

1-1-17　路基零星工程

工程内容　1)整修路拱；2)整修边坡；3)挖截水沟；4)挖土质台阶；5)填前压实；6)零星回填土方。

单位:1km

顺序号	项目	单位	代号	高速、一级公路		二级公路		三、四级公路	
				平原微丘区	山岭重丘区	平原微丘区	山岭重丘区	平原微丘区	山岭重丘区
				1	2	3	4	5	6
1	人工	工日	1	568.2	721.1	534.3	630.2	314.6	342.8
2	钢钎	kg	211	0.2	4.6	0.4	4.8	–	1.6
3	硝铵炸药	kg	841	1.7	38.2	3.7	39.7	0.8	13.2
4	导火线	m	842	10	230	22	239	5	80
5	普通雷管	个	845	8	166	16	172	3	57
6	煤	t	864	0.001	0.030	0.003	0.031	–	0.010
7	其他材料费	元	996	0.2	4.7	0.5	4.9	0.8	1.6
8	120kW以内自行式平地机	台班	1057	3.14	2.36	1.09	0.77	–	–
9	75kW以内履带式拖拉机	台班	1063	–	–	–	–	0.04	–
10	8~10t光轮压路机	台班	1076	4.88	3.68	1.70	1.20	–	–
11	12~15t光轮压路机	台班	1078	1.08	–	0.75	–	–	–
12	蛙式夯土机	台班	1094	23.71	–	15.8	–	7.9	–
13	基价	元	1999	33089	39223	28412	32632	15658	17062

第二节　路基排水工程

说　明

1. 路基盲沟的工程量为设计设置盲沟的长度。

2. 轻型井点降水定额按 50 根井管为一套，不足 50 根的按一套计算。井点使用天数按日历天数计算，使用时间按施工组织设计确定。

3. 本节定额砌筑工程的工程量为砌体的实际体积，包括构成砌体的砂浆体积。

4. 本节定额预制混凝土构件的工程量为预制构件的实际体积，不包括预制构件空心部分的体积。

5. 雨水篦子的规格与定额不同时，可按设计用量抽换定额中的铸铁篦子的消耗。

1－2－1 路基盲沟

工程内容 1)挖盲沟槽；2)碎石料盲沟铺土工布；3)填料及夯实；4)石料的选择及捶修；5)干砌片石方洞或安置陶管；6)铺草皮；7)填黏土并洒水夯实；8)将废土运出路基以外并加以整理。

单位：10m

顺序号	项目	单位	代号	碎石料盲沟				砂石料盲沟	带有陶管的盲沟	带有方石洞的盲沟
				断面尺寸（cm）						
				20×30	30×40	40×40	60×80	80×100	80×150	100×150
				1	2	3	4	5	6	7
1	人工	工日	1	1.0	1.9	2.5	7.1	10.5	15.2	20.2
2	土工布	m^2	770	10.7	14.8	16.8	29.1	–	–	–
3	黏土	m^3	911	–	–	–	–	2.67	2.67	3.34
4	砾石(6cm)	m^3	923	–	–	–	–	5.71	9.07	7.75
5	片石	m^3	931	–	–	–	–	–	–	4.88
6	碎石(4cm)	m^3	952	0.70	–	–	–	–	–	–
7	碎石(6cm)	m^3	953	–	1.41	1.88	5.63	–	–	–
8	草皮	m^2	995	–	–	–	–	8.80	8.80	11.00
9	其他材料费	元	996	–	–	–	–	–	95.0	–
10	基价	元	1999	192	311	384	925	766	1216	1494

1－2－2　石砌边沟、排水沟、截水沟、急流槽

工程内容　1)挖基；2)铺设垫层；3)拌运砂浆；4)砌筑、勾缝、养生。

单位:$10m^3$ 实体

顺序号	项　目	单位	代号	边沟、排水沟、截水沟		急　流　槽	
				浆砌片石	浆砌块石	浆砌片石	浆砌块石
				1	2	3	4
1	人工	工日	1	23.4	23.1	18.4	18.0
2	32.5 级水泥	t	832	0.869	0.653	0.837	0.630
3	水	m^3	866	18	18	17	13
4	中(粗)砂	m^3	899	4.27	3.24	4.17	3.17
5	砂砾	m^3	902	6.41	6.41	3.41	3.41
6	片石	m^3	931	11.50	–	11.50	–
7	块石	m^3	981	–	10.50	–	10.50
8	其他材料费	元	996	2.4	2.4	2.4	2.4
9	基价	元	1999	2287	2642	1931	2285

1－2－3 混凝土边沟、排(截)水沟、急流槽

工程内容 1)挖基及回填；2)铺垫层；3)现浇、预制混凝土的全部工序；4)拌运砂浆；5)安砌混凝土块；6)泄水管及伸缩缝的设置。

单位：$10m^3$

顺序号	项目	单位	代号	边沟		排(截)水沟	水沟盖板	急流槽	
				混凝土预制块	现浇混凝土	混凝土预制块		混凝土预制块	现浇混凝土
				1	2	3	4	5	6
1	人工	工日	1	64.1	55.7	62.1	63.2	72.7	59.0
2	C20 水泥混凝土	m^3	18	(10.20)	(10.20)	(10.20)	(10.20)	(10.20)	(10.20)
3	光圆钢筋	t	111	–	–	–	0.071	–	–
4	带肋钢筋	t	112	–	–	–	0.544	0.154	–
5	钢模板	t	271	0.046	–	0.036	0.021	0.095	–
6	组合钢模板	t	272	–	0.026	–	–	–	0.020
7	铁件	kg	651	–	7.8	–	–	–	6.1
8	20～22 号铁丝	kg	656	–	–	–	6.8	–	–
9	32.5 级水泥	t	832	3.351	3.213	3.320	3.332	3.391	3.213
10	石油沥青	t	851	0.013	0.013	0.013	–	–	–
11	水	m^3	866	29	12	29	26	29	12
12	中(粗)砂	m^3	899	5.47	5.00	5.42	5.41	5.61	5.00
13	砂砾	m^3	902	6.41	6.41	6.41	–	3.41	3.41
14	碎石(2cm)	m^3	951	8.36	8.36	8.28	8.36	8.36	8.36
15	其他材料费	元	996	30.7	16.2	30.4	29.8	57.3	15.3
16	250L 以内混凝土搅拌机	台班	1272	0.38	0.39	0.38	0.38	0.38	0.39
17	小型机具使用费	元	1998	8.0	–	8.0	12.4	8.0	–
18	基价	元	1999	5627	5019	5451	7305	6771	4997

注：本定额水沟盖板的钢筋含量按 0.6t/$10m^3$ 计算，如设计钢筋含量与定额不同时，可按设计数量抽换定额中的钢筋消耗量。

1-2-4 混凝土排水管铺设

工程内容 1)基底清理、夯实；2)基础混凝土配运料、拌和、运输、浇筑、养生；3)排管、下管、调直、找平，清理管口、调运砂浆、填缝、抹带、压实、养生。

单位：100m

顺序号	项目	单位	代号	现浇排水管基础混凝土								
				管径（mm）								
				200以内	300以内	400以内	500以内	600以内	700以内	800以内	900以内	1000以内
				1	2	3	4	5	6	7	8	9
1	人工	工日	1	13.7	19.5	25.5	32.0	41.9	49.8	58.8	69.8	83.5
2	混凝土排水管	m	90	–	–	–	–	–	–	–	–	–
3	C15水泥混凝土	m^3	17	(5.64)	(8.05)	(10.55)	(13.33)	(17.57)	(20.94)	(24.84)	(29.60)	(35.57)
4	32.5级水泥	t	832	1.506	2.149	2.817	3.559	4.691	5.591	6.632	7.903	9.497
5	水	m^3	866	7	10	13	16	21	25	30	36	43
6	中(粗)砂	m^3	899	2.82	4.03	5.28	6.67	8.79	10.47	12.42	14.80	17.79
7	碎石(4cm)	m^3	952	4.79	6.84	8.97	11.33	14.93	17.80	21.11	25.16	30.23
8	其他材料费	元	996	1.2	1.7	2.2	2.8	3.7	4.4	5.2	6.2	7.5
9	250L以内混凝土搅拌机	台班	1272	0.21	0.29	0.38	0.49	0.65	0.77	0.92	1.09	1.31
10	1t以内机动翻斗车	台班	1408	0.19	0.26	0.35	0.44	0.59	0.7	0.83	0.98	1.18
11	5t以内汽车式起重机	台班	1449	–	–	–	–	–	–	–	–	–
12	小型机具使用费	元	1998	103.6	143.1	187.5	241.8	315.8	375.0	449.0	532.9	641.5
13	基价	元	1999	1741	2476	3243	4092	5378	6401	7584	9021	10823

续前页　　　　单位:100m

顺序号	项　目	单位	代号	铺设混凝土排水管								
				管径（mm）								
				200 以内	300 以内	400 以内	500 以内	600 以内	700 以内	800 以内	900 以内	1000 以内
				10	11	12	13	14	15	16	17	18
1	人工	工日	1	7.7	10.9	15.4	19.5	23.1	27.1	30.4	36.9	43.5
2	混凝土排水管	m	90	(101.00)	(101.00)	(101.00)	(101.00)	(101.00)	(101.00)	(101.00)	(101.00)	(101.00)
3	C15 水泥混凝土	m^3	17	–	–	–	–	–	–	–	–	–
4	32.5 级水泥	t	832	0.051	0.071	0.096	0.118	0.144	0.164	0.196	0.220	0.244
5	水	m^3	866	1	1	2	2	2	3	3	3	4
6	中(粗)砂	m^3	899	0.11	0.16	0.21	0.26	0.32	0.37	0.44	0.50	0.55
7	碎石(4cm)	m^3	952	–	–	–	–	–	–	–	–	–
8	其他材料用费	元	996	3.9	6.5	8.2	10.0	11.9	13.6	15.5	17.3	19.0
9	250L 以内混凝土搅拌机	台班	1272	–	–	–	–	–	–	–	–	–
10	1t 以内机动翻斗车	台班	1408	–	–	–	–	–	–	–	–	–
11	5t 以内汽车式起重机	台班	1449	0.40	0.46	0.58	0.75	0.97	1.15	1.32	1.63	2.04
12	小型机具使用费	元	1998	4.4	6.2	8.3	10.3	12.6	14.3	17.3	19.4	21.5
13	基价	元	1999	564	758	1040	1321	1598	1877	2124	2578	3074

1-2-5 雨水井、检查井

工程内容 1)混凝土、钢筋的全部工序；2)井盖拉手的制作、安装；3)井盖安装；4)安装井内梯蹬；5)清理井口，篦子安放。

单位:$10m^3$ 及 10 套

顺序号	项目	单位	代号	现浇井身混凝土	钢筋混凝土井盖制作安装	铸铁篦子安放
				$10m^3$		10 套
				1	2	3
1	人工	工日	1	71.5	62.3	5.4
2	C15 水泥混凝土	m^3	17	(10.20)	–	–
3	C20 水泥混凝土	m^3	18	–	(10.10)	–
4	锯材	m^3	102	1.254	0.190	–
5	光圆钢筋	t	111	0.046	0.450	–
6	铁钉	kg	653	15.4	0.1	–
7	8~12 号铁丝	kg	655	1.8	–	–
8	20~22 号铁丝	kg	656	1.0	–	–
9	铸铁篦子	kg	681	–	–	60.0
10	32.5 级水泥	t	832	2.723	3.182	0.154
11	水	m^3	866	12	16	–
12	中(粗)砂	m^3	899	5.10	4.95	0.27
13	碎石(2cm)	m^3	951	–	8.28	–
14	碎石(4cm)	m^3	952	8.67	–	–
15	其他材料费	元	996	10.8	106.3	39.8
16	250L 以内混凝土搅拌机	台班	1272	0.37	0.37	–
17	小型机具使用费	元	1998	148.0	11.6	–
18	基价	元	1999	7342	6740	901

1－2－6　中央分隔带排水

工程内容　横向排水管安装：1）挖沟槽；2）安放排水管；3）回填夯实。

纵向排水管安装：1）挖沟槽；2）安放排水管；3）填碎石；4）铺设土工布；5）回填土。

单位：10m

顺序号	项　目	单位	代号	横向排水管安装	纵向排水管安装
				1	2
1	人工	工日	1	1.0	6.3
2	土工布	m^2	770	－	19.9
3	塑料波纹管（ϕ100mm）	m	786	10.20	－
4	塑料打孔波纹管（ϕ100mm）	m	789	－	10.20
5	碎石（2cm）	m^3	951	－	1.41
6	基价	元	1999	192	744

1－2－7　轻型井点降水

工程内容　安装拆除：1）挖排水沟及管槽；2）井管装配及地面试管；3）铺总管，装水泵、水箱；4）冲孔、沉管；5）灌砂封口；6）连接试抽；7）拔井管，拆管，清洗；8）整理、堆放。

使用：1）抽水；2）井管堵漏。

单位：10 根或套天

顺序号	项　目	单位	代号	井点管及总管安装、拆除	使　用
				10 根	套天
				1	2
1	人工	工日	1	8.8	3.0
2	轻型井点总管	m	761	0.42	－
3	轻型井点管	m	762	2.86	－
4	水	m^3	866	37	－
5	中（粗）砂	m^3	899	2.14	－
6	其他材料费	元	996	23.9	0.6
7	10t 以内履带式起重机	台班	1431	0.29	－
8	ϕ150mm 电动多级水泵（≤180m）	台班	1665	0.44	－
9	射流井点泵	台班	1687	－	3.18
10	小型机具使用费	台班	1998	30.4	－
11	基价	元	1999	1008	433

注：1. 遇有天然水源可利用时，不计水费；

2. 本定额适用于地下水位较高的轻亚黏土、砂性土或淤泥质土层地带。

第三节　路基防护工程

说　　明

1. 本节定额中未列出的其他结构形式的砌石防护工程,需要时按“桥涵工程”项目的有关定额计算。

2. 本节定额中除注明者外,均已包括挖基,基础垫层的工程内容。

3. 本节定额中除注明者外,均已包括按设计要求需要设置的伸缩缝、沉降缝的费用。

4. 本节定额中除注明者外,均已包括水泥混凝土的拌和费用。

5. 植草护坡定额中均已考虑黏结剂、保水剂、营养土、肥料、覆盖薄膜等的费用,使用定额时不得另行计算。

6. 现浇拱形骨架护坡可参考本节定额中的现浇框格(架)式护坡进行计算。

7. 预应力锚索护坡定额中的脚手架系按钢管脚手架编制的,脚手架宽度按 2.5m 考虑。

8. 工程量计算规则:

(1)铺草皮工程量按所铺边坡的坡面面积计算。

(2)护坡定额中以 $100m^2$ 或 $1000m^2$ 为计量单位的子目的工程量按设计需要防护的边坡坡面面积计算。

(3)木笼、竹笼、铁丝笼填石护坡的工程量按填石体积计算。

(4)本节定额砌筑工程的工程量为砌体的实际体积,包括构成砌体的砂浆体积。

(5)本节定额预制混凝土构件的工程量为预制构件的实际体积,不包括预制构件中空心部分的体积。

(6)预应力锚索的工程量为锚索(钢绞线)长度与工作长度的质量之和。

(7)加筋土挡土墙及现浇锚碇板式挡土墙的工程量为墙体混凝土的体积。加筋土挡土墙墙体混凝土体积为混凝土面板、基础垫板及檐板的体积之和。现浇锚碇板式挡土墙墙体混凝土体积为墙体现浇混凝土的体积,定额中已综合了锚碇板的数量,使用定额时不得将锚碇板的数量计入工程量内。

(8)抗滑桩挖孔工程量按护壁外缘所包围的面积乘设计孔深计算。

1-3-1 铺草皮、编篱及铁丝(木、竹)笼填石护坡

工程内容 铺草皮:1)铺筑;2)拍紧;3)木橛钉固草皮;4)铺花格草皮挖槽。

编篱填石:1)整修边坡;2)制桩打桩;3)编篱;4)铺砂砾垫层;5)填石。

铁丝(木、竹)笼填石:1)平整地基;2)制作木笼;3)编竹笼;4)编铁丝笼;5)安设;6)填石。

单位:$1000m^2$ 及 $10m^3$

顺序号	项目	单位	代号	铺草皮护坡		编篱填石护坡	木笼填石护坡	竹笼填石护坡	铁丝笼填石护坡
				满铺式	花格式				
				$1000m^2$			$10m^3$		
				1	2	3	4	5	6
1	人工	工日	1	41.0	24.7	319.2	24.3	7.4	4.3
2	原木	m^3	101	-	-	-	3.013	-	-
3	锯材	m^3	102	-	-	-	0.036	-	-
4	毛竹	根	104	-	-	-	-	53	-
5	光圆钢筋	t	111	-	-	-	-	-	0.067
6	铁件	kg	651	-	-	-	30.6	-	-
7	铁钉	kg	653	-	-	-	6.5	-	-
8	8~12 号铁丝	kg	655	-	-	-	-	-	185.5
9	砂砾	m^3	902	-	-	95.25	-	-	-
10	片石	m^3	931	-	-	308.17	10.20	10.20	10.20
11	草皮	m^2	995	1100.00	381.15	-	-	-	-
12	其他材料费	元	996	339.9	214.1	4206.4	0.4	-	-
13	小型机具使用费	元	1998	-	-	-	2.3	-	-
14	基价	元	1999	4337	2115	33342	5143	1550	1911

注:采用叠铺草皮时,定额中人工工日和草皮数量加倍计算,其他材料费不变。

1－3－2 植 草 护 坡

工程内容 挂网：1)清理整平边坡坡面；2)铺网、固定；3)钢筋框条制作、绑扎及焊接。

人工植草：1)边坡整理；2)人工撒草籽、植草；3)初期养护。

机械液压喷播植草：1)边坡整理、阴坡；2)喷播植草、加覆盖物、固定；3)初期养护。

喷混、客土喷播植草：1)边坡整理、覆土；2)植生混合料拌和；3)喷植生混合料、加覆盖物、固定；4)初期养护。

Ⅰ. 挂 网

单位：$1000m^2$ 及 1t

顺序号	项目	单位	代号	土工格栅	三维植被网	铁丝网	钢筋
				$1000m^2$			1t
				1	2	3	4
1	人工	工日	1	66.5	68.9	41.2	5.5
2	光圆钢筋	t	111	–	–	–	1.025
3	电焊条	kg	231	–	–	–	0.9
4	8～12号铁丝	kg	655	–	–	3.8	–
5	铁丝编制网	m^2	693	–	–	1128.9	–
6	土工格栅	m^2	772	1131.4	–	–	–
7	三维植被网	m^2	774	–	1173.1	–	–
8	U形锚钉	kg	775	138.0	650.6	–	–
9	其他材料费	元	996	30.0	72.0	–	–
10	32kV·A以内交流电弧焊机	台班	1726	–	–	–	0.17
11	小型机具使用费	元	1998	–	–	–	25.4
12	基价	元	1999	15034	24097	23319	3701

II. 植　草

单位:$1000m^2$

顺序号	项目	单位	代号	人工植草		机械液压喷播植草		喷混植草		客土喷播植草
				撒草籽	植草根	填方边坡	挖方边坡	植草厚度(cm)		
								10	6	8
				5	6	7	8	9	10	11
1	人工	工日	1	15.7	12.3	19.7	22.6	43.9	35.0	41.4
2	草籽	kg	821	10.3	–	25.8	36.1	17.5	41.2	46.4
3	32.5 级水泥	t	832	–	–	–	–	1.000	–	–
4	水	m^3	866	–	–	90	100	300	–	–
5	黏土	m^3	911	–	–	–	–	52.00	–	–
6	其他材料费	元	996	2610.0	5938.0	5857.0	6369.0	11040.0	10370.0	14790.0
7	液压喷播机	台班	1139	–	–	1.20	1.51	–	3.59	4.31
8	250L 以内混凝土搅拌机	台班	1272	–	–	–	–	3.13	1.88	2.51
9	混凝土喷射机	台班	1283	–	–	–	–	6.16	–	–
10	4t 以内载货汽车	台班	1372	–	–	0.86	1.07	4.37	2.55	3.06
11	4000L 以内洒水汽车	台班	1404	–	–	0.86	1.07	4.37	2.55	3.06
12	$9m^3$/min 以内机动空压机	台班	1842	–	–	1.04	1.30	5.28	3.08	3.70
13	小型机具使用费	元	1998	–	–	34.3	39.0	20.5	45.9	56.1
14	基价	元	1999	4206	6543	10432	12284	23101	19955	26048

注:1. 本定额挂铁丝网未包括锚固筋(或锚杆)的消耗,应按相应定额另行计算;

2. 挂网定额中钢筋项目仅适用于挂铁丝网的钢筋框条;

3. 本定额中植草项目可根据设计用量调整定额中的草籽或种子的消耗。

1－3－3 混凝土防护工程

工程内容 1)整修边坡；2)铺垫层；3)现浇、预制混凝土的全部工序；4)拌运砂浆；5)安砌混凝土块；6)伸缩缝的设置。

单位:$100m^2$

顺序号	项目	单位	代号	预制混凝土护坡			现浇混凝土护坡		
				混凝土席块护坡	混凝土预制块护坡	混凝土菱形格护坡	满铺式 厚度(cm) 10	满铺式 厚度(cm) 每增减1	框格(架)式
				1	2	3	4	5	6
1	人工	工日	1	44.0	40.1	28.3	24.3	1.7	18.3
2	C15 水泥混凝土	m^3	17	–	–	–	(10.50)	(1.06)	–
3	C20 水泥混凝土	m^3	18	(10.00)	(9.81)	(4.67)	–	–	(6.31)
4	锯材	m^3	102	–	–	0.014	0.013	0.001	0.008
5	光圆钢筋	t	111	0.080	–	0.103	–	–	–
6	型钢	t	182	0.012	0.012	–	–	–	0.013
7	电焊条	kg	231	0.2	0.2	–	–	–	–
8	组合钢模板	t	272	–	–	0.030	–	–	0.009
9	铁件	kg	651	1.1	1.1	4.0	–	–	1.2
10	20～22 号铁丝	kg	656	–	–	0.4	–	–	–

续前页　　　　　　　　　　　　　　　　　　　　　　　　　　　　　　单位:100m²

顺序号	项　目	单位	代号	预制混凝土护坡			现浇混凝土护坡		
				混凝土席块护坡	混凝土预制块护坡	混凝土菱形格护坡	满铺式		框格(架)式
							厚度(cm)		
							10	每增减1	
				1	2	3	4	5	6
11	32.5级水泥	t	832	2.98	3.038	1.391	2.804	0.283	1.880
12	石油沥青	t	851	–	0.022	–	0.021	0.002	0.004
13	水	m³	866	16	26	7	13	1	8
14	中(粗)砂	m³	899	4.90	5.21	2.29	5.25	0.53	3.09
15	砂砾	m³	902	11.00	11.00	–	11.00	–	–
16	碎石(4cm)	m³	952	8.40	8.23	3.92	8.93	0.90	5.30
17	其他材料费	元	996	78.0	59.1	3.5	46.0	4.9	10.1
18	250L以内混凝土搅拌机	台班	1272	0.37	0.37	0.17	0.39	0.04	0.23
19	32kV·A以内交流电弧焊机	台班	1726	0.03	0.03	–	–	–	–
20	小型机具使用费	元	1998	0.1	0.1	0.7	–	–	1.9
21	基价	元	1999	4655	4296	2765	3428	274	2148

注:码砌菱形格护坡定额未包括框格间缝隙的填塞费用,需要时应另行计算。

1－3－4　砌石防护工程

工程内容　1)挖基；2)搭拆脚手架；3)护坡、护面墙铺垫层；4)拌运砂浆；5)砌筑、勾缝；6)护岸墙围堰、排水。

Ⅰ. 干　　砌

单位:10m³ 实体

顺序号	项　　目	单位	代号	片　　石		片、块石
				护　坡	护　脚	挡土墙
				1	2	3
1	人工	工日	1	9.6	9.1	14.6
2	原木	m^3	101	–	0.001	0.018
3	锯材	m^3	102	–	0.004	0.010
4	8～12 号铁丝	kg	655	–	0.2	1.5
5	硝铵炸药	kg	841	–	–	0.3
6	砂砾	m^3	902	5.20	–	–
7	片石	m^3	931	12.50	12.50	8.75
8	块石	m^3	981	–	–	3.45
9	其他材料费	元	996	–	–	1.9
10	基价	元	1999	1059	880	1356

II. 浆　　砌

单位:10m³ 实体

顺序号	项　　目	单位	代号	片　石 护坡	片　石 护面墙	片、块石 挡土墙	片、块石 护岸墙	块　石 护坡	块　石 护面墙
				4	5	6	7	8	9
1	人工	工日	1	13.9	27.0	18.8	22.0	13.5	28.3
2	原木	m³	101	–	0.046	0.023	0.023	–	0.046
3	锯材	m³	102	–	0.027	0.013	0.013	–	0.027
4	铁钉	kg	653	–	0.3	–	–	–	0.3
5	8~12 号铁丝	kg	655	–	5.1	2.0	2.0	–	5.1
6	草袋	个	819	–	–	–	73	–	–
7	32.5 级水泥	t	832	0.866	0.786	0.739	0.739	0.650	0.601
8	硝铵炸药	kg	841	–	0.3	0.5	0.5	–	0.3
9	导火线	m	842	–	–	1	1	–	–
10	水	m³	866	18	7	7	7	18	7
11	中(粗)砂	m³	899	4.26	3.99	3.77	3.77	3.23	3.07
12	砂砾	m³	902	5.20	–	–	–	5.20	–
13	黏土	m³	911	–	0.18	0.14	0.14	–	0.18
14	片石	m³	931	11.50	11.50	8.91	8.91	–	–
15	碎石(8cm)	m³	954	–	0.11	0.08	0.08	–	0.11
16	块石	m³	981	–	–	2.36	2.36	10.50	10.50
17	其他材料费	元	996	2.4	4.1	5.2	5.2	2.4	5.8
18	φ150mm 电动单级离心水泵	台班	1653	–	–	–	1.08	–	–
19	基价	元	1999	1780	2348	1964	2371	2131	2801

注:当采用骨架护坡时,人工工日乘 1.3 的系数。

1-3-5 灰浆抹面护坡

工程内容 1)清理坡面;2)洒水湿润坡面;3)搭、拆简单脚手架;4)人工配、拌、运混合灰浆;5)抹平,养生。

单位:100m² 抹面面积

顺序号	项目	单位	代号	灰浆材料				
				石灰、煤渣	石灰、煤渣、黏土	石灰、煤渣、黏土、砂	水泥、石灰、砂	石灰、砂
				抹面厚度(cm)				
				3	6	8	3	4
				1	2	3	4	5
1	人工	工日	1	8.8	12.8	14.1	8.0	9.8
2	原木	m^3	101	0.017	0.017	0.017	0.017	0.017
3	锯材	m^3	102	0.021	0.021	0.021	0.021	0.021
4	铁钉	kg	653	0.1	0.1	0.1	0.1	0.1
5	8~12号铁丝	kg	655	2.0	2.0	2.0	2.0	2.0
6	32.5级水泥	t	832	–	–	–	0.357	–
7	水	m^3	866	23	45	60	23	30
8	生石灰	t	891	0.773	1.421	0.989	0.309	0.828
9	中(粗)砂	m^3	899	–	–	3.33	3.12	4.37
10	黏土	m^3	911	–	1.87	2.18	–	–
11	煤渣	m^3	937	3.06	6.73	9.79	–	–
12	其他材料费	元	996	51.5	–	–	–	–
13	基价	元	1999	686	985	1262	799	907

1－3－6 喷射混凝土护坡

工程内容 挂钢筋网或铁丝网：1)钢筋网制作；2)挂网、绑扎、混凝土块支垫、点焊锚杆。

喷混凝土：1)坡面清理及湿润；2)脚手架的搭设、移动、拆除；3)排水孔的设置；4)混凝土配运料、拌和、运输、喷射、养生。

锚杆：1)放样布孔；2)钻孔、清孔、移动钻具；3)锚杆制作、安设；4)砂浆拌和、灌浆。

I.挂　网

单位:1t

顺序号	项　目	单位	代号	钢筋网			铁丝网		
				边坡高度(m)					
				10以内	20以内	20以上	10以内	20以内	20以上
				1	2	3	4	5	6
1	人工	工日	1	11.9	14.7	17.9	19.7	22.4	24.6
2	光圆钢筋	t	111	1.025	1.025	1.025	–	–	–
3	电焊条	kg	231	10.2	10.2	10.2	–	–	–
4	20～22号铁丝	kg	656	0.8	0.9	0.9	0.5	0.5	0.5
5	铁丝编制网	m^2	693	–	–	–	284.10	284.10	284.10
6	32kV·A以内交流电弧焊机	台班	1726	2.90	4.01	4.53	–	–	–
7	小型机具使用费	元	1998	26.1	26.1	26.1	–	–	–
8	基价	元	1999	4353	4607	4819	6325	6458	6566

II. 喷 混 凝 土

单位:$10m^3$

顺序号	项目	单位	代号	边坡高度(m)		
				10以内	20以内	20以上
				7	8	9
1	人工	工日	1	15.0	17.5	19.8
2	C20喷射混凝土	m^3	91	(10.71)	(10.71)	(10.71)
3	钢管	t	191	0.006	0.007	0.007
4	铁件	kg	651	2.1	2.3	2.4
5	32.5级水泥	t	832	4.766	4.766	4.766
6	水	m^3	866	21	21	21
7	中(粗)砂	m^3	899	6.53	6.53	6.53
8	碎石(2cm)	m^3	951	6.11	6.11	6.11
9	其他材料费	元	996	352.2	350.8	349.5
10	250L以内混凝土搅拌机	台班	1272	1.73	1.99	2.25
11	混凝土喷射机	台班	1283	1.93	2.21	2.50
12	$9m^3/min$以内机动空压机	台班	1842	1.73	1.98	2.12
13	小型机具使用费	元	1998	3.7	3.7	3.9
14	基价	元	1999	4864	5205	5472

III. 锚 杆 埋 设

单位:1t

顺序号	项　　目	单位	代号	边坡高度(m)		
				10 以内	20 以内	20 以上
				10	11	12
1	人工	工日	1	46.5	55.0	68.0
2	M20 水泥砂浆	m^3	70	(0.72)	(0.72)	(0.72)
3	光圆钢筋	t	111	0.007	0.007	0.007
4	带肋钢筋	t	112	1.025	1.025	1.025
5	空心钢钎	kg	212	21.7	21.7	21.7
6	ϕ50mm 以内合金钻头	个	213	9	9	9
7	电焊条	kg	231	0.1	0.1	0.1
8	32.5 级水泥	t	832	0.323	0.323	0.323
9	水	m^3	866	66	66	66
10	中(粗)砂	m^3	899	0.76	0.76	0.76
11	其他材料费	元	996	19.4	19.4	19.4
12	气腿式凿岩机	台班	1102	14.49	15.33	17.52
13	32kV·A 以内交流电弧焊机	台班	1726	0.02	0.02	0.02
14	9m^3/min 以内机动空压机	台班	1842	6.92	7.32	8.36
15	小型机具使用费	元	1998	189.5	193.3	203.8
16	基价	元	1999	10644	11301	12561

注:本定额中锚杆埋设仅适用于锚喷联合施工时的锚杆。

1-3-7 预应力锚索护坡※

工程内容 脚手架：1)平整场地；2)底座、垫脚架设；3)搭拆脚手架及跳板；4)完工清理及保养。

地梁及锚座混凝土：1)坡面清理；2)模板安装、拆除、修理、涂脱模剂、堆放；3)混凝土配运料、拌和、运输、浇筑、养生。

地梁及锚座钢筋：钢筋除锈、制作、焊接、绑扎。

预应力锚索成孔：测量放样，操作平台搭设，钻孔机具安装、钻孔、清孔、移动、拆除，套管装拔。

预应力锚索：1)钢绞线除锈、穿架线环、涂油、穿防护管、绑扎成束；2)锚索入孔、就位、固定；3)安装锚具、张拉、封锚。

锚孔注浆：1)浆液制作、注浆；2)锚索入孔、就位、固定；3)安装锚具、张拉、封锚。

I. 脚手架及地梁、锚座

单位：表列单位

顺序号	项目	单位	代号	脚手架	地梁		锚座	
					混凝土	钢筋	混凝土	钢筋
				$100m^2$	$10m^3$	1t	$10m^3$	1t
				1	2	3	4	5
1	人工	工日	1	11.7	37.5	12.4	47.1	16.6
2	C25 水泥混凝土	m^3	19	-	(10.20)	-	(10.20)	-
3	锯材	m^3	102	0.021	0.012	-	0.09	-
4	光圆钢筋	t	111	-	-	0.128	-	0.202
5	带肋钢筋	t	112	-	-	0.897	-	0.823

续前页　　单位:表列单位

顺序号	项目	单位	代号	脚手架	地梁		锚座	
					混凝土	钢筋	混凝土	钢筋
				$100m^2$	$10m^3$	1t	$10m^3$	1t
				1	2	3	4	5
6	型钢	t	182	0.001	0.015	–	0.013	–
7	钢管	t	191	0.025	–	–	–	–
8	电焊条	kg	231	–	–	4.0	–	4.4
9	组合钢模板	t	272	–	0.051	–	0.04	–
10	铁件	kg	651	18.3	24.6	–	21.6	–
11	20~22 号铁丝	kg	656	–	–	4.6	–	4.4
12	32.5 级水泥	t	832	–	3.417	–	3.417	–
13	水	m^3	866	–	12	–	12	–
14	中(粗)砂	m^3	899	–	4.9	–	4.9	–
15	碎石(4cm)	m^3	952	–	8.47	–	8.47	–
16	其他材料费	元	996	4.5	28	–	23	–
17	250L 以内混凝土搅拌机	台班	1272	–	0.38	–	0.38	–
18	4t 以内载货汽车	台班	1372	0.04	–	–	–	–
19	32kV·A 以内交流电弧焊机	台班	1726	–	–	1.83	–	1.98
20	小型机具使用费	元	1998	1.9	25.2	5.9	25.2	3.0
21	基价	元	1999	847	4265	4329	4755	4541

II. 预应力锚索成孔

单位:10m

顺序号	项目	单位	代号	孔径120mm以内							
				孔深20m以内				孔深30m以内			
				土层	软石	次坚石	坚石	土层	软石	次坚石	坚石
				6	7	8	9	10	11	12	13
1	人工	工日	1	2.0	5.3	9.0	13.9	2.3	5.6	9.7	15.3
2	锯材	m^3	102	0.014	0.014	0.014	0.014	0.009	0.009	0.009	0.009
3	钢管	t	191	0.003	0.005	0.007	0.008	0.003	0.005	0.007	0.008
4	ϕ150mm以内合金钻头	个	214	0.1	0.2	0.2	0.2	0.1	0.2	0.2	0.2
5	钻杆	kg	216	2.7	4.3	5.2	6	3.3	4.8	5.7	6.5
6	铁钉	kg	653	1.9	1.9	1.9	1.9	1.9	1.9	1.9	1.9
7	20~22号铁丝	kg	656	0.3	0.3	0.3	0.3	0.3	0.3	0.3	0.3
8	其他材料费	元	996	80.9	116.9	152.8	194.1	85.5	121.7	157.5	208
9	ϕ38mm~ϕ170mm锚固钻机	台班	1119	0.32	0.85	1.45	2.25	0.37	0.89	1.56	2.46
10	17m^3/min以内机动空压机	台班	1844	0.24	0.65	1.11	1.73	0.29	0.68	1.20	1.90
11	小型机具使用费	元	1998	13.0	29.2	48.9	76.7	15.1	30.7	53.0	83.7
12	基价	元	1999	499	1135	1831	2745	562	1181	1955	2993

续前页　　单位:10m

顺序号	项目	单位	代号	孔径120mm以内							
				孔深40m以内				孔深50m以内			
				土层	软石	次坚石	坚石	土层	软石	次坚石	坚石
				14	15	16	17	18	19	20	21
1	人工	工日	1	2.6	5.9	10.4	16.7	2.9	6.2	11.0	17.8
2	锯材	m^3	102	0.007	0.007	0.007	0.007	0.006	0.006	0.006	0.006
3	钢管	t	191	0.003	0.005	0.007	0.008	0.003	0.005	0.007	0.008
4	ϕ150mm以内合金钻头	个	214	0.1	0.2	0.2	0.2	0.1	0.2	0.2	0.3
5	钻杆	kg	216	5.8	9.1	11	12.9	8.6	13.5	16.4	19.1
6	铁钉	kg	653	1.9	1.9	1.9	1.9	1.9	1.9	1.9	1.9
7	20~22号铁丝	kg	656	0.3	0.3	0.3	0.3	0.3	0.3	0.3	0.3
8	其他材料费	元	996	90.3	126.7	167.2	217.9	95.2	130.7	171	230.5
9	ϕ38mm~ϕ170mm锚固钻机	台班	1119	0.42	0.94	1.67	2.68	0.46	0.99	1.76	2.87
10	17m^3/min以内机动空压机	台班	1844	0.33	0.72	1.30	2.07	0.37	0.77	1.37	2.23
11	小型机具使用费	元	1998	17.9	32.4	57.4	91.1	19.5	34.9	62.6	98.0
12	基价	元	1999	635	1264	2126	3278	708	1355	2262	3545

续前页 单位:10m

顺序号	项目	单位	代号	孔径120mm以内				孔径150mm以内			
				孔深60m以内				孔深20m以内			
				土层	软石	次坚石	坚石	土层	软石	次坚石	坚石
				22	23	24	25	26	27	28	29
1	人工	工日	1	3.2	6.4	11.6	18.9	2.1	5.8	10.0	15.4
2	锯材	m^3	102	0.004	0.004	0.004	0.004	0.014	0.014	0.014	0.014
3	钢管	t	191	0.003	0.005	0.007	0.008	0.004	0.007	0.009	0.01
4	ϕ150mm以内合金钻头	个	214	0.1	0.2	0.2	0.3	0.1	0.2	0.2	0.3
5	钻杆	kg	216	10.4	15.2	18	20.7	2.9	4.6	5.7	6.9
6	铁钉	kg	653	1.9	1.9	1.9	1.9	1.9	1.9	1.9	1.9
7	20~22号铁丝	kg	656	0.3	0.3	0.3	0.3	0.3	0.3	0.3	0.3
8	其他材料费	元	996	99.9	136.6	176.2	240.4	81.1	121.4	157.6	203.5
9	ϕ38mm~ϕ170mm锚固钻机	台班	1119	0.50	1.03	1.86	3.04	0.34	0.94	1.61	2.48
10	17m^3/min以内机动空压机	台班	1844	0.40	0.79	1.44	2.38	0.27	0.72	1.23	1.91
11	小型机具使用费	元	1998	21.5	38.6	65.7	101.5	13.2	32.0	52.1	81.5
12	基价	元	1999	767	1404	2376	3759	536	1247	2018	3030

续前页 单位:10m

顺序号	项目	单位	代号	孔径 150mm 以内							
				孔深 30m 以内				孔深 40m 以内			
				土层	软石	次坚石	坚石	土层	软石	次坚石	坚石
				30	31	32	33	34	35	36	37
1	人工	工日	1	2.4	6.1	10.7	16.8	2.7	6.4	11.4	18.3
2	锯材	m^3	102	0.009	0.009	0.009	0.009	0.007	0.007	0.007	0.007
3	钢管	t	191	0.004	0.007	0.009	0.01	0.004	0.007	0.009	0.01
4	ϕ150mm 以内合金钻头	个	214	0.1	0.2	0.2	0.3	0.1	0.2	0.2	0.3
5	钻杆	kg	216	3.5	5.2	6.3	7.5	6.1	9.8	12.2	14.7
6	铁钉	kg	653	1.9	1.9	1.9	1.9	1.9	1.9	1.9	1.9
7	20~22 号铁丝	kg	656	0.3	0.3	0.3	0.3	0.3	0.3	0.3	0.3
8	其他材料费	元	996	85.7	130.6	166.7	212.4	90.6	135.7	172.1	223.1
9	ϕ38mm ~ ϕ170mm 锚固钻机	台班	1119	0.39	0.98	1.72	2.70	0.43	1.03	1.84	2.95
10	$17m^3$/min 以内机动空压机	台班	1844	0.30	0.75	1.33	2.08	0.34	0.80	1.41	2.26
11	小型机具使用费	元	1998	15.4	32.3	55.2	86.5	19.7	37.1	62.9	97.7
12	基价	元	1999	585	1297	2154	3272	659	1392	2314	3584

续前页　　单位:10m

顺序号	项　目	单位	代号	孔径150mm以内							
				孔深50m以内				孔深60m以内			
				土层	软石	次坚石	坚石	土层	软石	次坚石	坚石
				38	39	40	41	42	43	44	45
1	人工	工日	1	3.0	6.5	11.8	19.1	3.4	6.8	12.4	20.3
2	锯材	m^3	102	0.006	0.006	0.006	0.006	0.004	0.004	0.004	0.004
3	钢管	t	191	0.004	0.007	0.009	0.01	0.004	0.007	0.009	0.01
4	ϕ150mm以内合金钻头	个	214	0.1	0.2	0.2	0.3	0.1	0.2	0.2	0.3
5	钻杆	kg	216	9.1	14.6	18.2	21.8	10.9	16.4	20	23.7
6	铁钉	kg	653	1.9	1.9	1.9	1.9	1.9	1.9	1.9	1.9
7	20~22号铁丝	kg	656	0.3	0.3	0.3	0.3	0.3	0.3	0.3	0.3
8	其他材料费	元	996	95.5	140.9	182.1	242.4	100.2	145.7	187.1	252.1
9	ϕ38mm~ϕ170mm锚固钻机	台班	1119	0.47	1.05	1.90	3.08	0.53	1.1	2.00	3.27
10	17m^3/min以内机动空压机	台班	1844	0.38	0.83	1.46	2.37	0.42	0.87	1.54	2.52
11	小型机具使用费	元	1998	22.7	39.7	69.3	105.8	25.0	42.3	72.5	109.7
12	基价	元	1999	734	1458	2432	3795	809	1526	2554	4020

III. 预应力锚索

单位:1t 钢绞线

顺序号	项　目	单位	代号	束长（m）					
				20 以内					
				锚具型号					
				4 孔		5 孔		6 孔	
				每吨 13.34 束	每增减 1 束	每吨 10.68 束	每增减 1 束	每吨 8.89 束	每增减 1 束
				46	47	48	49	50	51
1	人工	工日	1	36.1	1.4	32.3	1.5	26.6	1.6
2	光圆钢筋	t	111	0.051	0.004	0.041	0.004	0.035	0.004
3	钢绞线	t	125	1.040	–	1.040	–	1.040	–
4	钢管	t	191	0.007	–	0.006	–	0.005	–
5	钢绞线群锚(4 孔)	套	573	13.61	1.02	–	–	–	–
6	钢绞线群锚(5 孔)	套	574	–	–	10.89	1.02	–	–
7	钢绞线群锚(6 孔)	套	575	–	–	–	–	8.86	1.02
8	钢绞线群锚(8 孔)	套	577	–	–	–	–	–	–
9	8～12 号铁丝	kg	655	3.4	0.3	2.7	0.3	2.3	0.3
10	20～22 号铁丝	kg	656	1.3	0.1	1.1	0.1	0.9	0.1
11	塑料软管	kg	782	62.8	–5.0	62.8	–6.3	62.8	–7.5
12	其他材料费	元	996	428	21.3	386.1	22.6	359.9	24.0
13	钢绞线拉伸设备	台班	1349	2.92	0.21	2.34	0.21	2.00	0.21
14	小型机具使用费	元	1998	37.2	2.8	32.1	2.9	28.8	3.0
15	基价	元	1999	12585	197	12228	217	11798	239

续前页　　　　　　　　　　　　　　　　　　　　　　　　　　　　　　　单位:1t 钢绞线

顺序号	项目	单位	代号	束长（m）							
				40 以内							
				锚具型号							
				4 孔		5 孔		6 孔		8 孔	
				每吨 7.09 束	每增减 1 束	每吨 5.67 束	每增减 1 束	每吨 4.73 束	每增减 1 束	每吨 3.54 束	每增减 1 束
				52	53	54	55	56	57	58	59
1	人工	工日	1	21.4	1.8	19.5	1.9	18.6	2.0	17.7	2.1
2	光圆钢筋	t	111	0.027	0.004	0.022	0.004	0.018	0.004	0.015	0.004
3	钢绞线	t	125	1.040	–	1.040	–	1.040	–	1.040	–
4	钢管	t	191	0.004	–	0.003	–	0.003	–	0.002	–
5	钢绞线群锚(4 孔)	套	573	7.23	1.02	–	–	–	–	–	–
6	钢绞线群锚(5 孔)	套	574	–	–	5.78	1.02	–	–	–	–
7	钢绞线群锚(6 孔)	套	575	–	–	–	–	4.82	1.02	–	–
8	钢绞线群锚(8 孔)	套	577	–	–	–	–	–	–	3.61	1.02
9	8~12 号铁丝	kg	655	3.9	0.6	3.1	0.6	2.6	0.6	2.1	0.6
10	20~22 号铁丝	kg	656	1.6	0.2	1.2	0.2	1.0	0.2	0.8	0.2
11	塑料软管	kg	782	94.1	-5.0	94.1	-6.3	94.1	-7.5	94.1	-10.0
12	其他材料费	元	996	413.6	37.8	369.1	39.4	344.5	41.1	308.3	44.6
13	钢绞线拉伸设备	台班	1349	2.51	0.35	2.00	0.35	1.67	0.35	1.25	0.35
14	小型机具使用费	元	1998	29.2	4.2	24.8	4.5	21.9	4.7	18.2	5.0
15	基价	元	1999	11320	256	11079	277	10945	299	10783	338

续前页　　　　单位:1t 钢绞线

顺序号	项　目	单位	代号	束长（m）							
				60 以 内							
				锚具型号							
				4 孔		5 孔		6 孔		8 孔	
				每吨 4.36 束	每增减 1 束	每吨 3.49 束	每增减 1 束	每吨 2.91 束	每增减 1 束	每吨 2.18 束	每增减 1 束
				60	61	62	63	64	65	66	67
1	人工	工日	1	14.3	2.2	13.3	2.3	12.8	2.4	12.2	2.6
2	光圆钢筋	t	111	0.022	0.004	0.018	0.004	0.014	0.004	0.012	0.004
3	钢绞线	t	125	1.040	–	1.040	–	1.040	–	1.040	–
4	钢管	t	191	0.002	–	0.002	–	0.001	–	0.001	–
5	钢绞线群锚(4 孔)	套	573	4.45	1.02	–	–	–	–	–	–
6	钢绞线群锚(5 孔)	套	574	–	–	3.56	1.02	–	–	–	–
7	钢绞线群锚(6 孔)	套	575	–	–	–	–	2.97	1.02	–	–
8	钢绞线群锚(8 孔)	套	577	–	–	–	–	–	–	2.22	1.02
9	8～12 号铁丝	kg	655	4.3	1.0	3.5	1.0	2.9	1.0	2.1	1.0
10	20～22 号铁丝	kg	656	1.7	0.4	1.4	0.4	1.2	0.4	0.9	0.4
11	塑料软管	kg	782	107.8	–5.0	107.8	–6.3	107.8	–7.5	107.8	–10.0
12	其他材料费	元	996	408.2	60.3	363.1	62.1	334.7	64.3	296.7	68.3
13	钢绞线拉伸设备	台班	1349	1.74	0.40	1.40	0.40	1.17	0.40	0.88	0.40
14	小型机具使用费	元	1998	20.3	4.5	17.2	4.8	16.3	5	13.5	5.3
15	基价	元	1999	10667	309	10503	330	10395	353	10270	397

IV. 锚 孔 注 浆

单位:$10m^3$ 浆液

顺序号	项目	单位	代号	水泥浆				水泥砂浆	
				一次注浆		二次(劈裂)注浆			
				孔径(mm)					
				120以内	150以内	120以内	150以内	120以内	150以内
				68	69	70	71	72	73
1	人工	工日	1	9.1	9.1	10.2	10.2	7.8	7.8
2	M25水泥砂浆	m^3	71	–	–	–	–	(10.20)	(10.20)
3	水泥浆	m^3	–	(10.50)	(10.50)	(10.50)	(10.50)	–	–
4	铸铁管	kg	682	–	–	1768.4	1131.8	–	–
5	PVC注浆管	m	807	972.6	622.5	–	–	972.6	622.5
6	32.5级水泥	t	832	14.154	14.154	14.154	14.154	5.375	5.375
7	水	m^3	866	57	57	57	57	16	16
8	中(粗)砂	m^3	899	–	–	–	–	10.40	10.40
9	其他材料费	元	996	1.0	0.6	19.9	12.7	9.7	6.2
10	200L以内灰浆搅拌机	台班	1280	1.49	1.49	1.75	1.75	1.59	1.59
11	$3m^3/h$以内灰浆输送泵	台班	1285	1.49	1.49	–	–	1.59	1.59
12	液压注浆泵	台班	1295	–	–	1.75	1.75	–	–
13	3t以内载货汽车	台班	1371	0.53	0.53	0.53	0.53	0.40	0.40
14	小型机具使用费	元	1998	2.7	2.7	3.9	3.9	2.9	2.9
15	基价	元	1999	6636	6181	9142	7862	4360	3901

注:注浆定额中未包括外掺剂的费用,需要时另行计算。

1-3-8 木桩填石护岸

工程内容 1)制桩; 2)打桩; 3)钉横木; 4)填石。

单位:$10m^3$ 木桩实体

顺序号	项目	单位	代号	木桩填石护岸
				1
1	人工	工日	1	39.0
2	原木	m^3	101	10.617
3	锯材	m^3	102	0.068
4	铁件	kg	651	2.4
5	铁钉	kg	653	20.2
6	片石	m^3	931	24.11
7	其他材料费	元	996	0.7
8	基价	元	1999	14873

1-3-9 抛石防护

工程内容 陆上抛填：1）运输；2）抛填；3）测量检查。

水上抛填：1）装船；2）拖轮拖至抛填地点、移船定位；3）人工抛填；4）测量检查。

单位：$100m^3$ 设计抛石量

顺序号	项目	单位	代号	陆上抛填		水上抛填	
				人工抛填	机械抛填	运距1km以内	每增运1km
				1	2	3	4
1	人工	工日	1	31.9	0.5	16.8	-
2	片石	m^3	931	102.00	102.00	102.00	-
3	75kW以内履带式推土机	台班	1003	-	0.09	-	-
4	$2.0m^3$ 以内轮胎式装载机	台班	1050	-	0.32	0.21	-
5	15t以内履带式起重机	台班	1432	-	-	0.21	-
6	147kW以内内燃拖轮	艘班	1853	-	-	0.22	0.04
7	200t以内工程驳船	艘班	1876	-	-	2.75	0.04
8	基价	元	1999	5037	3773	5963	66

1-3-10 防风固沙

工程内容 植树、栽草、播草籽：1)挖坑(沟)、植树；2)栽草、培土、拍紧；3)撒草籽。

黏土、砂砾压盖：1)铺料；2)耙平；3)压实。

草方格沙障：1)选点放样；2)人工栽麦草；3)撒草籽。

黏土埂挡风墙：1)放样；2)堆土成埂；3)拍实。

杂柴挡风墙：1)叠铺杂柴；2)培土夯实。

保护草方格刺铁丝网：1)栽埋木桩；2)拉刺丝固定。

柳条笆防沙栏：1)人工编篱笆；2)熬沥青；3)加固桩防腐；4)埋放加固桩；5)安装篱笆铅丝绑扎固定。

人工清运流沙：1)挖、运；2)将流沙清除到路基以外。

黏土封闭路基：1)铺砌；2)整平；3)夯实。

边坡和平整带卵石铺砌：1)挂线；2)整平；3)铺砌；4)灌沙。

单位：表列单位

顺序号	项目	单位	代号	植树、栽草、播草籽			压盖及沙障		
				植树	栽草	播草籽	黏土压盖	砂砾压盖	草方格沙障
				100 株	1000m²				
				1	2	3	4	5	6
1	人工	工日	1	10.5	10.1	15.2	15.4	15.8	11.5
2	原木	m³	101	–	–	–	–	–	–
3	铁钉	kg	653	–	–	–	–	–	–
4	8~12 号铁丝	kg	655	–	–	–	–	–	–

续前页　　　　单位:表列单位

顺序号	项　目	单位	代号	植树、栽草、播草籽			压盖及沙障		
				植树	栽草	播草籽	黏土压盖	砂砾压盖	草方格沙障
				100 株	1000m²				
				1	2	3	4	5	6
5	刺铁丝	kg	658	–	–	–	–	–	–
6	草籽	kg	821	–	–	10.3	–	–	1.5
7	树苗	株	822	105.0	–	–	–	–	–
8	木柴	kg	867	–	–	–	–	–	–
9	砂砾	m^3	902	–	–	–	–	40.29	–
10	黏土	m^3	911	–	–	–	43.68	–	–
11	大卵石	m^3	935	–	–	–	–	–	–
12	其他材料费	元	996	115.0	30.0	90.0	–	–	48.7
13	8 ~ 10t 光轮压路机	台班	1076	–	–	–	0.30	0.30	–
14	基价	元	1999	1157	527	1662	1200	2110	735

续前页　　　　单位：表列单位

顺序号	项　目	单位	代号	压盖及沙障				人工清除流沙	沙路基加固	
				黏土埂挡风墙	杂柴挡风墙	保护草方格刺铁丝网	柳条笆防沙网		黏土封闭	边坡和平整带卵石铺砌
				1000m				100m^3		1000m^2
				7	8	9	10	11	12	13
1	人工	工日	1	86.9	73.5	128.0	925.0	52.5	57.5	43.2
2	原木	m^3	101	–	–	6.647	4.673	–	–	–
3	铁钉	kg	653	–	–	10.2	–	–	–	–
4	8～12 号铁丝	kg	655	–	–	–	81.6	–	–	–
5	刺铁丝	kg	658	–	–	869.0	–	–	–	–
6	草籽	kg	821	–	–	–	–	–	–	–
7	树苗	株	822	–	–	–	–	–	–	–
8	木柴	kg	867	–	15000.0	–	–	–	–	–
9	砂砾	m^3	902	142.80	–	–	–	–	15.80	–
10	黏土	m^3	911	130.00	–	–	–	–	115.60	–
11	大卵石	m^3	935	–	–	–	–	–	–	104.04
12	其他材料费	元	996	10.0	10.0	24.0	1586.0	–	10.0	5.0
13	8～10t 光轮压路机	台班	1076	–	–	–	–	–	–	–
14	基价	元	1999	9780	10976	19590	52828	2583	4278	5356

注：1. 草方格沙障定额中的其他材料费包括麦草 600kg 的费用；
2. 柳条笆防沙网定额中的其他材料费包括柳条 12500kg 的费用；
3. 备水费用另计。

1－3－11 防雪、防沙设施

工程内容 1）制桩；2）打桩；3）钉横木；4）扎芦苇；5）编排芦苇。

单位：100 延米

顺序号	项目	单位	代号	防雪、防沙设施
				1
1	人工	工日	1	28.6
2	原木	m^3	101	1.666
3	锯材	m^3	102	0.078
4	铁件	kg	651	2.8
5	铁钉	kg	653	4.7
6	8～12 号铁丝	kg	655	48.2
7	其他材料费	元	996	749.2
8	基价	元	1999	4467

1－3－12　现浇混凝土挡土墙

工程内容　1)挖基并回填；2)铺垫层；3)搭、拆脚手架；4)钢筋、混凝土的全部工序；5)泄水管及伸缩缝的设置。

单位：$10m^3$ 实体及 1t 钢筋

顺序号	项　目	单位	代号	片石混凝土	混　凝　土	钢　筋
				$10m^3$		1t
				1	2	3
1	人工	工日	1	31.7	31.9	7
2	C15 片石混凝土	m^3	12	(10.20)	–	–
3	C20 水泥混凝土	m^3	18	–	(10.20)	–
4	原木	m^3	101	0.040	0.040	–
5	光圆钢筋	t	111	–	–	1.025
6	电焊条	kg	231	–	–	3.5
7	组合钢模板	t	272	0.020	0.020	–
8	铁件	kg	651	50.7	50.7	–
9	8～12 号铁丝	kg	655	2.1	2.1	–
10	20～22 号铁丝	kg	656	–	–	2.6
11	32.5 级水泥	t	832	2.193	2.876	–
12	硝铵炸药	kg	841	0.3	0.3	–
13	石油沥青	t	851	0.016	0.016	–

续前页

单位：$10m^3$ 实体及1t钢筋

顺序号	项目	单位	代号	片石混凝土	混凝土	钢筋
				$10m^3$		1t
				1	2	3
14	水	m^3	866	10	10	–
15	中(粗)砂	m^3	899	4.79	5.51	–
16	砂砾	m^3	902	2.60	2.60	–
17	片石	m^3	931	2.19	–	–
18	碎石(8cm)	m^3	954	7.24	8.36	–
19	其他材料费	元	996	30.4	30.4	–
20	250L以内混凝土搅拌机	台班	1272	0.38	0.44	–
21	8t以内汽车式起重机	台班	1450	0.22	0.27	–
22	32kV·A以内交流电弧焊机	台班	1726	–	–	0.66
23	小型机具使用费	元	1998	15.2	15.2	18.5
24	基价	元	1999	3720	4005	3848

1-3-13 加筋土挡土墙

工程内容 1)挖基;2)铺垫层;3)预制、安装混凝土面板的全部工序;4)墙背填砂砾;5)加筋拉带铺设;6)泄水管及伸缩缝的设置。

单位:$10m^3$ 实体

顺序号	项目	单位	代号	平面面板	内凹面板
				1	2
1	人工	工日	1	177.0	218.6
2	C15 水泥混凝土	m^3	17	(1.02)	(2.17)
3	C20 水泥混凝土	m^3	18	(9.08)	(1.89)
4	C25 水泥混凝土	m^3	19	-	(6.04)
5	锯材	m^3	102	0.044	0.059
6	光圆钢筋	t	111	0.203	0.372
7	电焊条	kg	231	0.2	0.4
8	钢模板	t	271	0.012	0.028
9	铁件	kg	651	0.7	8.9
10	20~22 号铁丝	kg	656	0.7	1.3
11	铸铁管	kg	682	28.0	20.3
12	塑料拉筋带	t	813	0.260	0.461
13	32.5 级水泥	t	832	3.242	3.648

续前页　　　　单位:10m³ 实体

顺序号	项　目	单位	代号	平面面板	内凹面板
				1	2
14	石油沥青	t	851	0.015	0.016
15	水	m^3	866	19	18
16	生石灰	t	891	1.790	1.011
17	中(粗)砂	m^3	899	5.76	5.87
18	砂砾	m^3	902	30.89	22.57
19	黏土	m^3	911	6.49	3.66
20	碎石(2cm)	m^3	951	–	5.01
21	碎石(4cm)	m^3	952	8.49	3.43
22	其他材料费	元	996	158.4	414.9
23	250L 以内混凝土搅拌机	台班	1272	0.44	0.44
24	32kV·A 以内交流电弧焊机	台班	1726	0.04	0.07
25	小型机具使用费	元	1998	2.8	5.8
26	基价	元	1999	16386	21866

1－3－14　现浇钢筋混凝土锚碇板式挡土墙

工程内容　1)挖基；2)铺砂砾垫层；3)预制锚碇板，现浇混凝土墙身的全部工序；4)钢筋及拉杆制作；5)拉杆及锚碇板安装的全部工序；6)回填、夯实；7)泄水管及沉降缝的设置。

单位：$10m^3$

顺序号	项　目	单位	代号	锚碇板式挡土墙
				1
1	人工	工日	1	37.2
2	C20 水泥混凝土	m^3	18	(9.97)
3	C25 水泥混凝土	m^3	19	(0.23)
4	原木	m^3	101	0.045
5	锯材	m^3	102	0.029
6	光圆钢筋	t	111	0.067
7	带肋钢筋	t	112	0.183
8	钢管	t	191	0.008
9	电焊条	kg	231	1.6
10	组合钢模板	t	272	0.024
11	铁件	kg	651	12.4
12	铁钉	kg	653	0.4
13	8～12 号铁丝	kg	655	0.2

续前页　　　　单位:$10m^3$

顺序号	项　　目	单位	代号	锚碇板式挡土墙
				1
14	20～22 号铁丝	kg	656	0.5
15	铸铁管	kg	682	10.4
16	32.5 级水泥	t	832	3.118
17	石油沥青	t	851	0.655
18	煤	t	864	0.218
19	水	m^3	866	12
20	中(粗)砂	m^3	899	5.11
21	砂砾	m^3	902	7.06
22	碎石(4cm)	m^3	952	8.76
23	其他材料费	元	996	51.1
24	250L 以内混凝土搅拌机	台班	1272	0.45
25	5t 以内汽车式起重机	台班	1449	0.35
26	30kN 以内单筒慢动卷扬机	台班	1499	0.07
27	32kV·A 以内交流电弧焊机	台班	1726	0.33
28	小型机具使用费	元	1998	39.9
29	基价	元	1999	7902

注:本定额锚碇板预制按使用木模计算,如采用钢模,按“预制、安装钢筋混凝土锚碇板式挡土墙定额”计算。

1-3-15 预制、安装钢筋混凝土锚碇板式挡土墙

工程内容 1)混凝土、钢筋的全部工序；2)拌运砂浆，砌筑，勾缝；3)修整构件，安装就位；4)拉杆防锈处理。

单位:$10m^3$ 实体及 1t

顺序号	项目	单位	代号	混凝土			钢筋	拉杆
				挡土板	锚碇板	立柱		
				$10m^3$			1t	
				1	2	3	4	5
1	人工	工日	1	69.7	68.8	55.2	12.7	10.4
2	C20 水泥混凝土	m^3	18	(10.10)	(10.10)	(10.10)	-	-
3	原木	m^3	101	-	-	0.015	-	-
4	锯材	m^3	102	0.056	0.064	0.022	-	-
5	光圆钢筋	t	111	-	-	-	1.025	-
6	带肋钢筋	t	112	-	-	-	-	1.000
7	型钢	t	182	-	-	0.008	-	-
8	电焊条	kg	231	-	-	-	1.1	-
9	钢模板	t	271	0.020	0.015	-	-	-
10	组合钢模板	t	272	-	-	0.010	-	-
11	铁件	kg	651	4.3	-	8.1	-	414.4
12	20~22 号铁丝	kg	656	-	-	-	3.6	-

续前页　　　　单位:$10m^3$ 实体及1t

顺序号	项目	单位	代号	混凝土			钢筋	拉杆
				挡土板	锚碇板	立柱		
				$10m^3$			1t	
				1	2	3	4	5
13	32.5级水泥	t	832	3.561	3.400	3.018	–	0.213
14	石油沥青	t	851	–	–	–	–	0.164
15	煤	t	864	–	–	–	–	0.034
16	水	m^3	866	17	17	17	–	1
17	中(粗)砂	m^3	899	6.29	5.68	5.89	–	0.71
18	碎石(2cm)	m^3	951	8.28	8.28	0.23	–	–
19	碎石(8cm)	m^3	954	–	–	8.28	–	–
20	其他材料费	元	996	278.2	118.8	120.5	–	575.8
21	设备摊销费	元	997	–	–	–	–	2.1
22	250L以内混凝土搅拌机	台班	1272	0.44	0.44	0.44	–	–
23	30kN以内单筒慢动卷扬机	台班	1499	–	–	3.11	–	–
24	32kV·A以内交流电弧焊机	台班	1726	–	–	–	0.20	–
25	小型机具使用费	元	1998	7.3	5.9	5.4	7.4	–
26	基价	元	1999	5952	5621	5070	4064	7056

1-3-16 钢筋混凝土桩板式挡土墙

工程内容 1)挖基及回填；2)现浇、预制混凝土的全部工序；3)挡土板吊装就位；4)钢筋的全部工序。

单位:$10m^3$ 实体及 1t

顺序号	项目	单位	代号	混凝土		钢筋
				现浇桩(柱)	预制、安装挡土板	
				$10m^3$		1t
				1	2	3
1	人工	工日	1	26.8	32.7	9.6
2	C25 水泥混凝土	m^3	19	(10.20)	(10.10)	–
3	原木	m^3	101	0.069	0.018	–
4	锯材	m^3	102	0.033	0.072	–
5	光圆钢筋	t	111	–	–	0.307
6	带肋钢筋	t	112	–	–	0.718
7	型钢	t	182	0.022	0.029	–
8	电焊条	kg	231	–	1.2	3.5
9	组合钢模板	t	272	0.017	0.035	–
10	铁件	kg	651	20.2	12.6	–
11	20~22 号铁丝	kg	656	–	–	4.4
12	32.5 级水泥	t	832	3.417	3.384	–

续前页　　　　单位:$10m^3$ 实体及1t

顺序号	项目	单位	代号	混凝土		钢筋
				现浇桩(柱)	预制、安装挡土板	
				$10m^3$		1t
				1	2	3
13	硝铵炸药	kg	841	0.3	–	–
14	导火线	m	842	1	–	–
15	水	m^3	866	10	16	–
16	中(粗)砂	m^3	899	4.90	4.85	–
17	碎石(4cm)	m^3	952	8.47	8.38	–
18	其他材料费	元	996	72.7	42.6	0.3
19	250L以内混凝土搅拌机	台班	1272	0.44	0.44	–
20	5t以内汽车式起重机	台班	1449	0.95	–	–
21	12t以内汽车式起重机	台班	1451	–	1.32	–
22	30kN以内单筒慢动卷扬机	台班	1499	0.53	–	0.08
23	32kV·A以内交流电弧焊机	台班	1726	–	0.30	0.35
24	$9m^3$/min以内机动空压机	台班	1842	0.03	–	–
25	小型机具使用费	元	1998	14.3	3.0	10.2
26	基价	元	1999	4124	4989	4026

1－3－17 锚杆挡土墙

工程内容 1)挖基及回填；2)现浇、预制混凝土的全部工序；3)安装肋柱、墙面板；4)钢筋的全部工序；5)钻孔及压浆的全部工序；6)锚杆制作、安装、锚固。

单位:表列单位

顺序号	项目	单位	代号	现浇基础混凝土	预制、安装肋柱、墙面板		钻孔及压浆	锚杆制、安
					混凝土	钢筋		
				10m³		1t	100m	1t
				1	2	3	4	5
1	人工	工日	1	18.3	31.9	11.3	39.0	25.7
2	C15 水泥混凝土	m³	17	(10.20)	–	–	–	–
3	C20 水泥混凝土	m³	18	–	(10.10)	–	–	(0.18)
4	原木	m³	101	–	0.017	–	0.100	–
5	锯材	m³	102	0.004	0.068	–	–	–
6	光圆钢筋	t	111	–	–	0.355	–	0.023
7	带肋钢筋	t	112	–	–	0.670	–	1.025
8	型钢	t	182	0.015	0.027	–	–	–
9	钢板	t	183	–	–	–	–	0.038
10	电焊条	kg	231	–	–	1.6	–	2.9
11	组合钢模板	t	272	0.033	0.033	–	–	–
12	铁件	kg	651	12.7	11.9	–	12.6	–

续前页 单位:表列单位

顺序号	项目	单位	代号	现浇基础混凝土	预制、安装肋柱、墙面板		钻孔及压浆	锚杆制、安
					混凝土	钢筋		
				10m³		1t	100m	1t
				1	2	3	4	5
13	20~22 号铁丝	kg	656	–	–	4.6	–	–
14	32.5 级水泥	t	832	2.581	3.384	–	0.796	0.06
15	硝铵炸药	kg	841	0.2	–	–	–	–
16	水	m^3	866	12	16	–	4	–
17	中(粗)砂	m^3	899	5.61	4.85	–	1.29	0.09
18	碎石(4cm)	m^3	952	–	8.38	–	–	0.15
19	碎石(8cm)	m^3	954	8.47	–	–	–	–
20	其他材料费	元	996	32.7	40.2	0.3	153.9	40.7
21	ϕ38mm~ϕ170mm 锚固钻机	台班	1119	–	–	–	8.50	–
22	250L 以内混凝土搅拌机	台班	1272	0.44	0.44	–	–	–
23	12t 以内汽车式起重机	台班	1451	0.40	0.66	–	1.32	–
24	30kN 以内单筒慢动卷扬机	台班	1499	–	–	0.15	–	0.15
25	32kV·A 以内交流电弧焊机	台班	1726	–	–	0.20	–	0.36
26	9m³/min 以内机动空压机	台班	1842	–	–	–	2.12	–
27	小型机具使用费	元	1998	10.4	2.8	7.7	239.9	7.7
28	基价	元	1999	3158	4415	4085	6317	5141

1-3-18 钢筋混凝土扶壁式、悬臂式挡土墙

工程内容 1)脚手架的搭拆;2)混凝土、钢筋的全部工序。

单位:10m³ 实体及 1t

顺序号	项目	单位	代号	现浇墙身混凝土	钢筋
				10m³	1t
				1	2
1	人工	工日	1	23.4	7.0
2	C20 水泥混凝土	m^3	18	(10.20)	-
3	原木	m^3	101	0.040	-
4	光圆钢筋	t	111	-	1.025
5	型钢	t	182	0.006	-
6	电焊条	kg	231	-	2.7
7	组合钢模板	t	272	0.023	-
8	铁件	kg	651	53.9	-
9	20~22 号铁丝	kg	656	-	3.6
10	32.5 级水泥	t	832	3.040	-
11	水	m^3	866	8	-
12	中(粗)砂	m^3	899	5.00	-
13	碎石(4cm)	m^3	952	8.57	-

续前页

单位:$10m^3$ 实体及 1t

顺序号	项　目	单位	代号	现浇墙身混凝土	钢　筋
				$10m^3$	1t
				1	2
14	其他材料费	元	996	31.6	0.3
15	250L 以内混凝土搅拌机	台班	1272	0.44	–
16	5t 以内汽车式起重机	台班	1449	0.35	–
17	32kV·A 以内交流电弧焊机	台班	1726	–	0.66
18	小型机具使用费	元	1998	4.9	7.7
19	基价	元	1999	3548	3840

1－3－19　挡土墙防渗层、泄水层及填内芯

工程内容　铺筑沥青防渗层：1）清扫基层；2）安锅设灶、熬油；3）人工拌和，摊铺，整形，碾压；4）初期养护。

铺筑砂砾泄水层：1）装卸砂砾石；2）捡平；3）夯实。

填内芯：1）人工铺料；2）找平；3）洒水；4）碾压、夯实。

单位：$1000m^2$ 及 $100m^3$

顺序号	项目	单位	代号	沥青防渗层	砂砾泄水层	填内芯
				$1000m^2$	$100m^3$	
				1	2	3
1	人工	工日	1	22.6	57.3	15.5
2	石油沥青	t	851	1.339	－	－
3	煤	t	864	0.287	－	－
4	水	m^3	866	－	12	－
5	砂砾	m^3	902	－	127.50	－
6	石屑	m^3	961	6.63	－	－
7	其他材料费	元	996	14.9	－	－
8	8～10t 光轮压路机	台班	1076	0.36	－	－
9	12～15t 光轮压路机	台班	1078	－	－	0.79
10	小型机具使用费	元	1998	－	－	97.8
11	基价	元	1999	6823	6778	1186

注：填内芯所需填料的挖运，按路基土方定额计算。

1－3－20 抗滑桩

工程内容 挖孔：1）挖（石方包括打眼爆破，清理解小）；2）装、运、卸、空回，并包括临时支撑及警戒防护等。

护壁、桩身混凝土：1）准备工作；2）模板及支撑的制作、安装、拆除、涂脱模剂；3）混凝土配料、拌和、运输、浇筑、捣固、养生。

钢筋：1）除锈、绑扎、制作、焊接；2）吊装钢筋笼。

单位：$10m^3$ 实体及 1t

顺序号	项目	单位	代号	挖孔		护壁	桩身	钢筋	钢轨
				土	石	混凝土			
				$10m^3$				1t	
				1	2	3	4	5	6
1	人工	工日	1	6.9	10.0	28.3	12.4	8.4	7.7
2	C15 水泥混凝土	m^3	17	–	–	(10.20)	–	–	–
3	C20 水泥混凝土	m^3	18	–	–	–	(10.20)	–	–
4	原木	m^3	101	0.001	0.002	0.053	–	–	–
5	锯材	m^3	102	0.004	0.004	–	–	–	–
6	光圆钢筋	t	111	–	–	–	–	1.025	–
7	型钢	t	182	–	–	0.034	–	–	–
8	钢轨	t	185	–	–	–	–	–	1.000
9	钢钎	kg	211	–	1.0	–	–	–	–
10	电焊条	kg	231	–	–	–	–	4.0	4.1
11	组合钢模板	t	272	–	–	0.049	–	–	–
12	铁件	kg	651	1.0	1.0	7.8	–	–	0.5

续前页　　单位:$10m^3$ 实体及1t

顺序号	项目	单位	代号	挖孔		护壁	桩身	钢筋	钢轨
				土	石	混凝土			
				$10m^3$				1t	
				1	2	3	4	5	6
13	8~12号铁丝	kg	655	–	–	–	–	–	9.5
14	20~22号铁丝	kg	656	–	–	–	–	5.4	–
15	32.5级水泥	t	832	–	–	2.723	2.876	–	–
16	硝铵炸药	kg	841	–	7.2	–	–	–	–
17	导火线	m	842	–	30	–	–	–	–
18	普通雷管	个	845	–	17	–	–	–	–
19	水	m^3	866	–	–	12	12	–	–
20	中(粗)砂	m^3	899	–	–	5.10	5.51	–	0.09
21	碎石(4cm)	m^3	952	–	–	8.67	–	–	0.15
22	碎石(8cm)	m^3	954	–	–	–	8.36	–	–
23	其他材料费	元	996	14.0	14.3	56.4	1.0	0.5	114.4
24	250L以内混凝土搅拌机	台班	1272	–	–	0.68	0.68	–	–
25	30kN以内单筒慢动卷扬机	台班	1499	1.17	2.01	0.82	0.58	0.12	0.15
26	32kV·A以内交流电弧焊机	台班	1726	–	–	–	–	0.43	0.49
27	$9m^3$/min以内机动空压机	台班	1842	–	0.71	–	–	–	–
28	小型机具使用费	元	1998	6.6	60.4	9.3	4.2	12.8	10.7
29	基价	元	1999	473	1228	3755	2398	3919	3780

注:采用钢轨作骨架时,应尽可能利用废旧钢轨。

第四节　路基软基处理工程

说　明

1. 袋装砂井及塑料排水板处理软土地基，工程量为设计深度，定额材料消耗中已包括砂袋或塑料排水板的预留长度。

2. 振冲碎石桩定额中不包括污泥排放处理的费用，需要时另行计算。

3. 挤密砂桩和石灰砂桩处理软土地基定额的工程量为设计桩断面积乘以设计桩长。

4. 粉体喷射搅拌桩和高压旋喷桩处理软土地基定额的工程量为设计桩长。

5. 粉体喷射搅拌桩定额中的固化材料的掺入比是按水泥 15%、石灰 25% 计算的，当掺入比或桩径不同时，可按下式调整固化材料的消耗：

$$Q = \frac{D^2 \times m}{D_0^2 \times m_0} \times Q_0$$

式中：Q——设计固化材料消耗；

Q_0——定额固化材料消耗；

D——设计桩径；

D_0——定额桩径；

m——设计固化材料掺入比；

m_0——定额固化材料掺入比。

6. 高压旋喷桩定额中的浆液系按普通水泥浆编制的，当设计采用添加剂或水泥用量与定额不同时，可按设计确定的有关参数计算水泥浆。按下式计算水泥的消耗量：

$$M_c = \frac{\rho_w \times d_c}{1 + \alpha \times d_c} \times \frac{H}{v} \times q \times (1 + \beta)$$

式中：M_c——水泥用量，kg；

ρ_w——水的密度，kg/m^3；

d_c——水泥的相对密度，可取3.0；

H——喷射长度，m；

v——提升速度，m/min；

q——单位时间喷浆量；

α——水灰比；

β——损失系数，一般取0.1～0.2。

7. CFG桩处理软土地基定额的工程量为设计桩长乘以设计桩径的混凝土体积。定额中已综合考虑了扩孔、桩头清除等因素的增加量，使用定额时，不应将这部分数量计入工程量内。

8. 土工布的铺设面积为锚固沟外边缘所包围的面积，包括锚固沟的底面积和侧面积。定额中不包括排水内容，需要时另行计算。

9. 强夯定额适用于处理松、软的碎石土、砂土、低饱和度的粉土与黏性土、湿陷性黄土、杂填土和素填土等地基。定额中已综合考虑夯坑的排水费用，使用定额时不得另行增加费用。夯击遍数应根据地基土的性质由设计确定，低能量满夯不能作为夯击遍数计算。

10. 堆载预压定额中包括了堆载四面的放坡、沉降观测、修坡道增加的工、料、机消耗以及施工中测量放线、定位的工、料消耗，使用定额时均不得另行计算。

11. 软土地基垫层的工程量为设计体积。

12. 抛石挤淤的工程量为设计抛石体积。

13. 路基填土掺灰的工程量为需进行处理的填土的压实体积。

14. 本节定额中均包括机具清洗及操作范围内料具搬运。

1-4-1 袋装砂井、塑料排水板处理软土地基

工程内容 袋装砂井：1)轨道铺、拆；2)装砂袋；3)定位；4)打钢管；5)下砂袋；6)拔钢管；7)门架、桩机移位。

塑料排水板：1)轨道铺、拆；2)定位；3)穿塑料排水板；4)安桩靴；5)打拔钢管；6)剪断排水板；7)门架、桩机移位。

单位：1000m

顺序号	项目	单位	代号	袋装砂井	塑料排水板
				1	2
1	人工	工日	1	6.7	3.6
2	塑料排水板	m	811	-	1071
3	塑料编织袋	m	812	1087	-
4	中(粗)砂	m^3	899	4.56	-
5	其他材料费	元	996	7.5	83.5
6	15t以内履带式起重机	台班	1432	1.58	1.04
7	袋装砂井机	台班	1626	1.72	1.13
8	基价	元	1999	3209	3043

注：本定额按砂井直径7cm编制，如砂井直径不同时，可按砂井截面积的比例关系调整中(粗)砂的用量，其他消耗量不作调整。

1-4-2 石灰砂桩、振冲碎石桩、挤密砂桩处理软土地基

工程内容 石灰砂桩：1)整平路基；2)放样；3)人工挖孔；4)配、拌料；5)填料并捣实；6)耙土封顶整平；7)压路机碾压。
振冲碎石桩：1)安、拆振冲器；2)振冲、填碎石；3)疏导泥浆；4)场内临时道路维护。
挤密砂桩：1)桩机就位；2)打拔钢管；3)管内添水加砂；4)起重机、桩机移位；5)清理工作面。

单位：$10m^3$ 及 10m

顺序号	项目	单位	代号	石灰砂桩	振冲碎石桩	挤密砂桩
				$10m^3$	10m	$10m^3$
				1	2	3
1	人工	工日	1	64.4	4.1	5.4
2	水	m^3	866	–	–	14
3	生石灰	t	891	7.726	–	–
4	中(粗)砂	m^3	899	5.04	–	13.18
5	黏土	m^3	911	2.28	–	–
6	碎石(6cm)	m^3	953	–	9.91	–
7	其他材料费	元	996	15.0	30.0	9.9
8	$1.0m^3$ 以内轮胎式装载机	台班	1048	–	–	0.91
9	12~15t 光轮压路机	台班	1078	0.21	–	–
10	10t 以内履带式起重机	台班	1431	–	–	0.75
11	15t 以内履带式起重机	台班	1432	–	0.21	–
12	300kN 以内振动打拔桩锤	台班	1581	–	–	0.79
13	55kW 以内振冲器	台班	1630	–	0.28	–
14	ϕ150mm 电动多级水泵(≤180m)	台班	1665	–	0.21	–
15	基价	元	1999	4402	1044	2062

1-4-3 粉体喷射搅拌桩、高压旋喷桩处理软土地基

工程内容 粉体喷射搅拌桩：1)清理场地；2)放样定位；3)钻机安拆；4)钻进搅拌，提钻并喷粉搅拌，复拌；5)移位。

高压旋喷桩：1)清理场地；2)放样定位；3)钻机就位、钻孔、移位；4)配置浆液；5)喷射装置就位、喷射注浆、移位；6)泥浆池清理。

单位：10m

顺序号	项目	单位	代号	粉体喷射搅拌桩		高压旋喷桩		
				水泥	石灰	单管法	二重管法	三重管法
				1	2	3	4	5
1	人工	工日	1	0.6	1.2	5.4	8.7	15.3
2	32.5 级水泥	t	832	0.481	–	2.346	5.279	13.196
3	水	m^3	866	–	–	2	5	20
4	生石灰	t	891	–	1.238	–	–	–
5	其他材料费	元	996	20.0	20.0	9.0	17.9	27.4
6	设备摊销费	元	997	–	–	15.0	18.0	25.0
7	高压旋喷钻机	台班	1640	–	–	0.36	0.46	0.51
8	粉体发送设备	台班	1641	0.11	0.12	–	–	–
9	高压注浆泵	台班	1643	–	–	0.43	0.43	0.43
10	15m 以内深层喷射搅拌机	台班	1645	0.05	0.06	–	–	–
11	25m 以内深层喷射搅拌机	台班	1647	0.06	0.06	–	–	–
12	ϕ100mm 电动多级水泵(≤120m)	台班	1663	–	–	–	–	0.43
13	$3m^3$/min 以内机动空压机	台班	1840	0.11	0.12	–	–	–
14	$6m^3$/min 以内机动空压机	台班	1841	–	–	–	0.42	0.42
15	小型机具使用费	元	1998	5.1	5.1	45.5	60.0	107.2
16	基价	元	1999	301	315	1340	2693	5735

注：本定额中粉体喷射搅拌桩是按桩径 50cm 编制的，当设计桩径不同时，桩径每增加 5cm，定额人工和机械增加 5%。

1-4-4 CFG 桩处理软土地基※

工程内容 钻孔成桩：1)清理场地、整平；2)测量放样、钻机就位；3)准备钻具、钻孔；4)混凝土配运料、拌和、灌注、提管移位；5)凿桩头。

沉管成桩：1)清理场地、整平；2)测量放样、机具就位；3)振动沉管；4)混凝土配运料、拌和、灌注、拔管移位；5)凿桩头。

单位：$10m^3$ 实体

顺序号	项目	单位	代号	钻孔成桩	沉管成桩
				桩径（cm）	
				50 以内	40 以内
				1	2
1	人工	工日	1	14.1	21.0
2	C15 水泥混凝土	m^3	17	(12.90)	(12.50)
3	32.5 级水泥	t	832	2.586	1.817
4	水	m^3	866	3	3
5	中(粗)砂	m^3	899	6.86	4.51
6	粉煤灰	m^3	945	2.23	2.88
7	碎石(4cm)	m^3	952	9.04	8.81
8	其他材料费	元	996	21.1	15.1
9	设备摊销费	元	997	17.8	71.2
10	$1.0m^3$ 以内轮胎式装载机	台班	1048	0.79	0.79
11	250L 以内混凝土搅拌机	台班	1272	0.88	1.22
12	$60m^3/h$ 以内混凝土输送泵	台班	1316	0.28	-
13	25t 以内履带式起重机	台班	1434	-	0.58
14	600kN 以内振动打拔桩锤	台班	1583	-	0.58
15	ϕ600mm 以内螺旋钻孔机	台班	1633	0.63	-
16	小型机具使用费	元	1998	20.4	13.3
17	基价	元	1999	3587	3741

1-4-5 土工合成材料处理软土地基

工程内容 土工布处理：1)清理整平路基；2)挖填锚固沟；3)铺设土工布；4)缝合及锚固土工布。

土工格栅处理：1)清理整平路基(或路面基层)；2)铺设土工格栅；3)固定土工格栅。

单位：1000m² 处理面积

顺序号	项目	单位	代号	土工布	土工格栅
				1	2
1	人工	工日	1	52.9	47.7
2	铁钉	kg	653	5.4	-
3	土工布	m²	770	1085.1	-
4	土工格栅	m²	772	-	1094.6
5	U形钉	kg	775	-	32.4
6	大卵石	m³	935	2.22	-
7	其他材料费	元	996	46.8	31.2
8	基价	元	1999	13292	13256

1-4-6 强夯处理软土地基

工程内容 强夯软土:1)清理并平整施工场地;2)测设夯点、夯击;3)满夯表层土(搭夯);4)平整夯坑。

强夯片石墩:1)清理并平整施工场地;2)开挖、填片石;3)夯击;4)平整及压实。

单位:$1000m^2$ 处理面积

顺序号	项目	单位	代号	一般软土		高压缩性软土		淤泥质软土		强夯片石墩
				夯击能 3000kN·m 以内,夯击遍数						
				两遍	每增加一遍	两遍	每增加一遍	两遍	每增加一遍	
				1	2	3	4	5	6	7
1	人工	工日	1	38.6	15.6	40.8	19.6	63.9	26.2	63.9
2	片石	m^3	931	–	–	–	–	–	–	180.00
3	其他材料费	元	996	260.0	–	260.0	–	260.0	–	50.0
4	75kW 以内履带式推土机	台班	1003	0.17	–	0.16	–	0.14	–	–
5	15t 以内振动压路机	台班	1088	–	–	–	–	–	–	2.55
6	1200kN·m 以内强夯机	台班	1097	1.45	–	1.83	–	2.33	–	16.52
7	3000kN·m 以内强夯机	台班	1099	8.13	3.25	10.20	4.08	13.66	5.47	–
8	基价	元	1999	13547	4916	16529	6172	22382	8271	21610

注:本定额中未包括垫层,需要时,应按相关定额另行计算。

1-4-7 抛石挤淤

工程内容 1)人工抛填片石；2)整平；3)碾压。

单位:$1000m^3$ 设计抛石量

顺序号	项目	单位	代号	抛石挤淤
				1
1	人工	工日	1	268.4
2	片石	m^3	931	1100.00
3	石渣	m^3	939	70.45
4	15t 以内振动压路机	台班	1088	0.15
5	基价	元	1999	52314

1－4－8 软土地基垫层

工程内容 1)铺筑；2)整平；3)分层碾压。

单位:1000m³

顺序号	项目	单位	代号	砂垫层	砂砾垫层	石渣垫层	碎(砾)石垫层
				1	2	3	4
1	人工	工日	1	15.4	16.2	46.4	46.4
2	砂	m³	897	1300.00	–	–	–
3	砂砾	m³	902	–	1300.00	–	–
4	石渣	m³	939	–	–	1200.00	–
5	碎石	m³	958	–	–	–	1200.00
6	75kW 以内履带式推土机	台班	1003	0.96	1.01	2.56	2.56
7	6～8t 光轮压路机	台班	1075	1.25	1.33	–	–
8	12～15t 光轮压路机	台班	1078	–	–	3.29	3.29
9	基价	元	1999	66660	42051	32327	38207

1-4-9 堆载及真空预压

工程内容 堆载预压：1)测量放线；2)制、安沉降盘；3)堆、卸载；4)整平；5)观测。

真空预压：1)测量放线；2)制、安、拆滤排水管；3)铺设砂垫层及薄膜；4)施工密封沟；5)安、拆真空设备；6)抽真空，观测。

单位：1000m^2 处理面积

顺序号	项目	单位	代号	堆载预压								真空预压	
				预压荷载(t/m^2)								预压期(月)	
				8	9	10	11	12	13	14	15	3	每增减0.5
				1	2	3	4	5	6	7	8	9	10
1	人工	工日	1	188.5	213	237.5	263.1	290.3	316.7	343	369.5	473.7	20.4
2	型钢	t	182	0.102	0.108	0.114	0.120	0.126	0.132	0.138	0.144	–	–
3	铁件	kg	651	–	–	–	–	–	–	–	–	20.0	–
4	草袋	个	819	–	–	–	–	–	–	–	–	160	–
5	其他材料费	元	996	12.1	12.8	13.5	13.9	14.6	15.1	15.6	16.3	12552.4	–
6	75kW以内履带式推土机	台班	1003	28.05	31.82	35.70	39.58	43.55	47.63	51.82	55.90	–	–
7	4t以内载货汽车	台班	1372	0.10	0.10	0.10	0.10	0.10	0.10	0.10	0.10	–	–
8	ϕ100mm电动单级离心水泵	台班	1652	–	–	–	–	–	–	–	–	279.28	55.90
9	204m^3/h以内真空泵	台班	1689	–	–	–	–	–	–	–	–	279.28	55.90
10	小型机具使用费	元	1998	–	–	–	–	–	–	–	–	57.0	11.4
11	基价	元	1999	26885	30424	34030	37690	41484	45306	49191	53018	88493	11486

注：本定额中未包括堆载材料的运输，应按相关定额另行计算。

1-4-10 路基填土掺灰

工程内容 1)掺灰；2)翻拌；3)闷料。

单位：1000m³

顺序号	项目	单位	代号	掺石灰			掺水泥		
				石灰含量5%		石灰含量每增减1%	水泥含量3%		水泥含量每增减1%
				稳定土拌和机拌和	拖拉机带铧犁拌和		稳定土拌和机拌和	拖拉机带铧犁拌和	
				1	2	3	4	5	6
1	人工	工日	1	88.1	95.5	–	32.8	25.5	–
2	32.5级水泥	t	832	–	–	–	51.360	51.360	16.471
3	生石灰	t	891	83.970	83.970	16.166	–	–	–
4	75kW以内履带式拖拉机	台班	1063	–	1.40	–	–	1.40	–
5	235kW以内稳定土拌和机	台班	1155	1.49	–	–	1.49	–	–
6	基价	元	1999	15751	14251	1697	20649	18426	5271

第二章　路 面 工 程

说　明

1. 本章定额包括各种类型路面以及路槽、路肩、垫层、基层等,除沥青混合料路面、厂拌基层稳定土混合料运输以 1000m^3 路面实体为计算单位外,其他均以 1000m^2 为计算单位。

2. 路面项目中的厚度均为压实厚度,培路肩厚度为净培路肩的夯实厚度。

3. 本定额中混合料系按最佳含水量编制,定额中已包括养生用水并适当扣除材料天然含水量,但山西、青海、甘肃、宁夏、内蒙、新疆、西藏等省、自治区,由于湿度偏低,用水量可根据具体情况,在定额数量的基础上酌情增加。

4. 本章定额中凡列有洒水汽车的子目,均按 5km 范围内洒水汽车在水源处自吸水编制,不计水费。如工地附近无天然水源可利用,必须采用供水部门供水(如自来水)时,可根据定额子目中洒水汽车的台班数量,按每台班35m^{3}计算定额用水量,乘以供水部门规定的水价增列水费。洒水汽车取水的平均运距等于或超过 5km 时,可按路基工程的洒水汽车洒水定额中的增运定额增加洒水汽车的台班消耗,但增加的洒水汽车台班消耗量不得再计水费。

5. 本章定额中的水泥混凝土均已包括其拌和费用,使用定额时不得再另行计算。

6. 压路机台班按行驶速度:两轮光轮压路机为 2.0km/h、三轮光轮压路机为 2.5km/h、轮胎式压路机为 5.0km/h、振动压路机为 3.0km/h 进行编制。如设计为单车道路面宽度时,两轮光轮压路机乘以 1.14 的系数、三轮光轮压路机乘以 1.33 的系数、轮胎式压路机和振动压路机乘以 1.29 的系数。

7. 自卸汽车运输稳定土混合料、沥青混合料和水泥混凝土定额项目,仅适用于平均运距在 15km 以内的混合料运输,当平均运距超过 15km 时,应按社会运输的有关规定计算其运输费用。当运距超过第一个定额运距单位时,其运距尾数不足一个增运定额单位的半数时不计,等于或超过半数时按一个增运定额运距单位计算。

第一节　路面基层及垫层

说　明

1. 各类稳定土基层、级配碎石、级配砾石基层的压实厚度在 15cm 以内，填隙碎石一层的压实厚度在 12cm 以内，垫层、其他种类的基层和底基层压实厚度在 20cm 以内，拖拉机、平地机和压路机的台班消耗按定额数量计算。如超过上述压实厚度进行分层拌和、碾压时，拖拉机、平地机和压路机的台班消耗按定额数量加倍计算，每 $1000m^2$ 增加 3 个工日。

2. 各类稳定土基层定额中的材料消耗系按一定配合比编制的，当设计配合比与定额标明的配合比不同时，有关材料可按下式进行换算：

$$C_i = [C_d + B_d \times (H - H_0)] \times \frac{L_i}{L_d}$$

式中：C_i——按设计配合比换算后的材料数量；

C_d——定额中基本压实厚度的材料数量；

B_d——定额中压实厚度每增减 1cm 的材料数量；

H_0——定额的基本压实厚度；

H——设计的压实厚度；

L_d——定额中标明的材料百分率；

L_i——设计配合比的材料百分率。

【例】 石灰粉煤灰稳定碎石基层,定额标明的配合比为:石灰:粉煤灰:碎石 =5:15:80,基本压实厚度为 15cm;设计配合比为:石灰:粉煤灰:碎石 =4:11:85,设计压实厚度为 16cm。各种材料调整后的数量为:

$$生石灰\quad [15.829+1.055\times(16-15)]\times\frac{4}{5}=13.507(t)$$

$$粉煤灰\quad [63.31+4.22\times(16-15)]\times\frac{11}{15}=49.52(m^3)$$

$$碎石\quad [164.89+10.99\times(16-15)]\times\frac{85}{80}=186.87(m^3)$$

3. 人工沿路翻拌和筛拌稳定土混合料定额中均已包括土的过筛工消耗,因此,土的预算价格中不应再计算过筛费用。

4. 本节定额中土的预算价格,按材料采集及加工和材料运输定额中的有关项目计算。

5. 各类稳定土基层定额中的碎石土、砂砾土系指天然碎石土和天然砂砾土。

6. 各类稳定土底基层采用稳定土基层定额时,每 1000m^2 路面减少 12 ~ 15t 光轮压路机 0.18 台班。

2-1-1 路面垫层

工程内容 铺筑,整平,洒水,碾压。

单位:1000m²

顺序号	项目	单位	代号	人工铺料									
				压实厚度15cm					每增减1cm				
				粗砂	砂砾	煤渣	矿渣	碎石	粗砂	砂砾	煤渣	矿渣	碎石
				1	2	3	4	5	6	7	8	9	10
1	人工	工日	1	27.5	30.2	35.0	31.5	29.1	1.5	1.8	2.2	1.9	1.8
2	水	m^3	866	20	19	26	21	17	1	1	2	1	1
3	砂	m^3	897	196.56	–	–	–	–	13.10	–	–	–	–
4	砂砾	m^3	902	–	191.25	–	–	–	–	12.75	–	–	–
5	煤渣	m^3	937	–	–	252.45	–	–	–	–	16.83	–	–
6	矿渣	m^3	938	–	–	–	198.9	–	–	–	–	13.26	–
7	碎石	m^3	958	–	–	–	–	186.66	–	–	–	–	12.44
8	120kW以内自行式平地机	台班	1057	–	–	–	–	–	–	–	–	–	–
9	6~8t光轮压路机	台班	1075	0.52	0.26	0.26	0.13	0.26	–	–	–	–	–
10	12~15t光轮压路机	台班	1078	–	0.51	0.67	0.67	0.67	–	–	–	–	–
11	6000L以内洒水汽车	台班	1405	–	–	–	–	–	–	–	–	–	–
12	基价	元	1999	11322	7699	6115	5051	6915	729	484	379	306	431

续前页

单位:1000m^2

顺序号	项目	单位	代号	机械铺料									
				压实厚度 15cm					每增减 1cm				
				粗砂	砂砾	煤渣	矿渣	碎石	粗砂	砂砾	煤渣	矿渣	碎石
				11	12	13	14	15	16	17	18	19	20
1	人工	工日	1	0.9	0.9	1.0	0.9	0.8	–	–	–	–	–
2	水	m^3	866	–	–	–	–	–	–	–	–	–	–
3	砂	m^3	897	196.56	–	–	–	–	13.10	–	–	–	–
4	砂砾	m^3	902	–	191.25	–	–	–	–	12.75	–	–	–
5	煤渣	m^3	937	–	–	252.45	–	–	–	–	16.83	–	–
6	矿渣	m^3	938	–	–	–	198.9	–	–	–	–	13.26	–
7	碎石	m^3	958	–	–	–	–	186.66	–	–	–	–	12.44
8	120kW 以内自行式平地机	台班	1057	0.28	0.28	0.27	0.27	0.34	–	–	–	–	–
9	6~8t 光轮压路机	台班	1075	0.52	0.26	0.26	0.13	0.26	–	–	–	–	–
10	12~15t 光轮压路机	台班	1078	–	0.51	0.67	0.67	0.67	–	–	–	–	–
11	6000L 以内洒水汽车	台班	1405	0.45	0.43	0.58	0.47	0.39	0.02	0.02	0.04	0.02	0.02
12	基价	元	1999	10489	6724	4974	4023	6024	665	406	290	222	352

2-1-2 路拌法水泥稳定土基层

工程内容 1)清扫整理下承层；2)铺料、铺水泥，洒水，拌和；3)整形，碾压，找补；4)初期养护。

I. 拖拉机带铧犁拌和

单位：$1000m^2$

顺序号	项目	单位	代号	水泥土		水泥砂		水泥砂砾		水泥碎石	
				水泥剂量 10%		水泥:砂:土 10:83:7		水泥剂量 5%			
				压实厚度 15cm	每增减 1cm	压实厚度 15cm	每增减 1cm	压实厚度 15cm	每增减 1cm	压实厚度 15cm	每增减 1cm
				1	2	3	4	5	6	7	8
1	人工	工日	1	18.7	0.9	20.8	1.0	14.7	0.6	14.8	0.6
2	32.5 级水泥	t	832	24.341	1.623	28.514	1.901	15.950	1.085	16.590	1.106
3	土	m^3	895	200.15	13.34	18.24	1.22	–	–	–	–
4	砂	m^3	897	–	–	177.56	11.84	–	–	–	–
5	砂砾	m^3	902	–	–	–	–	197.20	13.15	–	–
6	碎石土	m^3	915	–	–	–	–	–	–	–	–
7	砂砾土	m^3	916	–	–	–	–	–	–	–	–
8	石渣	m^3	939	–	–	–	–	–	–	–	–
9	碎石	m^3	958	–	–	–	–	–	–	218.14	14.54
10	石屑	m^3	961	–	–	–	–	–	–	–	–
11	设备摊销费	元	997	1.6	0.1	1.6	0.1	1.6	0.1	1.6	0.1
12	120kW 以内自行式平地机	台班	1057	0.38	–	0.38	–	0.38	–	0.38	–
13	75kW 以内履带式拖拉机	台班	1063	0.21	–	0.21	–	0.21	–	0.21	–
14	6~8t 光轮压路机	台班	1075	0.28	–	0.28	–	0.28	–	0.28	–
15	12~15t 光轮压路机	台班	1078	1.30	–	1.30	–	1.30	–	1.30	–
16	6000L 以内洒水汽车	台班	1405	0.91	0.04	0.87	0.04	0.77	0.03	0.78	0.03
17	基价	元	1999	11842	691	20683	1280	13400	800	13501	799

续前页 单位:1000m²

顺序号	项目	单位	代号	水泥石屑		水泥石渣		水泥砂砾土		水泥碎石土	
				水泥剂量5%				水泥剂量4%			
				压实厚度15cm	每增减1cm	压实厚度15cm	每增减1cm	压实厚度15cm	每增减1cm	压实厚度15cm	每增减1cm
				9	10	11	12	13	14	15	16
1	人工	工日	1	14.5	0.6	14.3	0.6	12.9	0.5	13.0	0.5
2	32.5级水泥	t	832	15.591	1.039	15.300	1.020	12.422	0.828	12.652	0.843
3	土	m^3	895	–	–	–	–	–	–	–	–
4	砂	m^3	897	–	–	–	–	–	–	–	–
5	砂砾	m^3	902	–	–	–	–	–	–	–	–
6	碎石土	m^3	915	–	–	–	–	–	–	197.69	13.18
7	砂砾土	m^3	916	–	–	–	–	182.68	12.18	–	–
8	石渣	m^3	939	–	–	204.00	13.60	–	–	–	–
9	碎石	m^3	958	–	–	–	–	–	–	–	–
10	石屑	m^3	961	203.81	13.59	–	–	–	–	–	–
11	设备摊销费	元	997	1.6	0.1	1.6	0.1	1.6	0.1	1.6	0.1
12	120kW以内自行式平地机	台班	1057	0.38	–	0.38	–	0.38	–	0.38	–
13	75kW以内履带式拖拉机	台班	1063	0.21	–	0.21	–	0.21	–	0.21	–
14	6~8t光轮压路机	台班	1075	0.28	–	0.28	–	0.28	–	0.28	–
15	12~15t光轮压路机	台班	1078	1.30	–	1.30	–	1.30	–	1.30	–
16	6000L以内洒水汽车	台班	1405	0.90	0.04	0.88	0.04	0.82	0.03	0.83	0.03
17	基价	元	1999	20477	1266	11726	684	10114	573	10034	567

II. 稳定土拌和机拌和

单位:1000m^2

顺序号	项目	单位	代号	水泥土		水泥砂		水泥砂砾		水泥碎石	
				水泥剂量10%		水泥:砂:土 10:83:7		水泥剂量5%			
				压实厚度15cm	每增减1cm	压实厚度15cm	每增减1cm	压实厚度15cm	每增减1cm	压实厚度15cm	每增减1cm
				17	18	19	20	21	22	23	24
1	人工	工日	1	17.7	0.8	19.7	0.9	13.6	0.5	13.7	0.6
2	32.5级水泥	t	832	24.341	1.623	28.514	1.901	15.950	1.085	16.590	1.106
3	土	m^3	895	200.15	13.34	18.24	1.22	–	–	–	–
4	砂	m^3	897	–	–	177.56	11.84	–	–	–	–
5	砂砾	m^3	902	–	–	–	–	197.20	13.15	–	–
6	碎石土	m^3	915	–	–	–	–	–	–	–	–
7	砂砾土	m^3	916	–	–	–	–	–	–	–	–
8	石渣	m^3	939	–	–	–	–	–	–	–	–
9	碎石	m^3	958	–	–	–	–	–	–	218.14	14.54
10	石屑	m^3	961	–	–	–	–	–	–	–	–
11	120kW以内自行式平地机	台班	1057	0.38	–	0.38	–	0.38	–	0.38	–
12	6~8t光轮压路机	台班	1075	0.28	–	0.28	–	0.28	–	0.28	–
13	12~15t光轮压路机	台班	1078	1.30	–	1.30	–	1.30	–	1.30	–
14	235kW以内稳定土拌和机	台班	1155	0.30	0.02	0.30	0.02	0.30	0.02	0.30	0.02
15	6000L以内洒水汽车	台班	1405	0.91	0.04	0.87	0.04	0.77	0.03	0.78	0.03
16	基价	元	1999	12204	721	21040	1310	13757	830	13858	834

续前页　　　　　　　　　　　　　　　　　　　　　　　　　　　　　　　　单位：1000m^2

顺序号	项目	单位	代号	水泥石屑		水泥石渣		水泥砂砾土		水泥碎石土	
				水泥剂量5%				水泥剂量4%			
				压实厚度15cm	每增减1cm	压实厚度15cm	每增减1cm	压实厚度15cm	每增减1cm	压实厚度15cm	每增减1cm
				25	26	27	28	29	30	31	32
1	人工	工日	1	13.4	0.5	13.2	0.5	11.7	0.4	11.8	0.4
2	32.5级水泥	t	832	15.591	1.039	15.300	1.020	12.422	0.828	12.652	0.843
3	土	m^3	895	–	–	–	–	–	–	–	–
4	砂	m^3	897	–	–	–	–	–	–	–	–
5	砂砾	m^3	902	–	–	–	–	–	–	–	–
6	碎石土	m^3	915	–	–	–	–	–	–	197.69	13.18
7	砂砾土	m^3	916	–	–	–	–	182.68	12.18	–	–
8	石渣	m^3	939	–	–	204.00	13.60	–	–	–	–
9	碎石	m^3	958	–	–	–	–	–	–	–	–
10	石屑	m^3	961	203.81	13.59	–	–	–	–	–	–
11	120kW以内自行式平地机	台班	1057	0.38	–	0.38	–	0.38	–	0.38	–
12	6～8t光轮压路机	台班	1075	0.28	–	0.28	–	0.28	–	0.28	–
13	12～15t光轮压路机	台班	1078	1.30	–	1.30	–	1.30	–	1.30	–
14	235kW以内稳定土拌和机	台班	1155	0.30	0.02	0.30	0.02	0.30	0.02	0.30	0.02
15	6000L以内洒水汽车	台班	1405	0.90	0.04	0.88	0.04	0.82	0.03	0.83	0.03
16	基价	元	1999	20834	1296	12084	714	10466	603	10386	597

III. 拖拉机带铧犁原槽拌和

单位:1000m²

顺序号	项目	单位	代号	水泥土		水泥砂砾		水泥砂砾土	
				水泥剂量 10%		水泥剂量 5%		水泥剂量 4%	
				压实厚度 15cm	每增减 1cm	压实厚度 15cm	每增减 1cm	压实厚度 15cm	每增减 1cm
				33	34	35	36	37	38
1	人工	工日	1	17.2	0.9	13.1	0.7	11.3	0.5
2	32.5 级水泥	t	832	24.341	1.623	15.950	1.085	12.422	0.828
3	设备摊销费	元	997	1.6	0.1	1.6	0.1	1.6	0.1
4	120kW 以内自行式平地机	台班	1057	0.16	-	0.16	-	0.16	-
5	75kW 以内履带式拖拉机	台班	1063	0.32	-	0.32	-	0.32	-
6	6 ~ 8t 光轮压路机	台班	1075	0.28	-	0.28	-	0.28	-
7	12 ~ 15t 光轮压路机	台班	1078	1.30	-	1.30	-	1.30	-
8	6000L 以内洒水汽车	台班	1405	0.91	0.04	0.77	0.03	0.82	0.03
9	基价	元	1999	10025	584	7066	397	5874	305

2-1-3 路拌法石灰稳定土基层

工程内容 1)清扫整理下承层; 2)消解石灰; 3)铺料,铺灰,洒水,拌和; 4)整形,碾压,找补; 5)初期养护。

I.人工沿路拌和

单位:1000m²

顺序号	项目	单位	代号	石灰土			
				筛拌法		翻拌法	
				石灰剂量10%			
				压实厚度15cm	每增减1cm	压实厚度15cm	每增减1cm
				1	2	3	4
1	人工	工日	1	147.4	9.2	153.2	9.5
2	水	m^3	866	49	2	49	2
3	生石灰	t	891	24.046	1.603	24.046	1.603
4	土	m^3	895	195.80	13.05	195.80	13.05
5	6~8t光轮压路机	台班	1075	0.28	-	0.28	-
6	12~15t光轮压路机	台班	1078	1.30	-	1.30	-
7	基价	元	1999	11974	726	12259	741

II. 拖拉机带铧犁拌和

单位:1000m²

顺序号	项目	单位	代号	石灰土		石灰砂砾		石灰碎石	
				石灰剂量10%		石灰剂量5%			
				压实厚度15cm	每增减1cm	压实厚度15cm	每增减1cm	压实厚度15cm	每增减1cm
				5	6	7	8	9	10
1	人工	工日	1	31.4	1.8	22.6	1.1	22.9	1.1
2	生石灰	t	891	24.046	1.603	15.450	1.030	15.752	1.050
3	土	m³	895	195.80	13.05	–	–	–	–
4	砂砾	m³	902	–	–	185.45	12.36	–	–
5	碎石土	m³	915	–	–	–	–	–	–
6	砂砾土	m³	916	–	–	–	–	–	–
7	碎石	m³	958	–	–	–	–	205.11	13.67
8	设备摊销费	元	997	1.6	0.1	1.6	0.1	1.6	0.1
9	120kW以内自行式平地机	台班	1057	0.38	–	0.38	–	0.38	–
10	75kW以内履带式拖拉机	台班	1063	0.21	–	0.21	–	0.21	–
11	6~8t光轮压路机	台班	1075	0.28	–	0.28	–	0.28	–
12	12~15t光轮压路机	台班	1078	1.30	–	1.30	–	1.30	–
13	6000L以内洒水汽车	台班	1405	1.09	0.05	0.95	0.04	0.96	0.04
14	基价	元	1999	7261	387	10035	566	9979	561

续前页

单位:1000m²

顺序号	项目	单位	代号	石灰砂砾土		石灰碎石土		石灰土砂砾		石灰土碎石	
				石灰剂量5%				石灰:土:砂砾 5:15:80		石灰:土:碎石 5:15:80	
				压实厚度15cm	每增减1cm	压实厚度15cm	每增减1cm	压实厚度15cm	每增减1cm	压实厚度15cm	每增减1cm
				11	12	13	14	15	16	17	18
1	人工	工日	1	21.4	1.1	21.6	1.1	21.4	1.1	21.6	1.1
2	生石灰	t	891	14.332	0.955	14.530	0.969	14.332	0.955	14.530	0.969
3	土	m³	895	–	–	–	–	36.85	2.46	37.36	2.49
4	砂砾	m³	902	–	–	–	–	144.87	9.66	–	–
5	碎石土	m³	915	–	–	179.87	11.99	–	–	–	–
6	砂砾土	m³	916	166.97	11.13	–	–	–	–	–	–
7	碎石	m³	958	–	–	–	–	–	–	159.33	10.62
8	设备摊销费	元	997	1.6	0.1	1.6	0.1	1.6	0.1	1.6	0.1
9	120kW以内自行式平地机	台班	1057	0.38	–	0.38	–	0.52	–	0.52	–
10	75kW以内履带式拖拉机	台班	1063	0.21	–	0.21	–	0.21	–	0.21	–
11	6~8t光轮压路机	台班	1075	0.28	–	0.28	–	0.28	–	0.28	–
12	12~15t光轮压路机	台班	1078	1.30	–	1.30	–	1.30	–	1.30	–
13	6000L以内洒水汽车	台班	1405	0.90	0.04	0.91	0.04	0.90	0.04	0.91	0.04
14	基价	元	1999	7758	420	7628	410	8997	494	8928	489

III. 稳定土拌和机拌和

单位:1000m²

顺序号	项目	单位	代号	石灰土		石灰砂砾		石灰碎石	
				石灰剂量 10%		石灰剂量 5%			
				压实厚度 15cm	每增减 1cm	压实厚度 15cm	每增减 1cm	压实厚度 15cm	每增减 1cm
				19	20	21	22	23	24
1	人工	工日	1	30.3	1.6	21.4	1.1	21.7	1.1
2	生石灰	t	891	24.046	1.603	15.450	1.030	15.752	1.050
3	土	m³	895	195.80	13.05	–	–	–	–
4	砂砾	m³	902	–	–	185.45	12.36	–	–
5	碎石土	m³	915	–	–	–	–	–	–
6	砂砾土	m³	916	–	–	–	–	–	–
7	碎石	m³	958	–	–	–	–	205.11	13.67
8	120kW 以内自行式平地机	台班	1057	0.38	–	0.38	–	0.38	–
9	6~8t 光轮压路机	台班	1075	0.28	–	0.28	–	0.28	–
10	12~15t 光轮压路机	台班	1078	1.30	–	1.30	–	1.30	–
11	235kW 以内稳定土拌和机	台班	1155	0.30	0.02	0.30	0.02	0.30	0.02
12	6000L 以内洒水汽车	台班	1405	1.09	0.05	0.95	0.04	0.96	0.04
13	基价	元	1999	7618	412	10388	601	10331	596

续前页　　　　单位:1000m²

顺序号	项　目	单位	代号	石灰砂砾土		石灰碎石土		石灰土砂砾		石灰土碎石	
				石灰剂量5%				石灰:土:砂砾 5:15:80		石灰:土:碎石 5:15:80	
				压实厚度15cm	每增减1cm	压实厚度15cm	每增减1cm	压实厚度15cm	每增减1cm	压实厚度15cm	每增减1cm
				25	26	27	28	29	30	31	32
1	人工	工日	1	20.3	1.0	20.5	1.0	20.3	1.0	20.5	1.0
2	生石灰	t	891	14.332	0.955	14.530	0.969	14.332	0.955	14.530	0.969
3	土	m³	895	–	–	–	–	36.85	2.46	37.36	2.49
4	砂砾	m³	902	–	–	–	–	144.87	9.66	–	–
5	碎石土	m³	915	–	–	179.87	11.99	–	–	–	–
6	砂砾土	m³	916	166.97	11.13	–	–	–	–	–	–
7	碎石	m³	958	–	–	–	–	–	–	159.33	10.62
8	120kW 以内自行式平地机	台班	1057	0.38	–	0.38	–	0.52	–	0.52	–
9	6~8t 光轮压路机	台班	1075	0.28	–	0.28	–	0.28	–	0.28	–
10	12~15t 光轮压路机	台班	1078	1.30	–	1.30	–	1.30	–	1.30	–
11	235kW 以内稳定土拌和机	台班	1155	0.30	0.02	0.30	0.02	0.30	0.02	0.30	0.02
12	6000L 以内洒水汽车	台班	1405	0.90	0.04	0.91	0.04	0.90	0.04	0.91	0.04
13	基价	元	1999	8115	450	7985	440	9355	524	9285	518

IV. 拖拉机带铧犁原槽拌和

单位:1000m²

顺序号	项目	单位	代号	石灰土		石灰砂砾		石灰砂砾土	
				石灰剂量10%		石灰剂量5%		石灰剂量4%	
				压实厚度15cm	每增减1cm	压实厚度15cm	每增减1cm	压实厚度15cm	每增减1cm
				33	34	35	36	37	38
1	人工	工日	1	29.9	1.8	21.0	1.2	19.8	1.1
2	生石灰	t	891	24.046	1.603	15.450	1.030	14.332	0.955
3	设备摊销费	元	997	1.6	0.1	1.6	0.1	1.6	0.1
4	120kW以内自行式平地机	台班	1057	0.16	–	0.16	–	0.16	–
5	75kW以内履带式拖拉机	台班	1063	0.32	–	0.32	–	0.32	–
6	6~8t光轮压路机	台班	1075	0.28	–	0.28	–	0.28	–
7	12~15t光轮压路机	台班	1078	1.30	–	1.30	–	1.30	–
8	6000L以内洒水汽车	台班	1405	1.09	0.05	0.95	0.04	0.90	0.04
9	基价	元	1999	5478	283	4066	188	3863	175

2 –1 –4　路拌法石灰、粉煤灰稳定土基层

工程内容　1)清扫整理下承层；2)消解石灰；3)铺料,铺灰,洒水,拌和；4)整形,碾压,找补；5)初期养护。

I. 人工沿路拌和

单位:1000m²

顺序号	项　目	单位	代号	筛拌法					
				石灰粉煤灰		石灰粉煤灰土		石灰粉煤灰砂	
				石灰:粉煤灰 20:80		石灰:粉煤灰:土 12:35:53		石灰:粉煤灰:砂 10:20:70	
				压实厚度 15cm	每增减 1cm	压实厚度 15cm	每增减 1cm	压实厚度 15cm	每增减 1cm
				1	2	3	4	5	6
1	人工	工日	1	101.5	6.1	123.5	7.5	92.4	5.5
2	水	m³	866	60	3	53	3	47	2
3	生石灰	t	891	36.153	2.410	27.884	1.859	25.956	1.730
4	土	m³	895	–	–	100.28	6.69	–	–
5	砂	m³	897	–	–	–	–	121.49	8.10
6	粉煤灰	m³	945	192.82	12.85	108.44	7.23	69.22	4.61
7	6 ~8t 光轮压路机	台班	1075	0.28	–	0.42	–	0.42	–
8	12 ~15t 光轮压路机	台班	1078	1.30	–	1.30	–	1.30	–
9	基价	元	1999	13469	824	12748	771	15462	955

续前页 单位:1000m²

顺序号	项目	单位	代号	翻拌法					
				石灰粉煤灰 石灰:粉煤灰 20:80		石灰粉煤灰土 石灰:粉煤灰:土 12:35:53		石灰粉煤灰砂 石灰:粉煤灰:砂 10:20:70	
				压实厚度 15cm	每增减 1cm	压实厚度 15cm	每增减 1cm	压实厚度 15cm	每增减 1cm
				7	8	9	10	11	12
1	人工	工日	1	107.2	6.5	129.3	7.9	98.2	5.9
2	水	m^3	866	60	3	53	3	47	2
3	生石灰	t	891	36.153	2.410	27.884	1.859	25.956	1.730
4	土	m^3	895	–	–	100.28	6.69	–	–
5	砂	m^3	897	–	–	–	–	121.49	8.10
6	粉煤灰	m^3	945	192.82	12.85	108.44	7.23	69.22	4.61
7	6~8t 光轮压路机	台班	1075	0.28	–	0.42	–	0.42	–
8	12~15t 光轮压路机	台班	1078	1.30	–	1.30	–	1.30	–
9	基价	元	1999	13749	844	13033	791	15747	975

II. 拖拉机带铧犁拌和

单位:1000m²

顺序号	项目	单位	代号	石灰粉煤灰		石灰粉煤灰土		石灰粉煤灰砂		石灰粉煤灰砂砾	
				石灰:粉煤灰 20:80		石灰:粉煤灰:土 12:35:53		石灰:粉煤灰:砂 10:20:70		石灰:粉煤灰:砂砾 5:15:80	
				压实厚度 15cm	每增减 1cm	压实厚度 15cm	每增减 1cm	压实厚度 15cm	每增减 1cm	压实厚度 15cm	每增减 1cm
				13	14	15	16	17	18	19	20
1	人工	工日	1	44.0	2.6	35.4	2.1	33.4	1.9	22.6	1.1
2	生石灰	t	891	36.153	2.410	27.884	1.859	25.956	1.730	15.311	1.021
3	土	m^3	895	–	–	100.28	6.69	–	–	–	–
4	砂	m^3	897	–	–	–	–	121.49	8.10	–	–
5	砂砾	m^3	902	–	–	–	–	–	–	147.03	9.80
6	煤矸石	m^3	936	–	–	–	–	–	–	–	–
7	矿渣	m^3	938	–	–	–	–	–	–	–	–
8	粉煤灰	m^3	945	192.82	12.85	108.44	7.23	69.22	4.61	61.24	4.08
9	碎石	m^3	958	–	–	–	–	–	–	–	–
10	设备摊销费	元	997	1.6	0.1	1.6	0.1	1.6	0.1	1.6	0.1
11	120kW 以内自行式平地机	台班	1057	0.38	–	0.52	–	0.52	–	0.52	–
12	75kW 以内履带式拖拉机	台班	1063	0.21	–	0.21	–	0.21	–	0.21	–
13	6~8t 光轮压路机	台班	1075	0.28	–	0.42	–	0.42	–	0.42	–
14	12~15t 光轮压路机	台班	1078	1.30	–	1.30	–	1.30	–	1.30	–
15	6000L 以内洒水汽车	台班	1405	1.35	0.07	1.18	0.06	1.05	0.05	1.05	0.05
16	基价	元	1999	11763	687	9579	535	13661	803	10328	577

续前页　　　　　　　　　　　　　　　　　　　　　　　　　　　　　　　　单位:$1000m^2$

顺序号	项　目	单位	代号	石灰粉煤灰碎石 石灰:粉煤灰:碎石 5:15:80		石灰粉煤灰矿渣 石灰:粉煤灰:矿渣 6:14:80		石灰粉煤灰煤矸石 石灰:粉煤灰:煤矸石 6:14:80	
				压实厚度 15cm	每增减 1cm	压实厚度 15cm	每增减 1cm	压实厚度 15cm	每增减 1cm
				21	22	23	24	25	26
1	人工	工日	1	23.0	1.2	22.6	1.1	20.3	1.0
2	生石灰	t	891	15.829	1.055	15.296	1.020	13.133	0.876
3	土	m^3	895	–	–	–	–	–	–
4	砂	m^3	897	–	–	–	–	–	–
5	砂砾	m^3	902	–	–	–	–	–	–
6	煤矸石	m^3	936	–	–	–	–	148.63	9.91
7	矿渣	m^3	938	–	–	168.30	11.22	–	–
8	粉煤灰	m^3	945	63.31	4.22	47.59	3.17	52.53	3.50
9	碎石	m^3	958	164.89	10.99	–	–	–	–
10	设备摊销费	元	997	1.6	0.1	1.6	0.1	1.6	0.1
11	120kW 以内自行式平地机	台班	1057	0.52	–	0.52	–	0.52	–
12	75kW 以内履带式拖拉机	台班	1063	0.21	–	0.21	–	0.21	–
13	6～8t 光轮压路机	台班	1075	0.42	–	0.42	–	0.42	–
14	12～15t 光轮压路机	台班	1078	1.30	–	1.30	–	1.30	–
15	6000L 以内洒水汽车	台班	1405	0.94	0.04	1.07	0.05	1.06	0.05
16	基价	元	1999	10365	581	8185	433	7629	399

III. 稳定土拌和机拌和

单位:1000m²

顺序号	项目	单位	代号	石灰粉煤灰		石灰粉煤灰土		石灰粉煤灰砂		石灰粉煤灰砂砾	
				石灰:粉煤灰 20:80		石灰:粉煤灰:土 12:35:53		石灰:粉煤灰:砂 10:20:70		石灰:粉煤灰:砂砾 5:15:80	
				压实厚度 15cm	每增减 1cm	压实厚度 15cm	每增减 1cm	压实厚度 15cm	每增减 1cm	压实厚度 15cm	每增减 1cm
				27	28	29	30	31	32	33	34
1	人工	工日	1	42.8	2.5	34.3	2.0	32.2	1.9	21.4	1.1
2	生石灰	t	891	36.153	2.410	27.884	1.859	25.956	1.730	15.311	1.021
3	土	m³	895	–	–	100.28	6.69	–	–	–	–
4	砂	m³	897	–	–	–	–	121.49	8.10	–	–
5	砂砾	m³	902	–	–	–	–	–	–	147.03	9.80
6	煤矸石	m³	936	–	–	–	–	–	–	–	–
7	矿渣	m³	938	–	–	–	–	–	–	–	–
8	粉煤灰	m³	945	192.82	12.85	108.44	7.23	69.22	4.61	61.24	4.08
9	碎石	m³	958	–	–	–	–	–	–	–	–
10	120kW 以内自行式平地机	台班	1057	0.38	–	0.52	–	0.52	–	0.52	–
11	6~8t 光轮压路机	台班	1075	0.28	–	0.42	–	0.42	–	0.42	–
12	12~15t 光轮压路机	台班	1078	1.30	–	1.30	–	1.30	–	1.30	–
13	235kW 以内稳定土拌和机	台班	1155	0.30	0.02	0.30	0.02	0.30	0.02	0.30	0.02
14	6000L 以内洒水汽车	台班	1405	1.35	0.07	1.18	0.06	1.05	0.05	1.05	0.05
15	基价	元	1999	12115	716	9936	565	14013	837	10680	611

续前页

单位：$1000m^2$

顺序号	项目	单位	代号	石灰粉煤灰碎石 石灰:粉煤灰:碎石 5:15:80		石灰粉煤灰矿渣 石灰:粉煤灰:矿渣 6:14:80		石灰粉煤灰煤矸石 石灰:粉煤灰:煤矸石 6:14:80	
				压实厚度 15cm	每增减 1cm	压实厚度 15cm	每增减 1cm	压实厚度 15cm	每增减 1cm
				35	36	37	38	39	40
1	人工	工日	1	21.8	1.1	21.4	1.1	19.2	0.9
2	生石灰	t	891	15.829	1.055	15.296	1.020	13.133	0.876
3	土	m^3	895	–	–	–	–	–	–
4	砂	m^3	897	–	–	–	–	–	–
5	砂砾	m^3	902	–	–	–	–	–	–
6	煤矸石	m^3	936	–	–	–	–	148.63	9.91
7	矿渣	m^3	938	–	–	168.30	11.22	–	–
8	粉煤灰	m^3	945	63.31	4.22	47.59	3.17	52.53	3.50
9	碎石	m^3	958	164.89	10.99	–	–	–	–
10	120kW 以内自行式平地机	台班	1057	0.52	–	0.52	–	0.52	–
11	6~8t 光轮压路机	台班	1075	0.42	–	0.42	–	0.42	–
12	12~15t 光轮压路机	台班	1078	1.30	–	1.30	–	1.30	–
13	235kW 以内稳定土拌和机	台班	1155	0.30	0.02	0.30	0.02	0.30	0.02
14	6000L 以内洒水汽车	台班	1405	0.94	0.04	1.07	0.05	1.06	0.05
15	基价	元	1999	10718	611	8538	468	7986	429

2-1-5 路拌法石灰、煤渣稳定土基层

工程内容 1)清扫整理下承层; 2)消解石灰; 3)铺料,铺灰,洒水,拌和; 4)整形,碾压,找补; 5)初期养护

I. 人工沿路拌和

单位:1000m²

顺序号	项目	单位	代号	筛拌法				翻拌法			
				石灰煤渣		石灰煤渣土		石灰煤渣		石灰煤渣土	
				石灰:煤渣 18:82		石灰:煤渣:土 15:30:55		石灰:煤渣 18:82		石灰:煤渣:土 15:30:55	
				压实厚度 15cm	每增减 1cm	压实厚度 15cm	每增减 1cm	压实厚度 15cm	每增减 1cm	压实厚度 15cm	每增减 1cm
				1	2	3	4	5	6	7	8
1	人工	工日	1	99.7	6.0	130.2	7.9	105.6	6.3	136.1	8.3
2	水	m³	866	54	3	63	3	54	3	63	3
3	生石灰	t	891	35.597	2.373	34.299	2.287	35.597	2.373	34.299	2.287
4	土	m³	895	-	-	102.41	6.83	-	-	102.41	6.83
5	煤渣	m³	937	200.74	13.38	84.92	5.66	200.74	13.38	84.92	5.66
6	6~8t 光轮压路机	台班	1075	0.28	-	0.42	-	0.28	-	0.42	-
7	12~15t 光轮压路机	台班	1078	1.30	-	1.30	-	1.30	-	1.30	-
8	基价	元	1999	12487	760	12858	776	12778	775	13148	795

II. 拖拉机带铧犁拌和

单位:1000m²

顺序号	项目	单位	代号	石灰煤渣 石灰:煤渣 18:82		石灰煤渣土 石灰:煤渣:土 15:30:55		石灰煤渣砂砾 石灰:煤渣:砂砾 8:30:62	
				压实厚度15cm	每增减1cm	压实厚度15cm	每增减1cm	压实厚度15cm	每增减1cm
				9	10	11	12	13	14
1	人工	工日	1	43.3	2.6	42.1	2.5	29.6	1.6
2	生石灰	t	891	35.597	2.373	34.299	2.287	22.248	1.483
3	土	m^3	895	–	–	102.41	6.83	–	–
4	砂砾	m^3	902	–	–	–	–	103.48	6.90
5	碎石土	m^3	915	–	–	–	–	–	–
6	煤渣	m^3	937	200.74	13.38	84.92	5.66	103.28	6.89
7	矿渣	m^3	938	–	–	–	–	–	–
8	碎石	m^3	958	–	–	–	–	–	–
9	设备摊销费	元	997	1.6	0.1	1.6	0.1	1.6	0.1
10	120kW以内自行式平地机	台班	1057	0.38	–	0.52	–	0.52	–
11	75kW以内履带式拖拉机	台班	1063	0.21	–	0.21	–	0.21	–
12	6~8t光轮压路机	台班	1075	0.28	–	0.42	–	0.42	–
13	12~15t光轮压路机	台班	1078	1.30	–	1.30	–	1.30	–
14	6000L以内洒水汽车	台班	1405	1.21	0.06	1.42	0.07	1.09	0.05
15	基价	元	1999	10766	622	9808	544	10440	584

续前页 单位:1000m²

顺序号	项目	单位	代号	石灰煤渣碎石		石灰煤渣矿渣		石灰煤渣碎石土	
				石灰:煤渣:碎石 8:30:62		石灰:煤渣:矿渣 8:30:62		石灰:煤渣:碎石土 8:30:62	
				压实厚度 15cm	每增减 1cm	压实厚度 15cm	每增减 1cm	压实厚度 15cm	每增减 1cm
				15	16	17	18	19	20
1	人工	工日	1	29.6	1.6	27.1	1.4	29.6	1.6
2	生石灰	t	891	22.248	1.483	19.776	1.318	22.248	1.483
3	土	m^3	895	–	–	–	–	–	–
4	砂砾	m^3	902	–	–	–	–	–	–
5	碎石土	m^3	915	–	–	–	–	106.72	7.11
6	煤渣	m^3	937	103.28	6.89	91.80	6.12	103.28	6.89
7	矿渣	m^3	938	–	–	126.48	8.43	–	–
8	碎石	m^3	958	112.26	7.48	–	–	–	–
9	设备摊销费	元	997	1.6	0.1	1.6	0.1	1.6	0.1
10	120kW 以内自行式平地机	台班	1057	0.52	–	0.52	–	0.52	–
11	75kW 以内履带式拖拉机	台班	1063	0.21	–	0.21	–	0.21	–
12	6～8t 光轮压路机	台班	1075	0.42	–	0.42	–	0.42	–
13	12～15t 光轮压路机	台班	1078	1.30	–	1.30	–	1.30	–
14	6000L 以内洒水汽车	台班	1405	1.09	0.05	1.11	0.05	1.09	0.05
15	基价	元	1999	10319	576	8699	466	9313	509

III. 稳定土拌和机拌和

单位:$1000m^2$

顺序号	项目	单位	代号	石灰煤渣 石灰:煤渣 18:82		石灰煤渣土 石灰:煤渣:土 15:30:55		石灰煤渣砂砾 石灰:煤渣:砂砾 8:30:62	
				压实厚度 15cm	每增减 1cm	压实厚度 15cm	每增减 1cm	压实厚度 15cm	每增减 1cm
				21	22	23	24	25	26
1	人工	工日	1	42.1	2.5	41.0	2.4	28.5	1.5
2	生石灰	t	891	35.597	2.373	34.299	2.287	22.248	1.483
3	土	m^3	895	–	–	102.41	6.83	–	–
4	砂砾	m^3	902	–	–	–	–	103.48	6.90
5	碎石土	m^3	915	–	–	–	–	–	–
6	煤渣	m^3	937	200.74	13.38	84.92	5.66	103.28	6.89
7	矿渣	m^3	938	–	–	–	–	–	–
8	碎石	m^3	958	–	–	–	–	–	–
9	120kW 以内自行式平地机	台班	1057	0.38	–	0.52	–	0.52	–
10	6~8t 光轮压路机	台班	1075	0.28	–	0.42	–	0.42	–
11	12~15t 光轮压路机	台班	1078	1.30	–	1.30	–	1.30	–
12	235kW 以内稳定土拌和机	台班	1155	0.30	0.02	0.30	0.02	0.30	0.02
13	6000L 以内洒水汽车	台班	1405	1.21	0.06	1.42	0.07	1.09	0.05
14	基价	元	1999	11119	652	10165	574	10797	614

续前页　　单位:1000m²

顺序号	项目	单位	代号	石灰煤渣碎石 石灰:煤渣:碎石 8:30:62 压实厚度15cm	石灰煤渣碎石 石灰:煤渣:碎石 8:30:62 每增减1cm	石灰煤渣矿渣 石灰:煤渣:矿渣 8:30:62 压实厚度15cm	石灰煤渣矿渣 石灰:煤渣:矿渣 8:30:62 每增减1cm	石灰煤渣碎石土 石灰:煤渣:碎石土 8:30:62 压实厚度15cm	石灰煤渣碎石土 石灰:煤渣:碎石土 8:30:62 每增减1cm
				27	28	29	30	31	32
1	人工	工日	1	28.5	1.5	26.0	1.3	28.5	1.5
2	生石灰	t	891	22.248	1.483	19.776	1.318	22.248	1.483
3	土	m^3	895	–	–	–	–	–	–
4	砂砾	m^3	902	–	–	–	–	–	–
5	碎石土	m^3	915	–	–	–	–	106.72	7.11
6	煤渣	m^3	937	103.28	6.89	91.80	6.12	103.28	6.89
7	矿渣	m^3	938	–	–	126.48	8.43	–	–
8	碎石	m^3	958	112.26	7.48	–	–	–	–
9	120kW 以内自行式平地机	台班	1057	0.52	–	0.52	–	0.52	–
10	6~8t 光轮压路机	台班	1075	0.42	–	0.42	–	0.42	–
11	12~15t 光轮压路机	台班	1078	1.30	–	1.30	–	1.30	–
12	235kW 以内稳定土拌和机	台班	1155	0.30	0.02	0.30	0.02	0.30	0.02
13	6000L 以内洒水汽车	台班	1405	1.09	0.05	1.11	0.05	1.09	0.05
14	基价	元	1999	10676	606	9057	496	9670	539

2-1-6 路拌法水泥、石灰稳定土基层

工程内容 1)清扫整理下承层；2)消解石灰；3)铺料，铺灰，洒水，拌和；4)整形，碾压，找补；5)初期养护。

I. 人工沿路拌和

单位：1000m²

顺序号	项目	单位	代号	筛拌法				翻拌法			
				水泥石灰土		水泥石灰土砂		水泥石灰土		水泥石灰土砂	
				水泥:石灰:土 6:4:90		水泥:石灰:土:砂 6:4:26:64		水泥:石灰:土 6:4:90		水泥:石灰:土:砂 6:4:26:64	
				压实厚度15cm	每增减1cm	压实厚度15cm	每增减1cm	压实厚度15cm	每增减1cm	压实厚度15cm	每增减1cm
				1	2	3	4	5	6	7	8
1	人工	工日	1	140.7	8.7	103.2	6.2	146.6	9.1	109.1	6.6
2	32.5级水泥	t	832	15.147	1.010	16.515	1.101	15.147	1.010	16.515	1.101
3	水	m³	866	38	2	41	2	38	2	41	2
4	生石灰	t	891	10.393	0.693	11.332	0.756	10.393	0.693	11.332	0.756
5	土	m³	895	195.29	13.02	62.72	4.18	195.29	13.02	62.72	4.18
6	砂	m³	897	-	-	124.34	8.29	-	-	124.34	8.29
7	6~8t光轮压路机	台班	1075	0.28	-	0.28	-	0.28	-	0.28	-
8	12~15t光轮压路机	台班	1078	1.30	-	1.30	-	1.30	-	1.30	-
9	基价	元	1999	15048	929	18897	1186	15338	949	19187	1205

II. 拖拉机带铧犁拌和

单位:1000m²

顺序号	项目	单位	代号	水泥石灰土		水泥石灰土砂		水泥石灰砂砾	
				水泥:石灰:土 6:4:90		水泥:石灰:土:砂 6:4:26:64		水泥:石灰:砂砾 5:5:90	
				压实厚度 15cm	每增减 1cm	压实厚度 15cm	每增减 1cm	压实厚度 15cm	每增减 1cm
				9	10	11	12	13	14
1	人工	工日	1	20.2	1.0	21.4	1.1	25.8	1.3
2	32.5 级水泥	t	832	15.147	1.010	16.515	1.101	15.606	1.040
3	生石灰	t	891	10.393	0.693	11.332	0.756	15.759	1.051
4	土	m³	895	195.29	13.02	62.72	4.18	–	–
5	砂	m³	897	–	–	124.34	8.29	–	–
6	砂砾	m³	902	–	–	–	–	179.71	11.98
7	碎石土	m³	915	–	–	–	–	–	–
8	砂砾土	m³	916	–	–	–	–	–	–
9	碎石	m³	958	–	–	–	–	–	–
10	设备摊销费	元	997	1.6	0.1	1.6	0.1	1.6	0.1
11	120kW 以内自行式平地机	台班	1057	0.38	–	0.52	–	0.38	–
12	75kW 以内履带式拖拉机	台班	1063	0.21	–	0.21	–	0.21	–
13	6~8t 光轮压路机	台班	1075	0.28	–	0.28	–	0.28	–
14	12~15t 光轮压路机	台班	1078	1.30	–	1.30	–	1.30	–
15	6000L 以内洒水汽车	台班	1405	0.87	0.04	0.92	0.04	0.96	0.04
16	基价	元	1999	10006	570	15910	954	15046	899

续前页 单位:1000m²

顺序号	项目	单位	代号	水泥石灰碎石 水泥:石灰:碎石 4:3:93 压实厚度15cm	水泥石灰碎石 每增减1cm	水泥石灰砂砾土 水泥:石灰:砂砾土 5:4:91 压实厚度15cm	水泥石灰砂砾土 每增减1cm	水泥石灰碎石土 水泥:石灰:碎石土 4:3:93 压实厚度15cm	水泥石灰碎石土 每增减1cm
				15	16	17	18	19	20
1	人工	工日	1	19.2	0.9	21.6	1.1	18.2	0.8
2	32.5 级水泥	t	832	12.852	0.857	14.513	0.968	11.887	0.792
3	生石灰	t	891	9.828	0.655	11.837	0.789	9.090	0.606
4	土	m³	895	–	–	–	–	–	–
5	砂	m³	897	–	–	–	–	–	–
6	砂砾	m³	902	–	–	–	–	–	–
7	碎石土	m³	915	–	–	–	–	180.11	12.01
8	砂砾土	m³	916	–	–	163.85	10.92	–	–
9	碎石	m³	958	204.84	13.66	–	–	–	–
10	设备摊销费	元	997	1.6	0.1	1.6	0.1	1.6	0.1
11	120kW 以内自行式平地机	台班	1057	0.38	–	0.38	–	0.38	–
12	75kW 以内履带式拖拉机	台班	1063	0.21	–	0.21	–	0.21	–
13	6~8t 光轮压路机	台班	1075	0.28	–	0.28	–	0.28	–
14	12~15t 光轮压路机	台班	1078	1.30	–	1.30	–	1.30	–
15	6000L 以内洒水汽车	台班	1405	0.89	0.04	0.94	0.04	0.91	0.04
16	基价	元	1999	13244	784	12102	708	10698	611

III. 稳定土拌和机拌和

单位:1000m²

顺序号	项目	单位	代号	水泥石灰土		水泥石灰土砂		水泥石灰砂砾	
				水泥:石灰:土 6:4:90		水泥:石灰:土:砂 6:4:26:64		水泥:石灰:砂砾 5:5:90	
				压实厚度 15cm	每增减 1cm	压实厚度 15cm	每增减 1cm	压实厚度 15cm	每增减 1cm
				21	22	23	24	25	26
1	人工	工日	1	19.1	0.9	20.3	1.0	24.6	1.3
2	32.5 级水泥	t	832	15.147	1.010	16.515	1.101	15.606	1.040
3	生石灰	t	891	10.393	0.693	11.332	0.756	15.759	1.051
4	土	m³	895	195.29	13.02	62.72	4.18	–	–
5	砂	m³	897	–	–	124.34	8.29	–	–
6	砂砾	m³	902	–	–	–	–	179.71	11.98
7	碎石土	m³	915	–	–	–	–	–	–
8	砂砾土	m³	916	–	–	–	–	–	–
9	碎石	m³	958	–	–	–	–	–	–
10	120kW 以内自行式平地机	台班	1057	0.38	–	0.52	–	0.38	–
11	6~8t 光轮压路机	台班	1075	0.28	–	0.28	–	0.28	–
12	12~15t 光轮压路机	台班	1078	1.30	–	1.30	–	1.30	–
13	235kW 以内稳定土拌和机	台班	1155	0.30	0.02	0.30	0.02	0.30	0.02
14	6000L 以内洒水汽车	台班	1405	0.87	0.04	0.92	0.04	0.96	0.04
15	基价	元	1999	10363	600	16268	984	15399	934

续前页

单位:1000m²

顺序号	项目	单位	代号	水泥石灰碎石		水泥石灰砂砾土		水泥石灰碎石土	
				水泥:石灰:碎石 4:3:93		水泥:石灰:砂砾土 5:4:91		水泥:石灰:碎石土 4:3:93	
				压实厚度 15cm	每增减 1cm	压实厚度 15cm	每增减 1cm	压实厚度 15cm	每增减 1cm
				27	28	29	30	31	32
1	人工	工日	1	18.0	0.8	20.5	1.0	17.2	0.8
2	32.5 级水泥	t	832	12.852	0.857	14.513	0.968	11.887	0.792
3	生石灰	t	891	9.828	0.655	11.837	0.789	9.090	0.606
4	土	m^3	895	–	–	–	–	–	–
5	砂	m^3	897	–	–	–	–	–	–
6	砂砾	m^3	902	–	–	–	–	–	–
7	碎石土	m^3	915	–	–	–	–	180.11	12.01
8	砂砾土	m^3	916	–	–	163.85	10.92	–	–
9	碎石	m^3	958	204.84	13.66	–	–	–	–
10	120kW 以内自行式平地机	台班	1057	0.38	–	0.38	–	0.38	–
11	6～8t 光轮压路机	台班	1075	0.28	–	0.28	–	0.28	–
12	12～15t 光轮压路机	台班	1078	1.30	–	1.30	–	1.30	–
13	235kW 以内稳定土拌和机	台班	1155	0.30	0.02	0.30	0.02	0.30	0.02
14	6000L 以内洒水汽车	台班	1405	0.89	0.04	0.94	0.04	0.91	0.04
15	基价	元	1999	13596	814	12459	738	11060	646

2-1-7 厂拌基层稳定土混合料

工程内容 稳定土混合料拌和及铺筑：1)装载机铲运料、上料,配运料,拌和,出料；2)机械摊铺混合料,整形,碾压,初期养护。
稳定土混合料运输：等待装卸、运送、空回。

I. 稳定土混合料拌和及铺筑

单位:1000m²

顺序号	项目	单位	代号	水泥砂		水泥砂砾		水泥碎石	
				水泥:砂:土 10:83:7		水泥剂量5%			
				压实厚度15cm	每增减1cm	压实厚度15cm	每增减1cm	压实厚度15cm	每增减1cm
				1	2	3	4	5	6
1	人工	工日	1	6.9	0.2	7.1	0.2	7.2	0.2
2	32.5级水泥	t	832	28.799	1.920	16.432	1.095	16.755	1.117
3	水	m^3	866	25	2	20	1	21	1
4	生石灰	t	891	–	–	–	–	–	–
5	土	m^3	895	18.42	1.23	–	–	–	–
6	砂	m^3	897	179.34	11.96	–	–	–	–
7	砂砾	m^3	902	–	–	199.17	13.28	–	–
8	碎石土	m^3	915	–	–	–	–	–	–
9	砂砾土	m^3	916	–	–	–	–	–	–
10	煤矸石	m^3	936	–	–	–	–	–	–

续前页

单位:$1000m^2$

顺序号	项目	单位	代号	水泥砂		水泥砂砾		水泥碎石	
				水泥:砂:土 10:83:7				水泥剂量5%	
				压实厚度15cm	每增减1cm	压实厚度15cm	每增减1cm	压实厚度15cm	每增减1cm
				1	2	3	4	5	6
11	煤渣	m^3	937	-	-	-	-	-	-
12	矿渣	m^3	938	-	-	-	-	-	-
13	石渣	m^3	939	-	-	-	-	-	-
14	粉煤灰	m^3	945	-	-	-	-	-	-
15	碎石	m^3	958	-	-	-	-	220.32	14.69
16	石屑	m^3	961	-	-	-	-	-	-
17	$3.0m^3$以内轮胎式装载机	台班	1051	0.44	0.03	0.48	0.03	0.49	0.03
18	6~8t光轮压路机	台班	1075	0.14	-	0.14	-	0.14	-
19	12~15t光轮压路机	台班	1078	1.30	-	1.30	-	1.30	-
20	300t/h以内稳定土厂拌设备	台班	1160	0.22	0.01	0.24	0.02	0.24	0.02
21	9.5m以内稳定土摊铺机	台班	1165	0.24	-	0.24	-	0.24	-
22	6000L以内洒水汽车	台班	1405	0.32	-	0.32	-	0.32	-
23	基价	元	1999	20478	1270	13643	819	13645	818

续前页

单位:1000m²

顺序号	项目	单位	代号	水泥石屑		水泥石渣		水泥砂砾土	
				水泥剂量5%				水泥剂量4%	
				压实厚度15cm	每增减1cm	压实厚度15cm	每增减1cm	压实厚度15cm	每增减1cm
				7	8	9	10	11	12
1	人工	工日	1	7.0	0.2	6.9	0.2	7.0	0.2
2	32.5级水泥	t	832	15.747	1.050	15.453	1.030	12.547	0.836
3	水	m³	866	26	2	25	2	22	1
4	生石灰	t	891	–	–	–	–	–	–
5	土	m³	895	–	–	–	–	–	–
6	砂	m³	897	–	–	–	–	–	–
7	砂砾	m³	902	–	–	–	–	–	–
8	碎石土	m³	915	–	–	–	–	–	–
9	砂砾土	m³	916	–	–	–	–	184.51	12.30
10	煤矸石	m³	936	–	–	–	–	–	–
11	煤渣	m³	937	–	–	–	–	–	–
12	矿渣	m³	938	–	–	–	–	–	–
13	石渣	m³	939	–	–	206.04	13.74	–	–
14	粉煤灰	m³	945	–	–	–	–	–	–
15	碎石	m³	958	–	–	–	–	–	–

续前页　　　　　　　　　　　　　　　　　　　　单位:$1000m^2$

顺序号	项目	单位	代号	水泥石屑		水泥石渣		水泥砂砾土	
				水泥剂量5%				水泥剂量4%	
				压实厚度15cm	每增减1cm	压实厚度15cm	每增减1cm	压实厚度15cm	每增减1cm
				7	8	9	10	11	12
16	石屑	m^3	961	205.85	13.72	–	–	–	–
17	$3.0m^3$ 以内轮胎式装载机	台班	1051	0.46	0.03	0.45	0.03	0.46	0.03
18	6~8t 光轮压路机	台班	1075	0.14	–	0.14	–	0.14	–
19	12~15t 光轮压路机	台班	1078	1.30	–	1.30	–	1.30	–
20	300t/h 以内稳定土厂拌设备	台班	1160	0.23	0.02	0.22	0.01	0.22	0.01
21	9.5m 以内稳定土摊铺机	台班	1165	0.24	–	0.24	–	0.24	–
22	6000L 以内洒水汽车	台班	1405	0.32	–	0.32	–	0.32	–
23	基价	元	1999	20600	1285	11759	688	10244	585

续前页

单位:1000m^2

顺序号	项目	单位	代号	水泥碎石土		石灰砂砾		石灰碎石	
				水泥剂量4%		石灰剂量5%			
				压实厚度15cm	每增减1cm	压实厚度15cm	每增减1cm	压实厚度15cm	每增减1cm
				13	14	15	16	17	18
1	人工	工日	1	7.0	0.2	6.9	0.2	7.0	0.2
2	32.5级水泥	t	832	12.778	0.852	–	–	–	–
3	水	m^3	866	23	2	29	2	29	2
4	生石灰	t	891	–	–	15.605	1.040	15.909	1.061
5	土	m^3	895	–	–	–	–	–	–
6	砂	m^3	897	–	–	–	–	–	–
7	砂砾	m^3	902	–	–	187.31	12.49	–	–
8	碎石土	m^3	915	199.66	15.21	–	–	–	–
9	砂砾土	m^3	916	–	–	–	–	–	–
10	煤矸石	m^3	936	–	–	–	–	–	–
11	煤渣	m^3	937	–	–	–	–	–	–
12	矿渣	m^3	938	–	–	–	–	–	–
13	石渣	m^3	939	–	–	–	–	–	–
14	粉煤灰	m^3	945	–	–	–	–	–	–
15	碎石	m^3	958	–	–	–	–	207.16	13.81

续前页

单位:1000m²

顺序号	项目	单位	代号	水泥碎石土		石灰砂砾		石灰碎石	
				水泥剂量 4%		石灰剂量 5%			
				压实厚度 15cm	每增减 1cm	压实厚度 15cm	每增减 1cm	压实厚度 15cm	每增减 1cm
				13	14	15	16	17	18
16	石屑	m^3	961	–	–	–	–	–	–
17	3.0m^3 以内轮胎式装载机	台班	1051	0.46	0.03	0.45	0.03	0.46	0.03
18	6~8t 光轮压路机	台班	1075	0.14	–	0.14	–	0.14	–
19	12~15t 光轮压路机	台班	1078	1.30	–	1.30	–	1.30	–
20	300t/h 以内稳定土厂拌设备	台班	1160	0.23	0.02	0.22	0.01	0.23	0.02
21	9.5m 以内稳定土摊铺机	台班	1165	0.24	–	0.24	–	0.24	–
22	6000L 以内洒水汽车	台班	1405	0.32	–	0.32	–	0.32	–
23	基价	元	1999	10162	626	9604	544	9550	548

续前页

单位:1000m²

顺序号	项目	单位	代号	石灰砂砾土		石灰碎石土		石灰土砂砾	
				石灰剂量5%				石灰:土:砂砾 5:15:80	
				压实厚度15cm	每增减1cm	压实厚度15cm	每增减1cm	压实厚度15cm	每增减1cm
				19	20	21	22	23	24
1	人工	工日	1	6.8	0.2	6.8	0.2	6.8	0.2
2	32.5级水泥	t	832	–	–	–	–	–	–
3	水	m^3	866	26	2	27	2	26	2
4	生石灰	t	891	14.475	0.965	14.676	0.978	14.475	0.965
5	土	m^3	895	–	–	–	–	37.22	2.48
6	砂	m^3	897	–	–	–	–	–	–
7	砂砾	m^3	902	–	–	–	–	146.32	9.75
8	碎石土	m^3	915	–	–	181.67	12.11	–	–
9	砂砾土	m^3	916	168.64	11.24	–	–	–	–
10	煤矸石	m^3	936	–	–	–	–	–	–
11	煤渣	m^3	937	–	–	–	–	–	–
12	矿渣	m^3	938	–	–	–	–	–	–
13	石渣	m^3	939	–	–	–	–	–	–
14	粉煤灰	m^3	945	–	–	–	–	–	–
15	碎石	m^3	958	–	–	–	–	–	–

续前页

单位:1000m²

顺序号	项目	单位	代号	石灰砂砾土		石灰碎石土		石灰土砂砾	
				石灰剂量5%				石灰:土:砂砾 5:15:80	
				压实厚度15cm	每增减1cm	压实厚度15cm	每增减1cm	压实厚度15cm	每增减1cm
				19	20	21	22	23	24
16	石屑	m^3	961	–	–	–	–	–	–
17	3.0m^3以内轮胎式装载机	台班	1051	0.42	0.03	0.43	0.03	0.42	0.03
18	6~8t光轮压路机	台班	1075	0.14	–	0.14	–	0.14	–
19	12~15t光轮压路机	台班	1078	1.30	–	1.30	–	1.30	–
20	300t/h以内稳定土厂拌设备	台班	1160	0.21	0.01	0.21	0.01	0.21	0.01
21	9.5m以内稳定土摊铺机	台班	1165	0.24	–	0.24	–	0.24	–
22	6000L以内洒水汽车	台班	1405	0.32	–	0.32	–	0.32	–
23	基价	元	1999	7346	396	7209	386	8470	471

续前页

单位:1000m^2

顺序号	项目	单位	代号	石灰土碎石 石灰:土:碎石 5:15:80		石灰粉煤灰砂 石灰:粉煤灰:砂 10:20:70		石灰粉煤灰砂砾 石灰:粉煤灰:砂砾 5:15:80	
				压实厚度15cm	每增减1cm	压实厚度15cm	每增减1cm	压实厚度15cm	每增减1cm
				25	26	27	28	29	30
1	人工	工日	1	6.8	0.2	6.4	0.1	6.8	0.2
2	32.5级水泥	t	832	–	–	–	–	–	–
3	水	m^3	866	27	2	33	2	33	2
4	生石灰	t	891	14.676	0.978	26.216	1.748	15.464	1.031
5	土	m^3	895	37.34	2.52	–	–	–	–
6	砂	m^3	897	–	–	122.71	8.18	–	–
7	砂砾	m^3	902	–	–	–	–	148.50	9.90
8	碎石土	m^3	915	–	–	–	–	–	–
9	砂砾土	m^3	916	–	–	–	–	–	–
10	煤矸石	m^3	936	–	–	–	–	–	–
11	煤渣	m^3	937	–	–	–	–	–	–
12	矿渣	m^3	938	–	–	–	–	–	–
13	石渣	m^3	939	–	–	–	–	–	–
14	粉煤灰	m^3	945	–	–	69.91	4.66	61.86	4.12
15	碎石	m^3	958	160.93	10.73	–	–	–	–

续前页

单位:$1000m^2$

顺序号	项目	单位	代号	石灰土碎石 石灰:土:碎石 5:15:80		石灰粉煤灰砂 石灰:粉煤灰:砂 10:20:70		石灰粉煤灰砂砾 石灰:粉煤灰:砂砾 5:15:80	
				压实厚度 15cm	每增减 1cm	压实厚度 15cm	每增减 1cm	压实厚度 15cm	每增减 1cm
				25	26	27	28	29	30
16	石屑	m^3	961	–	–	–	–	–	–
17	3.0m^3 以内轮胎式装载机	台班	1051	0.43	0.03	0.36	0.02	0.43	0.03
18	6~8t 光轮压路机	台班	1075	0.14	–	0.14	–	0.14	–
19	12~15t 光轮压路机	台班	1078	1.30	–	1.30	–	1.30	–
20	300t/h 以内稳定土厂拌设备	台班	1160	0.21	0.01	0.18	0.01	0.21	0.01
21	9.5m 以内稳定土摊铺机	台班	1165	0.24	–	0.24	–	0.24	–
22	6000L 以内洒水汽车	台班	1405	0.32	–	0.32	–	0.32	–
23	基价	元	1999	8391	465	12371	724	9653	549

续前页

单位:1000m²

顺序号	项目	单位	代号	石灰粉煤灰碎石		石灰粉煤灰矿渣		石灰粉煤灰煤矸石	
				石灰:粉煤灰:碎石 5:15:80		石灰:粉煤灰:矿渣 6:14:80		石灰:粉煤灰:煤矸石 6:14:80	
				压实厚度 15cm	每增减 1cm	压实厚度 15cm	每增减 1cm	压实厚度 15cm	每增减 1cm
				31	32	33	34	35	36
1	人工	工日	1	6.9	0.2	6.4	0.1	6.5	0.1
2	32.5 级水泥	t	832	–	–	–	–	–	–
3	水	m^3	866	28	2	34	2	33	2
4	生石灰	t	891	15.987	1.066	15.448	1.030	13.264	0.884
5	土	m^3	895	–	–	–	–	–	–
6	砂	m^3	897	–	–	–	–	–	–
7	砂砾	m^3	902	–	–	–	–	–	–
8	碎石土	m^3	915	–	–	–	–	–	–
9	砂砾土	m^3	916	–	–	–	–	–	–
10	煤矸石	m^3	936	–	–	–	–	150.11	10.01
11	煤渣	m^3	937	–	–	–	–	–	–
12	矿渣	m^3	938	–	–	169.98	11.33	–	–
13	石渣	m^3	939	–	–	–	–	–	–
14	粉煤灰	m^3	945	63.95	4.26	48.06	3.20	52.54	3.50
15	碎石	m^3	958	166.54	11.10	–	–	–	–

续前页

单位:1000m²

顺序号	项目	单位	代号	石灰粉煤灰碎石		石灰粉煤灰矿渣		石灰粉煤灰煤矸石	
				石灰:粉煤灰:碎石 5:15:80		石灰:粉煤灰:矿渣 6:14:80		石灰:粉煤灰:煤矸石 6:14:80	
				压实厚度 15cm	每增减 1cm	压实厚度 15cm	每增减 1cm	压实厚度 15cm	每增减 1cm
				31	32	33	34	35	36
16	石屑	m^3	961	–	–	–	–	–	–
17	3.0m^3 以内轮胎式装载机	台班	1051	0.44	0.03	0.36	0.02	0.37	0.02
18	6~8t 光轮压路机	台班	1075	0.14	–	0.14	–	0.14	–
19	12~15t 光轮压路机	台班	1078	1.30	–	1.30	–	1.30	–
20	300t/h 以内稳定土厂拌设备	台班	1160	0.22	0.01	0.18	0.01	0.18	0.01
21	9.5m 以内稳定土摊铺机	台班	1165	0.24	–	0.24	–	0.24	–
22	6000L 以内洒水汽车	台班	1405	0.32	–	0.32	–	0.32	–
23	基价	元	1999	9749	554	7367	390	6927	360

续前页

单位:1000m²

顺序号	项目	单位	代号	石灰煤渣基层 石灰:煤渣 18:82		石灰煤渣砂砾 石灰:煤渣:砂砾 8:30:62		石灰煤渣碎石 石灰:煤渣:碎石 8:30:62	
				压实厚度15cm	每增减1cm	压实厚度15cm	每增减1cm	压实厚度15cm	每增减1cm
				37	38	39	40	41	42
1	人工	工日	1	5.9	0.1	6.6	0.1	6.6	0.1
2	32.5级水泥	t	832	–	–	–	–	–	–
3	水	m^3	866	40	3	35	2	35	2
4	生石灰	t	891	35.593	2.397	22.470	1.498	22.470	1.498
5	土	m^3	895	–	–	–	–	–	–
6	砂	m^3	897	–	–	–	–	–	–
7	砂砾	m^3	902	–	–	104.52	6.97	–	–
8	碎石土	m^3	915	–	–	–	–	–	–
9	砂砾土	m^3	916	–	–	–	–	–	–
10	煤矸石	m^3	936	–	–	–	–	–	–
11	煤渣	m^3	937	202.74	13.52	104.31	6.95	104.31	6.95
12	矿渣	m^3	938	–	–	–	–	–	–
13	石渣	m^3	939	–	–	–	–	–	–
14	粉煤灰	m^3	945	–	–	–	–	–	–
15	碎石	m^3	958	–	–	–	–	113.38	7.56

续前页

单位:$1000m^2$

顺序号	项目	单位	代号	石灰煤渣基层		石灰煤渣砂砾		石灰煤渣碎石	
				石灰:煤渣 18:82		石灰:煤渣:砂砾 8:30:62		石灰:煤渣:碎石 8:30:62	
				压实厚度15cm	每增减1cm	压实厚度15cm	每增减1cm	压实厚度15cm	每增减1cm
				37	38	39	40	41	42
16	石屑	m^3	961	–	–	–	–	–	–
17	3.0m^3以内轮胎式装载机	台班	1051	0.28	0.02	0.39	0.03	0.39	0.03
18	6~8t光轮压路机	台班	1075	0.14	–	0.14	–	0.14	–
19	12~15t光轮压路机	台班	1078	1.30	–	1.30	–	1.30	–
20	300t/h以内稳定土厂拌设备	台班	1160	0.14	0.01	0.19	0.01	0.19	0.01
21	9.5m以内稳定土摊铺机	台班	1165	0.24	–	0.24	–	0.24	–
22	6000L以内洒水汽车	台班	1405	0.32	–	0.32	–	0.32	–
23	基价	元	1999	8867	502	9333	527	9211	519

续前页

单位:1000m²

顺序号	项目	单位	代号	石灰煤渣矿渣 石灰:煤渣:矿渣 8:30:62		石灰煤渣碎石土 石灰:煤渣:碎石土 8:30:62		水泥石灰砂砾 水泥:石灰:砂砾 5:5:90	
				压实厚度15cm	每增减1cm	压实厚度15cm	每增减1cm	压实厚度15cm	每增减1cm
				43	44	45	46	47	48
1	人工	工日	1	6.3	0.1	6.6	0.1	7.0	0.2
2	32.5级水泥	t	832	–	–	–	–	15.762	1.051
3	水	m^3	866	36	2	35	2	29	2
4	生石灰	t	891	19.974	1.332	22.470	1.498	15.917	1.061
5	土	m^3	895	–	–	–	–	–	–
6	砂	m^3	897	–	–	–	–	–	–
7	砂砾	m^3	902	–	–	–	–	181.50	12.10
8	碎石土	m^3	915	–	–	107.78	7.19	–	–
9	砂砾土	m^3	916	–	–	–	–	–	–
10	煤矸石	m^3	936	–	–	–	–	–	–
11	煤渣	m^3	937	92.72	6.18	104.31	6.95	–	–
12	矿渣	m^3	938	127.74	8.52	–	–	–	–
13	石渣	m^3	939	–	–	–	–	–	–
14	粉煤灰	m^3	945	–	–	–	–	–	–
15	碎石	m^3	958	–	–	–	–	–	–

续前页

单位:1000m²

顺序号	项目	单位	代号	石灰煤渣矿渣 石灰:煤渣:矿渣 8:30:62		石灰煤渣碎石土 石灰:煤渣:碎石土 8:30:62		水泥石灰砂砾 水泥:石灰:砂砾 5:5:90	
				压实厚度 15cm	每增减 1cm	压实厚度 15cm	每增减 1cm	压实厚度 15cm	每增减 1cm
				43	44	45	46	47	48
16	石屑	m^3	961	–	–	–	–	–	–
17	3.0m^3 以内轮胎式装载机	台班	1051	0.35	0.02	0.39	0.03	0.46	0.03
18	6 ~8t 光轮压路机	台班	1075	0.14	–	0.14	–	0.14	–
19	12 ~15t 光轮压路机	台班	1078	1.30	–	1.30	–	1.30	–
20	300t/h 以内稳定土厂拌设备	台班	1160	0.17	0.01	0.19	0.01	0.23	0.02
21	9.5m 以内稳定土摊铺机	台班	1165	0.24	–	0.24	–	0.24	–
22	6000L 以内洒水汽车	台班	1405	0.32	–	0.32	–	0.32	–
23	基价	元	1999	7620	409	8195	451	14524	880

续前页

单位:1000m²

顺序号	项目	单位	代号	水泥石灰碎石 水泥:石灰:碎石 4:3:93 压实厚度15cm	水泥石灰碎石 每增减1cm	水泥石灰砂砾土 水泥:石灰:砂砾土 5:4:91 压实厚度15cm	水泥石灰砂砾土 每增减1cm	水泥石灰碎石土 水泥:石灰:碎石土 4:3:93 压实厚度15cm	水泥石灰碎石土 每增减1cm
				49	50	51	52	53	54
1	人工	工日	1	7.0	0.2	6.8	0.2	6.8	0.2
2	32.5 级水泥	t	832	12.981	0.865	14.658	0.977	12.006	0.800
3	水	m^3	866	26	2	28	2	27	2
4	生石灰	t	891	9.926	0.662	11.955	0.797	9.181	0.612
5	土	m^3	895	–	–	–	–	–	–
6	砂	m^3	897	–	–	–	–	–	–
7	砂砾	m^3	902	–	–	–	–	–	–
8	碎石土	m^3	915	–	–	–	–	181.91	12.13
9	砂砾土	m^3	916	–	–	165.49	11.03	–	–
10	煤矸石	m^3	936	–	–	–	–	–	–
11	煤渣	m^3	937	–	–	–	–	–	–
12	矿渣	m^3	938	–	–	–	–	–	–
13	石渣	m^3	939	–	–	–	–	–	–
14	粉煤灰	m^3	945	–	–	–	–	–	–
15	碎石	m^3	958	206.89	13.79	–	–	–	–

续前页

单位：$1000m^2$

顺序号	项目	单位	代号	水泥石灰碎石		水泥石灰砂砾土		水泥石灰碎石土	
				水泥:石灰:碎石 4:3:93		水泥:石灰:砂砾土 5:4:91		水泥:石灰:碎石土 4:3:93	
				压实厚度 15cm	每增减 1cm	压实厚度 15cm	每增减 1cm	压实厚度 15cm	每增减 1cm
				49	50	51	52	53	54
16	石屑	m^3	961	–	–	–	–	–	–
17	$3.0m^3$ 以内轮胎式装载机	台班	1051	0.47	0.03	0.43	0.03	0.44	0.03
18	6～8t 光轮压路机	台班	1075	0.14	–	0.14	–	0.14	–
19	12～15t 光轮压路机	台班	1078	1.30	–	1.30	–	1.30	–
20	300t/h 以内稳定土厂拌设备	台班	1160	0.23	0.02	0.21	0.01	0.21	0.01
21	9.5m 以内稳定土摊铺机	台班	1165	0.24	–	0.24	–	0.24	–
22	6000L 以内洒水汽车	台班	1405	0.32	–	0.32	–	0.32	–
23	基价	元	1999	13076	782	11713	686	10488	604

II. 稳定土混合料运输

单位:1000m³

顺序号	项目	单位	代号	自卸汽车装载质量(t)							
				3以内				6以内			
				第一个1km	每增运0.5km			第一个1km	每增运0.5km		
					平均运距(km)				平均运距(km)		
					5以内	10以内	15以内		5以内	10以内	15以内
				55	56	57	58	59	60	61	62
1	3t以内自卸汽车	台班	1382	20.99	2.87	2.61	2.48	–	–	–	–
2	6t以内自卸汽车	台班	1384	–	–	–	–	14.80	1.94	1.76	1.67
3	8t以内自卸汽车	台班	1385	–	–	–	–	–	–	–	–
4	10t以内自卸汽车	台班	1386	–	–	–	–	–	–	–	–
5	12t以内自卸汽车	台班	1387	–	–	–	–	–	–	–	–
6	15t以内自卸汽车	台班	1388	–	–	–	–	–	–	–	–
7	基价	元	1999	6194	847	770	732	5968	782	710	673

续前页

单位:1000m³

顺序号	项目	单位	代号	自卸汽车装载质量(t)							
				8以内				10以内			
				第一个1km	每增运0.5km 平均运距(km)			第一个1km	每增运0.5km 平均运距(km)		
					5以内	10以内	15以内		5以内	10以内	15以内
				63	64	65	66	67	68	69	70
1	3t以内自卸汽车	台班	1382	–	–	–	–	–	–	–	–
2	6t以内自卸汽车	台班	1384	–	–	–	–	–	–	–	–
3	8t以内自卸汽车	台班	1385	11.01	1.36	1.22	1.16	–	–	–	–
4	10t以内自卸汽车	台班	1386	–	–	–	–	8.22	0.97	0.88	0.84
5	12t以内自卸汽车	台班	1387	–	–	–	–	–	–	–	–
6	15t以内自卸汽车	台班	1388	–	–	–	–	–	–	–	–
7	基价	元	1999	5355	662	593	564	4591	542	491	469

续前页　　　　　　　　　　　　　　　　　　　　　　　　　　单位:1000m³

顺序号	项目	单位	代号	自卸汽车装载质量(t)							
				12 以内				15 以内			
				第一个 1km	每增运 0.5km 平均运距(km)			第一个 1km	每增运 0.5km 平均运距(km)		
					5 以内	10 以内	15 以内		5 以内	10 以内	15 以内
				71	72	73	74	75	76	77	78
1	3t 以内自卸汽车	台班	1382	–	–	–	–	–	–	–	–
2	6t 以内自卸汽车	台班	1384	–	–	–	–	–	–	–	–
3	8t 以内自卸汽车	台班	1385	–	–	–	–	–	–	–	–
4	10t 以内自卸汽车	台班	1386	–	–	–	–	–	–	–	–
5	12t 以内自卸汽车	台班	1387	7.17	0.85	0.77	0.72	–	–	–	–
6	15t 以内自卸汽车	台班	1388	–	–	–	–	6.02	0.67	0.60	0.57
7	基价	元	1999	4467	530	480	449	4124	459	411	390

注:本定额是按拌和能力为300t/h 的拌和设备编制的,若采用其他型号的拌和设备施工时,可按下表中的数据抽换定额中人工、装载机和拌和设备的消耗数量。

不同生产能力拌和设备定额消耗数量调整表

单位:1000m²

项目			单位	代号	稳定土类型									
					水泥砂	水泥砂砾	水泥碎石	水泥石屑	水泥石渣	水泥砂砾土	水泥碎石土	石灰砂砾	石灰碎石	石灰砂砾土
50t/h以内厂拌设备	压实厚度15cm	人工	工日	1	9.4	10.2	10.4	9.8	9.6	9.6	9.8	9.6	9.8	8.9
		$1m^3$ 以内轮胎式装载机	台班	1048	1.31	1.42	1.45	1.37	1.34	1.35	1.37	1.34	1.37	1.24
		50t/h 稳定土厂拌设备	台班	1157	1.32	1.44	1.46	1.38	1.35	1.36	1.38	1.35	1.38	1.25
	每增减1cm	人工	工日	1	0.6	0.7	0.7	0.6	0.6	0.6	0.6	0.6	0.6	0.6
		$1m^3$ 以内轮胎式装载机	台班	1048	0.09	0.09	0.09	0.09	0.09	0.09	0.09	0.09	0.09	0.08
		50t/h 稳定土厂拌设备	台班	1157	0.09	0.09	0.10	0.09	0.09	0.09	0.09	0.09	0.09	0.08
100t/h以内厂拌设备	压实厚度15cm	人工	工日	1	5.9	6.4	6.5	6.1	6.0	6.0	6.1	6.0	6.1	5.6
		$2m^3$ 以内轮胎式装载机	台班	1050	0.65	0.71	0.72	0.68	0.67	0.67	0.68	0.67	0.68	0.62
		100t/h 稳定土厂拌设备	台班	1158	0.66	0.72	0.73	0.69	0.67	0.68	0.69	0.67	0.69	0.63
	每增减1cm	人工	工日	1	0.4	0.4	0.4	0.4	0.4	0.4	0.4	0.4	0.4	0.4
		$2m^3$ 以内轮胎式装载机	台班	1050	0.04	0.05	0.05	0.04	0.04	0.04	0.04	0.04	0.04	0.04
		100t/h 稳定土厂拌设备	台班	1158	0.04	0.05	0.05	0.05	0.04	0.04	0.05	0.04	0.05	0.04
200t/h以内厂拌设备	压实厚度15cm	人工	工日	1	2.9	3.2	3.2	3.1	3.0	3.0	3.1	3.0	3.1	2.8
		$2m^3$ 以内轮胎式装载机	台班	1050	0.65	0.71	0.72	0.68	0.67	0.67	0.68	0.67	0.68	0.62
		200t/h 稳定土厂拌设备	台班	1159	0.33	0.36	0.37	0.35	0.34	0.34	0.35	0.34	0.35	0.32
	每增减1cm	人工	工日	1	0.2	0.2	0.2	0.2	0.2	0.2	0.2	0.2	0.2	0.2
		$2m^3$ 以内轮胎式装载机	台班	1050	0.04	0.05	0.05	0.04	0.04	0.04	0.04	0.04	0.04	0.04
		200t/h 稳定土厂拌设备	台班	1159	0.02	0.02	0.02	0.02	0.02	0.02	0.02	0.02	0.02	0.02
400t/h以内厂拌设备	压实厚度15cm	人工	工日	1	2.2	2.4	2.4	2.3	2.3	2.3	2.3	2.3	2.3	2.1
		$3m^3$ 以内轮胎式装载机	台班	1051	0.33	0.36	0.36	0.34	0.34	0.34	0.34	0.34	0.34	0.31
		400t/h 稳定土厂拌设备	台班	1161	0.16	0.17	0.18	0.17	0.16	0.16	0.17	0.16	0.17	0.15
	每增减1cm	人工	工日	1	0.1	0.2	0.2	0.1	0.1	0.1	0.1	0.1	0.1	0.1
		$3m^3$ 以内轮胎式装载机	台班	1051	0.02	0.02	0.02	0.02	0.02	0.02	0.02	0.02	0.02	0.02
		400t/h 稳定土厂拌设备	台班	1161	0.01	0.01	0.01	0.01	0.01	0.01	0.01	0.01	0.01	0.01

续前页　　　　　　　　　　　　　　　　　　　　　　　　　　　　　　　　单位:1000m^2

项目			单位	代号	稳定土类型									
					石灰碎石土	石灰土砂砾	石灰土碎石	石灰粉煤灰砂	石灰粉煤灰砂砾	石灰粉煤灰碎石	石灰粉煤灰矿渣	石灰粉煤灰煤矸石	石灰煤渣	石灰煤渣砂砾
50t/h以内厂拌设备	压实厚度15cm	人工	工日	1	9.0	8.9	9.0	7.6	9.1	9.4	7.5	7.7	5.9	8.2
		1m^3以内轮胎式装载机	台班	1048	1.25	1.24	1.25	1.07	1.26	1.31	1.05	1.08	0.82	1.14
		50t/h稳定土厂拌设备	台班	1157	1.26	1.25	1.26	1.08	1.28	1.32	1.06	1.09	0.83	1.15
	每增减1cm	人工	工日	1	0.6	0.6	0.6	0.5	0.6	0.6	0.5	0.5	0.4	0.5
		1m^3以内轮胎式装载机	台班	1048	0.08	0.08	0.08	0.07	0.08	0.09	0.07	0.07	0.05	0.07
		50t/h稳定土厂拌设备	台班	1157	0.08	0.08	0.08	0.07	0.08	0.09	0.07	0.07	0.05	0.08
100t/h以内厂拌设备	压实厚度15cm	人工	工日	1	5.7	5.6	5.7	4.7	5.7	5.9	4.7	4.8	3.6	5.2
		2m^3以内轮胎式装载机	台班	1050	0.63	0.62	0.63	0.54	0.63	0.65	0.53	0.54	0.41	0.57
		100t/h稳定土厂拌设备	台班	1158	0.63	0.63	0.63	0.54	0.64	0.66	0.53	0.55	0.41	0.58
	每增减1cm	人工	工日	1	0.4	0.4	0.4	0.3	0.4	0.4	0.3	0.3	0.2	0.3
		2m^3以内轮胎式装载机	台班	1050	0.04	0.04	0.04	0.04	0.04	0.04	0.03	0.04	0.03	0.04
		100t/h稳定土厂拌设备	台班	1158	0.04	0.04	0.04	0.04	0.04	0.04	0.03	0.04	0.03	0.04
200t/h以内厂拌设备	压实厚度15cm	人工	工日	1	2.8	2.8	2.8	2.4	2.8	2.9	2.4	2.5	1.9	2.6
		2m^3以内轮胎式装载机	台班	1050	0.63	0.62	0.63	0.54	0.63	0.65	0.53	0.54	0.41	0.57
		200t/h稳定土厂拌设备	台班	1159	0.32	0.32	0.32	0.28	0.32	0.33	0.27	0.28	0.20	0.29
	每增减1cm	人工	工日	1	0.2	0.2	0.2	0.2	0.2	0.2	0.2	0.2	0.1	0.2
		2m^3以内轮胎式装载机	台班	1050	0.04	0.04	0.04	0.04	0.04	0.04	0.03	0.04	0.03	0.04
		200t/h稳定土厂拌设备	台班	1159	0.02	0.02	0.02	0.02	0.02	0.02	0.02	0.02	0.01	0.02
400t/h以内厂拌设备	压实厚度15cm	人工	工日	1	2.1	2.1	2.1	1.8	2.1	2.2	1.8	1.8	1.3	1.9
		3m^3以内轮胎式装载机	台班	1051	0.32	0.31	0.32	0.27	0.32	0.33	0.27	0.27	0.20	0.29
		400t/h稳定土厂拌设备	台班	1161	0.15	0.15	0.15	0.13	0.15	0.16	0.13	0.13	0.10	0.14
	每增减1cm	人工	工日	1	0.1	0.1	0.1	0.1	0.1	0.1	0.1	0.1	0.1	0.1
		3m^3以内轮胎式装载机	台班	1051	0.02	0.02	0.02	0.02	0.02	0.02	0.02	0.02	0.01	0.02
		400t/h稳定土厂拌设备	台班	1161	0.01	0.01	0.01	0.01	0.01	0.01	0.01	0.01	0.01	0.01

续前页　　　　单位：1000m²

项目			单位	代号	稳定土类型						
					石灰煤渣碎石	石灰煤渣矿渣	石灰煤渣碎石土	水泥石灰砂砾	水泥石灰碎石	水泥石灰砂砾土	水泥石灰碎石土
50t/h以内厂拌设备	压实厚度15cm	人工	工日	1	8.2	7.3	8.2	9.8	10.0	9.1	9.2
		1m³ 以内轮胎式装载机	台班	1048	1.14	1.02	1.14	1.37	1.39	1.26	1.29
		50t/h 稳定土厂拌设备	台班	1157	1.15	1.03	1.15	1.38	1.41	1.28	1.30
	每增减1cm	人工	工日	1	0.5	0.5	0.5	0.6	0.6	0.6	0.6
		1m³ 以内轮胎式装载机	台班	1048	0.07	0.07	0.07	0.09	0.09	0.08	0.08
		50t/h 稳定土厂拌设备	台班	1157	0.08	0.07	0.08	0.09	0.09	0.08	0.08
100t/h以内厂拌设备	压实厚度15cm	人工	工日	1	5.2	4.5	5.2	6.1	6.2	5.7	5.8
		2m³ 以内轮胎式装载机	台班	1050	0.57	0.51	0.57	0.68	0.69	0.63	0.64
		100t/h 稳定土厂拌设备	台班	1158	0.58	0.52	0.58	0.69	0.70	0.64	0.65
	每增减1cm	人工	工日	1	0.3	0.3	0.3	0.4	0.4	0.4	0.4
		2m³ 以内轮胎式装载机	台班	1050	0.04	0.03	0.04	0.04	0.05	0.04	0.04
		100t/h 稳定土厂拌设备	台班	1158	0.04	0.03	0.04	0.05	0.05	0.04	0.04
200t/h以内厂拌设备	压实厚度15cm	人工	工日	1	2.6	2.3	2.6	3.1	3.1	2.9	2.9
		2m³ 以内轮胎式装载机	台班	1050	0.57	0.51	0.57	0.68	0.69	0.63	0.64
		200t/h 稳定土厂拌设备	台班	1159	0.29	0.26	0.29	0.35	0.35	0.32	0.33
	每增减1cm	人工	工日	1	0.2	0.1	0.2	0.2	0.2	0.2	0.2
		2m³ 以内轮胎式装载机	台班	1050	0.04	0.03	0.04	0.04	0.05	0.04	0.04
		200t/h 稳定土厂拌设备	台班	1159	0.02	0.02	0.02	0.02	0.02	0.02	0.02
400t/h以内厂拌设备	压实厚度15cm	人工	工日	1	1.9	1.6	1.9	2.3	2.3	2.1	2.2
		3m³ 以内轮胎式装载机	台班	1051	0.29	0.26	0.29	0.34	0.35	0.32	0.32
		400t/h 稳定土厂拌设备	台班	1161	0.14	0.12	0.14	0.17	0.17	0.16	0.16
	每增减1cm	人工	工日	1	0.1	0.1	0.1	0.1	0.1	0.1	0.1
		3m³ 以内轮胎式装载机	台班	1051	0.02	0.02	0.02	0.02	0.02	0.02	0.02
		400t/h 稳定土厂拌设备	台班	1161	0.01	0.01	0.01	0.01	0.01	0.01	0.01

2-1-8 基层稳定土厂拌设备安装、拆除

工程内容 1)场地清理、平整、碾压、硬化处理;2)铺设垫层;3)修建拌和设备基座的全部工作;4)砌筑上料台;5)拌和设备的安装、调试;6)竣工后拆除、清理。

单位:1 座

顺序号	项目	单位	代号	稳定土厂拌设备生产能力(t/h)				
				50 以内	100 以内	200 以内	300 以内	400 以内
				1	2	3	4	5
1	人工	工日	1	918.7	1012.2	1262.8	1483.6	1738.4
2	锯材	m^3	102	0.003	0.004	0.007	0.010	0.014
3	型钢	t	182	0.013	0.016	0.029	0.040	0.056
4	组合钢模板	t	272	0.028	0.035	0.062	0.086	0.121
5	铁件	kg	651	40.2	48.0	70.8	85.3	105.5
6	32.5 级水泥	t	832	59.321	67.066	91.515	110.974	136.463
7	水	m^3	866	843	912	1098	1263	1465
8	中(粗)砂	m^3	899	202.33	228.82	308.91	369.29	446.47
9	砂砾	m^3	902	1224.00	1290.94	1434.38	1596.94	1778.63
10	片石	m^3	931	125.48	151.94	235.25	288.18	356.30
11	碎石(4cm)	m^3	952	25.71	32.14	57.86	80.36	112.50
12	块石	m^3	981	114.56	138.73	214.80	263.12	325.32

续前页　　　　单位:1 座

顺序号	项目	单位	代号	稳定土厂拌设备生产能力(t/h)				
				50 以内	100 以内	200 以内	300 以内	400 以内
				1	2	3	4	5
13	其他材料费	元	996	47.4	58.3	96.9	126.5	167.3
14	75kW 以内履带式推土机	台班	1003	3.45	3.72	4.25	4.78	5.31
15	105kW 以内履带式推土机	台班	1005	8.36	8.81	9.79	10.90	12.14
16	0.6m^3 以内履带式单斗挖掘机	台班	1027	1.38	1.95	3.60	5.18	7.46
17	6~8t 光轮压路机	台班	1075	1.94	2.06	2.30	2.56	2.85
18	8~10t 光轮压路机	台班	1076	3.37	3.56	3.96	4.41	4.92
19	12~15t 光轮压路机	台班	1078	4.19	4.44	4.96	5.54	6.17
20	250L 以内混凝土搅拌机	台班	1272	1.33	1.65	2.98	4.14	5.79
21	15t 以内平板拖车组	台班	1392	4.79	5.24	–	–	–
22	20t 以内平板拖车组	台班	1393	–	–	6.35	7.89	9.04
23	12t 以内汽车式起重机	台班	1451	9.32	0.77	1.38	1.92	2.68
24	20t 以内汽车式起重机	台班	1453	8.71	9.33	–	–	–
25	40t 以内汽车式起重机	台班	1456	–	9.33	10.37	12.03	13.27
26	75t 以内汽车式起重机	台班	1458	–	–	10.37	12.03	13.27
27	小型机具使用费	元	1998	163.5	198.2	310.0	383.8	480.5
28	基价	元	1999	161784	190816	259933	305702	357356

2-1-9 泥灰结碎石基层

工程内容 1)清扫整理下承层；2)消解石灰；3)铺料、整平；4)调浆、灌浆；5)撒铺嵌缝料、整形、洒水、碾压、找补。

单位：1000m^2

顺序号	项目	单位	代号	人工摊铺		机械摊铺	
				压实厚度 10cm	每增加 1cm	压实厚度 10cm	每增加 1cm
				1	2	3	4
1	人工	工日	1	37.2	3.4	21.8	2.1
2	水	m^3	866	23	2	–	–
3	生石灰	t	891	4.327	0.433	4.327	0.433
4	黏土	m^3	911	23.93	2.39	23.93	2.39
5	石屑	m^3	961	11.90	1.19	11.90	1.19
6	路面用碎石(3.5cm)	m^3	967	10.57	1.06	10.57	1.06
7	路面用碎石(6cm)	m^3	969	97.18	9.72	97.18	9.72
8	120kW 以内自行式平地机	台班	1057	–	–	0.38	–
9	6~8t 光轮压路机	台班	1075	0.28	–	0.28	–
10	12~15t 光轮压路机	台班	1078	0.74	–	0.74	–
11	6000L 以内洒水汽车	台班	1405	–	–	0.54	0.05
12	基价	元	1999	9458	893	9312	853

2-1-10 填隙碎石基层

工程内容 1)清扫整理下承层;2)铺料、整平;3)撒铺填隙料;4)整形、洒水,碾压、找补。

I.人 工 铺 料

单位:1000m²

顺序号	项目	单位	代号	压实厚度(cm)									
				8		9		10		11		12	
				基层	底基层	基层	底基层	基层	底基层	基层	底基层	基层	底基层
				1	2	3	4	5	6	7	8	9	10
1	人工	工日	1	17.7	17.7	19.3	19.3	20.7	20.8	22.2	22.4	23.9	23.9
2	水	m^3	866	4	4	4	4	4	4	4	4	4	4
3	石屑	m^3	961	27.46	24.29	30.89	27.32	34.32	30.36	35.86	31.80	37.07	32.79
4	路面用碎石(1.5cm)	m^3	965	3.93	3.72	3.11	2.75	1.99	1.59	2.92	2.19	4.14	3.66
5	路面用碎石(2.5cm)	m^3	966	7.86	8.60	10.16	10.99	7.83	8.63	5.40	5.11	5.26	5.10
6	路面用碎石(3.5cm)	m^3	967	43.23	37.60	30.95	27.61	25.49	25.63	16.21	11.25	12.43	12.59
7	路面用碎石(5cm)	m^3	968	23.58	31.87	44.22	50.67	48.20	47.00	45.42	48.35	47.16	47.32
8	路面用碎石(6cm)	m^3	969	-	-	-	-	14.74	19.39	40.02	47.18	53.06	57.68
9	6~8t 光轮压路机	台班	1075	0.34	0.34	0.36	0.36	0.38	0.38	0.40	0.40	0.42	0.42
10	12~15t 光轮压路机	台班	1078	0.30	0.15	0.32	0.15	0.34	0.16	0.35	0.17	0.37	0.18
11	15t 以内振动压路机	台班	1088	0.16	0.14	0.17	0.15	0.18	0.16	0.19	0.17	0.20	0.18
12	基价	元	1999	7801	7662	8602	8466	9351	9223	10044	9865	10847	10698

II. 机械铺料

单位:1000m²

顺序号	项目	单位	代号	压实厚度(cm)									
				8		9		10		11		12	
				基层	底基层	基层	底基层	基层	底基层	基层	底基层	基层	底基层
				11	12	13	14	15	16	17	18	19	20
1	人工	工日	1	2.9	2.9	3.1	3.0	3.2	3.1	3.3	3.2	3.4	3.3
2	石屑	m^3	961	27.46	24.29	30.89	27.32	34.32	30.36	35.86	31.80	37.07	32.79
3	路面用碎石(1.5cm)	m^3	965	3.93	3.72	3.11	2.75	1.99	1.59	2.92	2.19	4.14	3.66
4	路面用碎石(2.5cm)	m^3	966	7.86	8.60	10.16	10.99	7.83	8.63	5.40	5.11	5.26	5.10
5	路面用碎石(3.5cm)	m^3	967	43.23	37.60	30.95	27.61	25.49	25.63	16.21	11.25	12.43	12.59
6	路面用碎石(5cm)	m^3	968	23.58	31.87	44.22	50.67	48.20	47.00	45.42	48.35	47.16	47.32
7	路面用碎石(6cm)	m^3	969	–	–	–	–	14.74	19.39	40.02	47.18	53.06	57.68
8	120kW 以内自行式平地机	台班	1057	0.17	0.17	0.20	0.20	0.23	0.23	0.26	0.26	0.29	0.29
9	6 ~ 8t 光轮压路机	台班	1075	0.34	0.34	0.36	0.36	0.38	0.38	0.40	0.40	0.42	0.42
10	12 ~ 15t 光轮压路机	台班	1078	0.30	0.15	0.32	0.15	0.34	0.16	0.35	0.17	0.37	0.18
11	15t 以内振动压路机	台班	1088	0.16	0.14	0.17	0.15	0.18	0.16	0.19	0.17	0.20	0.18
12	石屑撒布机	台班	1183	0.08	0.07	0.09	0.08	0.10	0.09	0.10	0.09	0.11	0.09
13	6000L 以内洒水汽车	台班	1405	0.09	0.09	0.09	0.09	0.09	0.09	0.09	0.09	0.09	0.09
14	基价	元	1999	7324	7178	8090	7942	8808	8664	9460	9259	10219	10051

第二节 路面面层

说 明

1. 泥结碎石、级配碎石、级配砾石、天然砂砾、粒料改善土壤路面面层的压实厚度在15cm以内，拖拉机、平地机和压路机的台班消耗按定额数量计算。如等于或超过上述压实厚度进行分层拌和、碾压时，拖拉机、平地机和压路机的台班消耗按定额数量加倍计算，每1000m^2增加3个工日。

2. 泥结碎石及级配碎石、级配砾石面层定额中，均未包括磨耗层和保护层，需要时应按磨耗层和保护层定额另行计算。

3. 沥青表面处治路面、沥青贯入式路面和沥青上拌下贯式路面的下贯层以及透层、黏层、封层定额中已计入热化、熬制沥青用的锅、灶等设备的费用，使用定额时不得另行计算。

4. 沥青贯入式路面面层定额中已综合了上封层的消耗，使用定额时不得另行计算。

5. 沥青碎石混合料、沥青混凝土和沥青碎石玛蹄脂混合料路面定额中均已包括混合料拌和、运输、摊铺作业时的损耗因素，路面实体按路面设计面积乘以压实厚度计算。

6. 沥青路面定额中均未包括透层、黏层和封层，需要时可按有关定额另行计算。

7. 沥青路面定额中的乳化沥青和改性沥青均按外购成品料进行编制，如在现场自行配制时，其配制费用计入材料预算价格中。

8. 如沥青玛蹄脂碎石混合料设计采用的纤维稳定剂的掺加比例与定额不同时，可按设计用量调整定额中纤维稳定剂的消耗。

9. 沥青路面定额中，均未考虑为保证石料与沥青的黏附性而采用的抗剥离措施的费用，需要时，应根据石料的性质,按设计提出的抗剥离措施,计算其费用。

10. 本定额系按一定的油石比编制的,当设计采用的油石比与定额不同时,可按设计油石比调整定额中的沥青用量。换算公式如下:

$$S_i = S_d \times \frac{L_i}{L_d}$$

式中:S_i——按设计油石比换算后的沥青数量;

S_d——定额中的沥青数量;

L_d——定额中标明的油石比;

L_i——设计采用的油石比。

11. 在冬五区、冬六区采用层铺法施工沥青路面时,其沥青用量可按定额用量乘以下列系数:

沥青表面处治:1.05;沥青贯入式基层或联结层:1.02;面层:1.028;沥青上拌下贯式下贯部分:1.043。

12. 过水路面定额系按双车道路面宽7.5m进行编制的,当设计为单车道时,定额应乘以0.8的系数。如设计为混合式过水路面时,其中的涵洞可按涵洞工程相关定额计算,过水路面的工程量不扣除涵洞的宽度。

2-2-1 泥结碎石路面

工程内容 1)清扫整理下承层;2)铺料、整平;3)调浆、灌浆;4)撒铺嵌缝料、整形、洒水、碾压、找补。

单位:$1000m^2$

顺序号	项目	单位	代号	人工摊铺				机械摊铺			
				压实厚度10cm		每增加1cm		压实厚度10cm		每增加1cm	
				面层	基层	面层	基层	面层	基层	面层	基层
				1	2	3	4	5	6	7	8
1	人工	工日	1	34.4	34.4	3.1	3.1	18.4	18.3	1.6	1.6
2	水	m^3	866	27	27	3	3	–	–	–	–
3	黏土	m^3	911	28.28	28.28	2.83	2.83	28.28	28.28	2.83	2.83
4	石屑	m^3	961	11.03	11.03	1.10	1.10	11.03	11.03	1.10	1.10
5	路面用碎石(1.5cm)	m^3	965	11.10	–	1.11	–	11.10	–	1.11	–
6	路面用碎石(3.5cm)	m^3	967	100.34	11.10	10.03	1.11	100.34	11.10	10.03	1.11
7	路面用碎石(6cm)	m^3	969	–	100.34	–	10.03	–	100.34	–	10.03
8	120kW以内自行式平地机	台班	1057	–	–	–	–	0.30	0.17	–	–
9	6~8t光轮压路机	台班	1075	0.28	0.28	–	–	0.28	0.28	–	–
10	12~15t光轮压路机	台班	1078	0.74	0.74	–	–	0.74	0.74	–	–
11	6000L以内洒水汽车	台班	1405	–	–	–	–	0.59	0.59	0.06	0.06
12	基价	元	1999	10073	9048	953	850	9849	8700	908	806

2-2-2　级配碎石路面

工程内容　1)清扫整理下承层；2)铺料、洒水、拌和；3)整形，碾压，找补。

I. 人工铺料

单位：$1000m^2$

顺序号	项目	单位	代号	拖拉机带铧犁拌和					
				压实厚度 10cm			每增减 1cm		
				面层	基层	底基层	面层	基层	底基层
				1	2	3	4	5	6
1	人工	工日	1	22.9	22.9	23.3	1.9	1.9	1.9
2	黏土	m^3	911	18.14	–	–	1.81	–	–
3	石屑	m^3	961	54.43	52.92	15.12	5.44	5.29	1.51
4	路面用碎石(1.5cm)	m^3	965	41.07	38.02	22.81	4.11	3.80	2.28
5	路面用碎石(2.5cm)	m^3	966	20.53	33.47	38.02	2.05	3.35	3.80
6	路面用碎石(3.5cm)	m^3	967	20.53	27.38	45.62	2.05	2.74	4.56
7	路面用碎石(5cm)	m^3	968	–	–	30.42	–	–	3.04
8	设备摊销费	元	997	1.1	1.1	1.1	0.1	0.1	0.1
9	75kW 以内履带式拖拉机	台班	1063	0.28	0.28	0.28	–	–	–
10	6~8t 光轮压路机	台班	1075	0.14	0.14	0.14	–	–	–
11	12~15t 光轮压路机	台班	1078	1.48	1.30	1.11	–	–	–
12	6000L 以内洒水汽车	台班	1405	0.24	0.24	0.24	0.02	0.02	0.02
13	基价	元	1999	11027	11781	11425	1002	1085	1055

II. 机 械 铺 料

单位:1000m²

顺序号	项目	单位	代号	拖拉机带铧犁拌和					
				压实厚度 10cm			每增减 1cm		
				面层	基层	底基层	面层	基层	底基层
				7	8	9	10	11	12
1	人工	工日	1	5.0	3.1	3.1	0.3	0.1	0.1
2	黏土	m³	911	18.14	–	–	1.81	–	–
3	石屑	m³	961	54.43	52.92	15.12	5.44	5.29	1.51
4	路面用碎石(1.5cm)	m³	965	41.07	38.02	22.81	4.11	3.80	2.28
5	路面用碎石(2.5cm)	m³	966	20.53	33.47	38.02	2.05	3.35	3.80
6	路面用碎石(3.5cm)	m³	967	20.53	27.38	45.62	2.05	2.74	4.56
7	路面用碎石(5cm)	m³	968	–	–	30.42	–	–	3.04
8	设备摊销费	元	997	1.1	1.1	1.1	0.1	0.1	0.1
9	120kW 以内自行式平地机	台班	1057	0.38	0.29	0.29	–	–	–
10	75kW 以内履带式拖拉机	台班	1063	0.28	0.28	0.28	–	–	–
11	6~8t 光轮压路机	台班	1075	0.14	0.14	0.14	–	–	–
12	12~15t 光轮压路机	台班	1078	1.48	1.30	1.11	–	–	–
13	6000L 以内洒水汽车	台班	1405	0.24	0.24	0.24	0.02	0.02	0.02
14	基价	元	1999	10492	11070	10695	923	997	966

续前页　　　　单位:1000m²

顺序号	项　目	单位	代号	平地机拌和					
				压实厚度10cm			每增减1cm		
				面层	基层	底基层	面层	基层	底基层
				13	14	15	16	17	18
1	人工	工日	1	4.9	3.0	2.9	0.3	0.1	0.1
2	黏土	m^3	911	18.14	–	–	1.81	–	–
3	石屑	m^3	961	54.43	52.92	15.12	5.44	5.29	1.51
4	路面用碎石(1.5cm)	m^3	965	41.07	38.02	22.81	4.11	3.80	2.28
5	路面用碎石(2.5cm)	m^3	966	20.53	33.47	38.02	2.05	3.35	3.80
6	路面用碎石(3.5cm)	m^3	967	20.53	27.38	45.62	2.05	2.74	4.56
7	路面用碎石(5cm)	m^3	968	–	–	30.42	–	–	3.04
8	设备摊销费	元	997	–	–	–	–	–	–
9	120kW以内自行式平地机	台班	1057	0.71	0.62	0.62	–	–	–
10	75kW以内履带式拖拉机	台班	1063	–	–	–	–	–	–
11	6~8t光轮压路机	台班	1075	0.14	0.14	0.14	–	–	–
12	12~15t光轮压路机	台班	1078	1.48	1.30	1.11	–	–	–
13	6000L以内洒水汽车	台班	1405	0.24	0.24	0.24	0.02	0.02	0.02
14	基价	元	1999	10639	11217	10836	923	996	966

注:若石屑缺乏时,可将石屑用量的10%以细砂砾或粗砂代替。

2-2-3　级配砾石路面

工程内容　1)清扫整理下承层；2)铺料、洒水、拌和；3)整形,碾压,找补。

单位:1000m^2

I. 人工铺料

顺序号	项目	单位	代号	拖拉机带铧犁拌和					
				压实厚度10cm			每增减1cm		
				面层	基层	底基层	面层	基层	底基层
				1	2	3	4	5	6
1	人工	工日	1	22.4	22.4	22.4	1.8	1.8	1.8
2	土	m^3	895	–	15.21	9.51	–	1.52	0.95
3	砂	m^3	897	42.18	35.92	29.68	4.22	3.59	2.97
4	黏土	m^3	911	18.14	–	–	1.81	–	–
5	砾石(2cm)	m^3	921	64.27	65.69	61.04	6.43	6.57	6.10
6	砾石(4cm)	m^3	922	25.70	32.84	33.91	2.57	3.28	3.39
7	砾石(6cm)	m^3	923	–	–	13.57	–	–	1.36
8	设备摊销费	元	997	1.1	1.1	1.1	0.1	0.1	0.1
9	75kW以内履带式拖拉机	台班	1063	0.28	0.28	0.28	–	–	–
10	6~8t光轮压路机	台班	1075	0.14	0.14	0.14	–	–	–
11	12~15t光轮压路机	台班	1078	1.48	1.30	1.11	–	–	–
12	6000L以内洒水汽车	台班	1405	0.24	0.24	0.24	0.02	0.02	0.02
13	基价	元	1999	8351	8296	8188	732	734	731

II. 机 械 铺 料

单位:1000m²

顺序号	项目	单位	代号	拖拉机带铧犁拌和					
				压实厚度 10cm			每增减 1cm		
				面层	基层	底基层	面层	基层	底基层
				7	8	9	10	11	12
1	人工	工日	1	5.0	4.7	4.0	0.3	0.3	0.2
2	土	m^3	895	–	15.21	9.51	–	1.52	0.95
3	砂	m^3	897	42.18	35.92	29.68	4.22	3.59	2.97
4	黏土	m^3	911	18.14	–	–	1.81	–	–
5	砾石(2cm)	m^3	921	64.27	65.69	61.04	6.43	6.57	6.10
6	砾石(4cm)	m^3	922	25.70	32.84	33.91	2.57	3.28	3.39
7	砾石(6cm)	m^3	923	–	–	13.57	–	–	1.36
8	设备摊销费	元	997	1.1	1.1	1.1	0.1	0.1	0.1
9	120kW 以内自行式平地机	台班	1057	0.38	0.29	0.29	–	–	–
10	75kW 以内履带式拖拉机	台班	1063	0.28	0.28	0.28	–	–	–
11	6~8t 光轮压路机	台班	1075	0.14	0.14	0.14	–	–	–
12	12~15t 光轮压路机	台班	1078	1.48	1.30	1.11	–	–	–
13	6000L 以内洒水汽车	台班	1405	0.24	0.24	0.24	0.02	0.02	0.02
14	基价	元	1999	7840	7689	7546	659	660	652

续前页 单位:1000m²

顺序号	项目	单位	代号	平地机拌和					
				压实厚度 10cm			每增减 1cm		
				面层	基层	底基层	面层	基层	底基层
				13	14	15	16	17	18
1	人工	工日	1	4.9	4.6	3.9	0.3	0.3	0.2
2	土	m^3	895	–	15.21	9.51	–	1.52	0.95
3	砂	m^3	897	42.18	35.92	29.68	4.22	3.59	2.97
4	黏土	m^3	911	18.14	–	–	1.81	–	–
5	砾石(2cm)	m^3	921	64.27	65.69	61.04	6.43	6.57	6.10
6	砾石(4cm)	m^3	922	25.70	32.84	33.91	2.57	3.28	3.39
7	砾石(6cm)	m^3	923	–	–	13.57	–	–	1.36
8	设备摊销费	元	997	–	–	–	–	–	–
9	120kW 以内自行式平地机	台班	1057	0.71	0.62	0.62	–	–	–
10	75kW 以内履带式拖拉机	台班	1063	–	–	–	–	–	–
11	6~8t 光轮压路机	台班	1075	0.14	0.14	0.14	–	–	–
12	12~15t 光轮压路机	台班	1078	1.48	1.30	1.11	–	–	–
13	6000L 以内洒水汽车	台班	1405	0.24	0.24	0.24	0.02	0.02	0.02
14	基价	元	1999	7987	7835	7693	659	660	652

2-2-4　天然砂砾路面

工程内容　1)清扫整理下承层;2)铺料、整平;3)洒水,碾压,找补。

单位:1000m²

顺序号	项　　目	单位	代号	人工摊铺		机械摊铺	
				压实厚度10cm	每增减1cm	压实厚度10cm	每增减1cm
				1	2	3	4
1	人工	工日	1	23.1	1.9	2.5	0.1
2	水	m^3	866	11	1	–	–
3	砂砾	m^3	902	133.62	13.36	133.62	13.36
4	120kW以内自行式平地机	台班	1057	–	–	0.29	–
5	6~8t光轮压路机	台班	1075	0.28	–	0.28	–
6	12~15t光轮压路机	台班	1078	0.55	–	0.55	–
7	6000L以内洒水汽车	台班	1405	–	–	0.24	0.02
8	基价	元	1999	5581	508	4949	429

2－2－5　粒料改善土壤路面

工程内容　1)挖松路基; 2)粉碎土块,掺料,洒水,拌和; 3)整形,碾压。

单位:1000m²

顺序号	项　目	单位	代号	黏土路基				砂路基
				掺配材料				
				砂		砾石		黏土
				压实厚度10cm	每增减1cm	压实厚度10cm	每增减1cm	压实厚度5cm
				1	2	3	4	5
1	人工	工日	1	15.7	1.2	16.9	1.4	7.6
2	水	m³	866	14	1	13	1	7
3	砂	m³	897	85.06	8.51	–	–	–
4	黏土	m³	911	–	–	–	–	26.60
5	砾石(6cm)	m³	923	–	–	85.94	8.59	–
6	设备摊销费	元	997	1.1	0.1	1.1	0.1	0.5
7	41kW以内轮胎式拖拉机	台班	1070	0.58	–	0.58	–	0.49
8	6～8t光轮压路机	台班	1075	0.23	–	0.23	–	0.23
9	12～15t光轮压路机	台班	1078	0.61	–	0.61	–	0.61
10	基价	元	1999	5498	485	4483	387	1036

2-2-6 磨耗层及保护层

工程内容 1)洒水,铺料,拌和;2)整平,碾压。

单位:1000m²

顺序号	项目	单位	代号	磨耗层					
				级配砂砾			煤渣		
				压实厚度(cm)					
				2	3	4	2	3	4
				1	2	3	4	5	6
1	人工	工日	1	12.7	18.5	24.4	11.1	16.2	21.3
2	水	m^3	866	7	10	13	6	10	13
3	砂	m^3	897	–	–	–	–	–	–
4	砂砾	m^3	902	23.12	34.68	46.24	–	–	–
5	黏土	m^3	911	5.28	7.92	10.56	5.12	7.68	10.24
6	煤渣	m^3	937	–	–	–	32.64	48.96	65.28
7	风化石	m^3	948	–	–	–	–	–	–
8	6~8t 光轮压路机	台班	1075	0.36	0.36	0.36	0.36	0.36	0.36
9	基价	元	1999	1479	2146	2818	1204	1739	2274

续前页　　　　单位:1000m²

顺序号	项　目	单位	代号	磨耗层				保护层	
				砂土		风化石		砂土稳定	砂松散
				压实厚度(cm)					
				2	3	2	3		
				7	8	9	10	11	12
1	人工	工日	1	11.4	16.7	4.7	6.6	6.8	2.3
2	水	m^3	866	8	11	7	10	6	–
3	砂	m^3	897	20.94	31.41	–	–	4.16	5.2
4	砂砾	m^3	902	–	–	–	–	–	–
5	黏土	m^3	911	6.08	9.12	–	–	6.24	–
6	煤渣	m^3	937	–	–	–	–	–	–
7	风化石	m^3	948	–	–	26.52	39.78	–	–
8	6~8t 光轮压路机	台班	1075	0.36	0.36	0.36	0.36	0.36	–
9	基价	元	1999	1752	2563	805	1140	687	373

2-2-7 沥青表面处治路面

工程内容 1)清扫整理下承层; 2)安拆熬油设备; 3)熬油,运油; 4)铺撒矿料; 5)沥青洒布车洒油; 6)整形,碾压,找补; 7)初期养护。

I. 人工铺料

单位:1000m^2

顺序号	项目	单位	代号	石油沥青							乳化沥青		
				单层		双层			三层		单层	双层	三层
				处治厚度(cm)									
				1.0	1.5	1.5	2.0	2.5	2.5	3.0	0.5	1.0	3.0
				1	2	3	4	5	6	7	8	9	10
1	人工	工日	1	10.4	11.7	14.5	15.5	16.0	19.6	22.0	8.3	9.2	12.3
2	石油沥青	t	851	1.133	1.545	2.678	2.884	3.090	4.223	4.429	–	–	–
3	乳化沥青	t	853	–	–	–	–	–	–	–	1.030	3.090	5.253
4	煤	t	864	0.220	0.300	0.520	0.560	0.600	0.820	0.860	–	–	–
5	砂	m^3	897	2.60	2.60	2.60	2.60	2.60	2.60	2.60	2.60	2.60	2.60
6	石屑	m^3	961	0.41	–	0.38	0.38	0.38	0.38	0.38	8.16	6.63	4.34
7	路面用碎石(1.5cm)	m^3	965	7.75	13.26	20.53	9.87	10.17	22.77	20.94	–	8.67	15.61
8	路面用碎石(2.5cm)	m^3	966	–	–	–	14.74	16.47	17.14	2.81	–	–	2.65
9	路面用碎石(3.5cm)	m^3	967	–	–	–	–	–	–	18.21	–	–	18.21
10	其他材料费	元	996	27.0	32.6	48.0	50.8	53.7	69.1	71.9	–	–	–
11	设备摊销费	元	997	14.0	19.2	33.2	35.8	38.3	52.4	54.9	–	–	–
12	6~8t 光轮压路机	台班	1075	0.42	0.42	0.42	0.42	0.55	0.55	0.55	0.42	0.55	0.97
13	8~10t 光轮压路机	台班	1076	–	0.18	0.37	0.55	0.55	0.74	0.93	–	–	0.55
14	4000L 以内沥青洒布车	台班	1193	0.09	0.13	0.22	0.23	0.26	0.35	0.37	0.08	0.26	0.43
15	小型机具使用费	元	1998	3.3	4.4	7.7	8.3	8.9	12.0	12.6	–	–	–
16	基价	元	1999	5722	7783	12904	14073	15074	20599	21675	5430	14490	25462

II. 机械铺料

单位：1000m²

顺序号	项目	单位	代号	石油沥青							乳化沥青		
				单层		双层			三层		单层	双层	三层
				处治厚度(cm)									
				1.0	1.5	1.5	2.0	2.5	2.5	3.0	0.5	1.0	3.0
				11	12	13	14	15	16	17	18	19	20
1	人工	工日	1	8.8	9.5	11.4	11.8	12.2	14.2	14.6	6.8	6.8	6.9
2	石油沥青	t	851	1.133	1.545	2.678	2.884	3.090	4.223	4.429	–	–	–
3	乳化沥青	t	853	–	–	–	–	–	–	–	1.030	3.090	5.253
4	煤	t	864	0.220	0.300	0.520	0.560	0.600	0.820	0.860	–	–	–
5	砂	m^3	897	2.60	2.60	2.60	2.60	2.60	2.60	2.60	2.60	2.60	2.60
6	石屑	m^3	961	0.41	–	0.38	0.38	0.38	0.38	0.38	8.16	6.63	4.34
7	路面用碎石(1.5cm)	m^3	965	7.75	13.26	20.53	9.87	10.17	22.77	20.94	–	8.67	15.61
8	路面用碎石(2.5cm)	m^3	966	–	–	–	14.74	16.47	17.14	2.81	–	–	2.65
9	路面用碎石(3.5cm)	m^3	967	–	–	–	–	–	–	18.21	–	–	18.21
10	其他材料费	元	996	27.0	32.6	48.0	50.8	53.7	69.1	71.9	–	–	–
11	设备摊销费	元	997	14.0	19.2	33.2	35.8	38.3	52.4	54.9	–	–	–
12	6～8t 光轮压路机	台班	1075	0.42	0.42	0.42	0.42	0.55	0.55	0.55	0.42	0.55	0.97
13	8～10t 光轮压路机	台班	1076	–	0.18	0.37	0.55	0.55	0.74	0.93	–	–	0.55
14	石屑撒布机	台班	1183	0.02	0.04	0.05	0.06	0.07	0.10	0.14	0.02	0.04	0.10
15	4000L 以内沥青洒布车	台班	1193	0.09	0.13	0.22	0.23	0.26	0.35	0.37	0.08	0.26	0.43
16	小型机具使用费	元	1998	3.3	4.4	7.7	8.3	8.9	12.0	12.6	–	–	–
17	基价	元	1999	5657	7701	12785	13930	14932	20399	21402	5369	14398	25261

2-2-8 沥青贯入式路面

工程内容 1)清扫整理下承层；2)安拆熬油设备；3)熬油，运油；4)沥青洒布车洒油；5)铺撒主层集料及嵌缝料；6)整形，碾压，找补；7)初期养护。

I. 面　层

单位：1000m²

顺序号	项　目	单位	代号	石油沥青					乳化沥青	
				压实厚度(cm)						
				4	5	6	7	8	4	5
				1	2	3	4	5	6	7
1	人工	工日	1	23.7	25.1	26.2	27.8	29.5	13.4	13.5
2	石油沥青	t	851	5.975	6.747	7.365	8.292	9.219	–	–
3	乳化沥青	t	853	–	–	–	–	–	7.545	9.399
4	煤	t	864	1.160	1.310	1.430	1.610	1.790	–	–
5	砂	m^3	897	2.60	2.60	2.60	2.60	2.60	5.20	5.20
6	石屑	m^3	961	12.88	12.34	13.36	12.85	12.85	18.62	19.33
7	路面用碎石(1.5cm)	m^3	965	9.38	13.90	11.83	11.73	10.71	11.04	19.66
8	路面用碎石(2.5cm)	m^3	966	11.27	16.47	14.74	6.17	6.27	11.27	11.12
9	路面用碎石(3.5cm)	m^3	967	46.03	–	8.11	26.11	16.07	41.18	–
10	路面用碎石(5cm)	m^3	968	–	55.72	–	–	14.92	–	50.87
11	路面用碎石(6cm)	m^3	969	–	–	65.18	–	–	–	–

续前页

单位:1000m²

顺序号	项目	单位	代号	石油沥青					乳化沥青	
				压实厚度(cm)						
				4	5	6	7	8	4	5
				1	2	3	4	5	6	7
12	路面用碎石(7cm)	m^3	970	–	–	–	73.70	–	–	–
13	路面用碎石(8cm)	m^3	971	–	–	–	–	84.53	–	–
14	其他材料费	元	996	104.6	115.1	123.5	136.2	148.8	–	–
15	设备摊销费	元	997	74.1	83.6	91.3	102.8	114.3	–	–
16	6~8t 光轮压路机	台班	1075	1.24	1.24	1.24	1.24	1.24	1.24	1.24
17	8~10t 光轮压路机	台班	1076	1.48	1.48	1.48	1.48	1.48	1.66	1.86
18	10~12t 光轮压路机	台班	1077	0.74	0.74	0.93	0.93	1.11	0.74	0.74
19	石屑撒布机	台班	1183	0.17	0.21	0.26	0.29	0.33	0.18	0.22
20	4000L 以内沥青洒布车	台班	1193	0.49	0.56	0.61	0.68	0.77	0.62	0.78
21	小型机具使用费	元	1998	17.0	19.3	21.0	23.7	26.3	–	–
22	基价	元	1999	30888	34824	38062	42554	46878	38523	47127

II. 基层或联结层

单位:1000m²

顺序号	项目	单位	代号	石油沥青					乳化沥青	
				压实厚度(cm)						
				4	5	6	7	8	4	5
				8	9	10	11	12	13	14
1	人工	工日	1	13.8	15.2	16.3	17.9	19.6	7.3	7.4
2	石油沥青	t	851	3.760	4.532	5.150	6.077	7.004	–	–
3	乳化沥青	t	853	–	–	–	–	–	5.665	7.519
4	煤	t	864	0.730	0.880	1.000	1.180	1.360	–	–
5	砂	m^3	897	–	–	–	–	–	2.60	2.60
6	石屑	m^3	961	1.66	1.12	1.12	0.61	0.61	6.38	7.09
7	路面用碎石(1.5cm)	m^3	965	9.38	13.90	11.83	11.73	10.71	11.04	19.66
8	路面用碎石(2.5cm)	m^3	966	11.27	16.47	14.74	6.17	6.27	11.27	11.12
9	路面用碎石(3.5cm)	m^3	967	46.03	–	8.11	26.11	16.07	41.18	–
10	路面用碎石(5cm)	m^3	968	–	55.72	–	–	14.92	–	50.87
11	路面用碎石(6cm)	m^3	969	–	–	65.18	–	–	–	–
12	路面用碎石(7cm)	m^3	970	–	–	–	73.70	–	–	–
13	路面用碎石(8cm)	m^3	971	–	–	–	–	84.53	–	–

续前页

单位:1000m²

顺序号	项　　目	单位	代号	石油沥青					乳化沥青	
				压实厚度（cm）						
				4	5	6	7	8	4	5
				8	9	10	11	12	13	14
14	其他材料费	元	996	62.8	73.3	81.8	94.4	107.1	–	–
15	设备摊销费	元	997	46.6	56.2	63.9	75.4	86.8	–	–
16	6～8t 光轮压路机	台班	1075	0.55	0.55	0.55	0.55	0.55	0.55	0.55
17	8～10t 光轮压路机	台班	1076	1.48	1.48	1.48	1.48	1.48	1.66	1.86
18	10～12t 光轮压路机	台班	1077	0.74	0.74	0.93	0.93	1.11	0.74	0.74
19	石屑撒布机	台班	1183	0.15	0.20	0.23	0.28	0.31	0.16	0.21
20	4000L 以内沥青洒布车	台班	1193	0.31	0.38	0.43	0.50	0.58	0.47	0.62
21	小型机具使用费	元	1998	10.7	13.0	14.7	17.3	20.0	–	–
22	基价	元	1999	20675	24618	27777	32281	36595	29341	37948

2-2-9 沥青上拌下贯式路面

工程内容 1)清扫整理下承层；2)安拆熬油设备；3)熬油，运油；4)沥青洒布车洒油；5)铺撒主层骨料及嵌缝料；6)整形，碾压，找补。

单位：1000m²

顺序号	项目	单位	代号	下贯部分					
				石油沥青				乳化沥青	
				压实厚度(cm)					
				4	5	6	7	5	6
				1	2	3	4	5	6
1	人工	工日	1	11.2	12.6	13.7	15.3	4.7	4.7
2	石油沥青	t	851	3.760	4.532	5.150	6.077	–	–
3	乳化沥青	t	853	–	–	–	–	5.665	7.519
4	煤	t	864	0.730	0.880	1.000	1.180	–	–
5	砂	m^3	897	–	–	–	–	2.60	2.60
6	石屑	m^3	961	1.50	0.82	0.82	0.56	6.40	6.07
7	路面用碎石(1.5cm)	m^3	965	8.52	11.14	9.08	10.91	15.38	13.18
8	路面用碎石(2.5cm)	m^3	966	11.27	16.47	14.74	6.02	14.69	13.01
9	路面用碎石(3.5cm)	m^3	967	46.03	–	8.11	26.11	–	23.08
10	路面用碎石(5cm)	m^3	968	–	55.72	–	–	48.20	–

续前页 单位:1000m²

顺序号	项目	单位	代号	下贯部分					
				石油沥青				乳化沥青	
				压实厚度(cm)					
				4	5	6	7	5	6
				1	2	3	4	5	6
11	路面用碎石(6cm)	m^3	969	–	–	65.18	–	–	48.20
12	路面用碎石(7cm)	m^3	970	–	–	–	73.70	–	–
13	其他材料费	元	996	62.8	73.3	81.8	94.4	–	–
14	设备摊销费	元	997	46.6	56.2	63.9	75.4	–	–
15	6～8t 光轮压路机	台班	1075	0.42	0.42	0.42	0.42	0.42	0.42
16	8～10t 光轮压路机	台班	1076	1.48	1.48	1.48	1.48	1.66	1.86
17	10～12t 光轮压路机	台班	1077	0.74	0.74	0.93	0.93	0.74	0.74
18	石屑撒布机	台班	1183	0.15	0.19	0.22	0.27	0.20	0.24
19	4000L 以内沥青洒布车	台班	1193	0.31	0.38	0.43	0.50	0.47	0.62
20	小型机具使用费	元	1998	10.7	13.0	14.7	17.3	–	–
21	基价	元	1999	20448	24252	27411	32048	29817	38598

注:1. 本定额中的压实厚度系指上拌下贯式路面的贯入层的压实厚度;

2. 本定额中仅包括沥青上拌下贯式路面的下贯部分消耗量,其上拌部分实际用量可按压实厚度范围 2～4cm 计算工程量,按有关定额另行计算;

3. 当拌和层与贯入部分不能连续施工,又要在短期内通行施工车辆时,每 1000m² 路面增加人工 1.5 工日、石屑 2.5m³、6～8t 光轮压路机 0.14 台班。

2-2-10 沥青混合料路面

工程内容 沥青混合料拌和及铺筑：沥青加热、保温、输送，装载机铲运料、上料，配运料，矿料加热烘干，拌和，出料，清扫整理下承层，机械摊铺沥青混合料，找平，碾压，初期养护。

沥青混合料运输：等待装卸、运送、空回。

I. 沥青碎石混合料拌和及铺筑

单位：1000m³ 路面实体

顺序号	项目	单位	代号	特粗式沥青碎石					
				沥青混合料拌和设备生产能力(t/h)					
				30以内	60以内	120以内	160以内	240以内	320以内
				1	2	3	4	5	6
1	人工	工日	1	216.5	122.2	87.3	69.1	56.5	46.7
2	沥青碎石混合料	m^3	–	(1020.00)	(1020.00)	(1020.00)	(1020.00)	(1020.00)	(1020.00)
3	石油沥青	t	851	77.521	77.521	77.521	77.521	77.521	77.521
4	砂	m^3	897	154.74	154.74	154.74	154.74	154.74	154.74
5	矿粉	t	949	44.563	44.563	44.563	44.563	44.563	44.563
6	石屑	m^3	961	112.52	112.52	112.52	112.52	112.52	112.52
7	路面用碎石(1.5cm)	m^3	965	264.30	264.30	264.30	264.30	264.30	264.30
8	路面用碎石(2.5cm)	m^3	966	249.49	249.49	249.49	249.49	249.49	249.49
9	路面用碎石(3.5cm)	m^3	967	347.72	347.72	347.72	347.72	347.72	347.72
10	路面用碎石(5cm)	m^3	968	356.78	356.78	356.78	356.78	356.78	356.78
11	其他材料费	元	996	164.3	164.3	164.3	164.3	164.3	164.3
12	设备摊销费	元	997	4385.4	2539.6	2191.5	1960.5	1913.2	1830.3
13	1.0m³ 以内轮胎式装载机	台班	1048	15.29	–	–	–	–	–

续前页　　　　单位:1000m³ 路面实体

顺序号	项目	单位	代号	特粗式沥青碎石					
				沥青混合料拌和设备生产能力(t/h)					
				30 以内	60 以内	120 以内	160 以内	240 以内	320 以内
				1	2	3	4	5	6
14	2.0m³ 以内轮胎式装载机	台班	1050	–	9.63	6.94	6.11	4.92	–
15	3.0m³ 以内轮胎式装载机	台班	1051	–	–	–	–	–	2.50
16	6～8t 光轮压路机	台班	1075	10.36	7.24	7.83	5.53	3.69	2.82
17	12～15t 光轮压路机	台班	1078	10.36	7.24	5.88	5.53	3.69	4.21
18	30t/h 以内沥青混合料拌和设备	台班	1201	16.31	–	–	–	–	–
19	60t/h 以内沥青混合料拌和设备	台班	1202	–	6.83	–	–	–	–
20	120t/h 以内沥青混合料拌和设备	台班	1204	–	–	3.70	–	–	–
21	160t/h 以内沥青混合料拌和设备	台班	1205	–	–	–	2.61	–	–
22	240t/h 以内沥青混合料拌和设备	台班	1206	–	–	–	–	1.74	–
23	320t/h 以内沥青混合料拌和设备	台班	1207	–	–	–	–	–	1.33
24	4.5m 以内沥青混合料摊铺机	台班	1210	10.54	–	–	–	–	–
25	4.5m 以内沥青混合料摊铺机	台班	1211	–	7.36	–	–	–	–
26	6.0m 以内沥青混合料摊铺机	台班	1212	–	–	3.98	–	–	–
27	9.0m 以内沥青混合料摊铺机	台班	1213	–	–	–	2.82	–	–
28	12.5m 以内沥青混合料摊铺机	台班	1214	–	–	–	–	1.88	1.43
29	9～16t 轮胎式压路机	台班	1223	10.11	7.06	3.81	2.69	1.80	2.74
30	5t 以内自卸汽车	台班	1383	7.66	6.41	3.85	2.57	1.63	1.44
31	基价	元	1999	499204	476172	469118	463776	460502	459199

续前页　　单位:1000m³ 路面实体

顺序号	项目	单位	代号	粗粒式沥青碎石					
				沥青混合料拌和设备生产能力(t/h)					
				30 以内	60 以内	120 以内	160 以内	240 以内	320 以内
				7	8	9	10	11	12
1	人工	工日	1	216.8	122.5	87.7	69.4	56.9	47.1
2	沥青碎石混合料	m^3	–	(1020.00)	(1020.00)	(1020.00)	(1020.00)	(1020.00)	(1020.00)
3	石油沥青	t	851	83.123	83.123	83.123	83.123	83.123	83.123
4	砂	m^3	897	170.93	170.93	170.93	170.93	170.93	170.93
5	矿粉	t	949	51.865	51.865	51.865	51.865	51.865	51.865
6	石屑	m^3	961	130.68	130.68	130.68	130.68	130.68	130.68
7	路面用碎石(1.5cm)	m^3	965	294.72	294.72	294.72	294.72	294.72	294.72
8	路面用碎石(2.5cm)	m^3	966	281.60	281.60	281.60	281.60	281.60	281.60
9	路面用碎石(3.5cm)	m^3	967	599.54	599.54	599.54	599.54	599.54	599.54
10	路面用碎石(5cm)	m^3	968	–	–	–	–	–	–
11	其他材料费	元	996	191.7	191.7	191.7	191.7	191.7	191.7
12	设备摊销费	元	997	4702.3	2723.1	2349.9	2102.2	2051.5	1962.5
13	1.0m³ 以内轮胎式装载机	台班	1048	15.29	–	–	–	–	–
14	2.0m³ 以内轮胎式装载机	台班	1050	–	9.63	6.94	6.11	4.92	–
15	3.0m³ 以内轮胎式装载机	台班	1051	–	–	–	–	–	2.50
16	6~8t 光轮压路机	台班	1075	10.36	7.24	7.83	5.53	3.69	2.82

续前页　　　　　单位:1000m³ 路面实体

顺序号	项　目	单位	代号	粗粒式沥青碎石					
				沥青混合料拌和设备生产能力(t/h)					
				30 以内	60 以内	120 以内	160 以内	240 以内	320 以内
				7	8	9	10	11	12
17	12~15t 光轮压路机	台班	1078	10.36	7.24	5.88	5.53	3.69	4.21
18	30t/h 以内沥青混合料拌和设备	台班	1201	16.31	–	–	–	–	–
19	60t/h 以内沥青混合料拌和设备	台班	1202	–	6.83	–	–	–	–
20	120t/h 以内沥青混合料拌和设备	台班	1204	–	–	3.70	–	–	–
21	160t/h 以内沥青混合料拌和设备	台班	1205	–	–	–	2.61	–	–
22	240t/h 以内沥青混合料拌和设备	台班	1206	–	–	–	–	1.74	–
23	320t/h 以内沥青混合料拌和设备	台班	1207	–	–	–	–	–	1.33
24	4.5m 以内沥青混合料摊铺机	台班	1210	10.54	–	–	–	–	–
25	4.5m 以内沥青混合料摊铺机	台班	1211	–	7.36	–	–	–	–
26	6.0m 以内沥青混合料摊铺机	台班	1212	–	–	3.98	–	–	–
27	9.0m 以内沥青混合料摊铺机	台班	1213	–	–	–	2.82	–	–
28	12.5m 以内沥青混合料摊铺机	台班	1214	–	–	–	–	1.88	1.43
29	9~16t 轮胎式压路机	台班	1223	10.11	7.06	3.81	2.69	1.80	2.74
30	5t 以内自卸汽车	台班	1383	7.66	6.41	3.85	2.57	1.63	1.44
31	基价	元	1999	523702	500537	493463	488099	484827	483518

续前页 单位:1000m³ 路面实体

顺序号	项目	单位	代号	中粒式沥青碎石					
				沥青混合料拌和设备生产能力(t/h)					
				30以内	60以内	120以内	160以内	240以内	320以内
				13	14	15	16	17	18
1	人工	工日	1	216.8	123.0	88.0	69.7	57.1	47.3
2	沥青碎石混合料	m^3	-	(1020.00)	(1020.00)	(1020.00)	(1020.00)	(1020.00)	(1020.00)
3	石油沥青	t	851	88.153	88.153	88.153	88.153	88.153	88.153
4	砂	m^3	897	221.97	221.97	221.97	221.97	221.97	221.97
5	矿粉	t	949	55.555	55.555	55.555	55.555	55.555	55.555
6	石屑	m^3	961	183.65	183.65	183.65	183.65	183.65	183.65
7	路面用碎石(1.5cm)	m^3	965	479.04	479.04	479.04	479.04	479.04	479.04
8	路面用碎石(2.5cm)	m^3	966	578.58	578.58	578.58	578.58	578.58	578.58
9	路面用碎石(3.5cm)	m^3	967	-	-	-	-	-	-
10	路面用碎石(5cm)	m^3	968	-	-	-	-	-	-
11	其他材料费	元	996	230.0	230.0	230.0	230.0	230.0	230.0
12	设备摊销费	元	997	4986.8	2887.9	2492.1	2229.4	2175.6	2081.3
13	1.0m³以内轮胎式装载机	台班	1048	15.20	-	-	-	-	-
14	2.0m³以内轮胎式装载机	台班	1050	-	9.57	6.90	6.07	4.89	-
15	3.0m³以内轮胎式装载机	台班	1051	-	-	-	-	-	2.48
16	6~8t光轮压路机	台班	1075	10.51	7.34	7.95	5.60	3.74	2.86

续前页

单位:1000m³ 路面实体

顺序号	项目	单位	代号	中粒式沥青碎石					
				沥青混合料拌和设备生产能力(t/h)					
				30 以内	60 以内	120 以内	160 以内	240 以内	320 以内
				13	14	15	16	17	18
17	12 ~ 15t 光轮压路机	台班	1078	10.51	7.34	5.96	5.60	3.74	4.27
18	30t/h 以内沥青混合料拌和设备	台班	1201	16.21	–	–	–	–	–
19	60t/h 以内沥青混合料拌和设备	台班	1202	–	6.79	–	–	–	–
20	120t/h 以内沥青混合料拌和设备	台班	1204	–	–	3.67	–	–	–
21	160t/h 以内沥青混合料拌和设备	台班	1205	–	–	–	2.59	–	–
22	240t/h 以内沥青混合料拌和设备	台班	1206	–	–	–	–	1.73	–
23	320t/h 以内沥青混合料拌和设备	台班	1207	–	–	–	–	–	1.32
24	4.5m 以内沥青混合料摊铺机	台班	1210	10.68	–	–	–	–	–
25	4.5m 以内沥青混合料摊铺机	台班	1211	–	7.47	–	–	–	–
26	6.0m 以内沥青混合料摊铺机	台班	1212	–	–	4.04	–	–	–
27	9.0m 以内沥青混合料摊铺机	台班	1213	–	–	–	2.85	–	–
28	12.5m 以内沥青混合料摊铺机	台班	1214	–	–	–	–	1.90	1.45
29	9 ~ 16t 轮胎式压路机	台班	1223	10.24	7.16	3.88	2.73	1.83	2.78
30	5t 以内自卸汽车	台班	1383	7.61	6.38	3.81	2.55	1.62	1.43
31	基价	元	1999	542906	519739	512474	507070	503876	502468

续前页　　　　　　　　　　　　　　　　　　　　　　　　单位:1000m^3 路面实体

顺序号	项目	单位	代号	细粒式沥青碎石					
				沥青混合料拌和设备生产能力(t/h)					
				30 以内	60 以内	120 以内	160 以内	240 以内	320 以内
				19	20	21	22	23	24
1	人工	工日	1	217.8	124.7	89.5	71.4	58.5	48.8
2	沥青碎石混合料	m^3	–	(1020.00)	(1020.00)	(1020.00)	(1020.00)	(1020.00)	(1020.00)
3	石油沥青	t	851	94.275	94.275	94.275	94.275	94.275	94.275
4	砂	m^3	897	264.92	264.92	264.92	264.92	264.92	264.92
5	矿粉	t	949	65.424	65.424	65.424	65.424	65.424	65.424
6	石屑	m^3	961	308.92	308.92	308.92	308.92	308.92	308.92
7	路面用碎石(1.5cm)	m^3	965	867.75	867.75	867.75	867.75	867.75	867.75
8	路面用碎石(2.5cm)	m^3	966	–	–	–	–	–	–
9	路面用碎石(3.5cm)	m^3	967	–	–	–	–	–	–
10	路面用碎石(5cm)	m^3	968	–	–	–	–	–	–
11	其他材料费	元	996	287.5	287.5	287.5	287.5	287.5	287.5
12	设备摊销费	元	997	5333.1	3088.4	2665.2	2384.2	2326.7	2225.8
13	1.0m^3 以内轮胎式装载机	台班	1048	15.09	–	–	–	–	–
14	2.0m^3 以内轮胎式装载机	台班	1050	–	9.50	6.84	6.03	4.85	–
15	3.0m^3 以内轮胎式装载机	台班	1051	–	–	–	–	–	2.46

续前页 单位:1000m³ 路面实体

顺序号	项目	单位	代号	细粒式沥青碎石					
				沥青混合料拌和设备生产能力(t/h)					
				30以内	60以内	120以内	160以内	240以内	320以内
				19	20	21	22	23	24
16	6~8t光轮压路机	台班	1075	10.63	7.43	8.04	5.67	3.78	2.89
17	12~15t光轮压路机	台班	1078	10.63	7.43	6.03	5.67	3.78	4.32
18	30t/h以内沥青混合料拌和设备	台班	1201	16.09	–	–	–	–	–
19	60t/h以内沥青混合料拌和设备	台班	1202	–	6.74	–	–	–	–
20	120t/h以内沥青混合料拌和设备	台班	1204	–	–	3.65	–	–	–
21	160t/h以内沥青混合料拌和设备	台班	1205	–	–	–	2.57	–	–
22	240t/h以内沥青混合料拌和设备	台班	1206	–	–	–	–	1.72	–
23	320t/h以内沥青混合料拌和设备	台班	1207	–	–	–	–	–	1.31
24	4.5m以内沥青混合料摊铺机	台班	1210	10.81	–	–	–	–	–
25	4.5m以内沥青混合料摊铺机	台班	1211	–	7.55	–	–	–	–
26	6.0m以内沥青混合料摊铺机	台班	1212	–	–	4.08	–	–	–
27	9.0m以内沥青混合料摊铺机	台班	1213	–	–	–	2.89	–	–
28	12.5m以内沥青混合料摊铺机	台班	1214	–	–	–	–	1.93	1.47
29	9~16t轮胎式压路机	台班	1223	10.36	7.24	3.92	2.76	1.85	2.82
30	5t以内自卸汽车	台班	1383	7.55	6.32	3.78	2.53	1.61	1.42
31	基价	元	1999	565478	542273	535026	529534	526405	524882

II. 沥青混凝土混合料拌和及铺筑

单位:1000m³ 路面实体

顺序号	项目	单位	代号	粗粒式沥青混凝土					
				沥青混合料拌和设备生产能力(t/h)					
				30 以内	60 以内	120 以内	160 以内	240 以内	320 以内
				25	26	27	28	29	30
1	人工	工日	1	224.3	126.7	90.5	71.7	58.7	48.5
2	沥青混凝土混合料	m^3	–	(1020.00)	(1020.00)	(1020.00)	(1020.00)	(1020.00)	(1020.00)
3	石油沥青	t	851	105.857	105.857	105.857	105.857	105.857	105.857
4	砂	m^3	897	296.66	296.66	296.66	296.66	296.66	296.66
5	矿粉	t	949	96.104	96.104	96.104	96.104	96.104	96.104
6	石屑	m^3	961	168.13	168.13	168.13	168.13	168.13	168.13
7	路面用碎石(1.5cm)	m^3	965	259.89	259.89	259.89	259.89	259.89	259.89
8	路面用碎石(2.5cm)	m^3	966	299.07	299.07	299.07	299.07	299.07	299.07
9	路面用碎石(3.5cm)	m^3	967	469.28	469.28	469.28	469.28	469.28	469.28
10	其他材料费	元	996	191.7	191.7	191.7	191.7	191.7	191.7
11	设备摊销费	元	997	5988.3	3467.9	2992.6	2677.1	2612.6	2499.3
12	1.0m³ 以内轮胎式装载机	台班	1048	15.84	–	–	–	–	–
13	2.0m³ 以内轮胎式装载机	台班	1050	–	9.98	7.18	6.33	5.09	–
14	3.0m³ 以内轮胎式装载机	台班	1051	–	–	–	–	–	2.58
15	6~8t 光轮压路机	台班	1075	10.73	7.50	8.11	5.72	3.83	2.92
16	12~15t 光轮压路机	台班	1078	10.73	7.50	6.09	5.72	3.83	4.37
17	30t/h 以内沥青混合料拌和设备	台班	1201	16.89	–	–	–	–	–

续前页

单位:1000m³ 路面实体

顺序号	项目	单位	代号	粗粒式沥青混凝土					
				沥青混合料拌和设备生产能力(t/h)					
				30 以内	60 以内	120 以内	160 以内	240 以内	320 以内
				25	26	27	28	29	30
18	60t/h 以内沥青混合料拌和设备	台班	1202	–	7.08	–	–	–	–
19	120t/h 以内沥青混合料拌和设备	台班	1204	–	–	3.84	–	–	–
20	160t/h 以内沥青混合料拌和设备	台班	1205	–	–	–	2.70	–	–
21	240t/h 以内沥青混合料拌和设备	台班	1206	–	–	–	–	1.81	–
22	320t/h 以内沥青混合料拌和设备	台班	1207	–	–	–	–	–	1.38
23	4.5m 以内沥青混合料摊铺机	台班	1210	10.91	–	–	–	–	–
24	4.5m 以内沥青混合料摊铺机	台班	1211	–	7.63	–	–	–	–
25	6.0m 以内沥青混合料摊铺机	台班	1212	–	–	4.12	–	–	–
26	9.0m 以内沥青混合料摊铺机	台班	1213	–	–	–	2.91	–	–
27	12.5m 以内沥青混合料摊铺机	台班	1214	–	–	–	–	1.95	1.48
28	9 ~ 16t 轮胎式压路机	台班	1223	10.47	4.39	–	–	–	–
29	16 ~ 20t 轮胎式压路机	台班	1224	–	2.93	2.77	1.12	0.56	0.85
30	20 ~ 25t 轮胎式压路机	台班	1225	–	–	1.18	1.67	1.31	1.99
31	5t 以内自卸汽车	台班	1383	7.94	6.64	3.98	2.66	1.69	1.49
32	基价	元	1999	619992	595876	588754	582913	579715	578366

续前页　　单位:1000m³ 路面实体

顺序号	项　目	单位	代号	中粒式沥青混凝土					
				沥青混合料拌和设备生产能力(t/h)					
				30 以内	60 以内	120 以内	160 以内	240 以内	320 以内
				31	32	33	34	35	36
1	人工	工日	1	224.4	127.0	90.8	72	58.9	48.8
2	沥青混凝土混合料	m^3	–	(1020.00)	(1020.00)	(1020.00)	(1020.00)	(1020.00)	(1020.00)
3	石油沥青	t	851	113.465	113.465	113.465	113.465	113.465	113.465
4	砂	m^3	897	389.79	389.79	389.79	389.79	389.79	389.79
5	矿粉	t	949	117.720	117.720	117.720	117.720	117.720	117.720
6	石屑	m^3	961	226.75	226.75	226.75	226.75	226.75	226.75
7	路面用碎石(1.5cm)	m^3	965	334.74	334.74	334.74	334.74	334.74	334.74
8	路面用碎石(2.5cm)	m^3	966	520.05	520.05	520.05	520.05	520.05	520.05
9	路面用碎石(3.5cm)	m^3	967	–	–	–	–	–	–
10	其他材料费	元	996	230.0	230.0	230.0	230.0	230.0	230.0
11	设备摊销费	元	997	6418.7	3717.1	3207.7	2869.5	2800.3	2678.9
12	1.0m³ 以内轮胎式装载机	台班	1048	15.79	–	–	–	–	–
13	2.0m³ 以内轮胎式装载机	台班	1050	–	9.95	7.16	6.31	5.07	–
14	3.0m³ 以内轮胎式装载机	台班	1051	–	–	–	–	–	2.58
15	6~8t 光轮压路机	台班	1075	10.81	7.56	8.17	5.76	3.86	2.93
16	12~15t 光轮压路机	台班	1078	10.81	7.56	6.13	5.76	3.86	4.40
17	30t/h 以内沥青混合料拌和设备	台班	1201	16.84	–	–	–	–	–

续前页

单位:1000m³ 路面实体

顺序号	项目	单位	代号	中粒式沥青混凝土					
				沥青混合料拌和设备生产能力(t/h)					
				30 以内	60 以内	120 以内	160 以内	240 以内	320 以内
				31	32	33	34	35	36
18	60t/h 以内沥青混合料拌和设备	台班	1202	–	7.06	–	–	–	–
19	120t/h 以内沥青混合料拌和设备	台班	1204	–	–	3.81	–	–	–
20	160t/h 以内沥青混合料拌和设备	台班	1205	–	–	–	2.69	–	–
21	240t/h 以内沥青混合料拌和设备	台班	1206	–	–	–	–	1.80	–
22	320t/h 以内沥青混合料拌和设备	台班	1207	–	–	–	–	–	1.37
23	4.5m 以内沥青混合料摊铺机	台班	1210	10.99	–	–	–	–	–
24	4.5m 以内沥青混合料摊铺机	台班	1211	–	7.68	–	–	–	–
25	6.0m 以内沥青混合料摊铺机	台班	1212	–	–	4.15	–	–	–
26	9.0m 以内沥青混合料摊铺机	台班	1213	–	–	–	2.93	–	–
27	12.5m 以内沥青混合料摊铺机	台班	1214	–	–	–	–	1.96	1.49
28	9~16t 轮胎式压路机	台班	1223	10.55	4.42	–	–	–	–
29	16~20t 轮胎式压路机	台班	1224	–	2.95	2.79	1.12	0.56	0.86
30	20~25t 轮胎式压路机	台班	1225	–	–	1.19	1.69	1.32	2.00
31	5t 以内自卸汽车	台班	1383	7.91	6.62	3.97	2.65	1.68	1.48
32	基价	元	1999	650121	625868	618423	612779	609440	608000

续前页　　　　单位:1000m³ 路面实体

顺序号	项目	单位	代号	细粒式沥青混凝土					
				沥青混合料拌和设备生产能力(t/h)					
				30 以内	60 以内	120 以内	160 以内	240 以内	320 以内
				37	38	39	40	41	42
1	人工	工日	1	225.9	128.8	92.5	73.5	60.5	50.3
2	沥青混凝土混合料	m^3	–	(1020.00)	(1020.00)	(1020.00)	(1020.00)	(1020.00)	(1020.00)
3	石油沥青	t	851	122.536	122.536	122.536	122.536	122.536	122.536
4	砂	m^3	897	471.22	471.22	471.22	471.22	471.22	471.22
5	矿粉	t	949	128.404	128.404	128.404	128.404	128.404	128.404
6	石屑	m^3	961	261.18	261.18	261.18	261.18	261.18	261.18
7	路面用碎石(1.5cm)	m^3	965	723.22	723.22	723.22	723.22	723.22	723.22
8	路面用碎石(2.5cm)	m^3	966	–	–	–	–	–	–
9	路面用碎石(3.5cm)	m^3	967	–	–	–	–	–	–
10	其他材料费	元	996	287.5	287.5	287.5	287.5	287.5	287.5
11	设备摊销费	元	997	6931.9	4014.3	3464.1	3098.9	3024.2	2893.1
12	1.0m³ 以内轮胎式装载机	台班	1048	15.75	–	–	–	–	–
13	2.0m³ 以内轮胎式装载机	台班	1050	–	9.91	7.14	6.29	5.06	–
14	3.0m³ 以内轮胎式装载机	台班	1051	–	–	–	–	–	2.57
15	6~8t 光轮压路机	台班	1075	10.88	7.61	8.23	5.80	3.88	2.99
16	12~15t 光轮压路机	台班	1078	10.88	7.61	6.17	5.80	3.88	4.44
17	30t/h 以内沥青混合料拌和设备	台班	1201	16.79	–	–	–	–	–

续前页 单位:1000m³ 路面实体

顺序号	项目	单位	代号	细粒式沥青混凝土					
				沥青混合料拌和设备生产能力(t/h)					
				30以内	60以内	120以内	160以内	240以内	320以内
				37	38	39	40	41	42
18	60t/h以内沥青混合料拌和设备	台班	1202	–	7.04	–	–	–	–
19	120t/h以内沥青混合料拌和设备	台班	1204	–	–	3.80	–	–	–
20	160t/h以内沥青混合料拌和设备	台班	1205	–	–	–	2.68	–	–
21	240t/h以内沥青混合料拌和设备	台班	1206	–	–	–	–	1.80	–
22	320t/h以内沥青混合料拌和设备	台班	1207	–	–	–	–	–	1.37
23	4.5m以内沥青混合料摊铺机	台班	1210	11.07	–	–	–	–	–
24	4.5m以内沥青混合料摊铺机	台班	1211	–	7.73	–	–	–	–
25	6.0m以内沥青混合料摊铺机	台班	1212	–	–	4.18	–	–	–
26	9.0m以内沥青混合料摊铺机	台班	1213	–	–	–	2.95	–	–
27	12.5m以内沥青混合料摊铺机	台班	1214	–	–	–	–	1.97	1.50
28	9~16t轮胎式压路机	台班	1223	10.62	4.45	–	–	–	–
29	16~20t轮胎式压路机	台班	1224	–	2.97	2.81	1.13	0.57	0.87
30	20~25t轮胎式压路机	台班	1225	–	–	1.20	1.70	1.33	2.01
31	5t以内自卸汽车	台班	1383	7.88	6.60	3.96	2.64	1.68	1.48
32	基价	元	1999	684232	659807	652325	646573	643415	641977

续前页　　　　单位:1000m³ 路面实体

顺序号	项目	单位	代号	砂粒式沥青混凝土					
				沥青混合料拌和设备生产能力(t/h)					
				30 以内	60 以内	120 以内	160 以内	240 以内	320 以内
				43	44	45	46	47	48
1	人工	工日	1	233.5	136.4	100.1	81.3	64.7	58.0
2	沥青混凝土混合料	m^3	–	(1020.00)	(1020.00)	(1020.00)	(1020.00)	(1020.00)	(1020.00)
3	石油沥青	t	851	139.969	139.969	139.969	139.969	139.969	139.969
4	砂	m^3	897	893.59	893.59	893.59	893.59	893.59	893.59
5	矿粉	t	949	161.629	161.629	161.629	161.629	161.629	161.629
6	石屑	m^3	961	537.84	537.84	537.84	537.84	537.84	537.84
7	路面用碎石(1.5cm)	m^3	965	–	–	–	–	–	–
8	路面用碎石(2.5cm)	m^3	966	–	–	–	–	–	–
9	路面用碎石(3.5cm)	m^3	967	–	–	–	–	–	–
10	其他材料费	元	996	766.7	766.7	766.7	766.7	766.7	766.7
11	设备摊销费	元	997	7918.0	4585.4	3956.9	3539.8	3454.4	3304.7
12	1.0m³ 以内轮胎式装载机	台班	1048	15.74	–	–	–	–	–
13	2.0m³ 以内轮胎式装载机	台班	1050	–	9.90	7.14	6.29	5.06	–
14	3.0m³ 以内轮胎式装载机	台班	1051	–	–	–	–	–	2.57
15	6～8t 光轮压路机	台班	1075	10.88	7.60	8.22	5.80	3.88	2.95
16	12～15t 光轮压路机	台班	1078	10.88	7.60	6.17	5.80	3.88	4.43
17	30t/h 以内沥青混合料拌和设备	台班	1201	16.79	–	–	–	–	–

续前页

单位：1000m³ 路面实体

顺序号	项目	单位	代号	砂粒式沥青混凝土					
				沥青混合料拌和设备生产能力(t/h)					
				30以内	60以内	120以内	160以内	240以内	320以内
				43	44	45	46	47	48
18	60t/h以内沥青混合料拌和设备	台班	1202	–	7.04	–	–	–	–
19	120t/h以内沥青混合料拌和设备	台班	1204	–	–	3.80	–	–	–
20	160t/h以内沥青混合料拌和设备	台班	1205	–	–	–	2.68	–	–
21	240t/h以内沥青混合料拌和设备	台班	1206	–	–	–	–	1.80	–
22	320t/h以内沥青混合料拌和设备	台班	1207	–	–	–	–	–	1.37
23	4.5m以内沥青混合料摊铺机	台班	1210	11.06	–	–	–	–	–
24	4.5m以内沥青混合料摊铺机	台班	1211	–	7.73	–	–	–	–
25	6.0m以内沥青混合料摊铺机	台班	1212	–	–	4.18	–	–	–
26	9.0m以内沥青混合料摊铺机	台班	1213	–	–	–	2.95	–	–
27	12.5m以内沥青混合料摊铺机	台班	1214	–	–	–	–	1.97	1.50
28	9~16t轮胎式压路机	台班	1223	10.61	4.45	–	–	–	–
29	16~20t轮胎式压路机	台班	1224	–	2.97	2.81	1.13	0.57	0.87
30	20~25t轮胎式压路机	台班	1225	–	–	1.20	1.69	1.33	2.01
31	5t以内自卸汽车	台班	1383	7.88	6.60	3.96	2.64	1.68	1.48
32	基价	元	1999	748547	723708	716159	710360	707022	705723

III. 沥青混凝土抗滑表层混合料拌和及铺筑

单位:$1000m^3$ 路面实体

顺序号	项目	单位	代号	中粒式沥青混凝土抗滑表层				细粒式沥青混凝土抗滑表层			
				沥青混合料拌和设备生产能力(t/h)							
				120 以内	160 以内	240 以内	320 以内	120 以内	160 以内	240 以内	320 以内
				49	50	51	52	53	54	55	56
1	人工	工日	1	90.8	72.1	58.9	48.8	92.6	73.6	60.5	50.3
2	沥青混凝土混合料	m^3	–	(1020.00)	(1020.00)	(1020.00)	(1020.00)	(1020.00)	(1020.00)	(1020.00)	(1020.00)
3	改性沥青	t	852	113.205	113.205	113.205	113.205	118.440	118.440	118.440	118.440
4	砂	m^3	897	254.33	254.33	254.33	254.33	346.40	346.40	346.40	346.40
5	矿粉	t	949	120.784	120.784	120.784	120.784	132.568	132.568	132.568	132.568
6	石屑	m^3	961	263.20	263.20	263.20	263.20	310.60	310.60	310.60	310.60
7	路面用碎石(1.5cm)	m^3	965	408.62	408.62	408.62	408.62	797.05	797.05	797.05	797.05
8	路面用碎石(2.5cm)	m^3	966	542.31	542.31	542.31	542.31	–	–	–	–
9	其他材料费	元	996	230.0	230.0	230.0	230.0	287.5	287.5	287.5	287.5
10	设备摊销费	元	997	3200.3	2863.0	2793.9	2672.8	3348.3	2995.3	2923.1	2796.4
11	$2.0m^3$ 以内轮胎式装载机	台班	1050	7.17	6.32	5.08	–	7.15	6.30	5.07	–
12	$3.0m^3$ 以内轮胎式装载机	台班	1051	–	–	–	2.58	–	–	–	2.57
13	6~8t 光轮压路机	台班	1075	8.17	5.76	3.86	2.93	8.23	5.80	3.88	2.99
14	12~15t 光轮压路机	台班	1078	6.13	5.76	3.86	4.40	6.17	5.80	3.88	4.44
15	120t/h 以内沥青混合料拌和设备	台班	1204	3.83	–	–	–	3.81	–	–	–

续前页

单位：$1000m^3$ 路面实体

顺序号	项目	单位	代号	中粒式沥青混凝土抗滑表层				细粒式沥青混凝土抗滑表层			
				沥青混合料拌和设备生产能力(t/h)							
				120以内	160以内	240以内	320以内	120以内	160以内	240以内	320以内
				49	50	51	52	53	54	55	56
16	160t/h以内沥青混合料拌和设备	台班	1205	–	2.70	–	–	–	2.69	–	–
17	240t/h以内沥青混合料拌和设备	台班	1206	–	–	1.81	–	–	–	1.80	–
18	320t/h以内沥青混合料拌和设备	台班	1207	–	–	–	1.38	–	–	–	1.37
19	6.0m以内沥青混合料摊铺机	台班	1212	4.15	–	–	–	4.18	–	–	–
20	9.0m以内沥青混合料摊铺机	台班	1213	–	2.93	–	–	–	2.95	–	–
21	12.5m以内沥青混合料摊铺机	台班	1214	–	–	1.96	1.49	–	–	1.97	1.50
22	16~20t轮胎式压路机	台班	1224	2.79	1.12	0.56	0.86	2.81	1.13	0.57	0.87
23	20~25t轮胎式压路机	台班	1225	1.19	1.69	1.32	2.00	1.20	1.70	1.33	2.01
24	5t以内自卸汽车	台班	1383	3.98	2.66	1.69	1.49	3.96	2.65	1.68	1.48
25	基价	元	1999	801079	795353	792109	790765	828593	822911	819551	818110

IV. 沥青玛蹄脂碎石混合料拌和及铺筑

单位:1000m³ 路面实体

顺序号	项目	单位	代号	沥青混合料拌和设备生产能力(t/h)			
				120 以内	160 以内	240 以内	320 以内
				57	58	59	60
1	人工	工日	1	106.6	85.3	67.8	57.0
2	沥青玛蹄脂碎石混合料	m^3	-	(1020.00)	(1020.00)	(1020.00)	(1020.00)
3	改性沥青	t	852	144.320	144.320	144.320	144.320
4	纤维稳定剂	t	856	7.344	7.344	7.344	7.344
5	砂	m^3	897	119.38	119.38	119.38	119.38
6	矿粉	t	949	246.741	246.741	246.741	246.741
7	石屑	m^3	961	126.56	126.56	126.56	126.56
8	路面用碎石(1.5cm)	m^3	965	1111.35	1111.35	1111.35	1111.35
9	其他材料费	元	996	287.5	287.5	287.5	287.5
10	设备摊销费	元	997	4079.9	3649.9	3561.8	3407.4
11	2.0m³ 以内轮胎式装载机	台班	1050	8.89	7.40	5.94	-
12	3.0m³ 以内轮胎式装载机	台班	1051	-	-	-	3.01
13	6~8t 光轮压路机	台班	1075	10.05	6.68	4.47	4.47
14	12~15t 光轮压路机	台班	1078	7.54	6.68	4.47	5.37
15	120t/h 以内沥青混合料拌和设备	台班	1204	4.74	-	-	-
16	160t/h 以内沥青混合料拌和设备	台班	1205	-	3.15	-	-

续前页　　　　单位:1000m³ 路面实体

顺序号	项目	单位	代号	沥青混合料拌和设备生产能力(t/h)			
				120 以内	160 以内	240 以内	320 以内
				57	58	59	60
17	240t/h 以内沥青混合料拌和设备	台班	1206	-	-	2.11	-
18	320t/h 以内沥青混合料拌和设备	台班	1207	-	-	-	1.60
19	6.0m 以内沥青混合料摊铺机	台班	1212	5.11	-	-	-
20	9.0m 以内沥青混合料摊铺机	台班	1213	-	3.40	-	-
21	12.5m 以内沥青混合料摊铺机	台班	1214	-	-	2.27	1.82
22	15t 以内振动压路机	台班	1220	4.99	4.97	4.43	4.43
23	5t 以内自卸汽车	台班	1383	4.45	2.96	2.19	1.51
24	基价	元	1999	1134273	1123315	1119529	1117356

V. 沥青混合料运输

单位:1000m^3 路面实体

顺序号	项　　目	单位	代号	自卸汽车装载质量(t)							
				3 以内				6 以内			
				第一个 1km	每增运 0.5km 平均运距(km)			第一个 1km	每增运 0.5km 平均运距(km)		
					5 以内	10 以内	15 以内		5 以内	10 以内	15 以内
				61	62	63	64	65	66	67	68
1	3t 以内自卸汽车	台班	1382	28.54	3.29	2.94	2.79	–	–	–	–
2	6t 以内自卸汽车	台班	1384	–	–	–	–	20.07	2.25	2.00	1.90
3	8t 以内自卸汽车	台班	1385	–	–	–	–	–	–	–	–
4	10t 以内自卸汽车	台班	1386	–	–	–	–	–	–	–	–
5	12t 以内自卸汽车	台班	1387	–	–	–	–	–	–	–	–
6	15t 以内自卸汽车	台班	1388	–	–	–	–	–	–	–	–
7	20t 以内自卸汽车	台班	1390	–	–	–	–	–	–	–	–
8	基价	元	1999	8422	971	868	823	8093	907	806	766

续前页

单位:1000m³ 路面实体

顺序号	项目	单位	代号	自卸汽车装载质量(t)							
				8 以内				10 以内			
				第一个 1km	每增运 0.5km			第一个 1km	每增运 0.5km		
					平均运距(km)				平均运距(km)		
					5 以内	10 以内	15 以内		5 以内	10 以内	15 以内
				69	70	71	72	73	74	75	76
1	3t 以内自卸汽车	台班	1382	–	–	–	–	–	–	–	–
2	6t 以内自卸汽车	台班	1384	–	–	–	–	–	–	–	–
3	8t 以内自卸汽车	台班	1385	14.96	1.52	1.37	1.30	–	–	–	–
4	10t 以内自卸汽车	台班	1386	–	–	–	–	11.14	1.09	0.98	0.93
5	12t 以内自卸汽车	台班	1387	–	–	–	–	–	–	–	–
6	15t 以内自卸汽车	台班	1388	–	–	–	–	–	–	–	–
7	20t 以内自卸汽车	台班	1390	–	–	–	–	–	–	–	–
8	基价	元	1999	7277	739	666	632	6221	609	547	519

续前页

单位:1000m^3 路面实体

顺序号	项目	单位	代号	自卸汽车装载质量(t)							
				12 以内				15 以内			
				第一个 1km	每增运 0.5km 平均运距(km)			第一个 1km	每增运 0.5km 平均运距(km)		
					5 以内	10 以内	15 以内		5 以内	10 以内	15 以内
				77	78	79	80	81	82	83	84
1	3t 以内自卸汽车	台班	1382	–	–	–	–	–	–	–	–
2	6t 以内自卸汽车	台班	1384	–	–	–	–	–	–	–	–
3	8t 以内自卸汽车	台班	1385	–	–	–	–	–	–	–	–
4	10t 以内自卸汽车	台班	1386	–	–	–	–	–	–	–	–
5	12t 以内自卸汽车	台班	1387	9.68	0.96	0.86	0.81	–	–	–	–
6	15t 以内自卸汽车	台班	1388	–	–	–	–	8.15	0.74	0.66	0.63
7	20t 以内自卸汽车	台班	1390	–	–	–	–	–	–	–	–
8	基价	元	1999	6030	598	536	505	5583	507	452	432

续前页　　　　单位：1000m³ 路面实体

顺序号	项　目	单位	代号	自卸汽车装载质量(t)			
				20 以内			
				第一个 1km	每增运 0.5km		
					平均运距(km)		
					5 以内	10 以内	15 以内
				85	86	87	88
1	3t 以内自卸汽车	台班	1382	–	–	–	–
2	6t 以内自卸汽车	台班	1384	–	–	–	–
3	8t 以内自卸汽车	台班	1385	–	–	–	–
4	10t 以内自卸汽车	台班	1386	–	–	–	–
5	12t 以内自卸汽车	台班	1387	–	–	–	–
6	15t 以内自卸汽车	台班	1388	–	–	–	–
7	20t 以内自卸汽车	台班	1390	6.26	0.57	0.50	0.48
8	基价	元	1999	5249	478	419	402

2-2-11 沥青混合料拌和设备安装、拆除

工程内容 1)场地清理、平整、碾压及硬化处理；2)铺设垫层；3)修建拌和设备、加热炉、储油罐(池)等基座及沉淀池的全部工作；4)砌筑上料台；5)拌和设备、加热炉、输油管线的安装、拆除、清理；6)设备调试。

单位:1 座

顺序号	项目	单位	代号	拌和设备生产能力(t/h)					
				30 以内	60 以内	120 以内	160 以内	240 以内	320 以内
				1	2	3	4	5	6
1	人工	工日	1	1457.4	1830.8	2295.1	2814.0	3406.7	4178.1
2	锯材	m^3	102	0.003	0.006	0.009	0.012	0.017	0.025
3	型钢	t	182	0.014	0.023	0.035	0.049	0.069	0.101
4	组合钢模板	t	272	0.029	0.050	0.076	0.105	0.148	0.218
5	铁件	kg	651	29.0	48.9	63.8	81.3	103.9	135.9
6	32.5 级水泥	t	832	92.407	126.744	169.442	215.568	272.453	350.330
7	水	m^3	866	1145	1385	1755	2147	2608	3212
8	中(粗)砂	m^3	899	322.12	441.95	588.42	744.99	933.76	1184.63
9	砂砾	m^3	902	1386.56	1434.38	1673.44	1912.50	2151.56	2390.63
10	片石	m^3	931	220.10	342.01	471.82	609.55	774.13	986.70
11	碎石(4cm)	m^3	952	27.25	46.87	70.34	97.93	138.03	202.89
12	块石	m^3	981	301.45	468.41	646.20	834.82	1060.23	1351.35
13	其他材料费	元	996	92.5	149.6	213.6	285.1	379.6	518.6

续前页

单位:1 座

顺序号	项　目	单位	代号	拌和设备生产能力(t/h)					
				30 以内	60 以内	120 以内	160 以内	240 以内	320 以内
				1	2	3	4	5	6
14	设备摊销费	元	997	13718.6	18406.1	23093.5	27780.9	32468.4	41499.6
15	75kW 以内履带式推土机	台班	1003	8.50	10.63	11.69	12.75	13.82	14.88
16	105kW 以内履带式推土机	台班	1005	9.47	9.79	11.42	13.06	14.69	16.32
17	$0.6m^3$ 以内履带式单斗挖掘机	台班	1027	6.58	10.01	13.52	17.12	21.29	25.82
18	6~8t 光轮压路机	台班	1075	2.62	2.87	3.29	3.70	4.12	4.53
19	8~10t 光轮压路机	台班	1076	4.13	4.40	5.08	5.77	6.45	7.13
20	12~15t 光轮压路机	台班	1078	5.97	6.67	7.59	8.51	9.44	10.36
21	250L 以内混凝土搅拌机	台班	1272	1.41	2.42	3.62	5.05	7.11	10.46
22	15t 以内平板拖车组	台班	1392	3.91	8.01	8.43	-	-	-
23	20t 以内平板拖车组	台班	1393	-	-	-	9.27	10.20	11.23
24	12t 以内汽车式起重机	台班	1451	16.17	16.99	1.67	2.34	3.28	4.83
25	20t 以内汽车式起重机	台班	1453	-	15.87	16.71	18.40	-	-
26	40t 以内汽车式起重机	台班	1456	-	-	16.71	-	20.24	22.28
27	75t 以内汽车式起重机	台班	1458	-	-	-	18.40	20.24	22.28
28	小型机具使用费	元	1998	362.2	568.4	791.1	1031.1	1324.5	1721.8
29	基价	元	1999	247327	333277	440919	556636	689096	837899

2-2-12 透层、黏层、封层

工程内容 1)清扫整理下承层；2)安设拆除熬油设备、熬油运油；3)沥青洒布车洒油；4)人工铺撒矿料；5)稀浆封层机铺料；6)碾压，找补；7)初期养护。

单位:1000m²

顺序号	项目	单位	代号	透层				黏层			
				粒料基层		半刚性基层		沥青层		水泥混凝土	
				石油沥青	乳化沥青	石油沥青	乳化沥青	石油沥青	乳化沥青	石油沥青	乳化沥青
				1	2	3	4	5	6	7	8
1	人工	工日	1	1.9	-	1.4	0.3	0.7	-	0.5	-
2	石油沥青	t	851	1.082	-	0.824	-	0.412	-	0.309	-
3	乳化沥青	t	853	-	1.391	-	0.927	-	0.464	-	0.412
4	煤	t	864	0.210	-	0.160	-	0.080	-	0.060	-
5	砂	m³	897	-	-	-	-	-	-	-	-
6	矿粉	t	949	-	-	-	-	-	-	-	-
7	石屑	m³	961	-	-	2.55	2.55	-	-	-	-
8	其他材料费	元	996	26.3	-	22.7	-	17.1	-	15.7	-
9	设备摊销费	元	997	13.4	-	10.2	-	5.1	-	3.8	-
10	6~8t 光轮压路机	台班	1075	-	-	0.12	0.12	-	-	-	-
11	4000L 以内液态沥青运输车	台班	1185	-	-	-	-	-	-	-	-
12	4000L 以内沥青洒布车	台班	1193	0.09	0.11	0.07	0.07	0.03	0.04	0.02	0.03
13	2.5~3.5m 稀浆封层机	台班	1216	-	-	-	-	-	-	-	-
14	4000L 以内洒水汽车	台班	1404	-	-	-	-	-	-	-	-
15	小型机具使用费	元	1998	3.1	-	2.3	-	1.2	-	0.9	-
16	基价	元	1999	4340	5748	3502	4040	1657	1919	1243	1701

续前页

单位:1000m²

顺序号	项目	单位	代号	层铺法封层				乳化沥青稀浆封层		
				上封层		下封层				
				石油沥青	乳化沥青	石油沥青	乳化沥青	ES-1型	ES-2型	ES-3型
				9	10	11	12	13	14	15
1	人工	工日	1	7.9	6.1	5.7	3.6	5.9	6.5	6.6
2	石油沥青	t	851	1.082	–	1.185	–	–	–	–
3	乳化沥青	t	853	–	0.953	–	1.004	1.096	1.476	1.560
4	煤	t	864	0.210	–	0.230	–	–	–	–
5	砂	m^3	897	–	–	–	–	0.38	0.60	0.66
6	矿粉	t	949	–	–	–	–	0.265	0.278	0.318
7	石屑	m^3	961	7.14	7.14	8.16	8.16	1.75	2.95	3.81
8	其他材料费	元	996	26.3	–	27.7	–	–	–	–
9	设备摊销费	元	997	13.4	–	14.7	–	–	–	–
10	6~8t光轮压路机	台班	1075	0.28	0.28	0.28	0.28	–	–	–
11	4000L以内液态沥青运输车	台班	1185	–	–	–	–	0.20	0.31	0.35
12	4000L以内沥青洒布车	台班	1193	0.09	0.08	0.10	0.08	–	–	–
13	2.5~3.5m稀浆封层机	台班	1216	–	–	–	–	0.21	0.32	0.36
14	4000L以内洒水汽车	台班	1404	–	–	–	–	0.20	0.31	0.35
15	小型机具使用费	元	1998	3.1	–	3.4	–	–	–	–
16	基价	元	1999	5170	4774	5532	4927	5681	7747	8302

注:粒料基层浇洒透层沥青后,不能及时铺筑面层并需开放施工车辆通行时,每1000m² 增加粗砂0.83m³、6~8t光轮压路机0.12台班;沥青用量乘以1.1的系数。

2－2－13　水泥混凝土路面

工程内容　1)模板制作、安装、拆除、修理、涂脱模剂；2)拉杆、传力杆及补强钢筋制作、安装；3)混凝土配运料、拌和、运输、浇筑、捣固、真空吸水、抹平、压(刻)纹、养生；4)切缝,灌注填缝料。

I. 普通混凝土

单位:1000m² 路面

顺序号	项目	单位	代号	人工铺筑		摊铺机铺筑			
						轨道式		滑模式	
				路面厚度(cm)					
				20	每增减1	20	每增减1	20	每增减1
				1	2	3	4	5	6
1	人工	工日	1	299.0	12.6	85.1	2.3	51.6	1.5
2	C30 水泥混凝土	m^3	20	(204.00)	(10.20)	(204.00)	(10.20)	(204.00)	(10.20)
3	锯材	m^3	102	0.066	0.003	0.058	0.003	0.001	–
4	光圆钢筋	t	111	0.004	–	0.003	–	–	–
5	型钢	t	182	0.054	0.003	0.001	–	0.001	–
6	32.5 级水泥	t	832	76.908	3.845	76.908	3.845	76.908	3.845
7	石油沥青	t	851	0.099	0.004	0.099	0.004	0.138	0.006
8	煤	t	864	0.020	0.001	0.020	0.001	0.028	0.001
9	水	m^3	866	29	1	30	2	31	2
10	中(粗)砂	m^3	899	93.84	4.69	93.84	4.69	93.84	4.69
11	碎石(4cm)	m^3	952	169.32	8.47	169.32	8.47	169.32	8.47
12	其他材料费	元	996	273.0	3.9	273.3	3.9	304.1	5.0

续前页

单位:1000m² 路面

顺序号	项目	单位	代号	人工铺筑		摊铺机铺筑			
						轨道式		滑模式	
				路面厚度(cm)					
				20	每增减1	20	每增减1	20	每增减1
				1	2	3	4	5	6
13	3.0m³ 以内轮胎式装载机	台班	1051	–	–	1.29	0.06	0.92	0.05
14	滑模式水泥混凝土摊铺机	台班	1234	–	–	–	–	0.38	0.02
15	轨道式水泥混凝土摊铺机	台班	1235	–	–	0.48	0.02	–	–
16	混凝土真空吸水机组	台班	1239	3.55	–	–	–	–	–
17	混凝土电动刻纹机	台班	1243	–	–	9.09	–	9.09	–
18	混凝土电动切缝机	台班	1245	3.43	–	3.45	–	3.90	–
19	250L 以内混凝土搅拌机	台班	1272	7.58	0.38	–	–	–	–
20	6m³ 以内混凝土搅拌运输车	台班	1307	–	–	2.79	0.14	2.79	0.14
21	40m³/h 以内混凝土搅拌站	台班	1325	–	–	1.02	0.05	–	–
22	60m³/h 以内混凝土搅拌站	台班	1327	–	–	–	–	0.68	0.03
23	4000L 以内洒水汽车	台班	1404	1.47	–	–	–	–	–
24	6000L 以内洒水汽车	台班	1405	–	–	1.94	–	1.94	–
25	小型机具使用费	元	1998	288.9	14.4	–	–	–	–
26	基价	元	1999	57705	2684	54009	2417	52783	2403

II. 钢纤维混凝土

单位：$1000m^2$ 路面

顺序号	项目	单位	代号	人工铺筑		摊铺机铺筑			
						轨道式		滑模式	
				路面厚度(cm)					
				16	每增减1	16	每增减1	16	每增减1
				7	8	9	10	11	12
1	人工	工日	1	247.3	12.8	73.2	2.6	37.3	1.8
2	C30 水泥混凝土	m^3	20	(163.20)	(10.20)	(163.20)	(10.20)	(163.20)	(10.20)
3	锯材	m^3	102	0.059	0.004	0.052	0.003	0.001	–
4	光圆钢筋	t	111	0.003	–	0.003	–	–	–
5	型钢	t	182	0.042	0.003	0.001	–	0.001	–
6	钢纤维	t	225	7.943	0.496	7.943	0.496	7.943	0.496
7	32.5 级水泥	t	832	68.087	4.255	68.087	4.255	68.087	4.255
8	石油沥青	t	851	0.032	0.003	0.032	0.003	0.070	0.004
9	煤	t	864	0.006	0.001	0.006	0.001	0.014	0.001
10	水	m^3	866	29	2	29	2	29	2
11	中(粗)砂	m^3	899	91.39	5.71	91.39	5.71	91.39	5.71
12	碎石(4cm)	m^3	952	110.98	6.94	110.98	6.94	110.98	6.94
13	其他材料费	元	996	217.8	2.7	218.0	2.7	248.8	3.9
14	$3.0m^3$ 以内轮胎式装载机	台班	1051	–	–	1.03	0.06	0.96	0.06
15	滑模式水泥混凝土摊铺机	台班	1234	–	–	–	–	0.31	0.02

续前页　　　　　　　　　　　　　　　　　　　　　　　　　　　单位:1000m² 路面

顺序号	项　目	单位	代号	人工铺筑		摊铺机铺筑			
						轨道式		滑模式	
				路面厚度(cm)					
				16	每增减1	16	每增减1	16	每增减1
				7	8	9	10	11	12
16	轨道式水泥混凝土摊铺机	台班	1235	–	–	0.39	0.02	–	–
17	混凝土真空吸水机组	台班	1239	3.09	–	–	–	–	–
18	混凝土电动刻纹机	台班	1243	–	–	9.09	–	9.09	–
19	混凝土电动切缝机	台班	1245	1.93	–	1.95	–	2.40	–
20	250L 以内混凝土搅拌机	台班	1272	6.07	0.51	–	–	–	–
21	6m³ 以内混凝土搅拌运输车	台班	1307	–	–	2.23	0.14	2.23	0.14
22	40m³/h 以内混凝土搅拌站	台班	1325	–	–	0.82	0.05	–	–
23	60m³/h 以内混凝土搅拌站	台班	1327	–	–	–	–	0.55	0.03
24	4000L 以内洒水汽车	台班	1404	1.47	–	–	–	–	–
25	6000L 以内洒水汽车	台班	1405	–	–	1.94	–	1.94	–
26	小型机具使用费	元	1998	231.3	19.5	–	–	–	–
27	基价	元	1999	82631	4969	79947	4688	78773	4679

III. 拉杆、传力杆及钢筋

单位:1t

顺序号	项目	单位	代号	拉杆及传力杆		钢筋
				人工及轨道式摊铺机铺筑	滑模式摊铺机铺筑	
				13	14	15
1	人工	工日	1	8.4	5.0	6.2
2	光圆钢筋	t	111	0.601	0.601	0.019
3	带肋钢筋	t	112	0.537	0.537	1.006
4	电焊条	kg	231	0.6	0.6	–
5	20~22 号铁丝	kg	656	0.7	0.7	5.1
6	石油沥青	t	851	0.007	0.007	–
7	其他材料费	元	996	15.3	15.3	–
8	32kV·A 以内交流电焊机	台班	1726	0.11	0.11	–
9	小型机具使用费	元	1998	12.6	12.6	11.3
10	基价	元	1999	4296	4129	3832

注:1. 本定额未包括混凝土拌和站的安拆费用,需要时按有关定额另行计算;

2. 人工铺筑定额仅适用于一般数量不大的水泥混凝土路面。二级及以上等级公路的水泥混凝土路面应套用摊铺机铺筑定额。摊铺机铺筑定额中仅包括第 1km 的水泥混凝土运输,如需要增运时,按有关定额另行增加。

2-2-14 碾压混凝土路面※

工程内容 1)混凝土配运料、拌和、摊铺、碾压、养生;2)切缝,灌注填缝料。

单位:1000m² 路面

顺序号	项目	单位	代号	路面厚度(cm)	
				20	每增减1
				1	2
1	人工	工日	1	31.4	1.4
2	锯材	m^3	102	0.001	-
3	32.5级水泥	t	832	56.598	2.830
4	石油沥青	t	851	0.030	0.002
5	煤	t	864	0.006	-
6	水	m^3	866	27	1
7	中(粗)砂	m^3	899	101.84	5.09
8	粉煤灰	m^3	945	15.34	0.77
9	碎石(2cm)	m^3	951	181.86	9.09
10	其他材料费	元	996	1085.2	48.5
11	3.0m^3以内轮胎式装载机	台班	1051	1.24	0.06
12	6~8t光轮压路机	台班	1075	0.31	-
13	12~15t光轮压路机	台班	1078	0.28	0.01
14	9.5m以内稳定土摊铺机	台班	1165	0.46	0.02
15	16~20t轮胎式压路机	台班	1224	0.10	-
16	混凝土电动切缝机	台班	1245	0.87	-
17	40m^3/h以内混凝土搅拌站	台班	1325	1.26	0.06
18	6000L以内洒水汽车	台班	1405	0.45	-
19	基价	元	1999	41260	2013

注:本定额未包括混凝土拌和站的安拆费用,需要时按有关定额另行计算。

2－2－15　自卸汽车运输水泥混凝土

工程内容　1)等待装卸;2)运送;3)空回。

单位:1000m³ 路面实体

顺序号	项　目	单位	代号	自卸汽车装载质量(t)							
				3 以内				6 以内			
				第一个 1km	每增运 0.5km 平均运距(km)			第一个 1km	每增运 0.5km 平均运距(km)		
					5 以内	10 以内	15 以内		5 以内	10 以内	15 以内
				1	2	3	4	5	6	7	8
1	3t 以内自卸汽车	台班	1382	21.47	2.98	2.69	2.56	–	–	–	–
2	6t 以内自卸汽车	台班	1384	–	–	–	–	15.19	2.03	1.84	1.74
3	8t 以内自卸汽车	台班	1385	–	–	–	–	–	–	–	–
4	10t 以内自卸汽车	台班	1386	–	–	–	–	–	–	–	–
5	12t 以内自卸汽车	台班	1387	–	–	–	–	–	–	–	–
6	15t 以内自卸汽车	台班	1388	–	–	–	–	–	–	–	–
7	基价	元	1999	6335	879	794	755	6125	819	742	702

续前页

单位:1000m³ 路面实体

顺序号	项目	单位	代号	自卸汽车装载质量(t)							
				8以内				10以内			
				第一个1km	每增运0.5km			第一个1km	每增运0.5km		
					平均运距(km)				平均运距(km)		
					5以内	10以内	15以内		5以内	10以内	15以内
				9	10	11	12	13	14	15	16
1	3t以内自卸汽车	台班	1382	–	–	–	–	–	–	–	–
2	6t以内自卸汽车	台班	1384	–	–	–	–	–	–	–	–
3	8t以内自卸汽车	台班	1385	11.22	1.42	1.27	1.21	–	–	–	–
4	10t以内自卸汽车	台班	1386	–	–	–	–	8.36	1.01	0.92	0.87
5	12t以内自卸汽车	台班	1387	–	–	–	–	–	–	–	–
6	15t以内自卸汽车	台班	1388	–	–	–	–	–	–	–	–
7	基价	元	1999	5458	691	618	589	4669	564	514	486

续前页

单位:1000m³ 路面实体

顺序号	项目	单位	代号	自卸汽车装载质量(t)							
				12以内				15以内			
				第一个1km	每增运0.5km			第一个1km	每增运0.5km		
					平均运距(km)				平均运距(km)		
					5以内	10以内	15以内		5以内	10以内	15以内
				17	18	19	20	21	22	23	24
1	3t以内自卸汽车	台班	1382	–	–	–	–	–	–	–	–
2	6t以内自卸汽车	台班	1384	–	–	–	–	–	–	–	–
3	8t以内自卸汽车	台班	1385	–	–	–	–	–	–	–	–
4	10t以内自卸汽车	台班	1386	–	–	–	–	–	–	–	–
5	12t以内自卸汽车	台班	1387	7.28	0.88	0.80	0.75	–	–	–	–
6	15t以内自卸汽车	台班	1388	–	–	–	–	6.13	0.69	0.63	0.60
7	基价	元	1999	4535	548	498	467	4199	473	432	411

2-2-16 过水路面

工程内容 1)平整、碾压河床;2)挖基;3)砌底层、边坡、护坦及截水墙;4)制作、安装水标尺;5)面层混凝土的全部工序。

单位:10 延米

顺序号	项目	单位	代号	过水路面
				1
1	人工	工日	1	138.5
2	锯材	m^3	102	0.002
3	光圆钢筋	t	111	0.002
4	32.5 级水泥	t	832	8.684
5	水	m^3	866	69
6	中(粗)砂	m^3	899	28.32
7	片石	m^3	931	53.13
8	碎石(2cm)	m^3	951	0.02
9	碎石(4cm)	m^3	952	6.50
10	块石	m^3	981	22.92
11	其他材料费	元	996	17.8
12	8~10t 光轮压路机	台班	1076	0.03
13	混凝土电动切缝机	台班	1245	0.66
14	250L 以内混凝土搅拌机	台班	1272	0.35
15	1t 以内机动翻斗车	台班	1408	0.67
16	小型机具使用费	元	1998	45.9
17	基价	元	1999	15733

第三节　路面附属工程

说　　明

1. 整修和挖除旧路面按设计提出的需要整修的旧路面面积和需要挖除的旧路面体积计算。

2. 整修旧路面定额中，砂石路面均按整修厚度6.5cm计算，沥青表处面层按整修厚度2cm计算，沥青混凝土面层按整修厚度4cm计算，路面基层的整修厚度均按6.5cm计算。

3. 硬路肩工程项目，根据其不同设计层次结构，分别采用不同的路面定额项目进行计算。

4. 铺砌水泥混凝土预制块人行道、路缘石、沥青路面镶边和土硬路肩加固定额中，均已包括水泥混凝土预制块的预制，使用定额时不得另行计算。

2－3－1　整修旧路面

工程内容　修整旧砂石路面：1)清除尘土浮石，湿润坑槽；2)取料掺拌，填补修整；3)整形，碾压。

修整旧黑色路面：1)切割机切割；2)挖除旧路面；3)人工清理废料；4)基底整平压实；5)加铺基层及黑色路面的全部工作。

单位：1000m² 修整面

顺序号	项目	单位	代号	修整旧砂石路面			修整旧黑色路面			
							面层及基层		面层	
				级配碎石	级配砾石	泥结碎石	沥青表处	沥青混凝土	沥青表处	沥青混凝土
				1	2	3	4	5	6	7
1	人工	工日	1	171.4	173.1	174.1	39.4	57.6	23.6	44.7
2	石油沥青	t	851	–	–	–	3.708	5.578	3.708	5.578
3	煤	t	864	–	–	–	0.770	–	0.770	–
4	水	m³	866	12	12	20	17	17	5	5
5	砂	m³	897	–	15.23	–	2.60	15.54	2.60	15.54
6	黏土	m³	911	–	11.79	18.38	–	–	–	–
7	砾石(4cm)	m³	922	–	69.62	–	–	–	–	–
8	矿粉	t	949	–	–	–	–	4.693	–	4.693
9	石屑	m³	961	44.23	–	–	44.61	53.27	0.38	9.04
10	路面用碎石(1.5cm)	m³	965	29.66	–	–	39.53	43.00	9.87	13.35
11	路面用碎石(2.5cm)	m³	966	–	–	–	14.74	20.73	14.74	20.73

续前页

单位：$1000m^2$ 修整面

顺序号	项目	单位	代号	修整旧砂石路面			修整旧黑色路面			
							面层及基层		面层	
				级配碎石	级配砾石	泥结碎石	沥青表处	沥青混凝土	沥青表处	沥青混凝土
				1	2	3	4	5	6	7
12	路面用碎石(3.5cm)	m^3	967	24.72	–	79.66	24.72	24.72	–	–
13	其他材料费	元	996	–	–	–	43.9	841.5	43.9	841.5
14	设备摊销费	元	997	–	–	–	39.1	248.3	39.1	248.3
15	$1.0m^3$ 以内轮胎式装载机	台班	1048	–	–	–	–	0.70	–	0.70
16	6~8t 光轮压路机	台班	1075	–	–	–	1.05	1.22	0.70	0.88
17	0.6t 以内手扶式振动碾	台班	1083	8.50	8.50	8.50	3.90	5.57	2.86	4.08
18	30t/h 以内沥青混合料拌和设备	台班	1201	–	–	–	–	0.66	–	0.66
19	4t 以内载货汽车	台班	1372	–	–	–	0.15	0.03	0.15	0.03
20	6t 以内自卸汽车	台班	1384	–	–	–	–	1.85	–	1.85
21	1t 以内机动翻斗车	台班	1408	–	–	–	0.79	0.24	0.79	0.24
22	小型机具使用费	元	1998	–	–	–	374.3	612.0	374.3	612.0
23	基价	元	1999	15664	13101	14610	25618	40869	18280	33632

注：本定额适用于每块修整面积 $30m^2$ 以内者，每块修整面积大于 $30m^2$ 者相应人工、机械乘以 0.8 系数，其他不变。

2－3－2　全部挖除旧路面

工程内容　1)人工挖撬或机械挖除；2)废料清除至路基外；3)场地清理、平整。

单位:$10m^3$

顺序号	项　目	单位	代号	人工挖清			
				砂石路面及粒料类基层	各类稳定土基层	沥青面层	水泥混凝土面层
				1	2	3	4
1	人工	工日	1	5.9	8.1	15.3	28.5
2	135kW 以内履带式推土机	台班	1006	–	–	–	–
3	$2.0m^3$ 以内履带式单斗挖掘机	台班	1032	–	–	–	–
4	破路机	台班	1256	–	–	–	–
5	$3m^3$/min 以内机动空压机	台班	1840	–	–	–	–
6	小型机具使用费	元	1998	–	–	7.3	5.1
7	基价	元	1999	290	399	760	1407

续前页　　　　单位:$10m^3$

顺序号	项　目	单位	代号	机械挖清						
				推土机		挖掘机		风镐		破碎机
				砂石路面及粒料类基层	各类稳定土基层	砂石路面及粒料类基层	各类稳定土基层	沥青面层	水泥混凝土面层	
				5	6	7	8	9	10	11
1	人工	工日	1	0.2	0.3	0.1	0.1	6.6	11.8	9.6
2	135kW 以内履带式推土机	台班	1006	0.08	0.11	–	–	–	–	–
3	$2.0m^3$ 以内履带式单斗挖掘机	台班	1032	–	–	0.07	0.10	–	–	–
4	破路机	台班	1256	–	–	–	–	–	–	2.50
5	$3m^3$/min 以内机动空压机	台班	1840	–	–	–	–	0.78	1.17	–
6	小型机具使用费	元	1998	–	–	–	–	11.9	18.2	5.1
7	基价	元	1999	105	145	81	114	537	899	772

注:1. 挖除的废渣如需远运时,另按路基土方运输定额计算;

2. 废渣清除后,底层如需碾压,每 $1000m^2$ 可增加 15t 以内振动压路机 0.18 台班。

2－3－3　挖路槽、培路肩、修筑泄水槽

工程内容　挖路槽：1）挂线、挖槽；2）整平碾压路槽。

培路肩：1）挂线；2）培肩压实；3）修整路槽。

修筑泄水槽：1）放样、挖槽；2）填料、铺草皮；3）填土压实。

单位：1000m^2 及 10m

顺序号	项目	单位	代号	挖路槽（1000m^2）				培路肩（1000m^2）		修筑泄水槽（10m）
				路槽深 20cm		每增减 1cm		培肩厚度 20cm	每增减 1cm	
				土壤类别						
				土质	石质	土质	石质			
				1	2	3	4	5	6	7
1	人工	工日	1	59.8	102.0	3.0	5.0	52.9	1.9	2.1
2	钢钎	kg	211	–	5.8	–	0.3	–	–	–
3	硝铵炸药	kg	841	–	33.2	–	1.7	–	–	–
4	导火线	m	842	–	89	–	4	–	–	–
5	普通雷管	个	845	–	68	–	3	–	–	–
6	煤	t	864	–	0.040	–	0.002	–	–	–
7	碎石（8cm）	m^3	954	–	–	–	–	–	–	0.80
8	草皮	m^2	995	–	–	–	–	–	–	4.73
9	其他材料费	元	996	–	3.3	–	0.2	–	–	–
10	12～15t 光轮压路机	台班	1078	0.61	–	–	–	–	–	–
11	0.6t 以内手扶式振动碾	台班	1083	–	–	–	–	5.81	0.20	–
12	基价	元	1999	3193	5383	148	264	3194	114	151

注：1. 本定额中挖路槽按全挖路槽编制，当设计为半填半挖路槽时，人工工日乘以 0.8 的系数；挖除的土、石方如需远运时，另按路基土、石方运输定额计算；

2. 本定额中培路肩的填方数量已计入路基填方内，使用定额时，不得再计填料的开挖、远运费用。

2-3-4　人行道及路牙(缘石)

工程内容　现浇及预制混凝土：模板制作、安装、拆除、修理、涂脱模剂；混凝土配运料、拌和、运输、浇筑、养生。
人行道铺砌：刨槽，灰土垫层的拌和、摊铺、夯实，安砌块件。
沥青表面处治：清扫放样、安拆锅灶、熬油、撒料、洒油、整形、碾压。
路缘石安砌：刨槽，安砌块件。

单位：1000m^2 及 10m^3

顺序号	项　目	单位	代号	人行道			路缘石	
				混凝土预制块预制、铺砌	砖(平铺)	沥青表面处治(单层)	混凝土预制块预制、安砌	现浇混凝土
				1000m^2			10m^3	
				1	2	3	4	5
1	人工	工日	1	370.1	149.9	157.2	52.7	4.7
2	C25 水泥混凝土	m^3	19	(50.50)	–	–	(10.10)	(10.20)
3	型钢	t	182	0.148	–	–	0.021	–
4	钢板	t	183	0.014	–	–	0.001	–
5	电焊条	kg	231	3.7	–	–	0.1	–
6	铁件	kg	651	28.7	–	–	1.9	–
7	32.5 级水泥	t	832	21.244	–	–	3.595	2.884
8	石油沥青	t	851	–	–	1.545	–	–
9	煤	t	864	–	–	0.300	–	–
10	水	m^3	866	106	22	22	16	16
11	青(红)砖	千块	877	–	33.51	–	–	–

续前页

单位:$1000m^2$ 及 $10m^3$

顺序号	项目	单位	代号	人行道			路缘石	
				混凝土预制块预制、铺砌	砖(平铺)	沥青表面处治(单层)	混凝土预制块预制、安砌	现浇混凝土
				$1000m^2$			$10m^3$	
				1	2	3	4	5
12	生石灰	t	891	14.107	14.107	14.107	–	–
13	土	m^3	895	132.10	132.10	132.10	–	–
14	砂	m^3	897	–	–	2.60	–	–
15	中(粗)砂	m^3	899	35.14	–	–	5.58	9.74
16	粉煤灰	m^3	945	–	–	–	–	5.05
17	碎石(2cm)	m^3	951	40.40	–	–	–	–
18	碎石(4cm)	m^3	952	–	–	–	8.38	–
19	石屑	m^3	961	–	–	13.26	–	2.83
20	其他材料费	元	996	135.3	–	32.6	20.5	4.2
21	设备摊销费	元	997	–	–	19.2	–	–
22	$1m^3$ 以内轮胎式装载机	台班	1048	–	–	–	–	0.16
23	水泥混凝土路缘石铺筑机	台班	1251	–	–	–	–	0.40
24	250L 以内混凝土搅拌机	台班	1272	1.88	–	–	0.38	–
25	$3m^3$ 以内混凝土搅拌运输车	台班	1304	–	–	–	–	0.24
26	$15m^3/h$ 以内混凝土搅拌站	台班	1323	–	–	–	–	0.16
27	32kV·A 以内交流电弧焊机	台班	1726	0.55	–	–	0.02	–
28	小型机具使用费	元	1998	21.6	–	59.7	1.5	30.3
29	基价	元	1999	33079	17028	17337	4699	2461

2-3-5 沥青路面镶边

工程内容 1)预制混凝土的全部工序;2)刨边、安砌、浆砌片(卵)石、抹面。

单位:10m³ 及 1000m

顺序号	项目	单位	代号	混凝土预制块 预制、铺砌	干砌片(卵)石	浆砌片(卵)石	青(红)砖 每米4块	青(红)砖 每米8块
				10m³			1000m(单边)	
				1	2	3	4	5
1	人工	工日	1	49.4	19.6	21.8	18.4	28.8
2	C25 水泥混凝土	m^3	20	(10.10)	-	-	-	-
3	型钢	t	182	0.029	-	-	-	-
4	钢板	t	183	0.003	-	-	-	-
5	电焊条	kg	231	0.5	-	-	-	-
6	铁件	kg	651	3.8	-	-	-	-
7	32.5 级水泥	t	832	3.384	-	1.024	-	-
8	水	m^3	866	16	-	1	-	-
9	青(红)砖	千块	877	-	-	-	4.04	8.08
10	中(粗)砂	m^3	899	4.85	-	4.20	-	-
11	片石	m^3	931	-	12.50	11.50	-	-
12	碎石(4cm)	m^3	952	8.38	-	-	-	-
13	其他材料费	元	996	28.5	-	1.2	-	-
14	250L 以内混凝土搅拌机	台班	1272	0.38	-	-	-	-
15	32kV·A 以内交流电弧焊机	台班	1726	0.07	-	-	-	-
16	小型机具使用费	元	1998	0.2	-	7.9	-	-
17	基价	元	1999	4486	1389	2053	1762	3130

2-3-6 土路肩加固

工程内容 1)现浇、预制混凝土的全部工序；2)刨边、安砌、浆砌片(卵)石、抹面。

单位:10m³

顺序号	项目	单位	代号	现浇混凝土	混凝土预制块预制、铺砌	浆砌片(卵)石
				1	2	3
1	人工	工日	1	13.4	47.6	21.9
2	C25 水泥混凝土	m^3	19	-	(10.10)	-
3	C30 水泥混凝土	m^3	20	(10.20)	-	-
4	锯材	m^3	102	0.049	-	-
5	型钢	t	182	0.007	0.027	-
6	钢板	t	183	-	0.003	-
7	电焊条	kg	231	-	0.4	-
8	铁件	kg	651	-	2.9	-
9	32.5 级水泥	t	832	2.670	3.909	1.225
10	水	m^3	866	12	17	1
11	中(粗)砂	m^3	899	5.00	6.66	4.22
12	片石	m^3	931	-	-	11.50
13	碎石(4cm)	m^3	952	8.50	8.38	-
14	其他材料费	元	996	4.4	26.9	1.2
15	1m³ 以内轮胎式装载机	台班	1048	0.16	-	-
16	250L 以内混凝土搅拌机	台班	1272	-	0.38	-
17	3m³ 以内混凝土搅拌运输车	台班	1304	0.24	-	-
18	15m³/h 以内混凝土搅拌站	台班	1323	0.16	-	-
19	32kV·A 以内交流电弧焊机	台班	1726	-	0.05	-
20	小型机具使用费	元	1998	11.3	3.7	8.1
21	基价	元	1999	2729	4662	2123

第三章　隧 道 工 程

说　　明

本章定额包括开挖、支护、防排水、衬砌、装饰、照明、通风及消防设施、洞门及辅助坑道等项目。本定额是按照一般凿岩机钻爆法施工的开挖方法进行编制的，适用于新建隧道工程，改（扩）建及公路大中修工程可参照使用。

1. 本章定额按现行隧道设计、施工技术规范将围岩分为六级即Ⅰ级～Ⅵ级。

2. 本章定额中混凝土工程均未考虑拌和的费用，应按桥涵工程相关定额另行计算。

3. 本章开挖定额中已综合考虑超挖及预留变形因素。

4. 洞内出渣运输定额已综合洞门外500m运距，当洞门外运距超过此运距时，可按照路基工程自卸汽车运输土石方的增运定额加计增运部分的费用。

5. 本定额均未包括混凝土及预制块的运输，需要时应按有关定额另行计算。

6. 本定额未考虑地震、坍塌、溶洞及大量地下水处理以及其他特殊情况所需的费用，需要时可根据设计另行计算。

7. 本定额未考虑施工时所需进行的监控量测以及超前地质预报的费用，监控量测的费用已在《公路工程基本建设项目概算预算编制办法》的施工辅助费中综合考虑，使用定额时不得另行计算，超前地质预报的费用可根据需要另行计算。

8. 隧道工程项目采用其他章节定额的规定：

（1）洞门挖基、仰坡及天沟开挖、明洞明挖土石方等，应使用其他章节有关定额计算。

（2）洞内工程项目如需采用其他章节的有关项目时，所采用定额的人工工日、机械台班数量及小型机具使用费应乘1.26的系数。

第一节 洞 身 工 程

说 明

1. 本定额人工开挖、机械开挖轻轨斗车运输项目系按上导洞、扩大、马口开挖编制的，也综合了下导洞扇形扩大开挖方法，并综合了木支撑和出渣、通风及临时管线的工料机消耗。

2. 本定额正洞机械开挖自卸汽车运输定额不分工程部位（即拱部、边墙、仰拱、底板、沟槽、洞室）均使用本定额。定额中综合了出渣、施工通风及高压风水管和照明电线路的工料机消耗。

3. 本定额连拱隧道中导洞、侧导洞开挖和中隔墙衬砌是按连拱隧道施工方法编制的，除此以外的其他部位的开挖、衬砌、支护可套用本节其他定额。

4. 格栅钢架和型钢钢架均按永久性支护编制，如作为临时支护使用时，应按规定计取回收。定额中已综合连接钢筋的数量。

5. 喷射混凝土定额中已综合考虑混凝土的回弹量；钢纤维混凝土中钢纤维掺入量按喷射混凝土质量的3%掺入。当设计采用的钢纤维掺入量与本定额不同或采用其他材料时，可进行抽换。

6. 洞身衬砌项目按现浇混凝土衬砌，石料、混凝土预制块衬砌分别编制，不分工程部位（即拱部、边墙、仰拱、底板、沟槽、洞室）均使用本定额。定额中已综合考虑超挖回填因素，定额中均包括拱顶、边墙衬砌，混凝土或浆砌片石回填，洞内管沟及盖板等工程内容。

7. 本定额中凡是按不同隧道长度编制的项目，均只编制到隧道长度在4000m以内。当隧道长度超过4000m时，应以隧道长度4000m以内定额为基础，与隧道长度4000m以上每增加1000m定额叠加使用。

8. 混凝土运输定额仅适用于洞内混凝土运输，洞外运输应按桥涵工程有关定额计算。

9. 照明设施为隧道营运所需的洞内永久性设施。定额中的洞口段包括引入段、适应段、过渡段和出口段，其他段均为基本段。本定额中不包括洞外线路,需要时应另行计算。属于设备的变压器、发电设备等,其购置费用应列入概算的第二部分“设备及工具、器具购置费”中。

10. 工程量计算规则:

(1)本定额所指隧道长度均指隧道进出口(含与隧道相连的明洞)洞门端墙墙面之间的距离,即两端端墙面与路面的交线同路线中线交点间的距离。双线隧道按上、下行隧道长度的平均值计算。

(2)洞身开挖工程量按设计断面数量(成洞断面加衬砌断面)计算,包含洞身及所有附属洞室的数量,定额中已考虑超挖因素,不得将超挖数量计入工程量。

(3)现浇混凝土衬砌中浇筑、运输的工程数量均按设计断面衬砌数量计算,包含洞身及所有附属洞室的衬砌数量。定额中已综合因超挖及预留变形需回填的混凝土数量,不得将上述因素的工程量计入计价工程量中。

(4)防水板、明洞防水层的工程数量按设计敷设面积计算。

(5)止水带(条)、盲沟、透水管的工程数量,均按设计数量计算

(6)拱顶压浆的工程数量按设计数量计算,设计时可按每延长米 $0.25m^3$ 综合考虑。

(7)喷射混凝土的工程量按设计厚度乘以喷射面积计算,喷射面积按设计外轮廓线计算。

(8)砂浆锚杆工程量为锚杆、垫板及螺母等材料质量之和;中空注浆锚杆、自进式锚杆的工程量按锚杆设计长度计算。

(9)格栅钢架、型钢钢架工程数量按钢架的设计数量计算。

(10)管棚、小导管的工程量按设计钢管长度计算,当管径与定额不同时,可调整定额中钢管的消耗量。

(11)横向塑料排水管每处为单洞两侧的工程数量;纵向弹簧管按隧道纵向每侧铺设长度之和计算;环向盲沟按隧道横断面敷设长度计算。

11. 本定额不包括下列项目,需要时可采用《公路工程预算定额》(JTG/T B06-02—2007)中的有关项目。

(1)半隧道开挖;

(2)洞内施工排水;

(3)斜井洞内施工排水。

3-1-1 人工开挖

工程内容 开挖,出渣,照明,通风,防尘,木支撑制作、安装、拆除,临时管线的安装、拆除、维护,整修边沟。

单位:100m³ 自然密实土、石

顺序号	项目	单位	代号	围岩级别			
				Ⅰ~Ⅱ级	Ⅲ级	Ⅳ级	Ⅴ~Ⅵ级
				1	2	3	4
1	人工	工日	1	243.1	206.6	185.1	126.3
2	原木	m³	101	0.099	0.297	0.694	0.991
3	锯材	m³	102	0.017	0.053	0.123	0.175
4	钢管	t	191	0.013	0.013	0.011	0.011
5	钢钎	kg	211	15.0	10.0	6.7	3.0
6	铁件	kg	651	0.7	2.2	7.3	7.3
7	铁钉	kg	653	0.1	0.1	0.4	0.4
8	硝铵炸药	kg	841	100.9	85.8	60.0	23.8
9	导火线	m	842	204	179	123	49
10	普通雷管	个	845	146	121	100	40
11	煤	t	864	0.138	0.083	0.053	0.019
12	电	kW·h	865	173	142	108	87
13	水	m³	866	39	37	33	7
14	其他材料费	元	996	169.7	163.4	142.0	134.3
15	30kW以内轴流式通风机	台班	1932	3.20	2.93	2.44	2.19
16	小型机具使用费	元	1998	38.7	19.3	13.0	5.8
17	基价	元	1999	13840	12077	11228	8323

3-1-2 机械开挖轻轨斗车运输

工程内容 开挖，出渣，照明，通风，防尘，木支撑制作、安装、拆除，临时管线的安装、拆除、维护，整修边沟。

单位：100m³ 自然密实土、石

顺序号	项目	单位	代号	围岩级别		
				I~II 级	III 级	IV 级
				1	2	3
1	人工	工日	1	145.0	123.6	118.7
2	原木	m^3	101	0.099	0.297	0.694
3	锯材	m^3	102	0.017	0.053	0.123
4	钢管	t	191	0.013	0.013	0.011
5	空心钢钎	kg	212	16.0	10.0	7.0
6	ϕ50mm 以内合金钻头	个	213	7.0	5.0	3.0
7	铁件	kg	651	0.7	2.2	7.3
8	铁钉	kg	653	0.1	0.1	0.4
9	硝铵炸药	kg	841	100.9	85.8	59.3
10	导火线	m	842	204	179	123
11	普通雷管	个	845	146	121	100
12	电	kW·h	865	161	132	101
13	水	m^3	866	83	72	57

续前页　　单位:100m³ 自然密实土、石

顺序号	项　目	单位	代号	围岩级别		
				I ~ II 级	III 级	IV 级
				1	2	3
14	其他材料费	元	996	215.0	202.8	172.7
15	线路折旧费	元	998	20.2	20.2	20.2
16	ϕ100mm 电动多级水泵(≤120m)	台班	1663	2.25	1.81	1.20
17	9m³/min 以内机动空压机	台班	1842	4.11	3.30	2.19
18	30kW 以内轴流式通风机	台班	1932	2.81	2.56	2.13
19	小型机具使用费	元	1998	253.9	209.8	149.4
20	基价	元	1999	12159	10520	9642

3-1-3 正洞机械开挖自卸汽车运输

工程内容 开挖,出渣,通风,照明,防尘,脚手架、踏步的制作、安装、拆除,临时管线的安装、拆除、维护。

单位:100m³ 自然密实土、石

顺序号	项目	单位	代号	隧道长度 1000m 以内					
				围岩级别					
				Ⅰ级	Ⅱ级	Ⅲ级	Ⅳ级	Ⅴ级	Ⅵ级
				1	2	3	4	5	6
1	人工	工日	1	91.3	85.9	79.8	89.6	91.0	117.1
2	原木	m^3	101	0.027	0.025	0.024	0.022	0.021	0.011
3	锯材	m^3	102	0.025	0.023	0.022	0.020	0.019	0.011
4	钢管	t	191	0.015	0.015	0.015	0.013	0.013	0.002
5	空心钢钎	kg	212	17.1	14.0	10.8	6.4	4.0	6.1
6	ϕ50mm 以内合金钻头	个	213	9.0	7.0	5.0	3.0	2.0	–
7	铁钉	kg	653	0.2	0.2	0.2	0.2	0.2	–
8	8~12 号铁丝	kg	655	2.4	2.2	2.1	1.9	1.8	–
9	电线	m	711	–	–	–	–	–	–
10	硝铵炸药	kg	841	109.1	103.8	98.5	76.7	30.5	–
11	非电毫秒雷管	个	847	153	133	113	84	53	–
12	导爆索	m	848	60	60	60	53	53	–

续前页

单位：100m³ 自然密实土、石

顺序号	项目	单位	代号	隧道长度1000m以内					
				围岩级别					
				Ⅰ级	Ⅱ级	Ⅲ级	Ⅳ级	Ⅴ级	Ⅵ级
				1	2	3	4	5	6
13	电	kW·h	865	177	177	177	160	160	160
14	水	m^3	866	35	35	25	25	25	–
15	其他材料费	元	996	79.1	79.1	73.3	60.7	50.9	50.9
16	2.0m^3以内轮胎式装载机	台班	1050	0.46	0.46	0.46	0.36	0.36	0.23
17	气腿式凿岩机	台班	1102	11.78	10.71	6.93	3.63	4.74	–
18	12t以内自卸汽车	台班	1387	1.23	1.23	1.23	0.95	0.95	0.74
19	10m^3/min以内电动空压机	台班	1837	0.45	0.41	0.27	0.23	0.31	0.31
20	20m^3/min以内电动空压机	台班	1838	2.25	2.05	1.33	1.15	1.51	–
21	100kW以内轴流式通风机	台班	1933	2.15	2.15	2.15	1.95	1.95	1.95
22	1259m^3/min以内离心式通风机	台班	1938	–	–	–	–	–	–
23	2132m^3/min以内离心式通风机	台班	1940	–	–	–	–	–	–
24	小型机具使用费	元	1998	269.4	252.4	190.6	130.9	147.9	72.1
25	基价	元	1999	9900	9326	8286	7913	7869	7447

续前页

单位:100m³ 自然密实土、石

顺序号	项目	单位	代号	隧道长度2000m以内					
				围岩级别					
				Ⅰ级	Ⅱ级	Ⅲ级	Ⅳ级	Ⅴ级	Ⅵ级
				7	8	9	10	11	12
1	人工	工日	1	103.4	97.5	91.2	97.0	98.5	125.3
2	原木	m^3	101	0.027	0.025	0.024	0.022	0.021	0.011
3	锯材	m^3	102	0.025	0.023	0.022	0.020	0.019	0.011
4	钢管	t	191	0.017	0.017	0.017	0.014	0.014	0.003
5	空心钢钎	kg	212	17.1	14.0	10.8	6.4	4.0	6.1
6	ϕ50mm以内合金钻头	个	213	9.0	7.0	5.0	3.0	2.0	–
7	铁钉	kg	653	0.2	0.2	0.2	0.2	0.2	–
8	8~12号铁丝	kg	655	2.4	2.2	2.1	1.9	1.8	–
9	电线	m	711	1	1	1	1	1	1
10	硝铵炸药	kg	841	109.1	103.8	98.5	76.7	30.5	–
11	非电毫秒雷管	个	847	153	133	113	84	53	–
12	导爆索	m	848	60	60	60	53	53	–
13	电	kW·h	865	230	230	230	208	208	208
14	水	m^3	866	35	35	25	25	25	–
15	其他材料费	元	996	85.2	85.2	79.4	66.2	56.4	56.4

续前页

单位:$100m^3$ 自然密实土、石

顺序号	项目	单位	代号	隧道长度2000m以内					
				围岩级别					
				I级	II级	III级	IV级	V级	VI级
				7	8	9	10	11	12
16	$2.0m^3$ 以内轮胎式装载机	台班	1050	0.46	0.46	0.46	0.36	0.36	0.23
17	气腿式凿岩机	台班	1102	11.78	10.71	6.93	3.63	4.74	–
18	12t 以内自卸汽车	台班	1387	1.47	1.47	1.47	1.12	1.12	0.90
19	$10m^3/min$ 以内电动空压机	台班	1837	0.45	0.41	0.27	0.23	0.31	0.31
20	$20m^3/min$ 以内电动空压机	台班	1838	2.25	2.05	1.33	1.15	1.51	–
21	100kW 以内轴流式通风机	台班	1933	2.18	2.18	2.18	1.97	1.97	1.97
22	$1259m^3/min$ 以内离心式通风机	台班	1938	–	–	–	–	–	–
23	$2132m^3/min$ 以内离心式通风机	台班	1940	–	–	–	–	–	–
24	小型机具使用费	元	1998	277.2	260.2	198.5	138.0	155.0	79.2
25	基价	元	1999	10712	10114	9064	8437	8398	8004

续前页

单位:100m³ 自然密实土、石

顺序号	项目	单位	代号	隧道长度3000m以内					
				围岩级别					
				Ⅰ级	Ⅱ级	Ⅲ级	Ⅳ级	Ⅴ级	Ⅵ级
				13	14	15	16	17	18
1	人工	工日	1	111.1	102.1	95.6	102.0	103.4	130.9
2	原木	m^3	101	0.027	0.025	0.024	0.022	0.021	0.011
3	锯材	m^3	102	0.025	0.023	0.022	0.020	0.019	0.011
4	钢管	t	191	0.020	0.020	0.020	0.017	0.017	0.006
5	空心钢钎	kg	212	17.1	14.0	10.8	6.4	4.0	6.1
6	ϕ50mm以内合金钻头	个	213	9.0	7.0	5.0	3.0	2.0	–
7	铁钉	kg	653	0.2	0.2	0.2	0.2	0.2	–
8	8~12号铁丝	kg	655	2.4	2.2	2.1	1.9	1.8	–
9	电线	m	711	1	1	1	1	1	1
10	硝铵炸药	kg	841	109.1	103.8	98.5	76.7	30.5	–
11	非电毫秒雷管	个	847	153	133	113	84	53	–
12	导爆索	m	848	60	60	60	53	53	–
13	电	kW·h	865	292	292	292	264	264	264
14	水	m^3	866	35	35	25	25	25	–
15	其他材料费	元	996	107.3	107.3	101.5	86.1	76.3	76.3

续前页　　　　单位:100m³ 自然密实土、石

顺序号	项目	单位	代号	隧道长度3000m以内					
				围岩级别					
				Ⅰ级	Ⅱ级	Ⅲ级	Ⅳ级	Ⅴ级	Ⅵ级
				13	14	15	16	17	18
16	2.0m³ 以内轮胎式装载机	台班	1050	0.46	0.46	0.46	0.36	0.36	0.23
17	气腿式凿岩机	台班	1102	11.78	10.71	6.93	3.63	4.74	–
18	12t 以内自卸汽车	台班	1387	1.68	1.68	1.68	1.30	1.30	1.04
19	10m³/min 以内电动空压机	台班	1837	0.90	0.82	0.53	0.23	0.31	0.31
20	20m³/min 以内电动空压机	台班	1838	2.25	2.05	1.33	1.15	1.51	–
21	100kW 以内轴流式通风机	台班	1933	1.29	1.29	1.29	1.16	1.16	1.16
22	1259m³/min 以内离心式通风机	台班	1938	1.61	1.61	1.61	1.46	1.46	1.46
23	2132m³/min 以内离心式通风机	台班	1940	–	–	–	–	–	–
24	小型机具使用费	元	1998	281.2	264.2	202.5	141.6	158.7	82.8
25	基价	元	1999	11639	10874	9760	9027	8984	8599

续前页　　　　　　　　　　　　　　　　　　　　　　　　　　　　　　单位:100m³ 自然密实土、石

顺序号	项目	单位	代号	隧道长度4000m以内					
				围岩级别					
				Ⅰ级	Ⅱ级	Ⅲ级	Ⅳ级	Ⅴ级	Ⅵ级
				19	20	21	22	23	24
1	人工	工日	1	119.8	110.2	103.8	107.5	109.0	136.8
2	原木	m^3	101	0.027	0.025	0.024	0.022	0.021	0.011
3	锯材	m^3	102	0.025	0.023	0.022	0.020	0.019	0.011
4	钢管	t	191	0.023	0.023	0.023	0.020	0.020	0.009
5	空心钢钎	kg	212	17.1	14.0	10.8	6.4	4.0	6.1
6	ϕ50mm以内合金钻头	个	213	9.0	7.0	5.0	3.0	2.0	-
7	铁钉	kg	653	0.2	0.2	0.2	0.2	0.2	-
8	8~12号铁丝	kg	655	2.4	2.2	2.1	1.9	1.8	-
9	电线	m	711	1	1	1	1	1	1
10	硝铵炸药	kg	841	109.1	103.8	98.5	76.7	30.5	-
11	非电毫秒雷管	个	847	153	133	113	84	53	-
12	导爆索	m	848	60	60	60	53	53	-
13	电	kW·h	865	357	357	357	323	323	323
14	水	m^3	866	35	35	25	25	25	-
15	其他材料费	元	996	135.6	135.6	129.8	111.8	102.0	102.0

续前页　　单位:100m³ 自然密实土、石

顺序号	项　目	单位	代号	隧道长度4000m以内					
				围岩级别					
				Ⅰ级	Ⅱ级	Ⅲ级	Ⅳ级	Ⅴ级	Ⅵ级
				19	20	21	22	23	24
16	2.0m³ 以内轮胎式装载机	台班	1050	0.46	0.46	0.46	0.36	0.36	0.23
17	气腿式凿岩机	台班	1102	11.78	10.71	6.93	3.63	4.74	-
18	12t 以内自卸汽车	台班	1387	1.87	1.87	1.87	1.44	1.44	1.15
19	10m³/min 以内电动空压机	台班	1837	0.90	0.82	0.53	0.23	0.31	0.31
20	20m³/min 以内电动空压机	台班	1838	2.25	2.05	1.33	1.15	1.51	-
21	100kW 以内轴流式通风机	台班	1933	-	-	-	-	-	-
22	1259m³/min 以内离心式通风机	台班	1938	-	-	-	-	-	-
23	2132m³/min 以内离心式通风机	台班	1940	1.48	1.48	1.48	1.34	1.34	1.34
24	小型机具使用费	元	1998	284.9	267.8	206.1	144.9	161.9	86.1
25	基价	元	1999	12041	11246	10138	9258	9219	8831

续前页 单位:100m³ 自然密实土、石

顺序号	项目	单位	代号	隧道长度4000m以上,每增加1000m					
				围岩级别					
				I级	II级	III级	IV级	V级	VI级
				25	26	27	28	29	30
1	人工	工日	1	3.4	3.1	3.0	4.0	4.3	5.7
2	原木	m^3	101	–	–	–	–	–	–
3	锯材	m^3	102	–	–	–	–	–	–
4	钢管	t	191	0.002	0.002	0.002	0.002	0.002	0.002
5	空心钢钎	kg	212	–	–	–	–	–	–
6	ϕ50mm以内合金钻头	个	213	–	–	–	–	–	–
7	铁钉	kg	653	–	–	–	–	–	–
8	8~12号铁丝	kg	655	–	–	–	–	–	–
9	电线	m	711	–	–	–	–	–	–
10	硝铵炸药	kg	841	–	–	–	–	–	–
11	非电毫秒雷管	个	847	–	–	–	–	–	–
12	导爆索	m	848	–	–	–	–	–	–
13	电	kW·h	865	32	32	32	29	29	29
14	水	m^3	866	–	–	–	–	–	–
15	其他材料费	元	996	15.6	15.6	15.6	14.1	14.1	14.1

续前页

单位:100m^3 自然密实土、石

顺序号	项目	单位	代号	隧道长度4000m以上,每增加1000m					
				围岩级别					
				I级	II级	III级	IV级	V级	VI级
				25	26	27	28	29	30
16	2.0m^3 以内轮胎式装载机	台班	1050	–	–	–	–	–	–
17	气腿式凿岩机	台班	1102	0.15	0.14	0.09	0.06	0.07	–
18	12t以内自卸汽车	台班	1387	0.19	0.19	0.19	0.14	0.14	0.12
19	10m^3/min以内电动空压机	台班	1837	0.02	0.02	0.01	0.01	0.01	0.01
20	20m^3/min以内电动空压机	台班	1838	0.03	0.02	0.02	0.01	0.02	–
21	100kW以内轴流式通风机	台班	1933	–	–	–	–	–	–
22	1259m^3/min以内离心式通风机	台班	1938	–	–	–	–	–	–
23	2132m^3/min以内离心式通风机	台班	1940	0.13	0.13	0.13	0.12	0.12	0.12
24	小型机具使用费	元	1998	0.9	0.9	0.9	0.9	0.9	0.9
25	基价	元	1999	418	398	388	392	413	457

续前页　　　　单位:100m³ 自然密实土、石

顺序号	项　目	单位	代号	连拱隧道中(侧)导洞					
				围 岩 级 别					
				I 级	II 级	III 级	IV 级	V 级	VI 级
				31	32	33	34	35	36
1	人工	工日	1	100.5	91.3	84.6	95.3	96.8	125.3
2	原木	m^3	101	0.027	0.025	0.024	0.022	0.021	0.011
3	锯材	m^3	102	0.025	0.023	0.022	0.020	0.019	0.011
4	钢管	t	191	0.017	0.015	0.015	0.013	0.013	0.002
5	空心钢钎	kg	212	17.1	14.0	10.8	6.4	4.0	6.1
6	φ50mm 以内合金钻头	个	213	9.0	7.0	5.0	3.0	2.0	–
7	铁钉	kg	653	0.2	0.2	0.2	0.2	0.2	–
8	8～12 号铁丝	kg	655	2.4	2.2	2.1	1.9	1.8	–
9	电线	m	711	1	–	–	–	–	–
10	硝铵炸药	kg	841	109.1	103.8	98.5	76.7	30.5	–
11	非电毫秒雷管	个	847	153	133	113	84	53	–
12	导爆索	m	848	60	60	60	53	53	–
13	电	kW·h	865	230	177	177	160	160	160
14	水	m^3	866	35	35	25	25	25	–
15	其他材料费	元	996	81.8	79.1	73.3	60.7	50.9	50.9

续前页

单位:100m³ 自然密实土、石

顺序号	项目	单位	代号	连拱隧道中(侧)导洞					
				围岩级别					
				I级	II级	III级	IV级	V级	VI级
				31	32	33	34	35	36
16	2.0m³ 以内轮胎式装载机	台班	1050	0.46	0.46	0.46	0.36	0.36	0.23
17	气腿式凿岩机	台班	1102	15.32	13.92	8.55	4.72	6.17	-
18	12t 以内自卸汽车	台班	1387	1.23	1.23	1.23	0.95	0.95	0.74
19	10m³/min 以内电动空压机	台班	1837	0.58	0.53	0.35	0.31	0.40	0.40
20	20m³/min 以内电动空压机	台班	1838	2.93	2.78	1.72	1.50	1.96	-
21	100kW 以内轴流式通风机	台班	1933	2.15	2.15	2.15	1.95	1.95	1.95
22	1259m³/min 以内离心式通风机	台班	1938	-	-	-	-	-	-
23	2132m³/min 以内离心式通风机	台班	1940	-	-	-	-	-	-
24	小型机具使用费	元	1998	334.2	304.5	223.9	148.9	170.7	72.1
25	基价	元	1999	10958	10158	8834	8457	8489	7883

3-1-4 钢 支 撑

工程内容 1)下料,成形,钻孔,焊接,修正;2)安装就位,紧固螺栓;3)拆除,整理,堆放。

单位:1 榀钢架

顺序号	项 目	单位	代号	制作、安装		每增加一次安装	每增加一次拆除
				型钢钢架	格栅钢架		
				1	2	3	4
1	人工	工日	1	5.0	14.3	2.1	0.7
2	光圆钢筋	t	111	-	0.028	-	-
3	带肋钢筋	t	112	0.013	0.371	-	-
4	型钢	t	182	0.252	0.024	-	-
5	钢板	t	183	0.026	0.021	-	-
6	电焊条	kg	231	1.1	5.4	-	-
7	铁件	kg	651	3.9	5.9	-	-
8	其他材料费	元	996	4.1	37.0	-	-
9	4t 以内载货汽车	台班	1372	0.14	0.21	-	-
10	32kV·A 以内交流电弧焊机	台班	1726	0.27	1.53	-	-
11	小型机具使用费	元	1998	1.5	8.1	-	-
12	基价	元	1999	1436	2559	103	34

注:1. 每榀钢支撑质量分别为:型钢钢架 262kg,格栅钢架 389kg;

2. 临时钢支撑应根据下表规定的周转次数编制概算;如由于工程规模或工期限制达不到规定的周转次数时,可按施工组织设计的工程量编制概算,并按下表规定的回收率计算回收金额。连拱隧道的中(侧)导洞临时钢支撑可由设计单位按实际回收率计算回收金额。

回收项目	周转次数					计算基数
	50	40	30	20	10	
型钢、钢板、钢筋	-	30%	50%	65%	80%	材料原价

3-1-5 锚杆及金属网

工程内容 锚杆：锚杆及附件制作，运输，钻孔，安装，砂浆拌和、灌注，锚固，搭、拆、移动脚手架。

金属网：制作，挂网，绑扎，点焊，加固。

单位：1t 钢材及 100m

顺序号	项目	单位	代号	锚杆			金属网	
				砂浆锚杆	中空注浆锚杆	自进式锚杆	钢筋网	铁丝网
				1t	100m		1t	
				1	2	3	4	5
1	人工	工日	1	49.5	13.5	13.5	22.2	25.2
2	原木	m^3	101	0.013	0.007	0.007	–	–
3	锯材	m^3	102	0.024	0.013	0.013	–	–
4	光圆钢筋	t	111	–	–	–	1.025	–
5	带肋钢筋	t	112	1.025	–	–	–	–
6	空心钢钎	kg	212	13.9	5.1	–	–	–
7	ϕ50mm 以内合金钻头	个	213	9.0	3.0	–	–	–
8	中空注浆锚杆	m	217	–	101.0	–	–	–
9	自进式锚杆	m	218	–	–	101.0	–	–
10	电焊条	kg	231	–	–	–	6.3	–
11	铁钉	kg	653	0.1	0.1	0.1	–	–

续前页

单位:1t 钢材及 100m

顺序号	项目	单位	代号	锚杆			金属网	
				砂浆锚杆	中空注浆锚杆	自进式锚杆	钢筋网	铁丝网
				1t	100m		1t	
				1	2	3	4	5
12	8~12 号铁丝	kg	655	1.8	0.9	0.9	–	1020.0
13	20~22 号铁丝	kg	656	–	–	–	0.9	0.7
14	32.5 级水泥	t	832	0.347	0.187	0.187	–	–
15	水	m^3	866	13	5	5	–	–
16	中(粗)砂	m^3	899	0.24	0.16	0.16	–	–
17	其他材料费	元	996	9.3	2.2	2.2	–	–
18	气腿式凿岩机	台班	1102	9.47	3.21	3.21	–	–
19	1t 以内机动翻斗车	台班	1408	0.56	0.17	0.17	–	–
20	32kV·A 以内交流电弧焊机	台班	1726	–	–	–	2.12	–
21	$10m^3/min$ 以内电动空压机	台班	1837	4.52	1.54	1.54	–	–
22	小型机具使用费	元	1998	104.0	41.4	41.4	26.1	–
23	基价	元	1999	8434	4592	5485	4759	7466

3-1-6 管棚、小导管

工程内容 套拱混凝土：模板安装、拆除，混凝土浇筑、捣固、养生。
套拱孔口管：制作、安装、固定。
管棚：场地清理，搭拆脚手架，布眼、钻孔、清孔，钢管制作、运输、就位、顶进。
超前小导管：搭拆脚手架，布眼、钻孔、清孔，钢管制作、就位、顶管。
注浆：浆液制作、注浆、检查、堵孔。

单位：$10m^3$、10m 及 100m

顺序号	项目	单位	代号	管棚				超前小导管	注浆	
				套拱		管棚(管径 mm)			水泥浆	水泥水玻璃浆
				混凝土	孔口管	80	108			
				$10m^3$	10m			100m	$10m^3$	
				1	2	3	4	5	6	7
1	人工	工日	1	24.0	0.9	4.4	5.2	25.5	20.0	20.9
2	C25 水泥混凝土	m^3	19	(10.20)	–	–	–	–	–	–
3	原木	m^3	101	0.021	–	–	–	–	–	–
4	锯材	m^3	102	0.025	–	0.025	0.025	–	–	–
5	带肋钢筋	t	112	–	0.071	–	–	–	–	–
6	型钢	t	182	0.048	–	–	–	–	–	–
7	钢管	t	191	–	0.126	0.108	0.161	0.251	–	–
8	空心钢钎	kg	212	–	–	–	–	3.8	–	–

续前页

单位:$10m^3$、10m 及 100m

顺序号	项目	单位	代号	管棚				超前小导管	注浆	
				套拱		管棚(管径 mm)				
				混凝土	孔口管	80	108		水泥浆	水泥水玻璃浆
				$10m^3$	10m			100m	$10m^3$	
				1	2	3	4	5	6	7
9	ϕ50mm 以内合金钻头	个	213	–	–	–	–	2.0	–	–
10	ϕ150mm 以内合金钻头	个	214	–	–	0.2	0.2	–	–	–
11	电焊条	kg	231	–	1.2	–	–	–	–	–
12	组合钢模板	t	272	0.028	–	–	–	–	–	–
13	铁件	kg	651	29.6	–	–	–	–	–	–
14	水玻璃	kg	749	–	–	–	–	–	–	3106.8
15	磷酸二氢钠	kg	750	–	–	–	–	–	–	73.3
16	32.5 级水泥	t	832	3.417	–	–	–	–	7.872	5.462
17	水	m^3	866	12	–	2	2	9	8	6
18	中(粗)砂	m^3	899	4.90	–	–	–	–	–	–
19	碎石(4cm)	m^3	952	8.47	–	–	–	–	–	–
20	其他材料费	元	996	8.1	–	50.0	60.0	20.0	4.6	5.1
21	气腿式凿岩机	台班	1102	–	–	–	–	4.04	–	–
22	ϕ38mm ~ ϕ115mm 潜孔钻机	台班	1113	–	–	0.62	0.90	–	–	–

续前页　　　　单位:$10m^3$、10m 及 100m

顺序号	项　目	单位	代号	管棚				超前小导管	注浆	
				套拱		管棚(管径 mm)			水泥浆	水泥水玻璃浆
				混凝土	孔口管	80	108			
				$10m^3$	10m			100m	$10m^3$	
				1	2	3	4	5	6	7
23	4t 以内载货汽车	台班	1372	0.04	–	0.02	0.02	–	0.48	0.37
24	1t 以内机动翻斗车	台班	1408	–	0.05	–	–	0.30	–	–
25	12t 以内汽车式起重机	台班	1451	0.44	–	–	–	–	–	–
26	32kV·A 以内交流电弧焊机	台班	1726	–	0.16	–	–	–	–	–
27	$20m^3$/min 以内电动空压机	台班	1838	–	–	0.62	0.90	0.47	–	–
28	小型机具使用费	元	1998	7.2	2.6	27.6	35.1	22.3	71.0	147.0
29	基价	元	1999	3903	1024	1561	2188	3167	3724	6556

3-1-7 喷射混凝土

工程内容 脚手架的制作、安装、拆除、移动,清理岩面、基底,喷射混凝土的全部工作。

单位:10m³

顺序号	项目	单位	代号	混凝土	钢纤维混凝土
				1	2
1	人工	工日	1	32.1	39.9
2	C25 喷射混凝土	m^3	92	(12.00)	(12.00)
3	锯材	m^3	102	0.009	0.009
4	钢纤维	t	225	-	0.428
5	32.5 级水泥	t	832	5.628	5.628
6	水	m^3	866	22	22
7	中(粗)砂	m^3	899	7.20	7.20
8	碎石(2cm)	m^3	951	6.84	6.84
9	其他材料费	元	996	358.3	358.3
10	混凝土喷射机	台班	1283	1.45	1.56
11	$9m^3$/min 以内机动空压机	台班	1842	1.24	1.35
12	小型机具使用费	元	1998	100.4	100.4
13	基价	元	1999	5612	7933

3-1-8 现浇混凝土衬砌

工程内容 混凝土：1)踏步、脚手架、模板台车、拱架的制作、安装、拆除、移动；2)模板制作、安装、拆除、修理；3)清理岩面、基底；4)混凝土浇筑、捣固、养生及运输。

钢筋：除锈、制作、运输、绑扎、电焊。

混凝土运输：1)第一个1km：等待、装、卸、运行、调头、空回、清洗车辆；2)每增运500m：运走500m及空回。

I. 混凝土浇筑

单位：10m³ 及 1t

顺序号	项目	单位	代号	混凝土					钢筋
				模筑		仰拱	仰拱回填	连拱隧道中隔墙	
				模板台车	模架				
				10m³					1t
				1	2	3	4	5	6
1	人工	工日	1	12.9	25.0	4.0	2.6	8.6	15.6
2	C15 泵送混凝土	m³	45	–	–	–	(10.40)	–	–
3	C25 泵送混凝土	m³	47	(11.70)	(11.70)	(10.40)	–	(10.40)	–
4	原木	m³	101	–	0.012	–	–	0.004	–
5	锯材	m³	102	0.013	0.025	0.010	–	0.008	–
6	枕木	m³	103	0.013	–	–	–	–	–
7	光圆钢筋	t	111	0.080	0.080	–	–	–	–
8	带肋钢筋	t	112	–	–	–	–	–	1.025
9	型钢	t	182	–	0.008	–	–	0.002	–

续前页

单位:10m³ 及 1t

顺序号	项目	单位	代号	混凝土					钢筋
				模筑		仰拱	仰拱回填	连拱隧道中隔墙	
				模板台车	模架				
				10m³					1t
				1	2	3	4	5	6
10	钢板	t	183	–	0.028	–	–	0.010	–
11	电焊条	kg	231	–	–	–	–	–	4.3
12	钢模板	t	271	0.052	–	–	–	–	–
13	组合钢模板	t	272	0.005	0.005	–	–	0.009	–
14	铁件	kg	651	0.2	8.2	–	–	2.4	–
15	铁钉	kg	653	–	0.1	–	–	0.1	–
16	8~12 号铁丝	kg	655	–	1.8	–	–	0.6	–
17	20~22 号铁丝	kg	656	0.3	0.3	–	–	–	3.1
18	32.5 级水泥	t	832	4.727	4.727	3.869	3.141	3.869	–
19	水	m³	866	13	14	11	11	12	–
20	中(粗)砂	m³	899	7.41	7.41	6.03	6.14	6.03	–
21	碎石(4cm)	m³	952	9.37	9.37	7.59	8.01	7.59	–
22	其他材料费	元	996	10.9	10.6	3.5	3.5	7.9	–
23	设备摊销费	元	997	236.0	–	–	–	–	–

续前页　　单位：10m³ 及 1t

顺序号	项　目	单位	代号	混凝土					钢筋
				模筑		仰拱	仰拱回填	连拱隧道中隔墙	
				模板台车	模架				
				10m³					1t
				1	2	3	4	5	6
24	$60m^3/h$ 以内混凝土输送泵	台班	1316	0.13	0.13	0.11	0.11	0.13	-
25	4t 以内载货汽车	台班	1372	-	0.06	-	-	0.01	-
26	1t 以内机动翻斗车	台班	1408	0.07	0.07	-	-	-	-
27	32kV·A 以内交流电弧焊机	台班	1726	-	-	-	-	-	0.81
28	小型机具使用费	元	1998	6.0	6.6	4.5	4.5	4.5	34.7
29	基价	元	1999	4154	4440	2362	2076	2738	4413

II. 混凝土运输

单位:$100m^3$

顺序号	项目	单位	代号	混凝土搅拌运输车(容量:m^3)			
				3 以内		6 以内	
				第一个 1km	每增运 0.5km	第一个 1km	每增运 0.5km
				7	8	9	10
1	$3m^3$ 以内混凝土搅拌运输车	台班	1304	2.97	0.19	–	–
2	$6m^3$ 以内混凝土搅拌运输车	台班	1307	–	–	1.65	0.10
3	基价	元	1999	2065	132	2031	123

3-1-9 石料、混凝土预制块衬砌

工程内容 1)踏步、脚手架、拱架的制作、安装、拆除、移动；2)模板的制作、安装、拆除、修理；3)混凝土运输、浇筑、捣固及养生；4)拌和、运输砂浆；5)选料、砌筑、勾缝、养生。

单位：10m³ 实体

顺序号	项目	单位	代号	混凝土预制块	粗料石	块石
				1	2	3
1	人工	工日	1	75.5	43.1	41.4
2	C20 水泥混凝土	m³	18	(9.29)	-	-
3	原木	m³	101	0.024	0.024	0.024
4	锯材	m³	102	0.097	0.097	0.097
5	型钢	t	182	0.012	-	-
6	圆钢	t	184	0.003	0.003	0.003
7	钢管	t	191	0.007	0.007	0.007
8	电焊条	kg	231	0.2	-	-
9	组合钢模板	t	272	0.003	0.003	0.003
10	铁件	kg	651	3.9	2.9	2.9
11	铁钉	kg	653	0.3	0.3	0.3
12	8~12 号铁丝	kg	655	3.0	3.0	3.0
13	32.5 级水泥	t	832	3.521	0.937	1.151

续前页

单位：10m^3 实体

顺序号	项　　目	单位	代号	混凝土预制块	粗　料　石	块　　石
				1	2	3
14	水	m^3	866	27	12	12
15	中(粗)砂	m^3	899	7.13	3.34	4.20
16	片石	m^3	931	1.96	1.96	1.96
17	碎石(4cm)	m^3	952	8.23	0.43	0.43
18	块石	m^3	981	0.14	0.14	10.64
19	粗料石	m^3	984	–	9.00	–
20	其他材料费	元	996	84.6	24.4	24.4
21	1t 以内机动翻斗车	台班	1408	0.04	0.04	0.04
22	小型机具使用费	元	1998	6.9	7.6	9.5
23	基价	元	1999	6217	4131	3954

3-1-10　防水板与止水带(条)

工程内容　防水板：1)搭、拆、移工作平台；2)基面处理，钻孔，钉锚固钉；3)下料，运至施工现场，拼接就位，焊接，检查。
橡胶止水带：1)取运料，钢筋除锈、制作；2)钢筋卡就位，安装止水带，固定检查；3)移动工作平台。
橡胶止水条：1)清洗混凝土表面；2)安装橡胶止水条，固定，检查。

单位：表列单位

顺序号	项目	单位	代号	复合式防水板	橡胶止水带	橡胶止水条
				100m²	10m	100m
				1	2	3
1	人工	工日	1	4.3	2.3	20.9
2	塑料防水板	m²	776	106.0	-	-
3	橡胶止水带	m	794	-	10.25	-
4	橡胶止水条	m	795	-	-	102.50
5	其他材料费	元	996	185.6	31.6	2.9
6	小型机具使用费	元	1998	35.7	0.9	-
7	基价	元	1999	3189	425	2876

3-1-11 塑料排水管沟

工程内容 塑料排水管沟:1)取运料;2)侧式排水沟基座浇筑、填碎石;3)铺挂排水管沟,连接,固定;4)移动工作平台。
环向无纺布:1)取运料,铺设无纺布、塑料布、铁丝网;2)钻孔,膨胀螺栓固定;3)移动工作平台。

单位:表列单位

顺序号	项目	单位	代号	纵向排水管		横向排水管	环向排水管			侧式排水沟
				弹簧管	HPDE 管		弹簧管	无纺布	塑料盲沟	打孔波纹管
				100m		1 处	100m			
				1	2	3	4	5	6	7
1	人工	工日	1	3.5	3.5	0.1	18.8	13.8	14.5	13.4
2	膨胀螺栓	套	242	–	–	–	418.0	418.0	–	–
3	土工布	m^2	770	–	35.7	0.7	–	51.0	–	86.7
4	塑料板盲沟	m	778	–	–	–	–	–	106.00	–
5	PVC 塑料管(ϕ100mm)	m	780	–	–	2.00	–	–	–	–
6	塑料弹簧软管(ϕ50mm)	m	783	–	–	–	102.00	–	–	–
7	塑料弹簧软管(ϕ110mm)	m	785	102.00	–	–	–	–	–	–
8	塑料打孔波纹管(ϕ100mm)	m	789	–	102.00	–	–	–	–	–
9	塑料打孔波纹管(ϕ400mm)	m	791	–	–	–	–	–	–	102.00
10	32.5 级水泥	t	832	–	–	–	–	–	–	1.935
11	水	m^3	866	–	–	–	–	–	–	9
12	中(粗)砂	m^3	899	–	–	–	–	–	–	4.21

续前页　　　　　　　　　　　　　　　　　　　　　　　　　　单位:表列单位

顺序号	项　　目	单位	代号	纵向排水管		横向排水管	环向排水管			侧式排水沟
				弹簧管	HPDE 管		弹簧管	无纺布	塑料盲沟	打孔波纹管
				100m		1 处	100m			
				1	2	3	4	5	6	7
13	片石	m^3	931	–	–	–	–	–	–	1.61
14	碎石(8cm)	m^3	954	–	–	–	–	–	–	6.35
15	其他材料费	元	996	–	0.6	8.5	–	51.0	2.7	1.6
16	250L 以内混凝土搅拌机	台班	1272	–	–	–	–	–	–	0.35
17	1t 以内机动翻斗车	台班	1408	–	–	–	–	–	–	2.09
18	小型机具使用费	元	1998	5.6	5.6	–	11.4	11.4	5.6	–
19	基价	元	1999	3595	2157	46	3468	2616	2047	13038

3-1-12 拱顶压浆

工程内容 搭拆脚手架，钻孔，砂浆制作、压浆、检查、堵孔。

单位：$10m^3$

顺序号	项目	单位	代号	Ⅰ~Ⅲ级围岩		Ⅳ~Ⅵ级围岩	
				预留孔压浆	钻孔压浆	预留孔压浆	钻孔压浆
				1	2	3	4
1	人工	工日	1	17.6	27.6	14.7	22.1
2	锯材	m^3	102	0.077	0.077	0.077	0.077
3	ϕ50mm 以内合金钻头	个	213	–	1.0	–	1.0
4	32.5 级水泥	t	832	6.273	6.273	6.273	6.273
5	水	m^3	866	6	7	8	9
6	中(粗)砂	m^3	899	10.15	10.15	10.15	10.15
7	其他材料费	元	996	12.5	12.5	12.8	12.8
8	气腿式凿岩机	台班	1102	–	1.64	–	1.04
9	$10m^3$/min 以内电动空压机	台班	1837	–	0.65	–	0.42
10	小型机具使用费	元	1998	77.4	77.4	77.4	77.4
11	基价	元	1999	3679	4462	3538	4099

3－1－13 明　　洞

工程内容　修筑：1）搭、拆、移脚手架及操作平台；2）选、修、洗石料；3）砂浆制作，砌筑，勾缝，养生；4）模架制作、安装、拆除、移动；5）模板制作、安装、拆除、修理、涂脱模剂、堆放；6）混凝土浇筑、捣固、养生。

钢筋：除锈、制作、运输、绑扎、电焊。

回填：1）选、修、洗石料，砂浆制作，砌筑、养生；2）回填土石整平、夯实。

防（隔）水层：制作、铺设、夯实、修整。

I. 修　　筑

单位：$10m^3$ 及 1t

顺序号	项　　目	单位	代号	浆砌片石	浆砌块石	片石混凝土	混凝土	钢筋
				$10m^3$				1t
				1	2	3	4	5
1	人工	工日	1	19.1	21.2	24.0	24.9	10.9
2	C25 片石混凝土	m^3	14	–	–	–	–	–
3	C25 水泥混凝土	m^3	19	–	–	(8.67)	(10.20)	–
4	原木	m^3	101	0.043	0.043	0.012	0.012	–
5	锯材	m^3	102	0.056	0.056	0.024	0.024	–
6	光圆钢筋	t	111	–	–	–	–	0.142
7	带肋钢筋	t	112	–	–	–	–	0.883
8	型钢	t	182	–	–	0.008	0.008	–
9	钢板	t	183	–	–	0.028	0.028	–

续前页　　　　单位:10m³ 及 1t

顺序号	项目	单位	代号	浆砌片石	浆砌块石	片石混凝土	混凝土	钢筋
				10m³				1t
				1	2	3	4	5
10	电焊条	kg	231	–	–	–	–	4.3
11	铁件	kg	651	0.6	0.6	8.1	8.1	–
12	8~12 号铁丝	kg	655	–	–	1.8	1.8	–
13	20~22 号铁丝	kg	656	–	–	–	–	3.1
14	32.5 级水泥	t	832	1.116	0.893	2.904	3.417	–
15	水	m³	866	7	7	12	12	–
16	中(粗)砂	m³	899	3.84	3.07	4.16	4.90	–
17	片石	m³	931	11.50	–	2.19	–	–
18	碎石(4cm)	m³	952	–	–	7.20	8.47	–
19	块石	m³	981	–	10.50	–	–	–
20	其他材料费	元	996	6.3	6.3	7.4	7.4	–
21	12t 以内汽车式起重机	台班	1451	–	–	0.42	0.49	0.03
22	32kV·A 以内交流电弧焊机	台班	1726	–	–	–	–	0.64
23	小型机具使用费	元	1998	7.3	5.8	7.7	8.1	27.4
24	基价	元	1999	2062	2548	3394	3692	4164

II. 回填及防水层

单位：$10m^3$ 及 $10m^2$

顺序号	项目	单位	代号	回填					防水层
				浆砌片石	干砌片石	回填碎石	回填土石	隔水层	防水层
				$10m^3$					$10m^2$
				6	7	8	9	10	11
1	人工	工日	1	12.3	6.6	5.7	3.5	6.2	1.9
2	玻璃纤维布	m^2	771	–	–	–	–	–	11.3
3	32.5 级水泥	t	832	0.931	–	–	–	–	0.369
4	乳化沥青	t	853	–	–	–	–	–	0.019
5	水	m^3	866	7	–	–	–	–	–
6	中(粗)砂	m^3	899	3.82	–	–	–	–	0.62
7	黏土	m^3	911	–	–	–	–	11.08	–
8	片石	m^3	931	11.50	12.50	–	–	–	–
9	碎石(8cm)	m^3	954	–	–	13.26	–	–	–
10	其他材料费	元	996	6.3	6.3	–	–	0.6	0.8
11	小型机具使用费	元	1998	7.1	–	–	–	–	–
12	基价	元	1999	1540	756	930	172	397	355

注：本定额不包括明洞开挖。

3-1-14 洞内装饰

工程内容 水磨石墙裙：清洗、修补基层表面，拌浆、运浆，打底、嵌条、罩面、抹平、养生、磨光、清洗、打蜡。

镶贴马赛克(瓷砖)：脚手架安装、拆除、移动，清理、修补基层表面，拌浆、运浆，打底、抹浆、镶贴马赛克、调缝、擦缝、擦净。

拱顶喷涂：脚手架安装、拆除、移动，清洗壁面，刷胶水，磨砂纸，喷涂饰面料。

吊顶：脚手架安装、拆除、移动，制作、组装轻型钢骨架及吊筋，定位、钻眼，安装吊筋、顶棚，油漆。

单位：100m²

顺序号	项目	单位	代号	水磨石墙裙	镶贴马赛克	镶贴瓷砖	拱顶喷涂	吊顶
				1	2	3	4	5
1	人工	工日	1	92.6	75.0	58.4	9.0	39.9
2	原木	m^3	101	–	0.011	0.011	0.009	0.009
3	锯材	m^3	102	–	0.010	0.010	0.008	0.008
4	光圆钢筋	t	111	–	–	–	–	0.028
5	型钢	t	182	–	–	–	–	0.013
6	钢板	t	183	–	–	–	–	0.031
7	镀锌钢板	t	208	–	–	–	–	0.125
8	电焊条	kg	231	–	–	–	–	1.5
9	膨胀螺栓	套	242	–	–	–	–	96.0
10	铁钉	kg	653	–	0.1	0.1	0.1	0.1

续前页 单位:100m²

顺序号	项目	单位	代号	水磨石墙裙	镶贴马赛克	镶贴瓷砖	拱顶喷涂	吊顶
				1	2	3	4	5
11	8~12号铁丝	kg	655	-	1.0	1.0	0.9	15.4
12	吊顶轻钢龙骨	kg	665	-	-	-	-	70.0
13	涂料	kg	734	-	-	-	45.0	-
14	32.5级水泥	t	832	1.654	1.186	0.915	-	-
15	水	m^3	866	8	2	2	1	1
16	马赛克	m^2	871	-	102.0	-	-	-
17	瓷砖	m^2	872	-	-	102.0	-	-
18	石膏板	m^2	876	-	-	-	-	105.0
19	中(粗)砂	m^3	899	1.79	2.28	2.11	-	-
20	白石子	m^3	950	1.15	-	-	-	-
21	其他材料费	元	996	115.5	45.4	44.1	21.2	57.6
22	4t以内载货汽车	台班	1372	-	-	-	-	0.50
23	1t以内机动翻斗车	台班	1408	0.86	0.50	0.46	-	-
24	32kV·A以内交流电弧焊机	台班	1726	-	-	-	-	0.42
25	小型机具使用费	元	1998	6.2	3.7	2.7	-	9.0
26	基价	元	1999	5702	7038	6579	1351	5726

3－1－15　洞内照明设施

工程内容　电缆支架和灯具架的截料、成形、焊接、油漆，脚手架安装、拆除、移动，预埋支架和塑料管，钻孔、锚固灯具架，敷设电线，安装灯具。

单位：100m 洞身长

顺序号	项　　目	单位	代号	洞 口 段	基 本 段
				1	2
1	人工	工日	1	263.2	100.6
2	光圆钢筋	t	111	0.028	0.028
3	型钢	t	182	0.544	0.198
4	电焊条	kg	231	27.6	10.1
5	膨胀螺栓	套	242	347.0	135.0
6	8～12 号铁丝	kg	655	5.6	2.4
7	照明灯具	盏	698	170	67
8	电线	m	711	4081	1461
9	PVC 塑料管（ϕ50mm）	m	779	530.00	265.00
10	电	kW·h	865	119	93
11	其他材料费	元	996	489.7	283.4
12	2t 以内载货汽车	台班	1370	1.14	1.14
13	32kV·A 以内交流电弧焊机	台班	1726	4.95	1.81
14	小型机具使用费	元	1998	29.2	11.5
15	基价	元	1999	121730	48109

第二节　洞 门 工 程

说　　明

1. 隧道和明洞洞门,均采用本定额。

2. 洞门墙工程量为主墙和翼墙等圬工体积之和。仰坡、截水沟等应按有关定额另行计算。

3. 本节定额的工程量均按设计工程数量计算。

3-2-1 洞门墙砌筑

工程内容 搭拆脚手架，砂浆制作，选料，砌筑，勾缝，养生。

单位：10m³ 实体

顺序号	项目	单位	代号	混凝土预制块	粗料石	块石	片石
				1	2	3	4
1	人工	工日	1	54.9	21.5	20.6	18.6
2	C20 水泥混凝土	m^3	18	(9.29)	–	–	–
3	原木	m^3	101	0.072	0.072	0.072	0.072
4	锯材	m^3	102	0.051	0.051	0.051	0.051
5	型钢	t	182	0.011	–	–	–
6	电焊条	kg	231	0.2	–	–	–
7	铁件	kg	651	1.4	0.4	0.4	0.4
8	8~12 号铁丝	kg	655	5.9	5.9	5.9	5.9
9	32.5 级水泥	t	832	3.143	0.560	0.774	1.024
10	水	m^3	866	22	7	7	7
11	中(粗)砂	m^3	899	6.06	2.28	3.14	4.14
12	片石	m^3	931	–	–	–	11.50
13	碎石(4cm)	m^3	952	7.80	–	–	–
14	块石	m^3	981	–	–	10.50	–
15	粗料石	m^3	984	–	9.00	–	–
16	其他材料费	元	996	68.7	6.3	6.3	6.3
17	小型机具使用费	元	1998	3.9	4.3	5.8	7.7
18	基价	元	1999	4816	2683	2545	2087

3－2－2 现浇混凝土洞门墙

工程内容 1）搭拆脚手架；2）选、修、洗、埋片石；3）模板制作、安装、拆除、修理、涂脱模剂、堆放；4）混凝土浇筑、捣固、养生；5）钢筋除锈、制作、电焊、绑扎。

单位：$10m^3$ 及 1t

顺序号	项目	单位	代号	片石混凝土	混凝土	钢筋
				$10m^3$		1t
				1	2	3
1	人工	工日	1	17.2	19.3	8.3
2	C25 片石混凝土	m^3	14	–	–	–
3	C25 水泥混凝土	m^3	19	(8.67)	(10.20)	–
4	原木	m^3	101	0.072	0.072	–
5	锯材	m^3	102	0.082	0.082	–
6	光圆钢筋	t	111	–	–	0.259
7	带肋钢筋	t	112	–	–	0.766
8	型钢	t	182	0.012	0.012	–
9	钢管	t	191	0.008	0.008	–
10	电焊条	kg	231	–	–	3.6
11	组合钢模板	t	272	0.026	0.026	–
12	铁件	kg	651	15.3	15.3	–

续前页

单位:10m³ 及 1t

顺序号	项目	单位	代号	片石混凝土	混凝土	钢筋
				10m³		1t
				1	2	3
13	铁钉	kg	653	0.2	0.2	–
14	8～12 号铁丝	kg	655	0.3	0.3	–
15	20～22 号铁丝	kg	656	–	–	2.6
16	32.5 级水泥	t	832	3.157	3.714	–
17	水	m^3	866	12	12	–
18	中(粗)砂	m^3	899	4.17	4.90	–
19	片石	m^3	931	2.19	–	–
20	碎石(4cm)	m^3	952	7.20	8.47	–
21	其他材料费	元	996	51.4	51.4	–
22	12t 以内汽车式起重机	台班	1451	0.30	0.35	–
23	32kV·A 以内交流电弧焊机	台班	1726	–	–	0.74
24	小型机具使用费	元	1998	8.6	8.6	18.5
25	基价	元	1999	3354	3711	3998

3－2－3 洞门墙装修

工程内容 镶水刷石：脚手架搭拆，清洗、修补墙面，砂浆制作、运输，打底、弹线、嵌条、抹面、起线、刷石、养生。

镶贴瓷砖：脚手架搭、拆、移，清理修补基层表面，砂浆制作、运输，打底、抹浆、镶贴、调缝、擦缝、清理、养生。

单位：100m²

顺序号	项目	单位	代号	镶水刷石		镶贴瓷砖
				砌石墙面	混凝土墙面	
				1	2	3
1	人工	工日	1	55.0	48.1	46.4
2	原木	m³	101	0.011	0.011	0.011
3	锯材	m³	102	0.010	0.010	0.010
4	铁钉	kg	653	0.1	0.1	0.1
5	8～12号铁丝	kg	655	1.0	1.0	1.0
6	32.5级水泥	t	832	1.960	1.600	0.915
7	水	m³	866	5	5	2
8	瓷砖	m²	872	–	–	102.0
9	中(粗)砂	m³	899	3.00	1.80	2.11
10	白石子	m³	950	0.93	0.93	–
11	其他材料费	元	996	26.3	26.3	33.9
12	1t以内机动翻斗车	台班	1408	–	–	0.37
13	小型机具使用费	元	1998	8.3	8.3	2.1
14	基价	元	1999	3806	3279	5966

第三节　辅 助 坑 道

说　　明

1. 斜井、竖井项目定额中已综合了出渣、通风及管线路。

2. 斜井相关定额项目系按斜井长度800m以内综合编制。

3. 斜井支护按正洞相关定额计算。

4. 工程量计算规则：

(1)开挖工程量按设计断面数量(成洞断面加衬砌断面)计算,定额中已考虑超挖因素,不得将超挖数量计入工程量。

(2)现浇混凝土衬砌工程数量均按设计断面衬砌数量计算。

(3)喷射混凝土工程量按设计厚度乘以喷射面积计算,喷射面积按设计外轮廓线计算。

(4)锚杆工程量为锚杆、垫板及螺母等材料质量之和。

3-3-1 斜井开挖

工程内容 开挖,出渣,通风,照明,防尘,脚手架、踏步的制作、安装、拆除,临时管线的安装、拆除、维护。

单位:100m³ 自然密实土、石

顺序号	项目	单位	代号	围岩级别					
				I级	II级	III级	IV级	V级	VI级
				1	2	3	4	5	6
1	人工	工日	1	123.0	113.2	103.0	115.1	117.6	160.7
2	原木	m³	101	0.027	0.025	0.024	0.022	0.021	0.011
3	锯材	m³	102	0.025	0.023	0.022	0.020	0.019	0.011
4	钢管	t	191	0.025	0.025	0.025	0.023	0.023	0.012
5	空心钢钎	kg	212	17.1	14.0	10.8	6.4	4.0	6.1
6	ϕ50mm 以内合金钻头	个	213	9.0	7.0	5.0	3.0	2.0	-
7	铁钉	kg	653	0.2	0.2	0.2	0.2	0.2	-
8	8~12 号铁丝	kg	655	2.4	2.2	2.1	1.9	1.8	-
9	电线	m	711	4	4	4	4	4	4
10	硝铵炸药	kg	841	109.1	103.8	98.5	76.7	30.5	-
11	非电毫秒雷管	个	847	153	133	113	84	53	-
12	电	kW·h	865	540	540	540	540	540	540
13	水	m³	866	35	35	25	25	25	-

续前页

单位:100m³ 自然密实土、石

顺序号	项目	单位	代号	围岩级别					
				Ⅰ级	Ⅱ级	Ⅲ级	Ⅳ级	Ⅴ级	Ⅵ级
				1	2	3	4	5	6
14	其他材料费	元	996	321.1	321.1	315.3	307.1	297.3	297.3
15	2.0m³ 以内轮胎式装载机	台班	1050	0.46	0.46	0.46	0.36	0.36	0.23
16	气腿式凿岩机	台班	1102	21.91	19.92	13.85	8.28	10.01	–
17	12t 以内自卸汽车	台班	1387	1.35	1.35	1.35	1.05	1.05	0.88
18	10m³/min 以内电动空压机	台班	1837	6.29	5.72	4.23	3.18	3.83	1.71
19	30kW 以内轴流式通风机	台班	1932	5.38	5.38	5.38	5.38	5.38	5.38
20	小型机具使用费	元	1998	201.1	181.2	112.0	65.5	84.5	–
21	基价	元	1999	12793	11905	10535	10061	10087	10569

3-3-2 斜井衬砌

工程内容 混凝土：清理岩面及基底，脚手架及衬砌平台制作、安装、拆除，模板制作、安装、拆除、维护，混凝土浇筑、捣固及养生。
钢筋：除锈、制作、运输、绑扎、电焊。

单位：$10m^3$ 及 1t

顺序号	项目	单位	代号	模筑混凝土	仰拱混凝土	钢筋
				$10m^3$		1t
				1	2	3
1	人工	工日	1	36.2	15.5	16.4
2	C15 水泥混凝土	m^3	17	–	(10.20)	–
3	C25 水泥混凝土	m^3	19	(10.20)	–	–
4	原木	m^3	101	0.012	–	–
5	锯材	m^3	102	0.024	0.010	–
6	带肋钢筋	t	112	–	–	1.025
7	型钢	t	182	0.008	–	–
8	钢板	t	183	0.028	0.002	–
9	电焊条	kg	231	–	–	4.3
10	铁件	kg	651	8.0	0.4	–
11	铁钉	kg	653	0.1	–	–
12	8~12 号铁丝	kg	655	1.8	–	–
13	20~22 号铁丝	kg	656	–	–	3.1

续前页

单位：$10m^3$ 及 1t

顺序号	项　　目	单位	代号	模筑混凝土	仰拱混凝土	钢　筋
				$10m^3$		1t
				1	2	3
14	32.5 级水泥	t	832	3.417	3.417	–
15	水	m^3	866	12	12	–
16	中(粗)砂	m^3	899	4.90	4.90	–
17	碎石(4cm)	m^3	952	8.47	8.47	–
18	其他材料费	元	996	7.4	3.5	–
19	50kN 以内单筒慢动卷扬机	台班	1500	0.70	0.70	–
20	32kV·A 以内交流电弧焊机	台班	1726	–	–	0.81
21	小型机具使用费	元	1998	5.1	4.3	34.7
22	基价	元	1999	3969	2724	4452

3-3-3 竖井开挖※

工程内容 量测、画线、钻孔、装药、爆破、装渣、提升、卸渣至井口渣仓、空回、清面、修整，通风、防尘，安全处理。

单位：$100m^3$ 自然密实土、石

顺序号	项目	单位	代号	围岩级别			
				I～II级	III级	IV级	V～VI级
				1	2	3	4
1	人工	工日	1	99.9	72.5	62.6	59.4
2	锯材	m^3	102	0.009	0.009	0.009	0.009
3	钢管	t	191	0.018	0.018	0.018	0.018
4	钢钎	kg	211	–	–	–	0.7
5	空心钢钎	kg	212	19.8	12.9	7.7	4.0
6	ϕ50mm以内合金钻头	个	213	11.0	8.0	4.0	2.0
7	硝铵炸药	kg	841	125.1	107.3	78.4	46.9
8	非电毫秒雷管	个	847	162	133	99	62
9	电	kW·h	865	257	213	157	126
10	水	m^3	866	63	52	41	9
11	其他材料费	元	996	68.6	58.4	48.3	42.8
12	设备摊销费	元	997	290.0	290.0	290.0	290.0
13	气腿式凿岩机	台班	1102	21.15	13.38	6.52	3.45

续前页　　单位:100m³ 自然密实土、石

顺序号	项　　目	单位	代号	围岩级别			
				I～II级	III级	IV级	V～VI级
				1	2	3	4
14	$0.2m^3$ 以内电动装岩机	台班	1127	11.14	7.05	3.44	1.82
15	50kN 以内单筒慢动卷扬机	台班	1500	1.10	1.01	0.84	0.72
16	80kN 以内单筒慢动卷扬机	台班	1501	1.10	1.01	0.84	0.72
17	100kN 以内单筒慢动卷扬机	台班	1502	2.21	2.03	1.68	1.46
18	200kN 以内单筒慢动卷扬机	台班	1503	1.10	1.01	0.84	0.72
19	80kN 以内双筒快动卷扬机	台班	1524	3.68	3.39	2.79	2.43
20	ϕ100mm 电动多级水泵(>120m)	台班	1664	3.68	3.39	2.79	2.43
21	$10m^3$/min 以内电动空压机	台班	1837	10.10	6.39	3.11	1.64
22	30kW 以内轴流式通风机	台班	1932	3.48	3.19	2.64	2.30
23	小型机具使用费	元	1998	172.3	123.8	94.5	80.7
24	基价	元	1999	16323	12152	8767	7047

3-3-4 竖井支护与衬砌

工程内容 喷射混凝土：冲洗岩面，安、拆、移机具设备，混凝土上料、喷射、养生，冲洗机具。
锚杆：搭、拆、移工作台，锚杆及附件制作，吊运，钻孔，安装，砂浆拌和、灌注，锚固。
模筑混凝土：清理岩面，搭、拆、移工作台，模板制作、安装、拆除、维护，混凝土吊运、浇筑、捣固及养生。
钢筋：除锈、制作、吊运、绑扎、电焊。

单位：$10m^3$ 及 1t

顺序号	项目	单位	代号	喷射混凝土	模筑混凝土	锚杆	钢筋
				$10m^3$		1t	
				1	2	3	4
1	人工	工日	1	27.0	17.5	57.3	18.3
2	C25 水泥混凝土	m^3	19	–	(10.20)	–	–
3	C25 喷射混凝土	m^3	92	(11.50)	–	–	–
4	原木	m^3	101	–	0.015	0.001	–
5	锯材	m^3	102	–	0.049	0.002	–
6	光圆钢筋	t	111	–	–	–	0.107
7	带肋钢筋	t	112	–	–	1.025	0.918
8	空心钢钎	kg	212	–	–	13.9	–
9	ϕ50mm 以内合金钻头	个	213	–	–	9.0	–
10	电焊条	kg	231	–	–	–	5.1
11	钢模板	t	271	–	0.021	–	–
12	铁件	kg	651	–	0.9	–	–
13	8~12 号铁丝	kg	655	–	–	0.1	–

续前页　　单位：$10m^3$ 及 1t

顺序号	项　目	单位	代号	喷射混凝土	模筑混凝土	锚　杆	钢　筋
				$10m^3$		1t	
				1	2	3	4
14	20～22 号铁丝	kg	656	–	–	–	2.2
15	32.5 级水泥	t	832	5.394	3.417	0.347	–
16	电	kW·h	865	42	31	64	–
17	水	m^3	866	22	12	13	–
18	中(粗)砂	m^3	899	6.90	4.90	0.24	–
19	碎石(2cm)	m^3	951	6.56	–	–	–
20	碎石(4cm)	m^3	952	–	8.47	–	–
21	其他材料费	元	996	303.7	110.9	11.9	–
22	气腿式凿岩机	台班	1102	–	–	13.15	–
23	混凝土喷射机	台班	1283	1.68	–	–	–
24	50kN 以内单筒慢动卷扬机	台班	1500	0.56	0.64	1.31	0.38
25	200kN 以内单筒慢动卷扬机	台班	1503	0.16	0.18	0.37	0.12
26	80kN 以内双筒快动卷扬机	台班	1524	0.50	0.57	–	–
27	ϕ100mm 电动多级水泵(＞120m)	台班	1664	0.43	0.49	–	–
28	32kV·A 以内交流电弧焊机	台班	1726	–	–	–	0.87
29	$10m^3$/min 以内电动空压机	台班	1837	1.45	–	6.28	–
30	30kW 以内轴流式通风机	台班	1932	0.40	0.46	0.83	0.65
31	小型机具使用费	元	1998	34.8	10.5	132.5	18.6
32	基价	元	1999	5399	3497	9800	4672

第四节　通风及消防设施安装

说　明

1. 本定额中不含通风机、消火栓、消防水泵接合器、水流指示器、电气信号装置、气压水罐、泡沫比例混合器、自动报警系统装置、防火门等的购置费用,应按规定列入概算的第二部分"设备及工具、器具购置费"中。

2. 通风机预埋件按设计所示为完成通风机安装而需预埋的一切金属构件的质量计算工程数量,包括钢拱架、通风机拱部钢筋、通风机支座及各部分连接件等。

3. 洞内预埋件工程量按设计预埋件的敷设长度计算,定额中已综合了预留导线的数量。

3-4-1 射流风机安装

工程内容 1)花拱架、拱部钢筋、风机支座制作、安装；2)支架安装、拆除，吊装风机。

单位:1 台

顺序号	项目	单位	代号	射流风机安装
				1
1	人工	工日	1	48.9
2	锯材	m^3	102	0.026
3	光圆钢筋	t	111	0.317
4	带肋钢筋	t	112	0.666
5	型钢	t	182	0.021
6	钢板	t	183	0.326
7	钢管	t	191	0.010
8	电焊条	kg	231	10.5
9	铁件	kg	651	8.2
10	20~22 号铁丝	kg	656	3.0
11	其他材料费	元	996	20.3
12	4t 以内载货汽车	台班	1372	0.26
13	6t 以内载货汽车	台班	1374	1.14
14	5t 以内汽车式起重机	台班	1449	1.24
15	32kV·A 以内交流电弧焊机	台班	1726	3.88
16	小型机具使用费	元	1998	38.0
17	基价	元	1999	8837

3-4-2 离心风机安装

工程内容 1)风机拼装检查;2)设备本体及与本体联体的附件、管道、润滑冷却装置等的清洗、刮研、组装、调试,联轴器或皮带以及安全防护罩安装,设备带有的电动机及减振器安装。

单位:1台

顺序号	项目	单位	代号	设备质量(t)		
				1.5以内	5以内	10以内
				1	2	3
1	人工	工日	1	25.9	70.2	128.7
2	C25水泥混凝土	m^3	19	(0.28)	(0.53)	(0.82)
3	锯材	m^3	102	0.010	0.019	0.031
4	电焊条	kg	231	0.3	0.8	1.6
5	铁件	kg	651	4.1	24.0	40.0
6	8~12号铁丝	kg	655	1.0	3.0	9.0
7	32.5级水泥	t	832	0.103	0.195	0.302
8	中(粗)砂	m^3	899	0.13	0.25	0.39
9	碎石(2cm)	m^3	951	0.22	0.42	0.66
10	其他材料费	元	996	194.5	519.0	849.9
11	12t以内汽车式起重机	台班	1451	-	-	0.51
12	50kN以内单筒慢动卷扬机	台班	1500	0.31	0.51	3.06
13	5t以内内燃叉车	台班	1549	0.20	0.51	-
14	21kV·A以内交流电弧焊机	台班	1725	0.31	0.51	1.53
15	基价	元	1999	1704	4538	8425

3-4-3 轴流风机安装

工程内容 1)风机拆装检查;2)设备本体及与本体联体的附件、管道、润滑冷却装置等的清洗、刮研、组装、调试,联轴器或皮带以及安全防护罩安装,设备带有的电动机及减振器安装。

单位:1台

顺序号	项目	单位	代号	设备质量(t)			
				1以内	3以内	6以内	10以内
				1	2	3	4
1	人工	工日	1	14.6	39.4	83.7	128.1
2	C25水泥混凝土	m^3	19	(0.18)	(0.28)	(0.53)	(0.73)
3	锯材	m^3	102	0.010	0.010	0.019	0.028
4	钢板	t	183	0.001	0.001	0.001	0.007
5	电焊条	kg	231	0.4	0.6	0.6	2.1
6	铁件	kg	651	4.1	11.6	15.5	40.0
7	8~12号铁丝	kg	655	0.8	1.0	4.0	11.0
8	32.5级水泥	t	832	0.066	0.103	0.195	0.269
9	中(粗)砂	m^3	899	0.09	0.13	0.25	0.35
10	碎石(2cm)	m^3	951	0.14	0.22	0.42	0.58
11	其他材料费	元	996	112.9	285.9	470.7	751.8
12	12t以内汽车式起重机	台班	1451	-	-	0.51	0.51
13	50kN以内单筒慢动卷扬机	台班	1500	-	0.20	0.41	3.57
14	5t以内内燃叉车	台班	1549	0.20	0.41	-	-
15	32kV·A以内交流电弧焊机	台班	1726	0.10	0.31	0.51	1.02
16	基价	元	1999	1002	2579	5269	8338

3-4-4 洞内预埋件

工程内容 钢管：测位、画线、锯管、套丝、配管。
可挠性金属套管：测位、画线、断管、配管。

单位：100m

顺序号	项目	单位	代号	钢管	可挠性金属套管
				1	2
1	人工	工日	1	10.5	5.0
2	钢管	t	191	0.508	–
3	电焊条	kg	231	1.1	–
4	20～22号铁丝	kg	656	0.7	0.7
5	可挠金属管（LV—5/38号）	m	798	–	106.00
6	其他材料费	元	996	98.9	135.8
7	32kV·A以内交流电弧焊机	台班	1726	0.60	–
8	基价	元	1999	3538	863

3-4-5 水泵安装

工程内容 1)水泵拆装检查;2)设备本体及与本体联体的附件、管道、润滑冷却装置的清洗、组装、刮研,深井泵泵体扬水管及滤水网安装,联轴器或皮带安装。

单位:1台

顺序号	项目	单位	代号	单级离心水泵		多级离心水泵		离心式深水泵		真空泵	
				设备质量(t)							
				1以内	3以内	2以内	4以内	1以内	2以内	1以内	2以内
				1	2	3	4	5	6	7	8
1	人工	工日	1	20.1	41.0	42.3	62.3	44.1	50.8	24.7	39.8
2	C25水泥混凝土	m^3	19	(0.18)	(0.34)	(0.24)	(0.37)	(0.10)	(0.11)	(0.18)	(0.26)
3	锯材	m^3	102	0.009	0.019	0.013	0.023	0.004	0.006	0.009	0.014
4	电焊条	kg	231	0.2	0.4	0.6	0.7	0.3	0.3	0.2	0.2
5	铁件	kg	651	3.0	4.1	7.1	8.1	4.1	4.1	3.0	3.0
6	8~12号铁丝	kg	655	0.8	1.2	0.8	1.2	1.7	1.7	0.8	1.2
7	32.5级水泥	t	832	0.066	0.125	0.088	0.136	0.037	0.040	0.066	0.096
8	中(粗)砂	m^3	899	0.09	0.16	0.12	0.18	0.05	0.05	0.09	0.12
9	碎石(2cm)	m^3	951	0.14	0.27	0.19	0.30	0.08	0.09	0.14	0.21
10	其他材料费	元	996	118.4	220.6	237.0	325.5	158.1	187.2	126.6	163.9
11	5t以内内燃叉车	台班	1549	0.20	0.41	0.31	0.51	0.20	0.31	0.20	0.31
12	32kV·A以内交流电弧焊机	台班	1726	0.10	0.31	0.31	0.41	0.20	0.20	0.10	0.20
13	基价	元	1999	1267	2559	2583	3795	2487	2896	1501	2362

3－4－6　消火栓安装

工程内容　室内消火栓安装：预留洞、切管、套丝、箱体及消火栓安装、附件检查安装、水压实验。

室外消火栓安装：管口涂沥青、制垫、加垫、紧螺栓、消火栓安装。

水泵接合器安装：切管、焊法兰、制垫、加垫、紧螺栓、整体安装、充水试验。

单位:10 套

顺序号	项　目	单位	代号	室内消火栓		室外地下式消火栓		水泵接合器	
				单栓	双栓	1.0MPa	1.6MPa	DN100	DN150
				1	2	3	4	5	6
1	人工	工日	1	9.6	12.2	6.7	9.6	18.1	21.9
2	锯材	m^3	102	0.030	0.030	–	–	–	–
3	镀锌钢管	t	192	–	–	–	–	0.007	0.007
4	电焊条	kg	231	–	–	–	2.2	2.2	2.9
5	法兰	kg	244	–	–	–	60.0	60.0	104.0
6	32.5 级水泥	t	832	0.014	0.014	–	–	–	–
7	42.5 级水泥	t	833	–	–	0.005	–	–	–
8	其他材料费	元	996	31.8	40.0	32.5	189.9	438.8	235.4
9	32kV·A 以内交流电弧焊机	台班	1726	–	–	–	0.72	0.72	1.12
10	小型机具使用费	元	1998	6.8	10.9	–	1.8	13.4	16.6
11	基价	元	1999	556	696	364	1388	2106	2605

3-4-7 消防系统组件安装

工程内容 水流指示器安装：外观检查、切管、套丝、上零件、临时短管安装拆除、主要功能检查、安装及调整。
水位标尺安装：预埋螺栓、下料、制作、安装、导杆升降调整。
水位电气信号装置：测位、画线、安装、配管、穿线、接线、刷油。
气压水罐安装：搬运、定位、焊法兰、制加垫、紧螺栓、充气定压、充水、调试。
泡沫比例混合器安装：开箱检查、整体吊装、找正、找平、安装固定、切管、焊法兰、调试。

单位：表列单位

顺序号	项目	单位	代号	水流指示器	水位标尺	水位电气信号装置	气压水罐	泡沫比例混合器
				1个	1套		1台	
				1	2	3	4	5
1	人工	工日	1	2.6	4.7	4.0	11.2	13.6
2	光圆钢筋	t	111	–	0.001	–	–	–
3	型钢	t	182	–	0.052	–	–	–
4	钢板	t	183	–	0.019	0.002	–	0.014
5	镀锌钢板	t	208	–	–	0.008	–	–
6	电焊条	kg	231	–	–	0.1	0.2	1.6
7	法兰	kg	244	–	–	–	2.7	5.4
8	42.5级水泥	t	833	–	0.001	–	–	–
9	其他材料费	元	996	73.7	182.1	69.5	28.2	74.5
10	6t以内载货汽车	台班	1374	–	–	–	0.07	0.10

续前页

单位:表列单位

顺序号	项目	单位	代号	水流指示器	水位标尺	水位电气信号装置	气压水罐	泡沫比例混合器
				1个	1套		1台	
				1	2	3	4	5
11	5t以内汽车式起重机	台班	1449	–	–	–	0.20	–
12	50kN以内单筒慢动卷扬机	台班	1500	–	–	–	–	0.49
13	32kV·A以内交流电弧焊机	台班	1726	–	–	0.02	0.07	0.67
14	小型机具使用费	元	1998	3.3	15.5	1.2	1.8	1.7
15	基价	元	1999	205	709	327	718	1025

注:水位电气信号装置未包括水泵房电气控制设备,继电气安装及水泵房至水塔、水箱的管线敷设。

3-4-8 探测器安装

工程内容 校线、挂锡、安装底座、探头、编码、清洁、调测。

单位:1 只及 10m

顺序号	项目	单位	代号	总线制				
				感烟(温)	红外光束	火焰	可燃气体	线型探测器
				1 只				10m
				1	2	3	4	5
1	人工	工日	1	0.6	4.0	1.2	0.6	1.8
2	铁件	kg	651	–	0.1	–	–	–
3	其他材料费	元	996	4.7	15.0	7.7	10.1	17.4
4	小型机具使用费	元	1998	0.5	1.6	2.0	0.2	–
5	基价	元	1999	35	214	69	40	106

3-4-9 报警控制器安装

工程内容 安装、固定、校线、挂锡、功能检测、防潮和防尘处理、压线、标志、绑扎。

单位:1 只

顺序号	项目	单位	代号	壁挂式			多线制(落地式)		总线制(落地式)			
				规格(点)								
				200 以内	500 以内	1000 以内	32 以内	64 以内	200 以内	500 以内	1000 以内	1000 以上
				1	2	3	4	5	6	7	8	9
1	人工	工日	1	15.6	28.1	35.5	13.1	14.5	16.7	29.7	37.5	45.3
2	其他材料费	元	996	26.1	41.3	60.5	52.4	90.7	32.4	52.7	93.7	176.2
3	6t 以内载货汽车	台班	1374	0.05	0.05	0.05	0.05	0.05	0.10	0.10	0.10	0.10
4	小型机具使用费	元	1998	144.9	250.5	425.7	48.1	76.0	136.4	230.3	398.6	701.7
5	基价	元	1999	955	1691	2249	762	897	1024	1778	2371	3140

3-4-10 联动控制器安装

工程内容 校线、挂锡、并线、压线、标志、安装、固定、功能检测、防潮和防尘处理。

单位:1台

顺序号	项目	单位	代号	多线制(落地式)		总线制(落地式)			
				规格(点)					
				100以内	100以上	100以内	200以内	500以内	500以上
				1	2	3	4	5	6
1	人工	工日	1	21.1	31.8	21.5	32.5	34.7	36.7
2	其他材料费	元	996	216.6	433.3	20.8	30.4	51.5	94.7
3	6t以内载货汽车	台班	1374	0.10	0.10	0.10	0.10	0.10	0.10
4	小型机具使用费	元	1998	103.8	145.8	103.8	133.6	148.5	230.3
5	基价	元	1999	1392	2177	1216	1796	1941	2164

3-4-11 报警联动一体机安装

工程内容 校线、挂锡、并线、压线、标志、安装、固定、功能检测、防潮和防尘处理。

单位:1 台

顺序号	项目	单位	代号	落地式			
				规格（点）			
				500 以内	1000 以内	2000 以内	2000 以上
				1	2	3	4
1	人工	工日	1	48.3	63.2	73.8	100.7
2	其他材料费	元	996	36.4	73.2	116.4	227.3
3	6t 以内载货汽车	台班	1374	0.10	0.10	0.10	0.10
4	小型机具使用费	元	1998	150.3	255.4	444.1	782.5
5	基价	元	1999	2596	3471	4225	5998

3-4-12　重复显示器、警报装置、远程控制器安装

工程内容　校线、挂锡、并线、压线、标志、安装、固定、功能检测、防潮和防尘处理。

单位:1 台及 1 只

顺序号	项　目	单位	代号	重复显示器		警报装置		远程遥控器		按钮	控制模块(接口)		报警接口
				多线制	总线制	声光报警	警铃	3 路以内	5 路以内		单输出	多输出	
				1 台		1 只		1 台		1 只			
				1	2	3	4	5	6	7	8	9	10
1	人工	工日	1	12.5	15.8	1.2	0.6	9.0	10.7	0.9	1.8	2.4	1.7
2	其他材料费	元	996	54.9	18.5	5.5	4.8	18.5	25.0	7.3	7.7	14.2	5.1
3	6t 以内载货汽车	台班	1374	0.05	0.05	–	–	–	–	–	–	–	–
4	小型机具使用费	元	1998	38.4	38.4	0.9	0.7	3.4	3.8	1.2	1.9	3.1	2.3
5	基价	元	1999	725	851	65	35	465	555	53	98	135	91

3－4－13　消防系统调试

工程内容　技术和器具准备、检查接线、绝缘检查、程序装载或校对检查、功能测试、系统试验、记录整理。

单位:1 系统及 10 处

顺序号	项　目	单位	代号	自动报警系统装置		水灭火系统控制装置	电动防火门控制系统装置	防火卷帘门控制系统装置	正压送风阀、排烟阀、防火阀控制系统装置
				500 点以内	2000 点以内	500 点以上			
				1系统			10 处		
				1	2	3	4	5	6
1	人工	工日	1	316.7	559.3	372.2	10.9	53.1	7.0
2	电	kW·h	865	180	740	329	2	108	5
3	其他材料费	元	996	608.9	2045.3	116.9	-	4.8	386.6
4	小型机具使用费	元	1998	3280.1	6545.0	731.7	25.5	137.1	70.5
5	基价	元	1999	19570	36515	19342	563	2814	804

第四章　涵 洞 工 程

说　明

1. 本定额按常用的结构分为石盖板涵、石拱涵、钢筋混凝土圆管涵、钢筋混凝土盖板涵、钢筋混凝土箱涵五类，并适用于同类型的通道工程。如为其他类型，可参照有关定额进行编制。

2. 定额中均未包括混凝土的拌和和运输，应根据施工组织按桥涵工程的相关定额进行计算。

3. 为了满足不同情况的需要，定额中除按涵洞洞身、洞口编制分项定额外，还编制了扩大定额。一般公路应尽量使用分项定额编制，厂矿、林业道路不能提供具体工程数量时，可使用扩大定额编制。

4. 各类涵洞定额中均不包括涵洞顶上及台背填土、涵上路面等工程内容，这部分工程量应包括在路基、路面工程数量中。

5. 涵洞洞身定额中已按不同结构分别计入了拱盔、支架和安装设备以及其他附属设施等。为了计算方便，并已将涵洞基础开挖需要的全部水泵台班计入洞身定额中，洞口工程不得另行计算。

6. 定额中涵洞洞口按一般标准洞口计算，遇有特殊洞口时，可根据圬工实体数量，套用石砌洞口定额计算。

7. 定额中圆管涵的管径为外径。

8. 涵洞洞身、洞口及倒虹吸管洞口工程数量包括的项目见下表：

<table>
<tr><th colspan="2">定额名称</th><th>工程量包括的项目</th></tr>
<tr><td rowspan="5">洞身</td><td>石盖板涵</td><td>基础、墩台身、盖板、洞身涵底铺砌</td></tr>
<tr><td>石拱涵</td><td>基础、墩台身、拱圈、护拱、洞身涵底铺砌、栏杆柱及扶手（台背排水及放水层作为附属工程摊入定额）</td></tr>
<tr><td>钢筋混凝土盖板涵</td><td>基础、墩台身、墩台帽、盖板、洞身涵底铺砌、支撑梁、混凝土桥面铺装、栏杆柱及扶手</td></tr>
<tr><td>钢筋混凝土圆管涵</td><td>圆管涵身、端节基底</td></tr>
<tr><td>钢筋混凝土箱涵</td><td>涵身基础、箱涵身、混凝土桥面铺装、栏杆柱及扶手</td></tr>
<tr><td colspan="2">涵洞洞口</td><td>基础、翼墙、侧墙、帽石、锥坡铺砌、洞口两侧路基边坡加固铺砌、洞口河底铺砌、隔水墙、特殊洞口的蓄水井、急流槽、防滑墙、消力池、跌水井、挑坎等圬工实体</td></tr>
<tr><td colspan="2">倒虹吸管洞口</td><td>竖井、留泥井、水槽</td></tr>
</table>

9. 涵洞扩大定额按每道单孔和取定涵长计算，如涵长与定额中涵长不同时，可用每增减1m定额进行调整；如为双孔时，可按调整好的单孔定额乘以下列系数：

结构类型	石盖板涵	钢筋混凝土圆管涵	石拱涵	钢筋混凝土盖板涵
双孔系数	1.6	1.8	1.5	1.6

4-1-1 涵洞洞身

工程内容 1)排水、挖基、回填、夯实；2)铺筑管(箱)涵砂砾垫层；3)制作、安装、拆除扒杆、拱架；4)基础、墩(台)身、拱圈、护拱及管涵端节基底砌筑的全部工序；5)浇筑墩台身及墩台帽的全部工序；6)安砌石盖板和铺筑胶泥防水层及拱顶防水层和台背防水设施；7)预制、运输、安装管涵和钢筋混凝土盖板涵的行车道板及栏杆、扶手；8)钢筋混凝土盖板涵的桥面铺装；9)盖板涵及拱涵的洞身河底铺砌。

I. 砌石洞身

单位:10m³ 实体

顺序号	项目	单位	代号	石盖板涵	石拱涵	
					浆砌	干砌
				1	2	3
1	人工	工日	1	25.4	27.2	22.2
2	原木	m^3	101	0.002	0.052	0.051
3	锯材	m^3	102	0.008	0.035	0.035
4	钢管	t	191	0.002	0.002	0.001
5	铁件	kg	651	-	1.3	1.3
6	铁钉	kg	653	-	0.1	0.1
7	8~12号铁丝	kg	655	0.3	0.5	0.3
8	32.5级水泥	t	832	0.751	0.847	-
9	硝铵炸药	kg	841	-	0.3	0.3
10	水	m^3	866	8	8	-

续前页

单位:10m^3 实体

顺序号	项目	单位	代号	石盖板涵	石拱涵	
					浆砌	干砌
				1	2	3
11	生石灰	t	891	–	0.218	0.038
12	中(粗)砂	m^3	899	3.09	4.24	0.13
13	砂砾	m^3	902	–	0.30	0.30
14	黏土	m^3	911	0.62	0.20	0.03
15	片石	m^3	931	5.77	6.97	1.63
16	块石	m^3	981	3.76	4.14	10.00
17	盖板石	m^3	982	1.40	–	–
18	其他材料费	元	996	2.4	4.1	1.8
19	ϕ150mm 电动单级离心水泵	台班	1653	0.60	0.56	0.56
20	ϕ500mm 以内木工圆锯机	台班	1710	–	0.01	0.01
21	小型机具使用费	元	1998	5.9	6.9	0.3
22	基价	元	1999	2469	2718	2230

II. 混凝土洞身

单位:10m³ 实体

顺序号	项目	单位	代号	钢筋混凝土圆管涵 普通钢筋 人工安装 管径(m) 0.75~1.50	钢筋混凝土圆管涵 普通钢筋 起重机安装 管径(m) 1.00~2.00	钢筋混凝土圆管涵 冷拔低碳钢丝 起重机安装 管径(m) 2.00	钢筋混凝土圆管涵 管涵基础混凝土	钢筋混凝土盖板涵 混凝土台、墙身	钢筋混凝土盖板涵 砌石台、墙身	现浇钢筋混凝土箱涵
				4	5	6	7	8	9	10
1	人工	工日	1	126.8	106.3	124.2	8.8	45.3	39.1	62.9
2	C10 水泥混凝土	m³	16	–	–	–	–	–	–	–
3	C15 水泥混凝土	m³	17	–	–	–	(10.2)	(1.84)	(1.83)	–
4	C20 水泥混凝土	m³	18	–	–	–	–	(4.36)	(0.01)	–
5	C30 水泥混凝土	m³	20	(8.77)	(8.79)	(10.1)	–	(1.69)	(1.61)	–
6	C30 防水混凝土	m³	37	–	–	–	–	(0.37)	(0.27)	–
7	原木	m³	101	0.552	–	–	–	0.211	0.137	0.023
8	锯材	m³	102	0.019	0.019	0.022	0.003	0.044	0.029	0.027
9	光圆钢筋	t	111	0.549	0.557	0.167	–	0.028	0.021	–
10	带肋钢筋	t	112	–	–	–	–	0.077	0.057	0.973
11	冷拔低碳钢丝	t	132	–	–	0.347	–	–	–	–
12	型钢	t	182	–	–	–	0.011	0.011	0.004	0.012
13	钢管	t	191	–	–	–	–	0.003	0.003	0.003
14	钢丝绳	t	221	0.024	–	–	–	0.007	0.006	–
15	电焊条	kg	231	–	–	0.6	–	0.1	–	10.0

续前页　　　　单位:10m³ 实体

顺序号	项目	单位	代号	钢筋混凝土圆管涵 普通钢筋 人工安装 管径(m) 0.75~1.50	钢筋混凝土圆管涵 普通钢筋 起重机安装 管径(m) 1.00~2.00	钢筋混凝土圆管涵 冷拔低碳钢丝 起重机安装 管径(m) 2.00	管涵基础混凝土	钢筋混凝土盖板涵 混凝土台、墙身	钢筋混凝土盖板涵 砌石台、墙身	现浇钢筋混凝土箱涵
				4	5	6	7	8	9	10
16	钢模板	t	271	0.074	0.064	0.074	–	–	–	–
17	组合钢模板	t	272	–	–	–	0.024	0.022	0.008	0.031
18	门式钢支架	t	273	–	–	–	–	–	–	0.004
19	铁件	kg	651	1.5	–	–	9.4	13.2	5.7	12.8
20	8~12 号铁丝	kg	655	–	–	–	–	0.1	1.1	–
21	20~22 号铁丝	kg	656	3.1	3.1	2.8	–	0.4	0.3	2.3
22	油毛毡	m²	825	–	–	19.4	–	2.4	1.8	–
23	32.5 级水泥	t	832	3.890	3.860	4.290	2.581	2.747	1.698	3.722
24	硝铵炸药	kg	841	–	–	–	–	0.3	0.2	–
25	石油沥青	t	851	–	–	0.286	–	–	–	–
26	水	m³	866	15	15	17	12	11	10	12
27	中(粗)砂	m³	899	5.01	4.93	5.09	5.61	4.89	3.97	4.75
28	砂砾	m³	902	20.47	20.06	9.53	–	–	–	1.76
29	片石	m³	931	1.61	1.59	–	–	2.19	1.61	–
30	碎石(2cm)	m³	951	6.93	6.95	7.98	–	–	–	–
31	碎石(4cm)	m³	952	–	–	–	–	5.36	1.56	8.49

续前页

单位:10m³ 实体

<table>
<tr><th rowspan="5">顺序号</th><th rowspan="5">项目</th><th rowspan="5">单位</th><th rowspan="5">代号</th><th colspan="4">钢筋混凝土圆管涵</th><th colspan="2">钢筋混凝土盖板涵</th><th rowspan="4">现浇钢筋混凝土箱涵</th></tr>
<tr><th colspan="2">普通钢筋</th><th>冷拔低碳钢丝</th><th rowspan="3">管涵基础混凝土</th><th rowspan="3">混凝土台、墙身</th><th rowspan="3">砌石台、墙身</th></tr>
<tr><th>人工安装</th><th colspan="2">起重机安装</th></tr>
<tr><th colspan="3">管径(m)
0.75~1.50 | 1.00~2.00 | 2.00</th></tr>
<tr><th>4</th><th>5</th><th>6</th><th>7</th><th>8</th><th>9</th><th>10</th></tr>
<tr><td>32</td><td>碎石(8cm)</td><td>m³</td><td>954</td><td>–</td><td>–</td><td>–</td><td>8.47</td><td>1.52</td><td>1.52</td><td>–</td></tr>
<tr><td>33</td><td>块石</td><td>m³</td><td>981</td><td>–</td><td>–</td><td>–</td><td>–</td><td>–</td><td>5.20</td><td>–</td></tr>
<tr><td>34</td><td>其他材料费</td><td>元</td><td>996</td><td>61.7</td><td>18.0</td><td>38.4</td><td>25.6</td><td>60.2</td><td>30.1</td><td>16.6</td></tr>
<tr><td>35</td><td>8~10t 光轮压路机</td><td>台班</td><td>1076</td><td>–</td><td>–</td><td>–</td><td>–</td><td>–</td><td>–</td><td>0.02</td></tr>
<tr><td>36</td><td>4t 以内载货汽车</td><td>台班</td><td>1372</td><td>0.42</td><td>0.42</td><td>–</td><td>–</td><td>–</td><td>–</td><td>–</td></tr>
<tr><td>37</td><td>6t 以内载货汽车</td><td>台班</td><td>1374</td><td>–</td><td>–</td><td>0.42</td><td>–</td><td>0.05</td><td>0.03</td><td>–</td></tr>
<tr><td>38</td><td>1t 以内机动翻斗车</td><td>台班</td><td>1408</td><td>–</td><td>–</td><td>–</td><td>–</td><td>0.03</td><td>0.02</td><td>–</td></tr>
<tr><td>39</td><td>5t 以内汽车式起重机</td><td>台班</td><td>1449</td><td>0.92</td><td>1.98</td><td>2.03</td><td>–</td><td>0.04</td><td>0.03</td><td>0.06</td></tr>
<tr><td>40</td><td>12t 以内汽车式起重机</td><td>台班</td><td>1451</td><td>–</td><td>–</td><td>–</td><td>0.18</td><td>0.16</td><td>0.03</td><td>0.86</td></tr>
<tr><td>41</td><td>20t 以内汽车式起重机</td><td>台班</td><td>1453</td><td>–</td><td>–</td><td>–</td><td>–</td><td>0.04</td><td>0.06</td><td>–</td></tr>
<tr><td>42</td><td>30kN 以内单筒慢动卷扬机</td><td>台班</td><td>1499</td><td>0.63</td><td>–</td><td>–</td><td>–</td><td>0.52</td><td>0.38</td><td>–</td></tr>
<tr><td>43</td><td>ϕ150mm 电动单级离心水泵</td><td>台班</td><td>1653</td><td>3.84</td><td>2.58</td><td>1.91</td><td>–</td><td>1.15</td><td>0.80</td><td>0.88</td></tr>
<tr><td>44</td><td>32kV·A 以内交流电弧焊机</td><td>台班</td><td>1726</td><td>–</td><td>–</td><td>0.12</td><td>–</td><td>0.02</td><td>0.02</td><td>2.44</td></tr>
<tr><td>45</td><td>小型机具使用费</td><td>元</td><td>1998</td><td>10.9</td><td>9.3</td><td>8.8</td><td>7.8</td><td>12.2</td><td>9.3</td><td>36.8</td></tr>
<tr><td>46</td><td>基价</td><td>元</td><td>1999</td><td>13133</td><td>11406</td><td>13936</td><td>2400</td><td>5285</td><td>4283</td><td>9930</td></tr>
</table>

4-1-2 涵洞及倒虹吸管洞口

工程内容 1)挖基、回填夯实；2)浇筑混凝土或砌筑块、片石翼墙、竖井、水槽等全部工序；3)洞口河底及边坡铺砌；4)砌石洞口翼墙顶及倒虹吸管面墙和顶面砂浆抹面；5)设置倒虹吸管沉降缝。

单位:$10m^3$ 实体

顺序号	项目	单位	代号	砌石洞口		混凝土洞口		倒虹吸洞口
				浆砌	干砌	一字式	八字式	
				1	2	3	4	5
1	人工	工日	1	29.3	28.4	27.8	27.6	42.4
2	C15 水泥混凝土	m^3	17	–	–	(2.38)	(3.07)	–
3	C20 水泥混凝土	m^3	18	–	–	(5.91)	(5.20)	–
4	原木	m^3	101	–	–	0.053	0.047	–
5	锯材	m^3	102	0.004	0.006	0.048	0.043	–
6	型钢	t	182	–	–	0.011	0.011	–
7	钢管	t	191	–	0.001	0.005	0.004	–
8	组合钢模板	t	272	–	–	0.025	0.025	–
9	铁件	kg	651	–	–	13.5	12.8	–
10	铁钉	kg	653	–	–	0.1	0.1	–
11	8~12 号铁丝	kg	655	0.1	0.2	0.2	0.2	–
12	32.5 级水泥	t	832	0.395	0.029	2.551	2.503	0.903
13	硝铵炸药	kg	841	0.5	0.5	0.3	0.3	–

续前页　　　　单位:10m³ 实体

顺序号	项目	单位	代号	砌石洞口		混凝土洞口		倒虹吸洞口
				浆砌	干砌	一字式	八字式	
				1	2	3	4	5
14	导火线	m	842	1	1	–	–	–
15	石油沥青	t	851	–	–	–	–	0.096
16	水	m^3	866	3	–	11	10	20
17	中(粗)砂	m^3	899	1.61	0.10	4.99	4.96	3.39
18	砂砾	m^3	902	1.87	1.83	–	–	0.13
19	片石	m^3	931	8.38	6.25	2.16	2.17	–
20	碎石(4cm)	m^3	952	–	–	4.96	4.37	–
21	碎石(8cm)	m^3	954	–	–	1.97	2.55	–
22	块石	m^3	981	3.23	5.73	0.23	–	10.50
23	粗料石	m^3	984	0.11	–	–	–	–
24	其他材料费	元	996	7.8	3.0	45.3	42.5	52.8
25	12t 以内汽车式起重机	台班	1451	–	–	0.21	0.21	–
26	小型机具使用费	元	1998	3.0	0.1	8.6	8.4	6.1
27	基价	元	1999	2318	2191	3552	3476	3909

涵洞扩大定额

4-1-3 石盖板涵

工程内容 1)排水、挖基、回填夯实;2)基础、墙身砌筑的全部工序;3)洞身与洞口铺砌及加固;4)安砌盖板和铺设胶泥防水层。

I.1 道涵洞

单位:1道

顺序号	项目	单位	代号	涵长13m 标准跨径(m) 0.75	1.00	1.25	1.50	2.00
				1	2	3	4	5
1	人工	工日	1	84.5	108.7	141.8	210.6	226.0
2	原木	m^3	101	0.004	0.006	0.008	0.014	0.014
3	锯材	m^3	102	0.022	0.031	0.043	0.076	0.072
4	钢管	t	191	0.006	0.008	0.011	0.019	0.018
5	铁钉	kg	653	0.1	0.2	0.3	0.5	0.5
6	8~12号铁丝	kg	655	0.8	1.2	1.6	2.9	2.7
7	32.5级水泥	t	832	2.487	3.268	4.332	6.862	6.883
8	水	m^3	866	23	32	44	68	76

续前页　　单位:1道

顺序号	项目	单位	代号	涵长 13m				
				标准跨径(m)				
				0.75	1.00	1.25	1.50	2.00
				1	2	3	4	5
9	中(粗)砂	m^3	899	10.15	13.35	17.69	28.01	28.14
10	黏土	m^3	911	1.66	2.08	2.39	2.70	3.43
11	片石	m^3	931	19.32	25.07	32.89	51.41	51.41
12	块石	m^3	981	11.76	15.75	21.00	34.44	33.71
13	盖板石	m^3	982	2.20	3.50	5.50	7.50	12.10
14	粗料石	m^3	984	0.18	0.18	0.18	0.18	0.27
15	其他材料费	元	996	17.5	22.0	27.1	36.4	41.2
16	φ150mm电动单级离心水泵	台班	1653	2.71	2.86	3.07	3.48	3.58
17	小型机具使用费	元	1998	18.8	24.8	32.8	52.0	52.3
18	基价	元	1999	8022	10390	13624	20623	21823

II. 涵长每增减 1m

单位:1 道

顺序号	项　　目	单位	代号	涵长每增减 1m				
				标准跨径(m)				
				0.75	1.00	1.25	1.50	2.00
				6	7	8	9	10
1	人工	工日	1	4.0	5.6	6.7	9.5	10.6
2	锯材	m^3	102	0.001	0.002	0.002	0.004	0.004
3	钢管	t	191	–	–	–	0.001	–
4	8 ~ 12 号铁丝	kg	655	–	–	–	0.2	0.1
5	32.5 级水泥	t	832	0.124	0.165	0.226	0.339	0.336
6	水	m^3	866	1	2	2	4	4
7	中(粗)砂	m^3	899	0.51	0.68	0.93	1.39	1.38
8	黏土	m^3	911	0.10	0.21	0.21	0.21	0.31
9	片石	m^3	931	1.04	1.27	1.73	2.53	2.53
10	块石	m^3	981	0.53	0.84	1.16	1.79	1.68
11	盖板石	m^3	982	0.20	0.30	0.40	0.60	0.90
12	其他材料费	元	996	2.4	3.5	5.2	2.0	7.4
13	ϕ150mm 电动单级离心水泵	台班	1653	0.04	0.05	0.05	0.06	0.07
14	小型机具使用费	元	1998	1.0	1.3	1.8	2.6	2.6
15	基价	元	1999	380	532	675	987	1062

4-1-4 浆砌石拱涵

工程内容 1)排水、挖基、回填夯实;2)支木架、拱盔的制作、安装、拆除;3)基础、墙身、拱圈、护拱砌筑的全部工序;4)铺设拱顶防水层和台背排水设施;5)洞身与洞口河底铺砌及边坡加固。

单位:1 道

顺序号	项目	单位	代号	涵长 13m				涵长每增减 1m			
				标准跨径(m)							
				1.00	2.00	3.00	4.00	1.00	2.00	3.00	4.00
				1	2	3	4	5	6	7	8
1	人工	工日	1	177.5	369.4	709.1	992.1	8.9	16.6	25.8	36.5
2	原木	m^3	101	0.434	0.872	1.008	1.348	0.033	0.067	0.076	0.102
3	锯材	m^3	102	0.258	0.538	0.824	1.125	0.019	0.039	0.058	0.079
4	钢管	t	191	0.007	0.019	0.045	0.067	–	0.001	0.002	0.003
5	钢钎	kg	211	0.4	0.7	1.3	1.8	–	–	–	–
6	铁件	kg	651	11.3	22.6	16.7	22.3	0.9	1.7	1.3	1.7
7	铁钉	kg	653	0.6	1.4	2.2	3.0	–	–	0.1	0.2
8	8~12 号铁丝	kg	655	1.8	4.4	9.5	13.6	0.1	0.3	0.5	0.7
9	32.5 级水泥	t	832	3.884	8.500	16.309	23.152	0.233	0.463	0.804	1.183
10	硝铵炸药	kg	841	2.1	4.1	7.5	10.5	0.2	0.2	0.2	0.3
11	导火线	m	842	5	10	18	26	–	–	–	–

续前页　　单位:1 道

顺序号	项　目	单位	代号	涵长 13m				涵长每增减 1m			
				标准跨径(m)							
				1.00	2.00	3.00	4.00	1.00	2.00	3.00	4.00
				1	2	3	4	5	6	7	8
12	普通雷管	个	845	4	8	14	20	–	–	–	–
13	煤	t	864	0.003	0.005	0.010	0.013	–	–	–	–
14	水	m^3	866	32	73	146	207	2	4	8	11
15	生石灰	t	891	0.757	1.524	2.281	3.041	0.058	0.118	0.175	0.233
16	中(粗)砂	m^3	899	18.53	40.15	74.83	106.00	1.16	2.32	3.92	5.72
17	砂砾	m^3	902	4.54	10.92	25.13	36.85	0.08	0.18	0.31	0.44
18	黏土	m^3	911	0.70	1.42	2.12	2.83	0.05	0.11	0.16	0.22
19	片石	m^3	931	44.25	100.26	203.15	295.15	2.07	4.21	7.18	10.82
20	块石	m^3	981	19.01	41.18	80.65	112.10	1.22	2.43	4.32	6.10
21	粗料石	m^3	984	0.34	0.52	0.70	0.88	–	–	–	–
22	其他材料费	元	996	34.3	60.2	115.1	152.8	3.9	2.9	3.4	5.4
23	ϕ150mm 电动单级离心水泵	台班	1653	4.21	4.34	4.44	4.55	–	–	–	–
24	ϕ500mm 以内木工圆锯机	台班	1710	0.12	0.25	0.33	0.44	–	0.02	0.03	0.03
25	小型机具使用费	元	1998	32.7	71.1	133.4	189.6	2.7	4.0	6.9	10.1
26	基价	元	1999	16190	33643	63243	88646	841	1627	2604	3720

4－1－5　钢筋混凝土圆管涵

工程内容　1)排水、挖基、回填夯实；2)基底夯实，铺筑垫层；3)洞口铺砌及加固；4)基础、墙身砌筑的全部工序；5)预制、运输、安装钢筋混凝土圆管。

I.1 道涵洞　　单位:1 道

顺序号	项目	单位	代号	涵长 13m				
				直径 (m)				
				0.75	1.00	1.25	1.50	2.00
				1	2	3	4	5
1	人工	工日	1	78.2	109.0	153.0	198.0	286.0
2	C30 水泥混凝土	m^3	20	(2.72)	(4.49)	(6.71)	(9.92)	(13.13)
3	原木	m^3	101	0.009	0.012	0.017	0.022	0.033
4	锯材	m^3	102	0.029	0.043	0.060	0.079	0.117
5	光圆钢筋	t	111	0.193	0.259	0.392	0.620	0.961
6	钢管	t	191	0.003	0.005	0.007	0.009	0.013
7	钢模板	t	271	0.032	0.033	0.049	0.073	0.096
8	铁钉	kg	653	0.1	0.2	0.2	0.3	0.4
9	8～12 号铁丝	kg	655	1.3	1.8	2.5	3.2	4.9
10	20～22 号铁丝	kg	656	1.1	1.5	2.2	3.5	5.4
11	32.5 级水泥	t	832	2.290	3.499	4.998	6.935	9.639
12	水	m^3	866	13	19	27	37	53

续前页 单位:1道

顺序号	项目	单位	代号	涵长 13m				
				直径 (m)				
				0.75	1.00	1.25	1.50	2.00
				1	2	3	4	5
13	中(粗)砂	m^3	899	5.93	8.74	12.13	16.15	23.23
14	砂砾	m^3	902	8.27	12.71	17.84	23.53	36.44
15	片石	m^3	931	13.19	19.06	25.74	33.07	49.13
16	碎石(2cm)	m^3	951	2.15	3.55	5.30	7.84	10.37
17	其他材料费	元	996	21.3	27.1	35.4	45.7	60.9
18	4t以内载货汽车	台班	1372	0.16	0.26	0.38	0.54	0.75
19	5t以内汽车式起重机	台班	1449	0.33	0.45	0.67	1.95	2.69
20	ϕ150mm电动单级离心水泵	台班	1653	2.13	2.18	2.26	2.33	2.49
21	小型机具使用费	元	1998	11.2	16.3	22.6	30.4	44.3
22	基价	元	1999	7216	10062	14125	19288	27772

II. 涵长每增减 1m

单位:1 道

顺序号	项目	单位	代号	涵长每增减 1m				
				直径（m）				
				0.75	1.00	1.25	1.50	2.00
				6	7	8	9	10
1	人工	工日	1	3.4	4.7	6.7	8.8	12.9
2	C30 水泥混凝土	m^3	20	(0.21)	(0.34)	(0.52)	(0.72)	(1.01)
3	锯材	m^3	102	–	–	0.001	0.002	0.002
4	光圆钢筋	t	111	0.014	0.019	0.030	0.048	0.074
5	钢模板	t	271	0.002	0.003	0.004	0.005	0.007
6	20~22 号铁丝	kg	656	–	0.1	0.2	0.3	0.4
7	32.5 级水泥	t	832	0.093	0.146	0.219	0.303	0.427
8	水	m^3	866	–	–	–	1	2
9	中(粗)砂	m^3	899	0.11	0.17	0.26	0.36	0.50
10	砂砾	m^3	902	0.62	0.96	1.35	1.78	2.77
11	碎石(2cm)	m^3	951	0.17	0.27	0.41	0.57	0.80
12	其他材料费	元	996	1.8	1.9	1.5	1.5	2.1
13	4t 以内载货汽车	台班	1372	0.01	0.02	0.03	0.04	0.06
14	5t 以内汽车式起重机	台班	1449	0.03	0.03	0.05	0.15	0.21
15	ϕ150mm 电动单级离心水泵	台班	1653	–	0.01	0.01	0.01	0.02
16	小型机具使用费	元	1998	0.2	0.3	0.5	0.7	1.0
17	基价	元	1999	307	435	637	904	1328

4-1-6　钢筋混凝土盖板涵

工程内容　1)排水、挖基、回填夯实；2)制作、安装、拆除扒杆；3)基础、墙身砌筑或浇筑混凝土；4)洞身与洞口铺砌及加固；5)预制、运输、安装行车道板及栏杆、扶手；6)桥面铺装。

I.1 道涵洞　　单位:1道

顺序号	项目	单位	代号	混凝土台、墙身 涵长8.5m 标准跨径(m)				
				1.50	2.00	2.50	3.00	4.00
				1	2	3	4	5
1	人工	工日	1	128.1	184.3	198.2	353.8	560.4
2	C15 水泥混凝土	m^3	17	(12.53)	(16.45)	(16.45)	(26.19)	(36.01)
3	C20 水泥混凝土	m^3	18	(19.00)	(30.69)	(30.69)	(63.96)	(113.25)
4	C30 水泥混凝土	m^3	20	(3.37)	(4.45)	(5.46)	(7.20)	(11.63)
5	C30 防水混凝土	m^3	37	(0.71)	(1.02)	(1.22)	(1.43)	(1.94)
6	原木	m^3	101	0.177	0.283	0.285	0.587	1.038
7	锯材	m^3	102	0.174	0.275	0.280	0.558	0.980
8	光圆钢筋	t	111	0.043	0.059	0.088	0.135	0.199
9	带肋钢筋	t	112	0.135	0.182	0.264	0.332	0.487
10	型钢	t	182	0.046	0.069	0.071	0.133	0.222
11	钢管	t	191	0.015	0.024	0.024	0.050	0.089

续前页　　单位:1 道

顺序号	项　目	单位	代号	混凝土台、墙身				
				涵长 8.5m				
				标准跨径(m)				
				1.50	2.00	2.50	3.00	4.00
				1	2	3	4	5
12	钢钎	kg	211	0.2	0.3	0.3	0.5	0.7
13	电焊条	kg	231	0.2	0.3	0.4	0.5	0.7
14	组合钢模板	t	272	0.099	0.149	0.151	0.289	0.486
15	铁件	kg	651	54.1	81.7	83.4	159.3	270.8
16	铁钉	kg	653	0.4	0.6	0.6	1.3	2.2
17	8~12 号铁丝	kg	655	0.6	0.9	0.9	1.9	3.3
18	20~22 号铁丝	kg	656	0.7	1.0	1.5	2.0	2.9
19	油毛毡	m^2	825	4.4	5.9	7.3	10.0	15.8
20	32.5 级水泥	t	832	11.083	16.439	17.118	31.031	51.413
21	硝铵炸药	kg	841	1.2	1.7	1.8	2.9	4.2
22	导火线	m	842	3	4	4	7	10
23	普通雷管	个	845	2	3	3	5	8
24	石油沥青	t	851	–	–	–	0.002	0.003
25	煤	t	864	0.002	0.002	0.002	0.005	0.008
26	水	m^3	866	46	68	71	128	210
27	中(粗)砂	m^3	899	20.90	30.86	32.29	58.07	95.32

续前页 单位:1道

顺序号	项目	单位	代号	混凝土台、墙身				
				涵长 8.5m				
				标准跨径(m)				
				1.50	2.00	2.50	3.00	4.00
				1	2	3	4	5
28	片石	m^3	931	8.05	12.21	14.71	24.13	39.91
29	碎石(2cm)	m^3	951	–	–	–	0.09	0.13
30	碎石(4cm)	m^3	952	19.37	30.34	31.35	60.83	106.30
31	碎石(8cm)	m^3	954	10.40	13.66	13.66	21.75	29.90
32	块石	m^3	981	–	–	–	–	–
33	其他材料费	元	996	204.3	302.3	314.9	586.9	971.4
34	6t 以内载货汽车	台班	1374	0.08	0.12	0.14	0.19	0.30
35	1t 以内机动翻斗车	台班	1408	0.06	0.09	0.11	0.12	0.17
36	5t 以内汽车式起重机	台班	1449	0.07	0.10	0.12	0.16	0.26
37	8t 以内汽车式起重机	台班	1450	0.25	0.34	0.42	0.56	0.89
38	12t 以内汽车式起重机	台班	1451	0.77	1.18	1.18	2.32	3.93
39	20t 以内汽车式起重机	台班	1453	0.10	0.13	0.15	0.20	0.33
40	ϕ150mm 电动单级离心水泵	台班	1653	4.20	4.28	4.30	4.47	4.71
41	32kV·A 以内交流电弧焊机	台班	1726	0.04	0.05	0.07	0.09	0.13
42	小型机具使用费	元	1998	39.0	57.6	62.5	109.5	179.6
43	基价	元	1999	16851	24394	26044	46020	74476

续前页　　　　单位:1道

顺序号	项　目	单位	代号	砌石台、墙身				
				涵长8.5m				
				标准跨径(m)				
				1.50	2.00	2.50	3.00	4.00
				6	7	8	9	10
1	人工	工日	1	147.1	212.4	226.3	402.9	633.2
2	C15 水泥混凝土	m^3	17	(12.55)	(16.74)	(16.74)	(26.34)	(36.35)
3	C20 水泥混凝土	m^3	18	–	–	–	(0.11)	(0.16)
4	C30 水泥混凝土	m^3	20	(3.58)	(4.45)	(5.46)	(7.51)	(11.69)
5	C30 防水混凝土	m^3	37	(0.71)	(1.02)	(1.22)	(1.43)	(1.94)
6	原木	m^3	101	0.048	0.073	0.075	0.144	0.241
7	锯材	m^3	102	0.135	0.205	0.211	0.397	0.665
8	光圆钢筋	t	111	0.043	0.059	0.088	0.135	0.199
9	带肋钢筋	t	112	0.135	0.182	0.264	0.332	0.487
10	型钢	t	182	0.019	0.024	0.026	0.039	0.056
11	钢管	t	191	0.017	0.027	0.027	0.053	0.089
12	钢钎	kg	211	0.2	0.3	0.3	0.5	0.7
13	电焊条	kg	231	0.2	0.3	0.4	0.5	0.7
14	组合钢模板	t	272	0.037	0.048	0.050	0.078	0.110
15	铁件	kg	651	18.7	23.3	25.0	38.7	55.2

续前页　　　　单位:1 道

顺序号	项　　目	单位	代号	砌石台、墙身				
				涵长 8.5m				
				标准跨径(m)				
				1.50	2.00	2.50	3.00	4.00
				6	7	8	9	10
16	铁钉	kg	653	0.6	0.9	0.9	1.8	3.0
17	8~12 号铁丝	kg	655	6.2	9.8	9.8	19.3	32.6
18	20~22 号铁丝	kg	656	0.7	1.0	1.5	2.0	2.9
19	油毛毡	m^2	825	4.4	5.9	7.3	10.0	15.8
20	32.5 级水泥	t	832	7.999	11.167	11.846	19.678	30.482
21	硝铵炸药	kg	841	1.2	1.7	1.8	2.9	4.2
22	导火线	m	842	3	4	4	7	10
23	普通雷管	个	845	2	3	3	5	8
24	石油沥青	t	851	–	–	–	0.002	0.003
25	煤	t	864	0.002	0.002	0.002	0.005	0.008
26	水	m^3	866	53	78	80	142	228
27	中(粗)砂	m^3	899	21.81	31.39	32.82	57.51	91.49
28	片石	m^3	931	24.89	32.64	35.13	66.26	108.72
29	碎石(2cm)	m^3	951	–	–	–	0.09	0.13

续前页 单位:1道

顺序号	项　目	单位	代号	砌石台、墙身				
				涵长 8.5m				
				标准跨径(m)				
				1.50	2.00	2.50	3.00	4.00
				6	7	8	9	10
30	碎石(4cm)	m^3	952	3.57	4.55	5.56	7.43	11.33
31	碎石(8cm)	m^3	954	10.42	13.90	13.90	21.87	30.19
32	块石	m^3	981	14.22	27.96	27.96	53.48	92.97
33	其他材料费	元	996	96.1	125.7	138.4	218.2	313.2
34	6t 以内载货汽车	台班	1374	0.08	0.12	0.14	0.19	0.30
35	1t 以内机动翻斗车	台班	1408	0.06	0.09	0.11	0.12	0.17
36	5t 以内汽车式起重机	台班	1449	0.07	0.10	0.12	0.16	0.26
37	8t 以内汽车式起重机	台班	1450	0.25	0.34	0.42	0.56	0.89
38	12t 以内汽车式起重机	台班	1451	0.22	0.29	0.29	0.45	0.62
39	20t 以内汽车式起重机	台班	1453	0.12	0.13	0.15	0.23	0.34
40	ϕ150mm 电动单级离心水泵	台班	1653	4.20	4.28	4.30	4.47	4.71
41	32kV·A 以内交流电弧焊机	台班	1726	0.04	0.05	0.07	0.09	0.13
42	小型机具使用费	元	1998	40.8	58.8	63.6	109.0	173.8
43	基价	元	1999	16536	23731	25381	43495	68339

II. 涵长每增减 1m

单位:1 道

顺序号	项目	单位	代号	混凝土台、墙身				
				涵长每增减 1m				
				标准跨径(m)				
				1.50	2.00	2.50	3.00	4.00
				11	12	13	14	15
1	人工	工日	1	6.6	9.6	10.3	15.1	22.2
2	C15 水泥混凝土	m^3	17	(0.61)	(0.68)	(0.68)	(0.96)	(1.10)
3	C20 水泥混凝土	m^3	18	(1.19)	(1.80)	(1.80)	(3.30)	(5.31)
4	C30 水泥混凝土	m^3	20	(0.36)	(0.48)	(0.59)	(0.79)	(1.29)
5	C30 防水混凝土	m^3	37	(0.09)	(0.12)	(0.15)	(0.18)	(0.25)
6	原木	m^3	101	0.011	0.017	0.017	0.031	0.050
7	锯材	m^3	102	0.012	0.017	0.018	0.031	0.050
8	光圆钢筋	t	111	0.005	0.007	0.010	0.013	0.019
9	带肋钢筋	t	112	0.016	0.021	0.030	0.038	0.056
10	型钢	t	182	0.003	0.004	0.004	0.007	0.011
11	钢管	t	191	–	0.001	0.001	0.003	0.004
12	组合钢模板	t	272	0.006	0.009	0.009	0.015	0.023
13	铁件	kg	651	3.6	4.9	5.2	8.6	13.6
14	铁钉	kg	653	–	–	–	–	0.1
15	8~12 号铁丝	kg	655	–	–	–	–	0.2
16	20~22 号铁丝	kg	656	–	0.1	0.2	0.2	0.3
17	油毛毡	m^2	825	0.5	0.6	0.8	1.0	1.7
18	32.5 级水泥	t	832	0.731	0.998	1.068	1.692	2.573

续前页　　　　单位:1 道

顺序号	项　目	单位	代号	混凝土台、墙身				
				涵长每增减 1m				
				标准跨径(m)				
				1.50	2.00	2.50	3.00	4.00
				11	12	13	14	15
19	硝铵炸药	kg	841	–	0.2	0.2	0.2	0.2
20	水	m^3	866	3	4	4	7	10
21	中(粗)砂	m^3	899	1.32	1.78	1.91	2.97	4.43
22	片石	m^3	931	0.52	0.69	0.86	1.03	1.38
23	碎石(4cm)	m^3	952	1.38	2.01	2.12	3.59	5.74
24	碎石(8cm)	m^3	954	0.51	0.57	0.57	0.80	0.91
25	块石	m^3	981	–	–	–	–	–
26	其他材料费	元	996	18.0	17.9	18.8	30.9	46.4
27	6t 以内载货汽车	台班	1374	–	0.01	0.02	0.02	0.03
28	1t 以内机动翻斗车	台班	1408	–	0.01	0.01	0.02	0.02
29	5t 以内汽车式起重机	台班	1449	–	–	0.01	0.02	0.03
30	8t 以内汽车式起重机	台班	1450	0.03	0.04	0.04	0.06	0.10
31	12t 以内汽车式起重机	台班	1451	0.05	0.06	0.06	0.11	0.17
32	20t 以内汽车式起重机	台班	1453	0.01	0.01	0.02	0.02	0.04
33	32kV·A 以内交流电弧焊机	台班	1726	–	–	–	0.01	0.01
34	小型机具使用费	元	1998	9.3	8.1	5.0	6.2	9.3
35	基价	元	1999	1009	1400	1536	2343	3529

续前页

单位:1 道

顺序号	项目	单位	代号	砌石台、墙身				
				涵长每增减 1m				
				标准跨径(m)				
				1.50	2.00	2.50	3.00	4.00
				16	17	18	19	20
1	人工	工日	1	9.2	11.9	12.5	19.3	28.9
2	C15 水泥混凝土	m^3	17	(0.65)	(0.68)	(0.68)	(0.96)	(1.10)
3	C30 水泥混凝土	m^3	20	(0.36)	(0.47)	(0.59)	(0.79)	(1.29)
4	C30 防水混凝土	m^3	37	(0.09)	(0.12)	(0.15)	(0.18)	(0.25)
5	原木	m^3	101	0.003	0.005	0.005	0.009	0.015
6	锯材	m^3	102	0.010	0.014	0.015	0.026	0.042
7	光圆钢筋	t	111	0.005	0.007	0.010	0.013	0.019
8	带肋钢筋	t	112	0.016	0.021	0.030	0.038	0.056
9	型钢	t	182	0.001	0.001	0.002	0.002	0.003
10	钢管	t	191	0.001	0.002	0.002	0.003	0.005
11	组合钢模板	t	272	0.002	0.003	0.003	0.004	0.005
12	铁件	kg	651	1.3	1.5	1.7	2.3	3.4
13	铁钉	kg	653	–	–	–	0.1	0.2
14	8～12 号铁丝	kg	655	0.4	0.6	0.6	1.2	1.9
15	20～22 号铁丝	kg	656	–	0.1	0.2	0.2	0.3
16	油毛毡	m^2	825	0.5	0.6	0.8	1.0	1.7
17	32.5 级水泥	t	832	0.553	0.710	0.783	1.169	1.734

续前页

单位:1 道

顺序号	项目	单位	代号	砌石台、墙身				
				涵长每增减 1m				
				标准跨径(m)				
				1.50	2.00	2.50	3.00	4.00
				16	17	18	19	20
18	硝铵炸药	kg	841	0.2	0.2	0.2	0.2	0.2
19	水	m^3	866	4	5	5	8	13
20	中(粗)砂	m^3	899	1.44	1.91	2.05	3.23	4.85
21	片石	m^3	931	1.55	2.19	2.36	3.80	5.98
22	碎石(4cm)	m^3	952	0.38	0.49	0.62	0.81	1.27
23	碎石(8cm)	m^3	954	0.54	0.57	0.57	0.80	0.91
24	块石	m^3	981	1.10	1.72	1.72	3.16	4.91
25	其他材料费	元	996	6.6	7.5	8.4	11.1	16.1
26	6t 以内载货汽车	台班	1374	–	0.01	0.02	0.02	0.03
27	1t 以内机动翻斗车	台班	1408	–	0.01	0.01	0.02	0.02
28	5t 以内汽车式起重机	台班	1449	–	–	0.01	0.02	0.03
29	8t 以内汽车式起重机	台班	1450	0.03	0.03	0.04	0.06	0.10
30	12t 以内汽车式起重机	台班	1451	0.01	0.01	0.01	0.02	0.02
31	20t 以内汽车式起重机	台班	1453	0.01	0.01	0.02	0.02	0.04
32	32kV·A 以内交流电弧焊机	台班	1726	–	–	–	0.01	0.01
33	小型机具使用费	元	1998	9.5	8.4	5.3	6.8	10.2
34	基价	元	1999	1080	1424	1566	2393	3599

中华人民共和国行业推荐性标准

公路工程概算定额

JTG/T B06-01—2007

（下册）

主编单位：交通公路工程定额站
批准部门：中华人民共和国交通部
实施日期：2008年01月01日

人民交通出版社

图书在版编目(CIP)数据

公路工程概算定额:JTG/T B06-01—2007/交通公路工程定额站编. --北京:人民交通出版社,2007. 12

ISBN 978 -7 -114 -06901 -7

I. 公…　II. 交…　III. 道路工程 - 概算定额 - 中国　IV. U415. 13

中国版本图书馆 CIP 数据核字(2007)第 170305 号

中华人民共和国行业推荐性标准

Gonglu Gongcheng Gaisuan Ding'e

公路工程概算定额(下册)

JTG/T B06-01—2007

交通公路工程定额站　主编

人民交通出版社出版发行

(100011　北京市朝阳区安定门外外馆斜街 3 号)

各地新华书店经销

北京市密东印刷有限公司印刷

开本:880×1230　1/32　印张:16. 375　字数:519 千字

2007 年 12 月　第 1 版

2018 年 4 月　第 12 次印刷

定价:110. 00 元(上、下册)

ISBN 978-7-114-06901-7

律 师 声 明

北京市中伦文德律师事务所陈际红律师接受人民交通出版社的委托,发表如下律师声明:本书依法受著作权法的保护,未经人民交通出版社书面许可,任何单位及个人不得对本书的全部或部分进行抄袭、复制、汇编、盗版或网络传播等。任何侵犯本书权益的行为,人民交通出版社将依法追究其法律责任。

如发现侵犯本书权益的行为,欢迎及时与人民交通出版社取得联系。

联系电话:010 - 85285974

北京市中伦文德律师事务所

二○○七年十月三十一日

总　说　明

一、《公路工程概算定额》(JTG/T B06-01—2007)(以下简称本定额)是全国公路专业统一定额,它是编制初步设计概算的依据,也是编制建设项目投资估算指标的基础。适用于公路基本建设新建、改建工程。对于公路养护的大中修工程,可参考使用。

二、本定额是以人工、材料、机械台班消耗量表现的工程概算定额。编制概算时,人工费、材料费、机械使用费应按《公路工程基本建设项目概算预算编制办法》(JTG B06—2007)的规定计算。

三、本定额包括:路基工程、路面工程、隧道工程、涵洞工程、桥梁工程、交通工程及沿线设施、临时工程共七章。如需使用材料采集加工、材料运输定额,可采用《公路工程预算定额》(JTG/T B06-02—2007)中有关项目。

四、本定额是按照合理的施工组织和一般正常的施工条件编制的。定额中所采用的施工方法和工程质量标准是根据国家现行的公路工程施工技术及验收规范、质量评定标准及安全操作规程取定的,除定额中规定允许换算者外,均不得因具体工程的施工组织、操作方法和材料消耗与定额的规定不同而变更定额。

五、本定额是以部颁的现行标准设计图为依据编制的,没有标准设计图的定额项目,则选择有代表性的设计图或施工组织设计图。不同载重标准和不同桥宽均可使用本定额。

六、本定额除潜水工作每工日 6h,隧道工作每工日 7h 外,其余均按每工日 8h 计算。

七、本定额中所列的工程内容,除扼要说明了所综合的工程项目外,均包括各项目的全部施工过程的内容和辅助工日。

八、建筑材料、成品、半成品从现场堆放地点或场内加工地点至操作或安装地点的场内水平或垂直运输所需的人工和机械消耗,已按一般正常合理的施工组织设计计算在定额项目内,并考虑了材料发生二次倒运费用和场内运输超运距用工以及材料从工地仓库运至施工现场用工。除定额中另有说明者外,均不得另行增加。

九、本定额中的材料消耗量系按现行材料标准的合格料和标准规格料计算的。定额内材料、成品、半成品均已包括场内运输及操作损耗。其场外运输损耗、仓库保管损耗应在材料预算价格内考虑。

十、本定额中周转性的材料、模板、支撑、脚手杆、脚手板和挡土板等的数量,已考虑了材料的正常周转次数并计入定额内。其中就地浇筑钢筋混凝土梁用的支架及拱圈用的拱盔、支架,如确因施工安排达不到规定的周转次数时,可根据具体情况进行换算并按规定计算回收,其余工程一般不予抽换。

十一、定额中列有的混凝土、砂浆的强度等级和用量,其材料用量已按预算定额附录中配合比表规定的数量列入定额,不得重算。如设计采用的混凝土、砂浆强度等级或水泥强度等级与定额所列强度等级不同时,可按预算定额附录所列的配合比进行换算。但实际施工配合比材料用量与定额配合比表用量不同时,除配合比表说明中允许换算者外,均不得调整。

十二、本定额中各类混凝土均未考虑外掺剂的费用,如设计需要添加外掺剂时,可按设计要求另行计算外掺剂的费用并适当调整定额中的水泥用量。

十三、本定额中各类混凝土均按施工现场拌和进行编制,当采用商品混凝土时,可将相关定额中的水泥、中(粗)砂、碎石的消耗量扣除,并按定额中所列的混凝土消耗量增加商品混凝土的消耗。

十四、本定额中只列工程所需的主要材料用量和主要机械台班数量。次要、零星材料和小型机具均未一一列出,分别列入“其他材料费”及“小型机具使用费”内,以元计,编制概算即按此计算。

十五、本定额中各项目的施工机械种类、规格是按一般合理的施工组织确定的,如施工中实际采用的机械种类、规格与定额规定的不同时,一律不得抽换。

十六、本定额中的施工机械的台班消耗,已考虑了工地合理的停置、空转和必要的备用量等因素。

十七、本定额未包括公路养护管理房屋等工程,如养路道班房、桥头看守房、收费站房等工程,这类工程应执行地区的建筑安装工程定额。

十八、其他未包括的项目，各省、自治区、直辖市交通厅(局)可编制补充定额在本地区执行，并报交通部备案；还缺少的项目，各设计单位可编制补充定额，随同概算文件一并送审，并将编制依据送各省、自治区、直辖市公路(交通)工程定额(造价)站备查。所有补充定额均应按照本定额的编制原则、方法进行编制。

十九、本定额有下列情况，可按《公路工程基本建设项目概算预算编制办法》(JTG B06—2007)中的有关规定办理。

(一)冬、雨季施工的工程；

(二)夜间施工的工程；

(三)高原地区施工的工程；

(四)边施工边维持通车的工程。

二十、定额表中注明“××以内”或“××以下”者，均包括“××”本身；而注明“××以外”或“××以上”者，则不包括“××”本身。定额内数量带“( )”者，则表示基价中未包括其价值。

二十一、定额中凡定额名称中带有“※”号者，均为参考定额，使用定额时，可根据情况进行调整。

二十二、本定额的基价是人工费、材料费、机械使用费的合计价值。基价中的人工费、材料费基本上是按北京市2007年的人工、材料预算价格计算的(详见预算定额附录)，机械使用费是按2007年交通部公布的《公路工程机械台班费用定额》(JTG/T B06-03—2007)计算的。

二十三、定额中的“工料机代号”系编制概算采用计算机计算时作为对工、料、机名称识别的符号，不可随意变动。编制补充定额时，遇有新增材料或机械名称，可取相近品种材料或机械代号间的空号。

总 目 录

上 册

下　册

下 册 目 录

第五章　桥 梁 工 程

说　明

1. 本章定额包括围堰筑岛、基础工程、下部构造、上部构造等。

2. 本章主体工程中的基础工程、下部构造、上部构造、人行道的定额区分为：

(1)基础工程：天然地基上的基础为基础顶面以下；打桩和灌注桩基础为横系梁底面以下或承台顶面以下；沉井基础为井盖顶面以下的全部工程。

(2)下部构造：

桥台：指基础顶面或承台顶面以上的全部工程，但不包括桥台上的路面、人行道、栏杆，如U形桥台有两层帽缘石者，第二层以下属桥台，以上属人行道。

桥墩：指基础顶面或承台顶面(柱式墩台为系梁底面)以上、墩帽或盖梁(拱桥为拱座)顶面以下的全部工程。

索塔：塔墩固结的为基础顶面或承台顶面以上至塔顶的全部工程；塔墩分离的为桥面顶部以上至塔顶的全部工程，桥面顶部以下部分按桥墩定额计算。

(3)上部构造：梁、板桥指墩台帽或盖梁顶面以上、拱桥指拱座顶以上两桥背墙前缘之间、人行道梁底面以下(无人行道梁时为第二层缘石顶面以下)的全部工程，但不包括桥面铺装。

(4)人行道及安全带：人行道梁或安全带底面以上(无人行道梁时为第一层缘石底面以上)的全部工程。

3. 本章的混凝土工程中，除钢桁架桥、钢吊桥中的桥面系混凝土工程外，均不包括钢筋及预应力系统。

4. 本章定额中除轨道铺设、电讯电力线路、场内临时便道、便桥未计入定额外，其余场内需要设置的各种安装设备以及构件运输、平整场地等均摊入定额中，悬拼箱梁还计入了栈桥码头，使用定额时均不得另行计算。

5. 定额中除注明者外，均未包括混凝土的拌和和运输，应根据施工组织设计按第三节的相关定额另行计算。

6. 定额中混凝土均按露天养生考虑，如采用蒸汽养生时，应从各有关定额中每 $10m^3$ 实体减去人工 1.5 工日及其他材料费 4 元，另按蒸汽养生定额计算混凝土的养生费用。

7. 定额中混凝土工程均已包括操作范围内的混凝土运输。现浇混凝土工程的混凝土平均运距超过 50m 时，可根据施工组织设计的混凝土平均运距，按混凝土运输定额增列混凝土运输。

8. 大体积混凝土项目必须采用埋设冷却管来降低混凝土水化热时，可按冷却管定额另行计算。

9. 定额中的模板均为常规模板，当设计或施工对混凝土结构的外观有特殊要求需要对模板进行特殊处理时，可根据定额中所列的混凝土模板接触面积增列相应的特殊模板材料的费用。

10. 行车道部分的桥头搭板，应根据设计数量按桥头搭板定额计算。人行道部分的桥头搭板已综合在人行道定额中，使用定额时不得另行计算。

11. 本章定额仅为桥梁主体工程部分，至于导流工程、改河土石方工程、桥头引道工程均未包括在定额中，需要时按有关定额另行计算。

12. 工程量计算一般规则：

(1)现浇混凝土、预制混凝土的工程量为构筑物或预制构件的实际体积，不包括其中空心部分的体积，钢筋混凝土项目的工程量不扣除钢筋所占体积。

(2)钢筋工程量为钢筋的设计质量，定额中已计入施工操作损耗。钢筋设计按施工现场接长考虑时，其钢筋所需的搭接长度的数量本定额中未计入，应在钢筋的设计质量内计算。

第一节　基础工程

说　明

1. 本定额中的草土、草袋、麻袋和竹笼围堰既适用于挖基围堰，也适用于筑岛围堰。

2. 钢板桩围堰按一般常用的打桩机械在工作平台上打桩编制。定额中已包括工作平台、其他打桩附属设施和钢板桩的运输，使用定额时不得另行计算。

3. 套箱围堰用于浇筑水中承台，本定额按利用原来打桩（或灌注桩）工作平台进行套箱的拼装和下沉进行编制，定额中已计入埋在承台混凝土中的钢材和木材消耗。

4. 开挖基坑定额中，干处挖基系指无地面水及地下水位以上部分的土壤；湿处挖基系指施工水位以下部分的土壤。

5. 开挖基坑定额中，已按不同的覆盖层将基坑开挖的排水和基础、墩台施工的排水所需的水泵台班综合在内，使用定额时不得另行计算。

6. 基坑开挖定额均按原土回填考虑，如采用取土回填时，应按路基工程有关定额另计取土费用。

7. 沉井基础定额中船上拼装钢壳沉井已综合了拼装船的拼装项目。船坞拼装钢壳沉井未包括船坞开挖，应按开挖基坑定额另行计算。钢丝网水泥薄壁沉井浮运、落床定额已综合了下水轨道修筑、轨道基础开挖及沉井下水等项目，使用定额时不得另行计算。

8. 导向船、定位船船体本身加固所需的工、料、机消耗及沉井定位落床所需的锚绳均已综合在沉井定位落床定额中，使用定额时不得另行计算。

9. 无导向船定位落床定额已将所需的地笼、锚碇等的工、料、机消耗综合在定额中，使用定额时不得另行计算。

有导向船定位落床定额未综合锚碇系统,使用定额时应按有关定额另行计算。

10. 锚碇系统定额均已将锚链的消耗计入定额中,并已将抛锚、起锚所需的工、料、机消耗综合在定额中,使用定额时不得随意抽换定额。

11. 沉井接高项目已综合在定位落床定额中,使用定额时不得另行计算。但接高所需的吊装设备及定位床或导向船之间连接所需的金属设备本定额中未综合,使用定额时,应根据实际需要按预算定额中的有关项目计算。

12. 钢壳沉井作钢围堰使用时,应按施工组织设计计算回收,但回收部分的拆除所需的工、料、机消耗量本定额未计列,需要时应根据实际情况另行计算。

13. 沉井下沉定额中的软质岩石是指饱和单轴极限抗压强度在40MPa以下的各类松软的岩石,硬质岩石是指饱和单轴极限抗压强度在40MPa以上的各类较坚硬和坚硬的岩石。

14. 地下连续墙定额中未包括施工便道、挡水帷幕、注浆加固等,需要时应根据施工组织设计另行计算。挖出的土石方或凿铣的泥渣如需要外运时,应按路基工程中相关定额进行计算。

15. 打桩工程按一般常用的机械综合为陆地和水中工作平台及船上打桩,定额中已将桩的运输及打桩的附属设施以及桩的接头综合在内,使用定额时不得另行计算。

16. 打钢管桩如设计钢管桩数量与本定额中的数量不相同时,可按设计数量抽换定额中的钢管桩消耗,但定额中的其他消耗量不变。

17. 灌注桩基础成孔定额按不同的钻孔方法和不同的土壤地质情况及不同孔深编制,回旋钻机、潜水钻机还编制了配有水上泥浆循环系统定额,使用定额时应根据实际情况选用。定额中已按摊销方式计入钻架的制作、拼装、移位、拆除及钻头维修所耗用的工、料、机械台班数量,钻头的费用已计入设备摊销费中,使用定额时不得另行计算。

18. 灌注桩混凝土定额,按在工作平台上导管倾注水下混凝土编制,定额中已包括设备(如导管等)摊销的工、料费用和灌注桩检测管的费用及扩孔增加的混凝土数量,使用定额时不得另行计算。

19. 护筒定额中,已包括陆地上埋设护筒用的黏土或水中护筒定位用的导向架及钢质或钢筋混凝土护筒接头用的铁杆、硫磺胶泥等埋设时用的材料、设备消耗,使用定额时不得另行计算。水中埋设的钢护筒系按护筒全部计质量计入定额中,可根据设计规定的回收量按规定计算回收金额。

20. 浮箱工作平台定额中,每只浮箱的工作面积为:$3\times6=18(m^2)$。

21. 灌注桩造孔根据造孔的难易程度,将土质分为八种:

(1)砂土:粒径不大于2mm的砂类土,包括淤泥、轻亚黏土。

(2)黏土:亚黏土、黏土、黄土,包括土状风化。

(3)砂砾:粒径2~20mm的角砾、圆砾含量(指质量比,下同)小于或等于50%,包括礓石及粒状风化。

(4)砾石:粒径2~20mm的角砾、圆砾含量大于50%,有时还包括粒径20~200mm的碎石、卵石,其含量在10%以内,包括块状风化。

(5)卵石:粒径20~200mm的碎石、卵石含量大于10%,有时还包括块石、漂石,其含量在10%以内,包括块状风化。

(6)软石:饱和单轴极限抗压强度在40MPa以下的各类松软的岩石,如盐岩,胶结不紧的砾岩、泥质页岩、砂岩,较坚实的泥灰岩、块石土及漂石土,软而节理较多的石灰岩等。

(7)次坚石:饱和单轴极限抗压强度在40~100MPa的各类较坚硬的岩石,如硅质页岩,硅质砂岩,白云岩,石灰岩,坚实的泥灰岩,软玄武岩、片麻岩、正长岩、花岗岩等。

(8)坚石:饱和单轴极限抗压强度在100MPa以上的各类坚硬的岩石,如硬玄武岩,坚实的石灰岩、白云岩、大理岩、石英岩、闪长岩、粗粒花岗岩、正长岩等。

22. 使用成孔定额时,应根据施工组织设计的需要合理选用定额子目,当不采用泥浆船的方式进行水中灌注桩施工时,除按90kW以内内燃拖轮数量的一半保留拖轮和驳船的数量外,其余拖轮和驳船的消耗应扣除。

23. 在河滩、水中采用筑岛方法施工时,应采用陆地上成孔定额计算。

24. 灌注桩成孔定额系按一般黏土造浆进行编制的,如实际采用膨润土造浆时,其膨润土的用量可按定额中黏土用量乘系数进行计算。即：

$$Q = 0.095 \times V \times 1000$$

式中：Q——膨润土的用量(kg)；

V——定额中黏土的用量(m^3)。

25. 当设计桩径与定额采用桩径不同时，可按下表系数调整：

桩径(cm)	130	140	160	170	180	190	210	220	230	240
调整系数	0.94	0.97	0.70	0.79	0.89	0.95	0.93	0.94	0.96	0.98
计算基数	桩径 150cm 以内		桩径 200cm 以内				桩径 250cm 以内			

26. 承台定额适用于无水或浅水中施工的有底模及无底模承台的浇筑，定额中已计入底模和侧模，深水中浇筑承台应增列套箱项目。承台定额中，未包括冷却管项目，需要时按有关定额另行计算。

27. 工程量计算规则：

(1)围堰、筑岛高度为平均施工水深加 50cm 进行计算。围堰长度按围堰中心长度计算。筑岛工程量按筑岛体积计算。

(2)钢板桩围堰的工程量按设计需要的钢板桩质量计算。

(3)套箱围堰的工程数量为套箱金属结构的质量，套箱整体下沉时悬吊平台的钢结构及套箱内支撑的钢结构均已综合在定额中，不得作为套箱工程量进行计算。

(4)开挖基坑的工程量应根据设计图纸、地质情况、施工规范确定基坑边坡后，按基坑容积计算。定额中已综合了集水井、排水沟、基坑回填、夯实等内容，使用定额时不得将上述项目计入工程量内。

基坑容积的计算公式如下：

$$V = \frac{h}{6} \times [ab + (a + a_1)(b + b_1) + a_1 b_1] \quad \text{(基坑为平截方锥时)}$$

$$V = \frac{\pi h}{3} \times (R^2 + Rr + r^2) \quad \text{（基坑为截头圆锥时）}$$

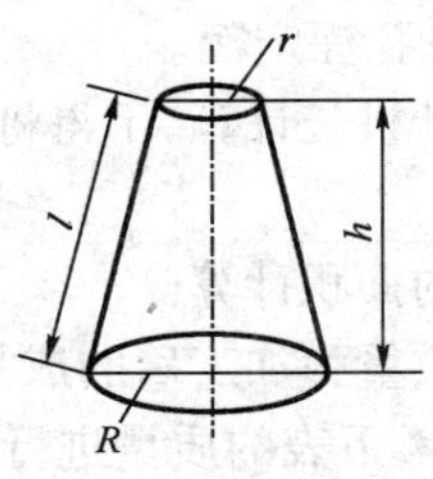

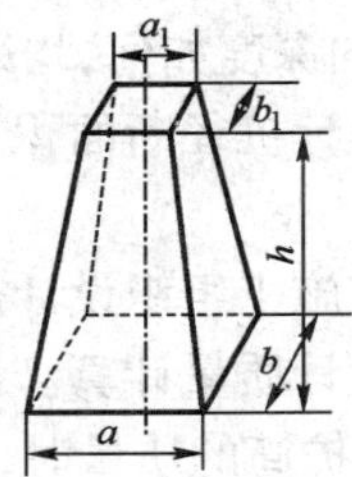

(5)天然地基上的基础的工程量按基础、支撑梁、河床铺砌及隔水墙工程量的总和计算。

(6)沉井制作的工程量:重力式沉井为设计图纸井壁及隔墙混凝土数量;钢丝网水泥薄壁沉井为刃脚及骨架钢材的质量,但不包括铁丝网的质量;钢壳沉井的工程量为钢材的设计总质量。

(7)沉井浮运、定位落床的工程量为沉井刃脚边缘所包围的面积。

(8)锚碇系统定额的工程量指锚碇的数量,按施工组织设计的需要量计算。

(9)沉井下沉定额的工程量按沉井刃脚外边缘所包围的面积乘沉井刃脚下沉入土深度计算。沉井下沉按土、石所在的不同深度分别采用不同的下沉深度的定额。定额中的下沉深度指沉井顶面到作业面的高度。定额中已综合溢流(翻砂)的数量,不得另加工程量。

(10)沉井填塞的工程量:实心为封底、填芯、封顶的工程量总和;空心的为封底、封顶的工程量总和。

(11)地下连续墙导墙的工程量按设计需要设置的导墙的混凝土体积计算;成槽和墙体混凝土的工程量按地下连续墙设计长度、厚度和深度的乘积计算;锁口管吊拔和清底置换的工程量按地下连续墙的设计槽段数(指槽壁单元槽段)计算;内衬的工程量按设计需要设计的内衬的混凝土体积计算。

(12)人工挖孔的工程量按护筒(护壁)外缘所包围的面积乘设计孔深计算。

(13)灌注桩成孔工程量按设计入土深度计算。定额中的孔深指护筒顶至桩底(设计标高)的深度。造孔定额中同一孔内的不同土质,不论其所在的深度如何,均采用总孔深定额。

(14)灌注桩混凝土的工程量按设计桩径断面积乘设计桩长计算,不得将扩孔因素和凿除桩头数量计入工程量内。

(15)灌注桩工作平台的工程量按施工组织设计需要的面积计算。

(16)钢护筒的工程量按护筒的设计质量计算。设计质量为加工后的成品质量,包括加劲肋及连接用法兰盘等全部钢材的质量。当设计提供不出钢护筒的质量时,可参考下表的质量进行计算,桩径不同时可内插计算。

桩径(cm)	100	120	150	200	250	300	350
护筒单位质量(kg/m)	170.2	238.2	289.3	499.1	612.6	907.5	1259.2

28.各种结构的模板接触面积如下:

项目		基础				支撑梁	承台	
		轻型墩台		实体式墩台				
		跨径(m)		上部构造形式				
		4以内	8以内	梁板式	拱式		有底模	无底模
模板接触面积($m^2/10m^3$ 混凝土)	内模	–	–	–	–	–	–	–
	外模	28.36	20.24	10.5	6.69	100.10	12.12	6.21
	合计	28.36	20.24	10.5	6.69	100.10	12.12	6.21

5-1-1 草土、草袋、麻袋、竹笼围堰

工程内容 挖土、袋装、运输、填筑、制笼、装石、安放、拆除、清理。

单位：10m 围堰及 $10m^3$ 筑岛实体

顺序号	项目	单位	代号	草土围堰		草袋围堰			麻袋围堰		
				围堰高（m）							
				1.0	1.5	1.0	2.0	3.0	1.0	2.0	3.0
				10m							
				1	2	3	4	5	6	7	8
1	人工	工日	1	13.8	44.8	9.5	35.0	88.2	9.4	34.7	87.6
2	原木	m^3	101	–	–	–	–	–	–	–	–
3	锯材	m^3	102	–	–	–	–	–	–	–	–
4	毛竹	根	104	–	–	–	–	–	–	–	–
5	铁钉	kg	653	–	–	–	–	–	–	–	–
6	8~12 号铁丝	kg	655	–	–	–	–	–	–	–	–
7	麻袋	个	818	–	–	–	–	–	123	451	1072
8	草袋	个	819	–	–	260	950	2255	–	–	–
9	大卵石	m^3	935	–	–	–	–	–	–	–	–
10	其他材料费	元	996	44.9	78.6	–	–	–	–	–	–
11	基价	元	1999	724	2283	751	2758	6797	782	2880	7097

续前页　　单位:10m 围堰及 $10m^3$ 筑岛实体

顺序号	项目	单位	代号	竹笼围堰					筑岛填芯
				围堰高（m）					
				1.5	2.5	3.5	4.0	5.0	
				10m					$10m^3$
				9	10	11	12	13	14
1	人工	工日	1	16.9	51.5	103.9	141.0	243.4	4.1
2	原木	m^3	101	0.116	0.181	0.217	0.318	0.438	–
3	锯材	m^3	102	–	–	–	0.094	0.117	–
4	毛竹	根	104	53	87	123	280	350	–
5	铁钉	kg	653	–	–	–	0.4	0.5	–
6	8～12 号铁丝	kg	655	15.8	16.3	25.2	81.2	108.9	–
7	麻袋	个	818	–	–	–	–	–	–
8	草袋	个	819	–	–	–	–	–	–
9	大卵石	m^3	935	14.42	32.04	56.08	76.91	128.18	–
10	其他材料费	元	996	–	–	–	–	–	–
11	基价	元	1999	2344	5206	9194	14735	22806	202

注:若围堰实际修筑高度与定额不同时,可内插计算。

5-1-2 钢板桩及套箱围堰

工程内容 工作平台、套箱拼、拆及钢板桩打、拔等的全部工序。

单位:10t 钢板桩及 10t 钢套箱

顺序号	项目	单位	代号	钢板桩围堰			钢套箱围堰	
				陆地平台上打桩	水中平台上打桩	船上平台上打桩	无底模	有底模
				1	2	3	4	5
1	人工	工日	1	80.8	112.8	86.1	241.7	290.9
2	原木	m^3	101	1.312	1.312	1.416	0.054	0.060
3	锯材	m^3	102	0.779	0.779	0.801	–	–
4	带肋钢筋	t	112	–	–	–	–	0.060
5	型钢	t	182	0.107	0.394	0.187	0.071	0.054
6	钢板	t	183	–	–	0.192	0.012	0.193
7	圆钢	t	184	–	–	–	–	0.008
8	钢管	t	191	–	–	–	–	0.036
9	钢丝绳	t	221	–	–	–	0.003	0.002
10	电焊条	kg	231	–	6.7	17.4	2.0	6.9
11	钢板桩	t	261	0.714	0.714	0.714	–	–
12	钢套箱	t	264	–	–	–	1.817	4.547
13	铁件	kg	651	46.7	48.4	92.9	0.5	7.8
14	铁钉	kg	653	1.1	1.1	0.6	–	–
15	碎石(6cm)	m^3	953	–	–	–	7.42	–

续前页

单位:10t 钢板桩及10t 钢套箱

顺序号	项目	单位	代号	钢板桩围堰			钢套箱围堰	
				陆地平台上打桩	水中平台上打桩	船上平台上打桩	无底模	有底模
				1	2	3	4	5
16	其他材料费	元	996	57.6	91.1	69.3	141.3	322.4
17	设备摊销费	元	997	62.0	62.8	14.6	3334.1	5961.1
18	8t 以内轮胎式起重机	台班	1440	1.71	2.26	3.14	–	–
19	12t 以内汽车式起重机	台班	1451	–	–	–	0.60	2.47
20	50kN 以内单筒慢动卷扬机	台班	1500	2.28	3.29	–	3.41	3.16
21	30kN 以内单筒快动卷扬机	台班	1509	–	–	–	13.64	12.66
22	300kN 以内振动打拔桩机	台班	1575	1.44	1.43	2.72	–	–
23	ϕ100mm 电动多级水泵(≤120m)	台班	1663	–	–	–	0.89	–
24	32kV·A 以内交流电弧焊机	台班	1726	–	0.84	1.63	0.23	0.79
25	44kW 以内内燃拖轮	艘班	1851	–	–	–	0.50	0.82
26	88kW 以内内燃拖轮	艘班	1852	–	0.54	0.64	–	–
27	100t 以内工程驳船	艘班	1874	–	–	–	1.50	2.47
28	150t 以内工程驳船	艘班	1875	–	1.16	2.77	–	–
29	潜水设备	台班	1945	–	–	–	3.05	1.24
30	小型机具使用费	元	1998	93.8	181.8	95.8	57.0	82.3
31	基价	元	1999	12654	16807	17737	29205	49219

5-1-3 开挖基坑

工程内容 人工或机械开挖、清运、抽水等的全部工序。

I. 人工开挖基坑

单位:1000m³

顺序号	项目	单位	代号	土方				石方
				干处	湿处			
					地面水(m)		地下水	
					4以内	2以内		
				1	2	3	4	5
1	人工	工日	1	535.5	736.3	736.3	736.3	1113.3
2	钢钎	kg	211	-	-	-	-	25.1
3	硝铵炸药	kg	841	-	-	-	-	150.4
4	导火线	m	842	-	-	-	-	365
5	普通雷管	个	845	-	-	-	-	288
6	煤	t	864	-	-	-	-	0.190
7	其他材料费	元	996	-	-	-	-	18.3
8	ϕ150mm电动单级离心水泵	台班	1653	-	93.83	61.18	35.30	-
9	基价	元	1999	26347	50980	45846	41777	56380

II. 人工挖卷扬机吊运

单位:1000m³

顺序号	项目	单位	代号	土方				石方
				干处	湿处			
					地面水(m)		地下水	
					4以内	2以内		
				6	7	8	9	10
1	人工	工日	1	424.2	600.4	600.4	600.4	826.2
2	原木	m^3	101	0.053	0.053	0.053	0.053	0.159
3	钢钎	kg	211	–	–	–	–	34.3
4	钢丝绳	t	221	0.002	0.002	0.002	0.002	0.007
5	铁件	kg	651	0.1	0.1	0.1	0.1	0.4
6	硝铵炸药	kg	841	–	–	–	–	200.2
7	导火线	m	842	–	–	–	–	492
8	普通雷管	个	845	–	–	–	–	384
9	煤	t	864	–	–	–	–	0.248
10	其他材料费	元	996	4.1	4.1	4.1	4.1	36.8
11	1t以内机动翻斗车	台班	1408	31.55	31.55	31.55	31.55	49.19
12	30kN以内单筒慢动卷扬机	台班	1499	13.61	13.61	13.61	13.61	52.75
13	ϕ150mm电动单级离心水泵	台班	1653	–	70.55	61.18	35.30	–
14	小型机具使用费	元	1998	0.1	0.1	0.1	0.1	0.4
15	基价	元	1999	26099	45861	44388	40319	53809

III. 机械开挖基坑

单位:1000m³

顺序号	项目	单位	代号	土方						石方
				挖掘机挖		卷扬机配抓斗挖				
							湿处			
				干处	地下水	干处	地面水(m)		地下水	
							4 以内	2 以内		
				11	12	13	14	15	16	17
1	人工	工日	1	223.5	234.3	307.8	307.8	307.8	307.8	614.1
2	原木	m^3	101	–	–	0.053	0.053	0.053	0.053	–
3	钢钎	kg	211	–	–	–	–	–	–	34.3
4	钢丝绳	t	221	–	–	0.002	0.002	0.002	0.002	–
5	铁件	kg	651	–	–	0.1	0.1	0.1	0.1	–
6	硝铵炸药	kg	841	–	–	–	–	–	–	200.2
7	导火线	m	842	–	–	–	–	–	–	492
8	普通雷管	个	845	–	–	–	–	–	–	384
9	煤	t	864	–	–	–	–	–	–	0.248
10	其他材料费	元	996	–	–	4.1	4.1	4.1	4.1	38.4
11	$0.6m^3$ 以内履带式单斗挖掘机	台班	1027	5.07	5.06	–	–	–	–	–
12	1t 以内机动翻斗车	台班	1408	31.55	31.55	31.55	31.55	31.55	31.55	49.19
13	30kN 以内单筒慢动卷扬机	台班	1499	–	–	30.87	30.87	30.87	30.87	–
14	ϕ150mm 电动单级离心水泵	台班	1653	–	35.30	–	93.83	61.18	35.30	–
15	$9m^3$/min 以内机动空压机	台班	1842	–	–	–	–	–	–	11.97
16	小型机具使用费	元	1998	–	–	399.9	399.9	399.9	399.9	501.0
17	基价	元	1999	17499	23575	22275	37029	31895	27826	45620

IV. 机械开挖锚碇基坑

单位:1000m³

顺序号	项目	单位	代号	土方		石方	
				放坡开挖	非放坡开挖	放坡开挖	非放坡开挖
				18	19	20	21
1	人工	工日	1	69.7	44.7	331.0	305.7
2	空心钢钎	kg	212	–	–	17.3	9.1
3	ϕ50mm 以内合金钻头	个	213	–	–	30.0	30.0
4	硝铵炸药	kg	841	–	–	178.3	134.4
5	导火线	m	842	–	–	462	336
6	普通雷管	个	845	–	–	361	272
7	其他材料费	元	996	–	140.9	28.2	164.7
8	75kW 以内履带式推土机	台班	1003	0.35	–	–	–
9	1.0m³ 以内履带式单斗挖掘机	台班	1035	–	2.72	–	–
10	2.0m³ 以内履带式单斗挖掘机	台班	1037	1.22	–	–	–
11	1.0m³ 以内轮胎式装载机	台班	1048	–	–	–	4.02
12	12t 以内 80m 高塔式起重机	台班	1471	–	2.60	–	4.02
13	9m³/min 以内机动空压机	台班	1842	–	–	5.10	7.83
14	小型机具使用费	元	1998	155.4	20.8	372.0	371.2
15	基价	元	1999	5514	7885	22109	28699

注:锚碇基坑开挖土石方的坑外运输应按自卸汽车运路基土石方定额另行计算,除放坡方式开挖石方需另计装车费用外,其他均不得再计装车费用。

5－1－4　天然地基上的混凝土、砌石基础

工程内容　混凝土、砌石的全部工序。

单位:10m³ 实体

顺序号	项　目	单位	代号	混凝土基础			砌石基础			
				实体式墩台		轻型墩台	干　砌		浆　砌	
				钢筋混凝土	片石混凝土		片石	块石	片石	块石
				1	2	3	4	5	6	7
1	人工	工日	1	5.4	5.4	9.3	7.3	7.2	9.9	9.8
2	C15 片石混凝土	m³	12	–	(10.20)	–	–	–	–	–
3	C15 水泥混凝土	m³	17	–	–	(4.79)	–	–	–	–
4	C25 水泥混凝土	m³	19	(10.20)	–	–	–	–	–	–
5	锯材	m³	102	0.001	0.001	0.001	–	–	–	–
6	型钢	t	182	0.004	0.004	0.004	–	–	–	–
7	组合钢模板	t	272	0.008	0.008	0.009	–	–	–	–
8	铁件	kg	651	2.9	2.9	3.5	–	–	–	–
9	32.5 级水泥	t	832	3.040	2.193	1.716	–	–	0.931	0.718
10	水	m³	866	12	12	8	–	–	4	4
11	中(粗)砂	m³	899	4.99	4.79	4.65	–	–	3.82	2.94
12	砂砾	m³	902	–	–	0.20	–	–	–	–

续前页　　　　单位：10m³ 实体

顺序号	项　目	单位	代号	混凝土基础			砌石基础			
				实体式墩台		轻型墩台	干　砌		浆　砌	
				钢筋混凝土	片石混凝土		片石	块石	片石	块石
				1	2	3	4	5	6	7
13	片石	m^3	931	0.00	2.19	6.10	12.50	–	11.50	–
14	碎石(4cm)	m^3	952	8.57	–	0.17	–	–	–	–
15	碎石(8cm)	m^3	954	–	7.24	3.81	–	–	–	–
16	块石	m^3	981	–	–	–	–	11.50	–	10.50
17	其他材料费	元	996	9.3	9.3	9.7	–	–	1.2	1.2
18	12t 以内汽车式起重机	台班	1451	0.18	0.18	0.08	–	–	–	–
19	小型机具使用费	元	1998	6.8	6.8	7.4	–	–	7.2	5.5
20	基价	元	1999	2233	1908	1856	784	1332	1416	1790

注：轻型桥墩、台基础的工程量包括基础、支撑梁、河床铺砌、隔水墙。

5-1-5 沉井基础

工程内容 1)薄壁沉井的下水轨道、钢壳沉井拼装船的安装、拆除；2)沉井制作、组拼、浮运、委高、定位落床、下沉、填塞等全部工序。

I. 沉井制作及拼装

单位：$10m^3$、1t 及 10t

顺序号	项目	单位	代号	重力式沉井	钢丝网水泥薄壁沉井	钢壳沉井	
						船上拼装	船坞拼装
				$10m^3$ 混凝土	1t 刃脚及骨架钢材	10t 钢材	
				1	2	3	4
1	人工	工日	1	11.8	46.9	164.9	147.1
2	C20 水泥混凝土	m^3	18	(10.20)	–	–	–
3	原木	m^3	101	0.031	–	0.365	–
4	锯材	m^3	102	0.024	0.115	0.985	0.800
5	光圆钢筋	t	111	–	0.137	–	–
6	带肋钢筋	t	112	–	0.089	–	–
7	型钢	t	182	0.030	0.948	0.070	–
8	钢板	t	183	–	0.039	0.028	–
9	钢管	t	191	0.004	0.007	–	–
10	电焊条	kg	231	0.6	13.4	36.7	80.0
11	钢壳沉井	t	265	–	–	10.000	10.000
12	组合钢模板	t	272	0.015	–	–	–

续前页

单位:10m³、1t 及 10t

顺序号	项目	单位	代号	重力式沉井	钢丝网水泥薄壁沉井	钢壳沉井	
						船上拼装	船坞拼装
				10m³ 混凝土	1t 刃脚及骨架钢材	10t 钢材	
				1	2	3	4
13	铁件	kg	651	6.6	0.3	34.1	20.0
14	铁钉	kg	653	0.1	0.1	–	–
15	8~12 号铁丝	kg	655	0.1	0.1	–	–
16	20~22 号铁丝	kg	656	–	380.4	–	–
17	32.5 级水泥	t	832	3.040	1.234	0.080	0.080
18	水	m^3	866	12	7	–	–
19	中(粗)砂	m^3	899	5.00	1.55	0.10	0.10
20	碎石(4cm)	m^3	952	8.57	0.07	–	–
21	其他材料费	元	996	16.5	10.2	206.6	180.2
22	25t 以内轮胎式起重机	台班	1443	–	–	1.48	1.33
23	12t 以内汽车式起重机	台班	1451	0.40	–	0.78	0.61
24	32kV·A 以内交流电弧焊机	台班	1726	0.06	2.33	11.11	10.30
25	$9m^3/min$ 以内机动空压机	台班	1842	–	–	1.53	1.53
26	221kW 以内内燃拖轮	艘班	1855	–	–	0.29	–
27	400t 以内工程驳船	艘班	1878	–	–	7.16	–
28	小型机具使用费	元	1998	7.4	27.5	54.1	30.8
29	基价	元	1999	2963	10217	67338	60686

II. 沉井浮运、定位落床

单位：10m² 沉井底面积及 10m³

顺序号	项目	单位	代号	钢丝网水泥薄壁沉井	钢壳沉井				井壁混凝土
					无导向船	有导向船 水深(m)			
						10 以内	20 以内	40 以内	
				10m² 沉井底面积					10m³
				5	6	7	8	9	10
1	人工	工日	1	54.1	40.9	58.9	77.8	118.4	6.7
2	C20 水下混凝土	m^3	28	–	–	–	–	–	(10.30)
3	原木	m^3	101	0.029	0.010	0.001	0.002	0.005	–
4	锯材	m^3	102	0.066	0.032	0.062	0.090	0.212	–
5	枕木	m^3	103	0.274	–	–	–	–	–
6	带肋钢筋	t	112	0.019	0.010	–	–	–	–
7	型钢	t	182	0.002	0.022	0.050	0.174	0.586	–
8	钢板	t	183	–	0.002	0.198	0.255	0.682	–
9	钢轨	t	185	0.040	–	–	–	–	–
10	钢丝绳	t	221	0.053	0.037	0.129	0.352	1.341	–
11	电焊条	kg	231	0.3	–	4.9	5.9	14.7	–
12	铁件	kg	651	1.9	0.1	1.7	2.4	6.2	–
13	20 ~ 22 号铁丝	kg	656	0.1	0.1	–	–	–	–

续前页　　　　单位：10m² 沉井底面积及 10m³

顺序号	项目	单位	代号	钢丝网水泥薄壁沉井	钢壳沉井				井壁混凝土
					无导向船	有导向船			
						水深(m)			
						10 以内	20 以内	40 以内	
				10m² 沉井底面积					10m³
				5	6	7	8	9	10
14	32.5 级水泥	t	832	0.754	0.092	–	–	–	3.790
15	水	m³	866	2	–	–	–	–	2
16	中(粗)砂	m³	899	2.19	0.15	–	–	–	5.36
17	片石	m³	931	2.56	0.55	0.21	0.29	0.38	–
18	碎石(4cm)	m³	952	3.61	0.26	–	–	–	8.04
19	其他材料费	元	996	145.5	64.6	212.9	314.5	527.2	1.9
20	设备摊销费	元	997	–	38.8	38.8	77.6	155.2	33.2
21	60m³/h 以内混凝土输送泵	台班	1316	–	–	–	–	–	0.04
22	15t 以内履带式起重机	台班	1432	–	–	0.14	0.23	0.49	–
23	12t 以内汽车式起重机	台班	1451	0.05	–	–	–	–	–
24	50kN 以内单筒慢动卷扬机	台班	1500	1.19	1.49	1.03	2.02	3.77	0.49
25	50kN 以内双筒快动卷扬机	台班	1523	–	–	0.34	0.68	1.02	–
26	ϕ150mm 电动单级离心水泵	台班	1653	1.15	0.68	0.34	0.68	1.02	–

续前页　　单位:10m² 沉井底面积及 10m³

顺序号	项目	单位	代号	钢丝网水泥薄壁沉井	钢壳沉井				井壁混凝土
					无导向船	有导向船 水深(m)			
						10 以内	20 以内	40 以内	
				10m² 沉井底面积					10m³
				5	6	7	8	9	10
27	32kV·A 以内交流电弧焊机	台班	1726	0.08	–	0.80	0.95	2.28	–
28	9m³/min 以内机动空压机	台班	1842	–	–	0.05	0.10	0.15	–
29	44kW 以内内燃拖轮	艘班	1851	1.13	0.88	–	–	–	–
30	147kW 以内内燃拖轮	艘班	1853	0.09	–	–	–	–	–
31	221kW 以内内燃拖轮	艘班	1855	–	0.41	0.95	1.43	1.63	–
32	294kW 以内内燃拖轮	艘班	1856	–	–	–	–	0.70	–
33	100t 以内工程驳船	艘班	1874	0.19	0.92	0.92	1.84	3.67	–
34	200t 以内工程驳船	艘班	1876	–	–	1.80	–	–	–
35	300t 以内工程驳船	艘班	1877	–	–	–	2.06	–	–
36	400t 以内工程驳船	艘班	1878	–	1.22	1.22	2.45	7.27	–
37	小型机具使用费	元	1998	7.4	20.0	30.2	57.6	111.3	0.7
38	基价	元	1999	5482	4863	8645	14008	30299	2436

III. 锚碇系统

单位:1 个锚

顺序号	项目	单位	代号	锚碇系统				
				钢筋混凝土锚				铁锚
				锚体质量(t)				
				15	25	35	45	
				11	12	13	14	15
1	人工	工日	1	76.3	85.5	97.5	112.5	46.4
2	原木	m^3	101	0.013	0.020	0.027	0.033	0.003
3	锯材	m^3	102	0.143	0.236	0.328	0.408	0.010
4	带肋钢筋	t	112	0.502	1.425	1.968	2.306	–
5	型钢	t	182	0.350	–	–	–	–
6	钢板	t	183	–	0.336	0.379	0.526	–
7	钢丝绳	t	221	0.200	0.200	0.629	0.629	0.629
8	电焊条	kg	231	3.1	8.9	12.3	14.4	–
9	锚链	t	650	0.300	0.810	1.611	1.801	0.790
10	铁件	kg	651	9.2	15.1	21.4	26.7	0.5
11	20~22 号铁丝	kg	656	2.5	7.1	9.8	11.5	–
12	32.5 级水泥	t	832	1.833	2.961	4.314	5.470	–
13	水	m^3	866	8	13	18	23	–
14	中(粗)砂	m^3	899	3.52	5.68	7.77	10.48	–

续前页

单位:1 个锚

顺序号	项　　目	单位	代号	锚碇系统				
				钢筋混凝土锚				铁　锚
				锚体质量(t)				
				15	25	35	45	
				11	12	13	14	15
15	碎石(8cm)	m^3	954	5.33	8.61	12.55	15.90	–
16	其他材料费	元	996	23.4	36.9	62.4	62.4	3.9
17	设备摊销费	元	997	212.2	212.2	212.2	212.2	5612.2
18	15t 以内履带式起重机	台班	1432	0.16	0.28	0.41	0.52	0.54
19	25t 以内履带式起重机	台班	1434	1.08	1.61	0.54	–	–
20	40t 以内履带式起重机	台班	1436	–	–	1.07	1.83	–
21	50kN 以内单筒慢动卷扬机	台班	1500	1.10	2.01	2.43	7.27	2.50
22	50kN 以内双筒快动卷扬机	台班	1523	2.74	2.74	3.57	3.57	1.85
23	32kV·A 以内交流电弧焊机	台班	1726	0.32	0.91	1.25	1.47	–
24	147kW 以内内燃拖轮	艘班	1853	1.77	–	–	–	1.59
25	221kW 以内内燃拖轮	艘班	1855	–	1.77	2.10	2.32	–
26	300t 以内工程驳船	艘班	1877	2.38	4.31	–	–	2.91
27	400t 以内工程驳船	艘班	1878	–	–	4.57	5.94	–
28	小型机具使用费	元	1998	69.0	80.7	92.3	100.6	63.0
29	基价	元	1999	17358	29116	44576	51875	23625

IV. 沉 井 下 沉

单位:$10m^3$ 实体

顺序号	项　目	单位	代号	抽水下沉 人工开挖机械抽水卷扬机提升出土 下沉深度(m) 0~5 砂土、黏土	砂砾	砾(卵)石	软质岩石	硬质岩石
				16	17	18	19	20
1	人工	工日	1	9.0	16.6	20.2	25.2	31.1
2	原木	m^3	101	0.014	0.014	0.014	0.014	0.014
3	锯材	m^3	102	0.022	0.022	0.022	0.022	0.022
4	钢钎	kg	211	–	–	–	–	1.8
5	ϕ50mm 以内合金钻头	个	213	–	–	–	–	–
6	硝铵炸药	kg	841	–	–	–	–	12.3
7	其他材料费	元	996	0.5	0.5	0.5	0.5	30.8
8	10t 以内履带式起重机	台班	1431	–	–	–	–	–
9	30kN 以内单筒慢动卷扬机	台班	1499	0.84	1.54	1.89	2.46	3.16
10	50kN 以内双筒快动卷扬机	台班	1523	–	–	–	–	–
11	ϕ150mm 电动单级离心水泵	台班	1653	1.47	2.70	3.28	4.29	5.54
12	ϕ150mm 电动多级水泵(≤180m)	台班	1665	–	–	–	–	–
13	$9m^3$/min 以内机动空压机	台班	1842	–	–	–	–	–
14	88kW 以内内燃拖轮	艘班	1852	–	–	–	–	–
15	100t 以内工程驳船	艘班	1874	–	–	–	–	–
16	潜水设备	台班	1945	–	–	–	–	–
17	小型机具使用费	元	1998	–	–	–	–	–
18	基价	元	1999	793	1421	1720	2175	2837

续前页

单位:10m³ 实体

顺序号	项目	单位	代号	抽水下沉				
				人工开挖机械抽水卷扬机提升出土				
				下沉深度(m)				
				5~10				
				砂土、黏土	砂砾	砾(卵)石	软质岩石	硬质岩石
				21	22	23	24	25
1	人工	工日	1	12.8	20.4	24.9	28.3	34.8
2	原木	m^3	101	0.014	0.014	0.014	0.014	0.014
3	锯材	m^3	102	0.022	0.022	0.022	0.022	0.022
4	钢钎	kg	211	–	–	–	–	1.8
5	ϕ50mm 以内合金钻头	个	213	–	–	–	–	–
6	硝铵炸药	kg	841	–	–	–	–	12.3
7	其他材料费	元	996	0.5	0.5	0.5	0.5	30.8
8	10t 以内履带式起重机	台班	1431	–	–	–	–	–
9	30kN 以内单筒慢动卷扬机	台班	1499	1.19	1.91	2.33	2.74	3.54
10	50kN 以内双筒快动卷扬机	台班	1523	–	–	–	–	–
11	ϕ150mm 电动单级离心水泵	台班	1653	2.09	3.35	4.07	4.81	6.20
12	ϕ150mm 电动多级水泵(≤180m)	台班	1665	–	–	–	–	–
13	9m³/min 以内机动空压机	台班	1842	–	–	–	–	–
14	88kW 以内内燃拖轮	艘班	1852	–	–	–	–	–
15	100t 以内工程驳船	艘班	1874	–	–	–	–	–
16	潜水设备	台班	1945	–	–	–	–	–
17	小型机具使用费	元	1998	–	–	–	–	–
18	基价	元	1999	1108	1743	2114	2433	3155

续前页　　单位:10m³ 实体

顺序号	项　　目	单位	代号	抽水下沉				
				人工开挖机械抽水卷扬机提升出土				
				下沉深度(m)				
				10~15				
				砂土、黏土	砂砾	砾(卵)石	软质岩石	硬质岩石
				26	27	28	29	30
1	人工	工日	1	17.9	33.2	40.3	50.2	61.9
2	原木	m^3	101	0.014	0.014	0.014	0.014	0.014
3	锯材	m^3	102	0.022	0.022	0.022	0.022	0.022
4	钢钎	kg	211	–	–	–	–	1.8
5	ϕ50mm 以内合金钻头	个	213	–	–	–	–	–
6	硝铵炸药	kg	841	–	–	–	–	12.3
7	其他材料费	元	996	0.5	0.5	0.5	0.5	30.8
8	10t 以内履带式起重机	台班	1431	–	–	–	–	–
9	30kN 以内单筒慢动卷扬机	台班	1499	1.65	3.09	3.76	4.90	6.29
10	50kN 以内双筒快动卷扬机	台班	1523	–	–	–	–	–
11	ϕ150mm 电动单级离心水泵	台班	1653	2.91	5.41	6.59	8.57	11.05
12	ϕ150mm 电动多级水泵(≤180m)	台班	1665	–	–	–	–	–
13	9m³/min 以内机动空压机	台班	1842	–	–	–	–	–
14	88kW 以内内燃拖轮	艘班	1852	–	–	–	–	–
15	100t 以内工程驳船	艘班	1874	–	–	–	–	–
16	潜水设备	台班	1945	–	–	–	–	–
17	小型机具使用费	元	1998	–	–	–	–	–
18	基价	元	1999	1528	2799	3392	4290	5491

续前页 单位:10m³ 实体

顺序号	项目	单位	代号	静水下沉				
				卷扬机带抓斗捞土				
				下沉深度(m)				
				0~10				
				砂土、黏土	砂砾	砾(卵)石	软质岩石	硬质岩石
				31	32	33	34	35
1	人工	工日	1	4.3	5.1	8.6	13.2	19.3
2	原木	m^3	101	0.007	0.007	0.012	0.019	0.027
3	锯材	m^3	102	0.011	0.011	0.019	0.031	0.042
4	钢钎	kg	211	–	–	–	–	1.0
5	ϕ50mm 以内合金钻头	个	213	–	–	–	–	1.0
6	硝铵炸药	kg	841	–	–	–	–	25.0
7	其他材料费	元	996	0.2	0.3	0.8	3.0	20.8
8	10t 以内履带式起重机	台班	1431	–	–	–	–	–
9	30kN 以内单筒慢动卷扬机	台班	1499	–	–	–	–	–
10	50kN 以内双筒快动卷扬机	台班	1523	0.48	0.57	0.96	1.47	2.16
11	ϕ150mm 电动单级离心水泵	台班	1653	–	–	–	–	–
12	ϕ150mm 电动多级水泵(≤180m)	台班	1665	0.35	0.41	0.68	1.06	1.55
13	9m^3/min 以内机动空压机	台班	1842	–	–	–	–	0.46
14	88kW 以内内燃拖轮	艘班	1852	–	–	–	–	–
15	100t 以内工程驳船	艘班	1874	–	–	–	–	–
16	潜水设备	台班	1945	0.41	0.48	0.82	1.25	1.85
17	小型机具使用费	元	1998	2.0	2.3	4.0	6.1	26.1
18	基价	元	1999	603	706	1192	1836	3159

续前页　　　　单位:10m³ 实体

顺序号	项目	单位	代号	静水下沉				
				卷扬机带抓斗捞土				
				下沉深度(m)				
				10~20				
				砂土、黏土	砂砾	砾(卵)石	软质岩石	硬质岩石
				36	37	38	39	40
1	人工	工日	1	4.7	5.6	9.5	15.4	22.5
2	原木	m^3	101	0.007	0.007	0.012	0.019	0.027
3	锯材	m^3	102	0.011	0.011	0.019	0.031	0.042
4	钢钎	kg	211	–	–	–	–	1.0
5	ϕ50mm 以内合金钻头	个	213	–	–	–	–	1.0
6	硝铵炸药	kg	841	–	–	–	–	25.0
7	其他材料费	元	996	0.2	0.3	0.8	3.0	20.8
8	10t 以内履带式起重机	台班	1431	–	–	–	–	–
9	30kN 以内单筒慢动卷扬机	台班	1499	–	–	–	–	–
10	50kN 以内双筒快动卷扬机	台班	1523	0.53	0.63	1.06	1.72	2.52
11	ϕ150mm 电动单级离心水泵	台班	1653	0.45	0.54	0.91	1.47	2.15
12	ϕ150mm 电动多级水泵(≤180m)	台班	1665	0.50	0.59	1.00	1.61	2.37
13	$9m^3$/min 以内机动空压机	台班	1842	0.27	0.33	0.54	0.88	1.30
14	88kW 以内内燃拖轮	艘班	1852	–	–	–	–	–
15	100t 以内工程驳船	艘班	1874	–	–	–	–	–
16	潜水设备	台班	1945	0.45	0.54	0.91	1.47	2.15
17	小型机具使用费	元	1998	23.8	28.4	47.8	77.7	131.3
18	基价	元	1999	942	1122	1888	3058	4697

续前页

单位:10m³ 实体

顺序号	项目	单位	代号	静水下沉				
				卷扬机带抓斗捞土				
				下沉深度(m)				
				20~30				
				砂土、黏土	砂砾	砾(卵)石	软质岩石	硬质岩石
				41	42	43	44	45
1	人工	工日	1	5.4	6.4	10.9	18.4	26.9
2	原木	m^3	101	0.007	0.007	0.012	0.019	0.027
3	锯材	m^3	102	0.011	0.011	0.019	0.031	0.042
4	钢钎	kg	211	–	–	–	–	1.0
5	ϕ50mm 以内合金钻头	个	213	–	–	–	–	1.0
6	硝铵炸药	kg	841	–	–	–	–	25.0
7	其他材料费	元	996	0.2	0.3	0.8	3.0	20.8
8	10t 以内履带式起重机	台班	1431	–	–	–	–	–
9	30kN 以内单筒慢动卷扬机	台班	1499	–	–	–	–	–
10	50kN 以内双筒快动卷扬机	台班	1523	0.60	0.72	1.22	2.05	3.01
11	ϕ150mm 电动单级离心水泵	台班	1653	1.03	1.23	2.09	3.51	5.14
12	ϕ150mm 电动多级水泵(≤180m)	台班	1665	0.64	0.77	1.31	2.19	3.21
13	9m³/min 以内机动空压机	台班	1842	0.67	0.81	1.36	2.28	3.35
14	88kW 以内内燃拖轮	艘班	1852	–	–	–	–	–
15	100t 以内工程驳船	艘班	1874	–	–	–	–	–
16	潜水设备	台班	1945	0.52	0.61	1.04	1.75	2.57
17	小型机具使用费	元	1998	56.4	67.0	113.6	190.9	296.9
18	基价	元	1999	1409	1680	2849	4783	7225

续前页

单位:$10m^3$ 实体

顺序号	项目	单位	代号	静水下沉					
				卷扬机带抓斗捞土					履带式起重机带抓斗抓砂土、黏土、砂砾
				下沉深度(m)					
				30~40					
				砂土、黏土	砂砾	砾(卵)石	软质岩石	硬质岩石	
				46	47	48	49	50	51
1	人工	工日	1	8.2	9.7	16.4	23.0	33.6	0.6
2	原木	m^3	101	0.007	0.007	0.012	0.019	0.027	–
3	锯材	m^3	102	0.011	0.011	0.019	0.031	0.042	0.005
4	钢钎	kg	211	–	–	–	–	1.0	–
5	ϕ50mm 以内合金钻头	个	213	–	–	–	–	1.0	–
6	硝铵炸药	kg	841	–	–	–	–	25.0	–
7	其他材料费	元	996	0.2	0.3	0.8	3.0	20.8	1.0
8	10t 以内履带式起重机	台班	1431	–	–	–	–	–	0.62
9	30kN 以内单筒慢动卷扬机	台班	1499	–	–	–	–	–	–
10	50kN 以内双筒快动卷扬机	台班	1523	0.91	1.08	1.84	2.56	3.75	–
11	ϕ150mm 电动单级离心水泵	台班	1653	1.55	1.85	3.13	4.38	6.41	1.07
12	ϕ150mm 电动多级水泵(≤180m)	台班	1665	0.97	1.15	1.96	2.73	4.00	0.50
13	$9m^3$/min 以内机动空压机	台班	1842	1.08	1.30	2.19	3.06	4.49	0.81
14	88kW 以内内燃拖轮	艘班	1852	–	–	–	–	–	0.06
15	100t 以内工程驳船	艘班	1874	–	–	–	–	–	1.55
16	潜水设备	台班	1945	0.78	0.93	1.56	2.18	3.20	0.51
17	小型机具使用费	元	1998	90.7	107.7	184.4	257.3	391.4	44.9
18	基价	元	1999	2161	2572	4351	6089	9130	1835

V. 沉 井 填 塞

单位：$10m^3$ 实体

顺序号	项目	单位	代号	实心		空心
				混凝土、片石混凝土	片石掺砂、砂砾、砂	混凝土
				52	53	54
1	人工	工日	1	5.5	6.3	8.0
2	C10 片石混凝土	m^3	11	(2.93)	–	–
3	C15 水泥混凝土	m^3	17	(2.93)	–	–
4	C25 水泥混凝土	m^3	19	(1.69)	–	(4.00)
5	C20 水下混凝土	m^3	28	(2.65)	–	(6.20)
6	锯材	m^3	102	–	–	0.094
7	型钢	t	182	–	–	0.012
8	铁件	kg	651	–	–	2.2
9	32.5 级水泥	t	832	2.844	1.543	3.623
10	水	m^3	866	9	3	6
11	中(粗)砂	m^3	899	5.07	4.43	5.14
12	片石	m^3	931	0.63	5.85	–
13	碎石(4cm)	m^3	952	5.64	3.48	8.16
14	碎石(8cm)	m^3	954	2.43	–	–
15	其他材料费	元	996	1.6	0.3	1.1
16	设备摊销费	元	997	1.6	1.6	3.8

续前页　　　　单位：$10m^3$ 实体

顺序号	项　目	单位	代号	实　心		空　心
				混凝土、片石混凝土	片石掺砂、砂砾、砂	混　凝　土
				52	53	54
17	12t 以内汽车式起重机	台班	1451	0.36	0.22	0.51
18	小型机具使用费	元	1998	8.9	2.6	6.2
19	基价	元	1999	2206	1621	2865

注：1. 钢丝网水泥薄壁浮运沉井已计入平台、刃脚混凝土及砂浆抹面；

2. 船坞开挖及排水工程按挖基相应定额另行计算；

3. 钢筋混凝土锚碇自重与定额不同时，按相近锚体质量定额执行，可按锚体体积比例抽换定额中的水泥、中（粗）砂、碎石的数量，但其他数量不得调整；

4. 铁锚定额是按锚体质量为5t 的锚碇并按每基础次使用12 个月编制的，若锚碇的实际质量及使用期与定额不同时，可按实际数量予以调整定额中的设备摊销费；

5. 沉井下沉应按土、石所在的不同深度分别采用不同的下沉深度定额，如沉井下沉在5m 以内的土、石应采用下沉深度0 ~ 5m 的定额，当沉井继续下沉到10m 以内时，对于超过5m 的土、石应执行下沉深度5 ~ 10m 的定额；

6. 当下沉深度超过40m 时，按每增加10m 为一档，每增加一档按下沉深度30 ~ 40m 定额的人工、机械分不同地质乘以下列系数进行计算：

地质分类	砂土、黏土	砂　砾	砾（卵）石	软质岩石	硬质岩石
系数	1.5	1.5	1.5	1.3	1.2

7. 沉井 $10m^3$ 填塞实体包括沉井封底、填芯、封顶体积在内。

5-1-6 地下连续墙

工程内容 1)导墙施工;2)地连墙成槽;3)锁口管安装、拔出;4)槽块清底置换;5)内衬及墙体浇筑。

单位:表列单位

顺序号	项目	单位	代号	导墙		挖土成槽				锁口管吊拔		
						履带式液压抓斗			二钻一抓			
				开挖	混凝土	槽深(m)						
						15以内	25以内	35以内	25以内	15以内	25以内	35以内
				10m³						1段		
				1	2	3	4	5	6	7	8	9
1	人工	工日	1	0.9	23.4	11.0	12.4	14.1	13.9	15.8	20.4	25.2
2	C25水下混凝土	m³	29	–	–	–	–	–	–	–	–	–
3	C20泵送混凝土	m³	46	–	(10.40)	–	–	–	–	–	–	–
4	C25泵送混凝土	m³	47	–	–	–	–	–	–	–	–	–
5	锯材	m³	102	–	0.171	–	–	–	–	–	–	–
6	型钢	t	182	–	–	–	–	–	–	–	–	–
7	电焊条	kg	231	–	–	–	–	–	–	–	–	–
8	钢模板	t	271	–	0.015	–	–	–	–	–	–	–
9	铁件	kg	651	–	35.4	–	–	–	–	–	–	–
10	32.5级水泥	t	832	0.113	3.380	–	–	–	–	–	–	–

续前页　　　　　　　　　　　　　　　　　　　　　　　　　　单位:表列单位

顺序号	项　　目	单位	代号	导　墙		挖土成槽				锁口管吊拔		
						履带式液压抓斗			二钻一抓			
				开挖	混凝土	槽　深　(m)						
						15 以内	25 以内	35 以内	25 以内	15 以内	25 以内	35 以内
				10m³						1 段		
				1	2	3	4	5	6	7	8	9
11	水	m³	866	–	12	8	8	8	9	2	3	4
12	中(粗)砂	m³	899	0.19	6.14	–	–	–	–	–	–	–
13	黏土	m³	911	–	–	–	–	–	–	–	–	–
14	膨润土	kg	912	–	–	603.0	603.0	603.0	725.6	–	–	–
15	碎石(4cm)	m³	952	0.32	7.80	–	–	–	–	–	–	–
16	其他材料费	元	996	0.1	11.6	156.8	156.8	156.8	188.8	759.0	1012.0	1518.0
17	设备摊销费	元	997	–	–	–	–	–	–	280.0	466.8	719.5
18	$0.6m^3$ 以内履带式单斗挖掘机	台班	1027	0.09	–	–	–	–	–	–	–	–
19	$2.0m^3$ 以内轮胎式装载机	台班	1050	–	–	–	–	–	–	–	–	–
20	$30m^3/h$ 以内混凝土输送泵	台班	1314	–	0.13	–	–	–	–	–	–	–
21	$60m^3/h$ 以内混凝土输送泵	台班	1316	–	–	–	–	–	–	–	–	–
22	3t 以内自卸汽车	台班	1382	–	–	0.34	0.48	0.63	0.48	–	–	–
23	15t 以内履带式起重机	台班	1432	–	–	–	–	–	–	0.80	1.02	–

续前页

单位：表列单位

顺序号	项目	单位	代号	导墙		挖土成槽				锁口管吊拔		
						履带式液压抓斗			二钻一抓			
				开挖	混凝土	槽深（m）						
						15 以内	25 以内	35 以内	25 以内	15 以内	25 以内	35 以内
				$10m^3$						1 段		
				1	2	3	4	5	6	7	8	9
24	40t 以内履带式起重机	台班	1436	–	–	–	–	–	–	–	–	1.02
25	50t 以内履带式起重机	台班	1437	–	–	–	–	–	–	–	–	–
26	ϕ1200mm 以内冲击反循环钻机	台班	1593	–	–	–	–	–	0.10	–	–	–
27	泥浆制作循环设备	台班	1621	–	–	0.34	0.48	0.63	0.48	–	–	–
28	铣槽机	台班	1635	–	–	–	–	–	–	–	–	–
29	履带式液压抓斗成槽机	台班	1636	–	–	0.34	0.48	0.63	–	–	–	–
30	履带式绳索抓斗成槽机	台班	1637	–	–	–	–	–	0.48	–	–	–
31	液压冲击重凿机	台班	1638	–	–	–	–	–	–	–	–	–
32	锁口管顶升机	台班	1639	–	–	–	–	–	–	0.80	1.02	1.26
33	ϕ100mm 以内泥浆泵	台班	1681	–	–	–	–	–	–	–	–	–
34	32kV·A 以内交流电弧焊机	台班	1726	–	–	–	–	–	–	–	–	–
35	$9m^3$/min 以内机动空压机	台班	1842	–	–	–	–	–	–	–	–	–
36	小型机具使用费	元	1998	–	–	25.7	25.7	25.7	25.7	–	–	–
37	基价	元	1999	155	3605	2437	3056	3729	3114	2692	3599	5193

续前页

单位:表列单位

顺序号	项目	单位	代号	铣削成槽		凿铣成槽	内衬	连续墙	
				Ⅰ期槽	Ⅱ期槽		混凝土	清底置换	墙身混凝土
				100m³			10m³	1段	10m³
				10	11	12	13	14	15
1	人工	工日	1	16.7	45.5	276.8	4.9	13.7	6.2
2	C25水下混凝土	m³	29	–	–	–	–	–	(12.13)
3	C20泵送混凝土	m³	46	–	–	–	–	–	–
4	C25泵送混凝土	m³	47	–	–	–	(10.40)	–	–
5	锯材	m³	102	–	–	–	0.036	–	–
6	型钢	t	182	–	–	–	0.016	–	–
7	电焊条	kg	231	5.2	6.8	8.1	–	–	–
8	钢模板	t	271	–	–	–	0.007	–	–
9	铁件	kg	651	–	–	–	14.4	–	–
10	32.5级水泥	t	832	–	–	–	3.869	–	5.180
11	水	m³	866	–	–	–	18	3	6
12	中(粗)砂	m³	899	–	–	–	6.03	–	6.19
13	黏土	m³	911	3.09	4.03	4.43	–	–	–
14	膨润土	kg	912	6454.9	7586.8	8533.5	–	200.0	–
15	碎石(4cm)	m³	952	–	–	–	7.59	–	8.37

续前页　　　　　　　　　　　　　　　　　　　　　　　　　　　　单位:表列单位

顺序号	项目	单位	代号	铣削成槽		凿铣成槽	内衬	连续墙	
				Ⅰ期槽	Ⅱ期槽		混凝土	清底置换	墙身混凝土
				100m³			10m³	1段	10m³
				10	11	12	13	14	15
16	其他材料费	元	996	426.4	432.7	426.4	58.8	52.0	21.2
17	设备摊销费	元	997	–	–	–	–	–	14.8
18	0.6m³ 以内履带式单斗挖掘机	台班	1027	–	–	–	–	–	–
19	2.0m³ 以内轮胎式装载机	台班	1050	0.19	0.32	0.75	–	–	–
20	30m³/h 以内混凝土输送泵	台班	1314	–	–	–	–	–	–
21	60m³/h 以内混凝土输送泵	台班	1316	–	–	–	0.11	–	0.09
22	3t 以内自卸汽车	台班	1382	–	–	–	–	–	–
23	15t 以内履带式起重机	台班	1432	–	–	–	–	1.02	0.12
24	40t 以内履带式起重机	台班	1436	0.19	0.32	0.77	0.03	–	–
25	50t 以内履带式起重机	台班	1437	0.19	0.32	0.77	–	–	–
26	φ1200mm 以内冲击反循环钻机	台班	1593	–	–	–	–	–	–
27	泥浆制作循环设备	台班	1621	1.62	2.40	17.34	–	–	–
28	铣槽机	台班	1635	1.99	3.08	3.96	–	–	–
29	履带式液压抓斗成槽机	台班	1636	–	–	–	–	–	–
30	履带式绳索抓斗成槽机	台班	1637	–	–	–	–	–	–

续前页　　　　　　　　　　　　　　　　　　　　　　　　　　　　　　　　　单位:表列单位

顺序号	项　目	单位	代号	铣削成槽		凿铣成槽	内衬	连续墙	
				Ⅰ期槽	Ⅱ期槽		混凝土	清底置换	墙身混凝土
				100m³			10m³	1段	10m³
				10	11	12	13	14	15
31	液压冲击重凿机	台班	1638	–	–	13.39	–	–	–
32	锁口管顶升机	台班	1639	–	–	–	–	–	–
33	ϕ100mm 以内泥浆泵	台班	1681	–	–	–	–	2.04	0.18
34	32kV·A 以内交流电弧焊机	台班	1726	1.26	2.07	3.28	–	–	–
35	9m³/min 以内机动空压机	台班	1842	–	–	–	–	2.04	–
36	小型机具使用费	元	1998	6.3	21.2	8.5	14.7	–	–
37	基价	元	1999	33334	50793	141087	2707	3062	3047

5-1-7 打钢筋混凝土方桩

工程内容 1)打桩工作平台的制作、安装、拆除;2)预制、打桩的全部工序。

单位:10m³ 桩体积

顺序号	项目	单位	代号	在陆地工作平台上打		在水中工作平台上打		在船上工作平台上打	
				基桩	排架桩	基桩	排架桩	基桩	排架桩
				1	2	3	4	5	6
1	人工	工日	1	57.8	61.2	60.3	63.5	69.9	74.7
2	C30 水泥混凝土	m^3	20	(10.38)	(10.38)	(10.38)	(10.38)	(10.38)	(10.38)
3	锯材	m^3	102	0.625	0.918	0.625	0.918	0.597	0.874
4	型钢	t	182	0.029	0.082	0.029	0.082	0.062	0.176
5	钢丝绳	t	221	0.010	0.010	0.010	0.010	0.001	0.001
6	电焊条	kg	231	–	–	–	–	0.1	0.3
7	铁件	kg	651	16.6	19.2	16.6	19.2	16.2	17.7
8	铁钉	kg	653	6.1	6.6	6.1	6.6	6.1	6.6
9	32.5 级水泥	t	832	4.257	4.257	4.257	4.257	4.257	4.257
10	水	m^3	866	17	17	17	17	17	17
11	中(粗)砂	m^3	899	4.83	4.83	4.83	4.83	4.83	4.83
12	碎石(2cm)	m^3	951	8.28	8.28	8.28	8.28	8.28	8.28
13	其他材料费	元	996	384.0	440.7	384.0	440.7	382.7	439.6

续前页 单位:$10m^3$ 桩体积

顺序号	项目	单位	代号	在陆地工作平台上打		在水中工作平台上打		在船上工作平台上打	
				基桩	排架桩	基桩	排架桩	基桩	排架桩
				1	2	3	4	5	6
14	设备摊销费	元	997	16.7	47.4	16.7	47.4	7.8	22.2
15	8t 以内轮胎式起重机	台班	1440	0.27	0.27	0.27	0.27	–	–
16	12t 以内汽车式起重机	台班	1451	–	–	0.17	0.17	0.17	0.17
17	30kN 以内单筒慢动卷扬机	台班	1499	0.21	0.21	0.21	0.21	–	–
18	50kN 以内单筒慢动卷扬机	台班	1500	–	–	–	–	0.16	0.16
19	1.8t 以内柴油打桩机	台班	1569	2.07	1.96	2.28	2.15	3.21	3.01
20	32kV·A 以内交流电弧焊机	台班	1726	–	–	–	–	–	0.02
21	221kW 以内内燃拖轮	艘班	1855	–	–	0.57	0.52	1.01	0.93
22	200t 以内工程驳船	艘班	1876	–	–	1.27	1.17	5.62	5.20
23	小型机具使用费	元	1998	20.9	21.5	20.9	21.5	19.2	19.6
24	基价	元	1999	7624	8434	9372	10044	12635	13362

注:1. 本定额为不射水桩打桩,如为射水桩,按相应定额人工及机械台班消耗乘以 0.98 的系数,并按打桩机台班数量增加 ϕ100mm 电动多级水泵(≤120m)台班,其余不变;

2. 本定额为打直桩,如打斜桩时,人工乘 1.08 的系数,机械乘 1.20 的系数。

5-1-8 打钢管桩、接头

工程内容 1)打桩工作平台的制作、安装、拆除；2)打桩的全部工序。

I. 在陆地工作平台上打桩 单位:10根及10个接头

顺序号	项目	单位	代号	电动卷扬机打桩	振动打拔桩锤打桩		钢管桩接头
				桩径40cm以内	桩径60cm以内		
				桩长25m以内	桩长30m以内	桩长40m以内	
				10根			10个
				1	2	3	4
1	人工	工日	1	59.3	52.6	87.7	44.5
2	原木	m^3	101	0.256	4.772	4.772	-
3	锯材	m^3	102	1.075	0.969	0.979	-
4	型钢	t	182	0.039	0.045	0.045	-
5	钢板	t	183	0.002	-	-	0.353
6	电焊条	kg	231	17.1	17.2	28.5	41.2
7	钢管桩	t	262	19.240	36.375	50.925	-
8	铁件	kg	651	1.4	143.3	143.3	-
9	铁钉	kg	653	89.3	0.8	0.8	-
10	其他材料费	元	996	177.5	173.4	291.4	34.3

续前页　　单位:10 根及 10 个接头

顺序号	项　目	单位	代号	电动卷扬机打桩	振动打拔桩锤打桩		钢管桩接头
				桩径 40cm 以内	桩径 60cm 以内		
				桩长 25m 以内	桩长 30m 以内	桩长 40m 以内	
				10 根			10 个
				1	2	3	4
11	设备摊销费	元	997	–	26.1	26.1	–
12	15t 以内履带式起重机	台班	1432	–	9.96	4.59	2.35
13	50kN 以内单筒慢动卷扬机	台班	1500	3.12	–	–	–
14	300kN 以内振动打拔桩锤	台班	1581	–	2.69	4.59	–
15	32kV·A 以内交流电弧焊机	台班	1726	3.12	5.39	9.14	4.85
16	小型机具使用费	元	1998	16.2	14.3	24.0	64.7
17	基价	元	1999	102552	199654	272225	5961

II. 在水中工作平台上打桩　　单位:10 根及 10 个接头

顺序号	项目	单位	代号	电动卷扬机打桩	振动打拔桩锤打桩		钢管桩接头
				桩径 40cm 以内	桩径 60cm 以内	桩径 80cm 以内	
				桩长 30m 以内	桩长 40m 以内	桩长 40m 以内	
				10 根			10 个
				5	6	7	8
1	人工	工日	1	97.1	87.8	101.6	54.9
2	原木	m^3	101	4.772	4.772	4.772	–
3	锯材	m^3	102	0.891	0.978	0.993	–
4	型钢	t	182	0.133	0.165	0.166	–
5	钢板	t	183	0.002	–	–	0.353
6	电焊条	kg	231	16.6	61.0	52.5	61.2
7	钢管桩	t	262	24.050	50.925	63.180	–
8	铁件	kg	651	143.0	144.0	144.0	–
9	铁钉	kg	653	0.8	0.8	0.8	–
10	其他材料费	元	996	156.6	319.9	354.2	34.3
11	设备摊销费	元	997	0.2	26.4	26.4	–
12	15t 以内履带式起重机	台班	1432	–	5.02	8.20	2.94
13	50kN 以内单筒慢动卷扬机	台班	1500	2.96	0.42	0.42	–

续前页　　　　单位:10 根及 10 个接头

顺序号	项　目	单位	代号	电动卷扬机打桩	振动打拔桩锤打桩		钢管桩接头
				桩径 40cm 以内	桩径 60cm 以内	桩径 80cm 以内	
				桩长 30m 以内	桩长 40m 以内	桩长 40m 以内	
				10 根			10 个
				5	6	7	8
14	300kN 以内振动打拔桩锤	台班	1581	–	5.02	8.20	–
15	32kV·A 以内交流电弧焊机	台班	1726	2.91	10.37	16.73	6.96
16	221kW 以内内燃拖轮	艘班	1855	0.33	0.65	1.09	–
17	200t 以内工程驳船	艘班	1876	0.67	1.30	2.18	–
18	小型机具使用费	元	1998	41.9	62.0	78.6	80.4
19	基价	元	1999	134377	275026	366806	7157

III. 在船上工作平台上打桩

单位:10 根及 10 个接头

顺序号	项目	单位	代号	电动卷扬机打桩	振动打拔桩锤打桩		钢管桩接头
				桩径 60cm 以内	桩径 80cm 以内	桩径 120cm 以内	
				桩长 30m 以内	桩长 40m 以内	桩长 50m 以内	
				10 根			10 个
				9	10	11	12
1	人工	工日	1	111.4	109.1	125.1	73.5
2	原木	m^3	101	5.219	5.219	5.219	–
3	锯材	m^3	102	2.221	2.290	2.344	–
4	型钢	t	182	0.331	0.331	0.331	–
5	钢板	t	183	–	–	–	0.412
6	电焊条	kg	231	41.7	66.8	25.8	79.6
7	钢管桩	t	262	36.375	58.440	117.400	–
8	铁件	kg	651	86.0	137.6	137.6	–
9	铁钉	kg	653	0.8	1.0	1.0	–
10	其他材料费	元	996	33.5	53.6	63.8	94.1
11	15t 以内履带式起重机	台班	1432	–	2.39	3.56	3.50
12	50kN 以内单筒慢动卷扬机	台班	1500	1.75	–	–	–
13	300kN 以内振动打拔桩锤	台班	1581	–	2.39	3.56	–

续前页　　　　单位:10 根及 10 个接头

顺序号	项　目	单位	代号	电动卷扬机打桩	振动打拔桩锤打桩		钢管桩接头
				桩径 60cm 以内	桩径 80cm 以内	桩径 120cm 以内	
				桩长 30m 以内	桩长 40m 以内	桩长 50m 以内	
				10 根			10 个
				9	10	11	12
14	32kV·A 以内交流电弧焊机	台班	1726	1.76	2.40	3.57	7.52
15	221kW 以内内燃拖轮	艘班	1855	0.48	0.49	0.51	-
16	200t 以内工程驳船	艘班	1876	2.26	3.10	4.77	0.99
17	小型机具使用费	元	1998	49.7	68.1	102.1	112.6
18	基价	元	1999	200124	313349	610803	9311

5-1-9 钢管桩填芯

工程内容 抽水、安拆导管、钢管内填芯。

单位:$10m^3$

顺序号	项目	单位	代号	混凝土	土	砂砾	碎石
				1	2	3	4
1	人工	工日	1	15.5	3.0	2.8	2.6
2	C20 水泥混凝土	m^3	18	(10.20)	-	-	-
3	32.5 级水泥	t	832	3.040	-	-	-
4	水	m^3	866	3	-	-	-
5	中(粗)砂	m^3	899	5.00	-	-	-
6	砂砾	m^3	902	-	-	12.80	-
7	碎石(4cm)	m^3	952	8.57	-	-	12.80
8	其他材料费	元	996	2.0	-	-	-
9	设备摊销费	元	997	20.5	-	-	-
10	12t 以内汽车式起重机	台班	1451	0.63	0.12	0.18	0.18
11	ϕ100mm 电动多级水泵(≤120m)	台班	1663	1.86	-	-	-
12	小型机具使用费	元	1998	3.0	2.0	2.0	1.5
13	基价	元	1999	3358	234	664	960

5-1-10 人工挖孔

工程内容 1)挖孔的全部工序;2)护壁混凝土的全部工序。

单位:10m³

顺序号	项目	单位	代号	挖孔				
				孔深10m以内				
				砂(黏)土、砂砾	砾(卵)石	软石	次坚石	坚石
				1	2	3	4	5
1	人工	工日	1	9.1	11.1	13.5	19.8	35.4
2	C15水泥混凝土	m³	17	-	-	-	-	-
3	原木	m³	101	-	-	-	-	-
4	型钢	t	182	-	-	-	-	-
5	钢钎	kg	211	-	-	0.2	0.4	0.5
6	组合钢模板	t	272	-	-	-	-	-
7	铁件	kg	651	-	-	-	-	-
8	32.5级水泥	t	832	-	-	-	-	-
9	硝铵炸药	kg	841	-	-	1.8	2.5	3.4
10	导火线	m	842	-	-	8	13	18
11	普通雷管	个	845	-	-	6	9	12
12	煤	t	864	-	-	0.002	0.002	0.003

续前页

单位：$10m^3$

顺序号	项目	单位	代号	挖孔				
				孔深10m以内				
				砂(黏)土、砂砾	砾(卵)石	软石	次坚石	坚石
				1	2	3	4	5
13	水	m^3	866	–	–	–	–	–
14	中(粗)砂	m^3	899	–	–	–	–	–
15	碎石(4cm)	m^3	952	–	–	–	–	–
16	其他材料费	元	996	–	–	–	–	–
17	50kN以内单筒慢动卷扬机	台班	1500	2.91	3.55	4.31	6.29	11.24
18	$9m^3$/min以内机动空压机	台班	1842	–	–	0.72	1.05	1.88
19	小型机具使用费	元	1998	17.4	21.0	25.8	37.7	67.5
20	基价	元	1999	755	921	1537	2248	4005

续前页　　　　单位：$10m^3$

顺序号	项目	单位	代号	挖孔					现浇混凝土护壁
				孔深10m以外					
				砂(黏)土、砂砾	砾(卵)石	软石	次坚石	坚石	
				6	7	8	9	10	11
1	人工	工日	1	12.1	14.7	18.0	26.4	47.0	30.9
2	C15水泥混凝土	m^3	17	–	–	–	–	–	(10.50)
3	原木	m^3	101	–	–	–	–	–	0.059
4	型钢	t	182	–	–	–	–	–	0.032
5	钢钎	kg	211	–	–	0.2	0.4	0.5	–
6	组合钢模板	t	272	–	–	–	–	–	0.049
7	铁件	kg	651	–	–	–	–	–	32.1
8	32.5级水泥	t	832	–	–	–	–	–	2.804
9	硝铵炸药	kg	841	–	–	1.8	2.5	3.4	–
10	导火线	m	842	–	–	8	13	18	–
11	普通雷管	个	845	–	–	6	9	12	–
12	煤	t	864	–	–	0.002	0.002	0.003	–
13	水	m^3	866	–	–	–	–	–	13
14	中(粗)砂	m^3	899	–	–	–	–	–	5.25

续前页 单位:10m^3

顺序号	项目	单位	代号	挖孔					现浇混凝土护壁
				孔深10m以外					
				砂(黏)土、砂砾	砾(卵)石	软石	次坚石	坚石	
				6	7	8	9	10	11
15	碎石(4cm)	m^3	952	–	–	–	–	–	8.93
16	其他材料费	元	996	–	–	–	–	–	56.4
17	50kN以内单筒慢动卷扬机	台班	1500	3.86	4.71	5.73	8.38	14.96	1.40
18	9m^3/min以内机动空压机	台班	1842	–	–	0.96	1.39	2.49	–
19	小型机具使用费	元	1998	34.8	42.0	51.5	75.0	134.1	10.4
20	基价	元	1999	1015	1234	2057	3005	5348	4042

5－1－11 卷扬机带冲抓锥冲孔

工程内容 钻孔的全部工序。

单位：10m

顺序号	项目	单位	代号	孔深 20m 以内				
				砂土	黏土	砂砾	砾石	卵石
				1	2	3	4	5
1	人工	工日	1	25.6	34.8	90.5	145.0	214.6
2	锯材	m^3	102	0.010	0.010	0.010	0.010	0.010
3	电焊条	kg	231	0.4	0.8	1.0	1.5	3.1
4	水	m^3	866	38	40	54	54	61
5	黏土	m^3	911	7.01	2.81	9.84	9.84	11.23
6	其他材料费	元	996	2.1	2.1	2.1	2.1	2.1
7	设备摊销费	元	997	88.5	91.6	98.9	106.0	122.5
8	10t 以内载货汽车	台班	1376	0.21	0.21	0.21	0.21	0.21
9	12t 以内汽车式起重机	台班	1451	0.21	0.21	0.21	0.21	0.21
10	50kN 以内双筒快动卷扬机	台班	1523	2.02	2.95	8.02	13.10	19.56
11	32kV·A 以内交流电弧焊机	台班	1726	0.04	0.08	0.11	0.17	0.34
12	小型机具使用费	元	1998	1.9	2.6	6.6	10.4	15.5
13	基价	元	1999	2032	2616	6281	9828	14390

续前页

单位:10m

顺序号	项目	单位	代号	孔深 30m 以内				
				砂土	黏土	砂砾	砾石	卵石
				6	7	8	9	10
1	人工	工日	1	30.9	42.7	114.9	185.4	276.3
2	锯材	m^3	102	0.007	0.007	0.007	0.007	0.007
3	电焊条	kg	231	0.4	0.8	1.0	1.5	3.1
4	水	m^3	866	38	40	54	54	61
5	黏土	m^3	911	7.01	2.81	9.84	9.84	11.23
6	其他材料费	元	996	1.4	1.4	1.4	1.4	1.4
7	设备摊销费	元	997	88.5	91.6	98.9	106.0	122.5
8	10t 以内载货汽车	台班	1376	0.14	0.14	0.14	0.14	0.14
9	12t 以内汽车式起重机	台班	1451	0.14	0.14	0.14	0.14	0.14
10	50kN 以内双筒快动卷扬机	台班	1523	2.60	3.77	10.37	16.95	25.39
11	32kV·A 以内交流电弧焊机	台班	1726	0.04	0.08	0.11	0.17	0.34
12	小型机具使用费	元	1998	2.2	3.1	8.2	13.2	19.8
13	基价	元	1999	2303	3055	7787	12372	18314

续前页 单位:10m

顺序号	项目	单位	代号	孔深40m以内				
				砂土	黏土	砂砾	砾石	卵石
				11	12	13	14	15
1	人工	工日	1	44.2	63.2	174.7	290.7	433.6
2	锯材	m^3	102	0.005	0.005	0.005	0.005	0.005
3	电焊条	kg	231	0.4	0.8	1.0	1.5	3.1
4	水	m^3	866	38	40	54	54	61
5	黏土	m^3	911	7.01	2.81	9.84	9.84	11.23
6	其他材料费	元	996	1.0	1.0	1.0	1.0	1.0
7	设备摊销费	元	997	88.5	91.6	98.9	106.0	122.5
8	10t以内载货汽车	台班	1376	0.10	0.10	0.10	0.10	0.10
9	12t以内汽车式起重机	台班	1451	0.10	0.10	0.10	0.10	0.10
10	50kN以内双筒快动卷扬机	台班	1523	3.88	5.72	16.00	26.81	40.10
11	32kV·A以内交流电弧焊机	台班	1726	0.04	0.08	0.11	0.17	0.34
12	小型机具使用费	元	1998	3.1	4.5	12.5	20.8	31.0
13	基价	元	1999	3121	4339	11621	19152	28463

续前页

单位:10m

顺序号	项目	单位	代号	孔深50m以内				
				砂土	黏土	砂砾	砾石	卵石
				16	17	18	19	20
1	人工	工日	1	64.6	94.3	264.6	443.3	663.5
2	锯材	m^3	102	0.004	0.004	0.004	0.004	0.004
3	电焊条	kg	231	0.4	0.8	1.0	1.5	3.1
4	水	m^3	866	38	40	54	54	61
5	黏土	m^3	911	7.01	2.81	9.84	9.84	11.23
6	其他材料费	元	996	0.8	0.8	0.8	0.8	0.8
7	设备摊销费	元	997	88.5	91.6	98.9	106.0	122.5
8	10t以内载货汽车	台班	1376	0.08	0.08	0.08	0.08	0.08
9	12t以内汽车式起重机	台班	1451	0.08	0.08	0.08	0.08	0.08
10	50kN以内双筒快动卷扬机	台班	1523	5.82	8.65	24.40	41.05	61.54
11	32kV·A以内交流电弧焊机	台班	1726	0.04	0.08	0.11	0.17	0.34
12	小型机具使用费	元	1998	4.6	6.8	18.9	31.7	47.5
13	基价	元	1999	4424	6334	17424	29017	43336

5－1－12　卷扬机带冲击锥冲孔

工程内容　钻孔的全部工序。

单位：10m

顺序号	项　目	单位	代号	桩径150cm以内							
				孔深20m以内							
				砂土	黏土	砂砾	砾石	卵石	软石	次坚石	坚石
				1	2	3	4	5	6	7	8
1	人工	工日	1	17.6	20.5	40.7	60.1	78.8	114.1	155.2	251.8
2	锯材	m^3	102	0.009	0.009	0.009	0.009	0.009	0.009	0.009	0.009
3	电焊条	kg	231	0.3	0.6	0.8	1.2	2.5	2.7	3.2	3.7
4	水	m^3	866	61	52	81	81	81	71	71	71
5	黏土	m^3	911	21.00	14.01	28.02	28.02	28.02	24.54	24.54	24.54
6	其他材料费	元	996	1.9	1.9	1.9	1.9	1.9	1.9	1.9	1.9
7	设备摊销费	元	997	99.0	101.3	109.3	112.5	120.0	124.4	135.0	141.4
8	10t以内载货汽车	台班	1376	0.21	0.21	0.21	0.21	0.21	0.21	0.21	0.21
9	12t以内汽车式起重机	台班	1451	0.21	0.21	0.21	0.21	0.21	0.21	0.21	0.21
10	50kN以内双筒快动卷扬机	台班	1523	2.28	3.43	8.39	13.83	19.06	29.08	40.59	67.58
11	32kV·A以内交流电弧焊机	台班	1726	0.03	0.07	0.09	0.14	0.28	0.31	0.36	0.42
12	小型机具使用费	元	1998	12.8	18.9	45.2	79.5	101.8	155.1	216.2	359.6
13	基价	元	1999	1827	2113	4100	6005	7846	11280	15298	24704

续前页

单位:10m

顺序号	项目	单位	代号	桩径150cm以内							
				孔深30m以内							
				砂土	黏土	砂砾	砾石	卵石	软石	次坚石	坚石
				9	10	11	12	13	14	15	16
1	人工	工日	1	18.4	22.3	49.1	75.8	98.1	134.8	185.3	339.7
2	锯材	m^3	102	0.006	0.006	0.006	0.006	0.006	0.006	0.006	0.006
3	电焊条	kg	231	0.3	0.6	0.8	1.2	2.5	2.7	3.2	3.7
4	水	m^3	866	61	52	81	81	81	71	71	71
5	黏土	m^3	911	21.00	14.01	28.02	28.02	28.02	24.54	24.54	24.54
6	其他材料费	元	996	1.3	1.3	1.3	1.3	1.3	1.3	1.3	1.3
7	设备摊销费	元	997	99.0	101.3	109.3	112.5	120.0	124.4	135.0	141.4
8	10t以内载货汽车	台班	1376	0.14	0.14	0.14	0.14	0.14	0.14	0.14	0.14
9	12t以内汽车式起重机	台班	1451	0.14	0.14	0.14	0.14	0.14	0.14	0.14	0.14
10	50kN以内双筒快动卷扬机	台班	1523	3.01	4.44	11.24	18.70	24.94	35.37	49.49	92.63
11	32kV·A以内交流电弧焊机	台班	1726	0.03	0.07	0.09	0.14	0.28	0.31	0.36	0.42
12	小型机具使用费	元	1998	16.5	24.1	60.2	105.6	132.9	188.3	263.3	492.4
13	基价	元	1999	1904	2288	4915	7527	9719	13292	18221	33245

续前页

单位:10m

顺序号	项目	单位	代号	桩径150cm以内							
				孔深40m以内							
				砂土	黏土	砂砾	砾石	卵石	软石	次坚石	坚石
				17	18	19	20	21	22	23	24
1	人工	工日	1	20.2	25.9	60.6	96.5	125.9	175.3	242.9	448.8
2	锯材	m^3	102	0.005	0.005	0.005	0.005	0.005	0.005	0.005	0.005
3	电焊条	kg	231	0.3	0.6	0.8	1.2	2.5	2.7	3.2	3.7
4	水	m^3	866	61	52	81	81	81	71	71	71
5	黏土	m^3	911	21.00	14.01	28.02	28.02	28.02	24.54	24.54	24.54
6	其他材料费	元	996	1.0	1.0	1.0	1.0	1.0	1.0	1.0	1.0
7	设备摊销费	元	997	99.0	101.3	109.3	112.5	120.0	124.4	135.0	141.4
8	10t以内载货汽车	台班	1376	0.10	0.10	0.10	0.10	0.10	0.10	0.10	0.10
9	12t以内汽车式起重机	台班	1451	0.10	0.10	0.10	0.10	0.10	0.10	0.10	0.10
10	50kN以内双筒快动卷扬机	台班	1523	3.82	5.75	14.78	24.79	33.03	47.01	65.88	123.46
11	32kV·A以内交流电弧焊机	台班	1726	0.03	0.07	0.09	0.14	0.28	0.31	0.36	0.42
12	小型机具使用费	元	1998	20.6	30.8	78.8	138.0	175.6	250.0	350.2	655.9
13	基价	元	1999	2083	2641	6040	9543	12428	17236	23822	43862

续前页　　　　单位:10m

顺序号	项目	单位	代号	桩径200cm以内							
				孔深20m以内							
				砂土	黏土	砂砾	砾石	卵石	软石	次坚石	坚石
				25	26	27	28	29	30	31	32
1	人工	工日	1	21.2	24.0	50.0	73.6	96.6	139.2	189.4	307.1
2	锯材	m^3	102	0.014	0.014	0.014	0.014	0.014	0.014	0.014	0.014
3	电焊条	kg	231	0.3	0.7	0.9	1.4	2.8	3.0	3.6	4.1
4	水	m^3	866	109	92	145	145	145	126	126	126
5	黏土	m^3	911	37.32	24.90	49.79	49.79	49.79	43.62	43.62	43.62
6	其他材料费	元	996	2.2	2.2	2.2	2.2	2.2	2.2	2.2	2.2
7	设备摊销费	元	997	109.0	111.3	119.3	122.5	130.0	134.4	145.0	151.4
8	10t以内载货汽车	台班	1376	0.12	0.12	0.12	0.12	0.12	0.12	0.12	0.12
9	12t以内汽车式起重机	台班	1451	0.12	0.12	0.12	0.12	0.12	0.12	0.12	0.12
10	50kN以内双筒快动卷扬机	台班	1523	2.66	4.06	10.10	16.71	23.12	35.34	49.38	82.28
11	32kV·A以内交流电弧焊机	台班	1726	0.04	0.08	0.10	0.15	0.31	0.34	0.40	0.46
12	小型机具使用费	元	1998	14.9	22.3	54.4	95.4	123.6	188.5	263.1	437.7
13	基价	元	1999	2139	2415	4974	7288	9546	13690	18593	30052

续前页　　　　　　　　　　　　　　　　　　　　　　　　　　　　　　单位:10m

顺序号	项目	单位	代号	桩径200cm以内							
				孔深30m以内							
				砂土	黏土	砂砾	砾石	卵石	软石	次坚石	坚石
				33	34	35	36	37	38	39	40
1	人工	工日	1	22.4	26.3	59.2	90.4	120.8	165.1	226.7	414.9
2	锯材	m^3	102	0.010	0.010	0.010	0.010	0.010	0.010	0.010	0.010
3	电焊条	kg	231	0.3	0.7	0.9	1.4	2.8	3.0	3.6	4.1
4	水	m^3	866	109	92	145	145	145	126	126	126
5	黏土	m^3	911	37.32	24.90	49.79	49.79	49.79	43.62	43.62	43.62
6	其他材料费	元	996	1.5	1.5	1.5	1.5	1.5	1.5	1.5	1.5
7	设备摊销费	元	997	109.0	111.3	119.3	122.5	130.0	134.4	145.0	151.4
8	10t以内载货汽车	台班	1376	0.08	0.08	0.08	0.08	0.08	0.08	0.08	0.08
9	12t以内汽车式起重机	台班	1451	0.08	0.08	0.08	0.08	0.08	0.08	0.08	0.08
10	50kN以内双筒快动卷扬机	台班	1523	3.45	5.14	13.12	21.85	30.32	43.05	60.28	112.87
11	32kV·A以内交流电弧焊机	台班	1726	0.04	0.08	0.10	0.15	0.31	0.34	0.40	0.46
12	小型机具使用费	元	1998	18.9	27.9	70.2	122.7	161.5	229.2	320.6	599.9
13	基价	元	1999	2280	2661	5892	8944	11920	16236	22247	40558

续前页　　单位:10m

顺序号	项目	单位	代号	桩径200cm以内							
				孔深40m以内							
				砂土	黏土	砂砾	砾石	卵石	软石	次坚石	坚石
				41	42	43	44	45	46	47	48
1	人工	工日	1	25.6	31.7	75.3	119.0	155.1	215.0	297.3	548.5
2	锯材	m^3	102	0.007	0.007	0.007	0.007	0.007	0.007	0.007	0.007
3	电焊条	kg	231	0.3	0.7	0.9	1.4	2.8	3.0	3.6	4.1
4	水	m^3	866	109	92	145	145	145	126	126	126
5	黏土	m^3	911	37.32	24.90	49.79	49.79	49.79	43.62	43.62	43.62
6	其他材料费	元	996	1.1	1.1	1.1	1.1	1.1	1.1	1.1	1.1
7	设备摊销费	元	997	109.0	111.3	119.3	122.5	130.0	134.4	145.0	151.4
8	10t以内载货汽车	台班	1376	0.06	0.06	0.06	0.06	0.06	0.06	0.06	0.06
9	12t以内汽车式起重机	台班	1451	0.06	0.06	0.06	0.06	0.06	0.06	0.06	0.06
10	50kN以内双筒快动卷扬机	台班	1523	4.59	6.93	17.92	30.11	40.22	57.27	80.27	150.50
11	32kV·A以内交流电弧焊机	台班	1726	0.04	0.08	0.10	0.15	0.31	0.34	0.40	0.46
12	小型机具使用费	元	1998	24.7	37.2	95.5	166.5	213.9	304.4	426.6	799.5
13	基价	元	1999	2605	3206	7481	11743	15281	21106	29127	53569

5-1-13 冲击钻机冲孔

工程内容 钻孔的全部工序。

单位:10m

顺序号	项目	单位	代号	桩径100cm以内							
				孔深20m以内							
				砂土	黏土	砂砾	砾石	卵石	软石	次坚石	坚石
				1	2	3	4	5	6	7	8
1	人工	工日	1	12.8	14.8	27.3	38.2	44.5	66.4	91.4	153.9
2	锯材	m^3	102	0.016	0.016	0.016	0.016	0.016	0.016	0.016	0.016
3	电焊条	kg	231	0.3	0.6	0.7	1.1	2.2	2.4	2.9	3.3
4	铁件	kg	651	0.2	0.2	0.2	0.2	0.2	0.2	0.2	0.2
5	水	m^3	866	27	23	36	36	36	32	32	32
6	黏土	m^3	911	9.34	6.23	12.45	12.45	12.45	10.91	10.91	10.91
7	其他材料费	元	996	1.5	1.5	1.5	1.5	1.5	1.5	1.5	1.5
8	设备摊销费	元	997	32.0	33.1	37.1	38.8	42.5	44.7	50.0	53.2
9	10t以内载货汽车	台班	1376	0.25	0.25	0.25	0.25	0.25	0.25	0.25	0.25
10	12t以内汽车式起重机	台班	1451	0.25	0.25	0.25	0.25	0.25	0.25	0.25	0.25
11	22型电动冲击钻机	台班	1588	1.79	2.79	7.27	11.57	14.07	22.76	32.61	57.28
12	30型电动冲击钻机	台班	1589	-	-	-	-	-	-	-	-
13	32kV·A以内交流电弧焊机	台班	1726	0.03	0.06	0.08	0.12	0.25	0.27	0.32	0.37
14	基价	元	1999	1676	2088	4271	6259	7431	11416	15966	27333

续前页 单位:10m

顺序号	项目	单位	代号	桩径100cm以内							
				孔深30m以内							
				砂土	黏土	砂砾	砾石	卵石	软石	次坚石	坚石
				9	10	11	12	13	14	15	16
1	人工	工日	1	12.1	14.0	27.8	38.7	45.9	75.1	105.1	169.1
2	锯材	m^3	102	0.011	0.011	0.011	0.011	0.011	0.011	0.011	0.011
3	电焊条	kg	231	0.3	0.6	0.7	1.1	2.2	2.4	2.9	3.3
4	铁件	kg	651	0.2	0.2	0.2	0.2	0.2	0.2	0.2	0.2
5	水	m^3	866	27	23	36	36	36	32	32	32
6	黏土	m^3	911	9.34	6.23	12.45	12.45	12.45	10.91	10.91	10.91
7	其他材料费	元	996	1.0	1.0	1.0	1.0	1.0	1.0	1.0	1.0
8	设备摊销费	元	997	32.0	33.1	37.1	38.8	42.5	44.7	50.0	53.2
9	10t以内载货汽车	台班	1376	0.17	0.17	0.17	0.17	0.17	0.17	0.17	0.17
10	12t以内汽车式起重机	台班	1451	0.17	0.17	0.17	0.17	0.17	0.17	0.17	0.17
11	22型电动冲击钻机	台班	1588	2.31	3.29	8.26	12.56	15.37	27.02	38.85	64.04
12	30型电动冲击钻机	台班	1589	–	–	–	–	–	–	–	–
13	32kV·A以内交流电弧焊机	台班	1726	0.03	0.06	0.08	0.12	0.25	0.27	0.32	0.37
14	基价	元	1999	1715	2115	4527	6515	7835	13173	18633	30249

续前页　　单位:10m

顺序号	项目	单位	代号	桩径100cm以内							
				孔深40m以内							
				砂土	黏土	砂砾	砾石	卵石	软石	次坚石	坚石
				17	18	19	20	21	22	23	24
1	人工	工日	1	11.5	14.2	32.2	46.6	55.8	94.0	133.2	216.8
2	锯材	m^3	102	0.008	0.008	0.008	0.008	0.008	0.008	0.008	0.008
3	电焊条	kg	231	0.3	0.6	0.7	1.1	2.2	2.4	2.9	3.3
4	铁件	kg	651	0.1	0.1	0.1	0.1	0.1	0.1	0.1	0.1
5	水	m^3	866	27	23	36	36	36	32	32	32
6	黏土	m^3	911	9.34	6.23	12.45	12.45	12.45	10.91	10.91	10.91
7	其他材料费	元	996	0.7	0.7	0.7	0.7	0.7	0.7	0.7	0.7
8	设备摊销费	元	997	32.0	33.1	37.1	38.8	42.5	44.7	50.0	53.2
9	10t以内载货汽车	台班	1376	0.13	0.13	0.13	0.13	0.13	0.13	0.13	0.13
10	12t以内汽车式起重机	台班	1451	0.13	0.13	0.13	0.13	0.13	0.13	0.13	0.13
11	22型电动冲击钻机	台班	1588	2.60	3.89	10.53	16.16	19.82	34.98	50.42	83.35
12	30型电动冲击钻机	台班	1589	–	–	–	–	–	–	–	–
13	32kV·A以内交流电弧焊机	台班	1726	0.03	0.06	0.08	0.12	0.25	0.27	0.32	0.37
14	基价	元	1999	1731	2275	5453	8060	9764	16723	23848	39026

续前页

单位:10m

顺序号	项　目	单位	代号	桩径150cm以内							
				孔深20m以内							
				砂土	黏土	砂砾	砾石	卵石	软石	次坚石	坚石
				25	26	27	28	29	30	31	32
1	人工	工日	1	15.8	16.9	32.9	44.0	51.8	78.2	107.5	170.7
2	锯材	m^3	102	0.022	0.022	0.022	0.022	0.022	0.022	0.022	0.022
3	电焊条	kg	231	0.3	0.6	0.8	1.2	2.5	2.7	3.2	3.7
4	铁件	kg	651	0.3	0.3	0.3	0.3	0.3	0.3	0.3	0.3
5	水	m^3	866	61	52	81	81	81	71	71	71
6	黏土	m^3	911	21.00	14.01	28.02	28.02	28.02	24.54	24.54	24.54
7	其他材料费	元	996	2.1	2.1	2.1	2.1	2.1	2.1	2.1	2.1
8	设备摊销费	元	997	50.0	51.9	58.6	61.3	67.5	71.2	80.0	85.4
9	10t以内载货汽车	台班	1376	0.25	0.25	0.25	0.25	0.25	0.25	0.25	0.25
10	12t以内汽车式起重机	台班	1451	0.25	0.25	0.25	0.25	0.25	0.25	0.25	0.25
11	22型电动冲击钻机	台班	1588	–	–	–	–	–	–	–	–
12	30型电动冲击钻机	台班	1589	2.15	3.04	8.43	12.78	15.85	26.50	38.00	62.92
13	32kV·A以内交流电弧焊机	台班	1726	0.03	0.07	0.09	0.14	0.28	0.31	0.36	0.42
14	基价	元	1999	2346	2753	6146	8693	10508	16654	23374	37900

续前页

单位:10m

顺序号	项目	单位	代号	桩径 150cm 以内							
				孔深 30m 以内							
				砂土	黏土	砂砾	砾石	卵石	软石	次坚石	坚石
				33	34	35	36	37	38	39	40
1	人工	工日	1	14.8	17.0	35.1	48.7	57.1	93.3	130.3	207.3
2	锯材	m^3	102	0.015	0.015	0.015	0.015	0.015	0.015	0.015	0.015
3	电焊条	kg	231	0.3	0.6	0.8	1.2	2.5	2.7	3.2	3.7
4	铁件	kg	651	0.2	0.2	0.2	0.2	0.2	0.2	0.2	0.2
5	水	m^3	866	61	52	81	81	81	71	71	71
6	黏土	m^3	911	21.00	14.01	28.02	28.02	28.02	24.54	24.54	24.54
7	其他材料费	元	996	1.5	1.5	1.5	1.5	1.5	1.5	1.5	1.5
8	设备摊销费	元	997	50.0	51.9	58.6	61.3	67.5	71.2	80.0	85.4
9	10t 以内载货汽车	台班	1376	0.17	0.17	0.17	0.17	0.17	0.17	0.17	0.17
10	12t 以内汽车式起重机	台班	1451	0.17	0.17	0.17	0.17	0.17	0.17	0.17	0.17
11	22 型电动冲击钻机	台班	1588	–	–	–	–	–	–	–	–
12	30 型电动冲击钻机	台班	1589	2.58	3.89	10.08	15.44	18.75	33.26	47.83	78.12
13	32kV·A 以内交流电弧焊机	台班	1726	0.03	0.07	0.09	0.14	0.28	0.31	0.36	0.42
14	基价	元	1999	2389	3043	6905	10036	11991	20386	28889	46551

续前页　　　　单位:10m

顺序号	项目	单位	代号	桩径150cm以内							
				孔深40m以内							
				砂土	黏土	砂砾	砾石	卵石	软石	次坚石	坚石
				41	42	43	44	45	46	47	48
1	人工	工日	1	14.9	17.5	40.9	58.7	69.5	116.9	164.9	265.2
2	锯材	m^3	102	0.011	0.011	0.011	0.011	0.011	0.011	0.011	0.011
3	电焊条	kg	231	0.3	0.6	0.8	1.2	2.5	2.7	3.2	3.7
4	铁件	kg	651	0.2	0.2	0.2	0.2	0.2	0.2	0.2	0.2
5	水	m^3	866	61	52	81	81	81	71	71	71
6	黏土	m^3	911	21.00	14.01	28.02	28.02	28.02	24.54	24.54	24.54
7	其他材料费	元	996	1.1	1.1	1.1	1.1	1.1	1.1	1.1	1.1
8	设备摊销费	元	997	50.0	51.9	58.6	61.3	67.5	71.2	80.0	85.4
9	10t以内载货汽车	台班	1376	0.13	0.13	0.13	0.13	0.13	0.13	0.13	0.13
10	12t以内汽车式起重机	台班	1451	0.13	0.13	0.13	0.13	0.13	0.13	0.13	0.13
11	22型电动冲击钻机	台班	1588	–	–	–	–	–	–	–	–
12	30型电动冲击钻机	台班	1589	3.14	4.63	12.86	19.88	24.12	43.03	61.97	101.46
13	32kV·A以内交流电弧焊机	台班	1726	0.03	0.07	0.09	0.14	0.28	0.31	0.36	0.42
14	基价	元	1999	2597	3353	8409	12507	15005	25964	37008	60026

续前页

单位:10m

顺序号	项目	单位	代号	桩径 150cm 以内							
				孔深 50m 以内							
				砂土	黏土	砂砾	砾石	卵石	软石	次坚石	坚石
				49	50	51	52	53	54	55	56
1	人工	工日	1	12.7	18.3	44.7	67.9	82.1	144.3	206.8	336.5
2	锯材	m^3	102	0.009	0.009	0.009	0.009	0.009	0.009	0.009	0.009
3	电焊条	kg	231	0.3	0.6	0.8	1.2	2.5	2.7	3.2	3.7
4	铁件	kg	651	0.1	0.1	0.1	0.1	0.1	0.1	0.1	0.1
5	水	m^3	866	61	52	81	81	81	71	71	71
6	黏土	m^3	911	21.00	14.01	28.02	28.02	28.02	24.54	24.54	24.54
7	其他材料费	元	996	0.9	0.9	0.9	0.9	0.9	0.9	0.9	0.9
8	设备摊销费	元	997	50.0	51.9	58.6	61.3	67.5	71.2	80.0	85.4
9	10t 以内载货汽车	台班	1376	0.10	0.10	0.10	0.10	0.10	0.10	0.10	0.10
10	12t 以内汽车式起重机	台班	1451	0.10	0.10	0.10	0.10	0.10	0.10	0.10	0.10
11	22 型电动冲击钻机	台班	1588	–	–	–	–	–	–	–	–
12	30 型电动冲击钻机	台班	1589	3.95	6.16	16.55	25.68	31.28	55.79	80.44	131.50
13	32kV·A 以内交流电弧焊机	台班	1726	0.03	0.07	0.09	0.14	0.28	0.31	0.36	0.42
14	基价	元	1999	2821	4053	10246	15575	18863	33112	47482	77241

5-1-14 回旋钻机钻孔

工程内容 1)泥浆循环系统制作、安装、拆除;2)钻孔的全部工序。

I. 陆地上钻孔

单位:10m

顺序号	项目	单位	代号	桩径100cm以内							
				孔深30m以内							
				砂土	黏土	砂砾	砾石	卵石	软石	次坚石	坚石
				1	2	3	4	5	6	7	8
1	人工	工日	1	9.3	9.7	14.4	20.6	24.2	36.4	50.1	80.5
2	锯材	m^3	102	0.010	0.010	0.010	0.010	0.010	0.010	0.010	0.010
3	电焊条	kg	231	0.1	0.2	0.3	0.5	0.9	1.0	1.2	1.4
4	铁件	kg	651	0.1	0.1	0.1	0.1	0.1	0.1	0.1	0.1
5	水	m^3	866	22	18	31	31	31	27	27	27
6	黏土	m^3	911	4.47	2.98	5.96	5.96	5.96	5.22	5.22	5.22
7	其他材料费	元	996	1.0	1.0	1.0	1.0	1.0	1.0	1.0	1.0
8	设备摊销费	元	997	7.9	8.6	9.2	10.6	18.3	20.0	24.4	27.5
9	1.0m^3以内履带式单斗挖掘机	台班	1035	0.03	0.03	0.03	0.03	0.03	0.03	0.03	0.03
10	15t以内载货汽车	台班	1378	0.11	0.11	0.11	0.11	0.11	0.11	0.11	0.11
11	15t以内履带式起重机	台班	1432	0.10	0.10	0.10	0.10	0.10	0.10	0.10	0.10
12	ϕ1500mm以内回旋钻机	台班	1600	1.70	1.88	3.09	4.86	5.90	9.40	13.33	22.04
13	ϕ2500mm以内回旋钻机	台班	1602	–	–	–	–	–	–	–	–
14	ϕ3000mm以内回旋钻机	台班	1603	–	–	–	–	–	–	–	–
15	ϕ3500mm以内回旋钻机	台班	1604	–	–	–	–	–	–	–	–
16	泥浆搅拌机	台班	1624	0.27	0.27	0.27	0.27	0.27	0.27	0.27	0.27
17	32kV·A以内交流电弧焊机	台班	1726	0.01	0.03	0.03	0.05	0.10	0.11	0.13	0.15
18	基价	元	1999	2561	2767	4351	6592	7919	12335	17306	28315

续前页　　　　单位:10m

顺序号	项目	单位	代号	桩径 100cm 以内							
				孔深 40m 以内							
				砂土	黏土	砂砾	砾石	卵石	软石	次坚石	坚石
				9	10	11	12	13	14	15	16
1	人工	工日	1	9.0	9.5	14.3	21.3	24.6	37.9	53.1	86.4
2	锯材	m^3	102	0.007	0.007	0.007	0.007	0.007	0.007	0.007	0.007
3	电焊条	kg	231	0.1	0.2	0.3	0.5	0.9	1.0	1.2	1.4
4	铁件	kg	651	0.1	0.1	0.1	0.1	0.1	0.1	0.1	0.1
5	水	m^3	866	22	18	31	31	31	27	27	27
6	黏土	m^3	911	4.47	2.98	5.96	5.96	5.96	5.22	5.22	5.22
7	其他材料费	元	996	0.7	0.7	0.7	0.7	0.7	0.7	0.7	0.7
8	设备摊销费	元	997	7.9	8.6	9.2	10.6	18.3	20.0	24.4	27.5
9	1.0m^3 以内履带式单斗挖掘机	台班	1035	0.02	0.02	0.02	0.02	0.02	0.02	0.02	0.02
10	15t 以内载货汽车	台班	1378	0.08	0.08	0.08	0.08	0.08	0.08	0.08	0.08
11	15t 以内履带式起重机	台班	1432	0.08	0.08	0.08	0.08	0.08	0.08	0.08	0.08
12	ϕ1500mm 以内回旋钻机	台班	1600	1.79	1.99	3.25	5.23	6.20	10.03	14.38	23.91
13	ϕ2500mm 以内回旋钻机	台班	1602	–	–	–	–	–	–	–	–
14	ϕ3000mm 以内回旋钻机	台班	1603	–	–	–	–	–	–	–	–
15	ϕ3500mm 以内回旋钻机	台班	1604	–	–	–	–	–	–	–	–
16	泥浆搅拌机	台班	1624	0.27	0.27	0.27	0.27	0.27	0.27	0.27	0.27
17	32kV·A 以内交流电弧焊机	台班	1726	0.01	0.03	0.03	0.05	0.10	0.11	0.13	0.15
18	基价	元	1999	2600	2832	4475	6985	8221	13051	18555	30601

续前页

单位:10m

顺序号	项目	单位	代号	桩径120cm以内							
				孔深40m以内							
				砂土	黏土	砂砾	砾石	卵石	软石	次坚石	坚石
				17	18	19	20	21	22	23	24
1	人工	工日	1	9.4	10.0	15.5	22.7	26.8	39.3	56.1	90.7
2	锯材	m^3	102	0.010	0.010	0.010	0.010	0.010	0.010	0.010	0.010
3	电焊条	kg	231	0.1	0.2	0.3	0.5	1.0	1.1	1.3	1.5
4	铁件	kg	651	0.1	0.1	0.1	0.1	0.1	0.1	0.1	0.1
5	水	m^3	866	32	26	45	45	45	39	39	39
6	黏土	m^3	911	6.44	4.30	8.59	8.59	8.59	7.53	7.53	7.53
7	其他材料费	元	996	0.8	0.8	0.8	0.8	0.8	0.8	0.8	0.8
8	设备摊销费	元	997	9.4	10.3	11.0	12.7	21.7	23.6	28.9	32.5
9	$1.0m^3$以内履带式单斗挖掘机	台班	1035	0.03	0.03	0.03	0.03	0.03	0.03	0.03	0.03
10	15t以内载货汽车	台班	1378	0.08	0.08	0.08	0.08	0.08	0.08	0.08	0.08
11	15t以内履带式起重机	台班	1432	0.08	0.08	0.08	0.08	0.08	0.08	0.08	0.08
12	ϕ1500mm以内回旋钻机	台班	1600	1.76	1.96	3.38	5.47	6.63	10.25	15.06	24.97
13	ϕ2500mm以内回旋钻机	台班	1602	–	–	–	–	–	–	–	–
14	ϕ3000mm以内回旋钻机	台班	1603	–	–	–	–	–	–	–	–
15	ϕ3500mm以内回旋钻机	台班	1604	–	–	–	–	–	–	–	–
16	泥浆搅拌机	台班	1624	0.38	0.38	0.38	0.38	0.38	0.38	0.38	0.38
17	32kV·A以内交流电弧焊机	台班	1726	0.01	0.03	0.04	0.06	0.11	0.12	0.14	0.16
18	基价	元	1999	2629	2859	4727	7367	8852	13410	19495	32021

续前页

单位:10m

顺序号	项目	单位	代号	桩径120cm以内							
				孔深50m以内							
				砂土	黏土	砂砾	砾石	卵石	软石	次坚石	坚石
				25	26	27	28	29	30	31	32
1	人工	工日	1	9.6	10.0	15.8	23.6	29.2	45.8	64.1	103.5
2	锯材	m^3	102	0.008	0.008	0.008	0.008	0.008	0.008	0.008	0.008
3	电焊条	kg	231	0.1	0.3	0.3	0.5	1.0	1.1	1.3	1.6
4	铁件	kg	651	0.1	0.1	0.1	0.1	0.1	0.1	0.1	0.1
5	水	m^3	866	32	26	45	45	45	39	39	39
6	黏土	m^3	911	6.44	4.30	8.59	8.59	8.59	7.53	7.53	7.53
7	其他材料费	元	996	0.7	0.7	0.7	0.7	0.7	0.7	0.7	0.7
8	设备摊销费	元	997	9.4	10.3	11.0	12.7	21.7	23.6	28.9	32.5
9	$1.0m^3$以内履带式单斗挖掘机	台班	1035	0.02	0.02	0.02	0.02	0.02	0.02	0.02	0.02
10	15t以内载货汽车	台班	1378	0.06	0.06	0.06	0.06	0.06	0.06	0.06	0.06
11	15t以内履带式起重机	台班	1432	0.06	0.06	0.06	0.06	0.06	0.06	0.06	0.06
12	ϕ1500mm以内回旋钻机	台班	1600	1.89	2.12	3.57	5.82	7.40	12.20	17.45	28.73
13	ϕ2500mm以内回旋钻机	台班	1602	–	–	–	–	–	–	–	–
14	ϕ3000mm以内回旋钻机	台班	1603	–	–	–	–	–	–	–	–
15	ϕ3500mm以内回旋钻机	台班	1604	–	–	–	–	–	–	–	–
16	泥浆搅拌机	台班	1624	0.38	0.38	0.38	0.38	0.38	0.38	0.38	0.38
17	32kV·A以内交流电弧焊机	台班	1726	0.01	0.03	0.04	0.06	0.12	0.13	0.15	0.17
18	基价	元	1999	2744	2998	4912	7757	9775	15822	22462	36719

续前页　　　　　　　　　　　　　　　　　　　　　　　　　　　　　　　　　　　单位:10m

顺序号	项目	单位	代号	桩径120cm以内							
				孔深60m以内							
				砂土	黏土	砂砾	砾石	卵石	软石	次坚石	坚石
				33	34	35	36	37	38	39	40
1	人工	工日	1	9.8	10.3	16.6	25.1	31.2	49.4	70.0	113.0
2	锯材	m^3	102	0.007	0.007	0.007	0.007	0.007	0.007	0.007	0.007
3	电焊条	kg	231	0.1	0.3	0.4	0.5	1.1	1.2	1.4	1.6
4	铁件	kg	651	0.1	0.1	0.1	0.1	0.1	0.1	0.1	0.1
5	水	m^3	866	32	26	45	45	45	39	39	39
6	黏土	m^3	911	6.44	4.30	8.59	8.59	8.59	7.53	7.53	7.53
7	其他材料费	元	996	0.6	0.6	0.6	0.6	0.6	0.6	0.6	0.6
8	设备摊销费	元	997	9.4	10.3	11.0	12.7	21.7	23.6	28.9	32.5
9	1.0m^3以内履带式单斗挖掘机	台班	1035	0.02	0.02	0.02	0.02	0.02	0.02	0.02	0.02
10	15t以内载货汽车	台班	1378	0.05	0.05	0.05	0.05	0.05	0.05	0.05	0.05
11	15t以内履带式起重机	台班	1432	0.05	0.05	0.05	0.05	0.05	0.05	0.05	0.05
12	ϕ1500mm以内回旋钻机	台班	1600	2.02	2.27	3.84	6.30	8.03	13.31	19.19	31.52
13	ϕ2500mm以内回旋钻机	台班	1602	–	–	–	–	–	–	–	–
14	ϕ3000mm以内回旋钻机	台班	1603	–	–	–	–	–	–	–	–
15	ϕ3500mm以内回旋钻机	台班	1604	–	–	–	–	–	–	–	–
16	泥浆搅拌机	台班	1624	0.38	0.38	0.38	0.38	0.38	0.38	0.38	0.38
17	32kV·A以内交流电弧焊机	台班	1726	0.01	0.03	0.04	0.06	0.12	0.13	0.16	0.18
18	基价	元	1999	2881	3162	5233	8340	10547	17197	24638	40219

续前页

单位:10m

顺序号	项目	单位	代号	桩径150cm以内 孔深40m以内							
				砂土	黏土	砂砾	砾石	卵石	软石	次坚石	坚石
				41	42	43	44	45	46	47	48
1	人工	工日	1	11.1	11.5	17.3	25.0	29.7	42.6	60.3	97.4
2	锯材	m^3	102	0.016	0.016	0.016	0.016	0.016	0.016	0.016	0.016
3	电焊条	kg	231	0.1	0.3	0.4	0.6	1.1	1.2	1.4	1.7
4	铁件	kg	651	0.2	0.2	0.2	0.2	0.2	0.2	0.2	0.2
5	水	m^3	866	51	41	71	71	71	61	61	61
6	黏土	m^3	911	10.06	6.71	13.42	13.42	13.42	11.76	11.76	11.76
7	其他材料费	元	996	1.3	1.3	1.3	1.3	1.3	1.3	1.3	1.3
8	设备摊销费	元	997	12.6	13.8	14.7	16.9	25.0	27.3	33.3	37.5
9	1.0m^3以内履带式单斗挖掘机	台班	1035	0.03	0.03	0.03	0.03	0.03	0.03	0.03	0.03
10	15t以内载货汽车	台班	1378	0.07	0.07	0.07	0.07	0.07	0.07	0.07	0.07
11	15t以内履带式起重机	台班	1432	0.07	0.07	0.07	0.07	0.07	0.07	0.07	0.07
12	ϕ1500mm以内回旋钻机	台班	1600	1.97	2.21	3.60	5.80	7.13	10.92	15.98	26.60
13	ϕ2500mm以内回旋钻机	台班	1602	–	–	–	–	–	–	–	–
14	ϕ3000mm以内回旋钻机	台班	1603	–	–	–	–	–	–	–	–
15	ϕ3500mm以内回旋钻机	台班	1604	–	–	–	–	–	–	–	–
16	泥浆搅拌机	台班	1624	0.61	0.61	0.61	0.61	0.61	0.61	0.61	0.61
17	32kV·A以内交流电弧焊机	台班	1726	0.02	0.03	0.04	0.06	0.12	0.14	0.16	0.18
18	基价	元	1999	2996	3248	5123	7908	9608	14366	20769	34194

续前页　　单位:10m

顺序号	项　目	单位	代号	桩径150cm以内							
				孔深60m以内							
				砂土	黏土	砂砾	砾石	卵石	软石	次坚石	坚石
				49	50	51	52	53	54	55	56
1	人工	工日	1	11.3	11.7	19.0	28.4	34.4	53.9	76.4	122.8
2	锯材	m^3	102	0.010	0.010	0.010	0.010	0.010	0.010	0.010	0.010
3	电焊条	kg	231	0.2	0.3	0.4	0.6	1.2	1.3	1.6	1.8
4	铁件	kg	651	0.2	0.2	0.2	0.2	0.2	0.2	0.2	0.2
5	水	m^3	866	51	41	71	71	71	61	61	61
6	黏土	m^3	911	10.06	6.71	13.42	13.42	13.42	11.76	11.76	11.76
7	其他材料费	元	996	0.8	0.8	0.8	0.8	0.8	0.8	0.8	0.8
8	设备摊销费	元	997	12.6	13.8	14.7	16.9	25.0	27.3	33.3	37.5
9	$1.0m^3$以内履带式单斗挖掘机	台班	1035	0.02	0.02	0.02	0.02	0.02	0.02	0.02	0.02
10	15t以内载货汽车	台班	1378	0.05	0.05	0.05	0.05	0.05	0.05	0.05	0.05
11	15t以内履带式起重机	台班	1432	0.04	0.04	0.04	0.04	0.04	0.04	0.04	0.04
12	ϕ1500mm以内回旋钻机	台班	1600	2.19	2.47	4.23	6.91	8.65	14.30	20.74	34.04
13	ϕ2500mm以内回旋钻机	台班	1602	–	–	–	–	–	–	–	–
14	ϕ3000mm以内回旋钻机	台班	1603	–	–	–	–	–	–	–	–
15	ϕ3500mm以内回旋钻机	台班	1604	–	–	–	–	–	–	–	–
16	泥浆搅拌机	台班	1624	0.61	0.61	0.61	0.61	0.61	0.61	0.61	0.61
17	32kV·A以内交流电弧焊机	台班	1726	0.02	0.03	0.05	0.07	0.14	0.15	0.18	0.20
18	基价	元	1999	3198	3493	5847	9240	11453	18564	26711	43519

续前页　　单位:10m

顺序号	项目	单位	代号	桩径150cm以内							
				孔深80m以内							
				砂土	黏土	砂砾	砾石	卵石	软石	次坚石	坚石
				57	58	59	60	61	62	63	64
1	人工	工日	1	12.3	12.9	21.5	32.6	39.9	63.9	90.8	144.0
2	锯材	m^3	102	0.008	0.008	0.008	0.008	0.008	0.008	0.008	0.008
3	电焊条	kg	231	0.2	0.3	0.4	0.7	1.3	1.5	1.7	2.0
4	铁件	kg	651	0.1	0.1	0.1	0.1	0.1	0.1	0.1	0.1
5	水	m^3	866	51	41	71	71	71	61	61	61
6	黏土	m^3	911	10.06	6.71	13.42	13.42	13.42	11.76	11.76	11.76
7	其他材料费	元	996	0.6	0.6	0.6	0.6	0.6	0.6	0.6	0.6
8	设备摊销费	元	997	12.6	13.8	14.7	16.9	25.0	27.3	33.3	37.5
9	1.0m^3以内履带式单斗挖掘机	台班	1035	0.02	0.02	0.02	0.02	0.02	0.02	0.02	0.02
10	15t以内载货汽车	台班	1378	0.04	0.04	0.04	0.04	0.04	0.04	0.04	0.04
11	15t以内履带式起重机	台班	1432	0.03	0.03	0.03	0.03	0.03	0.03	0.03	0.03
12	ϕ1500mm以内回旋钻机	台班	1600	2.55	2.89	5.01	8.20	10.27	17.22	24.94	40.18
13	ϕ2500mm以内回旋钻机	台班	1602	–	–	–	–	–	–	–	–
14	ϕ3000mm以内回旋钻机	台班	1603	–	–	–	–	–	–	–	–
15	ϕ3500mm以内回旋钻机	台班	1604	–	–	–	–	–	–	–	–
16	泥浆搅拌机	台班	1624	0.61	0.61	0.61	0.61	0.61	0.61	0.61	0.61
17	32kV·A以内交流电弧焊机	台班	1726	0.02	0.04	0.05	0.07	0.15	0.16	0.19	0.22
18	基价	元	1999	3624	3996	6805	10839	13477	22230	31990	51251

续前页 单位:10m

顺序号	项目	单位	代号	桩径200cm以内							
				孔深40m以内							
				砂土	黏土	砂砾	砾石	卵石	软石	次坚石	坚石
				65	66	67	68	69	70	71	72
1	人工	工日	1	13.6	13.6	21.0	29.6	34.4	48.9	66.1	105.2
2	锯材	m^3	102	0.020	0.020	0.020	0.020	0.020	0.020	0.020	0.020
3	电焊条	kg	231	0.2	0.3	0.4	0.7	1.3	1.4	1.7	2.0
4	铁件	kg	651	0.3	0.3	0.3	0.3	0.3	0.3	0.3	0.3
5	水	m^3	866	88	71	123	123	123	105	105	105
6	黏土	m^3	911	17.50	11.67	23.35	23.35	23.35	20.45	20.45	20.45
7	其他材料费	元	996	1.4	1.4	1.4	1.4	1.4	1.4	1.4	1.4
8	设备摊销费	元	997	15.7	17.2	18.3	21.2	33.3	36.4	44.4	50.0
9	$1.0m^3$ 以内履带式单斗挖掘机	台班	1035	0.02	0.02	0.02	0.02	0.02	0.02	0.02	0.02
10	15t以内载货汽车	台班	1378	0.07	0.07	0.07	0.07	0.07	0.07	0.07	0.07
11	15t以内履带式起重机	台班	1432	0.07	0.07	0.07	0.07	0.07	0.07	0.07	0.07
12	ϕ1500mm以内回旋钻机	台班	1600	–	–	–	–	–	–	–	–
13	ϕ2500mm以内回旋钻机	台班	1602	2.06	2.31	3.89	6.34	7.72	12.00	16.93	28.15
14	ϕ3000mm以内回旋钻机	台班	1603	–	–	–	–	–	–	–	–
15	ϕ3500mm以内回旋钻机	台班	1604	–	–	–	–	–	–	–	–
16	泥浆搅拌机	台班	1624	1.05	1.05	1.05	1.05	1.05	1.05	1.05	1.05
17	32kV·A以内交流电弧焊机	台班	1726	0.02	0.04	0.05	0.07	0.15	0.16	0.19	0.22
18	基价	元	1999	4679	5063	8315	13028	15701	23870	33349	54902

续前页

单位:10m

顺序号	项目	单位	代号	桩径200cm以内							
				孔深60m以内							
				砂土	黏土	砂砾	砾石	卵石	软石	次坚石	坚石
				73	74	75	76	77	78	79	80
1	人工	工日	1	13.8	13.9	22.5	32.8	38.6	56.1	77.1	123.9
2	锯材	m^3	102	0.013	0.013	0.013	0.013	0.013	0.013	0.013	0.013
3	电焊条	kg	231	0.2	0.4	0.5	0.7	1.4	1.6	1.9	2.2
4	铁件	kg	651	0.2	0.2	0.2	0.2	0.2	0.2	0.2	0.2
5	水	m^3	866	88	71	123	123	123	105	105	105
6	黏土	m^3	911	17.50	11.67	23.35	23.35	23.35	20.45	20.45	20.45
7	其他材料费	元	996	0.9	0.9	0.9	0.9	0.9	0.9	0.9	0.9
8	设备摊销费	元	997	15.7	17.2	18.3	21.2	33.3	36.4	44.4	50.0
9	1.0m^3以内履带式单斗挖掘机	台班	1035	0.02	0.02	0.02	0.02	0.02	0.02	0.02	0.02
10	15t以内载货汽车	台班	1378	0.05	0.05	0.05	0.05	0.05	0.05	0.05	0.05
11	15t以内履带式起重机	台班	1432	0.04	0.04	0.04	0.04	0.04	0.04	0.04	0.04
12	ϕ1500mm以内回旋钻机	台班	1600	–	–	–	–	–	–	–	–
13	ϕ2500mm以内回旋钻机	台班	1602	2.30	2.61	4.49	7.43	9.08	14.25	20.25	33.68
14	ϕ3000mm以内回旋钻机	台班	1603	–	–	–	–	–	–	–	–
15	ϕ3500mm以内回旋钻机	台班	1604	–	–	–	–	–	–	–	–
16	泥浆搅拌机	台班	1624	1.05	1.05	1.05	1.05	1.05	1.05	1.05	1.05
17	32kV·A以内交流电弧焊机	台班	1726	0.02	0.04	0.05	0.08	0.16	0.18	0.21	0.24
18	基价	元	1999	5066	5561	9396	15051	18245	28120	39657	65453

续前页 单位:10m

顺序号	项目	单位	代号	桩径200cm以内							
				孔深80m以内							
				砂土	黏土	砂砾	砾石	卵石	软石	次坚石	坚石
				81	82	83	84	85	86	87	88
1	人工	工日	1	14.9	15.3	24.8	36.9	43.8	64.0	89.0	144.3
2	锯材	m^3	102	0.010	0.010	0.010	0.010	0.010	0.010	0.010	0.010
3	电焊条	kg	231	0.2	0.4	0.5	0.8	1.6	1.7	2.0	2.4
4	铁件	kg	651	0.2	0.2	0.2	0.2	0.2	0.2	0.2	0.2
5	水	m^3	866	88	71	123	123	123	105	105	105
6	黏土	m^3	911	17.50	11.67	23.35	23.35	23.35	20.45	20.45	20.45
7	其他材料费	元	996	0.7	0.7	0.7	0.7	0.7	0.7	0.7	0.7
8	设备摊销费	元	997	15.7	17.2	18.3	21.2	33.3	36.4	44.4	50.0
9	1.0m^3以内履带式单斗挖掘机	台班	1035	0.02	0.02	0.02	0.02	0.02	0.02	0.02	0.02
10	15t以内载货汽车	台班	1378	0.04	0.04	0.04	0.04	0.04	0.04	0.04	0.04
11	15t以内履带式起重机	台班	1432	0.03	0.03	0.03	0.03	0.03	0.03	0.03	0.03
12	ϕ1500mm以内回旋钻机	台班	1600	–	–	–	–	–	–	–	–
13	ϕ2500mm以内回旋钻机	台班	1602	2.71	3.08	5.24	8.69	10.68	16.61	23.76	39.60
14	ϕ3000mm以内回旋钻机	台班	1603	–	–	–	–	–	–	–	–
15	ϕ3500mm以内回旋钻机	台班	1604	–	–	–	–	–	–	–	–
16	泥浆搅拌机	台班	1624	1.05	1.05	1.05	1.05	1.05	1.05	1.05	1.05
17	32kV·A以内交流电弧焊机	台班	1726	0.02	0.04	0.06	0.09	0.18	0.19	0.23	0.26
18	基价	元	1999	5820	6435	10805	17440	21285	32619	46365	76794

续前页　　　　单位:10m

顺序号	项　目	单位	代号	桩径200cm以内							
				孔深100m以内							
				砂土	黏土	砂砾	砾石	卵石	软石	次坚石	坚石
				89	90	91	92	93	94	95	96
1	人工	工日	1	16.6	17.1	28.2	42.8	51.0	75.9	105.6	173.0
2	锯材	m^3	102	0.008	0.008	0.008	0.008	0.008	0.008	0.008	0.008
3	电焊条	kg	231	0.2	0.4	0.6	0.8	1.7	1.9	2.2	2.6
4	铁件	kg	651	0.1	0.1	0.1	0.1	0.1	0.1	0.1	0.1
5	水	m^3	866	88	71	123	123	123	105	105	105
6	黏土	m^3	911	17.50	11.67	23.35	23.35	23.35	20.45	20.45	20.45
7	其他材料费	元	996	0.5	0.5	0.5	0.5	0.5	0.5	0.5	0.5
8	设备摊销费	元	997	15.7	17.2	18.3	21.2	33.3	36.4	44.4	50.0
9	1.0m^3 以内履带式单斗挖掘机	台班	1035	0.02	0.02	0.02	0.02	0.02	0.02	0.02	0.02
10	15t以内载货汽车	台班	1378	0.03	0.03	0.03	0.03	0.03	0.03	0.03	0.03
11	15t以内履带式起重机	台班	1432	0.03	0.03	0.03	0.03	0.03	0.03	0.03	0.03
12	ϕ1500mm以内回旋钻机	台班	1600	–	–	–	–	–	–	–	–
13	ϕ2500mm以内回旋钻机	台班	1602	3.20	3.65	6.24	10.44	12.78	20.04	28.57	47.88
14	ϕ3000mm以内回旋钻机	台班	1603	–	–	–	–	–	–	–	–
15	ϕ3500mm以内回旋钻机	台班	1604	–	–	–	–	–	–	–	–
16	泥浆搅拌机	台班	1624	1.05	1.05	1.05	1.05	1.05	1.05	1.05	1.05
17	32kV·A以内交流电弧焊机	台班	1726	0.02	0.05	0.06	0.09	0.19	0.21	0.25	0.29
18	基价	元	1999	6750	7511	12711	20780	25302	39195	55586	92678

续前页

单位:10m

顺序号	项目	单位	代号	桩径250cm以内							
				孔深40m以内							
				砂土	黏土	砂砾	砾石	卵石	软石	次坚石	坚石
				97	98	99	100	101	102	103	104
1	人工	工日	1	15.9	16.2	24.8	34.9	40.7	57.9	78.7	126.0
2	锯材	m^3	102	0.023	0.023	0.023	0.023	0.023	0.023	0.023	0.023
3	电焊条	kg	231	0.2	0.4	0.5	0.7	1.5	1.6	1.9	2.2
4	铁件	kg	651	0.5	0.5	0.5	0.5	0.5	0.5	0.5	0.5
5	水	m^3	866	133	106	189	189	189	161	161	161
6	黏土	m^3	911	21.87	14.59	29.17	29.17	29.17	25.56	25.56	25.56
7	其他材料费	元	996	1.3	1.3	1.3	1.3	1.3	1.3	1.3	1.3
8	设备摊销费	元	997	20.4	22.3	23.8	27.5	41.7	45.5	55.6	62.5
9	$1.0m^3$ 以内履带式单斗挖掘机	台班	1035	0.02	0.02	0.02	0.02	0.02	0.02	0.02	0.02
10	15t以内载货汽车	台班	1378	0.07	0.07	0.07	0.07	0.07	0.07	0.07	0.07
11	15t以内履带式起重机	台班	1432	0.06	0.06	0.06	0.06	0.06	0.06	0.06	0.06
12	ϕ1500mm以内回旋钻机	台班	1600	–	–	–	–	–	–	–	–
13	ϕ2500mm以内回旋钻机	台班	1602	2.38	2.69	4.59	7.49	9.15	14.25	20.20	33.75
14	ϕ3000mm以内回旋钻机	台班	1603	–	–	–	–	–	–	–	–
15	ϕ3500mm以内回旋钻机	台班	1604	–	–	–	–	–	–	–	–
16	泥浆搅拌机	台班	1624	1.31	1.31	1.31	1.31	1.31	1.31	1.31	1.31
17	32kV·A以内交流电弧焊机	台班	1726	0.02	0.04	0.05	0.08	0.16	0.18	0.21	0.24
18	基价	元	1999	5429	5918	9828	15403	18618	28344	39786	65818

续前页　　　　单位:10m

顺序号	项　　目	单位	代号	桩径 250cm 以内							
				孔深 60m 以内							
				砂土	黏土	砂砾	砾石	卵石	软石	次坚石	坚石
				105	106	107	108	109	110	111	112
1	人工	工日	1	16.5	16.9	26.9	39.1	46.2	66.8	92.4	148.7
2	锯材	m^3	102	0.015	0.015	0.015	0.015	0.015	0.015	0.015	0.015
3	电焊条	kg	231	0.2	0.4	0.5	0.8	1.6	1.7	2.1	2.4
4	铁件	kg	651	0.3	0.3	0.3	0.3	0.3	0.3	0.3	0.3
5	水	m^3	866	133	106	189	189	189	161	161	161
6	黏土	m^3	911	21.87	14.59	29.17	29.17	29.17	25.56	25.56	25.56
7	其他材料费	元	996	0.8	0.8	0.8	0.8	0.8	0.8	0.8	0.8
8	设备摊销费	元	997	20.4	22.3	23.8	27.5	41.7	45.5	55.6	62.5
9	1.0m^3 以内履带式单斗挖掘机	台班	1035	0.02	0.02	0.02	0.02	0.02	0.02	0.02	0.02
10	15t 以内载货汽车	台班	1378	0.04	0.04	0.04	0.04	0.04	0.04	0.04	0.04
11	15t 以内履带式起重机	台班	1432	0.04	0.04	0.04	0.04	0.04	0.04	0.04	0.04
12	ϕ1500mm 以内回旋钻机	台班	1600	–	–	–	–	–	–	–	–
13	ϕ2500mm 以内回旋钻机	台班	1602	2.71	3.08	5.33	8.85	10.85	16.96	24.28	40.40
14	ϕ3000mm 以内回旋钻机	台班	1603	–	–	–	–	–	–	–	–
15	ϕ3500mm 以内回旋钻机	台班	1604	–	–	–	–	–	–	–	–
16	泥浆搅拌机	台班	1624	1.31	1.31	1.31	1.31	1.31	1.31	1.31	1.31
17	32kV·A 以内交流电弧焊机	台班	1726	0.02	0.04	0.06	0.09	0.18	0.20	0.23	0.27
18	基价	元	1999	5991	6590	11181	17945	21819	33479	47553	78522

续前页

单位:10m

顺序号	项目	单位	代号	桩径250cm以内							
				孔深80m以内							
				砂土	黏土	砂砾	砾石	卵石	软石	次坚石	坚石
				113	114	115	116	117	118	119	120
1	人工	工日	1	17.8	18.4	29.6	44.1	52.4	76.7	106.3	173.0
2	锯材	m^3	102	0.011	0.011	0.011	0.011	0.011	0.011	0.011	0.011
3	电焊条	kg	231	0.2	0.4	0.6	0.9	1.7	1.9	2.3	2.6
4	铁件	kg	651	0.2	0.2	0.2	0.2	0.2	0.2	0.2	0.2
5	水	m^3	866	133	106	189	189	189	161	161	161
6	黏土	m^3	911	21.87	14.59	29.17	29.17	29.17	25.56	25.56	25.56
7	其他材料费	元	996	0.6	0.6	0.6	0.6	0.6	0.6	0.6	0.6
8	设备摊销费	元	997	20.4	22.3	23.8	27.5	41.7	45.5	55.6	62.5
9	$1.0m^3$以内履带式单斗挖掘机	台班	1035	0.02	0.02	0.02	0.02	0.02	0.02	0.02	0.02
10	15t以内载货汽车	台班	1378	0.03	0.03	0.03	0.03	0.03	0.03	0.03	0.03
11	15t以内履带式起重机	台班	1432	0.03	0.03	0.03	0.03	0.03	0.03	0.03	0.03
12	ϕ1500mm以内回旋钻机	台班	1600	–	–	–	–	–	–	–	–
13	ϕ2500mm以内回旋钻机	台班	1602	3.19	3.64	6.22	10.37	12.75	19.86	28.33	47.45
14	ϕ3000mm以内回旋钻机	台班	1603	–	–	–	–	–	–	–	–
15	ϕ3500mm以内回旋钻机	台班	1604	–	–	–	–	–	–	–	–
16	泥浆搅拌机	台班	1624	1.31	1.31	1.31	1.31	1.31	1.31	1.31	1.31
17	32kV·A以内交流电弧焊机	台班	1726	0.02	0.05	0.07	0.10	0.19	0.21	0.25	0.29
18	基价	元	1999	6876	7625	12853	20831	25429	39020	55303	92029

续前页　　单位:10m

顺序号	项目	单位	代号	桩径250cm以内							
				孔深100m以内							
				砂土	黏土	砂砾	砾石	卵石	软石	次坚石	坚石
				121	122	123	124	125	126	127	128
1	人工	工日	1	19.1	19.9	33.7	51.2	61.1	91.1	126.7	207.3
2	锯材	m^3	102	0.009	0.009	0.009	0.009	0.009	0.009	0.009	0.009
3	电焊条	kg	231	0.2	0.5	0.6	0.9	1.9	2.1	2.4	2.8
4	铁件	kg	651	0.2	0.2	0.2	0.2	0.2	0.2	0.2	0.2
5	水	m^3	866	133	106	189	189	189	161	161	161
6	黏土	m^3	911	21.87	14.59	29.17	29.17	29.17	25.56	25.56	25.56
7	其他材料费	元	996	0.5	0.5	0.5	0.5	0.5	0.5	0.5	0.5
8	设备摊销费	元	997	20.4	22.3	23.8	27.5	41.7	45.5	55.6	62.5
9	$1.0m^3$以内履带式单斗挖掘机	台班	1035	0.02	0.02	0.02	0.02	0.02	0.02	0.02	0.02
10	15t以内载货汽车	台班	1378	0.03	0.03	0.03	0.03	0.03	0.03	0.03	0.03
11	15t以内履带式起重机	台班	1432	0.02	0.02	0.02	0.02	0.02	0.02	0.02	0.02
12	ϕ1500mm以内回旋钻机	台班	1600	–	–	–	–	–	–	–	–
13	ϕ2500mm以内回旋钻机	台班	1602	3.61	4.12	7.42	12.43	15.28	24.06	34.24	57.30
14	ϕ3000mm以内回旋钻机	台班	1603	–	–	–	–	–	–	–	–
15	ϕ3500mm以内回旋钻机	台班	1604	–	–	–	–	–	–	–	–
16	泥浆搅拌机	台班	1624	1.31	1.31	1.31	1.31	1.31	1.31	1.31	1.31
17	32kV·A以内交流电弧焊机	台班	1726	0.03	0.05	0.07	0.10	0.21	0.23	0.27	0.31
18	基价	元	1999	7667	8530	15144	24774	30275	47067	66634	110935

续前页 单位:10m

顺序号	项目	单位	代号	桩径300cm以内							
				孔深40m以内							
				砂土	黏土	砂砾	砾石	卵石	软石	次坚石	坚石
				129	130	131	132	133	134	135	136
1	人工	工日	1	16.4	16.4	24.8	33.7	40.2	56.9	75.0	119.7
2	锯材	m^3	102	0.025	0.025	0.025	0.025	0.025	0.025	0.025	0.025
3	电焊条	kg	231	0.2	0.4	0.5	0.8	1.6	1.8	2.1	2.4
4	铁件	kg	651	0.5	0.5	0.5	0.5	0.5	0.5	0.5	0.5
5	水	m^3	866	183	144	262	262	262	222	222	222
6	黏土	m^3	911	25.66	17.12	34.23	34.23	34.23	29.99	29.99	29.99
7	其他材料费	元	996	1.3	1.3	1.3	1.3	1.3	1.3	1.3	1.3
8	设备摊销费	元	997	28.3	30.9	33.0	38.1	50.0	54.5	66.7	75.0
9	$1.0m^3$以内履带式单斗挖掘机	台班	1035	0.03	0.03	0.03	0.03	0.03	0.03	0.03	0.03
10	15t以内载货汽车	台班	1378	0.08	0.08	0.08	0.08	0.08	0.08	0.08	0.08
11	15t以内履带式起重机	台班	1432	0.07	0.07	0.07	0.07	0.07	0.07	0.07	0.07
12	ϕ1500mm以内回旋钻机	台班	1600	–	–	–	–	–	–	–	–
13	ϕ2500mm以内回旋钻机	台班	1602	–	–	–	–	–	–	–	–
14	ϕ3000mm以内回旋钻机	台班	1603	2.24	2.53	4.24	6.81	8.65	13.62	18.84	31.62
15	ϕ3500mm以内回旋钻机	台班	1604	–	–	–	–	–	–	–	–
16	泥浆搅拌机	台班	1624	1.55	1.55	1.55	1.55	1.55	1.55	1.55	1.55
17	32kV·A以内交流电弧焊机	台班	1726	0.02	0.05	0.06	0.09	0.18	0.20	0.23	0.27
18	基价	元	1999	9923	10944	18070	28301	35651	55345	76125	126990

续前页

单位:10m

顺序号	项目	单位	代号	桩径300cm以内							
				孔深60m以内							
				砂土	黏土	砂砾	砾石	卵石	软石	次坚石	坚石
				137	138	139	140	141	142	143	144
1	人工	工日	1	16.6	16.6	26.2	36.6	43.7	64.4	84.8	137.4
2	锯材	m^3	102	0.017	0.017	0.017	0.017	0.017	0.017	0.017	0.017
3	电焊条	kg	231	0.2	0.4	0.6	0.9	1.8	2.0	2.3	2.7
4	铁件	kg	651	0.3	0.3	0.3	0.3	0.3	0.3	0.3	0.3
5	水	m^3	866	183	144	262	262	262	222	222	222
6	黏土	m^3	911	25.66	17.12	34.23	34.23	34.23	29.99	29.99	29.99
7	其他材料费	元	996	0.9	0.9	0.9	0.9	0.9	0.9	0.9	0.9
8	设备摊销费	元	997	28.3	30.9	33.0	38.1	50.0	54.5	66.7	75.0
9	1.0m^3以内履带式单斗挖掘机	台班	1035	0.03	0.03	0.03	0.03	0.03	0.03	0.03	0.03
10	15t以内载货汽车	台班	1378	0.05	0.05	0.05	0.05	0.05	0.05	0.05	0.05
11	15t以内履带式起重机	台班	1432	0.05	0.05	0.05	0.05	0.05	0.05	0.05	0.05
12	ϕ1500mm以内回旋钻机	台班	1600	–	–	–	–	–	–	–	–
13	ϕ2500mm以内回旋钻机	台班	1602	–	–	–	–	–	–	–	–
14	ϕ3000mm以内回旋钻机	台班	1603	2.46	2.80	4.80	7.76	9.82	15.97	21.80	36.85
15	ϕ3500mm以内回旋钻机	台班	1604	–	–	–	–	–	–	–	–
16	泥浆搅拌机	台班	1624	1.55	1.55	1.55	1.55	1.55	1.55	1.55	1.55
17	32kV·A以内交流电弧焊机	台班	1726	0.02	0.05	0.07	0.10	0.20	0.22	0.26	0.30
18	基价	元	1999	10725	11937	20228	32017	40236	64619	87835	147731

续前页　　　　　　　　　　　　　　　　　　　　　　　　　　　　　　　　　　　　　单位:10m

顺序号	项目	单位	代号	桩径300cm以内							
				孔深80m以内							
				砂土	黏土	砂砾	砾石	卵石	软石	次坚石	坚石
				145	146	147	148	149	150	151	152
1	人工	工日	1	17.4	17.6	28.5	40.9	47.8	69.2	93.5	151.9
2	锯材	m^3	102	0.013	0.013	0.013	0.013	0.013	0.013	0.013	0.013
3	电焊条	kg	231	0.2	0.5	0.6	1.0	1.9	2.1	2.5	2.9
4	铁件	kg	651	0.2	0.2	0.2	0.2	0.2	0.2	0.2	0.2
5	水	m^3	866	183	144	262	262	262	222	222	222
6	黏土	m^3	911	25.66	17.12	34.23	34.23	34.23	29.99	29.99	29.99
7	其他材料费	元	996	0.7	0.7	0.7	0.7	0.7	0.7	0.7	0.7
8	设备摊销费	元	997	28.3	30.9	33.0	38.1	50.0	54.5	66.7	75.0
9	1.0m^3以内履带式单斗挖掘机	台班	1035	0.03	0.03	0.03	0.03	0.03	0.03	0.03	0.03
10	15t以内载货汽车	台班	1378	0.04	0.04	0.04	0.04	0.04	0.04	0.04	0.04
11	15t以内履带式起重机	台班	1432	0.04	0.04	0.04	0.04	0.04	0.04	0.04	0.04
12	ϕ1500mm以内回旋钻机	台班	1600	–	–	–	–	–	–	–	–
13	ϕ2500mm以内回旋钻机	台班	1602	–	–	–	–	–	–	–	–
14	ϕ3000mm以内回旋钻机	台班	1603	2.79	3.19	5.52	9.11	11.05	17.39	24.37	41.08
15	ϕ3500mm以内回旋钻机	台班	1604	–	–	–	–	–	–	–	–
16	泥浆搅拌机	台班	1624	1.55	1.55	1.55	1.55	1.55	1.55	1.55	1.55
17	32kV·A以内交流电弧焊机	台班	1726	0.03	0.05	0.07	0.11	0.22	0.24	0.28	0.33
18	基价	元	1999	12003	13452	23063	37351	45104	70245	98031	164533

续前页

单位:10m

顺序号	项目	单位	代号	桩径300cm以内							
				孔深100m以内							
				砂土	黏土	砂砾	砾石	卵石	软石	次坚石	坚石
				153	154	155	156	157	158	159	160
1	人工	工日	1	18.7	19.0	31.1	45.1	55.1	81.1	111.3	182.9
2	锯材	m^3	102	0.010	0.010	0.010	0.010	0.010	0.010	0.010	0.010
3	电焊条	kg	231	0.3	0.5	0.7	1.1	2.1	2.3	2.7	3.2
4	铁件	kg	651	0.2	0.2	0.2	0.2	0.2	0.2	0.2	0.2
5	水	m^3	866	183	144	262	262	262	222	222	222
6	黏土	m^3	911	25.66	17.12	34.23	34.23	34.23	29.99	29.99	29.99
7	其他材料费	元	996	0.5	0.5	0.5	0.5	0.5	0.5	0.5	0.5
8	设备摊销费	元	997	28.3	30.9	33.0	38.1	50.0	54.5	66.7	75.0
9	1.0m^3以内履带式单斗挖掘机	台班	1035	0.03	0.03	0.03	0.03	0.03	0.03	0.03	0.03
10	15t以内载货汽车	台班	1378	0.03	0.03	0.03	0.03	0.03	0.03	0.03	0.03
11	15t以内履带式起重机	台班	1432	0.03	0.03	0.03	0.03	0.03	0.03	0.03	0.03
12	ϕ1500mm以内回旋钻机	台班	1600	–	–	–	–	–	–	–	–
13	ϕ2500mm以内回旋钻机	台班	1602	–	–	–	–	–	–	–	–
14	ϕ3000mm以内回旋钻机	台班	1603	3.20	3.65	6.34	10.35	13.22	20.87	29.51	50.02
15	ϕ3500mm以内回旋钻机	台班	1604	–	–	–	–	–	–	–	–
16	泥浆搅拌机	台班	1624	1.55	1.55	1.55	1.55	1.55	1.55	1.55	1.55
17	32kV·A以内交流电弧焊机	台班	1726	0.03	0.06	0.08	0.12	0.23	0.26	0.31	0.35
18	基价	元	1999	13612	15257	26297	42263	53709	84064	118461	200078

续前页 单位:10m

顺序号	项目	单位	代号	桩径300cm以内							
				孔深130m以内							
				砂土	黏土	砂砾	砾石	卵石	软石	次坚石	坚石
				161	162	163	164	165	166	167	168
1	人工	工日	1	19.9	20.4	33.8	49.5	61.3	95.4	133.2	220.5
2	锯材	m^3	102	0.008	0.008	0.008	0.008	0.008	0.008	0.008	0.008
3	电焊条	kg	231	0.3	0.6	0.8	1.1	2.3	2.5	2.9	3.4
4	铁件	kg	651	0.2	0.2	0.2	0.2	0.2	0.2	0.2	0.2
5	水	m^3	866	183	144	262	262	262	222	222	222
6	黏土	m^3	911	25.66	17.12	34.23	34.23	34.23	29.99	29.99	29.99
7	其他材料费	元	996	0.4	0.4	0.4	0.4	0.4	0.4	0.4	0.4
8	设备摊销费	元	997	28.3	30.9	33.0	38.1	50.0	54.5	66.7	75.0
9	$1.0m^3$ 以内履带式单斗挖掘机	台班	1035	0.03	0.03	0.03	0.03	0.03	0.03	0.03	0.03
10	15t以内载货汽车	台班	1378	0.02	0.02	0.02	0.02	0.02	0.02	0.02	0.02
11	15t以内履带式起重机	台班	1432	0.02	0.02	0.02	0.02	0.02	0.02	0.02	0.02
12	ϕ1500mm以内回旋钻机	台班	1600	–	–	–	–	–	–	–	–
13	ϕ2500mm以内回旋钻机	台班	1602	–	–	–	–	–	–	–	–
14	ϕ3000mm以内回旋钻机	台班	1603	3.59	4.10	7.17	11.70	15.03	25.02	35.82	60.82
15	ϕ3500mm以内回旋钻机	台班	1604	–	–	–	–	–	–	–	–
16	泥浆搅拌机	台班	1624	1.55	1.55	1.55	1.55	1.55	1.55	1.55	1.55
17	32kV·A以内交流电弧焊机	台班	1726	0.03	0.06	0.08	0.13	0.25	0.28	0.33	0.38
18	基价	元	1999	15140	17023	29574	47604	60892	100554	143547	243031

续前页

单位:10m

顺序号	项目	单位	代号	桩径 350cm 以内							
				孔深 40m 以内							
				砂土	黏土	砂砾	砾石	卵石	软石	次坚石	坚石
				169	170	171	172	173	174	175	176
1	人工	工日	1	18.5	18.2	27.4	35.1	41.3	58.4	76.6	120.7
2	锯材	m^3	102	0.028	0.028	0.028	0.028	0.028	0.028	0.028	0.028
3	电焊条	kg	231	0.2	0.4	0.6	0.9	1.7	1.9	2.2	2.6
4	铁件	kg	651	0.6	0.6	0.6	0.6	0.6	0.6	0.6	0.6
5	水	m^3	866	249	196	357	357	357	303	303	303
6	黏土	m^3	911	34.93	23.30	46.60	46.60	46.60	40.82	40.82	40.82
7	其他材料费	元	996	1.5	1.5	1.5	1.5	1.5	1.5	1.5	1.5
8	设备摊销费	元	997	33.0	36.1	38.5	44.4	58.3	63.6	77.8	87.5
9	1.0m^3 以内履带式单斗挖掘机	台班	1035	0.04	0.04	0.04	0.04	0.04	0.04	0.04	0.04
10	15t 以内载货汽车	台班	1378	0.06	0.06	0.06	0.06	0.06	0.06	0.06	0.06
11	15t 以内履带式起重机	台班	1432	0.06	0.06	0.06	0.06	0.06	0.06	0.06	0.06
12	ϕ1500mm 以内回旋钻机	台班	1600	–	–	–	–	–	–	–	–
13	ϕ2500mm 以内回旋钻机	台班	1602	–	–	–	–	–	–	–	–
14	ϕ3000mm 以内回旋钻机	台班	1603	–	–	–	–	–	–	–	–
15	ϕ3500mm 以内回旋钻机	台班	1604	2.19	2.45	4.15	6.37	8.14	13.30	18.51	31.15
16	泥浆搅拌机	台班	1624	2.10	2.10	2.10	2.10	2.10	2.10	2.10	2.10
17	32kV·A 以内交流电弧焊机	台班	1726	0.02	0.05	0.06	0.10	0.19	0.21	0.25	0.29
18	基价	元	1999	15418	16925	28349	42707	54175	87415	121109	202820

续前页　　　　单位:10m

顺序号	项目	单位	代号	桩径350cm以内							
				孔深60m以内							
				砂土	黏土	砂砾	砾石	卵石	软石	次坚石	坚石
				177	178	179	180	181	182	183	184
1	人工	工日	1	18.7	18.5	28.7	37.7	44.6	65.8	86.2	137.8
2	锯材	m^3	102	0.019	0.019	0.019	0.019	0.019	0.019	0.019	0.019
3	电焊条	kg	231	0.2	0.5	0.6	0.9	1.9	2.1	2.5	2.8
4	铁件	kg	651	0.4	0.4	0.4	0.4	0.4	0.4	0.4	0.4
5	水	m^3	866	249	196	357	357	357	303	303	303
6	黏土	m^3	911	34.93	23.30	46.60	46.60	46.60	40.82	40.82	40.82
7	其他材料费	元	996	1.0	1.0	1.0	1.0	1.0	1.0	1.0	1.0
8	设备摊销费	元	997	33.0	36.1	38.5	44.4	58.3	63.6	77.8	87.5
9	1.0m^3以内履带式单斗挖掘机	台班	1035	0.03	0.03	0.03	0.03	0.03	0.03	0.03	0.03
10	15t以内载货汽车	台班	1378	0.04	0.04	0.04	0.04	0.04	0.04	0.04	0.04
11	15t以内履带式起重机	台班	1432	0.04	0.04	0.04	0.04	0.04	0.04	0.04	0.04
12	ϕ1500mm以内回旋钻机	台班	1600	–	–	–	–	–	–	–	–
13	ϕ2500mm以内回旋钻机	台班	1602	–	–	–	–	–	–	–	–
14	ϕ3000mm以内回旋钻机	台班	1603	–	–	–	–	–	–	–	–
15	ϕ3500mm以内回旋钻机	台班	1604	2.40	2.72	4.68	7.26	9.24	15.58	21.43	36.20
16	泥浆搅拌机	台班	1624	2.10	2.10	2.10	2.10	2.10	2.10	2.10	2.10
17	32kV·A以内交流电弧焊机	台班	1726	0.03	0.05	0.07	0.11	0.21	0.23	0.28	0.32
18	基价	元	1999	16703	18591	31701	48388	61214	102079	139910	235390

续前页　　　　单位:10m

顺序号	项目	单位	代号	桩径350cm以内							
				孔深80m以内							
				砂土	黏土	砂砾	砾石	卵石	软石	次坚石	坚石
				185	186	187	188	189	190	191	192
1	人工	工日	1	19.6	19.4	30.9	41.8	48.4	70.4	94.9	152.0
2	锯材	m^3	102	0.014	0.014	0.014	0.014	0.014	0.014	0.014	0.014
3	电焊条	kg	231	0.3	0.5	0.7	1.0	2.1	2.3	2.7	3.1
4	铁件	kg	651	0.3	0.3	0.3	0.3	0.3	0.3	0.3	0.3
5	水	m^3	866	249	196	357	357	357	303	303	303
6	黏土	m^3	911	34.93	23.30	46.60	46.60	46.60	40.82	40.82	40.82
7	其他材料费	元	996	0.7	0.7	0.7	0.7	0.7	0.7	0.7	0.7
8	设备摊销费	元	997	33.0	36.1	38.5	44.4	58.3	63.6	77.8	87.5
9	1.0m^3以内履带式单斗挖掘机	台班	1035	0.03	0.03	0.03	0.03	0.03	0.03	0.03	0.03
10	15t以内载货汽车	台班	1378	0.03	0.03	0.03	0.03	0.03	0.03	0.03	0.03
11	15t以内履带式起重机	台班	1432	0.03	0.03	0.03	0.03	0.03	0.03	0.03	0.03
12	ϕ1500mm以内回旋钻机	台班	1600	–	–	–	–	–	–	–	–
13	ϕ2500mm以内回旋钻机	台班	1602	–	–	–	–	–	–	–	–
14	ϕ3000mm以内回旋钻机	台班	1603	–	–	–	–	–	–	–	–
15	ϕ3500mm以内回旋钻机	台班	1604	2.74	3.11	5.39	8.50	10.40	16.98	24.01	40.35
16	泥浆搅拌机	台班	1624	2.10	2.10	2.10	2.10	2.10	2.10	2.10	2.10
17	32kV·A以内交流电弧焊机	台班	1726	0.03	0.06	0.08	0.12	0.23	0.25	0.30	0.35
18	基价	元	1999	18867	21070	36258	56372	68682	111097	156553	262183

续前页 单位:10m

顺序号	项目	单位	代号	桩径350cm以内							
				孔深100m以内							
				砂土	黏土	砂砾	砾石	卵石	软石	次坚石	坚石
				193	194	195	196	197	198	199	200
1	人工	工日	1	20.8	20.5	33.5	45.7	55.3	82.0	112.1	182.5
2	锯材	m^3	102	0.011	0.011	0.011	0.011	0.011	0.011	0.011	0.011
3	电焊条	kg	231	0.3	0.6	0.7	1.1	2.2	2.5	2.9	3.4
4	铁件	kg	651	0.2	0.2	0.2	0.2	0.2	0.2	0.2	0.2
5	水	m^3	866	249	196	357	357	357	303	303	303
6	黏土	m^3	911	34.93	23.30	46.60	46.60	46.60	40.82	40.82	40.82
7	其他材料费	元	996	0.6	0.6	0.6	0.6	0.6	0.6	0.6	0.6
8	设备摊销费	元	997	33.0	36.1	38.5	44.4	58.3	63.6	77.8	87.5
9	1.0m^3以内履带式单斗挖掘机	台班	1035	0.03	0.03	0.03	0.03	0.03	0.03	0.03	0.03
10	15t以内载货汽车	台班	1378	0.03	0.03	0.03	0.03	0.03	0.03	0.03	0.03
11	15t以内履带式起重机	台班	1432	0.02	0.02	0.02	0.02	0.02	0.02	0.02	0.02
12	ϕ1500mm以内回旋钻机	台班	1600	–	–	–	–	–	–	–	–
13	ϕ2500mm以内回旋钻机	台班	1602	–	–	–	–	–	–	–	–
14	ϕ3000mm以内回旋钻机	台班	1603	–	–	–	–	–	–	–	–
15	ϕ3500mm以内回旋钻机	台班	1604	3.11	3.55	6.18	9.67	12.43	20.35	28.99	49.14
16	泥浆搅拌机	台班	1624	2.10	2.10	2.10	2.10	2.10	2.10	2.10	2.10
17	32kV·A以内交流电弧焊机	台班	1726	0.03	0.06	0.08	0.13	0.25	0.28	0.32	0.38
18	基价	元	1999	21243	23882	41346	63916	81785	132863	188724	318980

续前页　　　　　　　　　　　　　　　　　　　　　　　　　　　　　　单位:10m

顺序号	项　目	单位	代号	桩径350cm以内							
				孔深130m以内							
				砂土	黏土	砂砾	砾石	卵石	软石	次坚石	坚石
				201	202	203	204	205	206	207	208
1	人工	工日	1	21.9	22.0	36.2	49.8	60.9	96.1	133.7	219.4
2	锯材	m^3	102	0.009	0.009	0.009	0.009	0.009	0.009	0.009	0.009
3	电焊条	kg	231	0.3	0.6	0.8	1.2	2.4	2.7	3.1	3.6
4	铁件	kg	651	0.2	0.2	0.2	0.2	0.2	0.2	0.2	0.2
5	水	m^3	866	249	196	357	357	357	303	303	303
6	黏土	m^3	911	34.93	23.30	46.60	46.60	46.60	40.82	40.82	40.82
7	其他材料费	元	996	0.5	0.5	0.5	0.5	0.5	0.5	0.5	0.5
8	设备摊销费	元	997	33.0	36.1	38.5	44.4	58.3	63.6	77.8	87.5
9	1.0m^3以内履带式单斗挖掘机	台班	1035	0.03	0.03	0.03	0.03	0.03	0.03	0.03	0.03
10	15t以内载货汽车	台班	1378	0.02	0.02	0.02	0.02	0.02	0.02	0.02	0.02
11	15t以内履带式起重机	台班	1432	0.02	0.02	0.02	0.02	0.02	0.02	0.02	0.02
12	ϕ1500mm以内回旋钻机	台班	1600	–	–	–	–	–	–	–	–
13	ϕ2500mm以内回旋钻机	台班	1602	–	–	–	–	–	–	–	–
14	ϕ3000mm以内回旋钻机	台班	1603	–	–	–	–	–	–	–	–
15	ϕ3500mm以内回旋钻机	台班	1604	3.49	3.99	6.99	10.94	14.01	24.41	35.20	59.75
16	泥浆搅拌机	台班	1624	2.10	2.10	2.10	2.10	2.10	2.10	2.10	2.10
17	32kV·A以内交流电弧焊机	台班	1726	0.03	0.07	0.09	0.14	0.27	0.30	0.35	0.40
18	基价	元	1999	23678	26716	46566	72100	91995	159094	228851	387543

II. 水中平台上钻孔

单位:10m

顺序号	项目	单位	代号	桩径 100cm 以内							
				孔深 30m 以内							
				砂土	黏土	砂砾	砾石	卵石	软石	次坚石	坚石
				209	210	211	212	213	214	215	216
1	人工	工日	1	11.0	11.4	16.1	22.3	25.9	38.1	51.8	82.2
2	锯材	m^3	102	0.016	0.016	0.016	0.016	0.016	0.016	0.016	0.016
3	带肋钢筋	t	112	0.006	0.006	0.006	0.006	0.006	0.006	0.006	0.006
4	钢丝绳	t	221	0.001	0.001	0.001	0.001	0.001	0.001	0.001	0.001
5	电焊条	kg	231	0.1	0.2	0.3	0.5	0.9	1.0	1.2	1.4
6	铁件	kg	651	0.1	0.1	0.1	0.1	0.1	0.1	0.1	0.1
7	铁皮	m^2	666	0.3	0.3	0.3	0.3	0.3	0.3	0.3	0.3
8	32.5 级水泥	t	832	0.025	0.025	0.025	0.025	0.025	0.025	0.025	0.025
9	水	m^3	866	22	18	31	31	31	27	27	27
10	青(红)砖	千块	877	0.02	0.02	0.02	0.02	0.02	0.02	0.02	0.02
11	中(粗)砂	m^3	899	0.05	0.05	0.05	0.05	0.05	0.05	0.05	0.05
12	黏土	m^3	911	4.47	2.98	5.96	5.96	5.96	5.22	5.22	5.22
13	碎石(4cm)	m^3	952	0.06	0.06	0.06	0.06	0.06	0.06	0.06	0.06
14	其他材料费	元	996	2.3	2.3	2.3	2.3	2.3	2.3	2.3	2.3
15	设备摊销费	元	997	7.9	8.6	9.2	10.6	18.3	20.0	24.4	27.5
16	1.0m^3 以内履带式单斗挖掘机	台班	1035	0.03	0.03	0.03	0.03	0.03	0.03	0.03	0.03
17	15t 以内履带式起重机	台班	1432	0.33	0.33	0.33	0.33	0.33	0.33	0.33	0.33
18	ϕ1500mm 以内回旋钻机	台班	1600	1.87	2.05	3.26	5.03	6.07	9.57	13.49	22.21
19	ϕ2500mm 以内回旋钻机	台班	1602	–	–	–	–	–	–	–	–

续前页　　单位:10m

顺序号	项目	单位	代号	桩径100cm以内							
				孔深30m以内							
				砂土	黏土	砂砾	砾石	卵石	软石	次坚石	坚石
				209	210	211	212	213	214	215	216
20	ϕ3000mm以内回旋钻机	台班	1603	–	–	–	–	–	–	–	–
21	ϕ3500mm以内回旋钻机	台班	1604	–	–	–	–	–	–	–	–
22	泥浆搅拌机	台班	1624	0.27	0.27	0.27	0.27	0.27	0.27	0.27	0.27
23	32kV·A以内交流电弧焊机	台班	1726	0.01	0.03	0.03	0.05	0.10	0.11	0.13	0.15
24	88kW以内内燃拖轮	艘班	1852	1.17	1.17	1.17	1.17	1.17	1.17	1.17	1.17
25	100t以内工程驳船	艘班	1874	1.13	1.23	1.97	3.03	3.66	5.78	8.14	13.39
26	200t以内工程驳船	艘班	1876	–	–	–	–	–	–	–	–
27	小型机具使用费	元	1998	0.4	0.4	0.4	0.4	0.4	0.4	0.4	0.4
28	基价	元	1999	4331	4564	6353	8887	10388	15389	21000	33469

续前页　　　　单位:10m

顺序号	项目	单位	代号	桩径100cm以内							
				孔深40m以内							
				砂土	黏土	砂砾	砾石	卵石	软石	次坚石	坚石
				217	218	219	220	221	222	223	224
1	人工	工日	1	10.5	10.9	15.8	22.7	26.1	39.4	54.5	87.9
2	锯材	m^3	102	0.013	0.013	0.013	0.013	0.013	0.013	0.013	0.013
3	带肋钢筋	t	112	0.006	0.006	0.006	0.006	0.005	0.006	0.006	0.006
4	钢丝绳	t	221	0.001	0.001	0.001	0.001	0.001	0.001	0.001	0.001
5	电焊条	kg	231	0.1	0.2	0.3	0.5	0.9	1.0	1.2	1.4
6	铁件	kg	651	0.1	0.1	0.1	0.1	0.1	0.1	0.1	0.1
7	铁皮	m^2	666	0.3	0.3	0.3	0.3	0.3	0.3	0.3	0.3
8	32.5级水泥	t	832	0.025	0.025	0.025	0.025	0.025	0.025	0.025	0.025
9	水	m^3	866	22	18	31	31	31	27	27	27
10	青(红)砖	千块	877	0.02	0.02	0.02	0.02	0.02	0.02	0.02	0.02
11	中(粗)砂	m^3	899	0.05	0.05	0.05	0.05	0.05	0.05	0.05	0.05
12	黏土	m^3	911	4.47	2.98	5.96	5.96	5.96	5.22	5.22	5.22
13	碎石(4cm)	m^3	952	0.06	0.06	0.06	0.06	0.06	0.06	0.06	0.06
14	其他材料费	元	996	2.0	2.0	2.0	2.0	2.0	2.0	2.0	2.0
15	设备摊销费	元	997	7.9	8.6	9.2	10.6	18.3	20.0	24.4	27.5
16	1.0m^3以内履带式单斗挖掘机	台班	1035	0.02	0.02	0.02	0.02	0.02	0.02	0.02	0.02
17	15t以内履带式起重机	台班	1432	0.24	0.24	0.24	0.24	0.24	0.24	0.24	0.24
18	ϕ1500mm以内回旋钻机	台班	1600	1.91	2.11	3.37	5.35	6.32	10.15	14.50	24.03
19	ϕ2500mm以内回旋钻机	台班	1602	–	–	–	–	–	–	–	–

续前页

单位:10m

顺序号	项　　目	单位	代号	桩径100cm以内							
				孔深40m以内							
				砂土	黏土	砂砾	砾石	卵石	软石	次坚石	坚石
				217	218	219	220	221	222	223	224
20	ϕ3000mm以内回旋钻机	台班	1603	–	–	–	–	–	–	–	–
21	ϕ3500mm以内回旋钻机	台班	1604	–	–	–	–	–	–	–	–
22	泥浆搅拌机	台班	1624	0.27	0.27	0.27	0.27	0.27	0.27	0.27	0.27
23	32kV·A以内交流电弧焊机	台班	1726	0.01	0.03	0.03	0.05	0.10	0.11	0.13	0.15
24	88kW以内内燃拖轮	艘班	1852	1.13	1.13	1.13	1.13	1.13	1.13	1.13	1.13
25	100t以内工程驳船	艘班	1874	1.55	1.71	2.73	4.32	5.11	8.20	11.73	19.42
26	200t以内工程驳船	艘班	1876	–	–	–	–	–	–	–	–
27	小型机具使用费	元	1998	0.4	0.4	0.4	0.4	0.4	0.4	0.4	0.4
28	基价	元	1999	4364	4635	6565	9509	10968	16651	23124	37299

续前页

单位:10m

顺序号	项目	单位	代号	桩径 120cm 以内							
				孔深 40m 以内							
				砂土	黏土	砂砾	砾石	卵石	软石	次坚石	坚石
				225	226	227	228	229	230	231	232
1	人工	工日	1	10.9	11.4	16.9	24.2	28.3	40.7	57.5	92.1
2	锯材	m^3	102	0.016	0.016	0.016	0.016	0.016	0.016	0.016	0.016
3	带肋钢筋	t	112	0.006	0.006	0.006	0.006	0.006	0.006	0.006	0.006
4	钢丝绳	t	221	0.001	0.001	0.001	0.001	0.001	0.001	0.001	0.001
5	电焊条	kg	231	0.1	0.2	0.3	0.5	1.0	1.1	1.3	1.5
6	铁件	kg	651	0.1	0.1	0.1	0.1	0.1	0.1	0.1	0.1
7	铁皮	m^2	666	0.3	0.3	0.3	0.3	0.3	0.3	0.3	0.3
8	32.5 级水泥	t	832	0.025	0.025	0.025	0.025	0.025	0.025	0.025	0.025
9	水	m^3	866	32	26	45	45	45	39	39	39
10	青(红)砖	千块	877	0.02	0.02	0.02	0.02	0.02	0.02	0.02	0.02
11	中(粗)砂	m^3	899	0.05	0.05	0.05	0.05	0.05	0.05	0.05	0.05
12	黏土	m^3	911	6.44	4.30	8.59	8.59	8.59	7.53	7.53	7.53
13	碎石(4cm)	m^3	952	0.06	0.06	0.06	0.06	0.06	0.06	0.06	0.06
14	其他材料费	元	996	2.1	2.1	2.1	2.1	2.1	2.1	2.1	2.1
15	设备摊销费	元	997	9.4	10.3	11.0	12.7	21.7	23.6	28.9	32.5
16	1.0m^3 以内履带式单斗挖掘机	台班	1035	0.03	0.03	0.03	0.03	0.03	0.03	0.03	0.03
17	15t 以内履带式起重机	台班	1432	0.24	0.24	0.24	0.24	0.24	0.24	0.24	0.24
18	ϕ1500mm 以内回旋钻机	台班	1600	1.88	2.08	3.50	5.60	6.75	10.37	15.18	25.09
19	ϕ2500mm 以内回旋钻机	台班	1602	–	–	–	–	–	–	–	–

续前页　　单位:10m

顺序号	项目	单位	代号	桩径 120cm 以内							
				孔深 40m 以内							
				砂土	黏土	砂砾	砾石	卵石	软石	次坚石	坚石
				225	226	227	228	229	230	231	232
20	ϕ3000mm 以内回旋钻机	台班	1603	–	–	–	–	–	–	–	–
21	ϕ3500mm 以内回旋钻机	台班	1604	–	–	–	–	–	–	–	–
22	泥浆搅拌机	台班	1624	0.38	0.38	0.38	0.38	0.38	0.38	0.38	0.38
23	32kV·A 以内交流电弧焊机	台班	1726	0.01	0.03	0.04	0.06	0.11	0.12	0.14	0.16
24	88kW 以内内燃拖轮	艘班	1852	1.10	1.10	1.10	1.10	1.10	1.10	1.10	1.10
25	100t 以内工程驳船	艘班	1874	1.57	1.74	2.93	4.70	5.67	8.74	12.80	21.16
26	200t 以内工程驳船	艘班	1876	–	–	–	–	–	–	–	–
27	小型机具使用费	元	1998	0.4	0.4	0.4	0.4	0.4	0.4	0.4	0.4
28	基价	元	1999	4371	4644	6840	9985	11726	17127	24332	39166

续前页　　　　单位:10m

顺序号	项　目	单位	代号	桩径 120cm 以内							
				孔深 50m 以内							
				砂土	黏土	砂砾	砾石	卵石	软石	次坚石	坚石
				233	234	235	236	237	238	239	240
1	人工	工日	1	10.9	11.3	17.1	24.9	30.5	47.1	65.4	104.8
2	锯材	m^3	102	0.014	0.014	0.014	0.014	0.014	0.014	0.014	0.014
3	带肋钢筋	t	112	0.006	0.006	0.006	0.006	0.006	0.006	0.006	0.006
4	钢丝绳	t	221	0.001	0.001	0.001	0.001	0.001	0.001	0.001	0.001
5	电焊条	kg	231	0.1	0.3	0.3	0.5	1.0	1.1	1.3	1.6
6	铁件	kg	651	0.1	0.1	0.1	0.1	0.1	0.1	0.1	0.1
7	铁皮	m^2	666	0.3	0.3	0.3	0.3	0.3	0.3	0.3	0.3
8	32.5 级水泥	t	832	0.025	0.025	0.025	0.025	0.025	0.025	0.025	0.025
9	水	m^3	866	32	26	45	45	45	39	39	39
10	青(红)砖	千块	877	0.02	0.02	0.02	0.02	0.02	0.02	0.02	0.02
11	中(粗)砂	m^3	899	0.05	0.05	0.05	0.05	0.05	0.05	0.05	0.05
12	黏土	m^3	911	6.44	4.30	8.59	8.59	8.59	7.53	7.53	7.53
13	碎石(4cm)	m^3	952	0.06	0.06	0.06	0.06	0.06	0.06	0.06	0.06
14	其他材料费	元	996	2.0	2.0	2.0	2.0	2.0	2.0	2.0	2.0
15	设备摊销费	元	997	9.4	10.3	11.0	12.7	21.7	23.6	28.9	32.5
16	$1.0m^3$ 以内履带式单斗挖掘机	台班	1035	0.02	0.02	0.02	0.02	0.02	0.02	0.02	0.02
17	15t 以内履带式起重机	台班	1432	0.19	0.19	0.19	0.19	0.19	0.19	0.19	0.19
18	ϕ1500mm 以内回旋钻机	台班	1600	1.99	2.21	3.66	5.92	7.50	12.30	17.55	28.83
19	ϕ2500mm 以内回旋钻机	台班	1602	–	–	–	–	–	–	–	–

续前页 单位:10m

顺序号	项　目	单位	代号	桩径 120cm 以内							
				孔深 50m 以内							
				砂土	黏土	砂砾	砾石	卵石	软石	次坚石	坚石
				233	234	235	236	237	238	239	240
20	φ3000mm 以内回旋钻机	台班	1603	–	–	–	–	–	–	–	–
21	φ3500mm 以内回旋钻机	台班	1604	–	–	–	–	–	–	–	–
22	泥浆搅拌机	台班	1624	0.38	0.38	0.38	0.38	0.38	0.38	0.38	0.38
23	32kV·A 以内交流电弧焊机	台班	1726	0.01	0.03	0.04	0.06	0.12	0.13	0.15	0.17
24	88kW 以内内燃拖轮	艘班	1852	1.01	1.01	1.01	1.01	1.01	1.01	1.01	1.01
25	100t 以内工程驳船	艘班	1874	2.10	2.34	3.91	6.36	8.08	13.29	19.00	31.24
26	200t 以内工程驳船	艘班	1876	–	–	–	–	–	–	–	–
27	小型机具使用费	元	1998	0.4	0.4	0.4	0.4	0.4	0.4	0.4	0.4
28	基价	元	1999	4515	4824	7172	10704	13196	20682	28898	46534

续前页　　　　单位:10m

顺序号	项目	单位	代号	桩径120cm以内							
				孔深60m以内							
				砂土	黏土	砂砾	砾石	卵石	软石	次坚石	坚石
				241	242	243	244	245	246	247	248
1	人工	工日	1	11.0	11.5	17.8	26.3	32.4	50.6	71.1	114.2
2	锯材	m^3	102	0.013	0.013	0.013	0.013	0.013	0.013	0.013	0.013
3	带肋钢筋	t	112	0.006	0.006	0.006	0.006	0.006	0.006	0.006	0.006
4	钢丝绳	t	221	0.001	0.001	0.001	0.001	0.001	0.001	0.001	0.001
5	电焊条	kg	231	0.1	0.3	0.4	0.5	1.1	1.2	1.4	1.6
6	铁件	kg	651	0.1	0.1	0.1	0.1	0.1	0.1	0.1	0.1
7	铁皮	m^2	666	0.3	0.3	0.3	0.3	0.3	0.3	0.3	0.3
8	32.5级水泥	t	832	0.025	0.025	0.025	0.025	0.025	0.025	0.025	0.025
9	水	m^3	866	32	26	45	45	45	39	39	39
10	青(红)砖	千块	877	0.02	0.02	0.02	0.02	0.02	0.02	0.02	0.02
11	中(粗)砂	m^3	899	0.05	0.05	0.05	0.05	0.05	0.05	0.05	0.05
12	黏土	m^3	911	6.44	4.30	8.59	8.59	8.59	7.53	7.53	7.53
13	碎石(4cm)	m^3	952	0.06	0.06	0.06	0.06	0.06	0.06	0.06	0.06
14	其他材料费	元	996	1.9	1.9	1.9	1.9	1.9	1.9	1.9	1.9
15	设备摊销费	元	997	9.4	10.3	11.0	12.7	21.7	23.6	28.9	32.5
16	1.0m^3以内履带式单斗挖掘机	台班	1035	0.02	0.02	0.02	0.02	0.02	0.02	0.02	0.02
17	15t以内履带式起重机	台班	1432	0.16	0.16	0.16	0.16	0.16	0.16	0.16	0.16
18	ϕ1500mm以内回旋钻机	台班	1600	2.10	2.35	3.92	6.38	8.11	13.39	19.27	31.60
19	ϕ2500mm以内回旋钻机	台班	1602	-	-	-	-	-	-	-	-

续前页 单位:10m

顺序号	项目	单位	代号	桩径 120cm 以内							
				孔深 60m 以内							
				砂土	黏土	砂砾	砾石	卵石	软石	次坚石	坚石
				241	242	243	244	245	246	247	248
20	ϕ3000mm 以内回旋钻机	台班	1603	–	–	–	–	–	–	–	–
21	ϕ3500mm 以内回旋钻机	台班	1604	–	–	–	–	–	–	–	–
22	泥浆搅拌机	台班	1624	0.38	0.38	0.38	0.38	0.38	0.38	0.38	0.38
23	32kV·A 以内交流电弧焊机	台班	1726	0.01	0.03	0.04	0.06	0.12	0.13	0.16	0.18
24	88kW 以内内燃拖轮	艘班	1852	0.90	0.90	0.90	0.90	0.90	0.90	0.90	0.90
25	100t 以内工程驳船	艘班	1874	2.46	2.77	4.66	7.63	9.72	16.09	23.17	38.06
26	200t 以内工程驳船	艘班	1876	–	–	–	–	–	–	–	–
27	小型机具使用费	元	1998	0.4	0.4	0.4	0.4	0.4	0.4	0.4	0.4
28	基价	元	1999	4620	4986	7579	11506	14290	22698	32089	51784

续前页　　　　单位:10m

顺序号	项目	单位	代号	桩径150cm以内							
				孔深40m以内							
				砂土	黏土	砂砾	砾石	卵石	软石	次坚石	坚石
				249	250	251	252	253	254	255	256
1	人工	工日	1	12.2	12.6	18.5	26.1	30.8	43.7	61.4	98.5
2	锯材	m^3	102	0.022	0.022	0.022	0.022	0.022	0.022	0.022	0.022
3	带肋钢筋	t	112	0.006	0.006	0.006	0.006	0.006	0.006	0.006	0.006
4	钢丝绳	t	221	0.001	0.001	0.001	0.001	0.001	0.001	0.001	0.001
5	电焊条	kg	231	0.1	0.3	0.4	0.6	1.1	1.2	1.4	1.7
6	铁件	kg	651	0.2	0.2	0.2	0.2	0.2	0.2	0.2	0.2
7	铁皮	m^2	666	0.3	0.3	0.3	0.3	0.3	0.3	0.3	0.3
8	32.5级水泥	t	832	0.025	0.025	0.025	0.025	0.025	0.025	0.025	0.025
9	水	m^3	866	51	41	71	71	71	61	61	61
10	青(红)砖	千块	877	0.02	0.02	0.02	0.02	0.02	0.02	0.02	0.02
11	中(粗)砂	m^3	899	0.05	0.05	0.05	0.05	0.05	0.05	0.05	0.05
12	黏土	m^3	911	10.06	6.71	13.42	13.42	13.42	11.76	11.76	11.76
13	碎石(4cm)	m^3	952	0.06	0.06	0.06	0.06	0.06	0.06	0.06	0.06
14	其他材料费	元	996	2.6	2.6	2.6	2.6	2.6	2.6	2.6	2.6
15	设备摊销费	元	997	12.6	13.8	14.7	16.9	25.0	27.3	33.3	37.5
16	1.0m^3以内履带式单斗挖掘机	台班	1035	0.03	0.03	0.03	0.03	0.03	0.03	0.03	0.03
17	15t以内履带式起重机	台班	1432	0.24	0.24	0.24	0.24	0.24	0.24	0.24	0.24
18	ϕ1500mm以内回旋钻机	台班	1600	2.04	2.28	3.67	5.87	7.20	10.99	16.05	26.67
19	ϕ2500mm以内回旋钻机	台班	1602	–	–	–	–	–	–	–	–

续前页　　单位:10m

顺序号	项　目	单位	代号	桩径 150cm 以内							
				孔深 40m 以内							
				砂土	黏土	砂砾	砾石	卵石	软石	次坚石	坚石
				249	250	251	252	253	254	255	256
20	ϕ3000mm 以内回旋钻机	台班	1603	–	–	–	–	–	–	–	–
21	ϕ3500mm 以内回旋钻机	台班	1604	–	–	–	–	–	–	–	–
22	泥浆搅拌机	台班	1624	0.61	0.61	0.61	0.61	0.61	0.61	0.61	0.61
23	32kV·A 以内交流电弧焊机	台班	1726	0.02	0.03	0.04	0.06	0.12	0.14	0.16	0.18
24	88kW 以内内燃拖轮	艘班	1852	0.95	0.95	0.95	0.95	0.95	0.95	0.95	0.95
25	100t 以内工程驳船	艘班	1874	2.46	2.76	4.41	7.08	8.69	13.25	19.36	32.18
26	200t 以内工程驳船	艘班	1876	–	–	–	–	–	–	–	–
27	小型机具使用费	元	1998	0.4	0.4	0.4	0.4	0.4	0.4	0.4	0.4
28	基价	元	1999	4786	5121	7456	10974	13118	19134	27224	44188

续前页　　单位：10m

顺序号	项目	单位	代号	桩径150cm以内							
				孔深60m以内							
				砂土	黏土	砂砾	砾石	卵石	软石	次坚石	坚石
				257	258	259	260	261	262	263	264
1	人工	工日	1	12.3	12.7	20.0	29.4	35.4	54.9	77.4	123.8
2	锯材	m^3	102	0.016	0.016	0.016	0.016	0.016	0.016	0.016	0.016
3	带肋钢筋	t	112	0.006	0.006	0.006	0.006	0.006	0.006	0.006	0.006
4	钢丝绳	t	221	0.001	0.001	0.001	0.001	0.001	0.001	0.001	0.001
5	电焊条	kg	231	0.2	0.3	0.4	0.6	1.2	1.3	1.6	1.8
6	铁件	kg	651	0.2	0.2	0.2	0.2	0.2	0.2	0.2	0.2
7	铁皮	m^2	666	0.3	0.3	0.3	0.3	0.3	0.3	0.3	0.3
8	32.5级水泥	t	832	0.025	0.025	0.025	0.025	0.025	0.025	0.025	0.025
9	水	m^3	866	51	41	71	71	71	61	61	61
10	青(红)砖	千块	877	0.02	0.02	0.02	0.02	0.02	0.02	0.02	0.02
11	中(粗)砂	m^3	899	0.05	0.05	0.05	0.05	0.05	0.05	0.05	0.05
12	黏土	m^3	911	10.06	6.71	13.42	13.42	13.42	11.76	11.76	11.76
13	碎石(4cm)	m^3	952	0.06	0.06	0.06	0.06	0.06	0.06	0.06	0.06
14	其他材料费	元	996	2.1	2.1	2.1	2.1	2.1	2.1	2.1	2.1
15	设备摊销费	元	997	12.6	13.8	14.7	16.9	25.0	27.3	33.3	37.5
16	1.0m^3以内履带式单斗挖掘机	台班	1035	0.02	0.02	0.02	0.02	0.02	0.02	0.02	0.02
17	15t以内履带式起重机	台班	1432	0.16	0.16	0.16	0.16	0.16	0.16	0.16	0.16
18	ϕ1500mm以内回旋钻机	台班	1600	2.24	2.54	4.28	6.96	8.70	14.35	20.79	34.09
19	ϕ2500mm以内回旋钻机	台班	1602	–	–	–	–	–	–	–	–

续前页

单位:10m

顺序号	项目	单位	代号	桩径150cm以内							
				孔深60m以内							
				砂土	黏土	砂砾	砾石	卵石	软石	次坚石	坚石
				257	258	259	260	261	262	263	264
20	ϕ3000mm以内回旋钻机	台班	1603	–	–	–	–	–	–	–	–
21	ϕ3500mm以内回旋钻机	台班	1604	–	–	–	–	–	–	–	–
22	泥浆搅拌机	台班	1624	0.61	0.61	0.61	0.61	0.61	0.61	0.61	0.61
23	32kV·A以内交流电弧焊机	台班	1726	0.02	0.03	0.05	0.07	0.14	0.15	0.18	0.20
24	88kW以内内燃拖轮	艘班	1852	0.79	0.79	0.79	0.79	0.79	0.79	0.79	0.79
25	100t以内工程驳船	艘班	1874	4.01	4.53	7.69	12.54	15.68	25.92	37.56	61.62
26	200t以内工程驳船	艘班	1876	–	–	–	–	–	–	–	–
27	小型机具使用费	元	1998	0.4	0.4	0.4	0.4	0.4	0.4	0.4	0.4
28	基价	元	1999	5227	5688	8892	13624	16704	26642	38002	61451

续前页　　单位：10m

顺序号	项目	单位	代号	桩径150cm以内							
				孔深80m以内							
				砂土	黏土	砂砾	砾石	卵石	软石	次坚石	坚石
				265	266	267	268	269	270	271	272
1	人工	工日	1	13.2	13.7	22.4	33.5	40.8	64.8	91.7	144.9
2	锯材	m^3	102	0.014	0.014	0.014	0.014	0.014	0.014	0.014	0.014
3	带肋钢筋	t	112	0.006	0.006	0.006	0.006	0.006	0.006	0.006	0.006
4	钢丝绳	t	221	0.001	0.001	0.001	0.001	0.001	0.001	0.001	0.001
5	电焊条	kg	231	0.2	0.3	0.4	0.7	1.3	1.5	1.7	2.0
6	铁件	kg	651	0.1	0.1	0.1	0.1	0.1	0.1	0.1	0.1
7	铁皮	m^2	666	0.3	0.3	0.3	0.3	0.3	0.3	0.3	0.3
8	32.5级水泥	t	832	0.025	0.025	0.025	0.025	0.025	0.025	0.025	0.025
9	水	m^3	866	51	41	71	71	71	61	61	61
10	青(红)砖	千块	877	0.02	0.02	0.02	0.02	0.02	0.02	0.02	0.02
11	中(粗)砂	m^3	899	0.05	0.05	0.05	0.05	0.05	0.05	0.05	0.05
12	黏土	m^3	911	10.06	6.71	13.42	13.42	13.42	11.76	11.76	11.76
13	碎石(4cm)	m^3	952	0.06	0.06	0.06	0.06	0.06	0.06	0.06	0.06
14	其他材料费	元	996	1.9	1.9	1.9	1.9	1.9	1.9	1.9	1.9
15	设备摊销费	元	997	12.6	13.8	14.7	16.9	25.0	27.3	33.3	37.5
16	1.0m^3以内履带式单斗挖掘机	台班	1035	0.02	0.02	0.02	0.02	0.02	0.02	0.02	0.02
17	15t以内履带式起重机	台班	1432	0.12	0.12	0.12	0.12	0.12	0.12	0.12	0.12
18	ϕ1500mm以内回旋钻机	台班	1600	2.58	2.92	5.05	8.23	10.30	17.26	24.98	40.22
19	ϕ2500mm以内回旋钻机	台班	1602	–	–	–	–	–	–	–	–

续前页　　　　单位:10m

顺序号	项　目	单位	代号	桩径 150cm 以内							
				孔深 80m 以内							
				砂土	黏土	砂砾	砾石	卵石	软石	次坚石	坚石
				265	266	267	268	269	270	271	272
20	ϕ3000mm 以内回旋钻机	台班	1603	–	–	–	–	–	–	–	–
21	ϕ3500mm 以内回旋钻机	台班	1604	–	–	–	–	–	–	–	–
22	泥浆搅拌机	台班	1624	0.61	0.61	0.61	0.61	0.61	0.61	0.61	0.61
23	32kV·A 以内交流电弧焊机	台班	1726	0.02	0.04	0.05	0.07	0.15	0.16	0.19	0.22
24	88kW 以内内燃拖轮	艘班	1852	0.66	0.66	0.66	0.66	0.66	0.66	0.66	0.66
25	100t 以内工程驳船	艘班	1874	5.39	6.12	10.61	17.32	21.69	36.39	52.67	84.85
26	200t 以内工程驳船	艘班	1876	–	–	–	–	–	–	–	–
27	小型机具使用费	元	1998	0.4	0.4	0.4	0.4	0.4	0.4	0.4	0.4
28	基价	元	1999	5878	6447	10511	16387	20231	33052	47306	75450

续前页 单位:10m

顺序号	项目	单位	代号	桩径200cm以内							
				孔深40m以内							
				砂土	黏土	砂砾	砾石	卵石	软石	次坚石	坚石
				273	274	275	276	277	278	279	280
1	人工	工日	1	14.6	14.8	22.0	30.6	35.4	49.9	67.1	106.2
2	锯材	m^3	102	0.026	0.026	0.026	0.026	0.026	0.026	0.026	0.026
3	带肋钢筋	t	112	0.006	0.006	0.006	0.006	0.006	0.006	0.006	0.006
4	钢丝绳	t	221	0.001	0.001	0.001	0.001	0.001	0.001	0.001	0.001
5	电焊条	kg	231	0.2	0.3	0.4	0.7	1.3	1.4	1.7	2.0
6	铁件	kg	651	0.3	0.3	0.3	0.3	0.3	0.3	0.3	0.3
7	铁皮	m^2	666	0.3	0.3	0.3	0.3	0.3	0.3	0.3	0.3
8	32.5级水泥	t	832	0.025	0.025	0.025	0.025	0.025	0.025	0.025	0.025
9	水	m^3	866	88	71	123	123	123	105	105	105
10	青(红)砖	千块	877	0.02	0.02	0.02	0.02	0.02	0.02	0.02	0.02
11	中(粗)砂	m^3	899	0.05	0.05	0.05	0.05	0.05	0.05	0.05	0.05
12	黏土	m^3	911	17.50	11.67	23.35	23.35	23.35	20.45	20.45	20.45
13	碎石(4cm)	m^3	952	0.06	0.06	0.06	0.06	0.06	0.06	0.06	0.06
14	其他材料费	元	996	2.7	2.7	2.7	2.7	2.7	2.7	2.7	2.7
15	设备摊销费	元	997	15.7	17.2	18.3	21.2	33.3	36.4	44.4	50.0
16	1.0m^3以内履带式单斗挖掘机	台班	1035	0.02	0.02	0.02	0.02	0.02	0.02	0.02	0.02
17	15t以内履带式起重机	台班	1432	0.24	0.24	0.24	0.24	0.24	0.24	0.24	0.24
18	ϕ1500mm以内回旋钻机	台班	1600	–	–	–	–	–	–	–	–
19	ϕ2500mm以内回旋钻机	台班	1602	2.11	2.36	3.95	6.39	7.78	12.06	16.99	28.21

续前页　　　　单位:10m

顺序号	项　目	单位	代号	桩径 200cm 以内							
				孔深 40m 以内							
				砂土	黏土	砂砾	砾石	卵石	软石	次坚石	坚石
				273	274	275	276	277	278	279	280
20	ϕ3000mm 以内回旋钻机	台班	1603	–	–	–	–	–	–	–	–
21	ϕ3500mm 以内回旋钻机	台班	1604	–	–	–	–	–	–	–	–
22	泥浆搅拌机	台班	1624	1.05	1.05	1.05	1.05	1.05	1.05	1.05	1.05
23	32kV·A 以内交流电弧焊机	台班	1726	0.02	0.04	0.05	0.07	0.15	0.16	0.19	0.22
24	88kW 以内内燃拖轮	艘班	1852	0.64	0.64	0.64	0.64	0.64	0.64	0.64	0.64
25	100t 以内工程驳船	艘班	1874	0.11	0.11	0.11	0.11	0.11	0.11	0.11	0.11
26	200t 以内工程驳船	艘班	1876	2.43	2.74	4.65	7.60	9.26	14.43	20.38	33.92
27	小型机具使用费	元	1998	0.4	0.4	0.4	0.4	0.4	0.4	0.4	0.4
28	基价	元	1999	6534	7055	11093	16992	20358	30635	42540	69612

续前页　　　　　单位：10m

顺序号	项　目	单位	代号	桩径 200cm 以内							
				孔深 60m 以内							
				砂土	黏土	砂砾	砾石	卵石	软石	次坚石	坚石
				281	282	283	284	285	286	287	288
1	人工	工日	1	14.7	15.1	23.4	33.7	39.5	57.0	78.0	124.9
2	锯材	m^3	102	0.019	0.019	0.019	0.019	0.019	0.019	0.019	0.019
3	带肋钢筋	t	112	0.006	0.006	0.006	0.006	0.006	0.006	0.006	0.006
4	钢丝绳	t	221	0.001	0.001	0.001	0.001	0.001	0.001	0.001	0.001
5	电焊条	kg	231	0.2	0.4	0.5	0.7	1.4	1.6	1.9	2.2
6	铁件	kg	651	0.2	0.2	0.2	0.2	0.2	0.2	0.2	0.2
7	铁皮	m^2	666	0.3	0.3	0.3	0.3	0.3	0.3	0.3	0.3
8	32.5 级水泥	t	832	0.025	0.025	0.025	0.025	0.025	0.025	0.025	0.025
9	水	m^3	866	88	71	123	123	123	105	105	105
10	青(红)砖	千块	877	0.02	0.02	0.02	0.02	0.02	0.02	0.02	0.02
11	中(粗)砂	m^3	899	0.05	0.05	0.05	0.05	0.05	0.05	0.05	0.05
12	黏土	m^3	911	17.50	11.67	23.35	23.35	23.35	20.45	20.45	20.45
13	碎石(4cm)	m^3	952	0.06	0.06	0.06	0.06	0.06	0.06	0.06	0.06
14	其他材料费	元	996	2.2	2.2	2.2	2.2	2.2	2.2	2.2	2.2
15	设备摊销费	元	997	15.7	17.2	18.3	21.2	33.3	36.4	44.4	50.0
16	$1.0m^3$ 以内履带式单斗挖掘机	台班	1035	0.02	0.02	0.02	0.02	0.02	0.02	0.02	0.02
17	15t 以内履带式起重机	台班	1432	0.16	0.16	0.16	0.16	0.16	0.16	0.16	0.16
18	ϕ1500mm 以内回旋钻机	台班	1600	–	–	–	–	–	–	–	–
19	ϕ2500mm 以内回旋钻机	台班	1602	2.34	2.65	4.52	7.46	9.12	14.28	20.29	33.72

续前页　　单位:10m

顺序号	项目	单位	代号	桩径200cm以内							
				孔深60m以内							
				砂土	黏土	砂砾	砾石	卵石	软石	次坚石	坚石
				281	282	283	284	285	286	287	288
20	φ3000mm以内回旋钻机	台班	1603	–	–	–	–	–	–	–	–
21	φ3500mm以内回旋钻机	台班	1604	–	–	–	–	–	–	–	–
22	泥浆搅拌机	台班	1624	1.05	1.05	1.05	1.05	1.05	1.05	1.05	1.05
23	32kV·A以内交流电弧焊机	台班	1726	0.02	0.04	0.05	0.08	0.16	0.18	0.21	0.24
24	88kW以内内燃拖轮	艘班	1852	0.47	0.47	0.47	0.47	0.47	0.47	0.47	0.47
25	100t以内工程驳船	艘班	1874	0.07	0.07	0.07	0.07	0.07	0.07	0.07	0.07
26	200t以内工程驳船	艘班	1876	3.43	3.90	6.74	11.16	13.66	21.44	30.50	50.75
27	小型机具使用费	元	1998	0.4	0.4	0.4	0.4	0.4	0.4	0.4	0.4
28	基价	元	1999	7125	7827	12787	20244	24475	37503	52751	86807

续前页

单位:10m

顺序号	项目	单位	代号	桩径200cm以内							
				孔深80m以内							
				砂土	黏土	砂砾	砾石	卵石	软石	次坚石	坚石
				289	290	291	292	293	294	295	296
1	人工	工日	1	15.8	16.3	25.7	37.8	44.6	64.9	89.9	145.2
2	锯材	m^3	102	0.016	0.016	0.016	0.016	0.016	0.016	0.016	0.016
3	带肋钢筋	t	112	0.006	0.006	0.006	0.006	0.006	0.006	0.006	0.006
4	钢丝绳	t	221	0.001	0.001	0.001	0.001	0.001	0.001	0.001	0.001
5	电焊条	kg	231	0.2	0.4	0.5	0.8	1.6	1.7	2.0	2.4
6	铁件	kg	651	0.2	0.2	0.2	0.2	0.2	0.2	0.2	0.2
7	铁皮	m^2	666	0.3	0.3	0.3	0.3	0.3	0.3	0.3	0.3
8	32.5级水泥	t	832	0.025	0.025	0.025	0.025	0.025	0.025	0.025	0.025
9	水	m^3	866	88	71	123	123	123	105	105	105
10	青(红)砖	千块	877	0.02	0.02	0.02	0.02	0.02	0.02	0.02	0.02
11	中(粗)砂	m^3	899	0.05	0.05	0.05	0.05	0.05	0.05	0.05	0.05
12	黏土	m^3	911	17.50	11.67	23.35	23.35	23.35	20.45	20.45	20.45
13	碎石(4cm)	m^3	952	0.06	0.06	0.06	0.06	0.06	0.06	0.06	0.06
14	其他材料费	元	996	2.0	2.0	2.0	2.0	2.0	2.0	2.0	2.0
15	设备摊销费	元	997	15.7	17.2	18.3	21.2	33.3	36.4	44.4	50.0
16	$1.0m^3$以内履带式单斗挖掘机	台班	1035	0.02	0.02	0.02	0.02	0.02	0.02	0.02	0.02
17	15t以内履带式起重机	台班	1432	0.12	0.12	0.12	0.12	0.12	0.12	0.12	0.12
18	ϕ1500mm以内回旋钻机	台班	1600	–	–	–	–	–	–	–	–
19	ϕ2500mm以内回旋钻机	台班	1602	2.74	3.10	5.26	8.72	10.70	16.63	23.78	39.63

续前页

单位:10m

顺序号	项目	单位	代号	桩径200cm以内							
				孔深80m以内							
				砂土	黏土	砂砾	砾石	卵石	软石	次坚石	坚石
				289	290	291	292	293	294	295	296
20	ϕ3000mm以内回旋钻机	台班	1603	–	–	–	–	–	–	–	–
21	ϕ3500mm以内回旋钻机	台班	1604	–	–	–	–	–	–	–	–
22	泥浆搅拌机	台班	1624	1.05	1.05	1.05	1.05	1.05	1.05	1.05	1.05
23	32kV·A以内交流电弧焊机	台班	1726	0.02	0.04	0.06	0.09	0.18	0.19	0.23	0.26
24	88kW以内内燃拖轮	艘班	1852	0.39	0.39	0.39	0.39	0.39	0.39	0.39	0.39
25	100t以内工程驳船	艘班	1874	0.06	0.06	0.06	0.06	0.06	0.06	0.06	0.06
26	200t以内工程驳船	艘班	1876	4.86	5.52	9.44	15.69	19.27	30.02	42.95	71.63
27	小型机具使用费	元	1998	0.4	0.4	0.4	0.4	0.4	0.4	0.4	0.4
28	基价	元	1999	8358	9230	15192	24393	29675	45397	64414	106551

续前页　　　　　　　　　　　　　　　　　　　　　　　　　　　单位:10m

顺序号	项目	单位	代号	桩径200cm以内							
				孔深100m以内							
				砂土	黏土	砂砾	砾石	卵石	软石	次坚石	坚石
				297	298	299	300	301	302	303	304
1	人工	工日	1	17.4	18.0	29.0	43.6	51.8	76.6	106.4	173.9
2	锯材	m^3	102	0.014	0.014	0.014	0.014	0.014	0.014	0.014	0.014
3	带肋钢筋	t	112	0.006	0.006	0.006	0.006	0.006	0.006	0.006	0.006
4	钢丝绳	t	221	0.001	0.001	0.001	0.001	0.001	0.001	0.001	0.001
5	电焊条	kg	231	0.2	0.4	0.6	0.8	1.7	1.9	2.2	2.6
6	铁件	kg	651	0.1	0.1	0.1	0.1	0.1	0.1	0.1	0.1
7	铁皮	m^2	666	0.3	0.3	0.3	0.3	0.3	0.3	0.3	0.3
8	32.5级水泥	t	832	0.025	0.025	0.025	0.025	0.025	0.025	0.025	0.025
9	水	m^3	866	88	71	123	123	123	105	105	105
10	青(红)砖	千块	877	0.02	0.02	0.02	0.02	0.02	0.02	0.02	0.02
11	中(粗)砂	m^3	899	0.05	0.05	0.05	0.05	0.05	0.05	0.05	0.05
12	黏土	m^3	911	17.50	11.67	23.35	23.35	23.35	20.45	20.45	20.45
13	碎石(4cm)	m^3	952	0.06	0.06	0.06	0.06	0.06	0.06	0.06	0.06
14	其他材料费	元	996	1.8	1.8	1.8	1.8	1.8	1.8	1.8	1.8
15	设备摊销费	元	997	15.7	17.2	18.3	21.2	33.3	36.4	44.4	50.0
16	1.0m^3以内履带式单斗挖掘机	台班	1035	0.02	0.02	0.02	0.02	0.02	0.02	0.02	0.02
17	15t以内履带式起重机	台班	1432	0.10	0.10	0.10	0.10	0.10	0.10	0.10	0.10
18	ϕ1500mm以内回旋钻机	台班	1600	–	–	–	–	–	–	–	–
19	ϕ2500mm以内回旋钻机	台班	1602	3.22	3.68	6.26	10.46	12.80	20.06	28.59	47.90

续前页

单位:10m

顺序号	项目	单位	代号	桩径200cm以内							
				孔深100m以内							
				砂土	黏土	砂砾	砾石	卵石	软石	次坚石	坚石
				297	298	299	300	301	302	303	304
20	ϕ3000mm以内回旋钻机	台班	1603	–	–	–	–	–	–	–	–
21	ϕ3500mm以内回旋钻机	台班	1604	–	–	–	–	–	–	–	–
22	泥浆搅拌机	台班	1624	1.05	1.05	1.05	1.05	1.05	1.05	1.05	1.05
23	32kV·A以内交流电弧焊机	台班	1726	0.02	0.05	0.06	0.09	0.19	0.21	0.25	0.29
24	88kW以内内燃拖轮	艘班	1852	0.34	0.34	0.34	0.34	0.34	0.34	0.34	0.34
25	100t以内工程驳船	艘班	1874	0.04	0.04	0.04	0.04	0.04	0.04	0.04	0.04
26	200t以内工程驳船	艘班	1876	6.74	7.68	13.15	22.01	26.94	42.27	60.28	101.04
27	小型机具使用费	元	1998	0.4	0.4	0.4	0.4	0.4	0.4	0.4	0.4
28	基价	元	1999	9976	11143	18550	30231	36763	56901	80638	134351

续前页

单位:10m

顺序号	项目	单位	代号	桩径250cm以内							
				孔深40m以内							
				砂土	黏土	砂砾	砾石	卵石	软石	次坚石	坚石
				305	306	307	308	309	310	311	312
1	人工	工日	1	16.8	17.1	25.7	35.9	41.7	58.9	79.7	126.9
2	锯材	m^3	102	0.029	0.029	0.029	0.029	0.029	0.029	0.029	0.029
3	带肋钢筋	t	112	0.006	0.006	0.006	0.006	0.006	0.006	0.006	0.006
4	钢丝绳	t	221	0.001	0.001	0.001	0.001	0.001	0.001	0.001	0.001
5	电焊条	kg	231	0.2	0.4	0.5	0.7	1.5	1.6	1.9	2.2
6	铁件	kg	651	0.5	0.5	0.5	0.5	0.5	0.5	0.5	0.5
7	铁皮	m^2	666	0.3	0.3	0.3	0.3	0.3	0.3	0.3	0.3
8	32.5级水泥	t	832	0.025	0.025	0.025	0.025	0.025	0.025	0.025	0.025
9	水	m^3	866	133	106	189	189	189	161	161	161
10	青(红)砖	千块	877	0.02	0.02	0.02	0.02	0.02	0.02	0.02	0.02
11	中(粗)砂	m^3	899	0.05	0.05	0.05	0.05	0.05	0.05	0.05	0.05
12	黏土	m^3	911	21.87	14.59	29.17	29.17	29.17	25.56	25.56	25.56
13	碎石(4cm)	m^3	952	0.06	0.06	0.06	0.06	0.06	0.06	0.06	0.06
14	其他材料费	元	996	2.6	2.6	2.6	2.6	2.6	2.6	2.6	2.6
15	设备摊销费	元	997	20.4	22.3	23.8	27.5	41.7	45.5	55.6	62.5
16	$1.0m^3$以内履带式单斗挖掘机	台班	1035	0.03	0.03	0.03	0.03	0.03	0.03	0.03	0.03
17	15t以内履带式起重机	台班	1432	0.23	0.23	0.23	0.23	0.23	0.23	0.23	0.23
18	ϕ1500mm以内回旋钻机	台班	1600	–	–	–	–	–	–	–	–
19	ϕ2500mm以内回旋钻机	台班	1602	2.42	2.73	4.63	7.53	9.19	14.29	20.24	33.79

续前页

单位:10m

顺序号	项　目	单位	代号	桩径 250cm 以内							
				孔深 40m 以内							
				砂土	黏土	砂砾	砾石	卵石	软石	次坚石	坚石
				305	306	307	308	309	310	311	312
20	ϕ3000mm 以内回旋钻机	台班	1603	–	–	–	–	–	–	–	–
21	ϕ3500mm 以内回旋钻机	台班	1604	–	–	–	–	–	–	–	–
22	泥浆搅拌机	台班	1624	1.31	1.31	1.31	1.31	1.31	1.31	1.31	1.31
23	32kV·A 以内交流电弧焊机	台班	1726	0.02	0.04	0.05	0.08	0.16	0.18	0.21	0.24
24	88kW 以内内燃拖轮	艘班	1852	0.44	0.44	0.44	0.44	0.44	0.44	0.44	0.44
25	100t 以内工程驳船	艘班	1874	0.08	0.08	0.08	0.08	0.08	0.08	0.08	0.08
26	200t 以内工程驳船	艘班	1876	3.55	4.01	6.87	11.25	13.76	21.44	30.41	50.86
27	小型机具使用费	元	1998	0.4	0.4	0.4	0.4	0.4	0.4	0.4	0.4
28	基价	元	1999	7537	8213	13289	20655	24892	37750	52849	87212

续前页

单位:10m

顺序号	项目	单位	代号	桩径250cm以内							
				孔深60m以内							
				砂土	黏土	砂砾	砾石	卵石	软石	次坚石	坚石
				313	314	315	316	317	318	319	320
1	人工	工日	1	17.3	17.7	27.7	40.0	47.0	67.7	93.2	149.6
2	锯材	m^3	102	0.021	0.021	0.021	0.021	0.021	0.021	0.021	0.021
3	带肋钢筋	t	112	0.006	0.006	0.006	0.006	0.006	0.006	0.006	0.006
4	钢丝绳	t	221	0.001	0.001	0.001	0.001	0.001	0.001	0.001	0.001
5	电焊条	kg	231	0.2	0.4	0.5	0.8	1.6	1.7	2.1	2.4
6	铁件	kg	651	0.3	0.3	0.3	0.3	0.3	0.3	0.3	0.3
7	铁皮	m^2	666	0.3	0.3	0.3	0.3	0.3	0.3	0.3	0.3
8	32.5级水泥	t	832	0.025	0.025	0.025	0.025	0.025	0.025	0.025	0.025
9	水	m^3	866	133	106	189	189	189	161	161	161
10	青(红)砖	千块	877	0.02	0.02	0.02	0.02	0.02	0.02	0.02	0.02
11	中(粗)砂	m^3	899	0.05	0.05	0.05	0.05	0.05	0.05	0.05	0.05
12	黏土	m^3	911	21.87	14.59	29.17	29.17	29.17	25.56	25.56	25.56
13	碎石(4cm)	m^3	952	0.06	0.06	0.06	0.06	0.06	0.06	0.06	0.06
14	其他材料费	元	996	2.1	2.1	2.1	2.1	2.1	2.1	2.1	2.1
15	设备摊销费	元	997	20.4	22.3	23.8	27.5	41.7	45.5	55.6	62.5
16	$1.0m^3$以内履带式单斗挖掘机	台班	1035	0.02	0.02	0.02	0.02	0.02	0.02	0.02	0.02
17	15t以内履带式起重机	台班	1432	0.16	0.16	0.16	0.16	0.16	0.16	0.16	0.16
18	ϕ1500mm以内回旋钻机	台班	1600	–	–	–	–	–	–	–	–
19	ϕ2500mm以内回旋钻机	台班	1602	2.74	3.10	5.35	8.88	10.88	16.99	24.31	40.43

续前页

单位:10m

顺序号	项目	单位	代号	桩径250cm以内							
				孔深60m以内							
				砂土	黏土	砂砾	砾石	卵石	软石	次坚石	坚石
				313	314	315	316	317	318	319	320
20	ϕ3000mm以内回旋钻机	台班	1603	–	–	–	–	–	–	–	–
21	ϕ3500mm以内回旋钻机	台班	1604	–	–	–	–	–	–	–	–
22	泥浆搅拌机	台班	1624	1.31	1.31	1.31	1.31	1.31	1.31	1.31	1.31
23	32kV·A以内交流电弧焊机	台班	1726	0.02	0.04	0.06	0.09	0.18	0.20	0.23	0.27
24	88kW以内内燃拖轮	艘班	1852	0.36	0.36	0.36	0.36	0.36	0.36	0.36	0.36
25	100t以内工程驳船	艘班	1874	0.06	0.06	0.06	0.06	0.06	0.06	0.06	0.06
26	200t以内工程驳船	艘班	1876	5.68	6.45	11.21	18.64	22.87	35.75	51.22	85.25
27	小型机具使用费	元	1998	0.4	0.4	0.4	0.4	0.4	0.4	0.4	0.4
28	基价	元	1999	8849	9744	16276	26091	31684	48600	68976	113822

续前页

单位:10m

顺序号	项目	单位	代号	桩径 250cm 以内							
				孔深 80m 以内							
				砂土	黏土	砂砾	砾石	卵石	软石	次坚石	坚石
				321	322	323	324	325	326	327	328
1	人工	工日	1	18.6	19.2	30.5	44.9	53.2	77.5	107.0	173.8
2	锯材	m^3	102	0.017	0.017	0.017	0.017	0.017	0.017	0.017	0.017
3	带肋钢筋	t	112	0.006	0.006	0.006	0.006	0.006	0.006	0.006	0.006
4	钢丝绳	t	221	0.001	0.001	0.001	0.001	0.001	0.001	0.001	0.001
5	电焊条	kg	231	0.2	0.4	0.6	0.9	1.7	1.9	2.3	2.6
6	铁件	kg	651	0.2	0.2	0.2	0.2	0.2	0.2	0.2	0.2
7	铁皮	m^2	666	0.3	0.3	0.3	0.3	0.3	0.3	0.3	0.3
8	32.5 级水泥	t	832	0.025	0.025	0.025	0.025	0.025	0.025	0.025	0.025
9	水	m^3	866	133	106	189	189	189	161	161	161
10	青(红)砖	千块	877	0.02	0.02	0.02	0.02	0.02	0.02	0.02	0.02
11	中(粗)砂	m^3	899	0.05	0.05	0.05	0.05	0.05	0.05	0.05	0.05
12	黏土	m^3	911	21.87	14.59	29.17	29.17	29.17	25.56	25.56	25.56
13	碎石(4cm)	m^3	952	0.06	0.06	0.06	0.06	0.06	0.06	0.06	0.06
14	其他材料费	元	996	1.9	1.9	1.9	1.9	1.9	1.9	1.9	1.9
15	设备摊销费	元	997	20.4	22.3	23.8	27.5	41.7	45.5	55.6	62.5
16	$1.0m^3$ 以内履带式单斗挖掘机	台班	1035	0.02	0.02	0.02	0.02	0.02	0.02	0.02	0.02
17	15t 以内履带式起重机	台班	1432	0.12	0.12	0.12	0.12	0.12	0.12	0.12	0.12
18	ϕ1500mm 以内回旋钻机	台班	1600	–	–	–	–	–	–	–	–
19	ϕ2500mm 以内回旋钻机	台班	1602	3.21	3.66	6.24	10.39	12.77	19.88	28.35	47.47

续前页

单位:10m

顺序号	项目	单位	代号	桩径250cm以内							
				孔深80m以内							
				砂土	黏土	砂砾	砾石	卵石	软石	次坚石	坚石
				321	322	323	324	325	326	327	328
20	ϕ3000mm以内回旋钻机	台班	1603	-	-	-	-	-	-	-	-
21	ϕ3500mm以内回旋钻机	台班	1604	-	-	-	-	-	-	-	-
22	泥浆搅拌机	台班	1624	1.31	1.31	1.31	1.31	1.31	1.31	1.31	1.31
23	32kV·A以内交流电弧焊机	台班	1726	0.02	0.05	0.07	0.10	0.19	0.21	0.25	0.29
24	88kW以内内燃拖轮	艘班	1852	0.29	0.29	0.29	0.29	0.29	0.29	0.29	0.29
25	100t以内工程驳船	艘班	1874	0.04	0.04	0.04	0.04	0.04	0.04	0.04	0.04
26	200t以内工程驳船	艘班	1876	7.66	8.73	14.97	24.98	30.71	47.86	68.33	114.45
27	小型机具使用费	元	1998	0.4	0.4	0.4	0.4	0.4	0.4	0.4	0.4
28	基价	元	1999	10443	11628	19405	31459	38393	58975	83598	139131

续前页

单位:10m

顺序号	项目	单位	代号	桩径250cm以内							
				孔深100m以内							
				砂土	黏土	砂砾	砾石	卵石	软石	次坚石	坚石
				329	330	331	332	333	334	335	336
1	人工	工日	1	19.9	20.6	34.4	52.0	61.9	91.9	127.4	207.9
2	锯材	m^3	102	0.015	0.015	0.015	0.015	0.015	0.015	0.015	0.015
3	带肋钢筋	t	112	0.006	0.006	0.006	0.006	0.006	0.006	0.006	0.006
4	钢丝绳	t	221	0.001	0.001	0.001	0.001	0.001	0.001	0.001	0.001
5	电焊条	kg	231	0.2	0.5	0.6	0.9	1.9	2.1	2.4	2.8
6	铁件	kg	651	0.2	0.2	0.2	0.2	0.2	0.2	0.2	0.2
7	铁皮	m^2	666	0.3	0.3	0.3	0.3	0.3	0.3	0.3	0.3
8	32.5级水泥	t	832	0.025	0.025	0.025	0.025	0.025	0.025	0.025	0.025
9	水	m^3	866	133	106	189	189	189	161	161	161
10	青(红)砖	千块	877	0.02	0.02	0.02	0.02	0.02	0.02	0.02	0.02
11	中(粗)砂	m^3	899	0.05	0.05	0.05	0.05	0.05	0.05	0.05	0.05
12	黏土	m^3	911	21.87	14.59	29.17	29.17	29.17	25.56	25.56	25.56
13	碎石(4cm)	m^3	952	0.06	0.06	0.06	0.06	0.06	0.06	0.06	0.06
14	其他材料费	元	996	1.8	1.8	1.8	1.8	1.8	1.8	1.8	1.8
15	设备摊销费	元	997	20.4	22.3	23.8	27.5	41.7	45.5	55.6	62.5
16	$1.0m^3$ 以内履带式单斗挖掘机	台班	1035	0.02	0.02	0.02	0.02	0.02	0.02	0.02	0.02
17	15t以内履带式起重机	台班	1432	0.09	0.09	0.09	0.09	0.09	0.09	0.09	0.09
18	ϕ1500mm以内回旋钻机	台班	1600	–	–	–	–	–	–	–	–
19	ϕ2500mm以内回旋钻机	台班	1602	3.63	4.13	7.44	12.45	15.30	24.08	34.26	57.31

续前页

单位:10m

顺序号	项目	单位	代号	桩径250cm以内							
				孔深100m以内							
				砂土	黏土	砂砾	砾石	卵石	软石	次坚石	坚石
				329	330	331	332	333	334	335	336
20	φ3000mm以内回旋钻机	台班	1603	–	–	–	–	–	–	–	–
21	φ3500mm以内回旋钻机	台班	1604	–	–	–	–	–	–	–	–
22	泥浆搅拌机	台班	1624	1.31	1.31	1.31	1.31	1.31	1.31	1.31	1.31
23	32kV·A以内交流电弧焊机	台班	1726	0.03	0.05	0.07	0.10	0.21	0.23	0.27	0.31
24	88kW以内内燃拖轮	艘班	1852	0.27	0.27	0.27	0.27	0.27	0.27	0.27	0.27
25	100t以内工程驳船	艘班	1874	0.03	0.03	0.03	0.03	0.03	0.03	0.03	0.03
26	200t以内工程驳船	艘班	1876	10.85	12.38	22.36	37.47	46.06	72.52	103.23	172.76
27	小型机具使用费	元	1998	0.4	0.4	0.4	0.4	0.4	0.4	0.4	0.4
28	基价	元	1999	12501	13966	24666	40461	49464	77042	109124	181746

续前页

单位:10m

顺序号	项目	单位	代号	桩径300cm以内							
				孔深40m以内							
				砂土	黏土	砂砾	砾石	卵石	软石	次坚石	坚石
				337	338	339	340	341	342	343	344
1	人工	工日	1	17.3	17.3	25.7	34.6	41.1	57.8	75.9	120.6
2	锯材	m^3	102	0.031	0.031	0.031	0.031	0.031	0.031	0.031	0.031
3	带肋钢筋	t	112	0.006	0.006	0.006	0.006	0.006	0.006	0.006	0.006
4	钢丝绳	t	221	0.001	0.001	0.001	0.001	0.001	0.001	0.001	0.001
5	电焊条	kg	231	0.2	0.4	0.5	0.8	1.6	1.8	2.1	2.4
6	铁件	kg	651	0.5	0.5	0.5	0.5	0.5	0.5	0.5	0.5
7	铁皮	m^2	666	0.3	0.3	0.3	0.3	0.3	0.3	0.3	0.3
8	32.5级水泥	t	832	0.025	0.025	0.025	0.025	0.025	0.025	0.025	0.025
9	水	m^3	866	183	144	262	262	262	222	222	222
10	青(红)砖	千块	877	0.02	0.02	0.02	0.02	0.02	0.02	0.02	0.02
11	中(粗)砂	m^3	899	0.05	0.05	0.05	0.05	0.05	0.05	0.05	0.05
12	黏土	m^3	911	25.66	17.12	34.23	34.23	34.23	29.99	29.99	29.99
13	碎石(4cm)	m^3	952	0.06	0.06	0.06	0.06	0.06	0.06	0.06	0.06
14	其他材料费	元	996	2.6	2.6	2.6	2.6	2.6	2.6	2.6	2.6
15	设备摊销费	元	997	28.3	30.9	33.0	38.1	50.0	54.5	66.7	75.0
16	$1.0m^3$ 以内履带式单斗挖掘机	台班	1035	0.03	0.03	0.03	0.03	0.03	0.03	0.03	0.03
17	15t以内履带式起重机	台班	1432	0.26	0.26	0.26	0.26	0.26	0.26	0.26	0.26
18	ϕ1500mm以内回旋钻机	台班	1600	–	–	–	–	–	–	–	–
19	ϕ2500mm以内回旋钻机	台班	1602	–	–	–	–	–	–	–	–

续前页

单位:10m

顺序号	项目	单位	代号	桩径300cm以内							
				孔深40m以内							
				砂土	黏土	砂砾	砾石	卵石	软石	次坚石	坚石
				337	338	339	340	341	342	343	344
20	ϕ3000mm以内回旋钻机	台班	1603	2.28	2.56	4.28	6.85	8.69	13.67	18.88	31.65
21	ϕ3500mm以内回旋钻机	台班	1604	–	–	–	–	–	–	–	–
22	泥浆搅拌机	台班	1624	1.55	1.55	1.55	1.55	1.55	1.55	1.55	1.55
23	32kV·A以内交流电弧焊机	台班	1726	0.02	0.05	0.06	0.09	0.18	0.20	0.23	0.27
24	88kW以内内燃拖轮	艘班	1852	0.55	0.55	0.55	0.55	0.55	0.55	0.55	0.55
25	100t以内工程驳船	艘班	1874	0.08	0.08	0.08	0.08	0.08	0.08	0.08	0.08
26	200t以内工程驳船	艘班	1876	4.68	5.26	8.90	14.30	18.19	28.70	39.70	66.69
27	小型机具使用费	元	1998	0.4	0.4	0.4	0.4	0.4	0.4	0.4	0.4
28	基价	元	1999	12670	13890	22538	34970	43906	67923	93148	154978

续前页

单位:10m

顺序号	项目	单位	代号	桩径300cm以内							
				孔深60m以内							
				砂土	黏土	砂砾	砾石	卵石	软石	次坚石	坚石
				345	346	347	348	349	350	351	352
1	人工	工日	1	17.4	17.5	27.1	37.4	44.5	65.3	85.6	138.3
2	锯材	m^3	102	0.023	0.023	0.023	0.023	0.023	0.023	0.023	0.023
3	带肋钢筋	t	112	0.006	0.006	0.006	0.006	0.006	0.006	0.006	0.006
4	钢丝绳	t	221	0.001	0.001	0.001	0.001	0.001	0.001	0.001	0.001
5	电焊条	kg	231	0.2	0.4	0.6	0.9	1.8	2.0	2.3	2.7
6	铁件	kg	651	0.3	0.3	0.3	0.3	0.3	0.3	0.3	0.3
7	铁皮	m^2	666	0.3	0.3	0.3	0.3	0.3	0.3	0.3	0.3
8	32.5级水泥	t	832	0.025	0.025	0.025	0.025	0.025	0.025	0.025	0.025
9	水	m^3	866	183	144	262	262	262	222	222	222
10	青(红)砖	千块	877	0.02	0.02	0.02	0.02	0.02	0.02	0.02	0.02
11	中(粗)砂	m^3	899	0.05	0.05	0.05	0.05	0.05	0.05	0.05	0.05
12	黏土	m^3	911	25.66	17.12	34.23	34.23	34.23	29.99	29.99	29.99
13	碎石(4cm)	m^3	952	0.06	0.06	0.06	0.06	0.06	0.06	0.06	0.06
14	其他材料费	元	996	2.2	2.2	2.2	2.2	2.2	2.2	2.2	2.2
15	设备摊销费	元	997	28.3	30.9	33.0	38.1	50.0	54.5	66.7	75.0
16	$1.0m^3$以内履带式单斗挖掘机	台班	1035	0.03	0.03	0.03	0.03	0.03	0.03	0.03	0.03
17	15t以内履带式起重机	台班	1432	0.17	0.17	0.17	0.17	0.17	0.17	0.17	0.17
18	ϕ1500mm以内回旋钻机	台班	1600	–	–	–	–	–	–	–	–
19	ϕ2500mm以内回旋钻机	台班	1602	–	–	–	–	–	–	–	–

续前页

单位:10m

顺序号	项目	单位	代号	桩径 300cm 以内							
				孔深 60m 以内							
				砂土	黏土	砂砾	砾石	卵石	软石	次坚石	坚石
				345	346	347	348	349	350	351	352
20	ϕ3000mm 以内回旋钻机	台班	1603	2.49	2.83	4.82	7.79	9.85	15.99	21.83	36.88
21	ϕ3500mm 以内回旋钻机	台班	1604	–	–	–	–	–	–	–	–
22	泥浆搅拌机	台班	1624	1.55	1.55	1.55	1.55	1.55	1.55	1.55	1.55
23	32kV·A 以内交流电弧焊机	台班	1726	0.02	0.05	0.07	0.10	0.20	0.22	0.26	0.30
24	88kW 以内内燃拖轮	艘班	1852	0.39	0.39	0.39	0.39	0.39	0.39	0.39	0.39
25	100t 以内工程驳船	艘班	1874	0.05	0.05	0.05	0.05	0.05	0.05	0.05	0.05
26	200t 以内工程驳船	艘班	1876	5.91	6.71	11.52	18.66	23.64	38.47	52.55	88.87
27	小型机具使用费	元	1998	0.4	0.4	0.4	0.4	0.4	0.4	0.4	0.4
28	基价	元	1999	13756	15299	25512	40246	50494	80890	109879	184586

续前页

单位:10m

顺序号	项目	单位	代号	桩径300cm以内							
				孔深80m以内							
				砂土	黏土	砂砾	砾石	卵石	软石	次坚石	坚石
				353	354	355	356	357	358	359	360
1	人工	工日	1	18.2	18.4	29.3	41.8	48.6	70.0	94.3	152.7
2	锯材	m^3	102	0.019	0.019	0.019	0.019	0.019	0.019	0.019	0.019
3	带肋钢筋	t	112	0.006	0.006	0.006	0.006	0.006	0.006	0.006	0.006
4	钢丝绳	t	221	0.001	0.001	0.001	0.001	0.001	0.001	0.001	0.001
5	电焊条	kg	231	0.2	0.5	0.6	1.0	1.9	2.1	2.5	2.9
6	铁件	kg	651	0.2	0.2	0.2	0.2	0.2	0.2	0.2	0.2
7	铁皮	m^2	666	0.3	0.3	0.3	0.3	0.3	0.3	0.3	0.3
8	32.5级水泥	t	832	0.025	0.025	0.025	0.025	0.025	0.025	0.025	0.025
9	水	m^3	866	183	144	262	262	262	222	222	222
10	青(红)砖	千块	877	0.02	0.02	0.02	0.02	0.02	0.02	0.02	0.02
11	中(粗)砂	m^3	899	0.05	0.05	0.05	0.05	0.05	0.05	0.05	0.05
12	黏土	m^3	911	25.66	17.12	34.23	34.23	34.23	29.99	29.99	29.99
13	碎石(4cm)	m^3	952	0.06	0.06	0.06	0.06	0.06	0.06	0.06	0.06
14	其他材料费	元	996	2.0	2.0	2.0	2.0	2.0	2.0	2.0	2.0
15	设备摊销费	元	997	28.3	30.9	33.0	38.1	50.0	54.5	66.7	75.0
16	1.0m^3以内履带式单斗挖掘机	台班	1035	0.03	0.03	0.03	0.03	0.03	0.03	0.03	0.03
17	15t以内履带式起重机	台班	1432	0.13	0.13	0.13	0.13	0.13	0.13	0.13	0.13
18	ϕ1500mm以内回旋钻机	台班	1600	–	–	–	–	–	–	–	–
19	ϕ2500mm以内回旋钻机	台班	1602	–	–	–	–	–	–	–	–

续前页

单位:10m

顺序号	项目	单位	代号	桩径300cm以内							
				孔深80m以内							
				砂土	黏土	砂砾	砾石	卵石	软石	次坚石	坚石
				353	354	355	356	357	358	359	360
20	ϕ3000mm以内回旋钻机	台班	1603	2.81	3.19	5.54	9.13	11.07	17.41	24.39	41.10
21	ϕ3500mm以内回旋钻机	台班	1604	–	–	–	–	–	–	–	–
22	泥浆搅拌机	台班	1624	1.55	1.55	1.55	1.55	1.55	1.55	1.55	1.55
23	32kV·A以内交流电弧焊机	台班	1726	0.03	0.05	0.07	0.11	0.22	0.24	0.28	0.33
24	88kW以内内燃拖轮	艘班	1852	0.32	0.32	0.32	0.32	0.32	0.32	0.32	0.32
25	100t以内工程驳船	艘班	1874	0.04	0.04	0.04	0.04	0.04	0.04	0.04	0.04
26	200t以内工程驳船	艘班	1876	7.54	8.57	14.97	24.68	29.96	47.18	66.11	111.45
27	小型机具使用费	元	1998	0.4	0.4	0.4	0.4	0.4	0.4	0.4	0.4
28	基价	元	1999	15583	17376	29672	47923	57823	89984	125487	210472

续前页

单位:10m

顺序号	项目	单位	代号	桩径300cm以内							
				孔深100m以内							
				砂土	黏土	砂砾	砾石	卵石	软石	次坚石	坚石
				361	362	363	364	365	366	367	368
1	人工	工日	1	19.5	19.8	31.9	45.9	55.9	81.9	112.1	183.7
2	锯材	m^3	102	0.016	0.016	0.016	0.016	0.016	0.016	0.016	0.016
3	带肋钢筋	t	112	0.006	0.006	0.006	0.006	0.006	0.006	0.006	0.006
4	钢丝绳	t	221	0.001	0.001	0.001	0.001	0.001	0.001	0.001	0.001
5	电焊条	kg	231	0.3	0.5	0.7	1.1	2.1	2.3	2.7	3.2
6	铁件	kg	651	0.2	0.2	0.2	0.2	0.2	0.2	0.2	0.2
7	铁皮	m^2	666	0.3	0.3	0.3	0.3	0.3	0.3	0.3	0.3
8	32.5级水泥	t	832	0.025	0.025	0.025	0.025	0.025	0.025	0.025	0.025
9	水	m^3	866	183	144	262	262	262	222	222	222
10	青(红)砖	千块	877	0.02	0.02	0.02	0.02	0.02	0.02	0.02	0.02
11	中(粗)砂	m^3	899	0.05	0.05	0.05	0.05	0.05	0.05	0.05	0.05
12	黏土	m^3	911	25.66	17.12	34.23	34.23	34.23	29.99	29.99	29.99
13	碎石(4cm)	m^3	952	0.06	0.06	0.06	0.06	0.06	0.06	0.06	0.06
14	其他材料费	元	996	1.8	1.8	1.8	1.8	1.8	1.8	1.8	1.8
15	设备摊销费	元	997	28.3	30.9	33.0	38.1	50.0	54.5	66.7	75.0
16	$1.0m^3$以内履带式单斗挖掘机	台班	1035	0.03	0.03	0.03	0.03	0.03	0.03	0.03	0.03
17	15t以内履带式起重机	台班	1432	0.10	0.10	0.10	0.10	0.10	0.10	0.10	0.10
18	ϕ1500mm以内回旋钻机	台班	1600	–	–	–	–	–	–	–	–
19	ϕ2500mm以内回旋钻机	台班	1602	–	–	–	–	–	–	–	–

续前页　　　单位:10m

顺序号	项目	单位	代号	桩径 300cm 以内							
				孔深 100m 以内							
				砂土	黏土	砂砾	砾石	卵石	软石	次坚石	坚石
				361	362	363	364	365	366	367	368
20	φ3000mm 以内回旋钻机	台班	1603	3.22	3.67	6.36	10.36	13.23	20.88	29.52	50.03
21	φ3500mm 以内回旋钻机	台班	1604	–	–	–	–	–	–	–	–
22	泥浆搅拌机	台班	1624	1.55	1.55	1.55	1.55	1.55	1.55	1.55	1.55
23	32kV·A 以内交流电弧焊机	台班	1726	0.03	0.06	0.08	0.12	0.23	0.26	0.31	0.35
24	88kW 以内内燃拖轮	艘班	1852	0.27	0.27	0.27	0.27	0.27	0.27	0.27	0.27
25	100t 以内工程驳船	艘班	1874	0.03	0.03	0.03	0.03	0.03	0.03	0.03	0.03
26	200t 以内工程驳船	艘班	1876	9.63	10.97	19.10	31.18	39.83	62.89	88.96	150.80
27	小型机具使用费	元	1998	0.4	0.4	0.4	0.4	0.4	0.4	0.4	0.4
28	基价	元	1999	17990	20181	34536	55388	70361	110117	155141	261968

续前页 单位:10m

顺序号	项目	单位	代号	桩径300cm以内							
				孔深130m以内							
				砂土	黏土	砂砾	砾石	卵石	软石	次坚石	坚石
				369	370	371	372	373	374	375	376
1	人工	工日	1	20.6	21.0	34.6	50.2	62.1	96.2	133.9	221.3
2	锯材	m^3	102	0.014	0.014	0.014	0.014	0.014	0.014	0.014	0.014
3	带肋钢筋	t	112	0.006	0.006	0.006	0.006	0.006	0.006	0.006	0.006
4	钢丝绳	t	221	0.001	0.001	0.001	0.001	0.001	0.001	0.001	0.001
5	电焊条	kg	231	0.3	0.6	0.8	1.1	2.3	2.5	2.9	3.4
6	铁件	kg	651	0.2	0.2	0.2	0.2	0.2	0.2	0.2	0.2
7	铁皮	m^2	666	0.3	0.3	0.3	0.3	0.3	0.3	0.3	0.3
8	32.5级水泥	t	832	0.025	0.025	0.025	0.025	0.025	0.025	0.025	0.025
9	水	m^3	866	183	144	262	262	262	222	222	222
10	青(红)砖	千块	877	0.02	0.02	0.02	0.02	0.02	0.02	0.02	0.02
11	中(粗)砂	m^3	899	0.05	0.05	0.05	0.05	0.05	0.05	0.05	0.05
12	黏土	m^3	911	25.66	17.12	34.23	34.23	34.23	29.99	29.99	29.99
13	碎石(4cm)	m^3	952	0.06	0.06	0.06	0.06	0.06	0.06	0.06	0.06
14	其他材料费	元	996	1.7	1.7	1.7	1.7	1.7	1.7	1.7	1.7
15	设备摊销费	元	997	28.3	30.9	33.0	38.1	50.0	54.5	66.7	75.0
16	$1.0m^3$以内履带式单斗挖掘机	台班	1035	0.03	0.03	0.03	0.03	0.03	0.03	0.03	0.03
17	15t以内履带式起重机	台班	1432	0.08	0.08	0.08	0.08	0.08	0.08	0.08	0.08
18	ϕ1500mm以内回旋钻机	台班	1600	–	–	–	–	–	–	–	–
19	ϕ2500mm以内回旋钻机	台班	1602	–	–	–	–	–	–	–	–

续前页 单位:10m

顺序号	项目	单位	代号	桩径300cm以内							
				孔深130m以内							
				砂土	黏土	砂砾	砾石	卵石	软石	次坚石	坚石
				369	370	371	372	373	374	375	376
20	φ3000mm以内回旋钻机	台班	1603	3.60	4.11	7.18	11.71	15.04	25.03	35.83	60.83
21	φ3500mm以内回旋钻机	台班	1604	–	–	–	–	–	–	–	–
22	泥浆搅拌机	台班	1624	1.55	1.55	1.55	1.55	1.55	1.55	1.55	1.55
23	32kV·A以内交流电弧焊机	台班	1726	0.03	0.06	0.08	0.13	0.25	0.28	0.33	0.38
24	88kW以内内燃拖轮	艘班	1852	0.23	0.23	0.23	0.23	0.23	0.23	0.23	0.23
25	100t以内工程驳船	艘班	1874	0.02	0.02	0.02	0.02	0.02	0.02	0.02	0.02
26	200t以内工程驳船	艘班	1876	11.87	13.56	23.75	38.78	49.81	82.97	118.82	201.73
27	小型机具使用费	元	1998	0.4	0.4	0.4	0.4	0.4	0.4	0.4	0.4
28	基价	元	1999	20350	22918	39633	63785	81574	134754	192357	325644

续前页 单位:10m

顺序号	项目	单位	代号	桩径 350cm 以内							
				孔深 40m 以内							
				砂土	黏土	砂砾	砾石	卵石	软石	次坚石	坚石
				377	378	379	380	381	382	383	384
1	人工	工日	1	19.4	19.1	28.3	36.0	42.2	59.3	77.5	121.5
2	锯材	m^3	102	0.034	0.034	0.034	0.034	0.034	0.034	0.034	0.034
3	带肋钢筋	t	112	0.006	0.006	0.006	0.006	0.006	0.006	0.006	0.006
4	钢丝绳	t	221	0.001	0.001	0.001	0.001	0.001	0.001	0.001	0.001
5	电焊条	kg	231	0.2	0.4	0.6	0.9	1.7	1.9	2.2	2.6
6	铁件	kg	651	0.6	0.6	0.6	0.6	0.6	0.6	0.6	0.6
7	铁皮	m^2	666	0.3	0.3	0.3	0.3	0.3	0.3	0.3	0.3
8	32.5 级水泥	t	832	0.025	0.025	0.025	0.025	0.025	0.025	0.025	0.025
9	水	m^3	866	249	196	357	357	357	303	303	303
10	青(红)砖	千块	877	0.02	0.02	0.02	0.02	0.02	0.02	0.02	0.02
11	中(粗)砂	m^3	899	0.05	0.05	0.05	0.05	0.05	0.05	0.05	0.05
12	黏土	m^3	911	34.93	23.30	46.60	46.60	46.60	40.82	40.82	40.82
13	碎石(4cm)	m^3	952	0.06	0.06	0.06	0.06	0.06	0.06	0.06	0.06
14	其他材料费	元	996	2.8	2.8	2.8	2.8	2.8	2.8	2.8	2.8
15	设备摊销费	元	997	33.0	36.1	38.5	44.4	58.3	63.6	77.8	87.5
16	1.0m^3 以内履带式单斗挖掘机	台班	1035	0.04	0.04	0.04	0.04	0.04	0.04	0.04	0.04
17	15t 以内履带式起重机	台班	1432	0.23	0.23	0.23	0.23	0.23	0.23	0.23	0.23
18	ϕ1500mm 以内回旋钻机	台班	1600	–	–	–	–	–	–	–	–
19	ϕ2500mm 以内回旋钻机	台班	1602	–	–	–	–	–	–	–	–

续前页

单位:10m

顺序号	项目	单位	代号	桩径350cm以内							
				孔深40m以内							
				砂土	黏土	砂砾	砾石	卵石	软石	次坚石	坚石
				377	378	379	380	381	382	383	384
20	ϕ3000mm以内回旋钻机	台班	1603	–	–	–	–	–	–	–	–
21	ϕ3500mm以内回旋钻机	台班	1604	2.22	2.48	4.18	6.40	8.18	13.34	18.54	31.18
22	泥浆搅拌机	台班	1624	2.10	2.10	2.10	2.10	2.10	2.10	2.10	2.10
23	32kV·A以内交流电弧焊机	台班	1726	0.02	0.05	0.06	0.10	0.19	0.21	0.25	0.29
24	88kW以内内燃拖轮	艘班	1852	0.47	0.47	0.47	0.47	0.47	0.47	0.47	0.47
25	100t以内工程驳船	艘班	1874	0.07	0.07	0.07	0.07	0.07	0.07	0.07	0.07
26	200t以内工程驳船	艘班	1876	5.22	5.87	9.96	15.31	19.59	32.04	44.61	75.09
27	小型机具使用费	元	1998	0.4	0.4	0.4	0.4	0.4	0.4	0.4	0.4
28	基价	元	1999	18349	20120	33212	49750	63026	101341	140097	234228

续前页 单位:10m

顺序号	项目	单位	代号	桩径350cm以内							
				孔深60m以内							
				砂土	黏土	砂砾	砾石	卵石	软石	次坚石	坚石
				385	386	387	388	389	390	391	392
1	人工	工日	1	19.5	19.2	29.5	38.6	45.4	66.5	87.0	138.6
2	锯材	m^3	102	0.025	0.025	0.025	0.025	0.025	0.025	0.025	0.025
3	带肋钢筋	t	112	0.006	0.006	0.006	0.006	0.006	0.006	0.006	0.006
4	钢丝绳	t	221	0.001	0.001	0.001	0.001	0.001	0.001	0.001	0.001
5	电焊条	kg	231	0.2	0.5	0.6	0.9	1.9	2.1	2.5	2.8
6	铁件	kg	651	0.4	0.4	0.4	0.4	0.4	0.4	0.4	0.4
7	铁皮	m^2	666	0.3	0.3	0.3	0.3	0.3	0.3	0.3	0.3
8	32.5级水泥	t	832	0.025	0.025	0.025	0.025	0.025	0.025	0.025	0.025
9	水	m^3	866	249	196	357	357	357	303	303	303
10	青(红)砖	千块	877	0.02	0.02	0.02	0.02	0.02	0.02	0.02	0.02
11	中(粗)砂	m^3	899	0.05	0.05	0.05	0.05	0.05	0.05	0.05	0.05
12	黏土	m^3	911	34.93	23.30	46.60	46.60	46.60	40.82	40.82	40.82
13	碎石(4cm)	m^3	952	0.06	0.06	0.06	0.06	0.06	0.06	0.06	0.06
14	其他材料费	元	996	2.3	2.3	2.3	2.3	2.3	2.3	2.3	2.3
15	设备摊销费	元	997	33.0	36.1	38.5	44.4	58.3	63.6	77.8	87.5
16	$1.0m^3$以内履带式单斗挖掘机	台班	1035	0.03	0.03	0.03	0.03	0.03	0.03	0.03	0.03
17	15t以内履带式起重机	台班	1432	0.16	0.16	0.16	0.16	0.16	0.16	0.16	0.16
18	ϕ1500mm以内回旋钻机	台班	1600	–	–	–	–	–	–	–	–
19	ϕ2500mm以内回旋钻机	台班	1602	–	–	–	–	–	–	–	–

续前页 单位:10m

顺序号	项目	单位	代号	桩径350cm以内							
				孔深60m以内							
				砂土	黏土	砂砾	砾石	卵石	软石	次坚石	坚石
				385	386	387	388	389	390	391	392
20	ϕ3000mm以内回旋钻机	台班	1603	–	–	–	–	–	–	–	–
21	ϕ3500mm以内回旋钻机	台班	1604	2.42	2.75	4.70	7.28	9.27	15.60	21.45	36.22
22	泥浆搅拌机	台班	1624	2.10	2.10	2.10	2.10	2.10	2.10	2.10	2.10
23	32kV·A以内交流电弧焊机	台班	1726	0.03	0.05	0.07	0.11	0.21	0.23	0.28	0.32
24	88kW以内内燃拖轮	艘班	1852	0.37	0.37	0.37	0.37	0.37	0.37	0.37	0.37
25	100t以内工程驳船	艘班	1874	0.05	0.05	0.05	0.05	0.05	0.05	0.05	0.05
26	200t以内工程驳船	艘班	1876	7.20	8.16	14.06	21.85	27.84	46.93	64.58	109.13
27	小型机具使用费	元	1998	0.4	0.4	0.4	0.4	0.4	0.4	0.4	0.4
28	基价	元	1999	20260	22598	38055	57922	73248	121828	166859	280500

续前页

单位:10m

顺序号	项目	单位	代号	桩径350cm以内							
				孔深80m以内							
				砂土	黏土	砂砾	砾石	卵石	软石	次坚石	坚石
				393	394	395	396	397	398	399	400
1	人工	工日	1	20.4	20.2	31.7	42.6	49.2	71.2	95.7	152.8
2	锯材	m^3	102	0.020	0.020	0.020	0.020	0.020	0.020	0.020	0.020
3	带肋钢筋	t	112	0.006	0.006	0.006	0.006	0.006	0.006	0.006	0.006
4	钢丝绳	t	221	0.001	0.001	0.001	0.001	0.001	0.001	0.001	0.001
5	电焊条	kg	231	0.3	0.5	0.7	1.0	2.1	2.3	2.7	3.1
6	铁件	kg	651	0.3	0.3	0.3	0.3	0.3	0.3	0.3	0.3
7	铁皮	m^2	666	0.3	0.3	0.3	0.3	0.3	0.3	0.3	0.3
8	32.5级水泥	t	832	0.025	0.025	0.025	0.025	0.025	0.025	0.025	0.025
9	水	m^3	866	249	196	357	357	357	303	303	303
10	青(红)砖	千块	877	0.02	0.02	0.02	0.02	0.02	0.02	0.02	0.02
11	中(粗)砂	m^3	899	0.05	0.05	0.05	0.05	0.05	0.05	0.05	0.05
12	黏土	m^3	911	34.93	23.30	46.60	46.60	46.60	40.82	40.82	40.82
13	碎石(4cm)	m^3	952	0.06	0.06	0.06	0.06	0.06	0.06	0.06	0.06
14	其他材料费	元	996	2.0	2.0	2.0	2.0	2.0	2.0	2.0	2.0
15	设备摊销费	元	997	33.0	36.1	38.5	44.4	58.3	63.6	77.8	87.5
16	$1.0m^3$以内履带式单斗挖掘机	台班	1035	0.03	0.03	0.03	0.03	0.03	0.03	0.03	0.03
17	15t以内履带式起重机	台班	1432	0.12	0.12	0.12	0.12	0.12	0.12	0.12	0.12
18	ϕ1500mm以内回旋钻机	台班	1600	–	–	–	–	–	–	–	–
19	ϕ2500mm以内回旋钻机	台班	1602	–	–	–	–	–	–	–	–

续前页　　单位:10m

顺序号	项　目	单位	代号	桩径350cm以内							
				孔深80m以内							
				砂土	黏土	砂砾	砾石	卵石	软石	次坚石	坚石
				393	394	395	396	397	398	399	400
20	ϕ3000mm以内回旋钻机	台班	1603	–	–	–	–	–	–	–	–
21	ϕ3500mm以内回旋钻机	台班	1604	2.76	3.13	5.40	8.52	10.42	17.00	24.02	40.37
22	泥浆搅拌机	台班	1624	2.10	2.10	2.10	2.10	2.10	2.10	2.10	2.10
23	32kV·A以内交流电弧焊机	台班	1726	0.03	0.06	0.08	0.12	0.23	0.25	0.30	0.35
24	88kW以内内燃拖轮	艘班	1852	0.29	0.29	0.29	0.29	0.29	0.29	0.29	0.29
25	100t以内工程驳船	艘班	1874	0.03	0.03	0.03	0.03	0.03	0.03	0.03	0.03
26	200t以内工程驳船	艘班	1876	9.05	10.28	17.84	28.19	34.47	56.28	79.60	133.82
27	小型机具使用费	元	1998	0.4	0.4	0.4	0.4	0.4	0.4	0.4	0.4
28	基价	元	1999	23089	25793	44000	68397	83267	134572	189472	317269

续前页　　单位:10m

顺序号	项　目	单位	代号	桩径350cm以内							
				孔深100m以内							
				砂土	黏土	砂砾	砾石	卵石	软石	次坚石	坚石
				401	402	403	404	405	406	407	408
1	人工	工日	1	21.5	21.4	34.2	46.4	56.1	82.8	112.9	183.3
2	锯材	m^3	102	0.017	0.017	0.017	0.017	0.017	0.017	0.017	0.017
3	带肋钢筋	t	112	0.006	0.006	0.006	0.006	0.006	0.006	0.006	0.006
4	钢丝绳	t	221	0.001	0.001	0.001	0.001	0.001	0.001	0.001	0.001
5	电焊条	kg	231	0.3	0.6	0.7	1.1	2.2	2.5	2.9	3.4
6	铁件	kg	651	0.2	0.2	0.2	0.2	0.2	0.2	0.2	0.2
7	铁皮	m^2	666	0.3	0.3	0.3	0.3	0.3	0.3	0.3	0.3
8	32.5级水泥	t	832	0.025	0.025	0.025	0.025	0.025	0.025	0.025	0.025
9	水	m^3	866	249	196	357	357	357	303	303	303
10	青(红)砖	千块	877	0.02	0.02	0.02	0.02	0.02	0.02	0.02	0.02
11	中(粗)砂	m^3	899	0.05	0.05	0.05	0.05	0.05	0.05	0.05	0.05
12	黏土	m^3	911	34.93	23.30	46.60	46.60	46.60	40.82	40.82	40.82
13	碎石(4cm)	m^3	952	0.06	0.06	0.06	0.06	0.06	0.06	0.06	0.06
14	其他材料费	元	996	1.9	1.9	1.9	1.9	1.9	1.9	1.9	1.9
15	设备摊销费	元	997	33.0	36.1	38.5	44.4	58.3	63.6	77.8	87.5
16	1.0m^3以内履带式单斗挖掘机	台班	1035	0.03	0.03	0.03	0.03	0.03	0.03	0.03	0.03
17	15t以内履带式起重机	台班	1432	0.09	0.09	0.09	0.09	0.09	0.09	0.09	0.09
18	ϕ1500mm以内回旋钻机	台班	1600	–	–	–	–	–	–	–	–
19	ϕ2500mm以内回旋钻机	台班	1602	–	–	–	–	–	–	–	–

续前页　　单位:10m

顺序号	项　目	单位	代号	桩径350cm以内							
				孔深100m以内							
				砂土	黏土	砂砾	砾石	卵石	软石	次坚石	坚石
				401	402	403	404	405	406	407	408
20	ϕ3000mm以内回旋钻机	台班	1603	–	–	–	–	–	–	–	–
21	ϕ3500mm以内回旋钻机	台班	1604	3.12	3.56	6.19	9.68	12.44	20.37	29.00	49.15
22	泥浆搅拌机	台班	1624	2.10	2.10	2.10	2.10	2.10	2.10	2.10	2.10
23	32kV·A以内交流电弧焊机	台班	1726	0.03	0.06	0.08	0.13	0.25	0.28	0.32	0.38
24	88kW以内内燃拖轮	艘班	1852	0.25	0.25	0.25	0.25	0.25	0.25	0.25	0.25
25	100t以内工程驳船	艘班	1874	0.03	0.03	0.03	0.03	0.03	0.03	0.03	0.03
26	200t以内工程驳船	艘班	1876	11.23	12.80	22.32	34.93	44.95	73.63	104.86	177.79
27	小型机具使用费	元	1998	0.4	0.4	0.4	0.4	0.4	0.4	0.4	0.4
28	基价	元	1999	26238	29527	50861	78572	100531	163364	231892	391880

续前页 单位:10m

顺序号	项目	单位	代号	桩径350cm以内							
				孔深130m以内							
				砂土	黏土	砂砾	砾石	卵石	软石	次坚石	坚石
				409	410	411	412	413	414	415	416
1	人工	工日	1	22.7	22.7	37.0	50.5	61.7	96.7	134.4	220.2
2	锯材	m^3	102	0.015	0.015	0.015	0.015	0.015	0.015	0.015	0.015
3	带肋钢筋	t	112	0.006	0.006	0.006	0.006	0.006	0.006	0.006	0.006
4	钢丝绳	t	221	0.001	0.001	0.001	0.001	0.001	0.001	0.001	0.001
5	电焊条	kg	231	0.3	0.6	0.8	1.2	2.4	2.7	3.1	3.6
6	铁件	kg	651	0.2	0.2	0.2	0.2	0.2	0.2	0.2	0.2
7	铁皮	m^2	666	0.3	0.3	0.3	0.3	0.3	0.3	0.3	0.3
8	32.5级水泥	t	832	0.025	0.025	0.025	0.025	0.025	0.025	0.025	0.025
9	水	m^3	866	249	196	357	357	357	303	303	303
10	青(红)砖	千块	877	0.02	0.02	0.02	0.02	0.02	0.02	0.02	0.02
11	中(粗)砂	m^3	899	0.05	0.05	0.05	0.05	0.05	0.05	0.05	0.05
12	黏土	m^3	911	34.93	23.30	46.60	46.60	46.60	40.82	40.82	40.82
13	碎石(4cm)	m^3	952	0.06	0.06	0.06	0.06	0.06	0.06	0.06	0.06
14	其他材料费	元	996	1.8	1.8	1.8	1.8	1.8	1.8	1.8	1.8
15	设备摊销费	元	997	33.0	36.1	38.5	44.4	58.3	63.6	77.8	87.5
16	1.0m^3以内履带式单斗挖掘机	台班	1035	0.03	0.03	0.03	0.03	0.03	0.03	0.03	0.03
17	15t以内履带式起重机	台班	1432	0.07	0.07	0.07	0.07	0.07	0.07	0.07	0.07
18	ϕ1500mm以内回旋钻机	台班	1600	–	–	–	–	–	–	–	–
19	ϕ2500mm以内回旋钻机	台班	1602	–	–	–	–	–	–	–	–

续前页　　单位:10m

顺序号	项　目	单位	代号	桩径350cm以内							
				孔深130m以内							
				砂土	黏土	砂砾	砾石	卵石	软石	次坚石	坚石
				409	410	411	412	413	414	415	416
20	φ3000mm以内回旋钻机	台班	1603	–	–	–	–	–	–	–	–
21	φ3500mm以内回旋钻机	台班	1604	3.50	4.00	7.00	10.95	14.02	24.42	35.21	59.76
22	泥浆搅拌机	台班	1624	2.10	2.10	2.10	2.10	2.10	2.10	2.10	2.10
23	32kV·A以内交流电弧焊机	台班	1726	0.03	0.07	0.09	0.14	0.27	0.30	0.35	0.40
24	88kW以内内燃拖轮	艘班	1852	0.20	0.20	0.20	0.20	0.20	0.20	0.20	0.20
25	100t以内工程驳船	艘班	1874	0.02	0.02	0.02	0.02	0.02	0.02	0.02	0.02
26	200t以内工程驳船	艘班	1876	13.69	15.63	27.37	42.84	54.88	95.67	137.98	234.22
27	小型机具使用费	元	1998	0.4	0.4	0.4	0.4	0.4	0.4	0.4	0.4
28	基价	元	1999	29627	33451	58092	89928	114735	198453	285463	483393

5-1-15 潜水钻机钻孔

工作内容 1)泥浆循环系统制作、安装、拆除;2)钻孔的全部工序。

I. 陆地上钻孔

单位:10m

顺序号	项目	单位	代号	桩径200cm以内						
				孔深30m以内						
				砂土	黏土	砂砾	砾石	卵石	软石	次坚石
				1	2	3	4	5	6	7
1	人工	工日	1	7.0	7.3	8.2	13.5	17.6	25.8	36.8
2	电焊条	kg	231	0.2	0.3	0.4	0.7	1.3	1.4	1.7
3	水	m^3	866	91	91	91	91	90	91	91
4	黏土	m^3	911	5.83	5.83	5.83	5.83	8.72	5.83	5.83
5	其他材料费	元	996	0.3	0.3	0.3	0.3	0.3	0.3	0.3
6	设备摊销费	元	997	15.7	17.2	18.3	21.2	33.3	36.4	44.4
7	1.0m^3以内履带式单斗挖掘机	台班	1035	0.03	0.03	0.03	0.03	0.03	0.03	0.03
8	15t以内载货汽车	台班	1378	0.03	0.03	0.03	0.03	0.03	0.03	0.03
9	40t以内履带式起重机	台班	1436	1.02	1.10	1.32	2.60	3.43	5.51	8.13
10	ϕ2500mm以内潜水钻机	台班	1612	1.18	1.27	1.53	2.99	3.96	6.35	9.37
11	泥浆搅拌机	台班	1624	1.05	1.05	1.05	1.05	1.05	1.05	1.05
12	32kV·A以内交流电弧焊机	台班	1726	0.02	0.04	0.05	0.07	0.15	0.16	0.19
13	基价	元	1999	3209	3431	4055	7609	10019	15768	23091

续前页 单位:10m

顺序号	项目	单位	代号	桩径200cm以内						
				孔深40m以内						
				砂土	黏土	砂砾	砾石	卵石	软石	次坚石
				8	9	10	11	12	13	14
1	人工	工日	1	7.3	7.7	8.6	14.7	19.2	28.7	41.2
2	电焊条	kg	231	0.2	0.3	0.4	0.7	1.3	1.4	1.7
3	水	m^3	866	91	91	91	91	90	91	91
4	黏土	m^3	911	5.83	5.83	5.83	5.83	8.72	5.83	5.83
5	其他材料费	元	996	0.2	0.2	0.2	0.2	0.2	0.2	0.2
6	设备摊销费	元	997	15.7	17.2	18.3	21.2	33.3	36.4	44.4
7	1.0m^3以内履带式单斗挖掘机	台班	1035	0.02	0.02	0.02	0.02	0.02	0.02	0.02
8	15t以内载货汽车	台班	1378	0.02	0.02	0.02	0.02	0.02	0.02	0.02
9	40t以内履带式起重机	台班	1436	1.10	1.19	1.42	2.89	3.84	6.21	9.21
10	ϕ2500mm以内潜水钻机	台班	1612	1.26	1.37	1.65	3.32	4.42	7.16	10.62
11	泥浆搅拌机	台班	1624	1.05	1.05	1.05	1.05	1.05	1.05	1.05
12	32kV·A以内交流电弧焊机	台班	1726	0.02	0.04	0.05	0.07	0.15	0.16	0.19
13	基价	元	1999	3399	3663	4324	8396	11126	17708	26090

续前页　　　　　　　　　　　　　　　　　　　　　　　　　　　　　　　　　　　单位:10m

顺序号	项目	单位	代号	桩径200cm以内						
				孔深50m以内						
				砂土	黏土	砂砾	砾石	卵石	软石	次坚石
				15	16	17	18	19	20	21
1	人工	工日	1	7.8	8.2	9.3	16.3	21.4	32.3	46.9
2	电焊条	kg	231	0.2	0.3	0.5	0.7	1.4	1.5	1.8
3	水	m^3	866	91	91	91	91	90	91	91
4	黏土	m^3	911	5.83	5.83	5.83	5.83	8.72	5.83	5.83
5	其他材料费	元	996	0.2	0.2	0.2	0.2	0.2	0.2	0.2
6	设备摊销费	元	997	15.7	17.2	18.3	21.2	33.3	36.4	44.4
7	1.0m^3以内履带式单斗挖掘机	台班	1035	0.02	0.02	0.02	0.02	0.02	0.02	0.02
8	15t以内载货汽车	台班	1378	0.02	0.02	0.02	0.02	0.02	0.02	0.02
9	40t以内履带式起重机	台班	1436	1.21	1.32	1.58	3.26	4.35	7.07	10.55
10	ϕ2500mm以内潜水钻机	台班	1612	1.39	1.53	1.82	3.76	5.02	8.15	12.16
11	泥浆搅拌机	台班	1624	1.05	1.05	1.05	1.05	1.05	1.05	1.05
12	32kV·A以内交流电弧焊机	台班	1726	0.02	0.04	0.05	0.08	0.15	0.17	0.20
13	基价	元	1999	3712	4037	4753	9450	12568	20107	29828

续前页　　　　单位:10m

顺序号	项目	单位	代号	桩径200cm以内						
				孔深60m以内						
				砂土	黏土	砂砾	砾石	卵石	软石	次坚石
				22	23	24	25	26	27	28
1	人工	工日	1	8.4	8.9	10.1	18.2	23.9	36.5	53.1
2	电焊条	kg	231	0.2	0.4	0.5	0.7	1.4	1.6	1.9
3	水	m^3	866	91	91	91	91	90	91	91
4	黏土	m^3	911	5.83	5.83	5.83	5.83	8.72	5.83	5.83
5	其他材料费	元	996	0.1	0.1	0.1	0.1	0.1	0.1	0.1
6	设备摊销费	元	997	15.7	17.2	18.3	21.2	33.3	36.4	44.4
7	1.0m^3以内履带式单斗挖掘机	台班	1035	0.02	0.02	0.02	0.02	0.02	0.02	0.02
8	15t以内载货汽车	台班	1378	0.01	0.01	0.01	0.01	0.01	0.01	0.01
9	40t以内履带式起重机	台班	1436	1.36	1.48	1.78	3.70	4.96	8.08	12.06
10	ϕ2500mm以内潜水钻机	台班	1612	1.57	1.72	2.05	4.26	5.72	9.31	13.90
11	泥浆搅拌机	台班	1624	1.05	1.05	1.05	1.05	1.05	1.05	1.05
12	32kV·A以内交流电弧焊机	台班	1726	0.02	0.04	0.05	0.08	0.16	0.18	0.21
13	基价	元	1999	4131	4486	5302	10664	14257	22913	34028

续前页

单位:10m

顺序号	项目	单位	代号	桩径250cm以内						
				孔深30m以内						
				砂土	黏土	砂砾	砾石	卵石	软石	次坚石
				29	30	31	32	33	34	35
1	人工	工日	1	7.9	8.3	9.3	15.0	19.5	28.4	40.3
2	电焊条	kg	231	0.2	0.4	0.5	0.7	1.5	1.6	1.9
3	水	m^3	866	137	137	137	137	136	137	137
4	黏土	m^3	911	7.28	7.28	7.28	7.28	10.90	7.28	7.28
5	其他材料费	元	996	0.2	0.2	0.2	0.2	0.2	0.2	0.2
6	设备摊销费	元	997	20.4	22.3	23.8	27.5	41.7	45.5	55.6
7	1.0m^3以内履带式单斗挖掘机	台班	1035	0.03	0.03	0.03	0.03	0.03	0.03	0.03
8	15t以内载货汽车	台班	1378	0.02	0.02	0.02	0.02	0.02	0.02	0.02
9	40t以内履带式起重机	台班	1436	1.10	1.18	1.41	2.81	3.71	5.97	8.82
10	ϕ2500mm以内潜水钻机	台班	1612	1.26	1.36	1.63	3.23	4.27	6.88	10.16
11	泥浆搅拌机	台班	1624	1.31	1.31	1.31	1.31	1.31	1.31	1.31
12	32kV·A以内交流电弧焊机	台班	1726	0.02	0.04	0.05	0.08	0.16	0.18	0.21
13	基价	元	1999	3492	3734	4387	8274	10880	17141	25098

续前页　　　　单位:10m

顺序号	项　目	单位	代号	桩径250cm以内						
				孔深40m以内						
				砂土	黏土	砂砾	砾石	卵石	软石	次坚石
				36	37	38	39	40	41	42
1	人工	工日	1	8.3	8.7	9.7	16.4	21.4	31.6	45.2
2	电焊条	kg	231	0.2	0.4	0.5	0.7	1.5	1.6	1.9
3	水	m^3	866	137	137	137	137	136	137	137
4	黏土	m^3	911	7.28	7.28	7.28	7.28	10.90	7.28	7.28
5	其他材料费	元	996	0.2	0.2	0.2	0.2	0.2	0.2	0.2
6	设备摊销费	元	997	20.4	22.3	23.8	27.5	41.7	45.5	55.6
7	1.0m^3以内履带式单斗挖掘机	台班	1035	0.03	0.03	0.03	0.03	0.03	0.03	0.03
8	15t以内载货汽车	台班	1378	0.02	0.02	0.02	0.02	0.02	0.02	0.02
9	40t以内履带式起重机	台班	1436	1.18	1.29	1.53	3.13	4.16	6.75	10.01
10	ϕ2500mm以内潜水钻机	台班	1612	1.36	1.48	1.77	3.61	4.80	7.78	11.54
11	泥浆搅拌机	台班	1624	1.31	1.31	1.31	1.31	1.31	1.31	1.31
12	32kV·A以内交流电弧焊机	台班	1726	0.02	0.04	0.05	0.08	0.16	0.18	0.21
13	基价	元	1999	3729	4029	4719	9184	12151	19315	28424

续前页 单位:10m

顺序号	项目	单位	代号	桩径250cm以内						
				孔深50m以内						
				砂土	黏土	砂砾	砾石	卵石	软石	次坚石
				43	44	45	46	47	48	49
1	人工	工日	1	8.8	9.3	10.5	18.1	23.7	35.6	51.1
2	电焊条	kg	231	0.2	0.4	0.5	0.8	1.5	1.7	2.0
3	水	m^3	866	137	137	137	137	136	137	137
4	黏土	m^3	911	7.28	7.28	7.28	7.28	10.90	7.28	7.28
5	其他材料费	元	996	0.1	0.1	0.1	0.1	0.1	0.1	0.1
6	设备摊销费	元	997	20.4	22.3	23.8	27.5	41.7	45.5	55.6
7	$1.0m^3$以内履带式单斗挖掘机	台班	1035	0.02	0.02	0.02	0.02	0.02	0.02	0.02
8	15t以内载货汽车	台班	1378	0.01	0.01	0.01	0.01	0.01	0.01	0.01
9	40t以内履带式起重机	台班	1436	1.31	1.42	1.71	3.54	4.73	7.69	11.41
10	ϕ2500mm以内潜水钻机	台班	1612	1.50	1.65	1.97	4.07	5.44	8.86	13.15
11	泥浆搅拌机	台班	1624	1.31	1.31	1.31	1.31	1.31	1.31	1.31
12	32kV·A以内交流电弧焊机	台班	1726	0.02	0.04	0.06	0.08	0.17	0.19	0.22
13	基价	元	1999	4061	4406	5199	10296	13700	21922	32313

续前页 单位:10m

顺序号	项目	单位	代号	桩径250cm以内						
				孔深60m以内						
				砂土	黏土	砂砾	砾石	卵石	软石	次坚石
				50	51	52	53	54	55	56
1	人工	工日	1	9.5	10.0	11.3	20.1	26.5	40.1	58.3
2	电焊条	kg	231	0.2	0.4	0.5	0.8	1.6	1.7	2.1
3	水	m^3	866	137	137	137	137	136	137	137
4	黏土	m^3	911	7.28	7.28	7.28	7.28	10.90	7.28	7.28
5	其他材料费	元	996	0.1	0.1	0.1	0.1	0.1	0.1	0.1
6	设备摊销费	元	997	20.4	22.3	23.8	27.5	41.7	45.5	55.6
7	1.0m^3以内履带式单斗挖掘机	台班	1035	0.02	0.02	0.02	0.02	0.02	0.02	0.02
8	15t以内载货汽车	台班	1378	0.01	0.01	0.01	0.01	0.01	0.01	0.01
9	40t以内履带式起重机	台班	1436	1.47	1.62	1.93	4.02	5.38	8.79	13.11
10	ϕ2500mm以内潜水钻机	台班	1612	1.70	1.86	2.22	4.63	6.21	10.12	15.11
11	泥浆搅拌机	台班	1624	1.31	1.31	1.31	1.31	1.31	1.31	1.31
12	32kV·A以内交流电弧焊机	台班	1726	0.02	0.04	0.06	0.09	0.18	0.20	0.23
13	基价	元	1999	4530	4930	5802	11645	15546	24976	37062

续前页 单位:10m

顺序号	项目	单位	代号	桩径250cm以内						
				孔深80m以内						
				砂土	黏土	砂砾	砾石	卵石	软石	次坚石
				57	58	59	60	61	62	63
1	人工	工日	1	11.2	12.0	13.6	25.3	33.4	51.7	75.3
2	电焊条	kg	231	0.2	0.4	0.6	0.9	1.8	1.9	2.3
3	水	m^3	866	137	137	137	137	136	137	137
4	黏土	m^3	911	7.28	7.28	7.28	7.28	10.90	7.28	7.28
5	其他材料费	元	996	0.1	0.1	0.1	0.1	0.1	0.1	0.1
6	设备摊销费	元	997	20.4	22.3	23.8	27.5	41.7	45.5	55.6
7	1.0m^3以内履带式单斗挖掘机	台班	1035	0.02	0.02	0.02	0.02	0.02	0.02	0.02
8	15t以内载货汽车	台班	1378	0.01	0.01	0.01	0.01	0.01	0.01	0.01
9	40t以内履带式起重机	台班	1436	1.90	2.08	2.47	5.24	7.04	11.54	17.19
10	ϕ2500mm以内潜水钻机	台班	1612	2.19	2.39	2.85	6.04	8.11	13.30	19.82
11	泥浆搅拌机	台班	1624	1.31	1.31	1.31	1.31	1.31	1.31	1.31
12	32kV·A以内交流电弧焊机	台班	1726	0.02	0.05	0.07	0.10	0.19	0.21	0.25
13	基价	元	1999	5717	6217	7322	15059	20159	32667	48452

II. 水中平台上钻孔

单位:10m

顺序号	项目	单位	代号	桩径 200cm 以内						
				孔深 30m 以内						
				砂土	黏土	砂砾	砾石	卵石	软石	次坚石
				64	65	66	67	68	69	70
1	人工	工日	1	7.9	8.2	9.1	14.4	18.5	26.7	37.6
2	锯材	m^3	102	0.006	0.006	0.006	0.006	0.006	0.006	0.006
3	带肋钢筋	t	112	0.006	0.006	0.006	0.006	0.006	0.006	0.006
4	钢丝绳	t	221	0.001	0.001	0.001	0.001	0.001	0.001	0.001
5	电焊条	kg	231	0.2	0.3	0.4	0.7	1.3	1.4	1.7
6	铁皮	m^2	666	0.3	0.3	0.3	0.3	0.3	0.3	0.3
7	32.5 级水泥	t	832	0.025	0.025	0.025	0.025	0.025	0.025	0.025
8	水	m^3	866	91	91	91	91	90	91	91
9	青(红)砖	千块	877	0.02	0.02	0.02	0.02	0.02	0.02	0.02
10	中(粗)砂	m^3	899	0.05	0.05	0.05	0.05	0.05	0.05	0.05
11	黏土	m^3	911	5.83	5.83	5.83	5.83	8.72	5.83	5.83
12	碎石(4cm)	m^3	952	0.06	0.06	0.06	0.06	0.06	0.06	0.06
13	其他材料费	元	996	1.8	1.8	1.8	1.8	1.8	1.8	1.8
14	设备摊销费	元	997	15.7	17.2	18.3	21.2	33.3	36.4	44.4

续前页　　单位:10m

顺序号	项　目	单位	代号	桩径200cm以内						
				孔深30m以内						
				砂土	黏土	砂砾	砾石	卵石	软石	次坚石
				64	65	66	67	68	69	70
15	1.0m^3以内履带式单斗挖掘机	台班	1035	0.03	0.03	0.03	0.03	0.03	0.03	0.03
16	40t以内履带式起重机	台班	1436	1.04	1.12	1.34	2.62	3.45	5.53	8.15
17	ϕ2500mm以内潜水钻机	台班	1612	1.20	1.29	1.55	3.02	3.98	6.37	9.39
18	泥浆搅拌机	台班	1624	1.05	1.05	1.05	1.05	1.05	1.05	1.05
19	32kV·A以内交流电弧焊机	台班	1726	0.02	0.04	0.05	0.07	0.15	0.16	0.19
20	88kW以内内燃拖轮	艘班	1852	0.27	0.27	0.27	0.27	0.27	0.27	0.27
21	100t以内工程驳船	艘班	1874	0.05	0.05	0.05	0.05	0.05	0.05	0.05
22	200t以内工程驳船	艘班	1876	1.46	1.58	1.89	3.74	4.95	7.96	11.75
23	小型机具使用费	元	1998	0.4	0.4	0.4	0.4	0.4	0.4	0.4
24	基价	元	1999	4197	4469	5219	9540	12431	19407	28270

续前页　　单位:10m

顺序号	项目	单位	代号	桩径200cm以内						
				孔深40m以内						
				砂土	黏土	砂砾	砾石	卵石	软石	次坚石
				71	72	73	74	75	76	77
1	人工	工日	1	8.1	8.5	9.4	15.5	20.0	29.5	42.0
2	锯材	m^3	102	0.006	0.006	0.006	0.006	0.006	0.006	0.006
3	带肋钢筋	t	112	0.006	0.006	0.006	0.006	0.006	0.006	0.006
4	钢丝绳	t	221	0.001	0.001	0.001	0.001	0.001	0.001	0.001
5	电焊条	kg	231	0.2	0.3	0.4	0.7	1.3	1.4	1.7
6	铁皮	m^2	666	0.3	0.3	0.3	0.3	0.3	0.3	0.3
7	32.5级水泥	t	832	0.025	0.025	0.025	0.025	0.025	0.025	0.025
8	水	m^3	866	91	91	91	91	90	91	91
9	青(红)砖	千块	877	0.02	0.02	0.02	0.02	0.02	0.02	0.02
10	中(粗)砂	m^3	899	0.05	0.05	0.05	0.05	0.05	0.05	0.05
11	黏土	m^3	911	5.83	5.83	5.83	5.83	8.72	5.83	5.83
12	碎石(4cm)	m^3	952	0.06	0.06	0.06	0.06	0.06	0.06	0.06
13	其他材料费	元	996	1.7	1.7	1.7	1.7	1.7	1.7	1.7
14	设备摊销费	元	997	15.7	17.2	18.3	21.2	33.3	36.4	44.4

续前页　　单位:10m

顺序号	项　目	单位	代号	桩径 200cm 以内						
				孔深 40m 以内						
				砂土	黏土	砂砾	砾石	卵石	软石	次坚石
				71	72	73	74	75	76	77
15	1.0m^3 以内履带式单斗挖掘机	台班	1035	0.02	0.02	0.02	0.02	0.02	0.02	0.02
16	40t 以内履带式起重机	台班	1436	1.11	1.20	1.43	2.90	3.85	6.23	9.22
17	ϕ2500mm 以内潜水钻机	台班	1612	1.28	1.38	1.66	3.34	4.43	7.18	10.63
18	泥浆搅拌机	台班	1624	1.05	1.05	1.05	1.05	1.05	1.05	1.05
19	32kV·A 以内交流电弧焊机	台班	1726	0.02	0.04	0.05	0.07	0.15	0.16	0.19
20	88kW 以内内燃拖轮	艘班	1852	0.19	0.19	0.19	0.19	0.19	0.19	0.19
21	100t 以内工程驳船	艘班	1874	0.03	0.03	0.03	0.03	0.03	0.03	0.03
22	200t 以内工程驳船	艘班	1876	1.58	1.71	2.05	4.16	5.53	8.98	13.31
23	小型机具使用费	元	1998	0.4	0.4	0.4	0.4	0.4	0.4	0.4
24	基价	元	1999	4349	4654	5453	10399	13673	21686	31809

续前页　　　　单位:10m

顺序号	项　　目	单位	代号	桩径 200cm 以内						
				孔深 50m 以内						
				砂土	黏土	砂砾	砾石	卵石	软石	次坚石
				78	79	80	81	82	83	84
1	人工	工日	1	8.5	9.0	10.1	17.1	22.2	33.1	47.7
2	锯材	m^3	102	0.006	0.006	0.006	0.006	0.006	0.006	0.006
3	带肋钢筋	t	112	0.006	0.006	0.006	0.006	0.006	0.006	0.006
4	钢丝绳	t	221	0.001	0.001	0.001	0.001	0.001	0.001	0.001
5	电焊条	kg	231	0.2	0.3	0.5	0.7	1.4	1.5	1.8
6	铁皮	m^2	666	0.3	0.3	0.3	0.3	0.3	0.3	0.3
7	32.5 级水泥	t	832	0.025	0.025	0.025	0.025	0.025	0.025	0.025
8	水	m^3	866	91	91	91	91	90	91	91
9	青(红)砖	千块	877	0.02	0.02	0.02	0.02	0.02	0.02	0.02
10	中(粗)砂	m^3	899	0.05	0.05	0.05	0.05	0.05	0.05	0.05
11	黏土	m^3	911	5.83	5.83	5.83	5.83	8.72	5.83	5.83
12	碎石(4cm)	m^3	952	0.06	0.06	0.06	0.06	0.06	0.06	0.06
13	其他材料费	元	996	1.7	1.7	1.7	1.7	1.7	1.7	1.7
14	设备摊销费	元	997	15.7	17.2	18.3	21.2	33.3	36.4	44.4

续前页

单位:10m

顺序号	项目	单位	代号	桩径200cm以内						
				孔深50m以内						
				砂土	黏土	砂砾	砾石	卵石	软石	次坚石
				78	79	80	81	82	83	84
15	1.0m^3 以内履带式单斗挖掘机	台班	1035	0.02	0.02	0.02	0.02	0.02	0.02	0.02
16	40t以内履带式起重机	台班	1436	1.22	1.33	1.59	3.27	4.36	7.09	10.56
17	ϕ2500mm以内潜水钻机	台班	1612	1.41	1.54	1.83	3.77	5.03	8.17	12.17
18	泥浆搅拌机	台班	1624	1.05	1.05	1.05	1.05	1.05	1.05	1.05
19	32kV·A以内交流电弧焊机	台班	1726	0.02	0.04	0.05	0.08	0.15	0.17	0.20
20	88kW以内内燃拖轮	艘班	1852	0.15	0.15	0.15	0.15	0.15	0.15	0.15
21	100t以内工程驳船	艘班	1874	0.03	0.03	0.03	0.03	0.03	0.03	0.03
22	200t以内工程驳船	艘班	1876	1.75	1.90	2.27	4.71	6.29	10.23	15.26
23	小型机具使用费	元	1998	0.4	0.4	0.4	0.4	0.4	0.4	0.4
24	基价	元	1999	4690	5068	5936	11627	15389	24558	36306

续前页

单位:10m

顺序号	项目	单位	代号	桩径200cm以内						
				孔深60m以内						
				砂土	黏土	砂砾	砾石	卵石	软石	次坚石
				85	86	87	88	89	90	91
1	人工	工日	1	9.1	9.6	10.8	18.9	24.7	37.3	53.9
2	锯材	m^3	102	0.006	0.006	0.006	0.006	0.006	0.006	0.006
3	带肋钢筋	t	112	0.006	0.006	0.006	0.006	0.006	0.006	0.006
4	钢丝绳	t	221	0.001	0.001	0.001	0.001	0.001	0.001	0.001
5	电焊条	kg	231	0.2	0.4	0.5	0.7	1.4	1.6	1.9
6	铁皮	m^2	666	0.3	0.3	0.3	0.3	0.3	0.3	0.3
7	32.5级水泥	t	832	0.025	0.025	0.025	0.025	0.025	0.025	0.025
8	水	m^3	866	91	91	91	91	90	91	91
9	青(红)砖	千块	877	0.02	0.02	0.02	0.02	0.02	0.02	0.02
10	中(粗)砂	m^3	899	0.05	0.05	0.05	0.05	0.05	0.05	0.05
11	黏土	m^3	911	5.83	5.83	5.83	5.83	8.72	5.83	5.83
12	碎石(4cm)	m^3	952	0.06	0.06	0.06	0.06	0.06	0.06	0.06
13	其他材料费	元	996	1.6	1.6	1.6	1.6	1.6	1.6	1.6
14	设备摊销费	元	997	15.7	17.2	18.3	21.2	33.3	36.4	44.4

续前页

单位:10m

顺序号	项目	单位	代号	桩径200cm以内						
				孔深60m以内						
				砂土	黏土	砂砾	砾石	卵石	软石	次坚石
				85	86	87	88	89	90	91
15	$1.0m^3$以内履带式单斗挖掘机	台班	1035	0.02	0.02	0.02	0.02	0.02	0.02	0.02
16	40t以内履带式起重机	台班	1436	1.36	1.49	1.79	3.71	4.97	8.09	12.07
17	ϕ2500mm以内潜水钻机	台班	1612	1.58	1.73	2.06	4.27	5.73	9.32	13.91
18	泥浆搅拌机	台班	1624	1.05	1.05	1.05	1.05	1.05	1.05	1.05
19	32kV·A以内交流电弧焊机	台班	1726	0.02	0.04	0.05	0.08	0.16	0.18	0.21
20	88kW以内内燃拖轮	艘班	1852	0.13	0.13	0.13	0.13	0.13	0.13	0.13
21	100t以内工程驳船	艘班	1874	0.02	0.02	0.02	0.02	0.02	0.02	0.02
22	200t以内工程驳船	艘班	1876	1.96	2.14	2.57	5.34	7.17	11.70	17.44
23	小型机具使用费	元	1998	0.4	0.4	0.4	0.4	0.4	0.4	0.4
24	基价	元	1999	5157	5596	6587	13079	17423	27925	41381

续前页　　单位:10m

顺序号	项　　目	单位	代号	桩径250cm以内						
				孔深30m以内						
				砂土	黏土	砂砾	砾石	卵石	软石	次坚石
				92	93	94	95	96	97	98
1	人工	工日	1	8.7	9.1	10.1	15.8	20.3	29.1	41.1
2	锯材	m^3	102	0.006	0.006	0.006	0.006	0.006	0.006	0.006
3	带肋钢筋	t	112	0.006	0.006	0.006	0.006	0.006	0.006	0.006
4	钢丝绳	t	221	0.001	0.001	0.001	0.001	0.001	0.001	0.001
5	电焊条	kg	231	0.2	0.4	0.5	0.7	1.5	1.6	1.9
6	铁皮	m^2	666	0.3	0.3	0.3	0.3	0.3	0.3	0.3
7	32.5级水泥	t	832	0.025	0.025	0.025	0.025	0.025	0.025	0.025
8	水	m^3	866	137	137	137	137	136	137	137
9	青(红)砖	千块	877	0.02	0.02	0.02	0.02	0.02	0.02	0.02
10	中(粗)砂	m^3	899	0.05	0.05	0.05	0.05	0.05	0.05	0.05
11	黏土	m^3	911	7.28	7.28	7.28	7.28	10.90	7.28	7.28
12	碎石(4cm)	m^3	952	0.06	0.06	0.06	0.06	0.06	0.06	0.06
13	其他材料费	元	996	1.7	1.7	1.7	1.7	1.7	1.7	1.7
14	设备摊销费	元	997	20.4	22.3	23.8	27.5	41.7	45.5	55.6

续前页

单位:10m

顺序号	项目	单位	代号	桩径250cm以内						
				孔深30m以内						
				砂土	黏土	砂砾	砾石	卵石	软石	次坚石
				92	93	94	95	96	97	98
15	1.0m^3以内履带式单斗挖掘机	台班	1035	0.03	0.03	0.03	0.03	0.03	0.03	0.03
16	40t以内履带式起重机	台班	1436	1.11	1.20	1.42	2.82	3.73	5.98	8.83
17	φ2500mm以内潜水钻机	台班	1612	1.28	1.38	1.65	3.25	4.29	6.90	10.18
18	泥浆搅拌机	台班	1624	1.31	1.31	1.31	1.31	1.31	1.31	1.31
19	32kV·A以内交流电弧焊机	台班	1726	0.02	0.04	0.05	0.08	0.16	0.18	0.21
20	88kW以内内燃拖轮	艘班	1852	0.17	0.17	0.17	0.17	0.17	0.17	0.17
21	100t以内工程驳船	艘班	1874	0.04	0.04	0.04	0.04	0.04	0.04	0.04
22	200t以内工程驳船	艘班	1876	1.58	1.70	2.03	4.05	5.35	8.63	12.75
23	小型机具使用费	元	1998	0.4	0.4	0.4	0.4	0.4	0.4	0.4
24	基价	元	1999	4427	4728	5505	10216	13363	20945	30586

续前页　　单位:10m

顺序号	项　目	单位	代号	桩径250cm以内						
				孔深40m以内						
				砂土	黏土	砂砾	砾石	卵石	软石	次坚石
				99	100	101	102	103	104	105
1	人工	工日	1	9.1	9.5	10.5	17.2	22.2	32.3	46.0
2	锯材	m^3	102	0.006	0.006	0.006	0.006	0.006	0.006	0.006
3	带肋钢筋	t	112	0.006	0.006	0.006	0.006	0.006	0.006	0.006
4	钢丝绳	t	221	0.001	0.001	0.001	0.001	0.001	0.001	0.001
5	电焊条	kg	231	0.2	0.4	0.5	0.7	1.5	1.6	1.9
6	铁皮	m^2	666	0.3	0.3	0.3	0.3	0.3	0.3	0.3
7	32.5级水泥	t	832	0.025	0.025	0.025	0.025	0.025	0.025	0.025
8	水	m^3	866	137	137	137	137	136	137	137
9	青(红)砖	千块	877	0.02	0.02	0.02	0.02	0.02	0.02	0.02
10	中(粗)砂	m^3	899	0.05	0.05	0.05	0.05	0.05	0.05	0.05
11	黏土	m^3	911	7.28	7.28	7.28	7.28	10.90	7.28	7.28
12	碎石(4cm)	m^3	952	0.06	0.06	0.06	0.06	0.06	0.06	0.06
13	其他材料费	元	996	1.7	1.7	1.7	1.7	1.7	1.7	1.7
14	设备摊销费	元	997	20.4	22.3	23.8	27.5	41.7	45.5	55.6

续前页　　单位:10m

顺序号	项目	单位	代号	桩径250cm以内						
				孔深40m以内						
				砂土	黏土	砂砾	砾石	卵石	软石	次坚石
				99	100	101	102	103	104	105
15	$1.0m^3$以内履带式单斗挖掘机	台班	1035	0.02	0.02	0.02	0.02	0.02	0.02	0.02
16	40t以内履带式起重机	台班	1436	1.19	1.30	1.54	3.14	4.17	6.76	10.02
17	ϕ2500mm以内潜水钻机	台班	1612	1.37	1.49	1.78	3.62	4.81	7.79	11.55
18	泥浆搅拌机	台班	1624	1.31	1.31	1.31	1.31	1.31	1.31	1.31
19	32kV·A以内交流电弧焊机	台班	1726	0.02	0.04	0.05	0.08	0.16	0.18	0.21
20	88kW以内内燃拖轮	艘班	1852	0.12	0.12	0.12	0.12	0.12	0.12	0.12
21	100t以内工程驳船	艘班	1874	0.03	0.03	0.03	0.03	0.03	0.03	0.03
22	200t以内工程驳船	艘班	1876	1.70	1.86	2.20	4.51	6.01	9.76	14.48
23	小型机具使用费	元	1998	0.4	0.4	0.4	0.4	0.4	0.4	0.4
24	基价	元	1999	4643	5008	5837	11244	14822	23510	34549

续前页　　单位:10m

顺序号	项　目	单位	代号	桩径250cm以内						
				孔深50m以内						
				砂土	黏土	砂砾	砾石	卵石	软石	次坚石
				106	107	108	109	110	111	112
1	人工	工日	1	9.6	10.0	11.2	18.9	24.5	36.2	51.9
2	锯材	m^3	102	0.006	0.006	0.006	0.006	0.006	0.006	0.006
3	带肋钢筋	t	112	0.006	0.006	0.006	0.006	0.006	0.006	0.006
4	钢丝绳	t	221	0.001	0.001	0.001	0.001	0.001	0.001	0.001
5	电焊条	kg	231	0.2	0.4	0.5	0.8	1.5	1.7	2.0
6	铁皮	m^2	666	0.3	0.3	0.3	0.3	0.3	0.3	0.3
7	32.5级水泥	t	832	0.025	0.025	0.025	0.025	0.025	0.025	0.025
8	水	m^3	866	137	137	137	137	136	137	137
9	青(红)砖	千块	877	0.02	0.02	0.02	0.02	0.02	0.02	0.02
10	中(粗)砂	m^3	899	0.05	0.05	0.05	0.05	0.05	0.05	0.05
11	黏土	m^3	911	7.28	7.28	7.28	7.28	10.90	7.28	7.28
12	碎石(4cm)	m^3	952	0.06	0.06	0.06	0.06	0.06	0.06	0.06
13	其他材料费	元	996	1.6	1.6	1.6	1.6	1.6	1.6	1.6
14	设备摊销费	元	997	20.4	22.3	23.8	27.5	41.7	45.5	55.6

续前页　　　　　　　　　　　　　　　　　　　　　　　　　　　　　　　　　　　单位:10m

顺序号	项　目	单位	代号	桩径250cm以内						
				孔深50m以内						
				砂土	黏土	砂砾	砾石	卵石	软石	次坚石
				106	107	108	109	110	111	112
15	$1.0m^3$ 以内履带式单斗挖掘机	台班	1035	0.02	0.02	0.02	0.02	0.02	0.02	0.02
16	40t以内履带式起重机	台班	1436	1.31	1.43	1.72	3.55	4.74	7.70	11.42
17	ϕ2500mm以内潜水钻机	台班	1612	1.52	1.65	1.98	4.08	5.45	8.87	13.16
18	泥浆搅拌机	台班	1624	1.31	1.31	1.31	1.31	1.31	1.31	1.31
19	32kV·A以内交流电弧焊机	台班	1726	0.02	0.04	0.06	0.08	0.17	0.19	0.22
20	88kW以内内燃拖轮	艘班	1852	0.12	0.12	0.12	0.12	0.12	0.12	0.12
21	100t以内工程驳船	艘班	1874	0.02	0.02	0.02	0.02	0.02	0.02	0.02
22	200t以内工程驳船	艘班	1876	2.83	3.08	3.69	7.67	10.25	16.69	24.77
23	小型机具使用费	元	1998	0.4	0.4	0.4	0.4	0.4	0.4	0.4
24	基价	元	1999	5451	5877	6932	13656	18112	28949	42645

续前页　　单位:10m

顺序号	项目	单位	代号	桩径250cm以内						
				孔深60m以内						
				砂土	黏土	砂砾	砾石	卵石	软石	次坚石
				113	114	115	116	117	118	119
1	人工	工日	1	10.2	10.8	12.1	20.9	27.3	40.9	59.0
2	锯材	m^3	102	0.006	0.006	0.006	0.006	0.006	0.006	0.006
3	带肋钢筋	t	112	0.006	0.006	0.006	0.006	0.006	0.006	0.006
4	钢丝绳	t	221	0.001	0.001	0.001	0.001	0.001	0.001	0.001
5	电焊条	kg	231	0.2	0.4	0.5	0.8	1.6	1.7	2.1
6	铁皮	m^2	666	0.3	0.3	0.3	0.3	0.3	0.3	0.3
7	32.5级水泥	t	832	0.025	0.025	0.025	0.025	0.025	0.025	0.025
8	水	m^3	866	137	137	137	137	136	137	137
9	青(红)砖	千块	877	0.02	0.02	0.02	0.02	0.02	0.02	0.02
10	中(粗)砂	m^3	899	0.05	0.05	0.05	0.05	0.05	0.05	0.05
11	黏土	m^3	911	7.28	7.28	7.28	7.28	10.90	7.28	7.28
12	碎石(4cm)	m^3	952	0.06	0.06	0.06	0.06	0.06	0.06	0.06
13	其他材料费	元	996	1.6	1.6	1.6	1.6	1.6	1.6	1.6
14	设备摊销费	元	997	20.4	22.3	23.8	27.5	41.7	45.5	55.6

续前页　　　　单位:10m

顺序号	项目	单位	代号	桩径250cm以内						
				孔深60m以内						
				砂土	黏土	砂砾	砾石	卵石	软石	次坚石
				113	114	115	116	117	118	119
15	1.0m^{3}以内履带式单斗挖掘机	台班	1035	0.02	0.02	0.02	0.02	0.02	0.02	0.02
16	40t以内履带式起重机	台班	1436	1.48	1.62	1.93	4.02	5.39	8.79	13.11
17	ϕ2500mm以内潜水钻机	台班	1612	1.71	1.87	2.22	4.64	6.21	10.13	15.11
18	泥浆搅拌机	台班	1624	1.31	1.31	1.31	1.31	1.31	1.31	1.31
19	32kV·A以内交流电弧焊机	台班	1726	0.02	0.04	0.06	0.09	0.18	0.20	0.23
20	88kW以内内燃拖轮	艘班	1852	0.12	0.12	0.12	0.12	0.12	0.12	0.12
21	100t以内工程驳船	艘班	1874	0.02	0.02	0.02	0.02	0.02	0.02	0.02
22	200t以内工程驳船	艘班	1876	4.26	4.66	5.56	11.60	15.58	25.41	37.94
23	小型机具使用费	元	1998	0.4	0.4	0.4	0.4	0.4	0.4	0.4
24	基价	元	1999	6495	7052	8278	16596	22118	35557	52733

续前页　　　　　　　　　　　　　　　　　　　　　　　　　　　　单位:10m

顺序号	项　　目	单位	代号	桩径250cm以内						
				孔深80m以内						
				砂土	黏土	砂砾	砾石	卵石	软石	次坚石
				120	121	122	123	124	125	126
1	人工	工日	1	12.0	12.7	14.4	25.9	34.1	52.4	76.0
2	锯材	m^3	102	0.006	0.006	0.006	0.006	0.006	0.006	0.006
3	带肋钢筋	t	112	0.006	0.006	0.006	0.006	0.006	0.006	0.006
4	钢丝绳	t	221	0.001	0.001	0.001	0.001	0.001	0.001	0.001
5	电焊条	kg	231	0.2	0.4	0.6	0.9	1.8	1.9	2.3
6	铁皮	m^2	666	0.3	0.3	0.3	0.3	0.3	0.3	0.3
7	32.5级水泥	t	832	0.025	0.025	0.025	0.025	0.025	0.025	0.025
8	水	m^3	866	137	137	137	137	136	137	137
9	青(红)砖	千块	877	0.02	0.02	0.02	0.02	0.02	0.02	0.02
10	中(粗)砂	m^3	899	0.05	0.05	0.05	0.05	0.05	0.05	0.05
11	黏土	m^3	911	7.28	7.28	7.28	7.28	10.90	7.28	7.28
12	碎石(4cm)	m^3	952	0.06	0.06	0.06	0.06	0.06	0.06	0.06
13	其他材料费	元	996	1.6	1.6	1.6	1.6	1.6	1.6	1.6
14	设备摊销费	元	997	20.4	22.3	23.8	27.5	41.7	45.5	55.6

续前页

单位:10m

顺序号	项目	单位	代号	桩径 250cm 以内						
				孔深 80m 以内						
				砂土	黏土	砂砾	砾石	卵石	软石	次坚石
				120	121	122	123	124	125	126
15	1.0m^3 以内履带式单斗挖掘机	台班	1035	0.02	0.02	0.02	0.02	0.02	0.02	0.02
16	40t 以内履带式起重机	台班	1436	1.90	2.08	2.47	5.24	7.04	11.54	17.20
17	ϕ2500mm 以内潜水钻机	台班	1612	2.19	2.40	2.85	6.04	8.11	13.31	19.82
18	泥浆搅拌机	台班	1624	1.31	1.31	1.31	1.31	1.31	1.31	1.31
19	32kV·A 以内交流电弧焊机	台班	1726	0.02	0.05	0.07	0.10	0.19	0.21	0.25
20	88kW 以内内燃拖轮	艘班	1852	0.09	0.09	0.09	0.09	0.09	0.09	0.09
21	100t 以内工程驳船	艘班	1874	0.01	0.01	0.01	0.01	0.01	0.01	0.01
22	200t 以内工程驳船	艘班	1876	5.48	6.01	7.14	15.16	20.35	33.41	49.76
23	小型机具使用费	元	1998	0.4	0.4	0.4	0.4	0.4	0.4	0.4
24	基价	元	1999	8130	8855	10412	21409	28630	46475	68923

5－1－16 灌注桩混凝土

工作内容 1)灌注混凝土的全部工序；2)检测管制作、安装的全部工序；3)凿除混凝土桩头。

单位:10m³ 实体

顺序号	项目	单位	代号	人工挖孔			冲抓成孔		
				卷扬机配吊斗	起重机配吊斗	输送泵	卷扬机配吊斗	起重机配吊斗	输送泵
				1	2	3	4	5	6
1	人工	工日	1	13.7	6.5	1.0	21.0	11.2	3.6
2	C25 水泥混凝土	m^3	19	(10.20)	(10.20)	–	–	–	–
3	C25 水下混凝土	m^3	29	–	–	–	(13.75)	(13.75)	(14.02)
4	C25 泵送混凝土	m^3	47	–	–	(10.40)	–	–	–
5	钢管	t	191	0.084	0.084	0.084	0.084	0.084	0.084
6	电焊条	kg	231	0.3	0.3	0.3	0.3	0.3	0.3
7	8～12 号铁丝	kg	655	0.1	0.1	0.1	0.1	0.1	0.1
8	32.5 级水泥	t	832	3.421	3.421	3.873	5.875	5.875	5.991
9	水	m^3	866	12	12	12	3	3	3
10	中(粗)砂	m^3	899	4.90	4.90	6.03	7.01	7.01	7.15
11	碎石(4cm)	m^3	952	8.47	8.47	7.59	9.49	9.49	9.67
12	其他材料费	元	996	3.7	3.7	3.7	5.5	5.5	5.5
13	设备摊销费	元	997	35.3	35.3	35.3	54.6	54.6	54.6

续前页

单位:10m³ 实体

顺序号	项目	单位	代号	人工挖孔			冲抓成孔		
				卷扬机配吊斗	起重机配吊斗	输送泵	卷扬机配吊斗	起重机配吊斗	输送泵
				1	2	3	4	5	6
14	$60m^3/h$ 以内混凝土输送泵	台班	1316	–	–	0.08	–	–	0.11
15	12t 以内汽车式起重机	台班	1451	–	0.34	–	–	0.46	–
16	50kN 以内单筒慢动卷扬机	台班	1500	0.78	–	–	1.08	–	–
17	32kV·A 以内交流电弧焊机	台班	1726	0.09	0.09	0.09	0.09	0.09	0.09
18	小型机具使用费	元	1998	4.6	2.4	0.8	4.9	2.5	0.7
19	基价	元	1999	3139	2944	2684	4513	4245	3721

续前页

单位:10m³ 实体

顺序号	项目	单位	代号	冲击成孔			回旋、潜水钻成孔 桩径100cm以内		
				卷扬机配吊斗	起重机配吊斗	输送泵	卷扬机配吊斗	起重机配吊斗	输送泵
				7	8	9	10	11	12
1	人工	工日	1	19.7	10.6	3.6	19.1	10.4	3.6
2	C25 水泥混凝土	m^3	19	–	–	–	–	–	–
3	C25 水下混凝土	m^3	29	(12.73)	(12.73)	(12.98)	(12.19)	(12.19)	(12.43)
4	C25 泵送混凝土	m^3	47	–	–	–	–	–	–
5	钢管	t	191	0.084	0.084	0.084	0.126	0.126	0.126
6	电焊条	kg	231	0.3	0.3	0.3	0.4	0.4	0.4
7	8~12 号铁丝	kg	655	0.1	0.1	0.1	0.2	0.2	0.2
8	32.5 级水泥	t	832	5.440	5.440	5.546	5.212	5.212	5.315
9	水	m^3	866	3	3	3	3	3	3
10	中(粗)砂	m^3	899	6.49	6.49	6.62	6.22	6.22	6.34
11	碎石(4cm)	m^3	952	8.78	8.78	8.96	8.41	8.41	8.58
12	其他材料费	元	996	5.7	5.7	5.7	7.8	7.8	7.8
13	设备摊销费	元	997	47.8	47.8	47.8	52.6	52.6	52.6
14	$60m^3/h$ 以内混凝土输送泵	台班	1316	–	–	0.10	–	–	0.10
15	12t 以内汽车式起重机	台班	1451	–	0.42	–	–	0.41	–
16	50kN 以内单筒慢动卷扬机	台班	1500	1.00	–	–	0.96	–	–
17	32kV·A 以内交流电弧焊机	台班	1726	0.09	0.09	0.09	0.13	0.13	0.13
18	小型机具使用费	元	1998	4.6	2.4	0.7	4.9	2.7	1.0
19	基价	元	1999	4224	3971	3490	4329	4093	3627

续前页 单位:10m³ 实体

顺序号	项目	单位	代号	回旋、潜水钻成孔(桩径 cm 以内)								
				150			250			350		
				卷扬机配吊斗	起重机配吊斗	输送泵	卷扬机配吊斗	起重机配吊斗	输送泵	卷扬机配吊斗	起重机配吊斗	输送泵
				13	14	15	16	17	18	19	20	21
1	人工	工日	1	17.7	9.1	2.4	16.9	8.5	2.0	16.0	7.9	1.5
2	C25 水泥混凝土	m^3	19	–	–	–	–	–	–	–	–	–
3	C25 水下混凝土	m^3	29	(12.01)	(12.01)	(12.24)	(11.74)	(11.74)	(11.97)	(11.40)	(11.40)	(11.63)
4	C25 泵送混凝土	m^3	47	–	–	–	–	–	–	–	–	–
5	钢管	t	191	0.084	0.084	0.084	0.030	0.030	0.030	0.021	0.021	0.021
6	电焊条	kg	231	0.3	0.3	0.3	–	–	–	–	–	–
7	8~12 号铁丝	kg	655	0.1	0.1	0.1	–	–	–	–	–	–
8	32.5 级水泥	t	832	5.132	5.132	5.230	5.015	5.015	5.113	4.869	4.869	4.967
9	水	m^3	866	3	3	3	2	2	3	2	2	2
10	中(粗)砂	m^3	899	6.13	6.13	6.24	5.99	5.99	6.10	5.81	5.81	5.93
11	碎石(4cm)	m^3	952	8.29	8.29	8.45	8.10	8.10	8.26	7.87	7.87	8.02
12	其他材料费	元	996	4.8	4.8	4.8	2.8	2.8	2.8	2.0	2.0	2.0
13	设备摊销费	元	997	51.6	51.6	51.6	31.3	31.3	31.3	26.7	26.7	26.7
14	$60m^3/h$ 以内混凝土输送泵	台班	1316	–	–	0.10	–	–	0.09	–	–	0.09
15	12t 以内汽车式起重机	台班	1451	–	0.40	–	–	0.39	–	–	0.38	–
16	50kN 以内单筒慢动卷扬机	台班	1500	0.94	–	–	0.92	–	–	0.90	–	–
17	32kV·A 以内交流电弧焊机	台班	1726	0.09	0.09	0.09	0.03	0.03	0.03	0.02	0.02	0.02
18	小型机具使用费	元	1998	4.4	2.3	0.7	3.9	1.8	0.3	3.7	1.7	0.2
19	基价	元	1999	3975	3739	3282	3543	3311	2861	3370	3148	2709

说明:32.5 级水泥消耗量中,包括水泥浆封堵检测管的水泥消耗量。

5-1-17 护筒制作、埋设、拆除

工作内容 1)护筒埋设、拆除的全部工序；2)钢筋混凝土护筒预制的全部工序。

I. 钢筋混凝土护筒

单位：$10m^3$ 实体及 10m

顺序号	项目	单位	代号	预制	埋设			
						水中(水深 m)		
				混凝土	干处	5 以内	10 以内	
							在支架上	在船上
				$10m^3$	10m			
				1	2	3	4	5
1	人工	工日	1	67.7	51.9	30.2	45.3	37.9
2	C20 水泥混凝土	m^3	18	(10.10)	–	–	–	–
3	锯材	m^3	102	0.100	–	–	–	–
4	光圆钢筋	t	111	–	–	0.025	0.002	0.002
5	型钢	t	182	0.050	–	0.039	0.039	0.039
6	钢板	t	183	–	–	0.006	0.156	0.156
7	电焊条	kg	231	–	–	0.9	16.7	16.7
8	组合钢模板	t	272	0.116	–	–	–	–
9	铁件	kg	651	36.0	–	–	0.1	0.1
10	32.5 级水泥	t	832	3.010	–	–	–	–
11	水	m^3	866	16	–	–	–	–
12	中(粗)砂	m^3	899	4.95	–	–	–	–
13	黏土	m^3	911	–	25.23	–	–	–

续前页 单位:10m³ 实体及 10m

顺序号	项目	单位	代号	预制	埋设			
				混凝土	干处	水中(水深 m)		
						5 以内	10 以内	
							在支架上	在船上
				10m³	10m			
				1	2	3	4	5
14	碎石(4cm)	m³	952	8.48	–	–	–	–
15	其他材料费	元	996	19.6	–	97.6	1.1	1.1
16	12t 以内汽车式起重机	台班	1451	0.08	–	–	1.20	0.88
17	50kN 以内单筒慢动卷扬机	台班	1500	–	3.14	3.88	0.33	0.33
18	300kN 以内振动打拔桩锤	台班	1581	–	–	–	1.65	1.34
19	ϕ100mm 电动多级水泵(≤120m)	台班	1663	–	–	–	1.20	0.86
20	32kV·A 以内交流电弧焊机	台班	1726	–	–	0.86	3.31	2.89
21	100t 以内工程驳船	艘班	1874	–	–	–	–	1.60
22	小型机具使用费	元	1998	15.9	–	1.6	1.6	1.6
23	基价	元	1999	6298	3073	2319	5226	4853

II. 钢　护　筒

单位:1t

顺序号	项　目	单位	代号	干处埋设	水中埋设(水深 m)			双壁钢围堰内埋设
					5 以内	10 以内	20 以内	
				6	7	8	9	10
1	人工	工日	1	9.1	7.8	10.8	12.8	9.3
2	锯材	m^3	102	–	0.002	0.002	0.002	0.002
3	型钢	t	182	–	0.007	0.007	0.008	0.010
4	钢板	t	183	–	0.001	0.001	0.001	0.001
5	电焊条	kg	231	–	0.2	0.2	0.2	0.2
6	钢护筒	t	263	0.100	1.000	1.000	1.000	1.000
7	黏土	m^3	911	6.41	–	–	–	–
8	其他材料费	元	996	–	1.5	1.6	1.6	1.9
9	5t 以内汽车式起重机	台班	1449	0.16	–	–	–	–
10	12t 以内汽车式起重机	台班	1451	–	0.05	0.05	0.05	0.05
11	50kN 以内单筒慢动卷扬机	台班	1500	–	0.35	0.76	0.81	0.98
12	300kN 以内振动打拔桩锤	台班	1581	–	0.26	0.44	0.46	0.02
13	φ100mm 电动多级水泵(≤120m)	台班	1663	–	–	0.45	–	–
14	φ150mm 电动多级水泵(≤180m)	台班	1665	–	–	–	0.47	0.02
15	32kV·A 以内交流电弧焊机	台班	1726	–	0.02	0.09	0.11	0.47
16	88kW 以内内燃拖轮	艘班	1852	–	0.09	0.09	0.09	0.10
17	100t 以内工程驳船	艘班	1874	–	0.40	0.40	0.41	0.43
18	小型机具使用费	元	1998	–	0.3	0.3	0.4	0.4
19	基价	元	1999	1042	5578	5931	6132	5711

5-1-18 灌注桩工作平台

工作内容 桩基工作平台：1)打、拔桩的全部工作；2)钢结构及面板的制作、安装、拆除及清理堆放。

双壁钢围堰上工作平台：钢结构及面板的制作、安装、拆除及清理堆放。

浮箱工作平台：1)浮箱组拼、拆、移、抛锚固定的全部工序；2)钢结构及面板的制作、安装、拆除及清理堆放。

单位：$100m^2$及10只

顺序号	项目	单位	代号	桩基工作平台			双壁钢围堰上工作平台	浮箱工作平台
				水深(m)				
				5以内	10以内	20以内		
				$100m^2$				10只
				1	2	3	4	5
1	人工	工日	1	96.5	134.8	273.1	164.6	191.3
2	原木	m^3	101	0.163	0.204	0.236	0.229	–
3	锯材	m^3	102	1.282	1.346	1.435	1.436	3.560
4	型钢	t	182	0.187	0.257	0.345	0.402	0.972
5	钢板	t	183	0.004	0.040	0.053	0.159	0.042
6	钢丝绳	t	221	–	–	–	–	0.009
7	电焊条	kg	231	14.9	17.8	25.2	17.0	–
8	钢管桩	t	262	0.803	1.367	2.813	–	–
9	锚链	t	650	–	–	–	–	0.035
10	铁件	kg	651	7.8	8.9	11.9	52.2	40.8
11	铁钉	kg	653	2.0	2.0	2.0	2.0	–
12	其他材料费	元	996	360.8	451.6	521.3	183.3	164.9

续前页　　　　单位:100m² 及 10 只

顺序号	项　　目	单位	代号	桩基工作平台			双壁钢围堰上工作平台	浮箱工作平台
				水深(m)				
				5 以内	10 以内	20 以内		
				100m²				10 只
				1	2	3	4	5
13	设备摊销费	元	997	2616.1	2913.5	2990.1	1803.6	4977.3
14	8t 以内载货汽车	台班	1375	1.48	2.33	5.56	0.65	0.87
15	12t 以内汽车式起重机	台班	1451	3.47	5.09	2.63	2.72	0.87
16	20t 以内汽车式起重机	台班	1453	–	–	5.96	3.44	–
17	50kN 以内单筒慢动卷扬机	台班	1500	1.24	2.10	6.57	–	–
18	600kN 以内振动打拔桩锤	台班	1583	0.19	0.33	1.01	–	–
19	32kV·A 以内交流电弧焊机	台班	1726	1.77	2.73	9.51	9.76	–
20	147kW 以内内燃拖轮	艘班	1853	–	–	–	–	0.12
21	221kW 以内内燃拖轮	艘班	1855	1.21	1.82	4.46	1.65	–
22	100t 以内工程驳船	艘班	1874	–	–	–	–	1.25
23	200t 以内工程驳船	艘班	1876	5.97	8.80	–	–	–
24	300t 以内工程驳船	艘班	1877	–	–	19.76	9.07	–
25	小型机具使用费	元	1998	104.4	130.8	150.9	155.9	102.0
26	基价	元	1999	22391	31949	64000	28630	25291

注:1. 桩基工作平台中的设备摊销费系按使用 4 个月编制的,如实际施工期与定额不同时,可予以调整;

2. 浮箱工作平台中的浮箱质量为 5.321t/只,其设备摊销费系按使用一个月编制的,如浮箱质量和实际施工期与定额不同时,可予以调整。

5-1-19　混凝土承台

工作内容　混凝土的全部工序。

单位:10m³ 实体

顺序号	项　目	单位	代号	承台		承台封底	
				起重机配吊斗	混凝土输送泵	起重机配吊斗	混凝土输送泵
				1	2	3	4
1	人工	工日	1	6.8	4.6	3.2	0.5
2	C25 水泥混凝土	m^3	19	(10.20)	-	-	-
3	C20 水下混凝土	m^3	28	-	-	(10.20)	(10.40)
4	C25 泵送混凝土	m^3	47	-	(10.40)	-	-
5	原木	m^3	101	0.010	0.010	-	-
6	锯材	m^3	102	0.007	0.007	-	-
7	型钢	t	182	0.002	0.002	-	-
8	组合钢模板	t	272	0.006	0.006	-	-
9	铁件	kg	651	2.2	2.2	-	-
10	32.5 级水泥	t	832	3.417	3.869	3.754	3.827
11	水	m^3	866	12	18	2	2
12	中(粗)砂	m^3	899	4.90	6.03	5.30	5.41
13	碎石(4cm)	m^3	952	8.47	7.59	7.24	7.38
14	其他材料费	元	996	3.5	3.5	-	-
15	设备摊销费	元	997	-	-	10.3	10.3
16	$60m^3/h$ 以内混凝土输送泵	台班	1316	-	0.08	-	0.10
17	12t 以内汽车式起重机	台班	1451	0.22	0.05	0.25	-
18	小型机具使用费	元	1998	6.7	6.0	1.0	-
19	基价	元	1999	2431	2457	2264	2101

5－1－20 现浇锚块

工作内容 混凝土的全部工序。

单位：$10m^3$ 实体

顺序号	项目	单位	代号	混凝土锚块
				1
1	人工	工日	1	3.0
2	C30 泵送混凝土	m^3	48	(10.40)
3	原木	m^3	101	0.002
4	锯材	m^3	102	0.005
5	型钢	t	182	0.003
6	钢管	t	191	0.001
7	组合钢模板	t	272	0.006
8	铁件	kg	651	0.1
9	32.5 级水泥	t	832	3.432
10	水	m^3	866	21
11	中(粗)砂	m^3	899	5.82
12	粉煤灰	m^3	945	1.01
13	碎石(4cm)	m^3	952	7.59
14	其他材料费	元	996	2.1
15	$60m^3/h$ 以内混凝土输送泵	台班	1316	0.11
16	半径 20m 以内混凝土布料机	台班	1332	0.11
17	ϕ100mm 电动多级水泵(≤120m)	台班	1663	0.20
18	32kV·A 以内交流电弧焊机	台班	1726	0.02
19	小型机具使用费	元	1998	5.8
20	基价	元	1999	2318

5-1-21 冷 却 管

工作内容 1)冷却水管安装的全部工序;2)混凝土浇筑完成后通水降温及管内灌浆封孔。

单位:1t

顺序号	项目	单位	代号	冷却管
				1
1	人工	工日	1	5.6
2	光圆钢筋	t	111	0.005
3	钢管	t	191	1.040
4	电焊条	kg	231	0.6
5	32.5 级水泥	t	832	0.786
6	水	m^3	866	2
7	其他材料费	元	996	16.1
8	ϕ150mm 电动单级离心水泵	台班	1653	7.83
9	32kV·A 以内交流电弧焊机	台班	1726	0.54
10	小型机具使用费	元	1998	23.1
11	基价	元	1999	7709

第二节　下 部 构 造

说　　明

1. 定额中墩、台系按一般常用结构编制。桥台的台背回填土计算至桥台翼墙缘为止。台背排水、防水层均已摊入桥台定额中，使用定额时不得另行计算。桥台上的路面本定额中未计入，使用定额时应按有关定额另行计算。

2. 桥台锥形护坡定额中未包括围堰及开挖基坑项目，需要时应按有关定额另行计算。

3. 墩台高度为基础顶、承台顶或系梁底到盖梁、墩台帽顶或 0 号块件底的高度。

4. 方柱墩、空心墩、索塔等采用提升架施工的项目已将提升架的费用综合在定额中，使用定额时不得另行计算。

5. 索塔混凝土定额已将劲性骨架、提升模架综合在定额中，使用定额时不得另行计算。

6. 索塔混凝土定额未包括上、中、下横梁的施工支架，使用定额时应按有关定额另行计算。

7. 下部构造定额中圆柱墩、方柱墩、空心墩和索塔等项目均按混凝土泵送和非泵送划分定额子目，使用定额时应根据实际情况选用。

8. 本节定额未包括高墩、索塔的施工电梯、塔式起重机的安、拆及使用费，使用定额时应根据施工组织设计确定的施工工期并结合上部构造的施工合理计算使用费用。

9. 工程量计算规则：

(1)墩台的工程量为墩台身、墩台帽、支座垫石、拱座、盖梁、系梁、侧墙、翼墙、耳墙、墙背、填平层、腹拱圈、桥台第二层以下的帽石(有人行道时为第一层以下的帽石)的工程数量之和。

(2)桥台锥形护坡的工程量为一座桥台，定额中已包括锥坡铺砌、锥坡基础、水平铺砌的工程量；柱式和埋置式桥台还包括台前护坡的工程量。

(3)索塔的工程量:塔墩固结的为基础顶面或承台顶面以上至塔顶的全部工程数量之和;塔墩分离的为桥面顶以上至塔顶的全部工程数量之和;桥面顶以下部分的工程数量按墩台定额计算。

(4)索塔锚固套筒定额中已综合加劲钢板和钢筋的数量,其工程量以锚固套筒钢管的质量计算。

(5)索塔钢锚箱的工程量为钢锚箱钢板、剪力钉、定位件的质量之和。

10. 各种结构的模板接触面积如下:

项　　目		桥　　台									
		梁　板　桥									拱桥
		轻型桥台	U形桥台		柱式桥台		框架式桥台	肋形埋置式桥台		轻型桥台	其他形式桥台
			桥台高度(m)					桥台高度(m)			
			10以内	20以内	10以内	20以内		8以内	14以内		
模板接触面积（$m^2/10m^3$ 混凝土）	内模	–	–	–	–	–	–	–	–	–	–
	外模	37.90	24.90	16.32	45.68	45.13	41.04	46.23	45.05	37.72	18.43
	合计	37.90	24.90	16.32	45.68	45.13	41.04	46.23	45.05	37.72	18.43

项　　目		桥　　墩									
		梁　板　桥									
		轻型桥墩	实体式桥墩		挑臂式桥墩		薄壁墩			Y形墩	
			桥墩高度(m)								
			10以内	20以内	10以内	20以内	10以内	20以内	40以内	10以内	20以内
模板接触面积（$m^2/10m^3$ 混凝土）	内模	–	–	–	–	–	–	–	–	–	–
	外模	49.89	25.99	17.62	26.64	17.40	27.43	21.57	14.66	18.00	14.44
	合计	49.89	25.99	17.62	26.64	17.40	27.43	21.57	14.66	18.00	14.44

续前页

项目		桥墩									
		梁板桥									
		圆柱式桥墩		方柱式桥墩			配连续刚构空心墩		配其他上部构造空心墩		
		桥墩高度（m）									
		10以内	20以内	10以内	20以内	40以内	40以内	70以内	20以内	40以内	70以内
模板接触面积（$m^2/10m^3$ 混凝土）	内模	–	–	–	–	–	14.80	12.92	9.56	11.84	12.02
	外模	36.69	35.00	31.54	30.22	25.56	19.73	17.72	25.17	22.32	18.77
	合计	36.69	35.00	31.54	30.22	25.56	34.53	30.64	34.73	34.16	30.79

项目		桥墩				索塔				
		梁板桥		拱桥						
		配其他上部构造空心墩		实体式墩	柱式墩	索塔高度(m)				
		桥墩高度(m)								
		100以内	100以上			50以内	100以内	150以内	200以内	250以内
模板接触面积（$m^2/10m^3$ 混凝土）	内模	11.87	9.94	–	–	8.27	8.10	7.58	6.71	6.41
	外模	17.73	16.61	13.47	34.28	16.01	15.26	14.87	13.34	13.30
	合计	29.60	26.55	13.47	34.28	24.28	23.36	22.45	20.05	19.71

5-2-1 砌石桥台

工作内容 1)砌筑、台帽(拱座)混凝土的全部工序;2)预制、安装混凝土腹拱圈等的全部工序;3)台背排水设施的设置;4)台背填土夯实。

单位:$10m^3$ 实体

顺序号	项目	单位	代号	梁板桥				钢筋混凝土拱桥		石拱桥
				轻型	U形	埋置式 台高(m) 10以内	埋置式 台高(m) 20以内	轻型	其他形式	U形
				1	2	3	4	5	6	7
1	人工	工日	1	29.7	22.7	22.7	22.6	19.6	27.3	21.9
2	C15水泥混凝土	m^3	17	–	–	–	–	–	–	(0.28)
3	C20水泥混凝土	m^3	18	–	–	–	–	–	(0.71)	–
4	C25水泥混凝土	m^3	19	–	–	(3.26)	(2.04)	–	–	–
5	C30水泥混凝土	m^3	20	(0.51)	(0.31)	(0.41)	(0.31)	(0.51)	(0.61)	(0.10)
6	原木	m^3	101	0.016	0.004	0.026	0.017	0.004	0.005	0.005
7	锯材	m^3	102	0.041	0.017	0.042	0.017	0.017	0.120	0.016
8	型钢	t	182	–	–	0.005	0.003	–	0.001	–
9	钢管	t	191	0.006	0.004	0.011	0.007	0.004	0.004	0.004
10	组合钢模板	t	272	0.001	–	0.012	0.007	–	0.002	0.002
11	铁件	kg	651	2.2	1.3	8.0	5.0	1.4	5.1	1.1
12	铁钉	kg	653	0.2	–	0.2	–	–	0.9	–
13	8~12号铁丝	kg	655	2.1	0.6	0.6	0.1	0.6	0.1	0.6
14	铁皮	m^2	666	–	–	–	–	–	1.5	–

续前页　　单位:10m³ 实体

顺序号	项　目	单位	代号	梁板桥				钢筋混凝土拱桥		石拱桥
				轻型	U形	埋置式 台高(m)		轻型	其他形式	U形
						10以内	20以内			
				1	2	3	4	5	6	7
15	32.5级水泥	t	832	0.921	1.290	1.993	1.702	1.006	1.119	1.151
16	水	m^3	866	10	8	9	8	8	9	9
17	中(粗)砂	m^3	899	3.19	3.54	3.92	3.74	2.98	3.18	3.66
18	黏土	m^3	911	–	1.18	0.48	0.31	0.83	–	0.31
19	片石	m^3	931	–	9.21	4.86	6.19	0.25	0.11	8.72
20	碎石(2cm)	m^3	951	–	–	–	–	–	0.33	0.23
21	碎石(4cm)	m^3	952	0.42	0.25	3.05	1.95	0.42	1.14	0.08
22	碎石(8cm)	m^3	954	–	1.28	0.52	0.33	0.90	0.27	0.33
23	块石	m^3	981	9.98	2.10	2.42	2.52	9.98	7.14	2.21
24	粗料石	m^3	984	–	–	–	–	–	1.26	–
25	草皮	m^2	995	–	2.01	0.82	0.52	1.42	–	0.52
26	其他材料费	元	996	10.5	12.1	21.7	14.7	12.2	9.3	5.9
27	2t以内汽车式起重机	台班	1451	–	–	0.10	0.08	–	–	–
28	20t以内汽车式起重机	台班	1453	0.05	0.03	0.04	0.03	0.04	0.05	–
29	30kN以内单筒慢动卷扬机	台班	1499	–	–	–	0.71	–	1.24	–
30	小型机具使用费	元	1998	5.9	8.4	8.0	7.6	7.0	7.8	14.7
31	基价	元	1999	3029	2439	2981	2763	2523	3206	2281

注:除钢筋混凝土拱桥其他形式的桥台外,其他均未包括粗料石镶面,需要时应根据预算定额另行计算。

5-2-2 混凝土桥台

工作内容 1)台身、台帽、翼墙、耳背墙、腹拱圈及填平混凝土的全部工序；2)台背排水设施的设置；3)台背填土夯实。

单位：$10m^3$ 实体

顺序号	项目	单位	代号	梁板桥					
				轻型	U形		柱式		
							非泵送		泵送
					桥台高度(m)				
					10以内	20以内	10以内	20以内	10以内
				1	2	3	4	5	6
1	人工	工日	1	33.7	23.3	23.6	54.6	55.2	48.5
2	C15片石混凝土	m^3	12	-	(10.00)	(10.00)	-	-	-
3	C20水泥混凝土	m^3	18	(9.59)	-	-	-	-	-
4	C25水泥混凝土	m^3	19	-	-	-	(3.88)	(4.39)	(2.14)
5	C30水泥混凝土	m^3	20	(0.61)	(0.20)	(0.20)	(6.32)	(5.81)	-
6	C25泵送混凝土	m^3	47	-	-	-	-	-	(1.77)
7	C30泵送混凝土	m^3	48	-	-	-	-	-	(6.45)
8	原木	m^3	101	0.088	0.022	0.014	0.049	0.047	0.049
9	锯材	m^3	102	0.080	0.053	0.031	0.323	0.298	0.323
10	型钢	t	182	0.015	0.051	0.034	0.044	0.043	0.044
11	钢管	t	191	0.008	0.009	0.006	-	-	-
12	钢模板	t	271	-	-	-	0.005	0.006	0.005
13	组合钢模板	t	272	0.034	0.023	0.015	0.032	0.031	0.032
14	门式钢支架	t	273	-	-	-	0.001	0.001	0.001
15	铁件	kg	651	21.0	46.0	30.0	28.7	27.7	28.7

续前页　　　　单位:10m³ 实体

顺序号	项目	单位	代号	梁板桥					
				轻型	U形		柱式		
							非泵送		泵送
					桥台高度(m)				
					10以内	20以内	10以内	20以内	10以内
				1	2	3	4	5	6
16	铁钉	kg	653	0.2	–	–	0.2	0.2	0.2
17	8~12号铁丝	kg	655	0.3	–	–	–	–	–
18	铁皮	m^2	666	–	–	–	–	–	–
19	32.5级水泥	t	832	3.088	2.226	2.226	3.682	3.661	4.083
20	水	m^3	866	12	12	12	12	12	17
21	中(粗)砂	m^3	899	4.98	4.79	4.79	4.77	4.78	5.66
22	黏土	m^3	911	–	0.88	0.88	–	–	–
23	片石	m^3	931	–	2.41	2.41	–	–	–
24	碎石(4cm)	m^3	952	8.56	0.17	0.17	8.47	8.47	7.77
25	碎石(8cm)	m^3	954	–	8.04	8.04	–	–	–
26	草皮	m^2	995	–	1.49	1.49	–	–	–
27	其他材料费	元	996	64.7	59.8	41.5	67.7	64.0	67.7
28	$60m^3/h$以内混凝土输送泵	台班	1316	–	–	–	–	–	0.09
29	12t以内汽车式起重机	台班	1451	0.28	0.43	–	0.36	0.23	0.31
30	20t以内汽车式起重机	台班	1453	0.05	0.02	0.50	0.59	0.74	0.34
31	30kN以内单筒慢动卷扬机	台班	1499	–	–	–	–	–	–
32	50kN以内单筒慢动卷扬机	台班	1500	–	–	–	–	–	–
33	小型机具使用费	元	1998	9.1	8.9	8.8	9.2	9.2	8.0
34	基价	元	1999	4342	3709	3670	6570	6611	6216

续前页

单位:10m³ 实体

顺序号	项目	单位	代号	梁板桥				钢筋混凝土拱桥	
				柱式	框架式	肋型埋置式		轻型	其他形式
				泵送		桥台高度(m)			
				桥台高度(m)					
				20 以内		10 以内	20 以内		
				7	8	9	10	11	12
1	人工	工日	1	48.7	53.4	69.3	71.2	24.6	17.9
2	C15 片石混凝土	m^3	12	-	-	-	-	-	(0.71)
3	C20 水泥混凝土	m^3	18	-	-	-	-	(9.28)	(8.78)
4	C25 水泥混凝土	m^3	19	(2.14)	(7.04)	(7.85)	(8.67)	-	-
5	C30 水泥混凝土	m^3	20	-	(3.16)	(2.35)	(1.53)	(0.92)	(0.71)
6	C25 泵送混凝土	m^3	47	(2.29)	-	-	-	-	-
7	C30 泵送混凝土	m^3	48	(5.93)	-	-	-	-	-
8	原木	m^3	101	0.047	0.037	0.073	0.073	0.086	0.014
9	锯材	m^3	102	0.298	0.244	0.172	0.119	0.079	0.046
10	型钢	t	182	0.043	0.026	0.020	0.017	0.015	0.029
11	钢管	t	191	-	0.017	0.015	0.015	0.007	0.007
12	钢模板	t	271	0.006	-	-	-	-	-
13	组合钢模板	t	272	0.031	0.033	0.040	0.039	0.033	0.014
14	门式钢支架	t	273	0.001	-	-	-	-	-
15	铁件	kg	651	27.7	24.2	24.8	23.5	21.8	27.6
16	铁钉	kg	653	0.2	0.4	0.4	0.2	0.2	0.2
17	8~12 号铁丝	kg	655	-	0.4	0.3	0.2	0.3	-

续前页

单位:10m³ 实体

顺序号	项目	单位	代号	梁板桥 柱式 泵送 桥台高度(m) 20以内	梁板桥 框架式	梁板桥 肋型埋置式 桥台高度(m) 10以内	梁板桥 肋型埋置式 桥台高度(m) 20以内	钢筋混凝土拱桥 轻型	钢筋混凝土拱桥 其他形式
				7	8	9	10	11	12
18	铁皮	m^2	666	–	–	–	–	–	0.3
19	32.5级水泥	t	832	4.059	3.550	3.515	3.481	3.112	2.913
20	水	m^3	866	17	12	12	12	12	12
21	中(粗)砂	m^3	899	5.67	4.83	4.85	4.87	4.97	5.37
22	黏土	m^3	911	–	–	–	–	–	–
23	片石	m^3	931	–	–	–	–	–	0.15
24	碎石(4cm)	m^3	952	7.77	8.47	8.47	8.47	8.56	1.36
25	碎石(8cm)	m^3	954	–	–	–	–	–	7.34
26	草皮	m^2	995	–	–	–	–	–	–
27	其他材料费	元	996	64.0	85.4	60.3	56.0	64.6	38.4
28	$60m^3/h$以内混凝土输送泵	台班	1316	0.09	–	–	–	–	–
29	12t以内汽车式起重机	台班	451	0.23	0.29	0.39	0.48	0.27	0.30
30	20t以内汽车式起重机	台班	1453	0.42	0.29	0.22	0.14	0.08	0.06
31	30kN以内单筒慢动卷扬机	台班	1499	–	–	–	–	–	0.09
32	50kN以内单筒慢动卷扬机	台班	1500	–	–	–	–	–	0.11
33	小型机具使用费	元	1998	7.9	9.2	9.5	9.7	9.1	9.4
34	基价	元	1999	6199	5990	6687	6650	3914	3356

5-2-3　桥台锥形护坡

工作内容　1)河底铺砌,基础护坡、锥坡砌体的砌筑;2)锥坡、护坡内填土及夯实。

I. 柱式桥台、埋置式桥台锥形护坡

单位:1 座桥台

顺序号	项　目	单位	代号	锥坡高度(m)					
				3 以内		4 以内		5 以内	
				台宽 8.5m	每增减 1m	台宽 8.5m	每增减 1m	台宽 8.5m	每增减 1m
				1	2	3	4	5	6
1	人工	工日	1	54.4	2.7	92.2	4.3	146.0	6.3
2	32.5 级水泥	t	832	3.527	0.172	4.792	0.206	6.210	0.240
3	水	m^3	866	33	2	52	2	75	3
4	中(粗)砂	m^3	899	15.36	0.75	21.25	0.92	27.92	1.09
5	片石	m^3	931	44.74	2.19	61.30	2.65	79.93	3.11
6	其他材料费	元	996	4.7	0.2	6.4	0.3	8.3	0.3
7	小型机具使用费	元	1998	28.7	1.4	39.6	1.7	51.8	2.0
8	基价	元	1999	6298	310	9501	426	13661	562

续前页

单位:1座桥台

顺序号	项目	单位	代号	锥坡高度(m)					
				6以内		7以内		8以内	
				台宽8.5m	每增减1m	台宽8.5m	每增减1m	台宽8.5m	每增减1m
				7	8	9	10	11	12
1	人工	工日	1	211.9	8.1	303.7	11.0	418.6	14.5
2	32.5级水泥	t	832	7.715	0.266	9.457	0.300	11.363	0.334
3	水	m^3	866	99	4	128	4	161	5
4	中(粗)砂	m^3	899	35.00	1.22	43.26	1.38	52.33	1.55
5	片石	m^3	931	99.71	3.45	122.71	3.91	147.89	4.37
6	其他材料费	元	996	10.4	0.4	12.8	0.4	15.4	0.5
7	小型机具使用费	元	1998	64.9	2.3	80.1	2.6	96.7	2.9
8	基价	元	1999	18509	679	24893	858	32592	1068

续前页　　　　单位:1 座桥台

顺序号	项目	单位	代号	锥坡高度（m）					
				10 以内		12 以内		14 以内	
				台宽 8.5m	每增减 1m	台宽 8.5m	每增减 1m	台宽 8.5m	每增减 1m
				13	14	15	16	17	18
1	人工	工日	1	708.8	20.8	1135.1	30.7	1702.3	42.9
2	32.5 级水泥	t	832	15.470	0.394	20.381	0.462	25.922	0.539
3	水	m^3	866	233	6	322	8	424	9
4	中(粗)砂	m^3	899	71.96	1.85	95.55	2.19	122.28	2.57
5	片石	m^3	931	202.29	5.18	267.49	6.10	341.21	7.13
6	其他材料费	元	996	21.1	0.5	27.9	0.6	35.6	0.7
7	小型机具使用费	元	1998	132.8	3.4	176.1	4.0	225.1	4.7
8	基价	元	1999	51289	1443	77562	2006	111459	2690

II. U形桥台锥形护坡

单位:1座桥台

顺序号	项目	单位	代号	锥坡高度(m)				
				3以内	4以内	5以内	6以内	7以内
				19	20	21	22	23
1	人工	工日	1	28.5	53.6	90.2	141.0	208.2
2	32.5级水泥	t	832	1.534	2.390	3.398	4.568	5.902
3	水	m^3	866	17	30	45	65	87
4	中(粗)砂	m^3	899	6.84	10.79	15.51	21.04	27.36
5	片石	m^3	931	19.67	30.82	44.05	59.46	77.05
6	其他材料费	元	996	2.1	3.2	4.6	6.2	8.0
7	小型机具使用费	元	1998	12.7	20.0	28.7	38.9	50.5
8	基价	元	1999	2996	5135	8009	11761	16495

续前页

单位:1 座桥台

顺序号	项目	单位	代号	锥坡高度（m）				
				8 以内	10 以内	12 以内	14 以内	16 以内
				24	25	26	27	28
1	人工	工日	1	294.1	532.2	874.4	1340.2	1949.1
2	32.5 级水泥	t	832	7.379	10.821	14.884	19.589	24.915
3	水	m^3	866	113	174	249	337	439
4	中(粗)砂	m^3	899	34.41	50.91	70.50	93.27	119.12
5	片石	m^3	931	96.60	142.26	196.31	258.98	330.05
6	其他材料费	元	996	10.1	14.8	20.5	27.0	34.4
7	小型机具使用费	元	1998	63.5	93.8	129.7	171.5	218.8
8	基价	元	1999	22310	37734	58963	86975	122710

5-2-4 砌石桥墩

工作内容 砌筑墩身，浇筑混凝土墩帽、拱座的全部工序。

单位：10m³ 实体

顺序号	项目	单位	代号	梁板桥		钢筋混凝土拱桥	石拱桥
				轻型	重力式		
				1	2	3	4
1	人工	工日	1	19.9	20.6	19.9	15.0
2	C30 水泥混凝土	m³	20	(0.71)	(0.51)	–	–
3	原木	m³	101	0.016	0.011	0.012	0.006
4	锯材	m³	102	0.041	0.011	0.014	0.013
5	型钢	t	182	0.001	–	–	–
6	钢管	t	191	0.006	0.010	0.002	0.007
7	组合钢模板	t	272	0.002	0.001	–	–
8	铁件	kg	651	3.1	2.2	–	–
9	铁钉	kg	653	0.2	–	0.1	0.1
10	8~12 号铁丝	kg	655	2.0	0.3	1.2	0.5
11	32.5 级水泥	t	832	0.967	0.976	0.925	0.745
12	水	m³	866	10	8	13	7
13	中(粗)砂	m³	899	3.16	3.43	3.76	3.48
14	片石	m³	931	–	4.37	8.86	6.33
15	碎石(4cm)	m³	952	0.59	0.42	–	–
16	块石	m³	981	9.77	5.99	2.42	4.73
17	其他材料费	元	996	8.1	13.8	5.1	4.7

续前页　　　　　　　　　　　　　　　　　　　　　　　　　　　　　　　单位:$10m^3$ 实体

顺序号	项　目	单位	代号	梁　板　桥		钢筋混凝土拱桥	石拱桥
				轻　型	重　力　式		
				1	2	3	4
18	20t 以内汽车式起重机	台班	1453	0.06	0.05	–	–
19	30kN 以内单筒慢动卷扬机	台班	1499	–	1.02	0.23	0.42
20	小型机具使用费	元	1998	6.0	6.5	7.0	6.4
21	基价	元	1999	2572	2478	2098	1921

注:本定额未包括粗料石镶面,需要时应根据预算定额另行计算。

5－2－5　混凝土桥墩

工作内容　1)提升架的拼装、拆除；2)墩身、墩帽、支座垫石混凝土及片石混凝土的全部工序。

I. 梁板桥桥墩

单位：10m³ 实体

顺序号	项　目	单位	代号	轻型	实体式				挑臂式	
					混凝土		片石混凝土		片石混凝土	
					墩高（m）					
					10 以内	20 以内	10 以内	20 以内	10 以内	20 以内
				1	2	3	4	5	6	7
1	人工	工日	1	21.3	16.1	15.9	15.4	15.3	16.9	15.8
2	C15 片石混凝土	m^3	12	–	–	–	(9.38)	(9.89)	(7.75)	(9.33)
3	C25 水泥混凝土	m^3	19	(9.59)	(8.52)	(9.18)	–	–	–	–
4	C30 水泥混凝土	m^3	20	(0.61)	(1.68)	(1.02)	(0.82)	(0.31)	(2.45)	(0.87)
5	C30 泵送混凝土	m^3	48	–	–	–	–	–	–	–
6	原木	m^3	101	0.116	0.023	0.016	0.023	0.014	0.027	0.016
7	锯材	m^3	102	0.126	0.053	0.033	0.053	0.032	0.162	0.072
8	型钢	t	182	0.020	0.047	0.033	0.049	0.034	0.050	0.035
9	钢管	t	191	0.016	0.008	0.005	0.008	0.006	0.007	0.005
10	钢丝绳	t	221	–	–	–	–	–	–	–
11	钢模板	t	271	–	–	–	–	–	–	–
12	组合钢模板	t	272	0.044	0.024	0.016	0.023	0.015	0.024	0.016
13	门式钢支架	t	273	–	–	–	–	–	–	–
14	铁件	kg	651	27.1	45.8	31.2	45.9	30.2	41.2	29.4
15	铁钉	kg	653	0.5	–	–	–	–	0.1	0.1

续前页　　单位:$10m^3$ 实体

顺序号	项目	单位	代号	轻型	实体式				挑臂式	
					混凝土		片石混凝土		片石混凝土	
					墩高 (m)					
					10以内	20以内	10以内	20以内	10以内	20以内
				1	2	3	4	5	6	7
16	8~12号铁丝	kg	655	0.6	–	–	–	–	–	–
17	32.5级水泥	t	832	3.443	3.488	3.460	2.325	2.243	2.589	2.333
18	水	m^3	866	12	12	12	12	12	12	12
19	中(粗)砂	m^3	899	4.89	4.86	4.87	4.78	4.79	4.77	4.78
20	片石	m^3	931	–	0.00	0.00	2.01	2.12	1.66	2.00
21	碎石(4cm)	m^3	952	8.47	8.47	8.47	0.68	0.25	2.03	0.72
22	碎石(8cm)	m^3	954	–	0.00	0.00	6.66	7.02	5.50	6.62
23	其他材料费	元	996	93.2	59.7	42.9	59.8	41.6	62.8	43.3
24	设备摊销费	元	997	–	–	–	–	–	–	–
25	$60m^3/h$ 以内混凝土输送泵	台班	1316	–	–	–	–	–	–	–
26	12t以内汽车式起重机	台班	1451	0.28	0.37	–	0.41	–	0.34	–
27	20t以内汽车式起重机	台班	1453	0.05	0.15	0.54	0.07	0.51	0.23	0.53
28	30kN以内单筒慢动卷扬机	台班	1499	–	–	–	–	–	–	–
29	50kN以内单筒慢动卷扬机	台班	1500	–	–	–	–	–	–	–
30	ϕ150mm电动多级水泵(≤180m)	台班	1665	–	–	–	–	–	–	–
31	ϕ150mm电动多级水泵(>180m)	台班	1666	–	–	–	–	–	–	–
32	32kV·A以内交流电弧焊机	台班	1726	–	–	–	–	–	–	–
33	小型机具使用费	元	1998	9.5	8.0	7.8	7.9	7.8	8.1	7.8
34	基价	元	1999	4109	3812	3710	3314	3213	3733	3348

续前页　　单位：10m³ 实体

顺序号	项目	单位	代号	薄壁墩					
				非泵送			泵送		
				墩高（m）					
				10 以内	20 以内	40 以内	10 以内	20 以内	40 以内
				8	9	10	11	12	13
1	人工	工日	1	18.7	18.9	25.8	12.0	10.8	11.3
2	C15 片石混凝土	m^3	12	–	–	–	–	–	–
3	C25 水泥混凝土	m^3	19	–	–	–	–	–	–
4	C30 水泥混凝土	m^3	20	(10.20)	(10.20)	(10.20)	–	–	–
5	C30 泵送混凝土	m^3	48	–	–	–	(10.40)	(10.40)	(10.40)
6	原木	m^3	101	0.032	0.032	0.032	0.032	0.032	0.032
7	锯材	m^3	102	0.031	0.029	0.030	0.031	0.029	0.030
8	型钢	t	182	0.013	0.012	0.011	0.013	0.012	0.011
9	钢管	t	191	0.003	0.013	–	0.003	0.013	–
10	钢丝绳	t	221	–	–	–	–	–	–
11	钢模板	t	271	–	–	–	–	–	–
12	组合钢模板	t	272	0.024	0.024	0.023	0.024	0.024	0.023
13	门式钢支架	t	273	–	–	–	–	–	–
14	铁件	kg	651	20.7	18.3	16.0	20.7	18.3	16.1
15	铁钉	kg	653	0.1	0.1	–	0.1	0.1	–
16	8~12 号铁丝	kg	655	0.1	0.1	–	0.1	0.1	–
17	32.5 级水泥	t	832	3.845	3.845	3.845	4.368	4.368	4.368
18	水	m^3	866	12	12	12	18	18	18

续前页　　　　单位:10m³ 实体

顺序号	项目	单位	代号	薄壁墩					
				非泵送			泵送		
				墩高(m)					
				10以内	20以内	40以内	10以内	20以内	40以内
				8	9	10	11	12	13
19	中(粗)砂	m^3	899	4.69	4.69	4.69	5.82	5.82	5.82
20	片石	m^3	931	–	–	–	–	–	–
21	碎石(4cm)	m^3	952	8.47	8.47	8.47	7.59	7.59	7.59
22	碎石(8cm)	m^3	954	–	–	–	–	–	–
23	其他材料费	元	996	28.1	23.0	21.5	28.1	23.0	21.5
24	设备摊销费	元	997	–	–	50.4	–	–	50.4
25	60m³/h以内混凝土输送泵	台班	1316	–	–	–	0.09	0.10	0.13
26	12t以内汽车式起重机	台班	1451	0.38	–	0.11	0.18	–	0.11
27	20t以内汽车式起重机	台班	1453	0.30	0.67	0.14	0.17	0.28	0.08
28	30kN以内单筒慢动卷扬机	台班	1499	–	–	–	–	–	–
29	50kN以内单筒慢动卷扬机	台班	1500	–	–	1.08	–	–	–
30	ϕ150mm电动多级水泵(≤180m)	台班	1665	–	–	–	–	–	–
31	ϕ150mm电动多级水泵(>180m)	台班	1666	–	–	–	–	–	–
32	32kV·A以内交流电弧焊机	台班	1726	–	–	–	–	–	–
33	小型机具使用费	元	1998	8.4	8.3	37.5	7.1	6.8	33.0
34	基价	元	1999	3894	4057	4013	3575	3549	3458

续前页 单位:10m^3 实体

顺序号	项目	单位	代号	Y形墩				圆柱墩			
				非泵送		泵送		非泵送		泵送	
				墩高(m)							
				10以内	20以内	10以内	20以内	10以内	20以内	10以内	20以内
				14	15	16	17	18	19	20	21
1	人工	工日	1	14.9	15.4	8.7	8.5	22.1	23.9	14.8	15.4
2	C15片石混凝土	m^3	12	–	–	–	–	–	–	–	–
3	C25水泥混凝土	m^3	19	–	–	–	–	–	–	–	–
4	C30水泥混凝土	m^3	20	(10.20)	(10.20)	–	–	(10.20)	(10.20)	–	–
5	C30泵送混凝土	m^3	48	–	–	(10.40)	(10.40)	–	–	(10.40)	(10.40)
6	原木	m^3	101	0.020	0.015	0.020	0.015	0.020	0.013	0.020	0.013
7	锯材	m^3	102	0.066	0.040	0.066	0.040	0.258	0.177	0.258	0.177
8	型钢	t	182	0.013	0.018	0.013	0.018	0.062	0.062	0.062	0.062
9	钢管	t	191	0.007	0.007	0.007	0.007	0.002	0.001	0.002	0.001
10	钢丝绳	t	221	–	–	–	–	0.001	0.001	0.001	0.001
11	钢模板	t	271	–	–	–	–	0.016	0.019	0.016	0.019
12	组合钢模板	t	272	0.015	0.013	0.015	0.013	0.013	0.008	0.013	0.008
13	门式钢支架	t	273	–	–	–	–	0.004	0.003	0.004	0.003
14	铁件	kg	651	10.5	15.6	10.5	15.6	25.6	22.5	25.6	22.5
15	铁钉	kg	653	0.1	–	0.1	–	0.1	–	0.1	–
16	8~12号铁丝	kg	655	–	–	–	–	–	–	–	–
17	32.5级水泥	t	832	3.845	3.845	4.367	4.367	3.845	3.845	4.365	4.366
18	水	m^3	866	12	12	18	18	12	12	18	18

续前页　　　　单位:10m³ 实体

顺序号	项目	单位	代号	Y形墩				圆柱墩			
				非泵送		泵送		非泵送		泵送	
				墩高（m）							
				10以内	20以内	10以内	20以内	10以内	20以内	10以内	20以内
				14	15	16	17	18	19	20	21
19	中(粗)砂	m^3	899	4.69	4.69	5.82	5.82	4.69	4.69	5.81	5.82
20	片石	m^3	931	–	–	–	–	–	–	–	–
21	碎石(4cm)	m^3	952	8.47	8.47	7.59	7.59	8.47	8.47	7.60	7.59
22	碎石(8cm)	m^3	954	–	–	–	–	–	–	–	–
23	其他材料费	元	996	27.1	27.0	27.1	27.0	48.1	36.4	48.1	36.4
24	设备摊销费	元	997	–	–	–	–	–	–	–	–
25	$60m^3/h$ 以内混凝土输送泵	台班	1316	–	–	0.09	0.09	–	–	0.10	0.11
26	12t以内汽车式起重机	台班	1451	0.38	–	0.11	0.03	0.39	–	0.23	–
27	20t以内汽车式起重机	台班	1453	0.09	0.49	0.06	0.10	0.46	0.91	0.27	0.50
28	30kN以内单筒慢动卷扬机	台班	1499	–	–	–	–	–	–	–	–
29	50kN以内单筒慢动卷扬机	台班	1500	–	–	–	–	–	–	–	–
30	ϕ150mm电动多级水泵(≤180m)	台班	1665	–	–	–	–	–	–	–	–
31	ϕ150mm电动多级水泵(>180m)	台班	1666	–	–	–	–	–	–	–	–
32	32kV·A以内交流电弧焊机	台班	1726	–	–	–	–	–	–	–	–
33	小型机具使用费	元	1998	7.8	8.0	6.6	6.3	7.8	7.8	6.4	6.1
34	基价	元	1999	3445	3608	3206	3169	4803	4923	4430	4384

续前页 单位:10m³ 实体

顺序号	项目	单位	代号	方柱墩					
				非泵送			泵送		
				墩高(m)					
				10以内	20以内	40以内	10以内	20以内	40以内
				22	23	24	25	26	27
1	人工	工日	1	21.1	22.3	36.2	13.8	13.9	21.0
2	C15片石混凝土	m^3	12	–	–	–	–	–	–
3	C25水泥混凝土	m^3	19	–	–	–	–	–	–
4	C30水泥混凝土	m^3	20	(10.20)	(10.20)	(10.20)	–	–	–
5	C30泵送混凝土	m^3	48	–	–	–	(10.40)	(10.40)	(10.40)
6	原木	m^3	101	0.048	0.047	0.044	0.048	0.047	0.044
7	锯材	m^3	102	0.301	0.250	0.168	0.301	0.250	0.168
8	型钢	t	182	0.040	0.038	0.018	0.040	0.038	0.018
9	钢管	t	191	–	–	–	–	–	–
10	钢丝绳	t	221	–	–	0.002	–	–	0.002
11	钢模板	t	271	–	–	–	–	–	–
12	组合钢模板	t	272	0.027	0.027	0.024	0.027	0.027	0.024
13	门式钢支架	t	273	0.001	0.001	0.002	0.001	0.001	0.002
14	铁件	kg	651	29.7	28.7	18.6	29.7	28.7	18.6
15	铁钉	kg	653	0.2	0.1	0.2	0.2	0.1	0.2
16	8~12号铁丝	kg	655	–	–	–	–	–	–
17	32.5级水泥	t	832	3.845	3.845	3.845	4.364	4.364	4.366
18	水	m^3	866	12	12	12	18	18	18

续前页

单位:10m³ 实体

顺序号	项目	单位	代号	方柱墩					
				非泵送			泵送		
				墩高（m）					
				10 以内	20 以内	40 以内	10 以内	20 以内	40 以内
				22	23	24	25	26	27
19	中(粗)砂	m^3	899	4.69	4.69	4.69	5.81	5.81	5.82
20	片石	m^3	931	–	–	–	–	–	–
21	碎石(4cm)	m^3	952	8.47	8.47	8.47	7.60	7.60	7.59
22	碎石(8cm)	m^3	954	–	–	–	–	–	–
23	其他材料费	元	996	100.7	97.6	94.2	100.7	97.6	94.2
24	设备摊销费	元	997	–	–	243.0	–	–	189.0
25	$60m^3/h$ 以内混凝土输送泵	台班	1316	–	–	–	0.10	0.11	0.14
26	12t 以内汽车式起重机	台班	1451	0.27	–	0.25	0.09	–	0.25
27	20t 以内汽车式起重机	台班	1453	0.55	0.84	0.20	0.32	0.44	0.12
28	30kN 以内单筒慢动卷扬机	台班	1499	–	–	0.10	–	–	0.10
29	50kN 以内单筒慢动卷扬机	台班	1500	–	–	0.99	–	–	–
30	ϕ150mm 电动多级水泵(≤180m)	台班	1665	–	–	–	–	–	–
31	ϕ150mm 电动多级水泵(>180m)	台班	1666	–	–	–	–	–	–
32	32kV·A 以内交流电弧焊机	台班	1726	–	–	0.01	–	–	0.01
33	小型机具使用费	元	1998	8.7	8.8	66.5	7.2	7.2	62.3
34	基价	元	1999	4796	4883	5247	4366	4359	4602

续前页

单位：$10m^3$ 实体

顺序号	项目	单位	代号	空心墩							
				配连续刚构上部构造		配其他上部构造					
				泵送		非泵送	泵送				
				墩高（m）							
				40 以内	70 以内	20 以内	20 以内	40 以内	70 以内	100 以内	100 以上
				28	29	30	31	32	33	34	35
1	人工	工日	1	18.2	19.1	24.5	15.1	19.3	20.0	20.0	20.4
2	C15 片石混凝土	m^3	12	–	–	–	–	–	–	–	–
3	C25 水泥混凝土	m^3	19	–	–	–	–	–	–	–	–
4	C30 水泥混凝土	m^3	20	–	–	(10.20)	–	–	–	–	–
5	C30 泵送混凝土	m^3	48	(10.40)	(10.40)	–	(10.40)	(10.40)	(10.40)	(10.40)	(10.40)
6	原木	m^3	101	0.021	0.018	0.030	0.030	0.025	0.020	0.019	0.016
7	锯材	m^3	102	0.025	0.017	0.214	0.214	0.125	0.062	0.040	0.015
8	型钢	t	182	0.019	0.017	0.038	0.038	0.024	0.019	0.017	0.014
9	钢管	t	191	–	–	–	–	–	–	–	–
10	钢丝绳	t	221	–	–	–	–	–	–	–	–
11	钢模板	t	271	–	–	–	–	–	–	–	–
12	组合钢模板	t	272	0.031	0.028	0.030	0.030	0.030	0.028	0.027	0.024
13	门式钢支架	t	273	0.001	0.001	–	–	–	–	–	–
14	铁件	kg	651	15.0	13.0	26.2	26.2	17.5	14.3	13.1	11.0
15	铁钉	kg	653	–	–	0.1	0.1	0.1	–	–	–
16	8~12 号铁丝	kg	655	–	–	–	–	–	–	–	–
17	32.5 级水泥	t	832	4.368	4.368	3.845	4.365	4.366	4.367	4.367	4.367

单位:10m³ 实体

顺序号	项目	单位	代号	空心墩							
				配连续刚构上部构造		配其他上部构造					
				泵送		非泵送	泵送				
				墩高 (m)							
				40 以内	70 以内	20 以内	20 以内	40 以内	70 以内	100 以内	100 以上
				28	29	30	31	32	33	34	35
18	水	m^3	866	18	18	12	18	18	18	18	18
19	中(粗)砂	m^3	899	5.82	5.82	4.69	5.81	5.82	5.82	5.82	5.82
20	片石	m^3	931	–	–	–	–	–	–	–	–
21	碎石(4cm)	m^3	952	7.59	7.59	8.47	7.59	7.59	7.59	7.59	7.59
22	碎石(8cm)	m^3	954	–	–	–	–	–	–	–	–
23	其他材料费	元	996	48.1	41.7	64.4	64.4	58.5	50.2	46.6	40.3
24	设备摊销费	元	997	45.0	45.0	–	–	63.0	72.0	77.2	64.1
25	$60m^3/h$ 以内混凝土输送泵	台班	1316	0.11	0.15	–	0.10	0.11	0.15	0.17	0.19
26	12t 以内汽车式起重机	台班	1451	0.13	0.09	–	–	0.12	0.08	0.07	0.04
27	20t 以内汽车式起重机	台班	1453	–	–	0.93	0.48	0.11	0.05	0.03	–
28	30kN 以内单筒慢动卷扬机	台班	1499	–	–	–	–	–	–	–	–
29	50kN 以内单筒慢动卷扬机	台班	1500	–	–	–	–	–	–	–	–
30	ϕ150mm 电动多级水泵(≤180m)	台班	1665	0.72	0.59	–	–	0.58	0.53	–	–
31	ϕ150mm 电动多级水泵(>180m)	台班	1666	–	–	–	–	–	–	0.54	0.74
32	32kV·A 以内交流电弧焊机	台班	1726	–	–	–	–	–	–	–	–
33	小型机具使用费	元	1998	72.1	80.5	9.2	7.5	59.7	74.1	79.7	91.3
34	基价	元	1999	4088	4055	4986	4349	4373	4222	4217	4212

II. 钢筋混凝土拱桥桥墩　　单位:$10m^3$ 实体

顺序号	项目	单位	代号	实体式	柱式
				36	37
1	人工	工日	1	14.2	22.9
2	C30 水泥混凝土	m^3	20	(10.20)	(10.20)
3	原木	m^3	101	0.012	0.032
4	锯材	m^3	102	0.047	0.391
5	型钢	t	182	0.022	0.053
6	钢管	t	191	0.011	–
7	钢模板	t	271	–	0.008
8	组合钢模板	t	272	0.012	0.020
9	门式钢支架	t	273	–	0.002
10	铁件	kg	651	23.2	26.1
11	铁钉	kg	653	0.2	0.2
12	8~12 号铁丝	kg	655	0.2	–
13	32.5 级水泥	t	832	3.845	3.845
14	水	m^3	866	12	12

续前页　　　　　　　　　　　　　　　　　　　　　　　　　　单位:10m³ 实体

顺序号	项目	单位	代号	实体式	柱式
				36	37
15	中(粗)砂	m^3	899	4.69	4.69
16	片石	m^3	931	0.00	-
17	碎石(4cm)	m^3	952	8.47	8.47
18	碎石(8cm)	m^3	954	0.00	-
19	其他材料费	元	996	31.6	69.4
20	12t 以内汽车式起重机	台班	1451	0.26	0.19
21	20t 以内汽车式起重机	台班	1453	0.14	0.71
22	小型机具使用费	元	1998	7.6	8.4
23	基价	元	1999	3445	5113

5-2-6 索 塔

工作内容 1)提升架的拼装、拆除;2)劲性骨架的全部工序;3)混凝土的全部工序;4)索塔爬梯、避雷针的设置;5)钢索吊桥索鞍、斜拉桥索塔的锚固套筒或钢锚箱安装的全部工序。

I. 现浇索塔混凝土

单位:$10m^3$ 实体

顺序号	项目	单位	代号	高度(m)				
				50以内	100以内	150以内	200以内	250以内
				1	2	3	4	5
1	人工	工日	1	32.5	32.8	31.4	33.7	37.8
2	C50泵送混凝土	m^3	52	(10.40)	(10.40)	(10.40)	(10.40)	(10.40)
3	原木	m^3	101	0.024	0.058	0.057	0.051	0.051
4	锯材	m^3	102	0.162	0.171	0.124	0.113	0.103
5	光圆钢筋	t	111	0.003	0.003	0.002	0.002	0.002
6	带肋钢筋	t	112	0.091	0.076	0.046	0.046	0.046
7	型钢	t	182	0.017	0.028	0.147	0.169	0.190
8	钢板	t	183	0.129	0.121	0.197	0.218	0.238
9	钢丝绳	t	221	0.003	0.002	0.001	0.001	0.001
10	电焊条	kg	231	4.0	3.7	5.6	6.1	6.7
11	钢模板	t	271	0.039	0.036	0.034	0.032	0.030
12	铁件	kg	651	10.8	20.3	22.9	21.7	22.4

续前页　　单位:10m³ 实体

顺序号	项　目	单位	代号	高　度　(m)				
				50 以内	100 以内	150 以内	200 以内	250 以内
				1	2	3	4	5
13	铁钉	kg	653	0.5	0.5	0.3	0.3	0.3
14	42.5 级水泥	t	833	5.252	5.252	5.252	5.252	5.252
15	水	m^3	866	18	18	18	18	18
16	中(粗)砂	m^3	899	5.72	5.72	5.72	5.72	5.72
17	碎石(4cm)	m^3	952	6.97	6.97	6.97	6.97	6.97
18	其他材料费	元	996	62.8	74.3	81.6	78.8	79.7
19	设备摊销费	元	997	216.0	360.0	252.0	243.0	252.0
20	$60m^3/h$ 以内混凝土输送泵	台班	1316	0.15	0.19	0.25	0.33	0.43
21	12t 以内汽车式起重机	台班	1451	0.49	0.41	0.28	0.29	0.30
22	30kN 以内单筒慢动卷扬机	台班	1499	1.84	2.03	0.03	0.02	0.02
23	50kN 以内单筒慢动卷扬机	台班	1500	–	–	2.21	2.83	3.50
24	ϕ150mm 电动多级水泵(≤180m)	台班	1665	0.63	–	–	–	–
25	ϕ150mm 电动多级水泵(>180m)	台班	1666	0.12	0.83	0.94	0.97	1.01
26	32kV·A 以内交流电弧焊机	台班	1726	0.45	0.41	0.58	0.64	0.69
27	小型机具使用费	元	1998	89.2	89.9	94.6	115.9	130.1
28	基价	元	1999	7067	7340	7872	8309	8888

II. 附属构件安装

单位:1t 构件及 1 处

顺序号	项　目	单位	代号	锚固套筒	钢锚箱	索鞍	铁梯	避雷针
				1t				1 处
				6	7	8	9	10
1	人工	工日	1	74.4	24.5	33.7	7.2	15.8
2	带肋钢筋	t	112	0.198	–	–	0.504	0.048
3	型钢	t	182	–	0.011	–	0.539	0.006
4	钢板	t	183	2.402	–	–	–	0.002
5	圆钢	t	184	–	–	–	–	0.019
6	钢管	t	191	1.000	0.100	–	–	0.012
7	电焊条	kg	231	27.1	1.1	1.3	12.5	–
8	索鞍构件	t	291	–	–	1.000	–	–
9	钢锚箱	t	305	–	1.000	–	–	–
10	铁件	kg	651	–	–	16.6	–	3.0
11	其他材料费	元	996	24.1	1.2	117.2	88.6	6.0
12	30kN 以内单筒慢动卷扬机	台班	1499	–	–	1.26	–	–
13	80kN 以内单筒慢动卷扬机	台班	1501	9.18	2.30	–	–	–
14	32kV·A 以内交流电弧焊机	台班	1726	7.34	1.72	0.20	0.64	–
15	小型机具使用费	元	1998	58.6	41.2	–	–	–
16	基价	元	1999	22878	11951	26985	4279	1119

注:本定额中的索鞍安装仅适用于山区钢索吊桥。

第三节　上部构造

说　　明

1. 现浇钢筋混凝土梁、板桥，现浇钢筋混凝土拱桥和石拱桥上部构造定额中，均未包括拱盔、支架及钢拱架，使用定额时应按有关定额另行计算。但移动模架浇筑箱梁定额中已包括移动模架，悬浇箱梁定额中已包括悬浇挂篮，使用定额时不得另行计算。

2. 预制安装钢筋混凝土梁、板桥等上部构造定额中综合了吊装所需设备、预制场内龙门架、预制构件底座、构件出坑及运输，使用定额时不得另行计算。

3. 钢桁架桥按拖拉架设法施工编制，定额中综合了施工用的导梁、上下滑道、连接及加固件等，定额中还包括了桥面铺装、人行道、连接及加固杆件、金属栏杆等，使用定额时不得另行计算。

4. 钢索吊桥定额中综合了主索、套筒及拉杆、悬吊系统、抗风缆、金属支座及栏杆、人行道、桥面铺装等，使用定额时不得另行计算。但定额中未包括主索锚洞的开挖、衬砌以及护索罩、检查井等，应根据设计图纸按有关项目另行计算。

5. 除钢桁架桥、钢索吊桥外，其他结构形式桥梁的人行道、安全带和桥面铺装均应单列项目计算。

6. 连续刚构、T 形刚构、连续梁、混凝土斜拉桥上部构造定额中综合了 0 号块的托架，使用定额时不得另行计算。但未包括边跨合龙段支架，使用定额时应另行计算。

7. 梁、板、拱桥人行道及安全带定额中已综合人行道梁（无人行道时按第一层帽石）、人行道板、缘石、栏杆柱、扶手、桥头搭板、安全带以及砂浆抹面和安装时的砂浆填塞等全部工程量，还包括混凝土的拌和费用，使用定额时不得另行计算。

8. 桥面铺装定额中橡胶沥青混凝土仅适用于钢桥桥面铺装。

9. 主索鞍定额已综合塔顶门架和鞍罩，但未包括鞍罩内防腐及抽湿系统，需要时应根据设计要求另行计算。牵引系统定额中已综合塔顶平台，主缆定额中已综合了缆套和检修道，使用定额时均不得另行计算。悬索桥的主缆、吊索、索夹定额中均未包括涂装防护费用，使用定额时应另行计算。

10. 钢箱梁定额中未包括0号块托架、边跨支架、临时墩等，使用定额时应根据设计需要另行计算。自锚式悬索桥顶推钢梁定额中综合了滑道、导梁等，使用定额时不得另行计算。

11. 钢管拱定额是按缆索吊装工艺编制的，定额中未包括缆索吊装的塔架、索道、扣塔、扣索、索道运输、地锚等，使用定额时以上项目应按预算定额中的有关定额另行计算。

12. 本节定额中均综合了桥面泄水管，使用定额时不得另行计算。

13. 现浇钢筋混凝土板桥、预制安装矩形板、连续板、混凝土拱桥、石拱桥定额中均综合了支座和伸缩缝，使用定额时均不得另行计算。而其余上部构造定额项目中则未包括支座和伸缩缝，使用定额时应根据设计需要另行计算。模数式伸缩缝定额中综合了预留槽钢纤维混凝土和钢筋，使用定额时不得另行计算。

14. 拱盔、支架定额除钢支架是按有效宽度12m编制外，其他均是按有效宽度8.5m编制的，若宽度不同时，可按比例进行换算。支架定额均未综合支架基础处理，使用定额时应根据需要另行计算。

15. 钢管支架指采用直径大于30cm的钢管作为立柱，在立柱上采用金属构件搭设水平支撑平台的支架，其中下部指立柱顶面以下部分，上部指立柱顶面以上部分。

16. 上部构造定额中均未包括施工电梯、施工塔式起重机的安拆及使用费用，使用定额时应根据施工组织设计确定的施工工期并结合下部构造中桥墩、索塔的施工统筹考虑计算。

17. 本节定额中均未考虑施工期间航道的维护费用，需要时应根据实际情况另列项目计算。

18. 工程量计算规则：

(1)梁、板桥上部构造的工程量包括梁、板、横隔板、箱梁0号块、合龙段、桥面连续结构的工程量以及安装时的现浇混凝土的工程量。

(2)斜拉桥混凝土箱梁锚固套筒定额中已综合了加劲钢板和钢筋的数量,其工程量以混凝土箱梁中锚固套筒钢管的质量计算。

(3)拱桥上部构造的工程量包括拱圈、拱波、填平层、拱板、横墙、侧墙(薄壳板的边梁、端梁)、横隔板(梁)、拱眉、行车道板、护拱、帽石(第二层以下或有人行道梁的第一层以下)的工程量,以及安装时拱肋接头混凝土、浇筑的横隔板、填塞砂浆的工程量。拱顶填料、防水层等均已摊入定额中,使用定额时不得另行计算。

(4)人行道及安全带的工程量按桥梁总长度计算。

(5)钢桁架桥的工程量为钢桁架的质量。施工用的导梁、连接及加固杆件、上下滑道等不得计入工程量内。行车道板与桥面铺装的工程量为行车道梁、人行道板和行车道水泥混凝土桥面铺装的数量之和;行车道沥青混凝土桥面铺装及人行道沥青砂铺装的数量已综合在定额中,计算工程量时不得再计这部分数量。

(6)钢索吊桥工程量:加劲桁架式的为钢桁架的质量;柔式的为钢纵、横梁的质量。主索、套筒及拉杆、悬吊系统、抗风缆、金属栏杆等不得计入工程量内。木桥面及桥面铺装的工程量为木桥面板的数量,柔式桥还包括木栏杆的数量;行车道沥青混凝土桥面铺装及钢筋混凝土人行道板的数量已综合在定额中,计算工程量时不得再计这部分数量。

(7)定额中成品构件单价构成:

工厂化生产,无需施工企业自行加工的产品为成品构件,以材料的形式计入定额。其材料单价包括将成品构件运输至施工现场的费用。

平行钢丝斜拉索、钢绞线斜拉索、吊杆、系杆、索股等的工程量以平行钢丝、钢丝绳或钢绞线的设计质量计算,不包括锚头、PE 或套管防护料的质量,但锚头、PE 或套管防护料的费用应含在成品单价中。钢绞线斜拉索的单价中包括厂家现场编索和锚具的费用。

钢箱梁、索鞍、钢管拱肋、钢纵横梁等的工程量以设计质量计算,钢箱梁和钢管拱肋的单价中包括工地现场焊接的费用。

悬索桥锚固系统中预应力环氧钢绞线的单价中包括两端锚具的费用。

(8)悬索桥锚固系统的工程量以定位钢支架、环氧钢绞线、锚固拉杆等的设计质量计算。定位钢支架质量为定位钢支架型钢、钢板和钢管的质量之和;锚固拉杆质量为拉杆、连接器、螺母(包括锁紧和球面)、垫圈(包括锁紧和球面)的质量之和;环氧钢绞线的质量不包括两端锚具的质量。

(9)钢格栅的工程量以钢格栅和反力架的质量之和计算。

(10)主索鞍的质量包括承板、鞍体、安装板、挡块、槽盖、拉杆、隔板、锚梁、锌质填块的质量;散索鞍的质量包括底板、底座、承板、鞍体、压紧梁、隔板、拉杆、锌质填块的质量。

(11)牵引系统长度为牵引系统所需的单侧长度,以 m 为单位计算。

(12)猫道系统长度为猫道系统的单侧长度,以 m 为单位计算。

(13)索夹质量包括索夹主体、螺母、螺杆、防水螺母、球面垫圈质量,以 t 为单位计算。

(14)紧缆的工程量以主缆长度扣除锚跨区、塔顶区无需紧缆的主缆长度后的单侧长度,以 m 为单位计算。

(15)缠丝的工程量以主缆长度扣除锚跨区、塔顶区、索夹处后无需缠丝的主缆长度后的单侧长度,以 m 为单位计算。

(16)钢箱梁的质量为钢箱梁(包括箱梁内横隔板)、桥面板(包括横肋)、横梁、钢锚箱质量之和。如为钢—混混合梁结构,其结合部的剪力钉质量也应计入钢箱梁质量内。

(17)钢管拱肋的工程量以设计质量计算,包括拱肋钢管、横撑、腹板、拱脚处外侧钢板、拱脚接头钢板及各种加劲块的质量。不包括支座和钢拱肋内的混凝土的质量。

(18)安装板式橡胶支座的工程量按支座的设计体积计算。至于锚栓、梁上的钢筋网、铁件等均已综合在定额内。

(19)桥梁支架定额单位的立面积为桥梁净跨径乘以高度,拱桥高度为起拱线以下至地面的高度,梁式桥高度为墩、台帽顶至地面的高度,这里的地面指支架地梁的底面。

(20)钢管支架下部的工程量按立柱质量计算,上部的工程量按支架水平投影面积计算。

(21)桥梁拱盔定额单位的立面积系指起拱线以上的弓形侧面积,其工程量按下式(表)计算:$F=K\times(\text{净跨})^2$。

拱 矢 度	$\frac{1}{2}$	$\frac{1}{2.5}$	$\frac{1}{3}$	$\frac{1}{3.5}$	$\frac{1}{4}$	$\frac{1}{4.5}$	$\frac{1}{5}$	$\frac{1}{5.5}$
K	0.393	0.298	0.241	0.203	0.172	0.154	0.138	0.125
拱 矢 度	$\frac{1}{6}$	$\frac{1}{6.5}$	$\frac{1}{7}$	$\frac{1}{7.5}$	$\frac{1}{8}$	$\frac{1}{9}$	$\frac{1}{10}$	
K	0.113	0.104	0.096	0.09	0.084	0.076	0.067	

(22)钢拱架的工程量为钢拱架及支座金属构件的质量之和,其设备摊销费按 4 个月计算,若实际使用期与定额不同时可予以调整。

(23)支架预压的工程量按支架上现浇混凝土的体积计算。

(24)蒸汽养生室面积按有效面积计算,其工程量按每一养生室安置两片梁,其梁间距离为 0.8m,并按长度每端增加 1.5m,宽度每边增加 1.0m 考虑。定额中已将其附属工程及设备,按摊销量计入定额中,使用定额时不得另行计算。

(25)施工电梯和施工起重机所需安拆数量和使用时间按施工组织设计的进度安排进行计算。

19. 各种结构的模板接触面积如下:

<table>
<tr><th colspan="2" rowspan="2">项　　目</th><th colspan="3">现浇板上部构造</th><th rowspan="2">现浇
T形梁</th><th rowspan="2">现浇
箱梁</th><th colspan="3">预制钢筋混凝土板</th></tr>
<tr><th>矩形板</th><th>实体
连续板</th><th>空心
连续板</th><th>矩形板</th><th>连续板</th><th>空心板</th></tr>
<tr><td rowspan="3">模板接触面积
（$m^2/10m^3$ 混凝土）</td><td>内模</td><td>–</td><td>–</td><td>9.24</td><td>–</td><td>18.41</td><td>–</td><td>53.93</td><td>59.75</td></tr>
<tr><td>外模</td><td>43.18</td><td>24.26</td><td>34.42</td><td>66.93</td><td>22.50</td><td>29.96</td><td>36.24</td><td>22.79</td></tr>
<tr><td>合计</td><td>43.18</td><td>24.26</td><td>43.66</td><td>66.93</td><td>40.91</td><td>29.96</td><td>90.17</td><td>82.54</td></tr>
</table>

<table>
<tr><th colspan="2" rowspan="2">项　　目</th><th colspan="2">预制预应力空心板</th><th rowspan="2">预制钢筋
混凝土
T形梁</th><th rowspan="2">预制预应力
混凝土
T形梁</th><th rowspan="2">预制钢筋
混凝土
I形梁</th><th rowspan="2">预制预应力
混凝土
I形梁</th><th colspan="2">预制预应力箱梁</th></tr>
<tr><th>先张法</th><th>后张法</th><th>简支</th><th>连续</th></tr>
<tr><td rowspan="3">模板接触面积
（$m^2/10m^3$ 混凝土）</td><td>内模</td><td>47.01</td><td>51.30</td><td>–</td><td>–</td><td>–</td><td>–</td><td>34.64</td><td>30.14</td></tr>
<tr><td>外模</td><td>40.67</td><td>44.38</td><td>88.33</td><td>68.19</td><td>82.68</td><td>65.43</td><td>30.11</td><td>26.20</td></tr>
<tr><td>合计</td><td>87.68</td><td>95.68</td><td>88.33</td><td>68.19</td><td>82.68</td><td>65.43</td><td>64.75</td><td>56.34</td></tr>
</table>

续前页

项目		预应力组合箱梁		T形刚构箱梁		悬浇连续刚构箱梁	连续箱梁		
		先张法	后张法	悬浇	预制悬拼		悬浇	预制悬拼	预制顶推
模板接触面积（$m^2/10m^3$ 混凝土）	内模	75.39	54.34	18.00	20.40	12.45	19.74	24.64	22.90
	外模	45.79	43.70	27.41	29.31	14.44	21.99	20.95	24.60
	合计	121.18	98.04	45.41	49.71	26.89	41.73	45.59	47.50

项目		预制悬拼桁架梁	斜拉桥箱梁	
			预制悬拼	悬浇
模板接触面积（$m^2/10m^3$ 混凝土）	内模	–	25.60	20.49
	外模	71.09	21.77	24.25
	合计	71.09	47.37	44.74

5-3-1 现浇钢筋混凝土板桥上部构造

工程内容 1)行车道的全部工序;2)支座、伸缩缝的设置。

单位:10m³ 实体

顺序号	项目	单位	代号	矩形板	连续板	
					实体等截面	空心变截面
				1	2	3
1	人工	工日	1	33.9	29.8	34.6
2	C30 水泥混凝土	m^3	20	(10.20)	(10.20)	(10.20)
3	原木	m^3	101	0.013	0.007	0.010
4	锯材	m^3	102	0.099	0.056	0.079
5	型钢	t	182	0.019	0.010	0.015
6	组合钢模板	t	272	0.038	0.021	0.030
7	板式橡胶支座	dm^3	402	3.3	5.7	5.7
8	铁件	kg	651	16.9	9.2	13.0
9	铁皮	m^2	666	–	0.7	0.7
10	铸铁管	kg	682	18.2	18.2	16.8
11	油毛毡	m^2	825	7.0	–	–
12	32.5 级水泥	t	832	3.845	3.845	3.845
13	石油沥青	t	851	0.017	0.013	0.013

续前页　　　　单位:$10m^3$ 实体

顺序号	项　　目	单位	代号	矩形板	连续板	
					实体等截面	空心变截面
				1	2	3
14	水	m^3	866	17	17	17
15	中(粗)砂	m^3	899	4.69	4.69	4.69
16	砂砾	m^3	902	17.40	16.07	15.68
17	碎石(4cm)	m^3	952	8.47	8.47	8.47
18	其他材料费	元	996	57.7	27.8	34.1
19	6~8t 光轮压路机	台班	1075	0.02	0.02	0.02
20	8~10t 光轮压路机	台班	1076	0.08	0.07	0.07
21	12~15t 光轮压路机	台班	1078	0.05	0.04	0.04
22	12t 以内汽车式起重机	台班	1451	0.52	0.39	0.46
23	小型机具使用费	元	1998	8.9	7.8	8.4
24	基价	元	1999	5566	5143	5541

注:本定额已综合支座和伸缩缝

5-3-2 现浇钢筋混凝土梁桥上部构造

工程内容 行车道的全部工序。

单位:$10m^3$ 实体

顺序号	项目	单位	代号	预应力混凝土箱梁			钢筋混凝土T形梁			
				支架现浇		移动模架现浇	木模		钢模	
				非泵送	泵送		非泵送	泵送	非泵送	泵送
				1	2	3	4	5	6	7
1	人工	工日	1	32.4	21.0	20.7	58.1	48.5	41.9	32.4
2	C40水泥混凝土	m^3	22	–	–	–	(10.20)	–	(10.20)	–
3	C50水泥混凝土	m^3	24	(10.20)	–	–	–	–	–	–
4	C40泵送混凝土	m^3	50	–	–	–	–	(10.40)	–	(10.40)
5	C50泵送混凝土	m^3	52	–	(10.40)	(10.40)	–	–	–	–
6	原木	m^3	101	–	–	–	–	–	0.047	0.047
7	锯材	m^3	102	0.045	0.090	0.096	0.957	0.957	0.060	0.060
8	光圆钢筋	t	111	–	–	–	–	–	0.001	0.001
9	型钢	t	182	0.021	0.028	0.002	–	–	–	–
10	钢板	t	183	–	–	0.003	–	–	–	–
11	钢管	t	191	0.002	–	–	0.001	0.001	0.001	0.001
12	电焊条	kg	231	–	–	0.1	–	–	–	–

续前页　　　　　　　　　　　　　　　　　　　　　　　　　　单位:$10m^3$ 实体

顺序号	项目	单位	代号	预应力混凝土箱梁			钢筋混凝土T形梁			
				支架现浇		移动模架现浇	木模		钢模	
				非泵送	泵送		非泵送	泵送	非泵送	泵送
				1	2	3	4	5	6	7
13	钢模板	t	271	–	0.060	0.059	–	–	0.114	0.114
14	组合钢模板	t	272	0.037	–	–	–	–	–	–
15	门式钢支架	t	273	0.005	–	–	0.001	0.001	0.001	0.001
16	铁件	kg	651	12.6	10.1	14.2	48.3	48.3	15.5	15.5
17	铁钉	kg	653	–	–	–	8.8	8.8	–	–
18	8~12号铁丝	kg	655	–	–	0.2	–	–	–	–
19	铁皮	m^2	666	–	–	–	10.0	10.0	–	–
20	铸铁管	kg	682	3.9	3.9	3.9	12.3	12.3	12.3	12.3
21	42.5级水泥	t	833	5.345	5.762	5.762	4.519	4.898	4.519	4.898
22	水	m^3	866	15	21	21	16	22	16	22
23	中(粗)砂	m^3	899	4.49	5.51	5.51	4.59	5.62	4.59	5.62
24	砂砾	m^3	902	4.59	4.59	4.59	12.24	12.24	12.24	12.24
25	碎石(2cm)	m^3	951	7.65	6.86	6.86	8.06	7.18	8.06	7.18
26	其他材料费	元	996	10.3	33.6	13.3	17.1	17.1	13.3	13.3
27	设备摊销费	元	997	–	–	1056.1	–	–	–	–

续前页　　　　单位：$10m^3$ 实体

顺序号	项　目	单位	代号	预应力混凝土箱梁			钢筋混凝土 T 形梁			
				支架现浇		移动模架现浇	木模		钢模	
				非泵送	泵送		非泵送	泵送	非泵送	泵送
				1	2	3	4	5	6	7
28	6～8t 光轮压路机	台班	1075	–	–	–	0.02	0.02	0.02	0.02
29	8～10t 光轮压路机	台班	1076	0.02	0.02	0.02	0.05	0.05	0.05	0.05
30	12～15t 光轮压路机	台班	1078	0.01	0.01	0.01	0.03	0.03	0.03	0.03
31	$60m^3/h$ 以内混凝土输送泵车	台班	1308	–	0.09	0.09	–	–	–	–
32	$60m^3/h$ 以内混凝土输送泵	台班	1316	–	–	–	–	0.11	–	0.11
33	10t 以内载货汽车	台班	1376	–	–	0.04	–	–	–	–
34	50t 以内履带式起重机	台班	1437	–	–	0.04	–	–	–	–
35	20t 以内汽车式起重机	台班	1453	1.09	0.48	–	0.52	–	1.24	0.72
36	30t 以内汽车式起重机	台班	1455	–	–	0.09	–	–	–	–
37	50t 以内汽车式起重机	台班	1457	–	–	0.15	–	–	–	–
38	50kN 以内单筒慢动卷扬机	台班	1500	–	–	0.09	–	–	–	–
39	ϕ100mm 电动多级水泵(≤120m)	台班	1663	0.31	0.31	0.31	–	–	–	–
40	32kV·A 以内交流电弧焊机	台班	1726	–	–	0.01	–	–	–	–
41	小型机具使用费	元	1998	13.8	8.8	83.4	24.4	22.5	7.6	5.6
42	基价	元	1999	5991	5270	6397	8018	7270	7019	6276

注：支架上现浇预应力混凝土箱梁定额同样适用于普通箱梁混凝土。

5-3-3　预制、安装钢筋混凝土板桥上部构造

工程内容　1)行车道构件预制、安装的全部工序；2)支座、伸缩缝的设置。

单位:$10m^3$ 实体

顺序号	项　目	单位	代号	矩形板	连续板	空心板				
						普通钢筋	预应力钢筋			
							先张法		后张法	
							非泵送	泵送	非泵送	泵送
				1	2	3	4	5	6	7
1	人工	工日	1	43.0	47.2	53.3	36.8	30.7	39.3	32.6
2	C30 水泥混凝土	m^3	20	(10.10)	(10.11)	(10.11)	(1.60)	(1.60)	(0.82)	(0.82)
3	C40 水泥混凝土	m^3	22	-	-	-	(8.51)	-	(9.29)	-
4	C40 泵送混凝土	m^3	50	-	-	-	-	(8.68)	-	(9.48)
5	原木	m^3	101	0.006	0.018	0.025	0.043	0.043	0.039	0.039
6	锯材	m^3	102	0.070	0.112	0.075	0.121	0.121	0.100	0.100
7	光圆钢筋	t	111	-	-	-	0.007	0.007	0.011	0.011
8	带肋钢筋	t	112	-	-	-	0.020	0.020	-	-
9	型钢	t	182	0.010	0.029	0.010	0.028	0.028	0.013	0.013
10	钢板	t	183	-	-	0.013	0.032	0.032	0.024	0.024
11	圆钢	t	184	-	-	-	0.004	0.004	-	-
12	钢丝绳	t	221	0.003	0.002	0.002	0.004	0.004	0.005	0.005
13	电焊条	kg	231	-	-	-	2.0	2.0	0.2	0.2

续前页　　单位:10m³ 实体

顺序号	项目	单位	代号	矩形板	连续板	空心板				
						普通钢筋	预应力钢筋			
							先张法		后张法	
							非泵送	泵送	非泵送	泵送
				1	2	3	4	5	6	7
14	组合钢模板	t	272	0.012	0.035	0.017	0.008	0.008	0.009	0.009
15	板式橡胶支座	dm^3	402	3.3	5.7	–	–	–	–	–
16	铁件	kg	651	4.7	13.1	9.6	8.1	8.1	10.0	10.0
17	铁钉	kg	653	–	–	0.4	0.7	0.7	0.6	0.6
18	20~22号铁丝	kg	656	–	–	–	0.1	0.1	–	–
19	铁皮	m^2	666	–	0.4	–	–	–	–	–
20	铸铁管	kg	682	35.3	14.4	11.2	8.7	8.7	12.0	12.0
21	油毛毡	m^2	825	19.2	–	–	–	–	–	–
22	32.5级水泥	t	832	3.924	3.990	4.224	0.975	0.975	0.524	0.524
23	42.5级水泥	t	833	–	–	–	3.772	4.089	4.116	4.463
24	石油沥青	t	851	0.013	0.007	–	–	–	–	–
25	水	m^3	866	18	18	18	18	23	18	24
26	中(粗)砂	m^3	899	5.03	5.07	5.38	5.03	5.89	5.20	6.14
27	砂砾	m^3	902	15.30	12.81	16.64	6.50	6.50	7.27	7.27
28	片石	m^3	931	–	–	–	–	–	1.01	1.01
29	碎石(2cm)	m^3	951	–	–	7.21	6.79	6.06	7.42	6.61
30	碎石(4cm)	m^3	952	8.38	8.62	0.93	2.09	2.09	0.68	0.68
31	碎石(8cm)	m^3	954	–	–	–	–	–	0.39	0.39

续前页　　　　单位:10m³ 实体

顺序号	项　　目	单位	代号	矩形板	连续板	空心板				
						普通钢筋	预应力钢筋			
							先张法		后张法	
							非泵送	泵送	非泵送	泵送
				1	2	3	4	5	6	7
32	其他材料费	元	996	55.2	71.9	71.0	51.7	51.7	52.2	52.2
33	6～8t 光轮压路机	台班	1075	0.02	0.02	0.02	–	–	–	–
34	8～10t 光轮压路机	台班	1076	0.07	0.05	0.07	0.03	0.03	0.03	0.03
35	12～15t 光轮压路机	台班	1078	0.04	0.03	0.04	0.02	0.02	0.02	0.02
36	250L 以内混凝土搅拌机	台班	1272	–	–	–	0.03	0.03	0.02	0.02
37	60m³/h 以内混凝土输送泵	台班	1316	–	–	–	–	0.07	–	0.08
38	1t 以内机动翻斗车	台班	1408	0.03	0.12	0.10	0.14	0.14	0.07	0.07
39	25t 以内轮胎式起重机	台班	1443	0.25	0.22	0.23	0.22	0.22	0.24	0.24
40	8t 以内汽车式起重机	台班	1450	1.11	–	–	–	–	–	–
41	20t 以内汽车式起重机	台班	1453	–	0.48	0.50	0.25	0.25	0.19	0.19
42	30t 以内汽车式起重机	台班	1455	–	–	–	0.31	0.31	0.39	0.39
43	30kN 以内单筒慢动卷扬机	台班	1499	0.12	0.11	0.11	0.55	0.16	0.60	0.17
44	50kN 以内单筒慢动卷扬机	台班	1500	–	–	–	1.16	–	1.28	–
45	32kV·A 以内交流电弧焊机	台班	1726	–	–	–	0.21	0.21	0.03	0.03
46	小型机具使用费	元	1998	12.6	17.5	15.4	19.1	19.1	19.4	20.3
47	基价	元	1999	6247	6715	6567	6343	6095	6368	6098

注:本定额中矩形板和连续板已综合支座和伸缩缝,而空心板则未综合支座和伸缩缝,需根据设计情况另行计算。

5-3-4 预制、安装钢筋混凝土T形梁、I形梁上部构造

工程内容 1)构件预制及底座的铺设、拆除；2)吊装设备的拼装、拆除；3)行车道构件预制、安装的全部工序；4)整体化混凝土的全部工序。

单位:10m³ 实体

顺序号	项目	单位	代号	T形梁			I形梁		
				普通钢筋	预应力钢筋		普通钢筋	预应力钢筋	
					非泵送	泵送		非泵送	泵送
				1	2	3	4	5	6
1	人工	工日	1	72.7	57.4	48.8	71.6	45.5	41.4
2	C30水泥混凝土	m³	20	(10.10)	-	-	(10.10)	-	-
3	C50水泥混凝土	m³	24	-	(10.10)	-	-	(10.10)	-
4	C50泵送混凝土	m³	52	-	-	(10.30)	-	-	(10.30)
5	原木	m³	101	0.039	0.023	0.023	0.076	0.011	0.011
6	锯材	m³	102	0.120	0.097	0.097	0.289	0.053	0.053
7	光圆钢筋	t	111	0.021	0.012	0.012	0.009	0.006	0.006
8	带肋钢筋	t	112	-	-	-	-	0.128	0.128
9	型钢	t	182	0.034	0.016	0.016	0.027	0.020	0.020
10	钢板	t	183	0.071	0.147	0.147	0.003	0.055	0.055
11	钢管	t	191	-	-	-	-	0.001	0.001
12	钢丝绳	t	221	0.004	0.002	0.002	0.007	0.002	0.002
13	电焊条	kg	231	19.7	29.8	29.8	0.1	6.3	6.3

续前页　　单位:10m³ 实体

顺序号	项　目	单位	代号	T 形 梁			I 形 梁		
				普通钢筋	预应力钢筋		普通钢筋	预应力钢筋	
					非泵送	泵送		非泵送	泵送
				1	2	3	4	5	6
14	钢模板	t	271	0.100	0.077	0.077	0.040	0.033	0.033
15	组合钢模板	t	272	–	0.003	0.003	–	0.026	0.026
16	门式钢支架	t	273	–	–	–	–	0.003	0.003
17	铁件	kg	651	18.1	13.7	13.7	23.7	20.3	20.3
18	铁钉	kg	653	–	–	–	3.0	–	–
19	8~12 号铁丝	kg	655	0.4	0.5	0.5	0.6	0.2	0.2
20	铸铁管	kg	682	12.3	6.4	6.4	9.8	5.0	5.0
21	32.5 级水泥	t	832	4.444	0.297	0.297	4.235	0.089	0.089
22	42.5 级水泥	t	833	–	5.296	5.679	–	5.321	5.506
23	水	m^3	866	19	18	24	18	17	20
24	中(粗)砂	m^3	899	5.74	5.18	6.13	5.49	4.76	5.21
25	砂砾	m^3	902	14.92	10.71	10.71	16.01	8.99	8.99
26	片石	m^3	931	1.79	1.00	1.00	0.72	0.48	0.48
27	碎石(2cm)	m^3	951	7.98	7.59	6.86	4.49	7.62	7.27
28	碎石(4cm)	m^3	952	–	–	–	3.69	–	–
29	碎石(8cm)	m^3	954	0.70	0.39	0.39	0.28	0.19	0.19
30	其他材料费	元	996	34.1	35.2	35.2	43.4	16.9	16.9

续前页　　　　单位:10m³ 实体

顺序号	项目	单位	代号	T形梁			I形梁		
				普通钢筋	预应力钢筋		普通钢筋	预应力钢筋	
					非泵送	泵送		非泵送	泵送
				1	2	3	4	5	6
31	设备摊销费	元	997	536.4	743.0	743.0	277.2	478.8	478.8
32	6～8t 光轮压路机	台班	1075	0.02	0.01	0.01	0.02	0.01	0.01
33	8～10t 光轮压路机	台班	1076	0.06	0.05	0.05	0.07	0.04	0.04
34	12～15t 光轮压路机	台班	1078	0.04	0.03	0.03	0.04	0.02	0.02
35	250L 以内混凝土搅拌机	台班	1272	0.03	0.02	0.02	0.01	–	–
36	60m³/h 以内混凝土输送泵	台班	1316	–	–	0.08	–	–	0.04
37	8t 以内轮胎式起重机	台班	1440	–	–	–	0.24	–	–
38	20t 以内轮胎式起重机	台班	1442	–	–	–	0.11	–	–
39	20t 以内汽车式起重机	台班	1453	–	0.03	0.03	0.39	0.34	0.34
40	30t 以内汽车式起重机	台班	1455	0.73	–	–	–	–	–
41	30kN 以内单筒慢动卷扬机	台班	1499	2.54	1.97	1.35	2.16	1.23	0.93
42	50kN 以内单筒慢动卷扬机	台班	1500	4.28	4.64	2.80	1.40	2.08	1.19
43	32kV·A 以内交流电弧焊机	台班	1726	1.80	3.61	3.61	0.09	1.18	1.18
44	小型机具使用费	元	1998	61.3	68.4	65.9	26.9	35.6	34.8
45	基价	元	1999	10413	9436	9015	8592	7860	7661

注:本定额中普通钢筋混凝土T形梁若翼板设计有现浇混凝土时,其现浇混凝土部分按现浇钢筋混凝土T形梁定额另行计算。

5-3-5　预制、安装预应力混凝土箱梁上部构造

工程内容　1)箱梁预制底座的铺设、拆除；2)吊装设备的拼装、拆除；3)行车道构件预制、安装及现浇混凝土的全部工序。

I. 等截面箱梁

单位:10m³ 实体

顺序号	项目	单位	代号	简支		连续	
				非泵送	泵送	非泵送	泵送
				1	2	3	4
1	人工	工日	1	61.8	49.6	56.6	46.0
2	C50 水泥混凝土	m^3	24	(10.10)	–	(10.10)	–
3	C50 泵送混凝土	m^3	52	–	(10.30)	–	(10.30)
4	原木	m^3	101	0.005	0.005	0.004	0.004
5	锯材	m^3	102	0.114	0.094	0.102	0.084
6	光圆钢筋	t	111	0.013	0.013	0.013	0.013
7	型钢	t	182	0.043	0.043	0.043	0.043
8	钢板	t	183	0.024	0.024	0.019	0.019
9	钢管	t	191	0.003	0.003	0.003	0.003
10	钢丝绳	t	221	0.003	0.003	0.003	0.003
11	电焊条	kg	231	7.9	7.9	4.7	4.7
12	组合钢模板	t	272	0.038	0.039	0.040	0.041
13	门式钢支架	t	273	0.009	0.007	0.009	0.007
14	铁件	kg	651	16.1	16.1	16.4	16.4
15	8~12 号铁丝	kg	655	0.4	0.4	0.3	0.3
16	铸铁管	kg	682	9.8	9.8	9.8	9.8

续前页　　单位:10m^3 实体

顺序号	项目	单位	代号	简支		连续	
				非泵送	泵送	非泵送	泵送
				1	2	3	4
17	32.5 级水泥	t	832	0.224	0.224	0.222	0.222
18	42.5 级水泥	t	833	5.292	5.706	5.299	5.659
19	水	m^3	866	18	25	17	23
20	中(粗)砂	m^3	899	5.16	6.18	5.16	6.05
21	砂砾	m^3	902	4.97	4.97	3.83	3.83
22	片石	m^3	931	1.21	1.21	1.19	1.19
23	碎石(2cm)	m^3	951	7.58	6.80	7.59	6.91
24	碎石(8cm)	m^3	954	0.47	0.47	0.47	0.47
25	其他材料费	元	996	38.1	38.1	29.2	29.2
26	设备摊销费	元	997	1237.3	1237.3	949.8	949.8
27	8～10t 光轮压路机	台班	1076	0.02	0.02	0.02	0.02
28	12～15t 光轮压路机	台班	1078	0.01	0.01	0.01	0.01
29	250L 以内混凝土搅拌机	台班	1272	0.02	0.02	0.02	0.02
30	60m^3/h 以内混凝土输送泵	台班	1316	–	0.08	–	0.07
31	20t 以内汽车式起重机	台班	1453	–	–	0.08	0.08
32	30kN 以内单筒慢动卷扬机	台班	1499	2.60	1.74	2.20	1.45
33	50kN 以内单筒慢动卷扬机	台班	1500	5.67	3.07	4.93	2.67
34	32kV·A 以内交流电弧焊机	台班	1726	0.56	0.56	0.33	0.33
35	小型机具使用费	元	1998	42.2	38.6	37.5	34.4
36	基价	元	1999	8993	8279	8310	7689

II. 组 合 箱 梁 单位:10m³ 实体

顺序号	项目	单位	代号	先张法		后张法	
				非泵送	泵送	非泵送	泵送
				5	6	7	8
1	人工	工日	1	82.5	71.7	78.7	67.6
2	C50 水泥混凝土	m^3	24	(10.10)	–	(10.10)	–
3	C50 泵送混凝土	m^3	52	–	(10.30)	–	(10.30)
4	原木	m^3	101	0.056	0.056	0.040	0.040
5	锯材	m^3	102	0.171	0.171	0.128	0.128
6	光圆钢筋	t	111	0.009	0.009	0.009	0.009
7	带肋钢筋	t	112	0.026	0.026	–	–
8	型钢	t	182	0.063	0.063	0.037	0.037
9	钢板	t	183	0.020	0.020	0.009	0.009
10	圆钢	t	184	0.003	0.003	–	–
11	钢丝绳	t	221	0.001	0.001	0.004	0.004
12	电焊条	kg	231	2.5	2.5	0.1	0.1
13	组合钢模板	t	272	0.046	0.046	0.041	0.041
14	铁件	kg	651	23.5	23.5	21.4	21.4
15	铁钉	kg	653	0.7	0.7	0.4	0.4
16	8~12 号铁丝	kg	655	0.4	0.4	0.3	0.3
17	20~22 号铁丝	kg	656	0.2	0.2	–	–
18	铸铁管	kg	682	6.7	6.7	6.7	6.7
19	32.5 级水泥	t	832	0.392	0.392	0.200	0.200
20	42.5 级水泥	t	833	4.504	4.871	4.524	4.906
21	水	m^3	866	20	27	19	28

续前页　　　　单位：10m³ 实体

顺序号	项目	单位	代号	先张法		后张法	
				非泵送	泵送	非泵送	泵送
				5	6	7	8
22	中(粗)砂	m^3	899	5.06	6.04	5.26	6.27
23	砂砾	m^3	902	19.32	19.32	19.13	19.13
24	片石	m^3	931	–	–	0.82	0.82
25	碎石(2cm)	m^3	951	7.98	7.14	8.03	7.19
26	碎石(4cm)	m^3	952	0.84	0.84	–	–
27	碎石(8cm)	m^3	954	–	–	0.32	0.32
28	其他材料费	元	996	87.9	92.6	83.8	83.9
29	设备摊销费	元	997	774.0	774.0	680.4	680.4
30	6~8t 光轮压路机	台班	1075	0.03	0.03	0.03	0.03
31	8~10t 光轮压路机	台班	1076	0.08	0.08	0.08	0.08
32	12~15t 光轮压路机	台班	1078	0.05	0.05	0.05	0.05
33	250L 以内混凝土搅拌机	台班	1272	0.04	0.04	0.01	0.01
34	$60m^3/h$ 以内混凝土输送泵	台班	1316	–	0.08	–	0.08
35	10t 以内载货汽车	台班	1376	0.09	0.09	–	–
36	60t 以内平板拖车组	台班	1396	0.06	0.06	–	–
37	5t 以内汽车式起重机	台班	1449	0.09	0.09	–	–
38	30kN 以内单筒慢动卷扬机	台班	1499	2.45	1.76	2.60	1.84
39	50kN 以内单筒慢动卷扬机	台班	1500	5.25	3.15	5.44	3.19
40	32kV·A 以内交流电弧焊机	台班	1726	0.27	0.27	0.02	0.02
41	小型机具使用费	元	1998	26.2	24.8	49.9	47.6
42	基价	元	1999	10166	9601	9353	8755

5-3-6　悬浇、悬拼、顶推预应力混凝土箱梁上部构造

工程内容　1）构件预制及底座的铺设、拆除；2）栈桥码头的拼装、拆除；3）吊装、悬浇、导梁、滑道设备的拼装、拆除；4）0号块托架安装、拆除；5）悬浇、悬拼、顶推行车道构件的预制、安装等全部工序。

单位：$10m^3$ 实体

顺序号	项目	单位	代号	T形刚构			连续刚构	连续梁
				悬浇	悬拼			
					非泵送	泵送	悬浇	
				1	2	3	4	5
1	人工	工日	1	56.0	85.2	75.7	47.6	50.6
2	C50水泥混凝土	m^3	24	-	(10.10)	-	-	-
3	C50泵送混凝土	m^3	52	(10.40)	-	(10.30)	(10.40)	(10.40)
4	原木	m^3	101	0.002	0.015	0.015	-	-
5	锯材	m^3	102	0.149	0.189	0.189	0.151	0.151
6	枕木	m^3	103	-	0.022	0.022	-	-
7	光圆钢筋	t	111	0.002	0.013	0.013	-	-
8	带肋钢筋	t	112	-	0.020	0.020	-	0.044
9	型钢	t	182	0.024	0.028	0.028	0.032	0.036
10	钢板	t	183	0.015	0.033	0.033	0.003	-
11	钢管	t	191	-	0.001	0.001	0.002	0.001
12	钢丝绳	t	221	-	0.003	0.003	-	-
13	电焊条	kg	231	4.3	6.1	6.1	1.5	1.4
14	螺栓	kg	240	-	-	-	-	-

续前页　　　　单位:10m³ 实体

顺序号	项目	单位	代号	T形刚构			连续刚构	连续梁
				悬浇	悬拼		悬浇	
					非泵送	泵送		
				1	2	3	4	5
15	钢模板	t	271	0.008	0.014	0.014	–	–
16	组合钢模板	t	272	0.034	0.024	0.024	0.023	0.036
17	门式钢支架	t	273	0.003	0.005	0.005	0.007	0.003
18	不锈钢滑板	kg	632	–	–	–	–	–
19	聚四氟乙烯滑板	kg	641	0.9	1.6	1.6	1.0	0.7
20	聚四氟乙烯滑块	块	642	–	–	–	–	–
21	铁件	kg	651	14.5	14.4	14.4	12.5	14.2
22	铁钉	kg	653	0.2	0.3	0.3	0.3	0.2
23	8~12号铁丝	kg	655	0.4	0.7	0.7	0.3	0.3
24	20~22号铁丝	kg	656	–	–	–	–	–
25	铸铁管	kg	682	2.0	5.0	5.0	2.2	2.0
26	橡皮线	m	713	–	–	–	–	–
27	32.5级水泥	t	832	0.126	0.342	0.342	0.085	0.063
28	42.5级水泥	t	833	5.715	5.372	5.710	5.762	5.790
29	水	m³	866	21	19	21	22	22
30	生石灰	t	891	–	0.038	0.038	–	–
31	中(粗)砂	m³	899	5.66	5.38	6.21	5.65	5.63
32	砂砾	m³	902	2.68	8.22	8.22	1.53	1.34
33	黏土	m³	911	–	0.47	0.47	–	–

续前页　　　　单位：10m³ 实体

顺序号	项目	单位	代号	T形刚构			连续刚构	连续梁
				悬浇	悬拼			
					非泵送	泵送	悬浇	
				1	2	3	4	5
34	片石	m^3	931	0.21	0.47	0.47	–	–
35	碎石(2cm)	m^3	951	6.93	7.46	6.82	6.86	6.90
36	碎石(4cm)	m^3	952	0.21	0.43	0.43	0.23	0.17
37	碎石(8cm)	m^3	954	0.08	0.14	0.14	–	–
38	块石	m^3	981	–	0.76	0.76	–	–
39	其他材料费	元	996	27.5	192.3	192.3	15.8	26.7
40	设备摊销费	元	997	1123.9	1521.8	1521.8	1362.8	947.7
41	6~8t 光轮压路机	台班	1075	–	0.01	0.01	–	–
42	8~10t 光轮压路机	台班	1076	0.01	0.04	0.04	–	–
43	12~15t 光轮压路机	台班	1078	–	0.02	0.02	–	–
44	250L 以内混凝土搅拌机	台班	1272	–	0.02	0.02	–	–
45	$60m^3/h$ 以内混凝土输送泵	台班	1316	0.09	0.02	0.08	0.10	0.10
46	69t 以内桥梁顶推设备	台班	1341	–	–	–	–	–
47	1t 以内机动翻斗车	台班	1408	–	0.02	0.02	–	–
48	5t 以内汽车式起重机	台班	1449	–	–	–	–	–
49	12t 以内汽车式起重机	台班	1451	–	–	–	–	–
50	20t 以内汽车式起重机	台班	1453	–	–	–	–	–
51	30kN 以内单筒慢动卷扬机	台班	1499	5.15	6.25	5.58	4.35	5.03
52	50kN 以内单筒慢动卷扬机	台班	1500	1.31	4.97	2.95	0.54	0.97

续前页　　　　单位：$10m^3$ 实体

顺序号	项　目	单位	代号	T形刚构			连续刚构	连续梁
				悬浇	悬拼			
					非泵送	泵送	悬浇	
				1	2	3	4	5
53	30kN 以内双筒快动卷扬机	台班	1522	–	0.44	0.44	–	–
54	50kN 以内双筒快动卷扬机	台班	1523	–	0.17	0.17	–	–
55	ϕ100mm 电动多级水泵(≤120m)	台班	1663	0.32	0.05	0.05	0.36	0.35
56	32kV·A 以内交流电弧焊机	台班	1726	0.56	0.82	0.82	0.25	0.23
57	294kW 以内内燃拖轮	艘班	1856	–	0.02	0.02	–	–
58	300t 以内工程驳船	艘班	1877	–	0.06	0.06	–	–
59	400t 以内工程驳船	艘班	1878	–	–	–	–	–
60	小型机具使用费	元	1998	89.8	46.9	44.9	84.8	80.8
61	基价	元	1999	8439	11517	10988	7913	7935

续前页　　　　单位:10m³ 实体

顺序号	项目	单位	代号	连续梁					桁架梁
				干处悬拼		水上悬拼		顶推	悬拼
				非泵送	泵送	非泵送	泵送		
				6	7	8	9	10	11
1	人工	工日	1	68.7	59.4	71.7	62.3	50.4	76.7
2	C50 水泥混凝土	m^3	24	(10.10)	–	(10.10)	–	(10.10)	(10.10)
3	C50 泵送混凝土	m^3	52	–	(10.30)	–	(10.30)	–	–
4	原木	m^3	101	–	–	0.004	0.004	0.003	0.060
5	锯材	m^3	102	0.146	0.146	0.163	0.163	0.072	0.195
6	枕木	m^3	103	0.019	0.019	0.019	0.019	–	–
7	光圆钢筋	t	111	0.005	0.005	0.006	0.006	0.003	0.019
8	带肋钢筋	t	112	0.042	0.042	0.049	0.049	0.022	–
9	型钢	t	182	0.039	0.039	0.039	0.039	0.028	0.020
10	钢板	t	183	0.007	0.007	0.007	0.007	0.060	0.023
11	钢管	t	191	0.002	0.002	0.002	0.002	0.001	–
12	钢丝绳	t	221	0.003	0.003	0.002	0.002	–	0.094
13	电焊条	kg	231	0.5	0.5	0.6	0.6	2.2	3.1
14	螺栓	kg	240	–	–	–	–	6.7	–
15	钢模板	t	271	–	–	–	–	0.035	0.008
16	组合钢模板	t	272	0.029	0.029	0.029	0.029	0.007	0.022
17	门式钢支架	t	273	0.006	0.006	0.006	0.006	0.002	–
18	不锈钢滑板	kg	632	–	–	–	–	1.8	–
19	聚四氟乙烯滑板	kg	641	1.3	1.3	1.3	1.3	0.1	–
20	聚四氟乙烯滑块	块	642	–	–	–	–	1.11	–
21	铁件	kg	651	12.6	12.6	13.0	13.0	9.8	15.4

续前页

单位:10m³ 实体

顺序号	项目	单位	代号	连续梁					桁架梁
				干处悬拼		水上悬拼		顶推	悬拼
				非泵送	泵送	非泵送	泵送		
				6	7	8	9	10	11
22	铁钉	kg	653	0.2	0.2	0.2	0.2	–	0.2
23	8~12 号铁丝	kg	655	0.5	0.5	0.5	0.5	0.2	0.4
24	20~22 号铁丝	kg	656	–	–	–	–	0.1	–
25	铸铁管	kg	682	2.0	2.0	2.0	2.0	3.8	4.9
26	橡皮线	m	713	–	–	–	–	15	–
27	32.5 级水泥	t	832	0.095	0.095	0.151	0.151	–	0.657
28	42.5 级水泥	t	833	5.427	5.745	5.427	5.745	5.335	4.227
29	水	m³	866	18	18	19	19	18	18
30	生石灰	t	891	0.043	0.043	0.043	0.043	–	–
31	中(粗)砂	m³	899	5.02	5.80	5.10	5.88	4.48	5.03
32	砂砾	m³	902	3.06	3.06	3.06	3.06	6.12	9.56
33	黏土	m³	911	0.28	0.28	0.36	0.36	–	–
34	片石	m³	931	–	–	0.04	0.04	–	0.43
35	碎石(2cm)	m³	951	7.45	6.85	7.45	6.85	7.58	0.65
36	碎石(4cm)	m³	952	0.10	0.10	0.22	0.22	0.07	8.32
37	碎石(8cm)	m³	954	–	–	–	–	–	0.09
38	块石	m³	981	0.85	0.85	0.85	0.85	–	–
39	其他材料费	元	996	222.4	222.4	222.7	222.7	81.5	79.6
40	设备摊销费	元	997	1119.8	1119.8	1256.7	1256.7	566.3	811.3
41	6~8t 光轮压路机	台班	1075	–	–	–	–	–	0.01
42	8~10t 光轮压路机	台班	1076	0.01	0.01	0.01	0.01	0.03	0.04

续前页

单位:10m³ 实体

顺序号	项目	单位	代号	连续梁					桁架梁
				干处悬拼		水上悬拼		顶推	悬拼
				非泵送	泵送	非泵送	泵送		
				6	7	8	9	10	11
43	12~15t 光轮压路机	台班	1078	–	–	–	–	0.02	0.03
44	250L 以内混凝土搅拌机	台班	1272	–	–	–	–	–	–
45	$60m^3/h$ 以内混凝土输送泵	台班	1316	0.02	0.08	0.02	0.08	–	–
46	69t 以内桥梁顶推设备	台班	1341	–	–	–	–	1.60	–
47	1t 以内机动翻斗车	台班	1408	–	–	–	–	–	–
48	5t 以内汽车式起重机	台班	1449	–	–	–	–	0.01	–
49	12t 以内汽车式起重机	台班	1451	–	–	–	–	–	0.20
50	20t 以内汽车式起重机	台班	1453	–	–	–	–	–	0.25
51	30kN 以内单筒慢动卷扬机	台班	1499	5.99	5.33	6.02	5.36	1.60	2.77
52	50kN 以内单筒慢动卷扬机	台班	1500	4.78	2.80	4.80	2.82	4.09	2.48
53	30kN 以内双筒快动卷扬机	台班	1522	–	–	0.15	0.15	–	–
54	50kN 以内双筒快动卷扬机	台班	1523	–	–	0.06	0.06	–	–
55	ϕ100mm 电动多级水泵(≤120m)	台班	1663	0.07	0.07	0.07	0.07	–	–
56	32kV·A 以内交流电弧焊机	台班	1726	0.09	0.09	0.13	0.13	0.32	0.57
57	294kW 以内内燃拖轮	艘班	1856	–	–	0.02	0.02	–	–
58	300t 以内工程驳船	艘班	1877	–	–	–	–	–	–
59	400t 以内工程驳船	艘班	1878	–	–	0.04	0.04	–	–
60	小型机具使用费	元	1998	43.8	42.0	41.5	39.7	37.7	46.1
61	基价	元	1999	9547	9024	10017	9489	8002	9886

5-3-7 悬浇、悬拼预应力混凝土斜拉桥上部构造

工程内容 1)构件预制及底座的铺设、拆除；2)栈桥码头的拼装、拆除；3)悬浇挂篮、悬拼设备的拼装、拆除；4)0号块托架安装、拆除；5)悬浇、悬拼行车道构件预制、安装等全部工序；6)锚固套筒制作、定位、安装。

单位：$10m^3$ 实体及1t

顺序号	项目	单位	代号	悬拼		悬浇	斜拉索锚固套筒
				非泵送	泵送		
				$10m^3$			1t
				1	2	3	4
1	人工	工日	1	75.9	65.3	49.8	35.3
2	C50水泥混凝土	m^3	24	(10.10)	–	–	–
3	C50泵送混凝土	m^3	52	–	(10.30)	(10.40)	–
4	原木	m^3	101	0.013	0.013	0.003	–
5	锯材	m^3	102	0.158	0.158	0.131	–
6	枕木	m^3	103	0.012	0.012	–	–
7	光圆钢筋	t	111	0.014	0.014	–	–
8	带肋钢筋	t	112	0.024	0.024	–	0.198
9	型钢	t	182	0.029	0.029	0.022	–
10	钢板	t	183	0.003	0.003	–	2.402
11	钢管	t	191	0.002	0.002	0.001	1.000
12	钢丝绳	t	221	0.002	0.002	–	–
13	电焊条	kg	231	0.8	0.8	1.4	27.1
14	组合钢模板	t	272	0.029	0.029	0.039	–

续前页　　　　单位:$10m^3$ 实体及 1t

顺序号	项目	单位	代号	悬拼		悬浇	斜拉索锚固套筒
				非泵送	泵送		
				$10m^3$			1t
				1	2	3	4
15	门式钢支架	t	273	0.006	0.006	0.004	–
16	聚四氟乙烯滑板	kg	641	0.9	0.9	0.5	–
17	铁件	kg	651	13.6	13.6	14.6	–
18	铁钉	kg	653	0.2	0.2	0.1	–
19	8~12 号铁丝	kg	655	0.6	0.6	0.3	–
20	铸铁管	kg	682	3.8	3.8	3.8	–
21	32.5 级水泥	t	832	0.357	0.357	0.039	–
22	42.5 级水泥	t	833	5.353	5.713	5.762	–
23	水	m^3	866	19	19	22	–
24	中(粗)砂	m^3	899	5.34	6.23	5.57	–
25	砂砾	m^3	902	6.89	6.89	4.40	–
26	黏土	m^3	911	0.27	0.27	–	–
27	片石	m^3	931	0.91	0.91	–	–
28	碎石(2cm)	m^3	951	7.49	6.81	6.86	–
29	碎石(4cm)	m^3	952	0.42	0.42	0.11	–
30	碎石(8cm)	m^3	954	0.31	0.31	–	–
31	其他材料费	元	996	240.9	240.9	20.8	–
32	设备摊销费	元	997	1749.9	1749.9	1034.5	–
33	8~10t 光轮压路机	台班	1076	0.03	0.03	0.02	–

续前页 单位：$10m^3$ 实体及 1t

顺序号	项目	单位	代号	悬拼		悬浇	斜拉索锚固套筒
				非泵送	泵送		
				$10m^3$			1t
				1	2	3	4
34	12～15t 光轮压路机	台班	1078	0.02	0.02	0.01	–
35	250L 以内混凝土搅拌机	台班	1272	0.02	0.02	–	–
36	$60m^3/h$ 以内混凝土输送泵	台班	1316	0.01	0.08	0.10	–
37	1t 以内机动翻斗车	台班	1408	0.02	0.02	–	–
38	12t 以内汽车式起重机	台班	1451	–	–	–	3.06
39	30kN 以内单筒慢动卷扬机	台班	1499	4.96	4.21	4.02	–
40	50kN 以内单筒慢动卷扬机	台班	1500	5.22	2.98	0.85	–
41	30kN 以内双筒快动卷扬机	台班	1522	0.53	0.53	–	–
42	50kN 以内双筒快动卷扬机	台班	1523	0.20	0.20	–	–
43	ϕ100mm 电动多级水泵（≤120m）	台班	1663	0.04	0.04	0.36	–
44	32kV·A 以内交流电弧焊机	台班	1726	0.18	0.18	0.23	2.45
45	294kW 以内内燃拖轮	艘班	1856	0.02	0.02	–	–
46	400t 以内工程驳船	艘班	1878	0.04	0.04	–	–
47	小型机具使用费	元	1998	40.5	38.5	94.0	24.4
48	基价	元	1999	10791	10198	7762	21282

5-3-8 梁、板桥人行道及安全带

工程内容 1)人行道、安全带、缘石、栏杆、桥头搭板预制、安装的全部工序;2)人行道面的铺装。

单位:10 桥长米

顺序号	项目	单位	代号	安全带	人行道		
				宽度 (m)			
				0.25 以内	0.75 以内	1.00 以内	1.50 以内
				1	2	3	4
1	人工	工日	1	29.3	39.7	46.9	54.9
2	原木	m^3	101	0.016	0.022	0.026	0.029
3	锯材	m^3	102	0.011	0.012	0.016	0.020
4	型钢	t	182	0.005	0.006	0.007	0.009
5	钢板	t	183	0.024	0.026	0.034	0.043
6	电焊条	kg	231	2.7	2.9	3.8	4.8
7	组合钢模板	t	272	0.040	0.051	0.061	0.072
8	铁件	kg	651	15.0	19.0	22.9	27.2
9	油毛毡	m^2	825	1.8	1.8	1.8	1.8
10	32.5 级水泥	t	832	1.064	1.460	1.728	2.025
11	石油沥青	t	851	0.054	0.087	0.115	0.147
12	煤	t	864	0.028	0.041	0.052	0.065

续前页 单位:10 桥长米

顺序号	项目	单位	代号	安全带	人行道		
				宽度 (m)			
				0.25 以内	0.75 以内	1.00 以内	1.50 以内
				1	2	3	4
13	水	m^3	866	5	7	8	9
14	砂	m^3	897	0.28	0.51	0.71	0.94
15	中(粗)砂	m^3	899	1.71	2.39	2.83	3.31
16	砂砾	m^3	902	–	0.02	0.02	0.03
17	矿粉	t	949	0.074	0.133	0.184	0.243
18	碎石(2cm)	m^3	951	2.38	3.37	3.98	4.65
19	其他材料费	元	996	24.1	28.5	36.3	44.8
20	设备摊销费	元	997	0.4	0.7	0.9	1.2
21	250L 以内混凝土搅拌机	台班	1272	0.13	0.19	0.22	0.26
22	32kV·A 以内交流电弧焊机	台班	1726	0.77	0.83	1.10	1.39
23	小型机具使用费	元	1998	2.8	3.5	4.3	5.1
24	基价	元	1999	2844	3847	4641	5526

注:本定额中已包括混凝土的拌和费用。

5-3-9 现浇钢筋混凝土拱桥上部构造

工程内容 1)浇筑混凝土的全部工序;2)构件、预制块的预制、安装或安砌的全部工序;3)横墙、侧墙的浇筑或砌筑;4)伸缩缝的设置;5)拱上填料。

单位:$10m^3$ 实体

顺序号	项目	单位	代号	双曲拱	二铰板拱	薄壳拱
				1	2	3
1	人工	工日	1	49.1	49.7	49.1
2	C20 水泥混凝土	m^3	18	–	(9.17)	(10.20)
3	C25 水泥混凝土	m^3	19	(10.20)	–	–
4	原木	m^3	101	–	0.104	0.024
5	锯材	m^3	102	0.391	0.228	0.484
6	钢管	t	191	0.004	–	–
7	铁件	kg	651	8.4	2.4	5.8
8	铁钉	kg	653	4.6	1.2	2.4
9	8~12 号铁丝	kg	655	–	6.6	3.0
10	铁皮	m^2	666	4.9	2.8	–
11	铸铁管	kg	682	7.6	26.6	28.0
12	油毛毡	m^2	825	24.4	–	0.3
13	32.5 级水泥	t	832	2.938	2.832	3.157

续前页

单位：10m^3 实体

顺序号	项目	单位	代号	双曲拱	二铰板拱	薄壳拱
				1	2	3
14	石油沥青	t	851	0.094	0.072	0.077
15	水	m^3	866	16	16	16
16	中(粗)砂	m^3	899	5.03	4.90	4.97
17	砂砾	m^3	902	4.59	12.05	8.61
18	片石	m^3	931	0.33	1.16	–
19	碎石(2cm)	m^3	951	1.38	–	–
20	碎石(4cm)	m^3	952	6.92	7.70	8.54
21	碎石(8cm)	m^3	954	2.85	13.79	11.79
22	其他材料费	元	996	36.5	35.5	54.4
23	6～8t 光轮压路机	台班	1075	–	0.02	0.01
24	8～10t 光轮压路机	台班	1076	0.02	0.05	0.04
25	12～15t 光轮压路机	台班	1078	0.01	0.03	0.02
26	30kN 以内单筒慢动卷扬机	台班	1499	1.23	–	–
27	小型机具使用费	元	1998	11.5	14.7	16.9
28	基价	元	1999	5752	6129	6230

5-3-10 预制、安装钢筋混凝土拱桥上部构造

工程内容 1)吊装设备的拼装、拆除；2)构件、预制块的预制、安装或安砌的全部工序；3)现浇混凝土的全部工序；4)伸缩缝、防水层的设置；5)拱上填料。

单位:$10m^3$ 实体

顺序号	项目	单位	代号	双曲拱	刚架拱	箱形拱	桁架拱
				1	2	3	4
1	人工	工日	1	87.7	127.0	70.1	145.8
2	C25 水泥混凝土	m^3	19	(8.53)	-	-	-
3	C30 水泥混凝土	m^3	20	-	(10.10)	-	(10.10)
4	C40 水泥混凝土	m^3	22	-	-	(6.69)	-
5	原木	m^3	101	0.052	0.084	0.060	0.091
6	锯材	m^3	102	0.455	0.239	0.266	0.282
7	光圆钢筋	t	111	0.022	0.047	0.014	0.030
8	带肋钢筋	t	112	-	0.067	-	-
9	型钢	t	182	0.002	0.027	0.019	0.019
10	钢板	t	183	0.011	0.012	0.007	-
11	钢管	t	191	-	-	0.004	-
12	钢丝绳	t	221	0.080	0.098	0.052	0.116
13	电焊条	kg	231	1.2	12.2	1.1	0.3

续前页

单位:10m³ 实体

顺序号	项目	单位	代号	双曲拱	刚架拱	箱形拱	桁架拱
				1	2	3	4
14	钢模板	t	271	–	0.011	–	0.014
15	组合钢模板	t	272	–	0.021	0.019	0.030
16	门式钢支架	t	273	–	–	0.002	–
17	铁件	kg	651	4.0	12.4	12.7	16.5
18	铁钉	kg	653	8.8	0.1	1.2	0.3
19	8~12 号铁丝	kg	655	0.3	0.5	0.7	0.5
20	20~22 号铁丝	kg	656	–	0.2	–	–
21	铁皮	m^2	666	3.2	0.3	2.0	0.9
22	铸铁管	kg	682	6.2	11.5	2.8	15.3
23	橡胶条	m	716	–	2	–	–
24	油毛毡	m^2	825	24.1	–	10.9	–
25	32.5 级水泥	t	832	3.303	4.416	2.975	4.664
26	石油沥青	t	851	0.091	–	0.035	0.015
27	水	m^3	866	17	18	14	20
28	中(粗)砂	m^3	899	5.74	5.54	4.89	6.77
29	砂砾	m^3	902	6.50	10.90	5.87	12.62
30	片石	m^3	931	2.13	0.35	2.54	0.35
31	碎石(2cm)	m^3	951	3.49	7.37	2.79	–

续前页

单位：$10m^3$ 实体

顺序号	项　目	单位	代号	双曲拱	刚架拱	箱形拱	桁架拱
				1	2	3	4
32	碎石(4cm)	m^3	952	4.56	1.25	3.50	9.59
33	碎石(8cm)	m^3	954	2.53	2.69	–	–
34	块石	m^3	981	–	–	1.50	–
35	其他材料费	元	996	52.0	79.5	37.4	118.4
36	设备摊销费	元	997	751.5	1188.9	1497.1	1373.4
37	6～8t 光轮压路机	台班	1075	–	0.01	–	0.02
38	8～10t 光轮压路机	台班	1076	0.03	0.05	0.02	0.05
39	12～15t 光轮压路机	台班	1078	0.02	0.03	0.01	0.03
40	30kN 以内单筒慢动卷扬机	台班	1499	2.19	3.54	2.79	3.17
41	50kN 以内单筒慢动卷扬机	台班	1500	1.86	5.31	3.39	3.90
42	32kV·A 以内交流电弧焊机	台班	1726	0.25	2.51	0.23	0.07
43	小型机具使用费	元	1998	46.8	58.4	41.4	89.3
44	基价	元	1999	9685	13294	8941	14072

5－3－11 石拱桥

工程内容 1)拱圈、侧墙、横墙、护拱、帽石砌筑的全部工序；2)伸缩缝、防水层的设置；3)拱上填料及桥面底层的铺筑。

单位:10m³ 实体

顺序号	项目	单位	代号	平坦石拱	实腹式		空腹式
					标准跨径(m)		
					10以内	20以内	60以内
				1	2	3	4
1	人工	工日	1	30.8	30.6	27.2	20.9
2	原木	m³	101	0.010	0.010	0.010	0.017
3	锯材	m³	102	0.015	0.016	0.018	0.021
4	钢管	t	191	–	–	0.001	0.002
5	铁钉	kg	653	–	–	–	0.1
6	8～12号铁丝	kg	655	1.2	1.3	1.3	1.9
7	铸铁管	kg	682	9.5	8.4	4.2	14.0
8	油毛毡	m²	825	–	23.5	14.1	–
9	32.5级水泥	t	832	0.741	0.758	0.895	1.086
10	石油沥青	t	851	0.060	0.104	0.066	0.018
11	水	m³	866	13	12	12	11

续前页

单位:10m³ 实体

顺序号	项目	单位	代号	平坦石拱	实腹式		空腹式
					标准跨径(m)		
					10以内	20以内	60以内
				1	2	3	4
12	生石灰	t	891	0.424	-	-	-
13	中(粗)砂	m^3	899	4.58	3.21	3.27	3.10
14	黏土	m^3	911	0.39	-	-	-
15	片石	m^3	931	1.92	2.72	3.21	1.91
16	碎石(4cm)	m^3	952	-	-	-	0.25
17	碎石(8cm)	m^3	954	4.12	12.11	9.87	-
18	块石	m^3	981	8.07	7.21	7.09	7.60
19	粗料石	m^3	984	0.58	0.69	0.41	0.73
20	其他材料费	元	996	43.2	39.4	24.0	14.6
21	8~10t光轮压路机	台班	1076	0.03	0.02	0.02	-
22	1t以内机动翻斗车	台班	1408	-	-	-	0.03
23	小型机具使用费	元	1998	5.9	6.0	6.1	8.3
24	基价	元	1999	3449	3888	3449	2576

5-3-12 拱桥人行道及安全带

工程内容 1)人行道、安全带、缘石、栏杆、桥头搭板预制、安装或砌筑的全部工序；2)人行道板下填筑砂砾和砂垫层；3)人行道砂浆抹平。

单位:10 桥长米

顺序号	项目	单位	代号	钢筋混凝土拱桥			
				无人行道梁			
				安全带	人行道		
				宽度(m)			
				0.25 以内	0.75 以内	1.00 以内	1.50 以内
				1	2	3	4
1	人工	工日	1	37.1	50.2	53.7	60.8
2	原木	m^3	101	0.025	0.033	0.034	0.037
3	锯材	m^3	102	–	0.002	0.004	0.007
4	型钢	t	182	0.004	0.006	0.006	0.007
5	钢板	t	183	–	0.004	0.007	0.014
6	电焊条	kg	231	–	0.4	0.8	1.6
7	组合钢模板	t	272	0.039	0.053	0.057	0.066
8	铁件	kg	651	14.3	19.6	21.3	24.6
9	铁钉	kg	653	–	–	–	–
10	铁皮	m^2	666	–	–	–	–
11	油毛毡	m^2	825	1.7	1.7	1.7	1.7

续前页

单位:10 桥长米

顺序号	项目	单位	代号	钢筋混凝土拱桥			
				无人行道梁			
				安全带	人行道		
				宽度(m)			
				0.25 以内	0.75 以内	1.00 以内	1.50 以内
				1	2	3	4
12	32.5 级水泥	t	832	1.413	1.912	2.029	2.261
13	石油沥青	t	851	0.013	0.013	0.013	0.013
14	煤	t	864	0.012	0.012	0.012	0.012
15	水	m^3	866	7	10	10	11
16	中(粗)砂	m^3	899	2.42	3.29	3.48	3.85
17	砂砾	m^3	902	–	0.35	0.67	1.32
18	碎石(2cm)	m^3	951	3.48	4.71	4.98	5.51
19	碎石(4cm)	m^3	952	–	–	–	–
20	碎石(8cm)	m^3	954	–	1.27	2.52	5.04
21	粗料石	m^3	984	–	–	–	–
22	细料石	m^3	985	–	–	–	–
23	其他材料费	元	996	11.5	17.4	20.6	27.0
24	250L 以内混凝土搅拌机	台班	1272	0.19	0.26	0.28	0.30
25	32kV·A 以内交流电弧焊机	台班	1726	–	0.11	0.23	0.46
26	小型机具使用费	元	1998	2.6	3.7	4.0	4.6
27	基价	元	1999	3035	4201	4575	5340

续前页

单位:10 桥长米

顺序号	项目	单位	代号	钢筋混凝土拱桥			石拱桥	
				有人行道梁				
				安全带	人行道		安全带	人行道
				宽度（m）				
				0.25 以内	1.00 以内	2.00 以内	0.25 以内	0.75 以内
				5	6	7	8	9
1	人工	工日	1	34.4	82.6	119.3	21.7	26.6
2	原木	m^3	101	0.009	0.042	0.059	–	–
3	锯材	m^3	102	0.662	0.056	0.077	–	–
4	型钢	t	182	0.002	0.014	0.020	–	–
5	钢板	t	183	–	0.074	0.114	–	–
6	电焊条	kg	231	–	8.2	12.8	–	–
7	组合钢模板	t	272	0.015	0.114	0.167	–	–
8	铁件	kg	651	5.2	42.7	62.4	–	–
9	铁钉	kg	653	7.5	0.2	0.2	–	–
10	铁皮	m^2	666	5.3	0.2	0.2	–	–
11	油毛毡	m^2	825	2.4	2.4	2.4	–	–
12	32.5 级水泥	t	832	1.454	3.428	5.102	0.399	0.551
13	石油沥青	t	851	0.018	0.018	0.018	–	–

续前页

单位:10 桥长米

顺序号	项目	单位	代号	钢筋混凝土拱桥			石拱桥	
				有人行道梁				
				安全带	人行道		安全带	人行道
				宽度(m)				
				0.25 以内	1.00 以内	2.00 以内	0.25 以内	0.75 以内
				5	6	7	8	9
14	煤	t	864	0.016	0.016	0.016	–	–
15	水	m^3	866	7	18	28	12	15
16	中(粗)砂	m^3	899	2.55	5.68	8.50	1.45	2.02
17	砂砾	m^3	902	0.07	0.16	0.29	–	–
18	碎石(2cm)	m^3	951	1.08	7.31	10.67	–	–
19	碎石(4cm)	m^3	952	3.03	0.09	0.09	–	–
20	碎石(8cm)	m^3	954	–	–	–	–	–
21	粗料石	m^3	984	–	–	–	2.50	4.78
22	细料石	m^3	985	–	–	–	3.68	3.17
23	其他材料费	元	996	10.7	75.1	115.5	9.1	11.8
24	250L 以内混凝土搅拌机	台班	1272	0.22	0.41	0.60	–	–
25	32kV·A 以内交流电弧焊机	台班	1726	–	2.37	3.67	–	–
26	小型机具使用费	元	1998	6.7	8.3	12.2	2.4	3.3
27	基价	元	1999	3866	7761	11324	2233	2756

注:本定额中已包括混凝土的拌和费用。

5－3－13　行车道桥面铺装

工程内容　水泥混凝土、沥青混凝土、橡胶沥青混凝土铺筑及桥面防水剂的全部工序。

I. 桥面铺装　　单位:10m^3 实体

顺序号	项目	单位	代号	水泥混凝土			防水混凝土			沥青混凝土	橡胶沥青混凝土
				垫层	面层		垫层	面层			
					非泵送	泵送		非泵送	泵送		
				1	2	3	4	5	6	7	8
1	人工	工日	1	12.5	16.1	5.1	12.5	16.1	5.1	5.7	46.7
2	C30 水泥混凝土	m^3	20	(10.20)	(10.20)	–	–	–	–	–	–
3	C30 防水混凝土	m^3	37	–	–	–	(10.20)	(10.20)	–	–	–
4	C30 泵送混凝土	m^3	48	–	–	(10.40)	–	–	(10.40)	–	–
5	原木	m^3	101	0.001	0.001	0.001	0.001	0.001	0.001	–	–
6	型钢	t	182	0.001	0.001	0.001	0.001	0.001	0.001	–	–
7	氯化乳胶	kg	748	–	–	–	–	–	–	–	223.8
8	32.5 级水泥	t	832	3.845	3.845	4.368	4.060	4.060	4.611	0.014	–
9	石油沥青	t	851	–	–	–	–	–	–	1.225	1.572
10	煤	t	864	–	–	–	–	–	–	–	0.539
11	水	m^3	866	15	15	21	15	15	21	–	–
12	砂	m^3	897	–	–	–	–	–	–	4.71	–
13	中(粗)砂	m^3	899	4.69	4.69	5.82	4.69	4.69	5.82	–	–
14	矿粉	t	949	–	–	–	–	–	–	1.284	1.639
15	碎石(4cm)	m^3	952	8.47	8.47	7.59	8.57	8.57	7.68	–	–

续前页

单位:$10m^3$ 实体

顺序号	项目	单位	代号	水泥混凝土			防水混凝土			沥青混凝土	橡胶沥青混凝土
				垫层	面层		垫层	面层			
					非泵送	泵送		非泵送	泵送		
				1	2	3	4	5	6	7	8
16	石屑	m^3	961	–	–	–	–	–	–	2.61	8.97
17	路面用碎石(1.5cm)	m^3	965	–	–	–	–	–	–	7.23	8.05
18	其他材料费	元	996	2.9	2.9	–	34.3	34.3	34.3	11.8	13.7
19	设备摊销费	元	997	–	–	–	–	–	–	72.7	6.4
20	$1.0m^3$ 以内轮胎式装载机	台班	1048	–	–	–	–	–	–	0.15	–
21	6~8t 光轮压路机	台班	1075	–	–	–	–	–	–	0.18	–
22	8~10t 光轮压路机	台班	1076	–	–	–	–	–	–	–	0.08
23	10~12t 光轮压路机	台班	1077	–	–	–	–	–	–	0.16	0.19
24	30t/h 以内沥青混合料拌和设备	台班	1201	–	–	–	–	–	–	0.16	–
25	滑模式水泥混凝土摊铺机	台班	1234	–	–	0.02	–	–	0.02	–	–
26	混凝土电动刻纹机	台班	1243	–	–	0.61	–	–	0.61	–	–
27	混凝土电动切缝机	台班	1245	–	0.87	–	–	0.87	–	–	–
28	$60m^3/h$ 以内混凝土输送泵	台班	1316	–	–	0.10	–	–	0.10	–	–
29	3t 以内自卸汽车	台班	1382	–	–	–	–	–	–	0.89	–
30	1t 以内机动翻斗车	台班	1408	0.88	0.88	–	0.88	0.88	–	–	–
31	小型机具使用费	元	1998	13.6	16.9	–	13.6	16.9	–	3.5	2.2
32	基价	元	1999	2732	3036	2709	2838	3141	2826	7135	11047

II. 桥面防水及桥头搭板

单位：1000m² 及 10m³

顺序号	项目	单位	代号	桥面防水剂	现浇桥头搭板混凝土
				1000m²	10m³
				9	10
1	人工	工日	1	28.4	13.9
2	C30 水泥混凝土	m^3	20	–	(10.20)
3	原木	m^3	101	–	0.001
4	锯材	m^3	102	–	0.003
5	型钢	t	182	–	0.006
6	组合钢模板	t	272	–	0.008
7	铁件	kg	651	–	1.8
8	桥面防水涂料	kg	735	2500.0	–
9	玻璃纤维布	m^2	771	2820.0	–
10	32.5 级水泥	t	832	–	3.845
11	水	m^3	866	–	12
12	中(粗)砂	m^3	899	–	4.69
13	碎石(4cm)	m^3	952	–	8.47
14	其他材料费	元	996	–	23.2
15	4000L 以内沥青洒布车	台班	1193	0.12	–
16	1t 以内机动翻斗车	台班	1408	–	0.92
17	小型机具使用费	元	1998	–	14.5
18	基价	元	1999	23714	2902

5-3-14 钢桁架桥、钢索吊桥上部构造

工程内容 1)临时支架、吊装设备的制作、安装、拆除；2)钢梁、主索、悬吊系统、套筒拉杆安装的全部工序；3)行车道、人行道、缘石的预制、安装及铺装；4)木桥面制作及铺设；5)浇筑吊桥的钢筋混凝土锚碇板；6)支座、伸缩缝、金属栏杆、养护设备的安设；7)钢梁喷砂、油漆。

单位:10t 钢结构及 $10m^3$ 桥面

顺序号	项目	单位	代号	钢桁架桥		钢索吊桥			
						加劲桁架式桥		柔性桥	
				钢桁架梁	行车道板与桥面铺装	加劲桁梁	行车道板与桥面铺装	钢纵、横梁	木桥面
				10t	$10m^3$	10t	$10m^3$	10t	$10m^3$
				1	2	3	4	5	6
1	人工	工日	1	191.3	93.6	545.5	99.1	1164.8	44.8
2	原木	m^3	101	0.367	0.027	0.558	0.018	2.498	–
3	锯材	m^3	102	0.517	0.072	0.916	11.505	2.753	11.500
4	枕木	m^3	103	2.380	–	–	–	–	–
5	光圆钢筋	t	111	0.075	0.623	0.252	0.143	0.568	–
6	带肋钢筋	t	112	–	1.020	0.177	0.036	0.335	–
7	型钢	t	182	–	0.038	–	0.011	–	–
8	钢板	t	183	–	0.154	–	0.231	0.056	–
9	圆钢	t	184	0.018	–	–	–	–	–
10	钢轨	t	185	0.159	–	–	–	–	–

单位:10t 钢结构及 $10m^3$ 桥面

顺序号	项目	单位	代号	钢桁架桥		钢索吊桥			
						加劲桁架式桥		柔性桥	
				钢桁架梁	行车道板与桥面铺装	加劲桁梁	行车道板与桥面铺装	钢纵、横梁	木桥面
				10t	$10m^3$	10t	$10m^3$	10t	$10m^3$
				1	2	3	4	5	6
11	钢管	t	191	–	0.399	–	0.510	0.007	–
12	钢丝绳	t	221	0.050	0.006	3.237	–	7.441	–
13	电焊条	kg	231	–	31.4	0.8	7.0	102.9	–
14	锌	kg	236	–	–	75.5	–	87.7	–
15	螺栓	kg	240	453.7	21.3	603.0	–	–	–
16	钢模板	t	271	–	0.056	–	–	–	–
17	组合钢模板	t	272	–	0.021	–	0.035	–	–
18	悬吊系统构件	t	292	–	–	0.940	–	2.430	–
19	套管及拉杆构件	t	293	–	–	1.010	–	2.720	–
20	钢桁	t	302	10.320	–	10.000	–	–	–
21	钢纵、横梁	t	303	–	–	–	–	10.000	–
22	钢支座	t	400	–	0.390	–	0.106	–	–
23	铸铁	kg	561	–	–	–	–	16.8	–
24	铁件	kg	651	37.7	24.0	73.5	209.5	193.6	194.8
25	铁钉	kg	653	1.3	–	0.8	8.0	10.6	8.0

续前页 单位:10t 钢结构及 $10m^3$ 桥面

顺序号	项目	单位	代号	钢桁架桥		钢索吊桥			
						加劲桁架式桥		柔性桥	
				钢桁架梁	行车道板与桥面铺装	加劲桁梁	行车道板与桥面铺装	钢纵、横梁	木桥面
				10t	$10m^3$	10t	$10m^3$	10t	$10m^3$
				1	2	3	4	5	6
26	8~12 号铁丝	kg	655	8.9	0.1	10.3	–	16.0	–
27	20~22 号铁丝	kg	656	–	4.3	1.2	0.4	2.2	–
28	铸铁管	kg	682	–	24.8	–	28.0	–	–
29	油毛毡	m^2	825	–	–	–	–	2.5	–
30	32.5 级水泥	t	832	0.774	4.006	3.924	1.275	30.751	–
31	石油沥青	t	851	–	0.208	–	0.122	0.006	–
32	煤	t	864	–	0.022	–	0.008	–	–
33	水	m^3	866	5	17	21	9	141	–
34	砂	m^3	897	–	0.97	–	0.52	–	–
35	中(粗)砂	m^3	899	1.45	4.92	14.86	2.16	43.25	–
36	砂砾	m^3	902	16.45	–	42.08	–	128.14	–
37	片石	m^3	931	0.70	–	1.84	–	19.08	–
38	矿粉	t	949	–	0.259	–	0.140	–	–
39	碎石(2cm)	m^3	951	–	5.78	–	3.07	–	–
40	碎石(4cm)	m^3	952	2.46	2.46	10.55	–	68.72	–
41	石屑	m^3	961	–	0.32	–	0.23	–	–

续前页

单位:10t 钢结构及 $10m^3$ 桥面

顺序号	项目	单位	代号	钢桁架桥		钢索吊桥			
						加劲桁架式桥		柔性桥	
				钢桁架梁	行车道板与桥面铺装	加劲桁梁	行车道板与桥面铺装	钢纵、横梁	木桥面
				10t	$10m^3$	10t	$10m^3$	10t	$10m^3$
				1	2	3	4	5	6
42	路面用碎石(1.5cm)	m^3	965	–	0.90	–	0.58	–	–
43	其他材料费	元	996	190.3	88.2	721.1	375.5	1583.2	307.7
44	设备摊销费	元	997	591.8	484.7	198.0	6.0	–	–
45	$1.0m^3$ 以内轮胎式装载机	台班	1048	–	0.02	–	0.01	–	–
46	6~8t 光轮压路机	台班	1075	0.02	0.02	0.06	0.01	0.17	–
47	8~10t 光轮压路机	台班	1076	0.07	–	0.18	–	0.55	–
48	10~12t 光轮压路机	台班	1077	–	0.02	–	0.01	–	–
49	12~15t 光轮压路机	台班	1078	0.04	–	0.11	–	0.34	–
50	30t/h 以内沥青混合料拌和设备	台班	1201	–	0.02	–	0.01	–	–
51	3t 以内自卸汽车	台班	1382	–	0.11	–	0.07	–	–
52	1t 以内机动翻斗车	台班	1408	–	0.25	–	–	–	–
53	10t 以内履带式起重机	台班	1431	2.12	–	–	–	–	–
54	5t 以内汽车式起重机	台班	1449	–	–	28.11	–	38.29	–
55	30kN 以内单筒慢动卷扬机	台班	1499	–	1.59	–	–	–	–
56	50kN 以内单筒慢动卷扬机	台班	1500	2.88	4.05	7.56	–	11.20	–

续前页　　　　单位：10t 钢结构及 $10m^3$ 桥面

顺序号	项目	单位	代号	钢桁架桥		钢索吊桥			
						加劲桁架式桥		柔性桥	
				钢桁架梁	行车道板与桥面铺装	加劲桁梁	行车道板与桥面铺装	钢纵、横梁	木桥面
				10t	$10m^3$	10t	$10m^3$	10t	$10m^3$
				1	2	3	4	5	6
57	ϕ500mm 以内木工圆锯机	台班	1710	0.05	–	–	–	–	–
58	32kV·A 以内交流电弧焊机	台班	1726	–	4.48	0.12	1.37	10.29	–
59	150kV·A 以内交流对焊机	台班	1747	–	0.14	–	–	–	–
60	$9m^3$/min 以内机动空压机	台班	1842	1.20	–	0.71	–	–	–
61	小型机具使用费	元	1998	141.8	99.4	69.8	30.6	91.3	–
62	基价	元	1999	126033	22213	188359	28927	271393	18950

5－3－15 悬索桥锚碇锚固系统

工程内容 1)定位钢支架制作、安装的全部工序；2)环氧钢绞线钢束制作、穿束、安装锚具、张拉、灌防腐油脂等的全部工序；3)锚固拉杆安装的全部工序。

单位:1t

顺序号	项目	单位	代号	定位钢支架	环氧钢绞线		锚固拉杆
					每 t 1.43 束	每增减 1 束	
				1	2	3	4
1	人工	工日	1	10.6	7.8	1.8	4.2
2	原木	m^3	101	–	–	–	0.017
3	锯材	m^3	102	–	–	–	0.031
4	环氧钢绞线	t	126	–	1.040	–	–
5	型钢	t	182	0.362	–	–	–
6	钢板	t	183	0.159	0.053	–	0.024
7	钢管	t	191	0.504	–	–	–
8	钢丝绳	t	221	0.020	–	–	0.002
9	电焊条	kg	231	3.6	–	–	–
10	套管及拉杆构件	t	293	–	–	–	1.000
11	铁件	kg	651	3.5	–	–	6.4
12	其他材料费	元	996	11.3	2313.4	–	68.9
13	钢绞线拉伸设备	台班	1349	–	0.31	0.21	–
14	15t 以内载货汽车	台班	1378	–	–	–	0.05
15	16t 以内汽车式起重机	台班	1452	0.09	–	–	0.01
16	32kV·A 以内交流电弧焊机	台班	1726	3.05	–	–	–
17	$9m^3/min$ 以内机动空压机	台班	1842	–	–	–	0.19
18	小型机具使用费	元	1998	44.8	52.5	26.1	41.1
19	基价	元	1999	5997	12388	143	7671

5-3-16 悬索桥索鞍

工程内容 1)塔顶门架安装、改装、拆除；2)钢格栅安装、浇筑高强混凝土的全部工序；3)散索鞍安装的全部工序；4)主索鞍安装及位置调整的全部工序；5)主索鞍鞍罩制作及安装的全部工序。

单位:10t

顺序号	项目	单位	代号	钢格栅	散索鞍	主索鞍	
						岸上塔	水中塔
				1	2	3	4
1	人工	工日	1	87.5	75.5	161.1	161.1
2	锯材	m^3	102	0.173	0.267	0.876	0.876
3	钢绞线	t	125	–	–	0.060	0.060
4	型钢	t	182	0.289	0.247	3.039	3.039
5	钢板	t	183	0.173	0.164	0.326	0.326
6	钢管	t	191	–	–	0.103	0.103
7	钢丝绳	t	221	0.116	0.143	0.013	0.013
8	电焊条	kg	231	2.9	6.8	36.5	36.5
9	钢格栅	t	289	10.000	–	–	–
10	索鞍构件	t	291	–	10.000	10.000	10.000
11	钢绞线群锚(19孔)	套	585	–	–	0.59	0.59
12	不锈钢板	kg	631	–	–	1490.0	1490.0
13	42.5级水泥	t	833	0.346	0.023	–	–
14	52.5级水泥	t	834	0.406	0.156	–	–
15	水	m^3	866	1	1	–	–

续前页

单位:10t

顺序号	项目	单位	代号	钢格栅	散索鞍	主索鞍	
						岸上塔	水中塔
				1	2	3	4
16	中(粗)砂	m^3	899	0.31	0.12	–	–
17	碎石(2cm)	m^3	951	0.60	0.23	–	–
18	其他材料费	元	996	54.5	604.6	241.9	241.9
19	设备摊销费	元	997	–	–	1798.2	1798.2
20	500t 以内预应力拉伸机	台班	1347	–	–	1.37	1.37
21	10t 以内载货汽车	台班	1376	–	–	0.51	0.51
22	20t 以内平板拖车组	台班	1393	1.68	–	–	–
23	100t 以内平板拖车组	台班	1398	–	0.28	0.30	0.27
24	16t 以内汽车式起重机	台班	1452	–	–	0.70	0.70
25	20t 以内汽车式起重机	台班	1453	0.42	–	–	–
26	75t 以内汽车式起重机	台班	1458	–	0.28	0.30	0.27
27	50kN 以内单筒慢动卷扬机	台班	1500	–	0.52	0.46	0.46
28	80kN 以内单筒慢动卷扬机	台班	1501	1.68	0.88	0.46	0.46
29	32kV·A 以内交流电弧焊机	台班	1726	1.68	1.15	3.49	3.49
30	221kW 以内内燃拖轮	艘班	1855	–	–	–	0.31
31	300t 以内工程驳船	艘班	1877	–	–	–	0.45
32	小型机具使用费	元	1998	48.0	65.0	100.2	100.2
33	基价	元	1999	184549	259083	326330	326871

注:如果水中塔可利用施工便桥将主索鞍运至塔底时,应按岸上塔定额计算。

5-3-17 悬索桥牵引系统

工程内容 1)塔顶平台安装与拆除;2)导索架设与拆除;3)牵引系统架设与拆除。

单位:10m

顺序号	项目	单位	代号	主跨跨径(m)		
				1000以内	1500以内	2000以内
				1	2	3
1	人工	工日	1	29.7	28.8	27.9
2	锯材	m^3	102	0.816	0.709	0.617
3	型钢	t	182	0.233	0.204	0.179
4	钢板	t	183	0.069	0.060	0.053
5	钢管	t	191	0.011	0.010	0.009
6	钢丝绳	t	221	0.097	0.096	0.095
7	电焊条	kg	231	5.3	4.6	4.1
8	铁件	kg	651	1.6	1.4	1.2
9	8~12号铁丝	kg	655	1.4	1.3	1.1
10	其他材料费	元	996	155.2	152.0	149.3
11	设备摊销费	元	997	3107.4	2855.4	2639.4
12	10t以内载货汽车	台班	1376	0.10	0.08	0.07
13	12t以内汽车式起重机	台班	1451	0.10	0.08	0.07
14	50kN以内单筒慢动卷扬机	台班	1500	0.83	0.72	0.63
15	80kN以内单筒慢动卷扬机	台班	1501	0.30	0.41	0.56
16	250kN以内双筒慢动卷扬机	台班	1519	0.04	0.06	0.07

续前页　　　　单位:10m

顺序号	项目	单位	代号	主跨跨径(m)		
				1000 以内	1500 以内	2000 以内
				1	2	3
17	32kV·A 以内交流电弧焊机	台班	1726	1.14	1.00	0.88
18	368kW 以内内燃拖轮	艘班	1857	0.01	0.01	0.01
19	300t 以内工程驳船	艘班	1877	0.03	0.03	0.03
20	198kW 以内机动艇	艘班	1920	0.03	0.03	0.03
21	小型机具使用费	元	1998	82.7	81.7	81.0
22	基价	元	1999	8204	7568	7031

5-3-18 悬索桥猫道系统

工程内容 1)猫道系统安装与拆除;2)天车系统架设与拆除。

单位:10m

顺序号	项目	单位	代号	主跨跨径(m)		
				1000以内	1500以内	2000以内
				1	2	3
1	人工	工日	1	18.8	26.3	31.9
2	锯材	m^3	102	0.006	0.006	0.006
3	型钢	t	182	0.193	0.193	0.193
4	钢板	t	183	0.011	0.011	0.011
5	钢管	t	191	0.064	0.064	0.064
6	钢丝绳	t	221	0.477	0.477	0.477
7	电焊条	kg	231	1.0	1.0	1.0
8	铁件	kg	651	5.0	5.0	5.0
9	8~12号铁丝	kg	655	1.6	1.6	1.6
10	铁丝编制网	m^2	693	115.10	115.10	115.10
11	其他材料费	元	996	18.3	18.3	18.3
12	设备摊销费	元	997	4711.4	4711.4	4711.4
13	300t以内预应力拉伸机	台班	1346	0.08	0.11	0.15
14	10t以内载货汽车	台班	1376	0.13	0.13	0.13
15	20t以内平板拖车组	台班	1393	0.02	0.02	0.02
16	12t以内汽车式起重机	台班	1451	0.27	0.27	0.27

续前页 单位:10m

顺序号	项目	单位	代号	主跨跨径(m)		
				1000以内	1500以内	2000以内
				1	2	3
17	20t以内汽车式起重机	台班	1453	0.29	0.29	0.29
18	50kN以内单筒慢动卷扬机	台班	1500	1.05	1.47	1.99
19	80kN以内单筒慢动卷扬机	台班	1501	0.28	0.39	0.52
20	250kN以内双筒慢动卷扬机	台班	1519	0.29	0.40	0.54
21	32kV·A以内交流电弧焊机	台班	1726	0.80	0.80	0.80
22	小型机具使用费	元	1998	18.0	18.0	18.0
23	基价	元	1999	12698	13163	13558

注:本定额猫道宽度为4.0m,定额中未包括猫道承重索制作加工场地及张拉槽座的费用,需要时另行计算。

5-3-19 悬索桥主缆

工程内容 1)主缆架设的全部工序；2)主缆缆套、检修道制作及安装的全部工序。

单位:10t

顺序号	项目	单位	代号	主跨跨径(m)		
				1000以内	1500以内	2000以内
				1	2	3
1	人工	工日	1	32.2	28.7	25.2
2	锯材	m^3	102	0.013	0.012	0.011
3	主缆索股	t	143	10.000	10.000	10.000
4	型钢	t	182	0.015	0.013	0.012
5	钢板	t	183	0.019	0.014	0.012
6	钢管	t	191	0.017	0.017	0.017
7	钢丝绳	t	221	0.070	0.048	0.042
8	电焊条	kg	231	0.8	0.5	0.4
9	套管及拉杆构件	t	293	0.025	0.009	0.006
10	铁件	kg	651	0.2	0.2	0.2
11	8~12号铁丝	kg	655	0.3	0.3	0.3
12	其他材料费	元	996	1348.9	1064.1	986.3
13	65t以内预应力拉伸机	台班	1343	3.63	4.00	4.17
14	6t以内载货汽车	台班	1374	0.01	-	-
15	100t以内平板拖车组	台班	1398	0.19	0.19	0.19
16	12t以内汽车式起重机	台班	1451	0.12	0.12	0.12

续前页

单位:10t

顺序号	项目	单位	代号	主跨跨径(m)		
				1000 以内	1500 以内	2000 以内
				1	2	3
17	120t 以内门式起重机	台班	1490	0.11	0.11	0.11
18	50kN 以内单筒慢动卷扬机	台班	1500	0.16	0.13	0.11
19	80kN 以内单筒慢动卷扬机	台班	1501	1.57	1.45	1.24
20	250kN 以内双筒慢动卷扬机	台班	1519	0.26	0.23	0.20
21	32kV·A 以内交流电弧焊机	台班	1726	0.02	0.01	–
22	小型机具使用费	元	1998	185.0	185.3	185.3
23	基价	元	1999	165079	164325	163966

5－3－20　悬索桥主缆紧缆

工程内容　预紧缆及正式紧缆的全部工序。

单位:10m

顺序号	项　目	单位	代号	主缆直径(mm)			
				600以内	700以内	800以内	900以内
				1	2	3	4
1	人工	工日	1	14.7	15.3	16.1	16.7
2	锯材	m^3	102	0.007	0.007	0.007	0.007
3	紧缆钢带	t	155	0.016	0.016	0.016	0.016
4	型钢	t	182	0.014	0.014	0.014	0.014
5	钢丝绳	t	221	0.013	0.013	0.013	0.013
6	其他材料费	元	996	15.5	15.5	15.5	15.5
7	8t以内载货汽车	台班	1375	0.03	0.04	0.04	0.04
8	20t以内汽车式起重机	台班	1453	0.03	0.03	0.03	0.03
9	50kN以内单筒慢动卷扬机	台班	1500	0.30	0.36	0.46	0.54
10	钢缆压紧机	台班	1708	0.40	0.49	0.62	0.73
11	小型机具使用费	元	1998	35.7	35.7	35.7	35.7
12	基价	元	1999	1721	1854	2039	2190

5－3－21 悬索桥索夹及吊索

工程内容 索夹、吊索安装的全部工序。

单位：10t

顺序号	项目	单位	代号	索夹	吊索 长度（m） 100以内	吊索 长度（m） 200以内	吊索 长度（m） 300以内
				1	2	3	4
1	人工	工日	1	52.4	63.3	57.0	49.4
2	锯材	m^3	102	0.575	–	–	–
3	预应力粗钢筋	t	121	0.104	–	–	–
4	吊索	t	148	–	10.000	10.000	10.000
5	钢板	t	183	–	0.115	0.115	0.115
6	钢管	t	191	–	0.054	0.054	0.054
7	钢丝绳	t	221	0.036	0.333	0.333	0.333
8	索夹	t	290	10.000	–	–	–
9	铁件	kg	651	–	5.3	5.3	5.3
10	橡胶条	m	716	51	4	4	4
11	其他材料费	元	996	109.5	46.9	46.9	46.9
12	90t以内预应力拉伸机	台班	1344	4.74	–	–	–
13	10t以内载货汽车	台班	1376	–	0.50	0.50	0.50
14	12t以内汽车式起重机	台班	1451	–	0.50	0.50	0.50
15	50kN以内单筒慢动卷扬机	台班	1500	2.68	1.21	1.09	0.95
16	小型机具使用费	元	1998	68.4	64.3	64.3	64.3
17	基价	元	1999	255210	206757	206435	206048

5－3－22 悬索桥主缆缠丝

工程内容 缠丝的全部工序。

单位:10m

顺序号	项目	单位	代号	主缆直径(mm)			
				600 以内	700 以内	800 以内	900 以内
				1	2	3	4
1	人工	工日	1	29.6	32.9	42.8	47.3
2	镀锌高强钢丝	t	134	0.435	0.655	0.776	0.878
3	钢丝绳	t	221	0.015	0.017	0.019	0.024
4	其他材料费	元	996	899.0	1287.4	1605.0	1682.2
5	8t 以内载货汽车	台班	1375	0.03	0.03	0.03	0.03
6	20t 以内汽车式起重机	台班	1453	0.03	0.03	0.03	0.03
7	50kN 以内单筒慢动卷扬机	台班	1500	0.77	0.90	1.29	1.46
8	钢缆缠丝机	台班	1707	1.04	1.21	1.75	1.99
9	75kV·A 以内交流对焊机	台班	1745	0.89	0.89	0.89	0.89
10	小型机具使用费	元	1998	133.8	133.8	133.8	133.8
11	基价	元	1999	7671	10313	12787	14264

5-3-23 平行钢丝斜拉索

工程内容 平行钢丝斜拉索、减振器安装的全部工序。

单位:10t 及 1 个

顺序号	项目	单位	代号	斜拉索安装				减振器安装
				斜拉索长度(m)				
				150 以内		350 以内		
				每 10t 2.305 束	每增减 1 束	每 10t 0.888 束	每增减 1 束	
				10t				1 个
				1	2	3	4	5
1	人工	工日	1	146.6	36.5	88.5	54.5	1.7
2	锯材	m^3	102	0.025	–	0.025	–	–
3	平行钢丝斜拉索	t	141	10.000	–	10.000	–	–
4	斜拉索减振器	个	145	–	–	–	–	1.0
5	型钢	t	182	0.140	–	0.142	–	–
6	钢板	t	183	0.007	–	0.008	–	–
7	钢管	t	191	0.040	–	0.041	–	–
8	钢丝绳	t	221	0.041	–	0.042	–	–
9	电焊条	kg	231	8.5	–	3.7	–	–
10	其他材料费	元	996	533.7	–	473.4	–	–

续前页 单位:10t 及 1 个

顺序号	项目	单位	代号	斜拉索安装				减振器安装
				斜拉索长度(m)				
				150 以内		350 以内		
				每 10t 2.305 束	每增减 1 束	每 10t 0.888 束	每增减 1 束	
				10t				1 个
				1	2	3	4	5
11	120t 以内预应力拉伸机	台班	1345	–	–	3.39	–	–
12	300t 以内预应力拉伸机	台班	1346	19.52	8.47	–	–	–
13	500t 以内预应力拉伸机	台班	1347	–	–	9.53	10.73	–
14	30t 以内平板拖车组	台班	1394	0.62	–	0.71	–	–
15	20t 以内汽车式起重机	台班	1453	0.62	–	0.71	–	–
16	40t 以内汽车式起重机	台班	1456	0.62	–	0.71	–	–
17	50kN 以内单筒慢动卷扬机	台班	1500	17.92	–	8.63	–	1.25
18	80kN 以内单筒慢动卷扬机	台班	1501	9.87	0.27	7.37	0.27	–
19	32kV·A 以内交流电弧焊机	台班	1726	35.45	–	14.78	–	–
20	小型机具使用费	元	1998	105.6	–	76.1	–	–
21	基价	元	1999	194669	2451	189102	4631	4208

5-3-24 钢绞线斜拉索

工程内容 钢绞线斜拉索安装的全部工序。

单位:10t

顺序号	项目	单位	代号	每10t 1.748束	每增减1束
				1	2
1	人工	工日	1	296.7	98.2
2	锯材	m^3	102	0.044	–
3	钢绞线斜拉索	t	142	10.000	–
4	型钢	t	182	0.248	–
5	钢板	t	183	0.097	–
6	钢管	t	191	0.028	–
7	钢丝绳	t	221	0.029	–
8	电焊条	kg	231	2.1	–
9	其他材料费	元	996	660.4	–
10	1.0m^3以内轮胎式装载机	台班	1048	5.39	–
11	90t以内预应力拉伸机	台班	1344	12.16	6.96
12	500t以内预应力拉伸机	台班	1347	12.16	6.96
13	8t以内载货汽车	台班	1375	5.03	–
14	16t以内汽车式起重机	台班	1452	5.48	–
15	30kN以内单筒慢动卷扬机	台班	1499	27.48	–
16	50kN以内单筒慢动卷扬机	台班	1500	16.43	–
17	小型机具使用费	元	1998	33.7	–
18	基价	元	1999	127605	6371

5-3-25 钢 箱 梁

工程内容 1)0号块托架安装与拆除；2)钢箱梁安装的全部工序；3)无索区钢箱梁吊装、滑移到位和安装的全部工序；4)钢箱梁顶推安装的全部工序。

单位:10t

顺序号	项目	单位	代号	0号块托架安拆	钢箱梁安装			
					跨缆吊机吊装	悬臂吊机吊装	无索区安装	自锚式悬索桥顶推安装
				1	2	3	4	5
1	人工	工日	1	79.9	17.7	12.3	14.3	18.9
2	原木	m^3	101	0.403	–	–	–	0.001
3	锯材	m^3	102	1.050	–	–	0.062	0.019
4	枕木	m^3	103	–	–	–	0.062	–
5	光圆钢筋	t	111	–	–	–	–	0.003
6	带肋钢筋	t	112	–	–	–	–	0.010
7	钢绞线	t	125	–	0.012	–	–	0.005
8	型钢	t	182	1.554	0.004	0.009	0.013	0.018
9	钢板	t	183	0.723	0.001	0.002	0.001	0.060
10	钢轨	t	185	–	–	–	0.005	–
11	钢管	t	191	2.992	–	–	–	–
12	钢丝绳	t	221	–	0.007	0.044	0.043	–
13	电焊条	kg	231	55.0	–	–	0.1	1.4
14	螺栓	kg	240	–	74.5	10.0	–	–
15	钢箱梁及桥面板	t	304	–	10.000	10.000	10.000	10.000
16	不锈钢板	kg	631	–	–	–	–	3.5

续前页 单位:10t

顺序号	项目	单位	代号	0号块托架安拆	钢箱梁安装			
					跨缆吊机吊装	悬臂吊机吊装	无索区安装	自锚式悬索桥顶推安装
				1	2	3	4	5
17	不锈钢滑板	kg	632	–	–	–	–	3.0
18	聚四氟乙烯滑块	块	642	–	–	–	–	2.52
19	铁件	kg	651	6.8	–	–	0.9	0.5
20	42.5级水泥	t	833	–	–	–	–	0.031
21	中(粗)砂	m^3	899	–	–	–	–	0.03
22	砂砾	m^3	902	–	4.02	4.02	–	2.41
23	碎石(4cm)	m^3	952	–	–	–	–	0.05
24	其他材料费	元	996	480.4	157.6	102.5	199.6	78.1
25	设备摊销费	元	997	–	–	–	–	140.4
26	8~10t光轮压路机	台班	1076	–	0.02	0.02	–	0.01
27	12~15t光轮压路机	台班	1078	–	0.01	0.01	–	–
28	69t以内桥梁顶推设备	台班	1341	–	–	–	–	3.32
29	跨缆吊机	台班	1494	–	0.45	–	–	–
30	30kN以内单筒慢动卷扬机	台班	1499	–	–	–	–	0.51
31	50kN以内单筒慢动卷扬机	台班	1500	0.38	–	–	–	–
32	80kN以内单筒慢动卷扬机	台班	1501	–	–	3.95	–	–
33	32kV·A以内交流电弧焊机	台班	1726	5.70	0.22	0.32	–	0.21
34	221kW以内内燃拖轮	艘班	1855	0.53	–	–	–	–
35	600t以内工程驳船	艘班	1880	0.59	–	–	–	–
36	350t以内旋转扒杆起重船	艘班	1903	0.62	–	–	0.27	–
37	小型机具使用费	元	1998	–	17.8	14.5	22.4	32.5
38	基价	元	1999	54048	103841	101839	110050	102781

5-3-26 钢管拱桥上部构造

工程内容 1)钢绞线扣索系统的安装与拆除的全部工序; 2)钢管拱肋安装及拱肋混凝土浇筑的全部工序; 3)系杆安装的全部工序; 4)钢纵、横梁安装的全部工序; 5)混凝土纵、横梁预制和安装的全部工序。

Ⅰ.拱肋安装

单位:表列单位

顺序号	项目	单位	代号	钢绞线扣索	钢管拱肋安装	拱肋混凝土
				1t	10t	$10m^3$
				1	2	3
1	人工	工日	1	7.3	98.8	7.7
2	C60泵送混凝土	m^3	54	-	-	(10.40)
3	锯材	m^3	102	-	0.035	-
4	光圆钢筋	t	111	-	0.002	-
5	钢绞线	t	125	1.040	-	-
6	型钢	t	182	-	0.127	-
7	钢板	t	183	-	0.083	-
8	钢管	t	191	-	-	0.044
9	钢丝绳	t	221	0.048	0.010	0.011
10	电焊条	kg	231	-	42.2	2.5
11	螺栓	kg	240	-	5.2	-
12	钢管拱肋	t	310	-	10.000	-
13	8~12号铁丝	kg	655	4.1	-	-
14	52.5级水泥	t	834	-	-	6.047
15	水	m^3	866	-	-	18

续前页

单位:表列单位

顺序号	项目	单位	代号	钢绞线扣索	钢管拱肋安装	拱肋混凝土
				1t	10t	$10m^3$
				1	2	3
16	中(粗)砂	m^3	899	–	–	5.41
17	砂砾	m^3	902	–	6.02	–
18	碎石(2cm)	m^3	951	–	–	6.58
19	其他材料费	元	996	105.2	791.3	1279.9
20	8～10t 光轮压路机	台班	1076	–	0.03	–
21	12～15t 光轮压路机	台班	1078	–	0.02	–
22	$60m^3/h$ 以内混凝土输送泵	台班	1316	–	–	0.35
23	300t 以内预应力拉伸机	台班	1346	0.36	13.05	–
24	50kN 以内单筒慢动卷扬机	台班	1500	0.34	0.93	0.06
25	100kN 以内单筒慢动卷扬机	台班	1502	–	3.76	–
26	32kV·A 以内交流电弧焊机	台班	1726	–	–	0.07
27	小型机具使用费	元	1998	29.3	38.4	16.9
28	基价	元	1999	7620	83831	5451

II. 系杆及吊索安装

单位:1t

顺序号	项目	单位	代号	系杆			吊索
				系杆长度(m)			
				100 以内	200 以内	300 以内	
				4	5	6	7
1	人工	工日	1	12.4	10.9	8.5	26.6
2	光圆钢筋	t	111	–	–	–	0.001
3	吊索	t	148	–	–	–	1.000
4	系杆	t	149	1.000	1.000	1.000	–
5	型钢	t	182	0.001	0.001	0.001	–
6	钢板	t	183	0.212	0.203	0.193	0.026
7	圆钢	t	184	0.004	0.004	0.004	–
8	钢丝绳	t	221	0.001	0.001	0.001	0.001
9	电焊条	kg	231	1.6	1.5	1.4	4.2
10	其他材料费	元	996	55.5	46.0	37.9	403.0
11	300t 以内预应力拉伸机	台班	1346	0.24	0.20	0.15	3.39
12	20t 以内汽车式起重机	台班	1453	0.07	0.06	0.05	–
13	50kN 以内单筒慢动卷扬机	台班	1500	–	–	–	1.42
14	100kN 以内单筒慢动卷扬机	台班	1502	0.21	0.18	0.14	–
15	32kV·A 以内交流电弧焊机	台班	1726	0.50	0.46	0.42	1.31
16	小型机具使用费	元	1998	31.1	24.8	18.5	25.3
17	基价	元	1999	13851	13698	13495	22408

III. 纵、横梁安装

单位：10m³ 及 1t

顺序号	项目	单位	代号	钢纵、横梁	混凝土纵、横梁
				1t	10m³
				8	9
1	人工	工日	1	2.4	68.4
2	C30 水泥混凝土	m³	20	–	(10.10)
3	原木	m³	101	–	0.034
4	锯材	m³	102	–	0.051
5	光圆钢筋	t	111	0.001	–
6	钢板	t	183	0.005	0.141
7	钢丝绳	t	221	0.001	–
8	电焊条	kg	231	0.5	10.5
9	钢模板	t	271	–	0.116
10	钢纵、横梁	t	303	1.000	–
11	铁件	kg	651	–	12.7
12	32.5 级水泥	t	832	–	3.808
13	水	m³	866	–	18
14	中(粗)砂	m³	899	–	4.65
15	碎石(4cm)	m³	952	–	8.38
16	其他材料费	元	996	30.0	84.4
17	20t 以内汽车式起重机	台班	1453	0.07	–
18	30kN 以内单筒慢动卷扬机	台班	1499	–	8.04
19	50kN 以内单筒慢动卷扬机	台班	1500	0.14	8.29
20	100kN 以内单筒慢动卷扬机	台班	1502	0.14	–
21	32kV·A 以内交流电弧焊机	台班	1726	–	1.19
22	小型机具使用费	元	1998	22.0	109.1
23	基价	元	1999	8316	8711

5-3-27 支座及伸缩缝

工程内容 支座及伸缩缝安装的全部工序。

I. 板式橡胶支座安装

单位：1dm³

顺序号	项目	单位	代号	板式橡胶支座	四氟板式橡胶组合支座
				1	2
1	人工	工日	1	0.2	0.2
2	带肋钢筋	t	112	-	0.001
3	钢板	t	183	-	0.011
4	电焊条	kg	231	-	0.1
5	四氟板式橡胶组合支座	dm^3	401	-	1.0
6	板式橡胶支座	dm^3	402	1.0	-
7	其他材料费	元	996	0.2	1.7
8	32kV·A以内交流电弧焊机	台班	1726	-	0.02
9	小型机具使用费	元	1998	-	0.1
10	基价	元	1999	90	177

II. 钢盆式橡胶支座安装

单位:1 个

顺序号	项目	单位	代号	支座反力(kN)								
				3000	4000	5000	7000	10000	15000	20000	25000	30000
				3	4	5	6	7	8	9	10	11
1	人工	工日	1	2.6	3.5	3.9	7.0	9.3	13.8	15.9	20.3	22.8
2	钢管	t	191	–	–	–	–	–	–	–	–	–
3	电焊条	kg	231	0.9	1.0	1.1	1.3	1.6	1.9	2.2	2.5	2.7
4	盆式橡胶支座(3000kN)	套	507	1	–	–	–	–	–	–	–	–
5	盆式橡胶支座(4000kN)	套	509	–	1	–	–	–	–	–	–	–
6	盆式橡胶支座(5000kN)	套	510	–	–	1	–	–	–	–	–	–
7	盆式橡胶支座(7000kN)	套	512	–	–	–	1	–	–	–	–	–
8	盆式橡胶支座(10000kN)	套	515	–	–	–	–	1	–	–	–	–
9	盆式橡胶支座(15000kN)	套	517	–	–	–	–	–	1	–	–	–
10	盆式橡胶支座(20000kN)	套	519	–	–	–	–	–	–	1	–	–
11	盆式橡胶支座(25000kN)	套	521	–	–	–	–	–	–	–	1	–
12	盆式橡胶支座(30000kN)	套	523	–	–	–	–	–	–	–	–	1
13	盆式橡胶支座(35000kN)	套	525	–	–	–	–	–	–	–	–	–
14	盆式橡胶支座(40000kN)	套	527	–	–	–	–	–	–	–	–	–
15	盆式橡胶支座(45000kN)	套	528	–	–	–	–	–	–	–	–	–
16	盆式橡胶支座(50000kN)	套	529	–	–	–	–	–	–	–	–	–

续前页

单位:1个

顺序号	项目	单位	代号	支座反力(kN)								
				3000	4000	5000	7000	10000	15000	20000	25000	30000
				3	4	5	6	7	8	9	10	11
17	盆式橡胶支座(55000kN)	套	530	–	–	–	–	–	–	–	–	–
18	盆式橡胶支座(60000kN)	套	531	–	–	–	–	–	–	–	–	–
19	阻尼器	套	532	–	–	–	–	–	–	–	–	–
20	抗风支座	套	533	–	–	–	–	–	–	–	–	–
21	环氧树脂	kg	746	2.9	3.5	4.4	5.4	7.7	10.9	14.7	18.7	21.3
22	52.5级水泥	t	834	0.010	0.020	0.020	0.031	0.041	0.051	0.071	0.092	0.102
23	中(粗)砂	m^3	899	0.01	0.02	0.02	0.02	0.03	0.05	0.06	0.08	0.09
24	其他材料费	元	996	8.3	11.0	11.9	15.9	21.7	29.5	33.6	37.2	41.6
25	20t以内汽车式起重机	台班	1453	0.14	0.15	0.16	0.16	0.03	0.04	0.06	0.07	0.08
26	30t以内汽车式起重机	台班	1455	–	–	–	–	0.27	0.27	0.27	0.27	0.27
27	40t以内汽车式起重机	台班	1456	–	–	–	–	–	–	–	–	–
28	30kN以内单筒慢动卷扬机	台班	1499	–	–	–	–	–	–	–	–	–
29	32kV·A以内交流电弧焊机	台班	1726	0.33	0.38	0.43	0.50	0.61	0.73	0.87	0.95	1.05
30	小型机具使用费	元	1998	4.1	4.5	5.4	6.6	7.4	8.2	9.1	10.3	11.1
31	基价	元	1999	4676	6893	9614	14169	22274	33820	48697	66622	88305

续前页

单位:1 个

顺序号	项　　目	单位	代号	支座反力(kN) 35000	40000	45000	50000	55000	60000	STU 支座	抗风支座
				12	13	14	15	16	17	18	19
1	人工	工日	1	29.9	31.5	36.1	39.7	41.9	43.8	47.1	39.9
2	钢管	t	191	–	–	–	–	–	–	0.005	–
3	电焊条	kg	231	2.9	3.1	3.4	3.5	3.7	3.8	3.9	–
4	盆式橡胶支座(3000kN)	套	507	–	–	–	–	–	–	–	–
5	盆式橡胶支座(4000kN)	套	509	–	–	–	–	–	–	–	–
6	盆式橡胶支座(5000kN)	套	510	–	–	–	–	–	–	–	–
7	盆式橡胶支座(7000kN)	套	512	–	–	–	–	–	–	–	–
8	盆式橡胶支座(10000kN)	套	515	–	–	–	–	–	–	–	–
9	盆式橡胶支座(15000kN)	套	517	–	–	–	–	–	–	–	–
10	盆式橡胶支座(20000kN)	套	519	–	–	–	–	–	–	–	–
11	盆式橡胶支座(25000kN)	套	521	–	–	–	–	–	–	–	–
12	盆式橡胶支座(30000kN)	套	523	–	–	–	–	–	–	–	–
13	盆式橡胶支座(35000kN)	套	525	1	–	–	–	–	–	–	–
14	盆式橡胶支座(40000kN)	套	527	–	1	–	–	–	–	–	–
15	盆式橡胶支座(45000kN)	套	528	–	–	1	–	–	–	–	–
16	盆式橡胶支座(50000kN)	套	529	–	–	–	1	–	–	–	–

续前页

单位:1 个

顺序号	项目	单位	代号	支座反力(kN)						STU 支座	抗风支座
				35000	40000	45000	50000	55000	60000		
				12	13	14	15	16	17	18	19
17	盆式橡胶支座(55000kN)	套	530	–	–	–	–	1	–	–	–
18	盆式橡胶支座(60000kN)	套	531	–	–	–	–	–	1	–	–
19	阻尼器	套	532	–	–	–	–	–	–	1	–
20	抗风支座	套	533	–	–	–	–	–	–	–	1
21	环氧树脂	kg	746	25.8	27.9	33.3	35.2	40.1	42.0	21.9	–
22	52.5 级水泥	t	834	0.133	0.143	0.163	0.173	0.204	0.214	0.112	–
23	中(粗)砂	m^3	899	0.11	0.12	0.15	0.15	0.18	0.18	0.10	–
24	其他材料费	元	996	44.4	46.2	49.9	53.5	56.6	58.5	43.3	–
25	20t 以内汽车式起重机	台班	1453	0.11	0.12	0.14	0.14	0.16	0.18	0.08	0.60
26	30t 以内汽车式起重机	台班	1455	0.28	0.29	–	–	–	–	–	–
27	40t 以内汽车式起重机	台班	1456	–	–	0.29	0.30	0.32	0.33	–	–
28	30kN 以内单筒慢动卷扬机	台班	1499	–	–	–	–	–	–	1.91	–
29	32kV·A 以内交流电弧焊机	台班	1726	1.12	1.21	1.29	1.34	1.42	1.47	1.48	–
30	小型机具使用费	元	1998	11.9	13.2	14.0	14.8	16.5	20.6	18.5	–
31	基价	元	1999	111306	137752	150103	165509	277990	525347	1585102	122591

III. 伸缩缝安装

单位:1m 及 1t

顺序号	项目	单位	代号	板式橡胶伸缩缝	模数式伸缩缝			
					伸缩量(mm)			
					80~480	560~880	960~1520	1600~2000
				1m	1t			
				20	21	22	23	24
1	人工	工日	1	3.0	7.0	5.8	7.0	9.8
2	锯材	m^3	102	–	0.002	0.001	–	–
3	光圆钢筋	t	111	0.011	0.050	0.021	0.013	0.010
4	带肋钢筋	t	112	–	0.277	0.116	0.070	0.055
5	钢丝绳	t	221	–	0.003	0.005	0.005	0.007
6	钢纤维	t	225	–	0.005	0.003	0.002	0.001
7	电焊条	kg	231	1.1	2.7	3.2	9.8	18.6
8	模数式伸缩缝	t	541	–	1.000	1.000	1.000	1.000
9	板式橡胶伸缩缝	m	542	1.0	–	–	–	–
10	铁件	kg	651	1.5	–	–	–	–
11	20~22 号铁丝	kg	656	–	1.3	0.5	0.3	0.3
12	32.5 级水泥	t	832	0.049	–	–	–	–
13	42.5 级水泥	t	833	–	0.523	0.308	0.179	0.141
14	水	m^3	866	–	1	–	–	–
15	中(粗)砂	m^3	899	0.04	0.44	0.26	0.15	0.12
16	碎石(2cm)	m^3	951	0.08	0.75	0.44	0.26	0.20
17	其他材料费	元	996	7.6	42.2	84.5	85.4	85.1
18	12t 以内汽车式起重机	台班	1451	–	0.09	0.02	0.01	0.01

续前页　　　　　　　　　　　　　　　　　　　　　　　　　　　　单位:1m 及 1t

顺序号	项　　目	单位	代号	板式橡胶伸缩缝	模数式伸缩缝			
					伸缩量(mm)			
					80～480	560～880	960～1520	1600～2000
				1m	1t			
				20	21	22	23	24
19	20t 以内汽车式起重机	台班	1453	–	–	0.09	–	–
20	30t 以内汽车式起重机	台班	1455	–	–	–	0.26	–
21	50t 以内汽车式起重机	台班	1457	–	–	–	–	0.27
22	32kV·A 以内交流电弧焊机	台班	1726	0.26	0.51	1.25	0.57	0.60
23	$9m^3$/min 以内机动空压机	台班	1842	–	–	0.19	0.26	0.27
24	小型机具使用费	元	1998	2.5	29.4	38.7	37.4	37.0
25	基价	元	1999	631	45054	44526	44592	45041

注:1. 模数式伸缩缝的质量按每排伸缩量为 80mm 的每排每米重 80kg 计算;

2. 定额单位每米伸缩缝指桥面行车道的宽度,行车道以外的伸缩缝的工、料、机消耗量已包括在定额中;

3. 定额单位为每平方米,指伸缩缝的接触面积;

4. STU 支座指桥梁的限位支座。

5－3－28　木拱盔及钢拱架

工程内容　1)木拱盔、工作台的制作、安装与拆除；2)吊装设备的全部工序；3)桁架式拱盔,包括扒杆、缆风、地锚的安拆；4)钢拱架及附属构件的全部工序。

单位:100m² 立面积及10t 钢拱架

顺序号	项　目	单位	代号	木拱盔							钢拱架
				满堂式			桁构式		拱上小拱拱盔及支架		
				跨径（m）							
				10 以内	20 以内	50 以内	20 以内	50 以内	2 以内	4 以内	
				100m²							10t
				1	2	3	4	5	6	7	8
1	人工	工日	1	992.3	529.2	398.0	564.1	410.6	181.7	113.4	73.4
2	原木	m^3	101	11.150	4.710	9.540	10.004	5.699	11.850	5.880	0.092
3	锯材	m^3	102	27.910	16.250	5.660	9.950	9.480	6.580	3.750	0.502
4	光圆钢筋	t	111	–	–	–	–	–	–	–	0.039
5	钢丝绳	t	221	–	–	–	0.071	0.037	–	–	0.053
6	铁件	kg	651	765.0	418.0	350.0	966.7	513.4	299.0	105.0	72.6
7	铁钉	kg	653	21.0	11.0	9.0	21.0	19.0	12.0	5.0	0.9
8	32.5 级水泥	t	832	–	–	–	–	–	–	–	0.879
9	石油沥青	t	851	–	–	–	–	–	–	–	0.001
10	水	m^3	866	–	–	–	–	–	–	–	4
11	中(粗)砂	m^3	899	–	–	–	–	–	–	–	1.65
12	碎石(4cm)	m^3	952	–	–	–	–	–	–	–	2.56

续前页　　　　单位：100m² 立面积及 10t 钢拱架

顺序号	项　目	单位	代号	木拱盔							钢拱架
				满堂式			桁构式		拱上小拱拱盔及支架		
				跨径（m）							
				10 以内	20 以内	50 以内	20 以内	50 以内	2 以内	4 以内	
				100m²							10t
				1	2	3	4	5	6	7	8
13	其他材料费	元	996	–	–	–	19.6	12.3	–	–	9.7
14	设备摊销费	元	997	–	–	–	–	–	–	–	3816.0
15	30kN 以内单筒慢动卷扬机	台班	1499	–	–	–	0.29	0.18	–	–	0.87
16	50kN 以内单筒慢动卷扬机	台班	1500	–	–	–	25.13	11.74	–	–	1.52
17	ϕ500mm 以内木工圆锯机	台班	1710	21.42	11.43	8.55	11.02	8.34	3.09	1.96	–
18	小型机具使用费	元	1998	472.8	252.4	189.5	281.9	202.3	68.0	43.3	12.6
19	基价	元	1999	104439	56200	40285	60790	43961	32773	17902	9749

5-3-29 桥梁支架

工程内容 1)木支架、踏步、工作台的制作、安装与拆除；2)钢支架地梁、帽梁、轻型门式钢支架等安装、拆除的全部工序。

单位：100m² 立面积及1孔

顺序号	项目	单位	代号	木支架						轻型门式钢支架	
				满堂式		桁构式					
				墩台高度(m)							
				6以内	12以内	3以内	6以内	9以内	12以内	6以内	10以内
				100m²		1孔				100m²	
				1	2	3	4	5	6	7	8
1	人工	工日	1	88.2	126.0	49.0	68.6	100.1	127.9	74.0	80.9
2	原木	m^3	101	4.860	6.870	1.008	1.646	3.176	4.572	–	–
3	锯材	m^3	102	0.490	0.690	0.889	1.373	1.598	1.718	0.505	0.285
4	型钢	t	182	–	–	–	–	–	–	0.165	0.085
5	钢管	t	191	–	–	–	–	–	–	0.045	0.040
6	钢丝绳	t	221	–	–	0.010	0.015	0.015	0.020	–	–
7	门式钢支架	t	273	–	–	–	–	–	–	0.190	0.225
8	铁件	kg	651	66.0	100.0	37.6	75.2	97.5	127.8	17.0	11.5
9	铁钉	kg	653	1.0	1.0	0.9	1.1	1.8	2.2	–	–
10	8~12号铁丝	kg	655	3.0	5.0	19.1	19.1	35.4	56.2	–	–
11	12t以内汽车式起重机	台班	1451	–	–	–	–	–	–	1.85	1.34
12	ϕ500mm以内木工圆锯机	台班	1710	1.24	1.75	0.33	0.57	0.91	1.18	–	–
13	小型机具使用费	元	1998	15.5	19.6	6.5	9.5	13.3	16.3	–	–
14	基价	元	1999	10860	15442	5116	7664	11460	14867	7516	7025

注：定额未包括支架的基础处理，需要时按有关定额另行计算。

5-3-30 钢管支架

工程内容 1)平台下部钢管、联结件安装与拆除的全部工序；2)支架上部平台搭设与拆除的全部工序。

单位:10t 及 $100m^2$

顺序号	项目	单位	代号	下部	上部
				10t	$100m^2$
				1	2
1	人工	工日	1	83.2	274.3
2	原木	m^3	101	–	0.167
3	锯材	m^3	102	–	0.209
4	型钢	t	182	–	2.329
5	钢板	t	183	–	0.861
6	电焊条	kg	231	5.5	6.8
7	钢管桩	t	262	1.040	–
8	铁件	kg	651	0.1	–
9	其他材料费	元	996	41.5	77.1
10	设备摊销费	元	997	–	6623.7
11	20t 以内载货汽车	台班	1379	1.48	4.58
12	30t 以内汽车式起重机	台班	1455	1.48	4.58
13	50kN 以内单筒慢动卷扬机	台班	1500	2.97	9.17
14	32kV·A 以内交流电弧焊机	台班	1726	2.34	7.22
15	小型机具使用费	元	1998	33.3	56.4
16	基价	元	1999	13241	45100

注:1. 上部定额中每 $100m^2$ 综合的金属设备质量为 18.4t,设备摊销费按每 t 每月 90 元,并按使用 4 个月编制,如施工工期不同时,可以调整;

2. 下部定额中钢管桩消耗量为陆地上搭设管桩支架的消耗,若为水中搭设钢管桩支架或用于索塔横梁的现浇支架时,应将定额中的钢管桩消耗量调整为 3.467t,其余消耗量不变。

5-3-31 支架预压

工程内容 支架预压的全部工序。

单位:10m^3 混凝土实体

顺序号	项目	单位	代号	支架预压
				1
1	人工	工日	1	0.5
2	砂砾	m^3	902	0.50
3	其他材料费	元	996	10.1
4	5t 以内汽车式起重机	台班	1449	0.04
5	基价	元	1999	66

5-3-32　混凝土拌和及运输

工程内容　混凝土搅拌机拌和：人工配料、拌和、出料。

混凝土搅拌站(楼)安装、拆除：1)砌筑砂、石料仓隔板、挡墙、围墙，浇筑拌和站基座的全部工作；2)搅拌站设备安装、拆除；3)竣工后施工场地清理、拆除。

混凝土搅拌站(楼)拌和：自动配料、拌和、出料。

混凝土搅拌船拌和：搅拌船抛锚定位，自动配料、拌和、出料。

混凝土运输：1)第一个1km：等待装卸、装、卸、运行、掉头、空回、清洗车辆；2)每增运1km：运走1km及空回。

Ⅰ.混凝土搅拌机拌和

单位：$10m^3$

顺序号	项　目	单位	代号	拌和机容量(L)			
				250以内	350以内	500以内	750以内
				1	2	3	4
1	人工	工日	1	2.8	2.6	2.4	2.1
2	250L以内混凝土搅拌机	台班	1272	0.46	-	-	-
3	350L以内混凝土搅拌机	台班	1273	-	0.35	-	-
4	500L以内混凝土搅拌机	台班	1274	-	-	0.27	-
5	750L以内混凝土搅拌机	台班	1275	-	-	-	0.20
6	基价	元	1999	182	171	163	149

II. 混凝土搅拌站(楼)安拆

单位:1座

顺序号	项目	单位	代号	搅拌站(楼)生产能力(m^3/h)			
				15以内	25以内	40以内	60以内
				5	6	7	8
1	人工	工日	1	370.2	617.2	1091.1	1511.5
2	原木	m^3	101	0.223	-	0.050	0.100
3	锯材	m^3	102	0.138	0.009	0.022	0.024
4	光圆钢筋	t	111	0.222	-	0.089	0.119
5	型钢	t	182	0.071	0.035	0.086	0.096
6	组合钢模板	t	272	0.154	0.075	0.186	0.207
7	铁件	kg	651	74.7	28.9	71.3	79.3
8	8~12号铁丝	kg	655	1.1	-	0.4	0.6
9	32.5级水泥	t	832	16.908	19.275	25.327	36.759
10	水	m^3	866	78	217	229	269
11	青(红)砖	千块	877	8.95	73.52	66.26	86.06
12	中(粗)砂	m^3	899	26.63	51.17	57.95	80.24
13	砂砾	m^3	902	-	-	73.66	85.28
14	碎石(2cm)	m^3	951	7.85	-	-	-
15	碎石(4cm)	m^3	952	30.28	25.86	43.71	65.44
16	碎石(8cm)	m^3	954	-	-	-	-
17	其他材料费	元	996	230.3	84.4	213.3	269.0
18	8~10t光轮压路机	台班	1076	-	-	3.23	4.05
19	250L以内混凝土搅拌机	台班	1272	1.74	1.17	1.98	2.96

续前页 单位:1座

顺序号	项目	单位	代号	搅拌站(楼)生产能力(m^3/h)			
				15以内	25以内	40以内	60以内
				5	6	7	8
20	4t以内载货汽车	台班	1372	3.36	3.91	–	–
21	8t以内载货汽车	台班	1375	–	–	6.28	–
22	40t以内平板拖车组	台班	1395	–	–	–	2.97
23	12t以内汽车式起重机	台班	1451	3.68	0.82	1.62	2.15
24	20t以内汽车式起重机	台班	1453	–	3.14	5.03	–
25	30t以内汽车式起重机	台班	1455	–	–	–	5.53
26	小型机具使用费	元	1998	40.1	25.1	47.3	66.3
27	基价	元	1999	35926	62653	96564	132196

III. 混凝土搅拌站拌和

单位:100m³

顺序号	项目	单位	代号	搅拌站(楼)生产能力(m^3/h)			
				15 以内	25 以内	40 以内	60 以内
				9	10	11	12
1	75kW 以内履带式推土机	台班	1003	1.16	0.87	0.43	0.29
2	1.0m^3 以内轮胎式装载机	台班	1048	–	–	0.43	0.29
3	15m^3/h 以内混凝土搅拌站	台班	1323	1.36	–	–	–
4	25m^3/h 以内混凝土搅拌站	台班	1324	–	1.01	–	–
5	40m^3/h 以内混凝土搅拌站	台班	1325	–	–	0.50	–
6	60m^3/h 以内混凝土搅拌站	台班	1327	–	–	–	0.34
7	基价	元	1999	1584	1278	973	954

IV. 混凝土搅拌船拌和

单位:100m^3

顺序号	项　　目	单位	代号	搅拌船生产能力(m^3/h)		
				100 以内	120 以内	150 以内
				13	14	15
1	人工	工日	1	19.1	28.0	38.7
2	294kW 以内内燃拖轮	艘班	1856	0.03	0.04	0.05
3	100m^3/h 以内混凝土搅拌船	艘班	1913	1.04	–	–
4	120m^3/h 以内混凝土搅拌船	艘班	1914	–	0.90	–
5	150m^3/h 以内混凝土搅拌船	艘班	1915	–	–	0.77
6	123kW 以内机动艇	艘班	1919	0.10	0.12	0.14
7	基价	元	1999	18986	18875	18559

V. 混凝土运输

单位:100m³

顺序号	项目	单位	代号	运输方法					
				1t 机动翻斗车		混凝土搅拌运输车(容量:m³)			
						3 以内		6 以内	
				第一个 100m	每增运 100m	第一个 1km	每增运 0.5km	第一个 1km	每增运 0.5km
				16	17	18	19	20	21
1	$3m^3$ 以内混凝土搅拌运输车	台班	1304	–	–	2.48	0.15	–	–
2	$6m^3$ 以内混凝土搅拌运输车	台班	1307	–	–	–	–	1.38	0.08
3	1t 以内机动翻斗车	台班	1408	3.03	1.12	–	–	–	–
4	基价	元	1999	381	141	1724	104	1699	98

注:本定额不包括混凝土搅拌站的场地清理、平整、碾压,需要时可根据施工组织设计另行计算。

5-3-33 蒸汽养生室建筑及蒸汽养生

工程内容 蒸汽养生室建筑安装与拆除、蒸汽养生全部工序。

单位:表列单位

顺序号	项目	单位	代号	蒸汽养生室建筑	混凝土构件蒸汽养生
				$10m^2$	$10m^3$
				1	2
1	人工	工日	1	61.3	8.3
2	原木	m^3	101	0.007	-
3	锯材	m^3	102	0.141	-
4	型钢	t	182	0.002	-
5	钢管	t	191	0.025	-
6	铁件	kg	651	1.1	-
7	铁钉	kg	653	1.1	-
8	油毛毡	m^2	825	63.5	-
9	32.5 级水泥	t	832	0.554	-
10	水	m^3	866	13	-
11	青(红)砖	千块	877	2.16	-
12	中(粗)砂	m^3	899	2.75	-
13	片石	m^3	931	4.32	-
14	其他材料费	元	996	18.2	18.8
15	30kN 以内单筒慢动卷扬机	台班	1499	-	0.72
16	1t/h 以内工业锅炉	台班	1848	-	1.73
17	基价	元	1999	4492	970

5-3-34 施工电梯

工程内容 施工电梯安装、拆除等全部工序。

I. 安装、拆除

单位:1部

顺序号	项目	单位	代号	安装高度(m)			
				100以内	150以内	200以内	250以内
				1	2	3	4
1	人工	工日	1	210.1	286.5	371.6	445.9
2	C30水泥混凝土	m^3	20	(1.70)	(2.38)	(3.05)	(3.85)
3	原木	m^3	101	0.500	0.500	0.500	0.500
4	枕木	m^3	103	0.025	0.025	0.025	0.025
5	型钢	t	182	0.270	0.360	0.460	0.598
6	钢板	t	183	0.600	0.680	0.760	0.988
7	电焊条	kg	231	68.7	97.3	125.8	163.5
8	铁件	kg	651	76.5	113.2	149.8	194.7
9	铁钉	kg	653	3.5	3.5	3.5	3.5
10	8~12号铁丝	kg	655	15.0	18.0	21.0	26.0
11	裸铝(铜)线	m	712	31	31	31	31
12	32.5级水泥	t	832	0.641	0.897	1.150	1.451
13	水	m^3	866	2	3	4	5
14	中(粗)砂	m^3	899	0.78	1.10	1.40	1.77
15	碎石(4cm)	m^3	952	1.41	1.98	2.53	3.20
16	其他材料费	元	996	435.3	508.1	599.9	785.9
17	12t以内汽车式起重机	台班	1451	2.04	3.06	3.06	4.04
18	32kV·A以内交流电弧焊机	台班	1726	12.13	17.93	23.79	30.45
19	小型机具使用费	元	1998	41.9	43.8	45.6	58.3
20	基价	元	1999	18996	25298	31366	38703

II. 使　　用

单位:1 台天

顺序号	项　　目	单位	代号	单笼电梯			双笼电梯	
				安装高度(m)				
				75 以内	100 以内	150 以内	100 以内	200 以内
				5	6	7	8	9
1	75m 以内单笼施工电梯	台班	1551	1.87	–	–	–	–
2	100m 以内单笼施工电梯	台班	1552	–	1.87	–	–	–
3	150m 以内单笼施工电梯	台班	1553	–	–	1.87	–	–
4	100m 以内双笼施工电梯	台班	1554	–	–	–	1.87	–
5	200m 以内双笼施工电梯	台班	1555	–	–	–	–	1.87
6	基价	元	1999	442	473	530	593	713

注:当设计采用的施工电梯的规格、型号与定额不同时,可以按实际情况对定额进行抽换。

5-3-35 施工塔式起重机

工程内容 施工塔式起重机安装、拆除等全部工序。

I. 安装、拆除

单位:1部

顺序号	项目	单位	代号	安装高度(m)			
				100以内	150以内	200以内	250以内
				1	2	3	4
1	人工	工日	1	417.4	500.4	684.4	788.3
2	锯材	m^3	102	0.244	0.366	0.512	0.636
3	带肋钢筋	t	112	1.239	1.735	2.416	3.395
4	型钢	t	182	0.882	1.288	1.738	2.365
5	钢板	t	183	2.004	2.967	4.088	5.652
6	钢丝绳	t	221	0.051	0.076	0.104	0.138
7	电焊条	kg	231	85.8	127.0	175.0	231.7
8	铁件	kg	651	159.1	237.1	329.4	442.4
9	其他材料费	元	996	33.1	33.1	33.1	33.1
10	20t以内平板拖车组	台班	1393	6.43	10.71	12.85	14.99
11	40t以内汽车式起重机	台班	1456	6.43	10.71	12.85	14.99
12	32kV·A以内交流电弧焊机	台班	1726	12.85	21.42	25.70	29.99
13	小型机具使用费	元	1998	133.4	133.4	133.4	133.4
14	基价	元	1999	57819	82864	108203	133381

II. 使　　用

单位:1 台天

顺序号	项　　目	单位	代号	塔式起重机规格(起重量:t)								
				6 以内			8 以内			12 以内		
				安装高度(m)								
				80 以内	150 以内	200 以内	80 以内	150 以内	200 以内	80 以内	150 以内	200 以内
				5	6	7	8	9	10	11	12	13
1	6t 以内 80m 高塔式起重机	台班	1465	1.87	–	–	–	–	–	–	–	–
2	6t 以内 150m 高塔式起重机	台班	1466	–	1.87	–	–	–	–	–	–	–
3	6t 以内 200m 高塔式起重机	台班	1467	–	–	1.87	–	–	–	–	–	–
4	8t 以内 80m 高塔式起重机	台班	1468	–	–	–	1.87	–	–	–	–	–
5	8t 以内 150m 高塔式起重机	台班	1469	–	–	–	–	1.87	–	–	–	–
6	8t 以内 200m 高塔式起重机	台班	1470	–	–	–	–	–	1.87	–	–	–
7	12t 以内 80m 高塔式起重机	台班	1471	–	–	–	–	–	–	1.87	–	–
8	12t 以内 150m 高塔式起重机	台班	1472	–	–	–	–	–	–	–	1.87	–
9	12t 以内 200m 高塔式起重机	台班	1473	–	–	–	–	–	–	–	–	1.87
10	基价	元	1999	1526	1938	2232	1863	2450	2868	2358	3140	3531

注:当设计采用的塔式起重机的规格、型号与定额不同时,可以按实际情况对定额进行抽换。

5－3－36　拆除旧建筑物

工程内容　1)撬除圬工,凿出或炸除混凝土；2)拆除木料及铁件；3)清理现场,整堆材料。

单位:$10m^3$ 及 10m 木桥

顺序号	项　　目	单位	代号	干砌圬工	浆砌圬工	凿除混凝土及钢筋混凝土	炸除混凝土及钢筋混凝土	拆除简支梁木桥	拆除桁架木桥
				$10m^3$				10m	
				1	2	3	4	5	6
1	人工	工日	1	4.5	8.4	59.6	15.5	18.7	22.7
2	硝铵炸药	kg	841	–	–	–	3.4	–	–
3	导火线	m	842	–	–	–	32	–	–
4	普通雷管	个	845	–	–	–	21	–	–
5	其他材料费	元	996	–	–	6.6	2.6	–	–
6	基价	元	1999	221	413	2939	826	920	1117

第四节　钢筋及预应力钢筋、钢丝束、钢绞线

说　　明

1. 钢筋定额中光圆钢筋与带肋钢筋比例关系与设计图纸不同时，可据实调整。

2. 制作、张拉预应力钢筋、钢丝束定额，是按不同的锚头形式分别编制的，当每吨钢丝的束数或每吨钢筋的根数有变化时，可根据定额进行抽换。定额中的“××锚”是指金属加工部件的质量，锚头所用其他材料已分别列入定额中有关材料或其他材料费内。定额中的束长为一次张拉的长度。

3. 预应力钢筋、钢丝束及钢绞线定额均已包括制束、穿束、张拉，波纹管制作、安装或胶管预留孔道、孔道压浆等的工、料、机消耗量。锚垫板、螺旋筋含在锚具单价中。使用定额时，上述项目不得另行计算。

4. 对于钢绞线不同型号的锚具，使用定额时可按下表规定计算：

<table>
<tr><td>设计采用锚具型号(孔)</td><td>1</td><td>4</td><td>5</td><td>6</td><td>8</td><td>9</td><td>10</td><td>14</td><td>15</td><td>16</td><td>17</td><td>24</td></tr>
<tr><td>套用定额的锚具型号(孔)</td><td colspan="2">3</td><td colspan="4">7</td><td colspan="3">12</td><td colspan="2">19</td><td>22</td></tr>
</table>

5. 本定额按现场卷制波纹管考虑，若采用外购波纹管时，可根据需要对波纹管消耗进行抽换，并将波纹管卷制机台班消耗调整为0，其他不变。

6. 工程量计算规则：

(1)预应力钢绞线、预应力精轧螺纹粗钢筋及配锥形(弗氏)锚的预应力钢丝的工程量为锚固长度与工作长度的质量之和。

(2)配镦头锚的预应力钢丝的工程量为锚固长度的质量。

(3)先张钢绞线质量为设计图纸质量,定额中已包括钢绞线损耗及预制场构件间的工作长度及张拉工作长度。

(4)钢筋工程定额工程量为设计图纸的钢筋数量,设计提供不出具体的钢筋数量时,可参考下表中各项目的钢筋含量取定钢筋数量。

工程项目	重力式墩台混凝土基础	轻型桥墩台混凝土基础	重力式混凝土沉井	钢筋混凝土方桩	钢筋混凝土灌注桩(桩径)		
					150cm 以内	150~250cm	250cm 以上
单位	kg/10m³ 圬工实体						
钢筋含量	61	65	262	3850	490	667	736

工程项目	钢筋混凝土护筒	钢筋混凝土承台		沉井填塞		梁板桥砌石桥台	
		灌注桩	打入桩	实心	空心	轻型	U 形
单位	kg/10m³ 圬工实体						
钢筋含量	1000	392	528	30	60	3	10

工程项目	梁板桥埋置式砌石桥台		钢筋混凝土拱桥砌石桥台		梁板桥混凝土桥台		
	高 10m 以内	高 20m 以内	轻型	其他	轻型	U 形	柱式
单位	kg/10m³ 圬工实体						
钢筋含量	33	25	6	10	5	7	638

工程项目	梁板桥混凝土桥台		拱桥混凝土桥台(不含轻型)	梁板桥砌石桥墩		拱桥实体式砌石桥墩	梁板桥轻型混凝土桥墩
	框架式	埋置式		轻型	实体式		
单位	kg/10m³ 圬工实体						
钢筋含量	700	405	10	10	20	22	12

工程项目	梁板桥实体式混凝土桥墩		梁板桥实体式片石混凝土桥墩		梁板桥挑臂式片石混凝土桥墩		梁板桥钢筋混凝土薄壁墩
	高 10m 以内	高 20m 以内	高 10m 以内	高 20m 以内	高 10m 以内	高 20m 以内	
单位	kg/10m³ 圬工实体						
钢筋含量	59	35	49	37	66	33	593

工程项目	梁板桥钢筋混凝土 Y 形墩	梁板桥圆柱式混凝土桥墩		梁板桥方柱式混凝土桥墩		梁板桥空心混凝土桥墩		
		高 10m 以内	高 20m 以内	高 20m 以内	高 40m 以内	高 20m 以内	高 40m 以内	高 70m 以内
单位	kg/10m³ 圬工实体							
钢筋含量	1586	582	504	1000	831	606	624	812

工程项目	梁板桥空心混凝土桥墩		拱桥钢筋混凝土桥墩		钢筋混凝土索塔		现浇矩形板上部构造	现浇实体连续板上部构造
	高 100m 以内	高 100m 以上	实体式	柱式	斜拉桥	吊桥		
单位	kg/10m³ 圬工实体							
钢筋含量	1053	1090	25	487	1173	476	693	1645

工程项目	现浇空心连续板上部构造	现浇梁桥上部构造		预制安装空心板上部构造			预制安装矩形板上部构造
		连续箱梁	T 形梁	普通钢筋	先张预应力筋	后张预应力筋	
单位	kg/10m³ 圬工实体						
钢筋含量	808	1642	872	1250	425	664	929

工程项目	预制安装连续板上部构造	预制安装 T 形梁上部构造		预制安装 I 形梁上部构造		预制安装预应力箱梁上部结构	
		普通钢筋	预应力钢筋	普通钢筋	预应力钢筋	简支	连续
单位	kg/10m³ 圬工实体						
钢筋含量	808	2073	1099	1572	1151	1173	1721

工程项目	预制安装槽形梁上部构造		T形刚构上部构造		连续钢构上部构造	预应力连续梁上部构造	
	先张法	后张法	悬浇	悬拼		悬浇	悬拼
单位	kg/10m³ 圬工实体						
钢筋含量	472	651	598	959	1194	106	106

工程项目	顶推预应力连续梁上部构造	悬拼预应力桁架梁上部构造	钢筋混凝土斜拉桥上部构造	梁板桥人行道及安全带			
				0.25m	0.75m	1.00m	1.50m
单位	kg/10m³ 圬工实体			kg/10 桥长米			
钢筋含量	1428	758	1361	210	317	335	398

工程项目	现浇拱桥上部构造			预制安装拱桥上部构造			
	双曲拱	二铰(肋)板拱	薄壳拱	双曲拱	刚架拱	箱形拱	桁架拱
单位	kg/10m³ 圬工实体						
钢筋含量	174	564	438	198	1242	615	1021

工程项目	钢筋混凝土拱桥人行道及安全带							桥面铺装	
	无人行道梁				有人行道梁			水泥混凝土	橡胶沥青混凝土
	0.25m	0.75m	1.00m	1.50m	0.25m	1.00m	2.00m		
单位	kg/10 桥长米							kg/10m³ 圬工实体	
钢筋含量	193	195	195	195	192	713	1674	300	143

5－4－1 钢筋工程

工程内容 钢筋的全部工序。

I. 现浇混凝土钢筋

单位:1t 钢筋

顺序号	项目	单位	代号	基础工程					下部构造
				沉井	地下连续墙	灌注桩	承台	其他	墩台
				1	2	3	4	5	6
1	人工	工日	1	5.8	11.9	5.1	6.8	7.5	11.8
2	光圆钢筋	t	111	0.053	–	0.112	–	0.058	–
3	带肋钢筋	t	112	0.972	1.025	0.913	1.025	0.967	1.025
4	电焊条	kg	231	2.9	8.1	5.1	4.6	1.4	4.7
5	钢筋连接套筒	个	232	–	–	–	–	–	–
6	铁件	kg	651	–	46.9	–	–	–	–
7	20～22 号铁丝	kg	656	2.4	2.9	2.2	3.4	2.5	3.3
8	其他材料费	元	996	–	121.4	–	–	–	–
9	15t 以内履带式起重机	台班	1432	–	0.10	–	–	–	–
10	40t 以内履带式起重机	台班	1436	–	0.05	–	–	–	–
11	12t 以内汽车式起重机	台班	1451	–	–	0.12	–	–	–
12	50kN 以内单筒慢动卷扬机	台班	1500	0.31	–	–	–	–	0.43
13	32kV·A 以内交流电弧焊机	台班	1726	0.55	1.36	0.87	0.51	0.36	1.03
14	75kV·A 以内交流对焊机	台班	1745	–	0.28	–	–	–	–
15	100kV·A 以内交流对焊机	台班	1746	–	–	–	–	–	–
16	小型机具使用费	元	1998	9.1	8.6	15.5	21.9	25.6	30.3
17	基价	元	1999	3892	4760	3955	3939	3934	4291

续前页 单位:1t 钢筋

顺序号	项目	单位	代号	下部结构		上部结构		桥面铺装	
				索塔	锚块	拱、板	梁	水泥混凝土	橡胶沥青混凝土
				7	8	9	10	11	12
1	人工	工日	1	10.6	8.1	6.5	10.4	9.9	11.2
2	光圆钢筋	t	111	–	0.041	0.171	0.064	1.025	1.025
3	带肋钢筋	t	112	1.025	0.984	0.854	0.961	–	–
4	电焊条	kg	231	4.3	3.9	0.9	1.7	8.3	14.9
5	钢筋连接套筒	个	232	–	13.00	–	–	–	–
6	铁件	kg	651	–	–	–	–	–	–
7	20~22 号铁丝	kg	656	1.7	3.4	2.9	4.5	3.9	3.0
8	其他材料费	元	996	–	3.9	–	–	–	–
9	15t 以内履带式起重机	台班	1432	–	–	–	–	–	–
10	40t 以内履带式起重机	台班	1436	–	–	–	–	–	–
11	12t 以内汽车式起重机	台班	1451	–	–	–	–	–	–
12	50kN 以内单筒慢动卷扬机	台班	1500	0.42	–	–	–	–	–
13	32kV·A 以内交流电弧焊机	台班	1726	0.63	0.40	0.18	0.40	1.63	2.92
14	75kV·A 以内交流对焊机	台班	1745	–	–	–	–	–	–
15	100kV·A 以内交流对焊机	台班	1746	–	0.11	–	0.03	–	–
16	小型机具使用费	元	1998	23.4	13.6	17.6	25.9	25.7	25.7
17	基价	元	1999	4170	4115	3847	4100	4131	4357

II. 预制混凝土钢筋

单位:1t 钢筋

顺序号	项　　目	单位	代号	基　础		上 部 结 构			人行道构件	小型构件
				桩	护筒	板	拱	梁		
				13	14	15	16	17	18	19
1	人工	工日	1	6.8	9.5	7.2	9.9	10.0	7.5	6.2
2	光圆钢筋	t	111	0.088	1.025	0.210	0.296	0.196	0.820	1.025
3	带肋钢筋	t	112	0.937	–	0.815	0.729	0.829	0.205	–
4	电焊条	kg	231	–	–	2.7	4.3	2.1	1.0	–
5	20 ~ 22 号铁丝	kg	656	4.2	5.8	3.6	4.6	4.1	2.8	4.2
6	30kN 以内单筒慢动卷扬机	台班	1499	–	–	–	–	0.14	–	–
7	32kV·A 以内交流电弧焊机	台班	1726	–	–	0.48	0.87	0.45	0.28	–
8	75kV·A 以内交流对焊机	台班	1745	0.18	–	–	–	–	–	–
9	100kV·A 以内交流对焊机	台班	1746	–	–	–	0.04	0.09	–	–
10	小型机具使用费	元	1998	23.5	4.9	20.4	23.2	24.5	15.6	14.1
11	基价	元	1999	3887	3892	3925	4114	4093	3840	3729

5-4-2 预应力钢筋、钢丝束及钢绞线

工程内容 后张法：预应力钢筋、钢丝束、钢绞线制作、安锚、张拉、压浆及临时预应力钢丝束拆除等全部工序。
先张法：预应力钢筋、钢丝、钢绞线制作、安锚、张拉、放张、切割、抹砂浆等全部工序。

后张法：I. 制作、张拉预应力钢筋和钢丝束

单位：10t 预应力钢筋、钢丝束

顺序号	项目	单位	代号	锥形(弗氏)锚				预应力钢筋螺栓锚			
				胶管成孔		波纹管成孔		铁皮管成孔		波纹管成孔	
				每10t 80束	每增减1束	每10t 80束	每增减1束	每10t 530根	每增减1根	每10t 530根	每增减1根
				1	2	3	4	5	6	7	8
1	人工	工日	1	378.5	1.8	350.0	1.8	388.0	0.3	256.9	0.3
2	光圆钢筋	t	111	0.073	0.001	0.073	0.001	0.801	0.002	0.801	0.002
3	预应力粗钢筋	t	121	–	–	–	–	10.400	–	10.400	–
4	高强钢丝	t	133	10.400	–	10.400	–	–	–	–	–
5	波纹管钢带	t	151	–	–	1.431	–	–	–	0.983	–
6	电焊条	kg	231	2.7	–	2.7	–	98.0	–	98.0	–
7	弗氏锚具	kg	565	956.4	12.2	956.4	12.2	–	–	–	–
8	镦头锚	kg	568	–	–	–	–	–	–	–	–
9	轧丝锚具	kg	596	–	–	–	–	1121.6	2.1	1121.6	2.1
10	铁件	kg	651	29.5	0.4	29.5	0.4	–	–	–	–
11	20~22号铁丝	kg	656	20.5	–	20.5	–	–	–	–	–
12	铁皮	m^2	666	13.8	0.2	–	–	359.4	–	–	–
13	胶管	m	685	49	–	–	–	–	–	–	–
14	32.5级水泥	t	832	6.292	–	3.424	–	3.745	–	2.155	–
15	水	m^3	866	5	–	5	–	3	–	2	–

续前页

单位:10t 预应力钢筋、钢丝束

顺序号	项目	单位	代号	锥形(弗氏)锚				预应力钢筋螺栓锚			
				胶管成孔		波纹管成孔		铁皮管成孔		波纹管成孔	
				每10t 80束	每增减1束	每10t 80束	每增减1束	每10t 530根	每增减1根	每10t 530根	每增减1根
				1	2	3	4	5	6	7	8
16	其他材料费	元	996	56.0	0.7	45.7	0.7	111.3	0.2	111.3	0.2
17	90t 以内预应力拉伸机	台班	1344	26.56	0.34	26.56	0.34	15.32	0.03	15.33	0.03
18	波纹管卷制机	台班	1352	–	–	9.24	–	–	–	8.74	–
19	50kN 以内单筒慢动卷扬机	台班	1500	20.78	–	20.78	–	4.08	–	4.10	–
20	32kV·A 以内交流电弧焊机	台班	1726	1.25	0.02	1.25	0.02	17.57	0.01	17.64	0.01
21	小型机具使用费	元	1998	221.4	0.6	221.2	0.6	270.3	0.5	270.3	0.5
22	基价	元	1999	91556	226	98946	221	107978	56	100157	56

续前页

单位:10t 预应力钢筋、钢丝束

顺序号	项目	单位	代号	镦头锚(每束24丝以内)			
				胶管成孔		波纹管成孔	
				每10t 170束	每增减1束	每10t 170束	每增减1束
				9	10	11	12
1	人工	工日	1	482.5	0.9	404.6	0.6
2	光圆钢筋	t	111	0.136	0.001	0.136	0.001
3	预应力粗钢筋	t	121	–	–	–	–
4	高强钢丝	t	133	10.400	–	10.400	–
5	波纹管钢带	t	151	–	–	1.441	–
6	电焊条	kg	231	2.5	–	2.5	–
7	弗氏锚具	kg	565	–	–	–	–
8	镦头锚	kg	568	1248.4	7.3	1248.4	7.3
9	轧丝锚具	kg	596	–	–	–	–
10	铁件	kg	651	–	–	–	–
11	20~22号铁丝	kg	656	22.1	–	21.7	–
12	铁皮	m^2	666	33.9	0.2	–	–
13	胶管	m	685	52	–	–	–
14	32.5级水泥	t	832	12.014	–	6.346	–
15	水	m^3	866	10	–	5	–
16	其他材料费	元	996	119.0	0.7	119.0	0.7
17	90t以内预应力拉伸机	台班	1344	36.78	0.21	36.78	0.21
18	波纹管卷制机	台班	1352	–	–	8.31	–
19	50kN以内单筒慢动卷扬机	台班	1500	20.78	–	20.78	–
20	32kV·A以内交流电弧焊机	台班	1726	0.45	–	0.45	–
21	小型机具使用费	元	1998	331.9	0.9	218.8	0.3
22	基价	元	1999	108574	165	111798	145

II. 拆除临时预应力钢丝束

单位:10t 预应力钢丝束

顺序号	项目	单位	代号	每 10t 140 束	每增减 1 束
				13	14
1	人工	工日	1	219.9	1.4
2	其他材料费	元	996	45.6	0.3
3	90t 以内预应力拉伸机	台班	1344	25.82	0.16
4	小型机具使用费	元	1998	74.1	0.5
5	基价	元	1999	12048	77

III. 预应力钢绞线

单位:1t 钢绞线

顺序号	项目	单位	代号	束长(m) 20以内 锚具型号 3孔 每t 18.94束	3孔 每增减1束	7孔 每t 8.12束	7孔 每增减1束	12孔 每t 4.73束	12孔 每增减1束	19孔 每t 2.99束	19孔 每增减1束
				15	16	17	18	19	20	21	22
1	人工	工日	1	32.5	1.1	17.1	1.1	12.5	1.1	10.0	1.2
2	光圆钢筋	t	111	0.025	–	0.025	–	0.022	–	0.021	–
3	钢绞线	t	125	1.040	–	1.040	–	1.040	–	1.040	–
4	波纹管钢带	t	151	0.108	–	0.096	–	0.041	–	0.041	–
5	电焊条	kg	231	0.4	–	0.3	–	0.2	–	0.2	–
6	钢绞线群锚(3孔)	套	572	38.26	2.02	–	–	–	–	–	–
7	钢绞线群锚(7孔)	套	576	–	–	16.40	2.02	–	–	–	–
8	钢绞线群锚(12孔)	套	580	–	–	–	–	9.55	2.02	–	–
9	钢绞线群锚(19孔)	套	585	–	–	–	–	–	–	6.04	2.02
10	钢绞线群锚(22孔)	套	586	–	–	–	–	–	–	–	–
11	钢绞线群锚(31孔)	套	588	–	–	–	–	–	–	–	–
12	20~22号铁丝	kg	656	0.9	–	0.8	–	0.8	–	0.7	–
13	32.5级水泥	t	832	0.243	–	0.229	–	0.243	–	0.216	–
14	其他材料费	元	996	39.7	–	17.6	–	10.7	–	7.1	–
15	钢绞线拉伸设备	台班	1349	4.10	0.21	1.75	0.21	1.02	0.21	0.64	0.21
16	波纹管卷制机	台班	1352	0.57	–	0.27	–	0.19	–	0.14	–
17	32kV·A以内交流电弧焊机	台班	1726	0.31	–	0.27	–	0.19	–	0.14	–
18	小型机具使用费	元	1998	44.9	0.7	22.2	1.1	18.0	1.6	13.6	2.3
19	基价	元	1999	14034	295	12759	579	12033	933	11827	1433

续前页

单位:1t 钢绞线

顺序号	项目	单位	代号	束长 (m)							
				20 以内				40 以内			
				锚具型号							
				22 孔		31 孔		3 孔		7 孔	
				每 t 2.58 束	每增减 1 束	每 t 1.83 束	每增减 1 束	每 t 8.91 束	每增减 1 束	每 t 3.82 束	每增减 1 束
				23	24	25	26	27	28	29	30
1	人工	工日	1	9.4	1.2	8.2	1.2	24.9	1.8	12.2	1.8
2	光圆钢筋	t	111	0.019	–	0.011	–	0.024	–	0.023	–
3	钢绞线	t	125	1.040	–	1.040	–	1.040	–	1.040	–
4	波纹管钢带	t	151	0.037	–	0.028	–	0.108	–	0.072	–
5	电焊条	kg	231	0.2	–	0.2	–	0.4	–	0.3	–
6	钢绞线群锚(3 孔)	套	572	–	–	–	–	18.00	2.02	–	–
7	钢绞线群锚(7 孔)	套	576	–	–	–	–	–	–	7.72	2.02
8	钢绞线群锚(12 孔)	套	580	–	–	–	–	–	–	–	–
9	钢绞线群锚(19 孔)	套	585	–	–	–	–	–	–	–	–
10	钢绞线群锚(22 孔)	套	586	5.21	2.02	–	–	–	–	–	–
11	钢绞线群锚(31 孔)	套	588	–	–	3.70	2.02	–	–	–	–
12	20~22 号铁丝	kg	656	0.6	–	0.6	–	0.8	–	0.8	–
13	32.5 级水泥	t	832	0.216	–	0.162	–	0.256	–	0.243	–
14	其他材料费	元	996	6.3	–	4.8	–	28.3	–	12.7	–
15	钢绞线拉伸设备	台班	1349	0.56	0.21	0.40	0.21	3.11	0.35	1.34	0.35
16	波纹管卷制机	台班	1352	0.12	–	0.09	–	0.58	–	0.29	–
17	32kV·A 以内交流电弧焊机	台班	1726	0.12	–	0.12	–	0.30	–	0.24	–
18	小型机具使用费	元	1998	12.9	2.8	10.7	3.8	85.4	3.3	63.3	6.8
19	基价	元	1999	11741	1646	11552	2283	11429	351	10219	638

续前页

单位:1t 钢绞线

顺序号	项　目	单位	代号	束长(m)							
				40以内							
				锚具型号							
				12孔		19孔		22孔		31孔	
				每t 2.33束	每增减1束	每t 1.41束	每增减1束	每t 1.22束	每增减1束	每t 0.86束	每增减1束
				31	32	33	34	35	36	37	38
1	人工	工日	1	8.5	1.8	6.3	1.8	5.7	1.9	4.9	1.9
2	光圆钢筋	t	111	0.021	–	0.019	–	0.018	–	0.011	–
3	钢绞线	t	125	1.040	–	1.040	–	1.040	–	1.040	–
4	波纹管钢带	t	151	0.055	–	0.043	–	0.039	–	0.032	–
5	电焊条	kg	231	0.2	–	0.2	–	0.2	–	0.1	–
6	钢绞线群锚(3孔)	套	572	–	–	–	–	–	–	–	–
7	钢绞线群锚(7孔)	套	576	–	–	–	–	–	–	–	–
8	钢绞线群锚(12孔)	套	580	4.55	2.02	–	–	–	–	–	–
9	钢绞线群锚(19孔)	套	585	–	–	2.88	2.02	–	–	–	–
10	钢绞线群锚(22孔)	套	586	–	–	–	–	2.49	2.02	–	–
11	钢绞线群锚(31孔)	套	588	–	–	–	–	–	–	1.75	2.02
12	20~22号铁丝	kg	656	0.7	–	0.6	–	0.6	–	0.6	–
13	32.5级水泥	t	832	0.256	–	0.229	–	0.216	–	0.175	–
14	其他材料费	元	996	7.9	–	5.4	–	4.8	–	3.7	–
15	钢绞线拉伸设备	台班	1349	0.78	0.35	0.49	0.35	0.42	0.35	0.31	0.35
16	波纹管卷制机	台班	1352	0.20	–	0.15	–	0.13	–	0.10	–
17	32kV·A以内交流电弧焊机	台班	1726	0.18	–	0.14	–	0.12	–	0.10	–
18	小型机具使用费	元	1998	59.5	11.2	55.1	17.4	53.8	20.1	52.4	28.3
19	基价	元	1999	9833	996	9575	1497	9497	1716	9331	2361

续前页　　　　单位:1t 钢绞线

顺序号	项　目	单位	代号	束长 (m)							
				80 以内							
				锚具型号							
				12 孔		19 孔		22 孔		31 孔	
				每 t 1.38 束	每增减 1 束	每 t 0.87 束	每增减 1 束	每 t 0.75 束	每增减 1 束	每 t 0.53 束	每增减 1 束
				39	40	41	42	43	44	45	46
1	人工	工日	1	8.9	2.8	6.7	2.8	6.2	2.8	5.0	2.8
2	光圆钢筋	t	111	0.019	–	0.019	–	0.018	–	0.011	–
3	钢绞线	t	125	1.040	–	1.040	–	1.040	–	1.040	–
4	波纹管钢带	t	151	0.058	–	0.045	–	0.042	–	0.029	–
5	电焊条	kg	231	0.2	–	0.1	–	0.1	–	0.1	–
6	钢绞线群锚(3 孔)	套	572	–	–	–	–	–	–	–	–
7	钢绞线群锚(7 孔)	套	576	–	–	–	–	–	–	–	–
8	钢绞线群锚(12 孔)	套	580	2.79	2.02	–	–	–	–	–	–
9	钢绞线群锚(19 孔)	套	585	–	–	1.77	2.02	–	–	–	–
10	钢绞线群锚(22 孔)	套	586	–	–	–	–	1.53	2.02	–	–
11	钢绞线群锚(31 孔)	套	588	–	–	–	–	–	–	1.08	2.02
12	20~22 号铁丝	kg	656	0.7	–	0.3	–	0.3	–	0.3	–
13	32.5 级水泥	t	832	0.270	–	0.243	–	0.243	–	0.162	–
14	其他材料费	元	996	5.3	–	4.6	–	4.1	–	3.2	–
15	钢绞线拉伸设备	台班	1349	0.60	0.43	0.39	0.43	0.35	0.43	0.21	0.43
16	波纹管卷制机	台班	1352	0.21	–	0.15	–	0.14	–	0.10	–
17	32kV·A 以内交流电弧焊机	台班	1726	0.17	–	0.08	–	0.07	–	0.06	–
18	小型机具使用费	元	1998	59.1	17.9	55.2	27.9	54.4	32.3	51.9	45.4
19	基价	元	1999	9104	1062	8851	1567	8795	1784	8565	2433

续前页

单位:1t 钢绞线

<table>
<tr><th rowspan="5">顺序号</th><th rowspan="5">项目</th><th rowspan="5">单位</th><th rowspan="5">代号</th><th colspan="6">束长 (m)</th><th colspan="2" rowspan="2">横向预应力</th></tr>
<tr><th colspan="4">120 以内</th><th colspan="2">200 以内</th></tr>
<tr><th colspan="8">锚具型号</th></tr>
<tr><th colspan="2">22 孔</th><th colspan="2">31 孔</th><th colspan="2">31 孔</th><th colspan="2">3 孔</th></tr>
<tr><th>每 t 0.41 束</th><th>每增减 1 束</th><th>每 t 0.29 束</th><th>每增减 1 束</th><th>每 t 0.19 束</th><th>每增减 1 束</th><th>每 t 18.94 束</th><th>每增减 1 束</th></tr>
<tr><td></td><td></td><td></td><td></td><td>47</td><td>48</td><td>49</td><td>50</td><td>51</td><td>52</td><td>53</td><td>54</td></tr>
<tr><td>1</td><td>人工</td><td>工日</td><td>1</td><td>6.0</td><td>4.0</td><td>5.1</td><td>4.0</td><td>6.0</td><td>5.7</td><td>32.8</td><td>1.1</td></tr>
<tr><td>2</td><td>光圆钢筋</td><td>t</td><td>111</td><td>0.017</td><td>–</td><td>0.011</td><td>–</td><td>0.010</td><td>–</td><td>0.025</td><td>–</td></tr>
<tr><td>3</td><td>钢绞线</td><td>t</td><td>125</td><td>1.040</td><td>–</td><td>1.040</td><td>–</td><td>1.040</td><td>–</td><td>1.040</td><td>–</td></tr>
<tr><td>4</td><td>波纹管钢带</td><td>t</td><td>151</td><td>0.040</td><td>–</td><td>0.037</td><td>–</td><td>0.036</td><td>–</td><td>0.108</td><td>–</td></tr>
<tr><td>5</td><td>电焊条</td><td>kg</td><td>231</td><td>0.1</td><td>–</td><td>0.1</td><td>–</td><td>0.1</td><td>–</td><td>0.4</td><td>–</td></tr>
<tr><td>6</td><td>钢绞线群锚(3 孔)</td><td>套</td><td>572</td><td>–</td><td>–</td><td>–</td><td>–</td><td>–</td><td>–</td><td>19.13</td><td>1.01</td></tr>
<tr><td>7</td><td>钢绞线群锚(7 孔)</td><td>套</td><td>576</td><td>–</td><td>–</td><td>–</td><td>–</td><td>–</td><td>–</td><td>–</td><td>–</td></tr>
<tr><td>8</td><td>钢绞线群锚(12 孔)</td><td>套</td><td>580</td><td>–</td><td>–</td><td>–</td><td>–</td><td>–</td><td>–</td><td>–</td><td>–</td></tr>
<tr><td>9</td><td>钢绞线群锚(19 孔)</td><td>套</td><td>585</td><td>–</td><td>–</td><td>–</td><td>–</td><td>–</td><td>–</td><td>–</td><td>–</td></tr>
<tr><td>10</td><td>钢绞线群锚(22 孔)</td><td>套</td><td>586</td><td>0.83</td><td>2.02</td><td>–</td><td>–</td><td>–</td><td>–</td><td>–</td><td>–</td></tr>
<tr><td>11</td><td>钢绞线群锚(31 孔)</td><td>套</td><td>588</td><td>–</td><td>–</td><td>0.59</td><td>2.02</td><td>0.39</td><td>2.02</td><td>–</td><td>–</td></tr>
<tr><td>12</td><td>20 ~ 22 号铁丝</td><td>kg</td><td>656</td><td>0.3</td><td>–</td><td>0.3</td><td>–</td><td>0.3</td><td>–</td><td>0.9</td><td>–</td></tr>
<tr><td>13</td><td>32.5 级水泥</td><td>t</td><td>832</td><td>0.229</td><td>–</td><td>0.270</td><td>–</td><td>0.270</td><td>–</td><td>0.243</td><td>–</td></tr>
<tr><td>14</td><td>其他材料费</td><td>元</td><td>996</td><td>3.1</td><td>–</td><td>2.5</td><td>–</td><td>2.4</td><td>–</td><td>39.7</td><td>–</td></tr>
<tr><td>15</td><td>钢绞线拉伸设备</td><td>台班</td><td>1349</td><td>0.22</td><td>0.54</td><td>0.16</td><td>0.54</td><td>0.14</td><td>0.77</td><td>3.27</td><td>0.17</td></tr>
<tr><td>16</td><td>波纹管卷制机</td><td>台班</td><td>1352</td><td>0.13</td><td>–</td><td>0.10</td><td>–</td><td>0.10</td><td>–</td><td>0.57</td><td>–</td></tr>
<tr><td>17</td><td>32kV·A 以内交流电弧焊机</td><td>台班</td><td>1726</td><td>0.07</td><td>–</td><td>0.06</td><td>–</td><td>0.06</td><td>–</td><td>0.31</td><td>–</td></tr>
<tr><td>18</td><td>小型机具使用费</td><td>元</td><td>1998</td><td>53.8</td><td>58.5</td><td>52.1</td><td>82.5</td><td>102.1</td><td>258.4</td><td>65.1</td><td>1.8</td></tr>
<tr><td>19</td><td>基价</td><td>元</td><td>1999</td><td>8204</td><td>1884</td><td>8117</td><td>2544</td><td>7982</td><td>2835</td><td>11948</td><td>185</td></tr>
</table>

IV. 先张法预应力钢筋、钢丝及钢绞线

单位:1t

顺序号	项目	单位	代号	预应力钢筋			冷拔低碳钢丝	钢绞线
				直径 (mm)				
				16	22	25	5	
				55	56	57	58	59
1	人工	工日	1	9.2	7.7	6.5	18.3	12.9
2	预应力粗钢筋	t	121	1.040	1.040	1.040	–	–
3	钢绞线	t	125	–	–	–	–	1.100
4	冷拔低碳钢丝	t	132	–	–	–	1.040	–
5	型钢	t	182	–	–	–	0.050	0.003
6	钢板	t	183	0.015	0.006	0.003	0.066	0.001
7	铁件	kg	651	20.6	7.3	4.7	–	–
8	其他材料费	元	996	26.5	11.0	6.0	96.4	6.3
9	90t 以内预应力拉伸机	台班	1344	0.93	0.72	0.59	1.65	0.53
10	500t 以内预应力拉伸机	台班	1347	–	–	–	–	0.53
11	30kN 以内单筒慢动卷扬机	台班	1499	–	–	–	–	0.23
12	50kN 以内单筒慢动卷扬机	台班	1500	0.51	0.47	0.41	0.81	–
13	75kV·A 以内交流对焊机	台班	1745	0.51	0.47	0.41	0.81	–
14	小型机具使用费	元	1998	12.8	10.6	8.9	38.7	1.1
15	基价	元	1999	6346	6137	6026	7636	7945

注:1. 锥形锚、预应力钢筋螺栓锚、墩头锚的锚具的消耗量已包括在制作、张拉定额内;

2. 墩头锚连接器用量已包括在锚具中;

3. 拆除临时预应力钢丝束定额的拆除材料的回收可根据设计要求计算;

4. 锚具的单价中包括螺旋筋和锚垫板;

5. 预应力钢绞线定额中的钢束长度指钢束的一次张拉长度。使用本定额若有连接器时,可将连接器作为锚具进行计算,这时锚具的单价应进行综合计算。

例:锚具 X 个,连接器 Y 个,其单价分别为 A、B,则锚具的综合单价为:$(A \times X + B \times Y) \div (X + 2 \times Y)$。

第六章　交通工程及沿线设施

说　明

1. 本章定额包括交通安全设施、服务设施和管理设施等项目。

2. 本章定额中只列工程所需的主要材料用量。次要、零星材料和小型施工机具均未一一列出，分别列入“其他材料费”和“小型机具使用费”内，以元计，编制概算即按此计算。

3. 本章定额中均已包括混凝土的拌和费用。

4. 本章如有未包括的项目，可参照相关行业定额。

第一节　安全设施

说　明

本节定额包括柱式护栏，墙式护栏，波形钢板护栏，隔离栅，中间带，车道分离块，标志牌，轮廓标，路面标线，机械铺筑拦水带，里程碑、百米桩、界碑，公共汽车停靠站防雨篷等项目。

1. 定额中波形钢板、型钢立柱、钢管立柱、镀锌钢管、护栏、钢板网、钢板标志、铝合金板标志、柱式轮廓标、钢管防撞立柱、镀锌钢管栏杆、预埋钢管等均为成品，编制概算时按成品价格计算。其中标志牌单价中不含反光膜的费用。

2. 水泥混凝土构件的预制、安装定额中均包括了混凝土及构件运输的工程内容，使用定额时，不得另行计算。

3. 定额中公共汽车停靠站防雨篷规格：钢结构防雨篷为 15m × 3m，钢筋混凝土防雨篷为 24m × 3.75m。站台地坪及浇筑防雨篷混凝土的支架及工作平台已综合在定额中，使用定额时不得另行计算。

4. 工程量计算规则：

(1) 墙式护栏项目中钢筋混凝土防撞护栏的工程量为墙体长度。

(2) 波形钢板护栏及隔离栅的工程量为两端立柱中心间的距离。

(3) 中间带及车道分离块项目中，路缘带的工程量为路缘带起讫点间的距离；隔离墩、钢管栏杆及防眩板的工程量为隔离墩的实际设置长度；车道分离块的工程量为实际设置长度。

(4) 路面标线按划线的净面积计算。

(5) 机械铺筑拦水带的工程量为拦水带的铺筑长度。

6-1-1 柱式及墙式护栏

工程内容 制作,构件运输,砌筑,安装,油漆。

单位:表列单位

顺序号	项目	单位	代号	柱式护栏	墙式护栏	
					浆砌块石	钢筋混凝土防撞护栏
				100根	$10m^3$	100m
				1	2	3
1	人工	工日	1	49.4	17.1	114.4
2	C20水泥混凝土	m^3	18	(4.5)	-	-
3	C25水泥混凝土	m^3	19	-	-	(29.33)
4	原木	m^3	101	-	-	0.124
5	锯材	m^3	102	0.450	-	0.175
6	光圆钢筋	t	111	0.288	-	1.275
7	钢管	t	191	-	-	0.422
8	钢模板	t	271	-	-	0.290
9	铸铁	kg	561	-	-	760.2
10	铁件	kg	651	-	-	143.2
11	铁钉	kg	653	13.6	-	-
12	20~22号铁丝	kg	656	1.6	-	6.3

续前页　　　　单位:表列单位

顺序号	项目	单位	代号	柱式护栏	墙式护栏	
					浆砌块石	钢筋混凝土防撞护栏
				100 根	$10m^3$	100m
				1	2	3
13	油漆	kg	732	24.6	27.4	9.4
14	32.5 级水泥	t	832	1.418	0.673	9.824
15	水	m^3	866	10	17	35
16	中(粗)砂	m^3	899	2.20	3.31	14.09
17	碎石(2cm)	m^3	951	3.66	–	–
18	碎石(4cm)	m^3	952	–	–	24.35
19	碎石(8cm)	m^3	954	7.80	–	–
20	块石	m^3	981	–	10.50	–
21	其他材料费	元	996	46.0	14.0	52.4
22	250L 以内混凝土搅拌机	台班	1272	–	–	1.17
23	3t 以内载货汽车	台班	1371	1.22	–	–
24	1t 以内机动翻斗车	台班	1408	–	–	1.06
25	小型机具使用费	元	1998	14.1	–	31.2
26	基价	元	1999	5943	2528	22444

6-1-2 波型钢板护栏

工程内容 打桩机打柱,安装波形钢板的全部工序。

单位:100m

顺序号	项目	单位	代号	单面板			双面板		
				面板厚度(4mm)		面板厚度(3mm)	面板厚度(4mm)		面板厚度(3mm)
				柱距2.0m	柱距4.0m		柱距2.0m	柱距4.0m	
				1	2	3	4	5	6
1	人工	工日	1	15.5	9.0	8.5	16.3	9.8	9.1
2	钢板	t	183	0.047	0.026	0.025	0.047	0.026	0.025
3	钢丝绳	t	221	0.013	0.013	0.010	–	–	–
4	电焊条	kg	231	8.9	5.0	4.8	8.9	5.0	4.8
5	螺栓	kg	240	88.1	88.1	66.8	129.5	129.5	98.2
6	钢管立柱	t	247	1.861	1.034	1.003	1.861	1.034	1.003
7	波形钢板	t	249	1.647	1.647	1.248	3.270	3.270	2.480
8	其他材料费	元	996	16.9	9.4	9.1	16.9	9.4	9.1
9	2t以内载货汽车	台班	1370	0.85	0.47	0.46	0.85	0.47	0.46
10	4t以内载货汽车	台班	1372	0.12	0.12	0.09	0.23	0.23	0.18
11	32kV·A以内交流电弧焊机	台班	1726	1.29	0.72	0.70	1.29	0.72	0.70
12	小型机具使用费	元	1998	111.2	61.8	60.0	111.2	61.8	60.0
13	基价	元	1999	23438	17972	15068	33775	28309	22915

6-1-3 隔 离 栅

工程内容 1)挖基,浇筑基础混凝土,安设立柱;2)钢板网裁网,点焊及安装;3)混凝土立柱预制及构件运输;4)安装刺铁丝网及编织网的全部工序。

单位:100m

顺序号	项目	单位	代号	钢板网(钢管柱)	刺铁丝网(钢筋混凝土柱) 柱距2.0m	刺铁丝网(钢筋混凝土柱) 柱距4.0m	编织网(型钢立柱)
				1	2	3	4
1	人工	工日	1	65.2	51.0	33.9	47.6
2	C20 水泥混凝土	m^3	18	(6.26)	(6.05)	(3.04)	(6.05)
3	C25 水泥混凝土	m^3	19	–	(1.55)	(0.79)	–
4	原木	m^3	101	–	0.003	0.001	–
5	光圆钢筋	t	111	–	0.508	0.255	0.014
6	型钢	t	182	1.619	–	–	–
7	电焊条	kg	231	74.3	–	–	–
8	钢管立柱	t	247	0.528	–	–	–
9	型钢立柱	t	248	–	–	–	0.379
10	组合钢模板	t	272	–	0.007	0.003	–
11	铁件	kg	651	44.0	1.3	0.7	2.2
12	8~12 号铁丝	kg	655	–	3.6	3.5	–
13	20~22 号铁丝	kg	656	–	2.5	1.3	–
14	刺铁丝	kg	658	–	163.2	158.1	–

续前页　　　　单位:100m

顺序号	项　目	单位	代号	钢板网（钢管柱）	刺铁丝网（钢筋混凝土柱）		编织网（型钢立柱）
					柱距 2.0m	柱距 4.0m	
				1	2	3	4
15	钢板网	m^2	692	164.0	–	–	–
16	铁丝编织网	m^2	693	–	–	–	163.2
17	32.5 级水泥	t	832	1.766	2.276	1.146	1.705
18	水	m^3	866	7	9	5	7
19	中(粗)砂	m^3	899	3.38	4.01	2.02	3.27
20	碎石(2cm)	m^3	951	–	1.24	0.63	–
21	碎石(8cm)	m^3	954	5.13	4.96	2.49	4.96
22	其他材料费	元	996	55.5	4.9	2.5	1.6
23	250L 以内混凝土搅拌机	台班	1272	–	0.07	0.03	–
24	2t 以内载货汽车	台班	1370	2.20	–	–	1.04
25	4t 以内载货汽车	台班	1372	–	0.38	0.19	–
26	32kV·A 以内交流电弧焊机	台班	1726	13.65	–	–	–
27	小型机具使用费	元	1998	209.3	11.3	5.7	–
28	基价	元	1999	19169	6772	4321	8687

6－1－4　中间带及车道分离块

工程内容　1)混凝土及钢筋的全部工序；2)挖槽,浇筑底板混凝土,安装隔离墩；3)安装中间带缘石及填土；4)钢管栏杆及防眩板的制作、安装及油漆；5)安装车道分离块；6)构件运输。

单位:100m

顺序号	项目	单位	代号	中间带				车道分离块
				路缘带	隔离墩	钢管栏杆	防眩板	
				1	2	3	4	5
1	人工	工日	1	196.2	203.9	34.0	74.8	38.9
2	C15 水泥混凝土	m^3	17	–	(18.71)	–	–	–
3	C20 水泥混凝土	m^3	18	(16.05)	–	–	–	–
4	C25 水泥混凝土	m^3	19	–	–	–	–	(3.86)
5	C30 水泥混凝土	m^3	20	–	(26.17)	–	–	–
6	原木	m^3	101	–	0.080	–	–	–
7	锯材	m^3	102	0.891	1.197	–	–	–
8	光圆钢筋	t	111	–	0.713	–	–	1.400
9	型钢	t	182	–	–	–	0.007	–
10	钢板	t	183	–	0.056	0.232	0.353	–
11	钢管	t	191	–	–	0.406	0.294	–
12	电焊条	kg	231	–	5.3	12.4	21.4	–
13	钢模板	t	271	–	0.275	–	–	0.036
14	铁件	kg	651	–	30.3	–	–	–
15	铁钉	kg	653	36.9	24.6	–	–	–

续前页　　单位:100m

顺序号	项目	单位	代号	中间带				车道分离块
				路缘带	隔离墩	钢管栏杆	防眩板	
				1	2	3	4	5
16	20~22号铁丝	kg	656	–	3.5	–	–	6
17	油漆	kg	732	–	–	22.5	22.8	24.7
18	32.5级水泥	t	832	5.046	17.473	–	–	1.420
19	水	m^3	866	32	74	–	–	6
20	中(粗)砂	m^3	899	9.12	26.96	–	–	1.93
21	碎石(2cm)	m^3	951	–	–	–	–	3.09
22	碎石(4cm)	m^3	952	13.47	43.95	–	–	–
23	其他材料费	元	996	50.5	266.3	222.7	484.3	32.4
24	250L以内混凝土搅拌机	台班	1272	0.70	2.1	–	–	0.17
25	4t以内载货汽车	台班	1372	–	5.01	–	–	1.06
26	1t以内机动翻斗车	台班	1408	–	1.33	–	–	–
27	5t以内汽车式起重机	台班	1449	–	2.23	–	–	–
28	32kV·A以内交流电弧焊机	台班	1726	–	1.62	2.86	3.52	–
29	小型机具使用费	元	1998	–	83.4	79.3	85.9	40.0
30	基价	元	1999	14150	29213	5938	8267	8253

注:1. 中间带的绿化,可按设计另行计算;

2. 隔离墩上如不安装其他设施时,应扣除人工2.7工日,钢板0.056t,电焊条5.3kg,32kV·A以内交流电弧焊机1.62台班。

6-1-5 标 志 牌

工程内容 钢筋混凝土标志牌：1)混凝土及钢筋的全部工序；2)油漆标志并描绘标志图案；3)构件运输；4)安装标志的全部工序。

金属标志牌：1)挖基，回填；2)混凝土及钢筋的全部工序；3)预埋法兰底座；4)安装标志的全部工序。

I. 钢筋混凝土标志牌

单位:10 块

顺序号	项目	单位	代号	圆形及三角形标志	矩形标志	
					30cm×80cm	90cm×120cm
				1	2	3
1	人工	工日	1	20.0	32.8	46.9
2	C10 水泥混凝土	m^3	16	(1.18)	(1.89)	(2.83)
3	C25 水泥混凝土	m^3	19	(0.52)	(0.78)	(1.50)
4	锯材	m^3	102	0.083	0.128	0.221
5	光圆钢筋	t	111	0.123	0.194	0.308
6	铁件	kg	651	5.1	10.2	10.2
7	铁钉	kg	653	2.5	3.9	6.8
8	20~22 号铁丝	kg	656	0.6	1.0	1.5
9	油漆	kg	732	8.3	11.6	24.1
10	32.5 级水泥	t	832	0.442	0.688	1.152
11	水	m^3	866	2	2	2
12	中(粗)砂	m^3	899	0.93	1.47	2.36
13	碎石(2cm)	m^3	951	0.42	0.62	1.20
14	碎石(8cm)	m^3	954	0.98	1.57	2.35
15	其他材料费	元	996	15.4	27.1	36.1
16	3t 以内载货汽车	台班	1371	0.14	0.21	0.42
17	小型机具使用费	元	1998	2.3	3.7	6.3
18	基价	元	1999	1975	3158	4875

II. 铝合金标志牌

单位:10 处

顺序号	项目	单位	代号	单柱式	双柱式	单悬臂	双悬臂	门架式	附着式
				4	5	6	7	8	9
1	人工	工日	1	68.4	199.5	149.0	194.5	268.8	2.8
2	C25 水泥混凝土	m^3	19	(25.50)	(84.86)	(61.00)	(81.40)	(87.31)	–
3	锯材	m^3	102	0.003	0.008	0.006	0.008	0.009	–
4	光圆钢筋	t	111	0.451	0.502	0.584	0.687	2.501	–
5	型钢	t	182	0.010	0.033	0.024	0.032	0.034	–
6	电焊条	kg	231	0.2	0.8	1.1	1.0	1.6	–
7	钢管立柱	t	247	1.730	10.120	12.632	14.732	30.152	–
8	组合钢模板	t	272	0.018	0.058	0.042	0.056	0.060	–
9	铁件	kg	651	8.3	27.5	19.7	26.3	28.2	–
10	镀锌铁件	kg	652	1199.2	4632.2	6041.8	7422.4	12036.0	265.2
11	20～22 号铁丝	kg	656	2.2	2.5	2.9	3.4	12.4	–
12	铝合金标志	t	668	0.391	1.937	1.713	1.132	2.930	0.120
13	反光膜	m^2	740	53.6	260.9	247.0	166.6	413.8	18.1
14	32.5 级水泥	t	832	8.543	28.429	20.434	27.268	29.250	–
15	水	m^3	866	30	100	72	96	103	–
16	中(粗)砂	m^3	899	12.25	40.77	29.30	39.10	41.94	–
17	碎石(4cm)	m^3	952	21.18	70.47	50.65	67.59	72.50	–
18	其他材料费	元	996	86.5	287.9	206.9	276.1	296.2	–
19	4t 以内载货汽车	台班	1372	1.61	2.00	2.02	1.97	–	0.09
20	6t 以内载货汽车	台班	1374	–	–	–	–	5.28	–
21	5t 以内汽车式起重机	台班	1449	1.61	2.00	2.02	1.97	5.28	–
22	32kV·A 以内交流电弧焊机	台班	1726	0.05	0.16	0.20	0.21	0.29	–
23	小型机具使用费	元	1998	10.2	33.9	24.4	32.6	34.9	2.0
24	基价	元	1999	51632	230099	238619	233541	471808	9218

III. 钢板标志牌

单位:10 处

顺序号	项目	单位	代号	单柱式	双柱式	单悬臂	双悬臂	门架式
				10	11	12	13	14
1	人工	工日	1	34.0	104.8	94.0	51.9	135.5
2	C25 水泥混凝土	m^3	19	(13.06)	(46.10)	(37.94)	(21.83)	(41.11)
3	锯材	m^3	102	0.001	0.005	0.004	0.002	0.004
4	光圆钢筋	t	111	0.225	0.184	0.472	0.174	1.548
5	型钢	t	182	0.005	0.018	0.015	0.009	0.016
6	电焊条	kg	231	–	0.2	0.6	0.2	0.7
7	钢管立柱	t	247	0.846	2.331	8.630	3.028	18.405
8	组合钢模板	t	272	0.009	0.032	0.026	0.015	0.028
9	铁件	kg	651	4.2	14.9	12.3	7.1	13.3
10	镀锌铁件	kg	652	498.9	1238.6	4177.2	2066	7452.5
11	20~22 号铁丝	kg	656	1.1	0.9	2.3	0.9	7.7
12	钢板标志	t	667	0.215	1.055	1.613	0.758	3.100
13	反光膜	m^2	740	19.6	88.9	116.3	55.8	218.9
14	32.5 级水泥	t	832	4.374	15.445	12.711	7.312	13.771
15	水	m^3	866	15	54	45	26	48
16	中(粗)砂	m^3	899	6.27	22.15	18.23	10.49	19.75
17	碎石(4cm)	m^3	952	10.84	38.28	31.51	18.13	34.13
18	其他材料费	元	996	44.8	156.4	128.7	74	139.4
19	4t 以内载货汽车	台班	1372	0.6	0.51	1.19	0.49	–
20	6t 以内载货汽车	台班	1374	–	–	–	–	2.91

续前页

单位:10 处

顺序号	项目	单位	代号	单柱式	双柱式	单悬臂	双悬臂	门架式
				10	11	12	13	14
21	5t 以内汽车式起重机	台班	1449	0.60	0.51	1.19	0.49	2.91
22	32kV·A 以内交流电弧焊机	台班	1726	0.02	0.03	0.11	0.03	0.15
23	小型机具使用费	元	1998	5.2	18.4	15.2	8.7	16.4
24	基价	元	1999	19558	64144	130526	57235	250806

注:1. 钢板标志、铝合金标志为外购的成品,包括板面、立柱、横梁、法兰盘制作、焊接、喷漆等;

2. 本定额中每处标志牌的参考质量和基础工程量如下:

名称		板面尺寸(cm)	板面质量(kg)		立柱质量(kg)		横梁质量(kg)		总质量(kg)	1 处标志的基础圬工	
			板	附件	柱	法兰盘	横梁	法兰盘		C25 混凝土(m^3)	钢筋(t)
单柱式	铝合金板	180×180	39.2	16.5	173.0	101.0	–	–	329.7	2.50	0.044
	钢板	120×90	17.0	15.4	55.6	67.0	–	–	155.0	1.28	0.022
双柱式	铝合金板	480×330	193.6	60.2	1012.0	394.0	–	–	1659.8	8.32	0.049
	钢板	300×150	70.7	73.8	151.8	163.8	–	–	460.1	4.52	0.018
单悬臂	铝合金板	450×330	169.9	72.7	806.0	240.4	456.5	281.3	2026.8	5.98	0.057
	钢板	400×180	113.0	118.8	577.1	238.0	277	110	1433.9	3.72	0.046
双悬臂	铝合金板	360×140	113.4	111.4	667.0	240.4	708	474	2314.2	7.98	0.067
	钢板	272×90	77.1	77.1	180.7	70.0	110	66.2	581.1	2.14	0.017
门架式	铝合金板	2×380×330	293.0	136.3	1611.8	480.8	1403.6	562.5	4488.0	8.56	0.244
	钢板	320×200	301.4	160.0	962.7	189.8	1216.1	51.2	2881.2	4.03	0.151
附着式		$\phi80$	11.9	25.6	–	–	–	–	37.5	–	–
备注		附件包括加固槽钢、抱箍、螺栓、滑块等									

6-1-6 轮 廓 标

工程内容 柱式轮廓标：1)加工成型，油漆，剪贴反光膜；2)安设轮廓标的全部工序。

栏式轮廓标：制作，贴反光膜，螺栓固定。

单位：表列单位

顺序号	项目	单位	代号	柱式轮廓标		栏式轮廓标
				钢板柱	玻璃钢柱	
				100 根		100 块
				1	2	3
1	人工	工日	1	21.5	13.8	1.1
2	C15 水泥混凝土	m^3	17	(1.84)	(1.84)	–
2	光圆钢筋	t	111	0.050	0.050	–
3	镀锌钢板	t	208	–	–	0.008
4	型钢立柱	t	248	1.190	–	–
5	镀锌铁件	kg	652	–	–	16.2
6	反光膜	m^2	740	1.6	1.6	1.3
7	柱式轮廓标	根	744	–	100	–
8	32.5 级水泥	t	832	0.516	0.516	–
9	水	m^3	866	2	2	–
10	中(粗)砂	m^3	899	0.92	0.92	–
11	碎石(4cm)	m^3	952	1.56	1.56	–
12	其他材料费	元	996	4.8	4.8	3.6
13	2t 以内载货汽车	台班	1370	1.07	1.07	–
14	基价	元	1999	8416	11530	503

注：栏式轮廓标如安装在波形护栏上时，应扣减定额中镀锌铁件的数量。

6-1-7 路面标线

工程内容 清扫路面，放样，划线。

单位：100m² 及 100 个

顺序号	项目	单位	代号	普通标线			热熔标线		反光路钮
				人工划线	划线机划线	汽车划线	沥青路面	水泥混凝土路面	
				100m²					100 个
				1	2	3	4	5	6
1	人工	工日	1	5.4	5.1	2.2	5.2	5.2	2.3
2	标线漆	kg	733	49.0	49.0	49.0	–	–	–
3	底油	kg	737	–	–	–	–	23.0	–
4	热熔涂料	kg	738	–	–	–	469.0	469.0	–
5	反光玻璃珠	kg	739	–	–	–	37.0	37.0	–
6	反光突起路钮	个	741	–	–	–	–	–	101
7	其他材料费	元	996	–	–	–	200.0	200.0	65.0
8	热熔标线设备	台班	1227	–	–	–	0.56	0.56	–
9	路面划线车	台班	1229	–	0.67	–	–	–	–
10	汽车式划线车	台班	1232	–	–	0.42	–	–	–
11	4t 以内载货汽车	台班	1372	–	0.60	–	0.50	0.50	–
12	小型机具使用费	元	1998	34.0	–	–	–	–	–
13	基价	元	1999	2152	2351	2126	3806	3993	1693

6-1-8 机械铺筑拦水带

工程内容 放样,挖槽,修整,混凝土配运料、拌和、运输,铺筑及养生。

单位:1000m

顺序号	项目	单位	代号	水泥混凝土	沥青混凝土
				1	2
1	人工	工日	1	39.9	23.9
2	C25 水泥混凝土	m^3	19	(45.90)	–
3	沥青混凝土	m^3	87	–	(46.80)
4	32.5 级水泥	t	832	16.893	–
5	石油沥青	t	851	–	7.934
6	水	m^3	866	54	–
7	砂	m^3	897	–	28.26
8	中(粗)砂	m^3	899	22.05	–
9	矿粉	m^3	949	–	7.65
10	碎石(2cm)	m^3	951	36.72	–
11	石屑	m^3	961	–	39.55
12	其他材料费	元	996	120.6	7.2
13	15t/h 以内电动黑色粒料拌和机	台班	1197	–	1.51
14	250L 以内混凝土搅拌机	台班	1272	1.97	–
15	4t 以内载货汽车	台班	1372	–	1.88
16	1t 以内机动翻斗车	台班	1408	2.52	1.33
17	小型机具使用费	元	1998	172.1	172.1
18	基价	元	1999	11539	39758

6-1-9 里程碑、百米桩、界碑

工程内容 1)混凝土及钢筋的全部工序;2)油漆;3)挖洞,埋设,回填。

单位:100块

顺序号	项目	单位	代号	里程碑	百米桩	界碑
				1	2	3
1	人工	工日	1	56.0	6.1	34.5
2	C10水泥混凝土	m^3	16	(6.12)	-	(7.14)
3	C25水泥混凝土	m^3	19	(5.51)	(0.51)	(2.75)
4	原木	m^3	101	0.021	0.004	0.014
5	光圆钢筋	t	111	0.267	0.07	0.182
6	型钢	t	182	0.005	0.001	0.003
7	组合钢模板	t	272	0.032	0.007	0.022
8	铁件	kg	651	18.0	3.7	12.5
9	油漆	kg	732	31.1	4.6	16.4
10	32.5级水泥	t	832	3.325	0.188	2.527
11	水	m^3	866	16	1	13
12	中(粗)砂	m^3	899	6.19	0.24	5.46
13	碎石(2cm)	m^3	951	4.41	0.41	2.20
14	碎石(8cm)	m^3	954	5.08	-	5.93
15	其他材料费	元	996	70.7	4.9	17.7
16	250L以内混凝土搅拌机	台班	1272	0.23	0.02	0.12
17	4t以内载货汽车	台班	1372	1.14	0.06	0.63
18	小型机具使用费	元	1998	2.1	0.4	1.5
19	基价	元	1999	6711	778	4490

6-1-10 公共汽车停靠站防雨篷

工程内容 1)挖基,回填;2)混凝土及钢筋的全部工序;3)钢结构防雨篷制作、安装及油漆;4)站台地坪垫层铺设,地坪混凝土预制块及缘石铺砌。

单位:1座

顺序号	项目	单位	代号	钢结构	钢筋混凝土
				1	2
1	人工	工日	1	70.3	163.1
2	C10 水泥混凝土	m^3	16	-	(4.68)
3	C20 水泥混凝土	m^3	18	(10.28)	(7.99)
4	C25 水泥混凝土	m^3	19	(0.47)	(13.47)
5	原木	m^3	101	0.002	1.648
6	锯材	m^3	102	0.046	0.444
7	光圆钢筋	t	111	0.066	0.717
8	带肋钢筋	t	112	-	0.612
9	型钢	t	182	0.171	0.088
10	钢板	t	183	0.038	-
11	钢管	t	191	0.229	-
12	电焊条	kg	231	4.8	10.6
13	组合钢模板	t	272	0.024	0.118
14	门式钢支架	t	273	-	0.018
15	铁件	kg	651	21.5	104.2
16	铁钉	kg	653	2.1	4.5

续前页　　　　单位:1 座

顺序号	项　　目	单位	代号	钢 结 构	钢筋混凝土
				1	2
17	8~12 号铁丝	kg	655	–	1.0
18	20~22 号铁丝	kg	656	0.3	1.9
19	油漆	kg	732	6.3	–
20	玻璃钢瓦	m^2	826	39.6	–
21	32.5 级水泥	t	832	3.116	9.378
22	水	m^3	866	14	43
23	中(粗)砂	m^3	899	6.72	18.76
24	天然级配	m^3	908	4.68	9.36
25	碎石(2cm)	m^3	951	2.24	14.52
26	碎石(4cm)	m^3	952	0.48	2.91
27	碎石(8cm)	m^3	954	5.99	3.87
28	其他材料费	元	996	67.2	454.5
29	250L 以内混凝土搅拌机	台班	1272	0.47	1.14
30	3t 以内载货汽车	台班	1371	0.80	1.60
31	1t 以内机动翻斗车	台班	1408	0.32	1.08
32	5t 以内汽车式起重机	台班	1449	–	0.49
33	ϕ500mm 以内木工圆锯机	台班	1710	–	0.68
34	32kV·A 以内交流电弧焊机	台班	1726	1.64	1.85
35	小型机具使用费	元	1998	313.4	68.5
36	基价	元	1999	11102	23820

第二节 监控、收费系统

说 明

1. 本节包括监控、收费系统中管理站、分中心、中心(计算机及网络设备,视频控制设备安装,附属配套设备),收费车道设备,外场管理设备(车辆检测设备安装、调试,环境检测设备安装、调试,信息显示设备安装、调试,视频监控与传输设备安装、调试),系统互联与调试,系统试运行、收费岛、人(手)孔等项目。

2. 本节不包括以下工作内容:

(1)设备本身的功能性故障排除。

(2)制作缺件、配件。

(3)在特殊环境条件下的设备加固、防护。

(4)与计算机系统以外的外系统联试、校验或统调。

(5)设备基础和隐蔽管线施工(收费岛除外)。

(6)外场主干通信电缆和信号控制电缆的敷设施工及试运行。

(7)接地装置、避雷装置的制作与安装,安装调试设备必需的技术改造和修复施工。

3. 收费岛上涂刷反光标志漆和粘贴反光膜的数量,已综合在收费岛混凝土定额中,使用定额时不得另行计算。

4. 防撞栏杆的预埋钢套管数量已综合在定额中,使用定额时不得另行计算。

5. 防撞立柱的预埋钢套管及立柱填充混凝土、立柱与预埋钢套管之间灌填水泥砂浆的数量,均已综合在定额中,使用定额时不得另行计算。

6. 设备基础混凝土定额中综合了预埋钢筋、地脚螺母、底座法兰盘的数量,使用定额时不得另行计算。

7. 敷设电线钢套管定额中综合了螺栓、螺母、镀锌管接头、钢管用塑料护口、醇酸防锈漆、裸铜线、钢锯条、溶剂汽油等的数量,使用定额时不得另行计算。

8. 如设计采用的人(手)孔混凝土标号和数量与定额不同时,可调整定额用量;人(手)孔中所列电缆支架等附件的消耗量如与设计数量不同时,可调整定额用量。

9. 工程量计算规则:

(1)设备安装定额单位除 LED 显示屏以 m^2 计、系统试运行以系统·月计外,其余均以台或套计。

(2)计算机系统可靠性、稳定性运行按计算机系统 24h 连续计算确定的,超过要求时,其费用另行计算。

(3)收费岛现浇混凝土工程量按岛身、收费亭基础、收费岛敷设穿线钢管水泥混凝土垫层、防撞柱水泥混凝土基础、配电箱水泥混凝土基础和控制箱水泥混凝土基础体积之和计算。

(4)收费岛钢筋工程数量按收费岛、收费亭基础的钢筋数量之和计算。

(5)设备基础混凝土工程量按设备水泥混凝土基础体积计算。

(6)镀锌防撞护栏中的工程量按镀锌防撞护栏的质量计算。

(7)钢管防撞柱的工程量按钢管防撞立柱的质量计算。

(8)配电箱基础预埋 PVC 管的工程量按 PVC 管长度计算。

(9)敷设电线钢套管的工程量按敷设电线钢套管质量计算。

6-2-1 计算机及网络设备安装

工程内容 1)开箱检查、定位、机械安装、线缆连接、电气调试、指标测试、清理现场；2)软件测试与安装；3)零配件配套、按说明书通电；4)设备初验、检查基础、安装设备、调试设备、试运行；5)单机自检、接口正确性检查和调试、联机调试。

单位：表列单位

顺序号	项目	单位	代号	专用服务器（含软件）	工作站（含软件）	综合大型控制台	路由器	集线器	以太网交换机		
									10M、100M	100M、1000M	1000M
				1套							
				1	2	3	4	5	6	7	8
1	人工	工日	1	18.2	6.1	24.2	3.6	0.6	4.2	6.1	8.5
2	其他材料费	元	996	54.6	26.4	2.0	2.0	2.0	2.0	2.0	2.0
3	4t以内载货汽车	台班	1372	–	–	–	–	–	–	–	–
4	3t以内蓄电池车	台班	1416	–	–	1.01	–	–	–	–	–
5	4t以内内燃叉车	台班	1548	–	–	0.51	–	–	–	–	–
6	微机硬盘测试仪	台班	1954	–	–	–	–	–	–	–	–
7	网络分析仪	台班	1958	–	–	–	–	–	1.01	1.52	1.52
8	90kW以内工程修理车	台班	1987	–	–	–	0.51	–	0.51	0.51	0.51
9	小型机具使用费	元	1998	27.0	8.3	73.8	96.6	9.3	125.4	160.6	160.6
10	基价	元	1999	977	335	1587	545	41	797	1023	1141

续前页

单位:表列单位

顺序号	项目	单位	代号	磁盘阵列	普通光盘机	彩色扫描仪	网卡 1000M	移动硬盘	光盘机 DVD－R/RW	针式打印机	票据打印机
				1套			1台				
				9	10	11	12	13	14	15	16
1	人工	工日	1	18.2	1.2	1.8	1.0	0.5	0.5	0.5	0.5
2	其他材料费	元	996	370.1	131	6.0	1.9	–	14.1	8.8	4.0
3	4t 以内载货汽车	台班	1372	0.20	0.10	–	–	–	–	–	–
4	3t 以内蓄电池车	台班	1416	–	–	–	–	–	–	–	–
5	4t 以内内燃叉车	台班	1548	–	–	–	–	–	–	0.10	0.10
6	微机硬盘测试仪	台班	1954	2.02	–	–	–	–	–	–	–
7	网络分析仪	台班	1958	–	–	–	–	–	–	–	–
8	90kW 以内工程修理车	台班	1987	–	–	–	–	–	–	–	–
9	小型机具使用费	元	1998	17.8	8.3	1.0	35.1	8.8	10.5	10.0	11.3
10	基价	元	1999	1612	228	96	86	33	49	76	73

续前页　　　　单位:表列单位

顺序号	项目	单位	代号	宽行打印机	网络打印机	单色激光打印机	彩色喷墨打印机(A3)	热传印打印机	打印机控制器
				1台					
				17	18	19	20	21	22
1	人工	工日	1	2.0	2.0	1.0	2.0	1.5	1.0
2	其他材料费	元	996	105.1	40.3	54.7	326.1	53.3	56.6
3	4t 以内载货汽车	台班	1372	-	-	-	-	-	-
4	3t 以内蓄电池车	台班	1416	-	-	-	-	-	-
5	4t 以内内燃叉车	台班	1548	0.10	0.10	0.10	0.10	0.10	-
6	微机硬盘测试仪	台班	1954	-	-	-	-	-	-
7	网络分析仪	台班	1958	-	-	-	-	-	-
8	90kW 以内工程修理车	台班	1987	-	-	-	-	-	-
9	小型机具使用费	元	1998	37.7	59.0	18.8	38.3	43.9	17.6
10	基价	元	1999	274	231	156	496	204	123

续前页 单位:表列单位

顺序号	项目	单位	代号	视频打印机	软件(包括系统、应用软件)			联网收费结算中心软件
					站级	分中心级	中心级	
				1套				
				23	24	25	26	27
1	人工	工日	1	1.8	24.2	12.1	60.6	60.6
2	其他材料费	元	996	2.0	189.0	304.5	420.0	493.5
3	4t以内载货汽车	台班	1372	–	–	–	–	–
4	3t以内蓄电池车	台班	1416	–	–	–	–	–
5	4t以内内燃叉车	台班	1548	–	–	–	–	–
6	微机硬盘测试仪	台班	1954	–	–	–	–	–
7	网络分析仪	台班	1958	–	–	–	–	–
8	90kW以内工程修理车	台班	1987	–	–	–	–	–
9	小型机具使用费	元	1998	12.4	24.9	37.4	49.8	62.3
10	基价	元	1999	103	1405	937	3451	3537

6－2－2 视频控制设备安装

工程内容 1）开箱检查、定位、机械安装、线缆连接、电气调试、指标测试、清理现场；2）软件测试与安装；3）零配件配套、按说明书通电；4）设备初验、检查基础、安装设备、调试设备、试运行；5）搬运、清点设备、通电检查。

单位：表列单位

顺序号	项目	单位	代号	矩阵切换设备				多画面分割器（合成器）			音频、视频分配器
				≤16 路	≤64 路	≤128 路	≤256 路	4 画面	16 画面	16 画面以上	
				1 台							
				1	2	3	4	5	6	7	8
1	人工	工日	1	3.0	8.1	11.1	15.2	0.6	2.1	3.1	2.0
2	其他材料费	元	996	0.4	0.5	0.5	0.5	2.3	3.8	4.2	0.3
3	4t 以内载货汽车	台班	1372	–	–	–	–	–	–	–	–
4	3t 以内蓄电池车	台班	1416	–	–	–	–	–	–	–	–
5	300kg 以内液压升降机	台班	1560	–	–	–	–	–	–	–	–
6	光纤熔接机	台班	1948	–	–	–	–	–	–	–	–
7	光时域反射仪	台班	1950	–	–	–	–	–	–	–	–
8	光纤测试仪	台班	1952	–	–	–	–	–	–	–	–
9	小型机具使用费	元	1998	96.1	204.5	267.8	267.8	–	–	–	15.2
10	基价	元	1999	244	604	814	1016	32	107	157	114

续前页

单位:表列单位

顺序号	项目	单位	代号	图像处理器	控制键盘	数字图像迭加器	彩色监视器	监视器列架(2×2)	调制解调器	光端机	
										数据光端机	视频数据光端机
				1套							
				9	10	11	12	13	14	15	16
1	人工	工日	1	2.4	1.2	1.2	0.6	3.0	0.6	2.4	4.8
2	其他材料费	元	996	2.0	2.0	2.0	2.0	2.0	2.0	2.0	2.0
3	4t以内载货汽车	台班	1372	–	–	–	–	–	–	–	–
4	3t以内蓄电池车	台班	1416	–	–	–	–	0.51	–	–	–
5	300kg以内液压升降机	台班	1560	–	–	–	–	–	–	–	–
6	光纤熔接机	台班	1948	–	–	–	–	–	–	–	–
7	光时域反射仪	台班	1950	–	–	–	–	–	–	0.20	0.30
8	光纤测试仪	台班	1952	–	–	–	–	–	–	–	–
9	小型机具使用费	元	1998	17.2	3.1	40.3	15.7	5.4	3.5	8.7	16.8
10	基价	元	1999	137	64	101	47	233	35	275	475

续前页

单位：表列单位

顺序号	项　　目	单位	代号	光端机		视频压缩编（解）码器	光纤收发器	光纤模块	视频补偿器	视频传输设备	
				单路视频光端机	多路视频复用机					多路遥控发射设备	多路遥控接收设备
				1套					1台		
				17	18	19	20	21	22	23	24
1	人工	工日	1	6.1	7.3	7.9	1.2	0.6	1.5	4.0	3.0
2	其他材料费	元	996	2.0	2.0	2.0	2.0	2.0	0.8	0.5	0.5
3	4t以内载货汽车	台班	1372	–	–	–	–	–	–	–	–
4	3t以内蓄电池车	台班	1416	–	–	–	–	–	–	–	–
5	300kg以内液压升降机	台班	1560	–	–	–	–	–	–	–	–
6	光纤熔接机	台班	1948	–	–	–	–	–	–	–	–
7	光时域反射仪	台班	1950	0.51	0.76	1.01	–	–	–	–	–
8	光纤测试仪	台班	1952	–	–	–	0.25	0.15	–	–	–
9	小型机具使用费	元	1998	19.9	40.3	25.7	–	–	6.0	46.6	32.5
10	基价	元	1999	696	958	1156	143	81	81	244	181

续前页　　　　单位：表列单位

顺序号	项　目	单位	代号	地图板 $1\times1m^2$	投影仪 一对一单屏	投影仪 拼接控制器 ≤10屏	投影仪 拼接控制器 10~20屏	投影仪 拼接控制器 >20屏	LED显示屏	数字硬盘录像机 ≤4路	数字硬盘录像机 ≤16路	网络编解码器
				1套					$1m^2$	1台		
				25	26	27	28	29	30	31	32	33
1	人工	工日	1	8.5	6.1	8.1	12.1	16.2	7.1	2.0	6.1	2.5
2	其他材料费	元	996	2.0	2.0	3.0	4.0	5.0	8.3	–	–	113.8
3	4t以内载货汽车	台班	1372	0.20	0.20	1.01	1.01	1.01	–	–	–	–
4	3t以内蓄电池车	台班	1416	–	–	–	–	–	–	–	–	–
5	300kg以内液压升降机	台班	1560	0.10	0.10	0.51	0.51	0.51	–	–	–	–
6	光纤熔接机	台班	1948	–	–	–	–	–	–	–	–	0.51
7	光时域反射仪	台班	1950	–	–	–	–	–	–	–	–	–
8	光纤测试仪	台班	1952	–	–	–	–	–	–	–	–	–
9	小型机具使用费	元	1998	23.5	21.6	92.5	93.1	93.9	30.7	46.4	139	130.2
10	基价	元	1999	510	390	830	1028	1232	388	145	439	461

6-2-3　附属配套设备安装

工程内容　1)装调技术准备、装调机具准备、电源检测和施工安全防护、搬运、开箱、检查、定位、安装、互联、设备清理和清洗、接通电源、单机自检、接口正确性检查和调试、联机调试；2)电气调试、指标调试、清理现场；3)搬运、开箱检查、自检、调试；4)设备组装、检查基础、划线定位、安装调试。

单位:表列单位

顺序号	项　目	单位	代号	触摸屏显示器	通行券编码器	交流净化稳压器	高频开关电源(ATX)	UPS 不间断电源 规格(kV·A) 6 以内	10 以内	30 以内	50 以内
				1 台	1 套		1 台				
				1	2	3	4	5	6	7	8
1	人工	工日	1	2.0	4.8	1.8	8.1	6.1	12.1	25.3	35.4
2	其他材料费	元	996	17.2	2.0	2.0	3.8	2.5	4.1	4.1	6.8
3	3t 以内蓄电池车	台班	1416	–	–	0.20	–	–	–	–	–
4	4t 以内内燃叉车	台班	1548	0.10	–	0.10	0.10	0.51	1.01	1.01	1.01
5	小型机具使用费	元	1998	41.4	8.3	17.9	6.3	96.3	163.1	294.9	434.4
6	基价	元	1999	190	246	172	441	566	1094	1875	2514

续前页

单位:表列单位

顺序号	项目	单位	代号	报警控制器		有线对讲主机		标准机柜	
				8 路	32 路	8 路	16 路	BA123	19″
				1 套			1 台		
				9	10	11	12	13	14
1	人工	工日	1	8.1	14.1	6.1	9.1	1.3	2.0
2	其他材料费	元	996	7.1	28.4	0.1	0.3	1.4	3.4
3	3t 以内蓄电池车	台班	1416	–	–	–	–	–	–
4	4t 以内内燃叉车	台班	1548	–	–	–	–	0.20	0.51
5	小型机具使用费	元	1998	28.6	54.7	24.9	37.4	4.5	5.7
6	基价	元	1999	434	777	325	485	136	275

6-2-4 收费车道设备安装

工程内容 1)开箱检查、定位、机械安装、线缆连接、电气调试、指标测试、清理现场；2)零配件配套、按说明书通电。

单位:1套

顺序号	项目	单位	代号	车道控制机	终端显示器	专用键盘	电动栏杆	手动栏杆	费用显示及报价器	收据打印机	纸制磁条通行券	
											发卡机	读卡机
				1	2	3	4	5	6	7	8	9
1	人工	工日	1	4.2	0.6	0.6	4.2	1.8	2.4	0.6	2.4	1.8
2	膨胀螺栓	套	242	-	-	-	6.1	6.1	-	-	-	-
3	电线	m	711	-	-	-	-	-	-	-	-	-
4	其他材料费	元	996	2.0	2.0	2.0	2.0	2.0	2.0	2.0	2.0	2.0
5	4t以内载货汽车	台班	1372	-	-	-	-	-	-	-	-	-
6	3t以内蓄电池车	台班	1416	0.25	-	-	0.25	0.25	-	-	-	-
7	300kg以内液压升降机	台班	1560	-	-	-	-	-	-	-	-	-
8	小型机具使用费	元	1998	14.4	3.5	2.2	16.7	12.9	4.1	3.5	-	3.0
9	基价	元	1999	261	35	34	283	162	124	35	120	94

续前页　　　　　　　　　　　　　　　　　　　　　　　　　　　　单位:1 套

顺序号	项目	单位	代号	非接触式IC卡读写机	ETC 微波射频读写机	二维条形通行券		自动发卡读卡机	声光报警器	收费操作台	紧急脚踏开关	报警灯
						打印机	识读机					
				10	11	12	13	14	15	16	17	18
1	人工	工日	1	1.2	6.1	1.8	1.2	2.4	0.4	1.2	0.2	0.3
2	膨胀螺栓	套	242	–	–	–	–	30.6	–	–	–	–
3	电线	m	711	–	–	–	–	–	–	–	–	–
4	其他材料费	元	996	2.0	2.0	2.0	2.0	3.1	2.0	2.0	1.5	0.4
5	4t 以内载货汽车	台班	1372	–	–	–	–	–	–	–	–	–
6	3t 以内蓄电池车	台班	1416	–	–	–	–	–	–	–	–	–
7	300kg 以内液压升降机	台班	1560	–	–	–	–	–	–	–	–	–
8	小型机具使用费	元	1998	3.0	–	2.0	2.0	–	2.6	2.0	1.2	1.2
9	基价	元	1999	64	302	93	63	222	24	63	13	16

续前页

单位:1套

顺序号	项目	单位	代号	雨篷信号灯（单相）	车辆通行信号灯	雾灯	隧道通行信号灯	信号灯控制机	机动车道信号灯	人行道信号灯	信号灯倒计时器	通行诱导信息板
				19	20	21	22	23	24	25	26	27
1	人工	工日	1	3.0	1.2	0.6	1.2	3.6	3.0	1.8	3.6	7.9
2	膨胀螺栓	套	242	6.1	6.1	4.1	6.1	–	6.1	6.1	6.1	8.2
3	电线	m	711	51	20	20	51	–	–	–	–	–
4	其他材料费	元	996	2.8	2.0	2.0	2.0	2.0	2.0	2.0	2.0	2.0
5	4t以内载货汽车	台班	1372	0.15	0.10	–	0.10	0.25	0.10	0.10	0.15	0.15
6	3t以内蓄电池车	台班	1416	–	–	–	–	–	–	–	–	–
7	300kg以内液压升降机	台班	1560	0.51	–	–	–	–	0.20	–	0.20	0.10
8	小型机具使用费	元	1998	6.3	5.1	4.0	5.8	19.1	6.3	5.5	6.3	11.3
9	基价	元	1999	396	169	102	253	272	221	146	265	481

6-2-5 车辆检测设备安装、调试

工程内容 1)开箱检查、定位、机械安装、线缆连接、电气调试、指标测试、清理现场；2)划线开槽、下线灌封。

单位:表列单位

顺序号	项目	单位	代号	环形线圈车辆检测器				车辆分离器	超高检测器
				单通道	双通道	四通道	八通道		
				1套					
				1	2	3	4	5	6
1	人工	工日	1	1.8	2.4	3.6	5.5	1.8	1.8
2	膨胀螺栓	套	242	–	–	–	–	16.3	16.3
3	电线	m	711	51	102	204	408	–	–
4	环氧树脂	kg	746	2.0	4.0	8.0	16.0	–	–
5	其他材料费	元	996	5.7	11.3	22.7	45.3	6.1	6.1
6	混凝土电动切缝机	台班	1245	0.51	0.76	1.52	3.03	–	–
7	4t以内载货汽车	台班	1372	0.20	0.30	0.61	1.21	0.51	0.25
8	300kg以内液压升降机	台班	1560	–	–	–	–	–	–
9	小型机具使用费	元	1998	10.1	16.5	29.9	49.4	22.9	22.9
10	基价	元	1999	428	727	1395	2691	321	245

续前页　　　　　　　　　　　　　　　　　　　　　　　　　　　　单位:表列单位

顺序号	项　　目	单位	代号	视频车辆检测器	车型识别装置		车辆牌照识别装置	微波检测器	车位检测器	动态称重仪	本地控制机
					红外式	视频式					
				1套				1台	1端	1台	1套
				7	8	9	10	11	12	13	14
1	人工	工日	1	2.4	6.1	4.8	3.6	4.8	1.8	4.2	1.8
2	膨胀螺栓	套	242	8.2	32.6	8.2	8.2	12.2	–	32.6	6.1
3	电线	m	711	–	–	–	–	–	–	–	–
4	环氧树脂	kg	746	–	–	–	–	–	–	–	–
5	其他材料费	元	996	2.2	4.4	2.2	2.2	3.3	2.0	6.1	1.7
6	混凝土电动切缝机	台班	1245	–	–	–	–	–	–	–	–
7	4t以内载货汽车	台班	1372	0.51	0.15	–	–	0.25	0.20	0.25	0.10
8	300kg以内液压升降机	台班	1560	–	–	–	–	0.25	–	–	–
9	小型机具使用费	元	1998	51.0	33.3	51.0	44.7	27.1	6.9	33.3	10.9
10	基价	元	1999	348	489	316	251	400	156	427	151

6-2-6 环境检测设备安装、调试

工程内容 开箱检查、定位、机械安装、线缆连接、电气调试、指标测试、清理现场。

单位:1套

顺序号	项目	单位	代号	风向、风速检测器	能见度检测器	路面结冰检测器	一氧化碳检测器	烟幕透过率检测器
				1	2	3	4	5
1	人工	工日	1	3.0	8.5	5.5	1.2	1.2
2	膨胀螺栓	套	242	6.1	8.2	12.2	4.1	4.1
3	其他材料费	元	996	1.7	2.2	2.0	2.0	2.0
4	混凝土电动切缝机	台班	1245	-	-	0.20	-	-
5	300kg以内液压升降机	台班	1560	0.51	0.30	-	0.20	0.20
6	小型机具使用费	元	1998	30.9	38.8	74.7	31.8	31.8
7	基价	元	1999	240	509	416	122	122

6－2－7　信息显示设备安装、调试

工程内容　开箱检查、定位、机械安装、线缆连接、电气调试、指标测试、清理现场。

单位:1 套

顺序号	项目	单位	代号	LED 可变道路情报板		小型 LED 信息标志板		可变限速标志	
				门架式	悬臂门架式	立柱式	移动式	LED 式	光纤式
				1	2	3	4	5	6
1	人工	工日	1	60.6	36.4	18.2	12.1	6.1	7.3
2	螺栓	kg	240	1.8	1.8	0.6	–	0.4	0.4
3	其他材料费	元	996	2.4	2.4	2.0	2.0	2.0	2.0
4	4t 以内载货汽车	台班	1372	–	0.51	0.51	1.01	0.51	0.51
5	20t 以内平板拖车组	台班	1393	1.01	–	–	–	–	–
6	5t 以内汽车式起重机	台班	1449	–	0.51	0.30	0.25	0.25	0.25
7	20t 以内汽车式起重机	台班	1453	1.01	–	–	–	–	–
8	光纤熔接机	台班	1948	–	–	–	–	–	0.25
9	光时域反射仪	台班	1950	–	–	–	–	–	0.25
10	小型机具使用费	元	1998	143.7	89.3	82.5	46.0	67.5	24.9
11	基价	元	1999	4923	2247	1251	1036	619	865

6-2-8 视频监控与传输设备安装、调试

工程内容 开箱检查、定位、机械安装、线缆连接、电气调试、指标测试、清理现场。

单位:1 套

顺序号	项目	单位	代号	CCD 彩色摄像机					高速智能球形摄像机
				收费亭内	收费岛上	收费广场、主线	隧道内	一般室内	
				1	2	3	4	5	6
1	人工	工日	1	5.1	8.1	15.2	6.1	6.1	2.8
2	螺栓	kg	240	–	–	2.9	–	–	–
3	膨胀螺栓	套	242	4.1	10.2	10.2	8.2	8.2	–
4	其他材料费	元	996	2.0	2.6	4.2	2.0	2.0	1.9
5	4t 以内载货汽车	台班	1372	–	–	1.01	0.25	0.20	–
6	300kg 以内液压升降机	台班	1560	–	–	0.25	–	–	–
7	小型机具使用费	元	1998	13.9	26.9	71.4	14.9	14.9	44.9
8	基价	元	1999	280	462	1204	418	403	185

6－2－9　系统互联与调试

工程内容　1）收费（监控）系统联调；2）收费系统与监控系统互联（工程准备、接口调试、系统调试、指标调试）。

单位:1 套

顺序号	项目	单位	代号	监控（分）中心			收费（分）中心		
				5 个站以内	10 个站以内	每增加 1 个站	5 个站以内	10 个站以内	每增加 1 个站
				1	2	3	4	5	6
1	人工	工日	1	60.6	111.1	10.1	60.6	84.8	12.1
2	其他材料费	元	996	987.0	1751.0	185.9	577.8	966	117.6
3	90kW 以内工程修理车	台班	1987	10.10	20.20	3.03	10.10	20.20	2.02
4	小型机具使用费	元	1998	162.7	325.3	49.6	162.7	307.4	33.5
5	基价	元	1999	9465	18210	2333	9056	16113	1813

续前页　　　　单位:1套

顺序号	项　　目	单位	代号	收　费　站				收费系统与监控系统互联	联网收费结算中心
				5车道以内	10车道以内	15车道以内	每增加1车道		
				7	8	9	10	11	12
1	人工	工日	1	42.4	60.6	84.8	4.8	48.5	242.4
2	其他材料费	元	996	252.0	330.8	546.0	56.7	682.5	1905.5
3	90kW以内工程修理车	台班	1987	–	–	–	–	–	–
4	小型机具使用费	元	1998	38.6	64.7	90.9	9.0	152.6	447.6
5	基价	元	1999	2377	3377	4809	302	3221	14279

6－2－10　系统试运行

工程内容　工程准备、系统运行、指标测试、故障修复、系统验收。

单位:1 系统·月

顺序号	项　　目	单位	代号	5 个站以内	10 个站以内	15 个站以内	每增加 1 个站
				1	2	3	4
1	人工	工日	1	121.2	181.8	242.4	18.2
2	其他材料费	元	996	425.3	455.4	850.5	95.2
3	90kW 以内工程修理车	台班	1987	5.05	7.58	10.10	1.01
4	小型机具使用费	元	1998	144.7	227.3	309.7	30.0
5	基价	元	1999	9200	13630	18420	1554

6-2-11 收 费 岛

工程内容 1)清理场地;2)钢筋及混凝土的全部工序;3)埋设预埋件;4)涂刷反光标志漆、粘贴反光膜;5)安装收费亭护栏、防撞立柱及横梁;6)铺设预留电线钢套管混凝土垫层、焊接地螺栓、敷设管线。

单位:表列单位

顺序号	项目	单位	代号	收费岛 混凝土	收费岛 钢筋	设备基础混凝土	镀锌钢管防撞护栏	钢管防撞柱	配电箱基础预埋PVC管	控制箱基础预埋镀锌钢管	敷设电线钢套管
				10m³	1t	10m³	1t		10m	1t	
				1	2	3	4	5	6	7	8
1	人工	工日	1	15.7	9.5	18.8	6.2	8.2	0.5	66.5	91.2
2	C25 水泥混凝土	m³	19	(10.20)	–	(10.20)	–	–	–	–	–
3	C40 水泥混凝土	m³	22	–	–	–	–	(0.47)	–	–	–
4	锯材	m³	102	0.010	–	0.006	–	–	–	–	–
5	光圆钢筋	t	111	0.006	1.025	0.161	–	–	–	–	–
6	型钢	t	182	0.038	–	0.025	–	–	–	–	–
7	钢板	t	183	–	–	1.206	–	–	–	–	–
8	钢管	t	191	0.078	–	0.004	1.040	1.040	–	1.040	1.040
9	钢丝绳	t	221	0.001	–	0.005	–	–	–	–	–
10	电焊条	kg	231	–	2.4	–	1.1	1.1	–	–	7.4
11	螺栓	kg	240	–	–	647.1	–	–	–	–	39.1
12	钢模板	t	271	0.015	–	0.010	–	–	–	–	–
13	铁件	kg	651	10.1	–	6.8	–	–	–	–	–

续前页

单位:表列单位

顺序号	项　　目	单位	代号	收费岛		设备基础混凝土	镀锌钢管防撞护栏	钢管防撞柱	配电箱基础预埋 PVC 管	控制箱基础预埋镀锌钢管	敷设电线钢套管
				混凝土	钢筋						
				$10m^3$	1t	$10m^3$	1t		10m	1t	
				1	2	3	4	5	6	7	8
14	20~22 号铁丝	kg	656	–	2.5	–	–	–	–	–	5.1
15	标线漆	kg	733	6.5	–	–	–	–	–	–	–
16	反光膜	m^2	740	4.7	–	–	–	7.5	–	–	–
17	PVC 塑料管(ϕ50mm)	m	779	–	–	–	–	–	10.2	–	–
18	32.5 级水泥	t	832	3.417	–	3.754	–	0.233	–	–	–
19	水	m^3	866	12	–	12	–	1	–	–	–
20	中(粗)砂	m^3	899	4.90	–	4.90	–	0.20	–	–	–
21	碎石(2cm)	m^3	951	–	–	8.16	–	0.37	–	–	–
22	碎石(4cm)	m^3	952	8.47	–	–	–	–	–	–	–
23	其他材料费	元	996	7.6	–	5.3	5.0	–	5.0	5.0	835.4
24	250L 以内混凝土搅拌机	台班	1272	0.37	–	0.37	–	–	–	–	–
25	32kV·A 以内交流电弧焊机	台班	1726	–	0.45	–	0.16	0.12	–	–	3.58
26	小型机具使用费	元	1998	2.9	25.4	3.0	–	–	–	249.2	249.2
27	基价	元	1999	4709	3950	15951	6167	8013	111	9360	12266

6-2-12 人（手）孔

工程内容 1）基底夯实；2）钢筋及混凝土的全部工序；3）安装电缆支架、托板、拉线环；4）安砌积水罐、人（手）孔井盖等。

单位：10个

顺序号	项目	单位	代号	现浇混凝土		砖混	
				人孔	手孔	人孔	手孔
				2.2m×1.4m×2.17m	1.19m×1.19m×1.1m	2.48m×1.68m×2.11m	1.2m×1.2m×1.36m
				1	2	3	4
1	人工	工日	1	203.0	60.6	127.3	29.3
2	C25水泥混凝土	m^3	19	(30.8)	(11.0)	(6.3)	(4.6)
3	原木	m^3	101	0.140	0.050	0.550	–
4	锯材	m^3	102	0.170	0.060	0.210	–
5	光圆钢筋	t	111	0.580	–	0.110	–
6	带肋钢筋	t	112	1.390	–	0.240	–
7	型钢	t	182	0.080	0.030	0.010	–
8	钢管	t	191	0.020	0.010	–	–
9	电焊条	kg	231	38.0	–	–	–
10	组合钢模板	t	272	0.160	0.050	0.020	0.010
11	门式钢支架	t	273	0.030	0.010	–	–
12	铸铁	kg	561	1780.0	700.0	1780.0	700.0

续前页 单位:10 个

顺序号	项目	单位	代号	现浇混凝土		砖混	
				人孔	手孔	人孔	手孔
				2.2m×1.4m×2.17m	1.19m×1.19m×1.1m	2.48m×1.58m×2.11m	1.2m×1.2m×1.36m
				1	2	3	4
13	铁件	kg	651	79.0	26.0	25.0	4.0
14	镀锌铁件	kg	652	180.0	–	180.0	–
15	电线	m	711	80	–	80	–
16	32.5 级水泥	t	832	12.270	4.080	9.340	2.240
17	水	m^3	866	40	10	10	10
18	青(红)砖	千块	877	–	–	16.20	5.30
19	中(粗)砂	m^3	899	18.00	5.40	26.00	5.70
20	碎石(2cm)	m^3	951	24.60	8.80	9.30	3.70
21	其他材料费	元	996	1927.0	479.0	1858.0	459.0
22	250L 以内混凝土搅拌机	台班	1272	1.31	0.51	0.51	0.40
23	4t 以内载货汽车	台班	1372	–	–	0.10	–
24	5t 以内汽车式起重机	台班	1449	–	–	0.40	–
25	32kV·A 以内交流电弧焊机	台班	1726	7.78	–	–	–
26	小型机具使用费	元	1998	23.2	8.1	11.1	5.1
27	基价	元	1999	33644	7924	24557	5943

第三节　通 信 系 统

说　　明

1. 本节定额适用于通信系统工程，内容包括光电传输设备安装，程控交换设备安装、调试，有线广播设备安装，会议专用设备安装，微波通信系统的安装、调试，无线通信系统的安装、调试，电源安装、敷设通信管道和通信管道包封等项目。

2. 安装电缆走线架定额中，不包括通过沉降（伸缩）缝和要做特殊处理的内容，需要时按有关定额另行计算。

3. 布放电缆定额只适用于在电缆走道、槽道及机房内地槽中布放。

4. 2.5Gb/s 系统的 ADM 分插复用器，分插支路是按 8 个 155Mb/s（或 140Mb/s）光口或电口考虑的，当支路数超过 8 个时，每增加 1 个 155Mb/s（或 140Mb/s）支路增加 2 个工日。

5. 通信铁塔的安装是按在正常的气象条件下施工确定的，定额中不包括铁塔基础施工、预埋件埋设及防雷接地工程等内容，需要时按有关定额另行计算。

6. 安装通信天线，不论有无操作平台均执行本定额；安装天线的高度均指天线底部距塔（杆）座的高度。

7. 通信管道定额中不包括管道过桥时的托架和管箱等工程内容，应按相关定额另行计算。挖管沟本定额也未包括，应按"路基工程"项目人工挖运土方定额计算。

8. 硅芯管敷设定额已综合标石的制作及埋放、人孔处的包封等，使用定额时不得另行计算。

9. 镀锌钢管敷设定额中已综合接口处套管的切割、焊接、防锈处理等内容，使用定额时不得另行计算。

10. 敷设通信管道和通信管道包封均按管道（不含桥梁）长度计算。

6-3-1 光电传输设备安装

工程内容 安装光端机机架及分配架：开箱检验、清洁搬运、划线定位、机架组装、安装加固。

放绑软光纤：软光纤的量裁、放绑、预留保护、制作光纤活接头。

数字分配架布放跳线：数字分配架跳线布放、焊(绕、卡)接、核对、改接(带电)整理、试通。

安装调测系统：开箱检验、清洁搬运，设备安装固定、设备自检、设备各项性能指标测试、修改数据、试通调测。

系统运行试验：系统运行试验，记录数据，整理资料。

制作安装抗振机座：抗振机座的制作安装。

放绑电缆：取料、搬运、测试、量裁、布放、编绑、整理。

母线敷设：接地线平直、下料、测位、打眼、埋卡子、煨弯、敷设、焊接、防腐处理。

安装音频保安配线箱：开箱检验、清洁搬运、固定箱体、箱内件组装、接地线。

安装电缆走线架：搬运、组装、打孔、补漆、安装固定。

安装总配线架：开箱检验、清洁搬运、安装固定、安装端子板、告警信号装置、调整清理。

单位：表列单位

顺序号	项目	单位	代号	安装光端机机架	安装数字分配架	安装光分配架	放、绑软光纤	数字分配架布放跳线	安装调测子网管理系统	安装调测本地维护终端	数字公务系统运行试验
				1架		1个	1条	100条	1站		1系统/站
				1	2	3	4	5	6	7	8
1	人工	工日	1	3.0	8.1	1.0	0.7	4.0	96	12.1	4.0
2	电缆	m	708	–	–	–	–	–	–	–	–
3	母线	m	709	–	–	–	–	–	–	–	–

续前页

单位:表列单位

顺序号	项目	单位	代号	安装光端机机架	安装数字分配架	安装光分配架	放、绑软光纤	数字分配架布放跳线	安装调测子网管理系统	安装调测本地维护终端	数字公务系统运行试验
				1架		1个	1条	100条	1站		1系统/站
				1	2	3	4	5	6	7	8
4	电线	m	711	–	–	–	–	–	–	–	–
5	配线箱	套	726	–	–	–	–	–	–	–	–
6	其他材料费	元	996	19.4	19.4	19.4	–	–	–	–	–
7	32kV·A以内交流电弧焊机	台班	1726	–	–	–	–	–	–	–	–
8	误码率测试仪	台班	1955	–	–	–	–	–	–	–	–
9	小型机具使用费	元	1998	–	–	–	–	–	–	–	–
10	基价	元	1999	167	418	69	34	197	4723	595	197

续前页

单位:表列单位

顺序号	项　目	单位	代号	SDH网管系统运行试验		数字线路段光端对测(端站)	光电测试中间站配合	安装测试光端机(支路系统)	安装测试复用电端机	PCM终端机安装	PCM终端机调试
				子网管理系统	本地维护终端						
				1站		1系统/线路段	1站	1端		1套	
				9	10	11	12	13	14	15	16
1	人工	工日	1	30.3	10.1	6.1	10.1	3.0	3.0	1.6	5.1
2	电缆	m	708	–	–	–	–	–	–	–	–
3	母线	m	709	–	–	–	–	–	–	–	–
4	电线	m	711	–	–	–	–	–	–	–	–
5	配线箱	套	726	–	–	–	–	–	–	–	–
6	其他材料费	元	996	–	–	–	–	–	–	10.0	–
7	32kV·A以内交流电弧焊机	台班	1726	–	–	–	–	–	–	–	–
8	误码率测试仪	台班	1955	–	–	–	–	–	–	–	2.02
9	小型机具使用费	元	1998	–	–	–	–	–	–	19.9	51.9
10	基价	元	1999	1491	497	300	497	148	148	109	515

续前页　　　　单位:表列单位

顺序号	项　　目	单位	代号	制作安装抗振机座	放、绑设备电缆	放、绑同轴电缆	户内接地母线敷设	安装音频保安配线箱	安装电缆走线架	安装测试ADM端机2.5Gb/s 终端复用	安装测试ADM端机2.5Gb/s 分插复用
				1个	100m条		10m	1个	1m	1端	
				17	18	19	20	21	22	23	24
1	人工	工日	1	2.5	1.9	1.6	1.4	2.5	0.5	34.3	21.2
2	电缆	m	708	–	101	101	–	–	–	–	–
3	母线	m	709	–	–	–	10	–	–	–	–
4	电线	m	711	–	–	–	–	72	–	–	–
5	配线箱	套	726	–	–	–	–	1	–	–	–
6	其他材料费	元	996	–	–	–	–	–	–	–	–
7	32kV·A以内交流电弧焊机	台班	1726	–	–	–	0.11	–	–	–	–
8	误码率测试仪	台班	1955	–	–	–	–	–	–	–	–
9	小型机具使用费	元	1998	–	–	–	–	–	–	–	–
10	基价	元	1999	123	4126	4112	224	360	25	1688	1043

续前页　　　　　　　　　　　　　　　　　　　　　　　　　　　　　　单位:表列单位

顺序号	项　　目	单位	代号	安装测试ADM端机		安装测试再生中继		安装调测OLT机（安装调测环载局端机）	安装调测ONU机（安装调测环载远端机）	安装测试网管设备	安装总配线架
				2/155Mb/s跳级复用	155Mb/s终端复用器	2系统/架	每增加一系统				
				1端				1套			1架
				25	26	27	28	29	30	31	32
1	人工	工日	1	28.3	30.3	10.1	4.0	80.3	35.4	35.4	8.7
2	电缆	m	708	–	–	–	–	–	–	–	–
3	母线	m	709	–	–	–	–	–	–	–	–
4	电线	m	711	–	–	–	–	–	–	–	–
5	配线箱	套	726	–	–	–	–	–	–	–	–
6	其他材料费	元	996	–	–	19.4	–	–	–	–	–
7	32kV·A以内交流电弧焊机	台班	1726	–	–	–	–	–	–	–	–
8	误码率测试仪	台班	1955	–	–	–	–	–	–	–	–
9	小型机具使用费	元	1998	–	–	–	–	–	–	–	–
10	基价	元	1999	1392	1491	516	197	3951	1742	1742	428

注:1. 数字分配架跳线的规格数量由设计计算;

2. 电缆走线架按成套供应考虑,适用于角钢、铝型材结构;

3. 本定额中测试2.5Gb/s系统为1+0状态,当系统为1+1状态时,2.5Gb/s系统终端复用器(TM)每端增加2个工日;分插复用器每端增加4个工日;

4. 155Mb/s系统终端复用器高速侧接光口,若接电口时,使用2/155Mb/s跳级复用子目。

6－3－2　程控交换机安装、调试

工程内容　程控交换机的硬件及软件安装、调试与开通。

单位:1 部

顺序号	项　　目	单位	代号	程控交换机规格(用户线)				
				300 以内	500 以内	1000 以内	2000 以内	2000 用户线以上,每增加 1000 线
				1	2	3	4	5
1	人工	工日	1	70.7	93.9	149.5	179.8	80.8
2	其他材料费	元	996	55.4	57.8	62.6	70.4	25.1
3	PCM 通道测试仪	台班	1956	6.06	8.08	12.12	16.16	12.12
4	小型机具使用费	元	1998	486.9	649.2	973.8	1298.5	973.8
5	基价	元	1999	6334	8411	13018	16383	9600

6－3－3　中继线调试

工程内容　中继设置、中继分配、类型划分、本机自环和功能调试。

单位:30 路

顺序号	项　　目	单位	代号	模拟中继	数字中继				
					1 号信令	7 号信令	Q 信令	ETSI	仿其他
				1	2	3	4	5	6
1	人工	工日	1	10.1	16.2	20.2	16.2	18.2	12.1
2	其他材料费	元	996	0.6	0.6	0.6	0.6	0.6	0.6
3	PCM 通道测试仪	台班	1956	–	4.04	6.06	8.08	8.08	4.04
4	信令分析仪	台班	1957	–	4.04	6.06	–	–	–
5	小型机具使用费	元	1998	171.4	324.6	486.9	649.2	649.2	324.6
6	基价	元	1999	669	4187	6079	4531	4629	2462

6－3－4　外围设备安装、调试

工程内容　安装、连线、试验、开通。

单位:1台

顺序号	项　　目	单位	代号	终端	数字话机或其他接口	电脑话务员	话务台	远程维护	计费系统（含微机及打印机）	语音信箱设备
				1	2	3	4	5	6	7
1	人工	工日	1	3.0	2.5	3.0	3.0	3.0	12.1	16.2
2	其他材料费	元	996	－	10.3	－	8.3	－	76.3	76.3
3	小型机具使用费	元	1998	12.4	12.4	12.4	12.4	12.4	62.3	24.9
4	基价	元	1999	160	146	160	168	160	734	898

6-3-5 紧急电话设备安装、调试

工程内容 开箱检查、定位、机械安装、线缆连接、电气调试、指标测试、清理现场。

单位:1部及1套

顺序号	项目	单位	代号	紧急电话			紧急电话控制中心	分线盒/接线箱
				电缆传输	光缆传输	无线传输		
				1部			1套	
				1	2	3	4	5
1	人工	工日	1	2.4	3.0	4.8	12.1	2.4
2	螺栓	kg	240	0.2	0.2	0.2	-	-
3	膨胀螺栓	套	242	-	-	-	-	4.1
4	其他材料费	元	996	2.0	2.0	2.0	200.6	2.0
5	4t以内载货汽车	台班	1372	0.51	0.51	0.51	1.01	-
6	3t以内蓄电池车	台班	1416	-	-	-	0.51	-
7	光纤测试仪	台班	1952	-	0.51	-	1.01	-
8	小型机具使用费	元	1998	15.5	14.7	14.7	58.9	36.1
9	基价	元	1999	288	484	405	1562	170

6-3-6 有线广播设备安装

工程内容 专用麦克风：开箱检验、做传声器输入插头。

功率放大器：开箱检查、设备上机柜组装、设备间输入/输出电平适配、设备间连接线的平衡非平衡选择、输出/输入阻抗适配、输入/输出端子插头连接线正负与地的辨别、供给电源。

卡座：开箱检验、做安装输入插头、上机柜、电源供电和其他设备连接。

扬声器：开箱检查设备外观和阻抗、找相位、按设计坐标方位悬挂。

紧急广播主控设备安装调试：开箱检查、设备间联线、设备上机柜组装、设备间输入/输出蓄电池优选配接、设备间输入/输出阻抗优选配接、供给电源。

设备使用功能数：对于广播系统中采用的设备使用功能进行测试和调整。

单位：表列单位

顺序号	项目	单位	代号	专用麦克风	功率放大器	卡座	扬声器	紧急广播主控设备安装调试			
								数字调谐器	多媒体广播工控机	编程控制器	混音器
				1个	1台						
				1	2	3	4	5	6	7	8
1	人工	工日	1	0.4	0.5	0.5	0.3	0.5	1.5	1.0	1.0
2	屏蔽线	m	710	–	12	–	–	–	–	–	–
3	其他材料费	元	996	5.0	24.7	2.3	5.0	2.3	5.0	3.0	3.0
4	小型机具使用费	元	1998	0.5	1.2	1.2	0.5	0.5	0.5	0.5	0.5
5	基价	元	1999	25	73	28	20	27	79	53	53

续前页 单位:表列单位

顺序号	项目	单位	代号	紧急广播主控设备安装调试				紧急广播主控设备安装调试			
				定压功率放大器	带前置放大器定压功率放大器	紧急广播切换器	主电源控制器	机柜通风散热装置	广播控制台	广播接线箱	设备使用功能数
				1台							1个
				9	10	11	12	13	14	15	16
1	人工	工日	1	0.5	0.5	0.5	0.5	0.5	1.0	1.5	2.0
2	屏蔽线	m	710	–	–	–	–	–	–	–	–
3	其他材料费	元	996	1.0	3.0	5.0	3.0	1.0	3.0	4.0	–
4	小型机具使用费	元	1998	0.5	0.5	0.5	0.5	0.5	0.5	1.0	5.7
5	基价	元	1999	26	28	30	28	26	53	79	104

6－3－7　会议专用设备安装

工程内容　会议专用设备：搬运、开箱、检查设备、定位、安装。

编程控制器、混音器：开箱检查、设备间联线、机柜组装、设备间输入/输出设备蓄电池优选配接、设备间输入/输出阻抗优选配接、供给电源。

电子白板：开箱检验、零部件配套、通电检查、调试。

等离子显示屏：装调技术准备、装调机具准备、电源检测和施工安全防护、搬运、开箱、检查、定位、安装、互换、设备清理和清洗、接通电源、单机自检、接口正确性检查和调试、联机调试。

流媒体课程直录/播机：开箱检验、固定、安装、接线、通电检查、调试。

调音台：开箱检验、做安装信号源设备输入插头、接电缆、电源供电和其他辅助设备连接线。

音箱：开箱检查设备外观和阻抗、找相位、按设计坐标方位悬挂。

单位：表列单位

顺序号	项　目	单位	代号	会议主控机	主席机	代表机	电子通道选择器	音频媒体接口机	发卡主机	席位扩展单元	会议专用主控PC机
				1台							
				1	2	3	4	5	6	7	8
1	人工	工日	1	1.0	1.0	1.0	0.3	0.3	0.3	0.3	1.5
2	镀锌螺栓	kg	241	–	–	–	–	–	–	–	–
3	屏蔽线	m	710	–	–	–	–	–	–	–	–
4	其他材料费	元	996	2.0	3.0	3.0	1.0	2.0	2.0	1.0	5.0
5	小型机具使用费	元	1998	0.5	0.5	0.5	0.5	0.5	0.5	0.5	0.5
6	基价	元	1999	52	53	53	16	17	17	16	79

续前页　　　　　　　　　　　　　　　　　　　　　　　　　　　　单位:表列单位

顺序号	项目	单位	代号	编程控制器	混音器	电子白板前投影式	等离子显示屏摆放>51″	等离子显示屏壁挂>51″	流媒体课程直录/播机	调音台	音箱
				1台		1套	1台		1套	1台	
				9	10	11	12	13	14	15	16
1	人工	工日	1	1.0	1.0	4.0	0.8	2.0	12.1	5.4	2.0
2	镀锌螺栓	kg	241	–	–	–	–	0.1	–	–	–
3	屏蔽线	m	710	–	–	–	–	–	–	6	–
4	其他材料费	元	996	3.0	3.0	3.0	17.2	17.2	5.0	237.5	102
5	小型机具使用费	元	1998	0.5	0.5	2.8	8.9	19.0	–	16.2	30.8
6	基价	元	1999	53	53	203	65	136	600	531	231

6-3-8 微波通信设备安装、调试

工程内容 机架安装：线缆连接、接地线、加电检查、清理现场。

微波设备安装：室外固定微波设备、接天馈线、接地线、接电源线、现场丈量、制作与安装中频电缆、室内固定微波设备。

图像编(解)码器：图像编(解)码设备安装连接。

中继站设备：中继站设备安装。

设备调试：加电检查、设备自检、测输出功率、频率设置、射频自环、中频自环、检查切换、勤务和网管功能；PCM 端机自检、话音、调度电话、数据、传真等业务功能检查；图像编(解)码器参数设置等。

单位：1 套

顺序号	项目	单位	代号	机架安装	微波设备安装	图像编(解)码器	中继站设备	
							上下业务	无上下业务
				1	2	3	4	5
1	人工	工日	1	5.1	25.3	4.0	60.6	44.4
2	其他材料费	元	996	10.0	10.0	10.0	10.0	10.0
3	频谱分析仪	台班	1959	–	1.01	–	1.52	1.52
4	微波频率计	台班	1970	–	1.01	–	1.52	1.52
5	小型机具使用费	元	1998	–	388.9	69.0	1108.2	617.4
6	基价	元	1999	261	2304	276	5093	3805

6－3－9 微波通信系统联调及全电路稳定性能测试

工程内容 1)系统开通、精确调整天线方位和俯仰、系统网管调试及检查各站网管功能;话音、调度电话、数据、传真等业务开通;图像传输业务开通等; 2)全电路试运行30d、业务信息通信试验、记录及整理数据等。

单位:1站

顺序号	项目	单位	代号	微波通信系统联调		全电路稳定测试及网管系统联调	
				2个站	每增加1个站	2个站	每增加1个站
				1	2	3	4
1	人工	工日	1	18.2	4.0	553.5	31.3
2	误码率测试仪	台班	1955	–	–	60.6	3.03
3	70kW以内工程修理车	台班	1986	–	–	14.14	1.01
4	小型机具使用费	元	1998	24.9	35.1	1058.2	52.2
5	基价	元	1999	920	232	40374	2319

6-3-10 基站设备安装、调试

工程内容 1)开箱检查、设备就位、接地线、设备连线、接电源线、接天馈线、清理现场及设备安装、调试; 2)中心(继)站安装微波收发信机(1+1)、话务控制逻辑(1+1)、接口单元、显示告警、电源; 3)外围站安装微波收发信机(1+1)、话务控制逻辑、接口单元、电源; 4)全电路试运行30d、业务信息通信试验、记录及整理数据等。

单位:1站

顺序号	项目	单位	代号	中心站	中继站	外围站
				1	2	3
1	人工	工日	1	109.1	57.6	56.6
2	误码率测试仪	台班	1955	19.19	–	–
3	70kW以内工程修理车	台班	1986	2.02	2.02	1.01
4	小型机具使用费	元	1998	906.9	82.8	89.1
5	基价	元	1999	9109	3732	3281

6－3－11　通信铁塔架设

工程内容　现场准备、起吊、组装、调整、防腐处理。

单位:1t

顺序号	项　　目	单位	代号	地面通信铁塔高度(m)			
				25 以内	65 以内	100 以内	100 以上,每增加 10
				1	2	3	4
1	人工	工日	1	16.2	20.2	46.5	20.2
2	其他材料费	元	996	10.6	15.0	14.0	5.8
3	50kN 以内单筒慢动卷扬机	台班	1500	2.02	3.03	4.55	1.01
4	基价	元	1999	1009	1311	2755	1100

注:铁塔的数量按设计列入设备购置费中。

6-3-12 天 线 架 设

工程内容 天线和天线架的安装及吊装，天线安装就位、调整方位和俯仰角、补漆，吊装设备的安装、拆除。

单位：1副或1面

顺序号	项目	单位	代号	ϕ3.2m以下抛物面天线地面铁塔上吊装				
				吊装，天线挂高(m)			天线加边加罩	分瓣天线拼装
				30以内	70以内	70以上，每增加10		
				1副			1面	1副
				1	2	3	4	5
1	人工	工日	1	21.2	48.5	7.1	2.5	2.5
2	其他材料费	元	996	5.6	5.6	1.4	–	–
3	50kN以内单筒慢动卷扬机	台班	1500	1.01	2.22	1.52	–	–
4	基价	元	1999	1149	2613	502	123	123

注：天线配套件连同天线一并列入设备购置费中。

6-3-13 馈线安装

工程内容 开箱检验、清洁、丈量配对、波导管吊装、馈线调整加固。

单位:1 条

顺序号	项目	单位	代号	矩形波导		椭圆形波导	
				安装馈线长度(m)			
				10 以内	10 以上,每增加 5	10 以内	10 以上,每增加 5
				1	2	3	4
1	人工	工日	1	2.5	0.8	3.0	1.0
2	其他材料费	元	996	0.6	0.6	0.6	0.6
3	基价	元	1999	124	40	148	50

6-3-14 天线、馈线调试

工程内容 调试天线接收场强电平及天线驻波比，测试馈线损耗、极化去耦、驻波比，测试调整系统极化去耦。

单位：1 副或 1 条

顺序号	项目	单位	代号	天线调试（天线抛物面直径：m）		馈线调试
				2 以内	3.2 以内	
				1 副		1 条
				1	2	3
1	人工	工日	1	4.0	4.5	1.5
2	其他材料费	元	996	0.3	0.3	0.3
3	频谱分析仪	台班	1959	–	1.01	–
4	场强仪	台班	1960	0.05	0.05	0.05
5	小型机具使用费	元	1998	7.8	7.8	4.2
6	基价	元	1999	208	741	82

6-3-15 蓄电池安装

工程内容 支架安装：开箱检验、安装、加固、补刷耐酸漆。

蓄电池安装：开箱检验、安装、调整、固定连线、电池标志、调酸注液、充电、放电、测试记录、清理、整理。

单位：表列单位

顺序号	项目	单位	代号	蓄电池防振支架安装					安装蓄电池柜（小容量用）	铺橡皮绝缘垫	蓄电池安装	
				单层支架		双层支架		3~4层支架			48V防酸隔爆型	
				单排	双排	单排	双排	双排			≤200A·h	≤500A·h
				1架					1个	$10m^2$	1组	
				1	2	3	4	5	6	7	8	9
1	人工	工日	1	0.6	0.9	1.3	1.4	2.5	1.0	0.5	28.6	30.3
2	电焊条	kg	231	0.1	2.2	2.7	5.4	–	–	–	–	–
3	膨胀螺栓	套	242	22.0	54.0	22.0	54.0	–	4.0	–	–	–
4	绝缘橡胶板	kg	725	–	–	–	–	–	–	72.0	–	–
5	其他材料费	元	996	2.1	2.1	2.1	2.1	2.1	2.1	2.1	517.5	1025.1
6	32kV·A以内交流电弧焊机	台班	1726	1.02	2.08	2.51	3.68	–	–	–	–	–
7	基价	元	1999	211	453	415	661	125	65	495	1925	2516

注：支架按成品随设备一起供货，列入设备购置费中。

6-3-16 太阳能电池安装

工程内容 安装方阵铁架：开箱检验、清洁、加固、调整安装角度、补漆。

安装太阳能电池：开箱检验、清洁，起吊安装组件，调整方位和俯仰角，测试、记录，安装安全遮盖罩布，安装接线盒，组件与接线盒电路连接，子方阵与接线盒电路连接，太阳能电池与控制屏联测。

单位：表列单位

顺序号	项目	单位	代号	安装方阵铁架		安装太阳能电池（2000Wp 以下）	太阳能电池与控制屏联测（单方阵系统）
				基础底座上安装	铁塔上安装（高 40m 以下）		
				10m²		1 组	
				1	2	3	4
1	人工	工日	1	4.0	7.6	8.1	4.0
2	50kN 以内单筒慢动卷扬机	台班	1500	1.01	1.01	-	-
3	小型机具使用费	元	1998	-	-	24.9	-
4	基价	元	1999	297	475	423	197

6－3－17　敷设通信管道

工程内容　1）硅芯管：塑管检查、配盘，封堵端头，沟底抄平，布放塑管，塑管接续，埋标石、人孔处防水封口等；2）镀锌钢管：铺设钢管，锉管内口，切割、焊接套管、刷防锈漆，试通。

单位：1000m

顺序号	项　目	单位	代号	硅　芯　管		PVC　管		
				12孔	每增减1孔	2孔(2×1)	4孔(2×2)	6孔(3×2)
				1	2	3	4	5
1	人工	工日	1	47.7	3.3	28.3	53.7	76.8
2	镀锌钢管	t	192	–	–	–	–	–
3	电焊条	kg	231	–	–	–	–	–
4	硅芯管	m	699	12120.0	1010.0	–	–	–
5	塑料波纹管(ϕ100mm)	m	786	–	–	2020.0	4040.0	6060.0
6	其他材料费	元	996	241.8	–	399.3	798.6	1197.9
7	4t以内载货汽车	台班	1372	0.51	–	–	–	–
8	5t以内汽车式起重机	台班	1449	0.51	–	–	–	–
9	32kV·A以内交流电弧焊机	台班	1726	–	–	–	–	–
10	小型机具使用费	元	1998	–	–	–	–	–
11	基价	元	1999	69594	5717	30072	60001	89816

续前页 单位:1000m

顺序号	项目	单位	代号	镀锌钢管							
				1孔	2孔	3孔	4孔	6孔	9孔	12孔	18孔
				(1×1)	(2×1)	(3×1)	(2×2)	(3×2)	(3×3)	(4×3)	(6×3)
				6	7	8	9	10	11	12	13
1	人工	工日	1	43.8	55.3	80.6	118.2	172.6	254.6	336.4	496.4
2	镀锌钢管	t	192	8.117	16.230	24.350	46.967	70.450	105.680	140.901	211.351
3	电焊条	kg	231	25.7	51.3	77.0	127.9	191.9	287.9	383.8	575.7
4	硅芯管	m	699	–	–	–	–	–	–	–	–
5	塑料波纹管(ϕ100mm)	m	786	–	–	–	–	–	–	–	–
6	其他材料费	元	996	57.5	115.0	172.5	358.4	537.6	806.4	1075.2	1612.8
7	4t以内载货汽车	台班	1372	–	–	–	–	–	–	–	–
8	5t以内汽车式起重机	台班	1449	–	–	–	–	–	–	–	–
9	32kV·A以内交流电弧焊机	台班	1726	2.64	5.27	7.91	13.17	19.76	29.63	39.52	59.28
10	小型机具使用费	元	1998	63.8	127.7	191.5	255.4	383.1	574.6	766.2	1149.3
11	基价	元	1999	47809	94005	140921	269571	404123	605999	807818	1211321

注:子目中“$n\times m$”:其中n为每层孔数;m为层数。

6－3－18　通信管道包封

工程内容　1)组合钢模板组拼及安装、拆除、修理、涂脱模剂、堆放；2)钢筋除锈、制作、绑扎；3)混凝土配运料、拌和、运输、浇筑、捣固及养生；4)铺防渗土工布；5)铺砂、找平、取料；6)预制、安装盖板。

Ⅰ.钢管混凝土包封　　单位：1000m

顺序号	项　目	单位	代号	φ89钢管			φ114钢管		
				1孔	增加1孔		1孔	增加1孔	
					单层	双层		单层	双层
				1	2	3	4	5	6
1	人工	工日	1	179.2	42.0	31.1	205.4	54.1	40.0
2	锯材	m^3	102	0.057	0.066	0.007	0.064	0.012	0.009
3	型钢	t	182	0.200	0.232	0.025	0.225	0.042	0.032
4	组合钢模板	t	272	0.393	0.458	0.049	0.443	0.082	0.062
5	铁件	kg	651	188.1	219.1	23.4	211.9	39.3	29.7
6	32.5级水泥	t	832	8.551	3.318	2.402	10.182	4.347	3.146
7	水	m^3	866	36	14	10	43	18	13
8	中(粗)砂	m^3	899	15.25	5.92	4.28	18.16	7.75	5.61
9	碎石(2cm)	m^3	951	24.52	9.51	6.89	29.19	12.46	9.02
10	其他材料费	元	996	473.1	78.0	58.9	532.9	98.8	74.7
11	250L以内混凝土搅拌机	台班	1272	2.13	0.83	0.60	2.55	1.08	0.79
12	小型机具使用费	元	1998	65.0	18.4	13.5	75.4	23.9	17.5
13	基价	元	1999	18467	8717	3555	21316	6252	4598

II. 硅芯管包封

单位:1000m

顺序号	项目	单位	代号	盖板保护	砂包封		混凝土包封	
					12 孔	每增减 1 孔	路侧 12 孔	路中 16 孔
				7	8	9	10	11
1	人工	工日	1	634.6	9.6	1.0	313.7	318.8
2	原木	m^3	101	0.074	–	–	–	–
3	锯材	m^3	102	–	–	–	0.084	0.090
4	光圆钢筋	t	111	0.005	–	–	–	–
5	型钢	t	182	0.199	–	–	0.294	0.315
6	组合钢模板	t	272	0.480	–	–	0.580	0.621
7	铁件	kg	651	238.1	–	–	277.2	297
8	土工布	m^2	770	754.8	–	–	–	–
9	32.5 级水泥	t	832	47.758	–	–	19.677	18.418
10	水	m^3	866	159	–	–	77	77
11	中(粗)砂	m^3	899	88.50	74.98	7.62	35.09	32.84
12	碎石(2cm)	m^3	951	91.64	–	–	56.42	52.81
13	其他材料费	元	996	564.9	–	–	697.2	747
14	250L 以内混凝土搅拌机	台班	1272	4.15	–	–	19.64	4.60
15	小型机具使用费	元	1998	69.4	–	–	124.3	122.5
16	基价	元	1999	69924	4971	506	35433	33947

第四节　供电、照明系统

说　明

1. 本节定额包括干式变压器安装，电力变压器干燥，杆上、埋地变压器安装，组合型成套箱式变电站安装，控制、继电、模拟及配电屏安装，电力系统调整试验，柴油发电机组及其附属设备安装，排气系统安装，其他配电设备安装，灯架安装，立灯杆，杆座安装，高杆灯具安装，照明灯具安装，标志、诱导装饰灯具安装，其他灯具安装等项目。

2. 干式变压器如果带有保护外罩时，人工和机械乘以系数1.2。

3. 变压器油是按设备自带考虑的，但施工中变压器油的过滤损耗及操作损耗已包括在定额中。变压器安装过程中放注油、油过滤所使用的油罐，已摊入油过滤定额中。

4. 高压成套配电柜中断路器安装定额系综合考虑的，不分容量大小，也不包括母线配制及设备干燥。

5. 组合型成套箱式变电站主要是指10kV以下的箱式变电站，一般布置形式为变压器在箱的中间，箱的一端为高压开关位置，另一端为低压开关位置。

6. 控制设备安装未包括支架的制作和安装，需要时可按相关定额另行计算。

7. 送配电设备系统调试包括系统内的电缆试验、瓷瓶耐压等全套调试工作。供电桥回路中的断路器、母线分段断路器皆作为独立的供电系统计算，定额皆按一个系统一侧配一台断路器考虑，若两侧皆有断路器时，则按两个系统计算。如果分配电箱内只有刀开关、熔断器等不含调试元件的供电回路，则不再作为调试系统计算。

8. 3～10kV母线系统调试含一组电压互感器，1kV以下母线系统调试定额不含电压互感器，适用于低压配电装置的各种母线(包括软母线)的调试。

9. 灯具安装定额是按灯具类型分别编制的，对于灯具本身及异型光源，定额已综合了安装费，但未包括其本身的价值，应另行计算。

10. 各种灯架元器具件的配线，均已综合考虑在定额内，使用时不作调整。

11. 本节定额已包括利用仪表测量绝缘及一般灯具的试亮等工作内容，不得另行计算，但不包括全负荷试运行。

12. 本节定额未包括电缆接头的制作及导线的焊压接线端子。

13. 各种灯柱穿线均套相应的配管配线定额。

14. 室内照明灯具的安装高度，投光灯、碘钨灯和混光灯定额是按10m以下编制的，其他照明灯具安装高度均按5m以下编制的。

15. 普通吸顶灯、荧光灯、嵌入式灯、标志灯等成套灯具安装是按灯具出厂时达到安装条件编制的，其他成套灯具安装所需配线，定额中均已包括。

16. 立灯杆定额中未包括防雷及接地装置。

17. 25m以上高杆灯安装，未包括杆内电缆敷设。

6-4-1 干式变压器安装

工程内容 开箱、检查,本体就位,电铁及止轮器制作、安装,附件安装,接地,补漆,配合电器试验。

单位:1 台

顺序号	项目	单位	代号	变压器容量(kV·A)					
				100 以内	250 以内	500 以内	800 以内	1000 以内	2000 以内
				1	2	3	4	5	6
1	人工	工日	1	7.6	8.5	11.3	13.4	14.7	17.7
2	钢板	t	183	0.004	0.004	0.004	0.006	0.006	0.007
3	镀锌钢板	t	208	0.005	0.005	0.005	0.005	0.005	0.005
4	电焊条	kg	231	0.3	0.3	0.3	0.3	0.3	0.3
5	镀锌螺栓	kg	241	1.4	1.4	1.4	1.4	1.4	1.4
6	8~12 号铁丝	kg	655	0.8	1.0	1.0	1.5	2.0	2.7
7	其他材料费	元	996	43.6	43.6	49.9	51.3	65.6	67.0
8	6t 以内载货汽车	台班	1374	0.10	0.10	0.12	0.15	–	–
9	8t 以内载货汽车	台班	1375	–	–	–	–	0.27	0.30
10	5t 以内汽车式起重机	台班	1449	0.08	0.08	0.10	0.13	–	–
11	12t 以内汽车式起重机	台班	1451	–	–	–	–	0.22	0.25
12	32kV·A 以内交流电弧焊机	台班	1726	0.21	0.21	0.21	0.21	0.21	0.28
13	基价	元	1999	578	623	782	920	1169	1368

6-4-2 电力变压器干燥

工程内容 准备、干燥及维护、检查、记录整理、清扫、收尾及注油。

单位:1台

顺序号	项目	单位	代号	10kV/电力变压器容量(kV·A)			
				250以内	500以内	1000以内	2000以内
				1	2	3	4
1	人工	工日	1	10.2	13.8	19.8	25.3
2	锯材	m^3	102	0.050	0.050	0.200	0.200
3	8~12号铁丝	kg	655	1.5	1.8	2.5	6.0
4	20~22号铁丝	kg	656	-	-	0.1	0.2
5	电线	m	711	15	15	45	50
6	电	kW·h	865	148	218	300	470
7	其他材料费	元	996	122.4	130.0	426.7	534.2
8	小型机具使用费	元	1998	24.6	34.4	37.0	49.3
9	基价	元	1999	847	1082	2009	2528

6－4－3　杆上、地上安装变压器

工程内容　杆上安装变压器：支架、横担、撑铁安装，变压器吊装固定，配线，接线，接地。

地上安装变压器：开箱检查，本体就位，砌身检查，套管，油枕及散热器的清洗，油柱试验，风扇油泵电动机触体检查接线，附件安装，热铁及齿轮器制作安装，补充注油及安装后的整体密封试验。

单位：1 台

顺序号	项目	单位	代号	杆上安装		地上(台上)安装
				变压器容量(kV·A)		
				100 以内	320 以内	500 以内
				1	2	3
1	人工	工日	1	7.5	12.2	11.9
2	钢板	t	183	0.004	0.004	0.005
3	镀锌钢板	t	208	–	–	0.005
4	电焊条	kg	231	–	–	0.3
5	镀锌螺栓	kg	241	0.9	0.9	0.9
6	8～12 号铁丝	kg	655	1.0	1.0	1.0
7	其他材料费	元	996	32.5	42.6	133.0
8	6t 以内载货汽车	台班	1374	–	–	0.12
9	5t 以内汽车式起重机	台班	1449	0.51	0.51	0.65
10	32kV·A 以内交流电弧焊机	台班	1726	–	–	0.21
11	小型机具使用费	元	1998	–	–	37.0
12	基价	元	1999	634	875	1139

6-4-4 组合型成套箱式变电站安装

工程内容 开箱、检查、安装固定、接线、接地。

单位:1台

顺序号	项目	单位	代号	不带高压开关柜(变压器容量kV·A)		
				100以内	315以内	630以内
				1	2	3
1	人工	工日	1	9.8	11.6	14
2	钢板	t	183	0.008	0.011	0.014
3	镀锌钢板	t	208	0.072	0.096	0.12
4	电焊条	kg	231	0.2	0.2	0.2
5	镀锌螺栓	kg	241	2.6	2.6	2.6
6	其他材料费	元	996	48.2	52.1	56.5
7	6t以内载货汽车	台班	1374	0.42	0.42	0.42
8	5t以内汽车式起重机	台班	1449	0.51	0.51	0.51
9	32kV·A以内交流电弧焊机	台班	1726	0.14	0.14	0.14
10	基价	元	1999	1383	1631	1909

注:不带高压开关柜的箱式变电站的高压侧进线一般采用负荷开关。

6-4-5 控制、继电、模拟及配电屏安装

工程内容 控制、继电、模拟及配电屏安装：开箱、检查、安装、电器、表记及继电器等附件的拆装、送交试验、盘内整理及一次校线、接线。

断路器安装：开箱、检查，安装固定，放注油，导电接触面的检查调整，附件的拆装、接地。

户内隔离开关、负荷开关安装：开箱、检查，安装固定，调整，拉杆配制和安装，操作机构连锁装置和信号装置接头检查、安装、接地。

控制台、控制箱安装：开箱、检查、安装，各种电器、表计等附件的拆装，送交试验，盘内整理，一次接线。

单位：1 台

顺序号	项目	单位	代号	控制屏	继电、信号屏	模拟屏（宽 2m 以内）	配电（电源）屏 低压开关柜	高压成套配电双母线柜 断路器柜	户内隔离开关、负荷开关（电流 2000A 以下）	控制台（2m 以内）	同期小屏控制箱
				1	2	3	4	5	6	7	8
1	人工	工日	1	4.7	5.9	18.6	4.7	10.4	4.5	9.7	2.0
2	型钢	t	182	–	–	–	–	–	0.027	–	–
3	钢管	t	191	–	–	–	–	–	0.005	–	–
4	镀锌钢板	t	208	0.002	0.002	0.003	0.002	–	0.003	0.003	0.001
5	电焊条	kg	231	0.2	0.2	0.3	0.2	0.2	0.3	0.1	0.1
6	镀锌螺栓	kg	241	0.5	0.5	1.1	0.5	0.8	4.1	0.5	0.4
7	塑料软管	kg	782	1.2	1.5	2.0	0.5	–	–	1.5	0.5
8	塑料弹簧软管（ϕ50mm）	m	783	6.0	6.0	20.0	6.0	–	–	12.0	5.0
9	其他材料费	元	996	9.6	10.6	17.9	20.7	35.0	25.2	13.5	5.6
10	4t 以内载货汽车	台班	1372	0.06	0.06	0.15	0.06	0.10	–	0.10	0.05
11	5t 以内汽车式起重机	台班	1449	0.10	0.10	0.40	0.10	0.16	–	0.10	0.05
12	30kN 以内单筒慢动卷扬机	台班	1499	–	–	–	–	–	–	0.10	–
13	32kV·A 以内交流电弧焊机	台班	1726	0.07	0.07	0.10	0.07	0.10	0.18	0.07	0.04
14	基价	元	1999	412	477	1435	412	661	473	761	219

6-4-6 电力系统调整试验

工程内容 送、配电装置系统：自动开关或断路器、隔离开关、常规保护装置、电测量仪表、电力电缆等一、二次回路系统的调试。

变压器系统：变压器、断路器、互感器、隔离开关、风冷及油循环冷却系统电器装置、常规保护装置等一、二次回路的调试及空投试验。

自动投入装置：自动装置、继电器及控制回路的调整试验。

交流同步电动机变频调速：变频装置本体、变频母线、电动机、励磁机、断路器、互感器、电力电缆、保护装置等一、二次回路的调试。

电力、电缆母线试验：测量绝缘电阻、直流耐压试验、测量泄漏电流。

单位：表列单位

顺序号	项目	单位	代号	送、配电装置系统				变压器系统	自动投入装置
				交流供电(10kV 以下)			直流供电(500V 以下)	10kV 以下变压器	备用电源自投装置
				负荷隔离开关	断路器	带电抗路		容量 560kV·A 以下	
				1 系统					1 套
				1	2	3	4	5	6
1	人工	工日	1	25.3	40.4	46.5	8.1	38.4	14.1
2	其他材料费	元	996	11.6	18.6	21.4	3.7	17.6	6.5
3	高压试验变压器全套装置	台班	1971	-	-	-	-	1.01	-
4	继电保护测试仪	台班	1972	-	-	-	-	-	2.02
5	三相精密测试电源	台班	1973	-	-	-	-	-	1.52
6	直流高压发生器	台班	1974	1.01	1.52	2.02	-	1.01	-

续前页

单位:表列单位

顺序号	项　　目	单位	代号	送、配电装置系统				变压器系统	自动投入装置
				交流供电(10kV 以下)			直流供电(500V 以下)	10kV 以下变压器	备用电源自投装置
				负荷隔离开关	断路器	带电抗路		容量 560kV·A 以下	
				1 系统					1 套
				1	2	3	4	5	6
7	轻型试验变压器	台班	1975	1.01	1.52	2.02	–	1.01	–
8	电能校验仪	台班	1977	2.02	2.02	2.02	2.02	1.52	–
9	记录仪	台班	1978	–	–	–	–	–	–
10	真空断路器测试仪	台班	1979	–	1.01	1.01	–	1.01	–
11	小型机具使用费	元	1998	223.4	556.1	628.9	63.9	499.4	78.5
12	基价	元	1999	1642	2942	3347	567	2911	1172

续前页　　　　　　单位：表列单位

顺序号	项　　目	单位	代号	自动投入装置			电机变频调速	电力、电缆母线试验	
				备用电机自投装置	线路自动重合闸		交流同步电动机（1000kW 以下）	电缆	母线（段）
					单侧电源	双侧电源			
				1 套			1 系统	1 次	1 根
				7	8	9	10	11	12
1	人工	工日	1	6.1	8.1	34.3	193.9	1.3	1.4
2	其他材料费	元	996	2.8	3.7	15.8	89.2	2.9	3.2
3	高压试验变压器全套装置	台班	1971	–	–	–	–	–	–
4	继电保护测试仪	台班	1972	1.01	0.51	3.03	–	–	–
5	三相精密测试电源	台班	1973	0.51	1.01	3.03	–	–	–
6	直流高压发生器	台班	1974	–	–	–	6.06	–	–
7	轻型试验变压器	台班	1975	–	–	–	6.06	–	–
8	电能校验仪	台班	1977	–	–	–	6.06	–	–
9	记录仪	台班	1978	–	–	–	17.17	–	–
10	真空断路器测试仪	台班	1979	–	–	–	2.02	–	–
11	小型机具使用费	元	1998	34.2	72.9	295.1	5203.3	39.7	43.9
12	基价	元	1999	514	625	2650	16593	107	116

注：1. 本定额不包括避雷器、自动装置、特殊保护装置和接地装置的调试；

2. 当断路器为六氟化硫断路器时，定额乘以系数 1.3；

3. 双侧电源自动重合闸是按同期考虑的。

6－4－7　柴油发电机组安装

工程内容　开箱检验、安装固定、稳机找平、试车(10h)等。

单位:1 组

顺序号	项　　目	单位	代号	柴油发电机组(功率:kW)							
				30 以内	75 以内	120 以内	200 以内	300 以内	500 以内	800 以内	800 以上
				1	2	3	4	5	6	7	8
1	人工	工日	1	15.2	21.8	23.6	27.8	32.8	49.0	62.6	80.3
2	12t 以内汽车式起重机	台班	1451	0.07	0.09	0.17	0.33	0.35	0.40	0.61	0.68
3	小型机具使用费	元	1998	12.4	12.4	12.4	12.4	12.4	12.4	12.4	12.4
4	基价	元	1999	810	1148	1294	1613	1873	2706	3523	4443

注:本定额未包括安装柴油发电机组所需的底座的费用,应根据设计图纸按有关定额另行计算。

6-4-8 安装柴油发电机组体外排气系统

工程内容 安装排气系统:清点材料、丈量尺寸、排气管加工套丝(或焊接)、焊法兰盘、垫石棉垫、安装固定(含吊挂)、安装波纹管及消音器等。

安装燃油箱、机油箱:开箱检验,清洁,安装支架,安装固定箱体、油泵,系统调试等。

单位:1套

顺序号	项目	单位	代号	柴油发电机组体外排气系统				燃油箱	机油箱
				柴油发电机组(功率:kW)					
				120以内	500以内	800以内	800以上		
				1	2	3	4	5	6
1	人工	工日	1	7.1	9.1	11.1	13.1	12.1	13.1
2	螺栓	kg	240	–	–	–	–	0.2	0.2
3	膨胀螺栓	套	242	–	–	–	–	4.1	4.1
4	基价	元	1999	349	448	546	645	611	660

注:1.本定额未包括排、配气系统所需排气管的费用,应根据设计数量按实计列;

2.安装与柴油发电机组在一体的燃油箱、机油箱均不得使用本定额。

6－4－9 其他配电设备安装

工程内容 开箱检验，清洁，划线定位，安装固定，补充注油等。

单位：1 台

顺序号	项目	单位	代号	调压器（kV·A）		电子交流稳压器
				100 以内	500 以内	
				1	2	3
1	人工	工日	1	4.0	6.1	2.0
2	小型机具使用费	元	1998	6.3	6.3	1.2
3	基价	元	1999	203	306	100

6-4-10 灯架安装

工程内容 固定式灯盘安装：测位，划线，成套吊装，找正，螺栓固定，配线，焊压包头。

升降式灯盘安装：测位，划线，成套吊装，找正，螺栓固定，配线，焊压包头，升降传动装置安装，清洗上油，试验。

单位:1 套

顺序号	项目	单位	代号	灯盘固定式		灯盘升降式	
				灯火数(以内)			
				24	60	24	60
				1	2	3	4
1	人工	工日	1	31.7	42.2	36.5	48.6
2	电焊条	kg	231	0.2	0.3	–	–
3	电线	m	711	178	431	178	431
4	升降传动装置	套	729	–	–	1	1
5	其他材料费	元	996	25.3	53.4	48.2	78.5
6	4t 以内载货汽车	台班	1372	0.51	0.51	0.51	0.51
7	16t 以内汽车式起重机	台班	1452	0.51	1.01	0.51	1.01
8	20m 以内高空作业车	台班	1463	0.51	1.01	0.51	1.01
9	32kV·A 以内交流电弧焊机	台班	1726	0.11	0.14	0.11	0.14
10	基价	元	1999	3028	5042	3342	5437

注:灯架作为设备列入设备购置费中。

6-4-11 立 灯 杆

工程内容 插接式灯杆的组合、灯杆组立、灯杆找正,防水螺帽安装、补漆。

单位:1 根

顺序号	项目	单位	代号	灯杆高度(m)				
				10 以内	15 以内	20 以内	30 以内	40 以内
				1	2	3	4	5
1	人工	工日	1	1.9	3.3	6.3	33.4	44.4
2	镀锌钢管	t	192	–	–	–	0.228	0.302
3	镀锌钢板	t	208	0.001	0.001	0.006	0.010	0.020
4	镀锌螺栓	kg	241	1.5	1.5	6.7	13.4	17.9
5	其他材料费	元	996	11	12.8	47.1	1230	1691.8
6	12t 以内汽车式起重机	台班	1451	0.07	0.11	0.33	0.54	0.68
7	50t 以内汽车式起重机	台班	1457	–	–	–	0.61	–
8	75t 以内汽车式起重机	台班	1458	–	–	–	–	0.81
9	小型机具使用费	元	1998	1.8	3.1	5.9	77.0	98.7
10	基价	元	1999	184	284	730	6422	8978

注:灯杆作为设备列入设备购置费中。

6－4－12 杆 座 安 装

工程内容 座箱部件检查，安装，找正，箱体接地，接点防水，绝缘处理。

单位：10只

顺序号	项 目	单位	代号	成套型	组装型
				金属杆座	混凝土制件
				1	2
1	人工	工日	1	3.2	6.1
2	螺栓	kg	240	0.9	0.6
3	电线	m	711	47	32
4	塑料弹簧软管（ϕ50mm）	m	783	7.0	7.0
5	其他材料费	元	996	5.3	2.9
6	4t以内载货汽车	台班	1372	0.51	0.51
7	基价	元	1999	527	624

注：灯座箱作为设备列入设备购置费中。

6－4－13 高杆灯具安装

工程内容 开箱、清扫、检查、灯具安装、连线、补漆、试亮等。

单位:1 套

顺序号	项目	单位	代号	高杆灯具安装(单弧灯具)			
				杆高(m)			升降式
				10 以内	15 以内	20 以内	2m
				1	2	3	4
1	人工	工日	1	1.1	1.7	3.9	–
2	照明灯具	盏	698	1	1	1	1
3	电线	m	711	22	35	49	7
4	其他材料费	元	996	12.7	16.6	22.1	3.0
5	15m 以内高空作业车	台班	1462	0.20	0.25	–	–
6	20m 以内高空作业车	台班	1463	–	–	0.25	–
7	小型机具使用费	元	1998	1.0	1.6	3.7	0.9
8	基价	元	1999	751	845	1057	545

注:灯具挑臂及灯泡的费用应包含在照明灯具的预算价格中。

6－4－14　照明灯具安装

工程内容　照明器件安装：开箱检查，固定，配线，测位，划线，打眼，埋螺栓，支架安装，灯具组装，接线焊包头，灯泡安装，试亮。
荧光灯具安装：测位，划线，打眼，埋螺栓，上木台，吊链，吊管加工，灯具组装，接线，焊接包头，试亮。

单位：100 套

顺序号	项　目	单位	代号	照明器件安装						荧光灯具安装（组装型）		
				碘钨灯	管形氙灯	投光灯	高压汞灯泡	高（低）压钠灯	白炽灯泡	吸顶式		
										单管	双管	三管
				1	2	3	4	5	6	7	8	9
1	人工	工日	1	31.3	34.3	31.3	8.9	8.9	8.1	24.2	37.4	45.5
2	钢板	t	183	–	0.300	0.100	–	–	–	–	–	–
3	电焊条	kg	231	–	10.0	10.0	–	–	–	–	–	–
4	螺栓	kg	240	8.0	40.0	20.0	–	–	–	–	–	–
5	膨胀螺栓	套	242	–	–	–	–	–	–	204.0	204.0	204.0
6	照明灯具	盏	698	101	101	101	101	101	101	101	101	101
7	电线	m	711	200	–	200	–	–	–	480	780	1090
8	其他材料费	元	996	–	–	–	–	–	–	12.0	19.0	25.0
9	10m 以内高空作业车	台班	1461	–	–	–	2.02	2.02	–	–	–	–
10	32kV·A 以内交流电弧焊机	台班	1726	–	4.24	4.24	–	–	–	–	–	–
11	基价	元	1999	54968	56750	56033	53938	53938	53207	55966	57424	58656

注：电容器安装已包含在定额内。

6－4－15 标志、诱导装饰灯具

工程内容 开箱清点,测位划线,打眼埋螺栓,支架制作、安装,灯具拼装固定,挂装饰部件,接焊线包头等。

单位:100 套

顺序号	项目	单位	代号	吸顶式	吊杆式	墙壁式	嵌入式
				1	2	3	4
1	人工	工日	1	24.2	29.3	24.2	28.3
2	膨胀螺栓	套	242	204.0	204.0	–	–
3	照明灯具	盏	698	101	101	101	101
4	电线	m	711	50	80	50	60
5	其他材料费	元	996	121.9	2368.5	176.6	83.2
6	基价	元	1999	54928	57506	54310	54445

6-4-16 其他灯具安装

工程内容 打眼,埋螺栓,支架安装,灯具组装,配线,接线,焊接包头,校试。

单位:100 套

顺序号	项目	单位	代号	桥栏杆灯		地道涵洞灯
				成套嵌入式	组装嵌入式	嵌入式密封型
				1	2	3
1	人工	工日	1	67.7	81.8	44.4
2	膨胀螺栓	套	242	408.0	816.0	408.0
3	照明灯具	盏	698	101	101	101
4	电线	m	711	500	500	160
5	其他材料费	元	996	22.0	31.9	13.7
6	4t 以内载货汽车	台班	1372	4.04	4.04	–
7	10m 以内高空作业车	台班	1461	–	–	4.04
8	基价	元	1999	60030	62080	58163

第五节　光缆、电缆敷设

说　明

1. 本节定额包括室内光缆穿放和连接、安装测试光缆终端盒、室外敷设管道光缆、光缆接续、光纤测试、塑料子管、穿放或布放电话线、敷设双绞线缆、跳线架和配线架安装、布放同轴电缆、敷设多芯电缆、安装线槽、开槽、电缆沟铺砂盖板、揭盖板、顶管、铜芯电缆敷设、热缩式电缆终端头或中间头制作安装、控制电缆头制作安装、桥架或支架安装等项目。

2. 本节定额均包括:准备工作、施工安全防护、搬运、开箱、检查、定位、安装、清理、接电源、接口正确性检查和调试、清理现场和办理交验手续等工作内容。

3. 本节定额不包括:设备本身的功能性故障排除,制作缺件、配件,在特殊环境下的设备加固、防护等工作内容。

4. 双绞线缆的敷设及跳线架和配线架的安装、打接定额消耗量是按五类非屏蔽布线系统编制的,高于五类的布线工程按定额人工工日消耗量增加10%、屏蔽系统增加20%计取。

5. 工程量计算规则:

(1) 电缆敷设按单根延长米计算(如一个架上敷设3 根各长100m 的电缆,工程量应按300m 计算,依次类推)。电缆附加及预留的长度是电缆敷设长度的组成部分,应计入电缆工程量之内。电缆进入建筑物预留长度按2m 计算,电缆进入沟内或吊架预留长度按1.5m 计算,电缆中间接头盒预留长度两端各按2m 计算。

(2) 电缆沟盖板揭、盖定额,按每揭盖一次以延长米计算。如又揭又盖,则按两次计算。

(3) 用于扩(改)建工程时,所用定额的人工工日乘以1.35 系数;用于拆除工程时,所用定额的人工工日乘以0.25 系数。施工单位为配合认证单位验收测试而发生的费用,按本定额验证测试子目的工日、仪器仪表台班总用量乘以0.30 系数计取。

6-5-1 室内光缆穿放、连接

工程内容 光缆敷设：检验、测试光缆，清理管（暗槽），制作穿线端头（钩），穿放引线，穿放光缆、出口衬垫，做标记，封堵出口等。

布放光缆护套：清理槽道，布放、绑扎光缆护套，加垫套，做标记，封堵出口等。

气流法布放光纤束：检验、测试光纤，检查护套，气吹布放光纤束，做标记，封堵出口等。

光纤连接：端面处理，纤芯连接、测试，包封护套、盘绕，固定光纤等。

布放尾纤：光纤熔接，测试衰耗，固定光纤连接器，盘留固定。

单位：表列单位

顺序号	项目	单位	代号	光缆穿放 管（槽）规格（芯） 12以内	36以内	72以内	布放光缆护套	气流法布放光纤束	光纤连接 多模	单模	布放尾纤 光纤配线架架内跳线
				100m					10芯		10根
				1	2	3	4	5	6	7	8
1	人工	工日	1	1.7	2.5	3.3	1.8	1.1	4.0	5.1	2.0
2	光缆	m	701	102	102	102	–	102	–	–	–
3	光缆护套	m	702	–	–	–	101	–	–	–	–
4	光纤连接器	套	706	–	–	–	–	–	10.1	10.1	–
5	尾纤	根	707	–	–	–	–	–	–	–	10.2
6	光纤熔接机	台班	1948	–	–	–	–	–	0.30	0.30	0.20
7	光缆气流吹缆机	台班	1949	–	–	–	–	0.02	–	–	–
8	光纤测试仪	台班	1952	–	–	–	–	–	1.52	1.52	–
9	小型机具使用费	元	1998	3.6	7.2	10.8	3.6	2.8	–	–	13.1
10	基价	元	1999	2127	2170	2213	1102	2107	1258	1312	1678

注：凡大于72芯时，按照等数量的进档差值增加人工工日消耗。

6－5－2　安装测试光缆终端盒

工程内容　安装光缆终端盒，光纤熔接，测试衰减，光纤的盘留固定。

单位：10 个

顺序号	项　目	单位	代号	光缆终端盒（芯数）					
				20 以内	28 以内	48 以内	60 以内	72 以内	96 以内
				1	2	3	4	5	6
1	人工	工日	1	20.2	28.3	48.5	60.6	72.7	97
2	镀锌螺栓	kg	241	0.9	0.9	0.9	0.9	0.9	0.9
3	光缆终端盒（48 芯以内）	个	704	10.2	10.2	10.2	10.2	10.2	10.2
4	光纤熔接机	台班	1948	8.08	9.09	12.12	24.24	26.26	30.3
5	小型机具使用费	元	1998	210.8	237.1	316.2	632.5	685.1	790.5
6	基价	元	1999	7595	8205	9834	12963	13986	16028

6-5-3 室外敷设管道光缆

工程内容 检查光缆，配盘，清刷管孔，穿放引线，敷设光缆，安装托板、人孔中保护管，盘余长，光缆标记。

单位：100m

顺序号	项目	单位	代号	敷设管道光缆(芯数)				气流穿放管道光缆(芯数)			
				12以内	36以内	72以内	96以内	12以内	36以内	72以内	96以内
				1	2	3	4	5	6	7	8
1	人工	工日	1	4.0	4.5	5.1	5.6	1.1	1.2	1.2	1.2
2	8～12号铁丝	kg	655	2.3	2.3	2.3	2.3	–	–	–	–
3	光缆	m	701	102	102	102	102	102	102	102	102
4	其他材料费	元	996	16.0	16.0	16.0	16.0	27.0	27.0	27.0	27.0
5	6t以内载货汽车	台班	1374	–	–	–	–	0.01	0.01	0.02	0.02
6	$17m^3/min$以内机动空压机	台班	1844	–	–	–	–	0.01	0.01	0.02	0.02
7	光缆气流吹缆机	台班	1949	–	–	–	–	0.01	0.01	0.02	0.02
8	光时域反射仪	台班	1950	0.01	0.02	0.04	0.05	–	–	–	–
9	基价	元	1999	2274	2306	2350	2382	2137	2142	2157	2157

6-5-4 光缆接续

工程内容 光缆接续：检验器材，确定接头位置，熔接纤芯，接续加强芯，盘绕固定预留光纤，复测衰减，安装接头盒、托架等。

光缆成端接头：检查器材，熔接尾纤，测试衰减，固定活接头，固定光缆，堵头制作、固定。

单位：10头及10套

顺序号	项目	单位	代号	光缆接续（规格：芯）								光缆成端接头
				12以内	24以内	36以内	48以内	60以内	72以内	84以内	96以内	
				10头								10套
				1	2	3	4	5	6	7	8	9
1	人工	工日	1	15.2	30.3	45.5	60.6	75.8	90.9	106.1	121.2	5.1
2	光缆接头盒	套	703	10.1	10.1	10.1	10.1	10.1	10.1	10.1	10.1	–
3	其他材料费	元	996	–	–	–	–	–	–	–	–	21.0
4	4t以内载货汽车	台班	1372	5.05	8.08	10.10	12.12	14.14	16.16	18.18	20.20	–
5	光纤熔接机	台班	1948	5.05	8.08	10.10	12.12	14.14	16.16	18.18	20.20	0.51
6	光时域反射仪	台班	1950	5.05	8.08	10.10	12.12	14.14	16.16	18.18	20.20	0.51
7	小型机具使用费	元	1998	–	–	–	–	–	–	–	–	5.4
8	基价	元	1999	11906	16314	19505	22691	25882	29068	32259	35445	744

注：接头盒保护套的费用包含在接头盒的预算价格中。

6－5－5　光 纤 测 试

工程内容　按施工验收规范要求测试、记录、整理资料等。

单位:1 链路(芯)

顺序号	项　　目	单位	代号	光纤测试
				1
1	人工	工日	1	0.2
2	光纤测试仪	台班	1952	0.10
3	基价	元	1999	43

6-5-6 人工敷设塑料子管

工程内容 清刷管孔,塑料管外观检查,敷设塑料管并试通,固定堵头及塞子,管头做标记等。

单位:1000m

顺序号	项目	单位	代号	塑料子管	
				1孔	3孔
				1	2
1	人工	工日	1	19.2	30.4
2	8~12号铁丝	kg	655	3.0	3.0
3	20~22号铁丝	kg	656	20.3	20.3
4	通信子管	m	700	1010	3030
5	其他材料费	元	996	117.2	351.2
6	基价	元	1999	5048	13509

注:本定额系指钢管或HDPE双壁波纹管一孔内同时布放塑料子管(1孔或3孔)。

6-5-7 穿放、布放电话线

工程内容 穿放、布放电话线：开箱，线缆检查、编号、安装（穿放、布放）、断线、固定、临时封头，清理场地。

电话组线箱安装：组线箱安装、接地等。

电话线出口：面板安装、接线。

单位：表列单位

顺序号	项目	单位	代号	穿放、布放电话线（规格：对）			电话组线箱安装	电话线出口（普通型）
				20以内	50以内	200以内		
				1000m			1台	1000m
				1	2	3	4	5
1	人工	工日	1	16.2	24.2	50.5	10.6	0.4
2	镀锌钢板	t	208	-	-	-	0.004	-
3	电焊条	kg	231	-	-	-	0.5	-
4	镀锌螺栓	kg	241	-	-	-	-	0.2
5	8~12号铁丝	kg	655	29.6	29.6	91.8	-	-
6	电缆	m	708	1010	1010	1010	-	-
7	其他材料费	元	996	-	-	-	9.3	10.2
8	32kV·A以内交流电弧焊机	台班	1726	-	-	-	0.20	-
9	小型机具使用费	元	1998	35.9	53.8	89.7	-	-
10	基价	元	1999	41343	41754	43464	578	33

6-5-8 敷设双绞线缆

工程内容 敷设双绞线缆：检验、抽测电缆，清理管（暗槽），制作穿线端头（钩），穿放引线、电缆，做标记，封堵出口等。

跳线制作：量裁线缆、线缆与跳线连接器的安装卡接、做屏蔽、检查测试等。

跳线卡接：编扎固定线缆、卡线、核对线序、安装固定接线模块（跳线盘）、做标记等。

插座安装：1）固定线缆、校对线序、卡线、做屏蔽、安装固定面板及插座、做标记等；2）开孔、安装盒体、连接处密封、做标记等。

双绞线缆测试：按施工验收规范要求测试、记录、整理资料等。

单位：表列单位

顺序号	项目	单位	代号	敷设双绞线缆（规格：对）					跳线制作	跳线卡接	插座安装		双绞线缆测试
				4以内	25以内	50以内	100以内	200以内			插座	插座底盒	
				1000m					1条	10对	1个		1链路（信息点）
				1	2	3	4	5	6	7	8	9	10
1	人工	工日	1	13.1	16.2	22.2	32.3	45.5	0.1	0.2	0.1	0.2	0.2
2	8～12号铁丝	kg	655	2.0	2.0	2.0	2.0	2.0	–	–	–	–	–
3	电缆	m	708	1010	1010	1010	1010	1010	–	–	–	–	–
4	其他材料费	元	996	20.2	40.4	80.8	121.2	161.6	2.0	–	1.0	1.0	–
5	局域网电缆测试仪	台班	1953	–	–	–	–	–	–	–	–	–	0.15
6	小型机具使用费	元	1998	48.3	75.1	121.5	207.2	342.7	1.1	–	–	–	0.4
7	基价	元	1999	41055	41254	41636	42259	43084	8	10	6	11	30

6-5-9 跳架线、配线架安装

工程内容 安装打接跳线架、配线架，卡接双绞线缆，编扎固定双绞线缆，卡线，做屏蔽，校对线序，做标记等。

单位:1条及10个

顺序号	项目	单位	代号	跳线架安装打接			配线架安装打接				线管理器安装
				100对	200对	400对	12口	24口	48口	96口	
				1条							10个
				1	2	3	4	5	6	7	8
1	人工	工日	1	2.0	3.8	7.6	1.2	2.4	4.6	9.1	1.0
2	其他材料费	元	996	1.0	1.5	2.0	1.0	1.5	2.0	3.0	–
3	小型机具使用费	元	1998	9.2	18.3	36.7	5.5	11.9	22.0	45.8	–
4	基价	元	1999	109	207	413	66	131	250	497	49

6－5－10 布放同轴电缆

工程内容 布放同轴电缆：定位，钻孔，固定支架，电缆布放，吊挂。

终端接头：钻孔，固定支架，安装，做接头，缠绑。

单位：表列单位

顺序号	项目	单位	代号	布放同轴电缆	终端接头
				1000m	10个
				1	2
1	人工	工日	1	101.0	10.1
2	钢丝绳	t	221	0.326	–
3	8～12号铁丝	kg	655	40.8	0.3
4	电缆	m	708	1010	–
5	其他材料费	元	996	1318.1	661.4
6	小型机具使用费	元	1998	107.6	–
7	基价	元	1999	48881	1160

6-5-11 敷设多芯电缆

工程内容 开箱，搬运，线缆检查、编号、安装（布放、穿放），断线，固定，临时封头，清理场地。

单位：1000m

顺序号	项目	单位	代号	室内槽道中安装		室内沿桥架/支架安装		室内管道中安装	
				电缆规格（芯）					
				25以内	50以内	25以内	50以内	25以内	50以内
				1	2	3	4	5	6
1	人工	工日	1	11.5	22.6	18.2	28.3	17.2	25.3
2	20~22号铁丝	kg	656	–	–	–	–	10.0	10.0
3	电缆	m	708	1010	1010	1010	1010	1010	1010
4	其他材料费	元	996	60.0	60.0	60.0	60.0	–	–
5	小型机具使用费	元	1998	48.3	84.1	62.6	98.5	59.1	87.8
6	基价	元	1999	41003	41585	41347	41880	41299	41726

注：多芯电缆包括屏蔽电缆。

6－5－12 安装线槽

工程内容 安装金属线槽：线槽检查，安装线槽及附件，接地，做标记，穿墙处封堵等。

安装塑料线槽：线槽检查，测位，安装线槽等。

单位：1000m

顺序号	项目	单位	代号	安装金属线槽			安装塑料线槽	
				线槽宽度(mm)				
				150 以下	300 以下	300 以上	100 以下	100 以上
				1	2	3	4	5
1	人工	工日	1	236.3	307	368.8	141.8	171.2
2	线槽	m	720	1050	1050	1050	1050	1050
3	基价	元	1999	27376	30854	33895	22727	24173

注：线槽配件应综合在线槽的预算价格中。

6－5－13　开　　槽

工程内容　划线定位，开槽，水泥砂浆抹平等。

单位：10m

顺序号	项　　目	单位	代号	砖　　槽	混凝土槽
				1	2
1	人工	工日	1	0.7	2.8
2	其他材料费	元	996	3.9	3.9
3	基价	元	1999	38	142

注：本定额是按预埋长度为1m的 ϕ25 以下钢管取定的人工工日消耗。

6-5-14 电缆沟铺砂盖板、揭盖板、敷设顶管

工程内容 铺砂盖板、揭盖板：调整电缆间距，铺砂，盖砖，盖保护板，埋设标桩，揭盖盖板。

敷设顶管：测位，安装机具，顶管接管，清理，扫管。

单位：1000m 及 1 根

顺序号	项目	单位	代号	铺砂、盖砖		铺砂、盖保护板		揭盖盖板（板长 mm）			敷设顶管
				1~2 根	每增加 1 根	1~2 根	每增加 1 根	500 以内	1000 以内	1500 以内	
				1000m							1 根
				1	2	3	4	5	6	7	8
1	人工	工日	1	63.1	16.9	63.1	16.9	88.9	150.5	212.1	10.6
2	枕木	m^3	103	–	–	–	–	–	–	–	0.150
3	钢板	t	183	–	–	–	–	–	–	–	0.005
4	电焊条	kg	231	–	–	–	–	–	–	–	0.6
5	8~12 号铁丝	kg	655	–	–	–	–	–	–	–	2.2
6	青（红）砖	千块	877	8.30	4.20	–	–	–	–	–	–
7	中（粗）砂	m^3	899	97.20	36.40	97.20	36.40	–	–	–	–
8	其他材料费	元	996	28.7	–	2497.1	2138.4	–	–	–	75.5
9	6t 以内载货汽车	台班	1374	–	–	–	–	–	–	–	0.43
10	32kV·A 以内交流电弧焊机	台班	1726	–	–	–	–	–	–	–	0.48
11	小型机具使用费	元	1998	–	–	–	–	–	–	–	81.7
12	基价	元	1999	10725	3906	11434	5154	4374	7405	10435	1055

注：顶管规格为：管径 DN100 以内、每根长 20m 以内。

6-5-15 铜芯电缆敷设

工程内容 开盘,检查,架线盘,敷设,锯断,排列,整理,固定,收盘,临时封头,挂牌。

单位:1000m

顺序号	项目	单位	代号	水平电缆敷设			竖直通道电缆敷设			管道电缆敷设		
				电缆截面积(mm^2)								
				35 以内	120 以内	240 以内	35 以内	120 以内	240 以内	16 以内	50 以内	120 以内
				1	2	3	4	5	6	7	8	9
1	人工	工日	1	71.0	128.0	179.8	260.6	406.1	553	24.3	38.7	59.7
2	镀锌螺栓	kg	241	14.4	14.4	36.0	47.9	47.9	218.4	–	–	–
3	膨胀螺栓	套	242	162.0	140.0	–	2400.0	2400.0	800.0	–	–	–
4	8~12 号铁丝	kg	655	3.2	4.5	4.8	30.0	34.0	36.0	–	–	–
5	电缆	m	708	1010	1010	1010	1010	1010	1010	1010	1010	1010
6	其他材料费	元	996	706.9	763.9	884	2639.2	3001.9	3929	311.9	375.4	492.2
7	6t 以内载货汽车	台班	1374	0.09	0.61	2.40	0.09	0.61	2.40	0.10	0.71	0.71
8	5t 以内汽车式起重机	台班	1449	0.10	0.71	–	1.01	4.24	–	0.10	0.71	0.71
9	12t 以内汽车式起重机	台班	1451	–	–	2.40	–	–	6.01	–	–	–
10	小型机具使用费	元	1998	–	–	–	–	–	–	22.9	36.5	56.3
11	基价	元	1999	45364	48567	53113	65016	73971	82590	41931	43153	44323

6 – 5 – 16 热缩式电缆终端头、中间头制作安装

工程内容 定位，量尺寸，锯断，剥切清洗，内屏蔽层处理，焊接地线，套热缩管，压接线端子，装终端盒，配料浇筑，安装。

单位:10 个

顺序号	项目	单位	代号	终端头			中间头 1kV			中间头 10kV		
				电缆截面积(mm^2)								
				35 以内	120 以内	240 以内	35 以内	120 以内	240 以内	35 以内	120 以内	240 以内
				1	2	3	4	5	6	7	8	9
1	人工	工日	1	26.3	38.5	46.7	13.6	21.6	27.9	16.9	26.1	33.2
2	镀锌螺栓	kg	241	6.9	8.0	8.0	1.9	1.9	1.9	1.9	1.9	1.9
3	户外终端盒(热塑头)	套	717	10.2	10.2	10.2	–	–	–	–	–	–
4	电缆中间接头	套	718	–	–	–	10.2	10.2	10.2	10.2	10.2	10.2
5	铜接线端子	个	719	10.2	10.2	10.2	10.2	10.2	10.2	10.2	10.2	10.2
6	其他材料费	元	996	902.1	1575.9	2542.8	663.6	1055.3	1737.1	655.3	994.5	1594.5
7	基价	元	1999	6039	7330	8700	3011	3796	4788	3165	3957	4906

6－5－17　控制电缆头制作安装

工程内容　定位,锯断,剥切,焊接头,包缠绝缘层,安装固定。

单位:10 个

顺序号	项　　目	单位	代号	终　端　头	中　间　头
				1	2
1	人工	工日	1	8.6	8.0
2	螺栓	kg	240	0.3	–
3	铜接线端子	个	719	10.2	–
4	套管	个	724	10.5	–
5	塑料软管	kg	782	1.9	0.2
6	其他材料费	元	996	275.2	312.7
7	基价	元	1999	965	710

注:本定额是按 14 芯以内控制电缆编制的。

6-5-18 桥架、支架安装

工程内容 桥架安装：组对，焊接或螺栓固定，弯头、三通、盖板、附件安装。

桥架支架安装：组对，螺栓连接，安装固定，立柱、托臂膨胀螺栓或焊接固定。

单位：表列单位

顺序号	项目	单位	代号	梯式桥架	托盘式桥架	金属支架
				10m		1t
				1	2	3
1	人工	工日	1	8.7	11.5	59.4
2	电焊条	kg	231	0.5	0.4	7.0
3	膨胀螺栓	套	242	-	-	210
4	橡皮线	m	713	2	2	-
5	桥架	m	721	10	10	-
6	支撑架	kg	722	-	-	1005.0
7	32.5 级水泥	t	832	-	-	0.065
8	电	kW·h	865	3	5	51
9	中(粗)砂	m^3	899	-	-	0.07
10	其他材料费	元	996	25.0	22.9	61.3
11	4t 以内载货汽车	台班	1372	-	-	0.30
12	8t 以内载货汽车	台班	1375	0.06	0.06	-
13	16t 以内汽车式起重机	台班	1452	0.05	0.05	-
14	32kV·A 以内交流电弧焊机	台班	1726	0.11	0.14	1.06
15	小型机具使用费	元	1998	0.2	4.6	12.2
16	基价	元	1999	1199	1343	9201

第六节　配管、配线及接地工程

说　明

1. 本节定额包括镀锌钢管、给水管道、钢管地埋敷设、钢管砖、混凝土结构、钢管钢结构支架配管、PVC 阻燃塑料管、母线、母线槽、落地式控制箱、成套配电箱、接线箱、接线盒的安装、接地装置安装、避雷针及引下线安装、防雷装置安装、防雷接地装置测试等项目。

2. 镀锌钢管法兰连接定额中，管件是按成品、弯头两端是按短管焊法兰考虑的，包括了直管、管件、法兰等全部安装工序内容。

3. 接地装置是按变配电系统接地、车间接地和设备接地等工业设施接地编制的。定额中未包括接地电阻率高的土质换土和化学处理的土壤及由此发生的接地电阻测试等费用，需要时应另行计算。接地装置换填土执行电缆沟挖填土相应子目。

4. 定额中避雷针安装、避雷引下线的安装均已考虑了高空作业的因素。避雷针按成品件考虑。

5. 工程量计算规则：

（1）给水管道：室内外界线以建筑物外墙皮 1.5m 为界，入口处设阀门者以阀门为界；与市政管道界线以水表井为界，无水表井者，以与市政管道碰头点为界。

（2）配管的工程量计算不扣除管路中的接线箱（盒）、灯盒、开关盒所占的长度。

6-6-1 水灭火系统镀锌钢管安装

工程内容 螺纹连接：切管，套丝，调直，上零件，管道安装，水压试验。

法兰连接：切管，坡口，调直，对口，焊接，法兰连接，管道及管件安装，水压试验。

管道支吊架安装：切断，调直，煨制，钻孔，组对，焊接，安装。

单位：1000m 及 1t

顺序号	项目	单位	代号	螺纹连接（公称直径 mm）				法兰连接（公称直径 mm）		管道支吊架安装
				32 以内	50 以内	80 以内	100 以内	150 以内	200 以内	
				1000m						1t
				1	2	3	4	5	6	7
1	人工	工日	1	190.9	226.2	294.9	332.3	977.7	1254.4	89.9
2	型钢	t	182	–	–	–	–	–	–	1.060
3	镀锌钢管	t	192	3.290	5.120	8.760	11.390	13.700	31.510	–
4	电焊条	kg	231	–	–	–	–	1078.2	1673.2	54.0
5	螺栓	kg	240	–	–	–	–	–	–	16.4
6	膨胀螺栓	套	242	–	–	–	–	–	–	34.9
7	8～12 号铁丝	kg	655	7.7	7.7	7.7	7.7	7.7	7.7	–
8	水	m^3	866	9	16	20	31	38	47	–
9	其他材料费	元	996	4025.2	8255.6	11721.5	11912.9	14453.1	15687.8	536.3
10	4t 以内载货汽车	台班	1372	–	–	–	–	–	2.02	–
11	5t 以内汽车式起重机	台班	1449	–	–	–	–	–	2.02	–
12	50kN 以内单筒慢动卷扬机	台班	1500	–	–	–	–	–	21.21	–
13	32kV·A 以内交流电弧焊机	台班	1726	–	–	–	–	333.40	447.13	10.50
14	小型机具使用费	元	1998	688.8	926.4	1057.0	1105.3	5007.3	5444.9	293.3
15	基价	元	1999	32450	48833	76050	92758	211771	316580	10828

6-6-2 给水管道安装

工程内容 给水管和钢管套管：切管，坡口，调直，煨弯，挖眼接管，异径管制作，对口，焊接，管道及管件安装，水压试验。

承插式铸铁管：切管，管道及管件安装，挖工程坑，熔化接口材料，接口，水压试验。

管道支架安装：切断，调直，煨制，钻孔，组对，焊接，打洞，安装，和灰，堵洞。

管道伸缩器安装：切管，检修盘根，对口，焊接法兰，制垫，加垫，安装，水压试验。

管道压力试验：准备工程，制堵盲板，装设临时泵，灌水加压，停压检查。

阀门安装：切管，焊接法兰，制垫，加垫，水压试验。

自动排气阀安装：支架制作，安装，水压试验。

Ⅰ.管道安装

单位：表列单位

顺序号	项目	单位	代号	给水管(钢管焊接连接)						钢管套管	承插式铸铁管		管道支架安装
				公称直径(mm)									
				32 以内	80 以内	100 以内	125 以内	150 以内	200 以内	350 以内	150 以内	200 以内	
				1000m									1t
				1	2	3	4	5	6	7	8	9	10
1	人工	工日	1	71.7	113.1	121.2	148.5	170.7	188.9	298.0	210.1	248.5	102.4
2	锯材	m^3	102	–	–	–	–	–	–	–	–	–	0.200
3	型钢	t	182	–	–	–	–	–	0.024	0.033	–	–	1.060
4	钢板	t	183	0.009	0.010	0.010	0.014	0.014	0.021	0.030	–	–	–

续前页　　单位：表列单位

顺序号	项　目	单位	代号	给水管（钢管焊接连接）						钢管套管	承插式铸铁管		管道支架安装
				公称直径（mm）									
				32 以内	80 以内	100 以内	125 以内	150 以内	200 以内	350 以内	150 以内	200 以内	
				1000m									1t
				1	2	3	4	5	6	7	8	9	10
5	钢管	t	191	3.130	8.340	10.850	15.040	17.810	31.510	54.890	–	–	–
6	承插式铸铁管	t	194	–	–	–	–	–	–	–	35.500	47.000	–
7	压制弯头	kg	196	–	22.0	65.0	192.5	256.5	324.8	669.6	–	–	–
8	电焊条	kg	231	1.0	43.0	48.0	81.0	101.0	176.0	579.0	–	–	54.0
9	螺栓	kg	240	–	–	–	–	–	–	–	–	–	47.5
10	8～12 号铁丝	kg	655	8	8.0	8.0	8.0	8.0	8.0	8.0	8.0	8.0	–
11	32.5 级水泥	t	832	–	–	–	–	–	–	–	–	–	0.293
12	水	m^3	866	4	9	15	20	25	45	90	–	–	–
13	中（粗）砂	m^3	899	–	–	–	–	–	–	–	–	–	0.50
14	碎石（4cm）	m^3	952	–	–	–	–	–	–	–	–	–	0.50
15	其他材料费	元	996	313.1	776.3	1011.7	1156.8	1324.6	1643	3301.4	11166.4	14351.6	712.9

续前页　　　　　　单位：表列单位

顺序号	项　目	单位	代号	给水管（钢管焊接连接）						钢管套管	承插式铸铁管		管道支架安装
				公称直径（mm）									
				32以内	80以内	100以内	125以内	150以内	200以内	350以内	150以内	200以内	
				1000m									1t
				1	2	3	4	5	6	7	8	9	10
16	6t以内载货汽车	台班	1374	–	–	–	–	–	1.72	2.53	–	1.72	–
17	5t以内汽车式起重机	台班	1449	–	–	–	–	–	5.05	8.08	–	7.07	–
18	12t以内汽车式起重机	台班	1451	–	–	–	–	–	4.29	6.87	–	–	–
19	32kV·A以内交流电弧焊机	台班	1726	–	11.82	11.82	13.13	18.38	47.27	96.51	–	–	21.21
20	小型机具使用费	元	1998	201.2	296.4	363.5	389.7	449.2	569.9	460.5	94.5	94.5	708.9
21	基价	元	1999	21697	55395	71037	98842	117589	206154	361373	121757	162538	13793

II. 管道配件安装

单位:表列单位

顺序号	项目	单位	代号	管道伸缩器安装			管道压力试验		阀门安装				自动排气阀安装
				公称直径(mm)									
				100以内	150以内	200以内	100以内	200以内	80以内	100以内	150以内	200以内	
				1个			1000m		1个				
				11	12	13	14	15	16	17	18	19	20
1	人工	工日	1	1.0	1.4	1.9	46.8	57.2	0.8	0.9	1.4	2.1	0.3
2	型钢	t	182	–	–	–	–	–	–	–	–	–	0.001
3	钢板	t	183	–	–	–	0.025	0.074	–	–	–	–	–
4	钢管	t	191	–	–	–	0.013	0.013	–	–	–	–	–
5	电焊条	kg	231	0.6	0.9	2.4	2.0	2.0	0.5	0.6	0.9	2.4	–
6	螺栓	kg	240	3.7	5.8	8.6	31.0	7.0	2.9	2.9	5.8	8.7	–
7	法兰	kg	244	12.0	20.8	29.0	–	–	4.1	6.0	10.4	14.5	–
8	自动排气阀	个	601	–	–	–	–	–	–	–	–	–	1
9	螺纹截止阀	个	602	–	–	–	2	2	–	–	–	–	–
10	法兰阀门(DN 80)	个	603	–	–	–	–	–	1	–	–	–	–
11	法兰阀门(DN100)	个	604	–	–	–	–	–	–	1	–	–	–
12	法兰阀门(DN150)	个	605	–	–	–	–	–	–	–	1	–	–
13	法兰阀门(DN200)	个	606	–	–	–	–	–	–	–	–	1	–
14	水	m^3	866	–	–	–	8	32	–	–	–	–	–
15	其他材料费	元	996	5.8	9.6	11.9	174.5	206.9	4.9	6.2	9.4	11.2	5.5
16	32kV·A以内交流电弧焊机	台班	1726	0.18	0.20	0.43	0.66	0.66	0.15	0.18	0.20	0.43	–
17	小型机具使用费	元	1998	–	–	–	52.3	102.0	–	–	–	–	–
18	基价	元	1999	244	387	562	3153	3722	355	478	723	968	293

6-6-3 钢管配管

工程内容 钢管去毛刺，套丝，敷设钢管；测位，安装支架，锯管，配管，接地刷漆等。

I. 地埋敷设

单位：1000m

顺序号	项目	单位	代号	钢管公称直径(mm)			
				32以内	50以内	70以内	100以内
				1	2	3	4
1	人工	工日	1	121.2	171.7	240.4	277.8
2	镀锌钢管	t	192	3.290	5.120	7.250	11.390
3	电焊条	kg	231	9.0	11.3	13.6	13.6
4	镀锌螺栓	kg	241	25.4	25.4	25.8	26.9
5	8~12号铁丝	kg	655	6.6	6.6	6.6	6.6
6	裸铝(铜)线	m	712	199	199	199	199
7	其他材料费	元	996	428.6	619.1	847.6	2442.6
8	32kV·A以内交流电弧焊机	台班	1726	3.09	3.88	4.66	4.67
9	小型机具使用费	元	1998	59.4	117.3	303.8	403.3
10	基价	元	1999	26167	39169	54905	81475

II. 配　管

单位:1000m

顺序号	项　目	单位	代号	砖、混凝土结构暗配				钢结构支架配管			
				钢管公称直径(mm)							
				32 以内	50 以内	70 以内	100 以内	32 以内	50 以内	70 以内	100 以内
				5	6	7	8	9	10	11	12
1	人工	工日	1	88.7	154.2	223.5	361.3	115.5	187.7	279	426.2
2	光圆钢筋	t	111	0.009	0.028	0.043	0.043	0.009	0.028	0.043	0.043
3	镀锌钢管	t	192	3.290	5.120	7.250	11.390	3.290	5.120	7.250	11.390
4	电焊条	kg	231	9.0	11.3	13.6	13.6	9.0	11.3	13.6	13.6
5	螺栓	kg	240	–	–	–	–	6.0	4.7	3.6	3.6
6	8~12 号铁丝	kg	655	6.6	6.6	6.6	6.6	6.6	6.6	6.6	6.6
7	油漆	kg	732	–	–	–	–	32.1	50.0	73.8	96.6
8	中(粗)砂	m^3	899	0.20	0.35	0.80	1.50	0.20	0.35	0.80	1.50
9	其他材料费	元	996	889.9	1115.4	1396.1	3057.1	1639.0	1812.2	1824.8	3353.1
10	32kV·A 以内交流电弧焊机	台班	1726	3.09	3.88	4.67	4.68	3.09	3.88	4.67	4.68
11	小型机具使用费	元	1998	59.4	117.3	303.8	403.3	59.4	117.3	303.8	403.3
12	基价	元	1999	24055	37902	53792	85393	26605	40949	57952	90180

6－6－4　PVC 阻燃塑料管敷设

工程内容　明敷：测位，划线，打眼，下胀管，断管，连接管件，配管，装管卡等。

暗敷：测位，断管，配管，固定，连接管件等。

单位：1000m

顺序号	项　目	单位	代号	明敷		暗敷	
				塑料管公称直径(mm)			
				50 以内	70 以内	50 以内	70 以内
				1	2	3	4
1	人工	工日	1	109.3	116.0	99.6	104.4
2	8～12 号铁丝	kg	655	2.5	2.5	2.5	2.5
3	PVC 阻燃塑料管	m	781	1073.6	1073.6	1073.6	1073.6
4	其他材料费	元	996	3968.9	5351.4	2397.3	3048.2
5	小型机具使用费	元	1998	103.1	109.5	93.9	98.5
6	基价	元	1999	22026	23744	19968	20860

6-6-5 母线、母线槽等安装

工程内容 母线及引下线安装：平直，制作，安装固定，刷项色漆。

插接式封闭母线槽安装：开箱检查，接头清洗处理，绝缘测试，吊装就位，线槽连接、固定、接地。

金属软管安装：量尺寸，断管，连接接头，钻眼，攻丝，固定等。

单位：表列单位

顺序号	项目	单位	代号	带形母线		带形母线引下线		插接式封闭母线槽安装 每相电流(A)			金属软管安装
				铜母线	铝母线	铜母线	铝母线	800以内	1250以内	2000以内	
				10m/单相				10m			
				1	2	3	4	5	6	7	8
1	人工	工日	1	2.6	1.8	5.1	3.6	4.0	5.1	7.6	3.0
2	镀锌钢板	t	208	–	–	–	–	0.005	0.012	0.021	–
3	电焊条	kg	231	0.5	–	–	–	2.0	2.0	2.2	–
4	螺栓	kg	240	1.0	1.0	1.0	1.0	–	–	–	–
5	镀锌螺栓	kg	241	4.1	4.1	10.9	10.9	0.3	0.3	0.3	0.1
6	8~12号铁丝	kg	655	–	–	–	–	0.3	0.3	0.3	–
7	绝缘软线	m	715	–	–	–	–	2	2	2	–
8	铜接线端子	个	719	–	–	–	–	8.1	8.1	8.1	–
9	油漆	kg	732	0.6	0.6	0.5	0.6	0.2	0.2	0.3	–

续前页　　　　　　　　　　　　　　　　　　　　　　　　　　　　单位:表列单位

顺序号	项　目	单位	代号	带形母线		带形母线引下线		插接式封闭母线槽安装			金属软管安装
								每相电流(A)			
				铜母线	铝母线	铜母线	铝母线	800 以内	1250 以内	2000 以内	
				10m/单相				10m			
				1	2	3	4	5	6	7	8
10	金属软管	m	792	–	–	–	–	–	–	–	10.3
11	其他材料费	元	996	20.6	17.9	48.8	4.2	11.3	26.4	31.4	28.9
12	10kN 以内单筒慢动卷扬机	台班	1498	–	–	–	–	0.35	0.45	0.51	–
13	32kV·A 以内交流电弧焊机	台班	1726	0.17	0.10	–	–	–	–	–	–
14	氩弧焊机	台班	1736	–	–	–	–	0.56	0.56	0.56	–
15	万能母线机	台班	1961	1.01	0.91	1.01	0.91	–	–	–	–
16	小型机具使用费	元	1998	1.0	0.2	8.1	5.1	–	–	–	2.9
17	基价	元	1999	451	378	688	548	446	563	751	241

注:带形母线和引下线的规格为每相一片 800mm^2 以下;母线槽每节之间的接地连线设计规格不同时可进行抽换。

6-6-6 落地式控制箱安装

工程内容 箱体安装,接线,接地,调试和平衡分路负载,销链加油润滑。

单位:1套

顺序号	项目	单位	代号	半周长2m以内			
				二路	三路	四路	六路
				1	2	3	4
1	人工	工日	1	5.4	5.7	6.0	6.3
2	电焊条	kg	231	0.1	0.1	0.1	0.1
3	螺栓	kg	240	1.2	1.2	1.2	1.2
4	铁件	kg	651	0.5	0.8	1.0	1.3
5	皮线	m	714	4	4	4	4
6	铜接线端子	个	719	8.2	12.4	16.5	20.6
7	路灯控制箱	个	727	1	1	1	1
8	其他材料费	元	996	3.1	4.0	5.0	6.0
9	4t以内载货汽车	台班	1372	0.15	0.15	0.20	0.20
10	32kV·A以内交流电弧焊机	台班	1726	0.01	0.01	0.01	0.01
11	基价	元	1999	514	560	619	664

6－6－7 成套配电箱安装

工程内容 成套配电箱：开箱检查，安装，查校线，接地。

配电箱(明装)：测位，划线，打眼，埋螺栓，安装，固定，接线，接地等。

杆上配电箱：支架、横担、撑铁安装，设备安装固定、检查、调整，配线、接线、接地。

单位:10 台

顺序号	项目	单位	代号	成套配电箱			明装配电箱	杆上配电箱
				落地式	悬挂嵌入式(半周长 m)			
					1.0	2.5		
				1	2	3	4	5
1	人工	工日	1	36.7	13.1	28.3	11.2	31.8
2	钢板	t	183	0.003	0.002	0.002	–	–
3	镀锌钢板	t	208	0.015	–	0.015	–	0.04
4	电焊条	kg	231	1.5	1.3	1.5	–	–
5	镀锌螺栓	kg	241	5.1	2.6	3.4	–	5.1
6	膨胀螺栓	套	242	–	–	–	40.8	–
7	裸铝(铜)线	m	712	2	2	2	–	–
8	铜接线端子	个	719	–	20.3	–	–	–
9	塑料软管	kg	782	3.0	1.5	2.5	1.5	32.1
10	其他材料费	元	996	34.7	30.2	50.3	20.8	111.7
11	4t 以内载货汽车	台班	1372	0.61	0.20	0.61	–	–
12	5t 以内汽车式起重机	台班	1449	1.01	0.40	0.61	–	–
13	32kV·A 以内交流电弧焊机	台班	1726	0.66	0.53	0.66	–	0.19
14	小型机具使用费	元	1998	–	–	–	10.6	–
15	基价	元	1999	2716	1165	2128	742	2543

注:本定额成套配电箱安装未包括支架制作、安装。

6-6-8 接线箱、盒安装

工程内容 接线箱：测位，打眼，埋螺栓，开孔，刷漆，固定。

接线盒：测定，固定，修孔。

单位：10 个

顺序号	项目	单位	代号	明装接线箱		暗装接线箱		接线盒	
				接线箱半周长(mm)					
				700 以内	1500 以内	700 以内	1500 以内	暗装	明装
				1	2	3	4	5	6
1	人工	工日	1	9.6	13.0	10.7	16.4	0.5	0.8
2	螺栓	kg	240	2.4	3.7	–	–	–	0.2
3	接线箱	个	728	10	10	10	10	–	–
4	其他材料费	元	996	1.3	1.3	7.2	13.0	44.1	22.5
5	基价	元	1999	8074	8255	8108	8394	69	64

6-6-9 接地装置

工程内容 接地极制作安装：下料加工、卡子制作、打入地下、刷油。

接地母线敷设：平直、断料、测位、打眼、卡子制作、埋卡子、焊接、固定、刷油。

架设天线铁塔避雷装置：安装、焊接、固定、涂漆。

单位：表列单位

顺序号	项目	单位	代号	接地极制作安装		接地母线敷设		架设天线铁塔避雷装置
				角钢接地极	铜板接地极	镀锌扁钢明敷设	镀锌扁钢暗敷设	波导馈线接地
				1根	1块	10m		1处
				1	2	3	4	5
1	人工	工日	1	0.4	3.2	1.6	0.4	1.0
2	型钢	t	182	–	–	–	–	0.011
3	镀锌钢板	t	208	–	–	0.013	0.013	–
4	镀锌铁件	kg	652	9.9	–	–	–	–
5	铜接地板	kg	660	–	1.0	–	–	–
6	其他材料费	元	996	3.0	70.2	13.3	1.8	8.6
7	小型机具使用费	元	1998	4.1	3.1	3.8	5.5	1.6
8	基价	元	1999	95	253	173	104	100

6-6-10 避雷针及引下线安装

工程内容 避雷针安装：底座制作，组装，焊接，吊装，找正，固定，补漆。

避雷引下线敷设：平直，下料，测位，打眼，埋卡子，焊接，固定，刷漆。

单位：表列单位

顺序号	项目	单位	代号	独立避雷针安装					避雷引下线敷设			天线铁塔避雷针安装
				针高(m)			水泥杆上安装	金属杆上安装	高度(m)		高空引接地下线安装	
				20以内	30以内	40以内			25以内	30以内		
				1套					10m			1处
				1	2	3	4	5	6	7	8	9
1	人工	工日	1	7.8	9.7	11.0	1.6	0.5	1.1	2.0	2.8	2.8
2	光圆钢筋	t	111	0.034	0.034	0.034	0.010	–	–	–	–	–
3	钢板	t	183	0.006	0.006	0.006	0.017	–	–	–	–	–
4	钢管	t	191	–	–	–	–	–	0.002	0.002	0.002	–
5	电焊条	kg	231	1.0	1.5	2.0	0.1	0.3	0.3	0.3	0.3	–
6	螺栓	kg	240	2.1	4.8	4.9	0.6	–	–	–	–	0.9
7	8~12号铁丝	kg	655	2.5	5.0	6.5	–	–	–	–	–	–
8	裸铝(铜)线	m	712	–	–	–	–	–	10	10	10	–
9	其他材料费	元	996	10.4	18.3	18.6	21.5	0.6	6.8	6.8	6.8	8.6
10	4t以内载货汽车	台班	1372	0.20	0.20	0.30	–	–	–	–	–	–
11	5t以内汽车式起重机	台班	1449	0.30	–	–	–	–	–	–	–	–
12	12t以内汽车式起重机	台班	1451	–	0.30	–	–	–	–	–	–	–
13	16t以内汽车式起重机	台班	1452	–	–	0.30	–	–	–	–	–	–
14	32kV·A以内交流电弧焊机	台班	1726	0.33	0.46	0.66	0.21	0.06	0.13	0.13	0.13	–
15	小型机具使用费	元	1998	10.6	10.6	10.6	–	–	–	–	–	1.6
16	基价	元	1999	794	1053	1219	238	33	119	164	203	158

6－6－11 防雷装置安装

工程内容 天线铁塔消雷器安装：安装、焊接、固定、涂漆。
接地模块安装：检查、埋设、焊接、防腐、检验。
漏电、浪涌保护器安装：开箱、检查、安装、接线、接地等。

单位：表列单位

顺序号	项目	单位	代号	天线铁塔消雷器安装(2t 以内)	接地模块安装(mm)				三相漏电保安器安装	浪涌保护器安装
					ϕ100×500	ϕ150×800	ϕ260×1000	500×400×60		
				1处	1个					
				1	2	3	4	5	6	7
1	人工	工日	1	2.0	2.0	2.2	2.4	2.0	0.7	0.6
2	镀锌钢板	t	208	–	0.005	0.005	0.005	0.005	–	–
3	电焊条	kg	231	–	0.2	0.3	0.3	0.4	–	–
4	螺栓	kg	240	1.1	–	–	–	–	–	–
5	镀锌螺栓	kg	241	–	–	–	–	–	0.1	0.1
6	其他材料费	元	996	–	0.7	0.7	0.7	0.7	101.8	102.5
7	32kV·A 以内交流电弧焊机	台班	1726	–	0.13	0.13	0.20	0.26	–	–
8	小型机具使用费	元	1998	–	7.4	7.4	7.4	7.4	0.6	6.3
9	基价	元	1999	110	151	161	178	165	138	140

6－6－12　防雷接地装置测试

工程内容　接地装置：接地电阻测试、控制装置、电流互感器、继电保护装置、测量仪表及一、二次回路调整。

避雷器：母线耐压试验，接触电阻测量、避雷器、母线绝缘监视装置、电测量仪表一、二次回路的调试，接地电阻测试。

单位：表列单位

顺序号	项　目	单位	代号	接地装置	避雷针
				1系统	1组
				1	2
1	人工	工日	1	0.4	12.1
2	其他材料费	元	996	1.0	5.6
3	直流高压发生器	台班	1974	–	1.01
4	轻型试验变压器	台班	1975	–	1.01
5	小型机具使用费	元	1998	13.6	262.7
6	基价	元	1999	34	925

注：不包括特殊保护装置的调试，避雷器每三相为一组。

第七节　绿化工程

说　　明

1. 死苗补植已综合在栽植子目中,盆栽植物均按脱盆的规格套用相应的定额子目。

2. 苗木及地被植物的场内运输已在定额中综合考虑,使用定额时不得另行计算。

3. 本定额的工作内容中清理场地,是指工程完工后将树穴余泥杂物清除并归堆,若有余泥杂物需外运时,其费用另按土石方有关定额子目计算。

4. 栽植子目中均按土可用的情况进行编制,若需要换土,则按有关子目进行计算。

5. 当编制中央分隔带部分的绿化工程概算时,若中央分隔带内的填土没有计入该项工程概算,其填土可按路基土方定额有关子目计算,但应扣减树穴所占的体积。

6. 为了确保路基边坡的稳定而修建各种形式的网格植草或播种草籽等护坡,应并入防护工程内计算。

7. 测量放样均指在场地平整好并达到设计要求后进行的,场地平整费用另按场地平整定额子目计算。

8. 运苗木子目仅适用于自运苗木的运输。

9. 本定额适用于公路沿线及管理服务区的绿化和公路交叉处(互通立交、平交)的美化、绿化工程。

10. 本定额中的胸径是指:距地坪 1.30m 高处的树干直径;株高是指树顶端距地坪的高度;篱高是指绿篱苗木顶端距地坪的高度。

6-7-1 挖 树 穴

工程内容 测量放样,挖树穴。

单位:100m³

顺序号	项目	单位	代号	土质			
				松土	普通土	硬土	碎石土
				1	2	3	4
1	人工	工日	1	25.8	35.4	56.7	66
2	小型机具使用费	元	1998	4.1	5.7	9.1	10.6
3	基价	元	1999	1273	1747	2799	3258

6-7-2 栽 植 乔 木

工程内容 下基肥、散苗、栽植、立支架、场地清理。

I. 带 土 球 单位:100 株

顺序号	项 目	单位	代号	土球直径(cm)					
				10 以内	20 以内	30 以内	40 以内	50 以内	60 以内
				1	2	3	4	5	6
1	人工	工日	1	1.1	2.3	3.7	7.1	10.2	13.5
2	乔木	株	823	105.0	105.0	105.0	105.0	105.0	105.0
3	水	m^3	866	20	25	28	30	33	45
4	其他材料费	元	996	10.2	17.9	25.5	78.0	407.6	511.6
5	5t 以内汽车式起重机	台班	1449	-	-	-	-	-	-
6	小型机具使用费	元	1998	0.2	0.4	0.5	1.6	3.6	5.2
7	基价	元	1999	1650	1719	1797	2019	2505	2779

续前页　　单位:100株

顺序号	项目	单位	代号	土球直径(cm)					
				70以内	80以内	90以内	100以内	110以内	120以内
				7	8	9	10	11	12
1	人工	工日	1	15.9	19.9	24.6	30.2	36.6	44.1
2	乔木	株	823	105.0	105.0	105.0	105.0	105.0	105.0
3	水	m^3	866	66	82	95	116	125	132
4	其他材料费	元	996	615.7	745.2	849.2	1180.3	1284.3	1420
5	5t以内汽车式起重机	台班	1449	1.35	1.59	1.81	2.03	2.26	2.48
6	小型机具使用费	元	1998	6.9	8.1	9.2	10.3	11.5	12.6
7	基价	元	1999	3529	3957	4384	5086	5598	6192

II. 裸　　根

单位:100 株

顺序号	项　目	单位	代号	胸　径　(cm)		
				3~5	5~7	7~10
				13	14	15
1	人工	工日	1	5.3	8.9	10.5
2	乔木	株	823	105.0	105.0	105.0
3	水	m^3	866	33	50	66
4	其他材料费	元	996	26.5	407.6	615.7
5	小型机具使用费	元	1998	0.5	3.7	8.0
6	基价	元	1999	1879	2449	2748

6－7－3 栽植灌木

工程内容 下基肥、散苗、栽植、场地清理。

I. 带 土 球

单位:100 株

顺序号	项目	单位	代号	土球直径（cm）					
				10 以内	20 以内	30 以内	40 以内	50 以内	60 以内
				1	2	3	4	5	6
1	人工	工日	1	1.0	1.9	3.2	4.8	7.3	10.1
2	灌木	株	824	105.0	105.0	105.0	105.0	105.0	105.0
3	水	m^3	866	16	20	22	24	26	36
4	其他材料费	元	996	6.1	18.4	26.5	78.5	182.6	286.6
5	小型机具使用费	元	1998	0.1	0.4	0.5	1.6	3.6	5.8
6	基价	元	1999	1113	1172	1245	1378	1608	1857

II. 裸　　根

单位:100 株

顺序号	项　目	单位	代号	株高 (cm)					
				40 以内	60 以内	80 以内	100 以内	120 以内	150 以内
				7	8	9	10	11	12
1	人工	工日	1	0.8	1.9	2.9	4.3	6.5	8.3
2	灌木	株	824	105.0	105.0	105.0	105.0	105.0	105.0
3	水	m^3	866	28	20	22	25	28	33
4	其他材料费	元	996	6.1	18.4	26.5	78.5	182.6	286.6
5	小型机具使用费	元	1998	0.1	0.4	0.5	1.6	3.6	5.8
6	基价	元	1999	1110	1172	1231	1354	1570	1767

6-7-4 栽植绿篱

工程内容 下基肥、散苗、栽植、场地清理。

单位:100m

顺序号	项目	单位	代号	篱高(cm)					
				40以内	60以内	80以内	100以内	120以内	150以内
				1	2	3	4	5	6
1	人工	工日	1	5.3	6.5	8.5	11.6	13.9	17.8
2	绿篱	m	820	105.0	105.0	105.0	105.0	105.0	105.0
3	水	m^3	866	25	28	32	36	40	46
4	其他材料费	元	996	5.0	7.0	10.0	15.0	18.0	20.0
5	基价	元	1999	4058	4121	4224	4384	4502	4699

6-7-5 栽植(片植)地被

工程内容 1)翻土整地、铺草皮、场地清理; 2)翻土整地、施底肥、播种、覆盖、踩实。

单位:$100m^2$

顺序号	项目	单位	代号	铺草皮(毛毡式)	播种	
					散播	点播、条播
				1	2	3
1	人工	工日	1	5.1	1.1	2
2	草籽	kg	821	–	14.0	14.0
3	水	m^3	866	6	5	5
4	草皮	m^2	995	110.0	–	–
5	其他材料费	元	996	–	15.3	20.4
6	小型机具使用费	元	1998	1.6	0.3	0.4
7	基价	元	1999	454	1192	1242

6-7-6 浇　水

工程内容 浇水前刨坑围堰、浇后封土。

单位:1000 株

顺序号	项目	单位	代号	人工运水、浇水		拖拉机运水、人工浇水				洒水汽车运水、浇水			
						第一个 1km		每增运 1km		第一个 1km		每增运 1km	
				15kg/株	±5kg/株	15kg/株	±5kg/株	15kg/株	±5kg/株	15kg/株	±5kg/株	15kg/株	±5kg/株
				1	2	3	4	5	6	7	8	9	10
1	人工	工日	1	12.0	3.9	7.0	1.7	-	-	5.1	0.6	-	-
2	41kW 以内轮胎式拖拉机	台班	1070	-	-	0.88	0.26	0.06	0.02	-	-	-	-
3	4000L 以内洒水汽车	台班	1404	-	-	-	-	-	-	0.39	0.13	0.04	0.01
4	基价	元	1999	590	192	579	153	16	5	429	89	18	5

注:1. 人工运水、浇水定额仅适用于取水运距在 200m 以内;

2. 若水需计费时,其费用另行计算,需水泵辅助时台班消耗按路面洒水说明增计;

3. 草坪、花草、绿篱浇水按路面洒水计算。

6-7-7　松土除草、追肥

工程内容　1)松土、除杂草根系,清理;2)开挖槽坑,施肥,复土,清理现场。

单位:表列单位

顺序号	项　目	单位	代号	松土除草	追肥			
					乔木(胸径:cm)			绿篱、地被
					10 以下	20 以下	20 以上	
				100m²	100 株			100m²
				1	2	3	4	5
1	人工	工日	1	2.8	3.7	4.5	5.8	1.0
2	其他材料费	元	996	–	1.9	3.4	4.2	1.0
3	基价	元	1999	138	184	225	290	50

注:灌木按"胸径 10cm 以下乔木"子目计算。

6-7-8 绿化成活期保养

工程内容 杀虫、刷白、修剪等。

单位:表列单位

顺序号	项目	单位	代号	乔木 胸径(cm) 10以下	乔木 胸径(cm) 20以下	乔木 胸径(cm) 20以上	灌木	绿篱、地被
				100株·月				1000m²·月
				1	2	3	4	5
1	人工	工日	1	0.2	0.4	0.7	0.2	1.0
2	其他材料费	元	996	0.2	0.3	0.6	0.2	0.8
3	小型机具使用费	元	1998	0.1	0.1	0.2	0.1	0.3
4	基价	元	1999	10	20	35	10	50

注:成活期保养期间发生的浇水、松土施肥、喷药除虫等费用按相关子目计算。

6-7-9 苗木运输

工程内容 装车、排放、绑扎固定、运输、卸车、分段堆放。

单位:表列单位

顺序号	项目	单位	代号	乔木、灌木					
				土球直径(cm)					
				10 以内		20 以内		30 以内	
				第一个 1km	每增运 1km	第一个 1km	每增运 1km	第一个 1km	每增运 1km
				10000 株		1000 株		100 株	
				1	2	3	4	5	6
1	人工	工日	1	4.2	-	3.4	-	1.4	-
2	6t 以内载货汽车	台班	1374	5.18	0.04	4.14	0.03	1.66	0.01
3	5t 以内汽车式起重机	台班	1449	-	-	-	-	-	-
4	基价	元	1999	1931	13	1545	10	621	3

续前页　　　　　　　　　　　　　　　　　　　　　　　　　　　　单位:表列单位

顺序号	项　　目	单位	代号	乔木、灌木					
				土球直径(cm)					
				40 以内		50 以内		60 以内	
				第一个 1km	每增运 1km	第一个 1km	每增运 1km	第一个 1km	每增运 1km
				100 株					
				7	8	9	10	11	12
1	人工	工日	1	2.7	–	5.5	–	8.2	–
2	6t 以内载货汽车	台班	1374	1.67	0.03	1.70	0.05	1.73	0.08
3	5t 以内汽车式起重机	台班	1449	–	–	–	–	–	–
4	基价	元	1999	689	10	836	17	979	27

续前页

单位:表列单位

顺序号	项目	单位	代号	乔木、灌木					
				土球直径(cm)					
				70 以内		80 以内		90 以内	
				第一个 1km	每增运 1km	第一个 1km	每增运 1km	第一个 1km	每增运 1km
				100 株					
				13	14	15	16	17	18
1	人工	工日	1	2.7	–	3.3	–	3.8	–
2	6t 以内载货汽车	台班	1374	1.78	0.13	2.16	0.18	2.58	0.27
3	5t 以内汽车式起重机	台班	1449	2.18	–	2.62	–	3.06	–
4	基价	元	1999	1559	43	1884	60	2216	90

续前页　　　　　　　　　　　　　　　　　　　　　　　　　　　　　　　　单位:表列单位

顺序号	项目	单位	代号	乔木、灌木					
				土球直径(cm)					
				100 以内		110 以内		120 以内	
				第一个 1km	每增运 1km	第一个 1km	每增运 1km	第一个 1km	每增运 1km
				100 株					
				19	20	21	22	23	24
1	人工	工日	1	4.3	–	4.9	–	5.5	–
2	6t 以内载货汽车	台班	1374	3.01	0.38	3.47	0.52	3.95	0.66
3	5t 以内汽车式起重机	台班	1449	3.49	–	3.93	–	4.36	–
4	基价	元	1999	2548	126	2899	173	3253	220

续前页　　　　单位:表列单位

顺序号	项　目	单位	代号	裸根乔木					
				胸径（cm）					
				3~5		5~7		7~10	
				第一个1km	每增运1km	第一个1km	每增运1km	第一个1km	每增运1km
				1000株					
				25	26	27	28	29	30
1	人工	工日	1	1.1	–	4.5	–	13.6	–
2	6t以内载货汽车	台班	1374	1.38	0.01	5.53	0.05	16.51	0.08
3	5t以内汽车式起重机	台班	1449	–	–	–	–	–	–
4	基价	元	1999	513	3	2062	17	6165	27

续前页　　　　　　　　　　　　　　　　　　　　　　　　　　　　　　单位:表列单位

顺序号	项　目	单位	代号	裸根灌木				草皮(毛毡式)	
				株　高　(cm)					
				80 以内		80～150			
				第一个 1km	每增运 1km	第一个 1km	每增运 1km	第一个 1km	每增运 1km
				10000 株		1000 株		$1000m^2$	
				31	32	33	34	35	36
1	人工	工日	1	5.5	–	1.0	–	1.5	–
2	6t 以内载货汽车	台班	1374	6.63	0.06	1.28	0.01	1.84	0.01
3	5t 以内汽车式起重机	台班	1449	–	–	–	–	–	–
4	基价	元	1999	2477	20	475	3	686	3

注:胸径超过 8cm 的乔木运输,是以保留 1/3～1/2 树冠考虑;截干乔木的运输,按相应子目汽车运输台班的 70% 计算。

第七章 临时工程

说 明

1. 本章定额包括汽车便道,临时便桥,临时码头,轨道铺设,架设输电、电信线路,人工夯打小圆木桩共6个项目。

2. 汽车便道按路基宽度为7.0m和4.5m分别编制,便道路面宽度按6.0m和3.5m分别编制,路基宽度4.5m的定额中已包括错车道的设置。汽车便道项目中未包括便道使用期内养护所需的工、料、机数量,如便道使用期内需要养护,使用定额时,可根据施工期按下表增加数量。

单位:公里·月

序号	项目	单位	代号	汽车便道路基宽度(m)	
				7.0	4.5
1	人工	工日	1	3.0	2.0
2	天然砂砾	m^3	908	18.00	10.80
3	6~8t光轮压路机	台班	1075	2.20	1.32

3. 临时汽车便桥按桥面净宽4m、单孔跨径21m编制。

4. 重力式砌石码头定额中不包括拆除的工程内容,需要时可按"桥涵工程"项目的"拆除旧建筑物"定额另行计算。

5. 轨道铺设定额中轻轨(11kg/m,15kg/m)部分未考虑道渣,轨距为75cm,枕距为80cm,枕长为1.2m;重轨(32kg/m)部分轨距为1.435m,枕距为80cm,枕长为2.5m,岔枕长为3.35m,并考虑了道渣铺筑。

6. 人工夯打小圆木桩的土质划分及桩入土深度的计算方法与打桩工程相同。圆木桩的体积,根据设计桩长和梢径(小头直径),按木材材积表计算。

7. 本章定额中便桥,输电、电信线路的木料、电线的材料消耗均按一次使用量计列,使用定额时应按规定计算回收;其他各项定额分别不同情况,按其周转次数摊入材料数量。

7-1-1 汽车便道

工程内容 汽车便道：清场，挖填土方，压实，做错车道，修整排水沟。

天然砂砾路面：铺料，培肩，碾压。

单位：1km

顺序号	项目	单位	代号	路基				路面	
				路基宽7m		路基宽4.5m		天然砂砾路面（压实厚度15cm）	
				平原微丘区	山岭重丘区	平原微丘区	山岭重丘区	路面宽6m	路面宽3.5m
				1	2	3	4	5	6
1	人工	工日	1	42.6	142.4	30.0	98.0	258.0	174.0
2	水	m^3	866	–	–	–	–	112	67
3	天然级配	m^3	908	–	–	–	–	1193.40	716.04
4	75kW以内履带式推土机	台班	1003	10.73	21.36	7.68	14.91	–	–
5	6~8t光轮压路机	台班	1075	0.97	1.69	0.65	1.19	–	–
6	8~10t光轮压路机	台班	1076	0.73	1.29	0.49	0.91	1.67	1.00
7	12~15t光轮压路机	台班	1078	2.87	5.03	1.92	3.54	3.34	2.00
8	0.6t以内手扶式振动碾	台班	1083	–	–	–	–	5.82	5.82
9	基价	元	1999	10303	22955	7274	15972	62922	38932

7-1-2 临时便桥

工程内容 1)打拔桩的全部工序；2)钢桁架、架设设备、桥面板的拼装、拆除，清理堆放，去污，调刷油漆；3)钢桁架的拖拉、架设、定位。

单位:10m 及 1 座

顺序号	项目	单位	代号	汽车便桥		
				钢便桥	墩	
					桩长(m)	
					10 以内	20 以内
				10m	1 座	
				1	2	3
1	人工	工日	1	47.6	2.4	9.8
2	原木	m^3	101	0.171	0.211	0.590
3	锯材	m^3	102	5.165	0.111	0.259
4	型钢	t	182	-	0.090	0.121
5	电焊条	kg	231	-	1.4	1.9
6	钢管桩	t	262	-	0.152	0.426
7	铁件	kg	651	16.1	13.3	40.3
8	其他材料费	元	996	384.0	6.3	11.9
9	设备摊销费	元	997	2353.3	-	-

续前页 单位:10m 及 1 座

顺序号	项目	单位	代号	汽车便桥		
				钢便桥	墩	
					桩长(m)	
					10 以内	20 以内
				10m	1 座	
				1	2	3
10	8t 以内轮胎式起重机	台班	1440	–	0.12	0.32
11	50kN 以内单筒慢动卷扬机	台班	1500	3.08	–	–
12	300kN 以内振动打拔桩锤	台班	1581	–	0.28	0.75
13	32kV·A 以内交流电弧焊机	台班	1726	–	0.19	0.28
14	44kW 以内内燃拖轮	艘班	1851	–	0.08	0.19
15	80t 以内工程驳船	艘班	1873	–	0.28	0.75
16	小型机具使用费	元	1998	6.3	8.0	11.0
17	基价	元	1999	12627	1952	4979

注:1. 本定额中的设备摊销费按使用 4 个月编制的,若使用期不同时,可予以调整;

2. 本定额中的钢管桩为使用一年的消耗量,若使用期不同时,可予以调整。

7-1-3 临时码头

工程内容 重力式砌石码头：筑、拆围堰，挖基，拌运砂浆，搭拆脚手架，砌石，勾缝，养生，设置沉降缝，浇筑混凝土墙顶的全部工序，回填、碾压，制作、安装系船柱及防撞设施。

装配式浮箱码头：1)浮箱：运输，拼装，铺板，拆除；2)钢筋混凝土锚：预制，运输，抛锚，起锚的全部工序。

单位：表列单位

顺序号	项目	单位	代号	重力式砌石码头	装配式浮箱码头	
					浮箱	钢筋混凝土锚
				10m	100m²	1个
				1	2	3
1	人工	工日	1	314.3	107.0	40.1
2	原木	m³	101	0.166	-	0.077
3	锯材	m³	102	0.133	4.025	0.038
4	光圆钢筋	t	111	-	-	0.231
5	型钢	t	182	-	-	0.006
6	钢管	t	191	0.016	-	-
7	钢丝绳	t	221	-	-	0.015
8	电焊条	kg	231	-	-	0.7
9	组合钢模板	t	272	-	-	0.010
10	铁件	kg	651	2.5	-	5.7

续前页　　　　单位:表列单位

顺序号	项　　目	单位	代号	重力式砌石码头	装配式浮箱码头	
					浮　箱	钢筋混凝土锚
				10m	100m²	1个
				1	2	3
11	铁钉	kg	653	0.6	–	–
12	8~12号铁丝	kg	655	16.3	–	–
13	20~22号铁丝	kg	656	–	–	1.1
14	草袋	个	819	2460	–	–
15	32.5级水泥	t	832	5.634	–	1.823
16	水	m^3	866	48	–	10
17	中(粗)砂	m^3	899	26.90	–	3.65
18	天然级配	m^3	908	137.18	–	–
19	黏土	m^3	911	1.00	–	–
20	片石	m^3	931	75.38	–	–
21	碎石(4cm)	m^3	952	1.44	–	–
22	碎石(8cm)	m^3	954	0.58	–	4.97
23	其他材料费	元	996	58.0	50.0	90.0
24	设备摊销费	元	997	–	27394.2	23.0
25	12~15t光轮压路机	台班	1078	0.96	–	–

续前页　　　　　　　　　　　　　　　　　　　　　　　　　　　　　　　　　　单位:表列单位

顺序号	项　目	单位	代号	重力式砌石码头	装配式浮箱码头	
					浮　箱	钢筋混凝土锚
				10m	100m²	1个
				1	2	3
26	250L以内混凝土搅拌机	台班	1272	0.14	–	0.47
27	8t以内载货汽车	台班	1375	–	2.45	–
28	5t以内汽车式起重机	台班	1449	–	0.82	–
29	16t以内汽车式起重机	台班	1452	–	–	0.10
30	30kN以内单筒慢动卷扬机	台班	1499	–	–	0.65
31	50kN以内单筒慢动卷扬机	台班	1500	–	–	0.52
32	32kV·A以内交流电弧焊机	台班	1726	–	–	0.28
33	44kW以内内燃拖轮	艘班	1851	–	–	0.52
34	80t以内工程驳船	艘班	1873	–	–	0.52
35	小型机具使用费	元	1998	4.1	–	19.6
36	基价	元	1999	30793	39476	4907

注:1. 浮箱码头定额中每 $100m^2$ 码头平面面积的浮箱质量为25.365t(包括浮箱连接件),其设备摊销费按每t每月90元,并按使用12个月编制,若浮箱实际质量和施工期不同时,可予以调整;

2. 钢筋混凝土锚定额中已包括了栓锚钢丝绳及锚链的数量,使用定额时不得另行计算。

7-1-4 轨道铺设

工程内容 1)铺设枕木、钢轨,安装配件;2)铺设道渣并捣固整平;3)拆除线路,材料分类堆放。

单位:100m

顺序号	项目	单位	代号	钢轨重(kg/m)			
				11	15	32	
						在路基上	在桥面上
				1	2	3	4
1	人工	工日	1	9.3	9.3	25.6	18.8
2	锯材	m^3	102	–	–	0.455	–
3	枕木	m^3	103	0.810	0.810	3.375	3.375
4	铁钉	kg	653	–	–	–	2.2
5	碎石(6cm)	m^3	953	–	–	21.27	–
6	设备摊销费	元	997	544.6	699.9	1520.7	1520.7
7	基价	元	1999	1781	1936	7744	5704

注:1.如需设置道岔时,每处道岔工、料按相应轨道铺设增加:轨重11kg/m、15kg/m的增加16m,轨重32kg/m的增加31m;

2.轨重32kg/m的道渣已考虑了周转使用,本定额按实际使用量的30%计。

7-1-5 架设输电、电信线路

工程内容 挖坑,埋杆,架线,接头,拆除,清理堆放。

单位:100m 及 1000m

顺序号	项目	单位	代号	输电线路			双线通信线路
				角铁横担干线		支线	
				三线裸铝线	三线橡皮线		
				100m			1000m
				1	2	3	4
1	人工	工日	1	7.3	7.3	5.1	15.4
2	原木	m^3	101	1.112	1.112	0.572	2.261
3	锯材	m^3	102	–	–	0.033	–
4	型钢	t	182	0.018	0.018	–	–
5	钢板	t	183	0.006	0.006	0.002	–
6	铁件	kg	651	11.0	11.0	2.7	–
7	8~12 号铁丝	kg	655	4.0	4.0	3.5	72.7
8	裸铝(铜)线	m	712	315	–	–	–
9	橡皮线	m	713	–	315	–	–
10	皮线	m	714	–	–	320	–
11	其他材料费	元	996	25.2	25.2	27.0	562.9
12	设备摊销费	元	997	1452.8	1452.8	–	–
13	基价	元	1999	4263	5391	2733	4296

注:设备摊销费为变压器的费用,按施工期二年计算,如施工期不同,可按比例调整。

7-1-6　人工夯打小圆木桩

工程内容　1)制作及运输小圆木桩；2)搭、拆简单脚手架；3)取放木桩；4)安、卸桩箍；5)校桩、打桩；6)锯桩头。

单位：$10m^3$ 桩木

顺序号	项　目	单位	代号	入土1.5m		入土2.5m	
				Ⅰ组土	Ⅱ组土	Ⅰ组土	Ⅱ组土
				1	2	3	4
1	人工	工日	1	99.3	148.3	70.7	112.3
2	原木	m^3	101	3.622	3.676	3.622	3.676
3	铁件	kg	651	12.2	12.2	6.2	6.2
4	其他材料费	元	996	35.1	35.1	35.1	35.1
5	基价	元	1999	9031	11502	7597	9705

本定额用词说明

为科学确定技术标准,合理运用技术指标,本定额对各项技术指标条文的规定,按其执行的严格程度,在用词上采用了以下写法,请使用者充分考虑地区之间的发展差别,以及各地域的自然、地理、地质条件的特殊性和差异性,并结合工程项目的具体情况运用。

本定额条文用词:

(1)表示很严格,非这样做不可的用词:

正面词采用“必须”;反面词采用“严禁”。

(2)表示严格,在正常情况下应这样做的用词:

正面词采用“应”;反面词采用“不应”或“不得”。

(3)表示允许有选择,有条件时首先应这样做的用词:

正面词采用“宜”;反面词采用“不宜”。

(4)表示允许有选择的用词:

正面词采用“可”。

《公路工程概算定额》编委会

主 编 单 位： 交通公路工程定额站

参 编 单 位： 北京中交京纬公路造价技术有限公司

山西省交通规划勘察设计院

主要参编人员：（以姓氏笔画为序）

王俊蒲　王彩仙　王朝晖　方　申　方　超　冯安邦　江徽善　刘芙兰

刘燕安　陆　疆　杨爱民　胡尔玺　赵　颖　赵爱华　赵晞伟　张　炬

张　望　高　晶　高峰清　聂承凯　徐洪海　雷晓锋

本书参编单位和人员较多，不再一一列举。

未经本书作者授权，任何单位和个人不得将本书电子版用于商业用途，违者必究！

公路工程现行标准、规范、规程、指南一览表

序号	类别	编　　号	书名(书号)	定价(元)
1	基础	JTG A02—2013	公路工程行业标准制修订管理导则(10544)	15.00
2		JTG A04—2013	公路工程标准编写导则(10538)	20.00
3		JTJ 002—87	公路工程名词术语(0346)	22.00
4		JTJ 003—86	公路自然区划标准(0348)	16.00
5		JTG B01—2003	公路工程技术标准(04957)	28.00
6		JTJ 004—89	公路工程抗震设计规范(0347)	15.00
7		JTG/T B02-01—2008	公路桥梁抗震设计细则(1228)	35.00
8		JTG B03—2006	公路建设项目环境影响评价规范(0927)	26.00
9		JTG B04—2010	公路环境保护设计规范(08473)	28.00
10		JTG/T B05—2004	公路项目安全性评价指南(0784)	18.00
11		JTG B06—2007	公路工程基本建设项目概算预算编制办法(06903)	26.00
12		JTG/T B06-01—2007	★公路工程概算定额(06901)	110.00
13		JTG/T B06-02—2007	★公路工程预算定额(06902)	138.00
14		JTG/T B06-03—2007	★公路工程机械台班费用定额(06900)	24.00
15		交通部定额站 2009 版	公路工程施工定额(07864)	78.00
16		JTG/T B07-01—2006	公路工程混凝土结构防腐蚀技术规范(0973)	16.00
17		交通部 2007 年第 30 号	国家高速公路网相关标志更换工作实施技术指南(1124)	58.00
18		交通部 2007 年第 35 号	收费公路联网收费技术要求(1126)	62.00
19		交通运输部 2011 年第 13 号	收费公路联网电子不停车收费技术要求(09033)	120.00
20		交通运输部 2011 年	公路工程项目建设用地指标(09402)	36.00

续上表

序号	类别		编　　号	书名(书号)	定价(元)
21	勘测		JTG C10—2007	★公路勘测规范(06570)	28.00
22			JTG/T C10—2007	★公路勘测细则(06572)	42.00
23			JTG C20—2011	公路工程地质勘察规范(09507)	65.00
24			JTG/T C21-01—2005	公路工程地质遥感勘察规范(0839)	17.00
25			JTG C30—2002	公路工程水文勘测设计规范(0604)	22.00
26			JTG/T C22—2009	公路工程物探规程(1311)	28.00
27	设计	公路	JTG D20—2006	★公路路线设计规范(0996)	38.00
28			JTG D30—2004	公路路基设计规范(05326)	48.00
29			JTG/T D31—2008	沙漠地区公路设计与施工指南(1206)	32.00
30			JTG/T D31-02—2013	公路软土地基路堤设计与施工技术细则(10449)	40.00
31			JTG/T D31-03—2011	★采空区公路设计与施工技术细则(09181)	40.00
32			JTG/T D31-04—2012	多年冻土地区公路设计与施工技术细则(10260)	40.00
33			JTG/T D32—2012	公路土工合成材料应用技术规范(09908)	42.00
34			JTG D40—2011	★公路水泥混凝土路面设计规范(09463)	40.00
35			JTG D50—2006	★公路沥青路面设计规范(06248)	36.00
36			JTG/T D33—2012	公路排水设计规范(10337)	40.00
37		桥隧	JTG D60—2004	公路桥涵设计通用规范(05068)	24.00
38			JTG/T D60-01—2004	公路桥梁抗风设计规范(0814)	28.00
39			JTG/T D65-01—2007	公路斜拉桥设计细则(1125)	28.00
40			JTG D61—2005	公路圬工桥涵设计规范(0887)	19.00
41			JTG D62—2004	公路钢筋混凝土及预应力混凝土桥涵设计规范(05052)	48.00
42			JTG D63—2007	公路桥涵地基与基础设计规范(06892)	48.00
43			JTJ 025—86	公路桥涵钢结构及木结构设计规范(0176)	20.00
44			JTG/T D65-04—2007	公路涵洞设计细则(06628)	26.00

续上表

序号	类别		编　　号	书名(书号)	定价(元)
45	设计	桥隧	JTG D70—2004	公路隧道设计规范(05180)	50.00
46			JTG/T D70—2010	★公路隧道设计细则(08478)	66.00
47			JTJ 026.1—1999	公路隧道通风照明设计规范(0397)	16.00
48			JTG/T D71—2004	公路隧道交通工程设计规范(0810)	26.00
49		交通	JTG D80—2006	高速公路交通工程及沿线设施设计通用规范(0998)	25.00
50			JTG D81—2006	★公路交通安全设施设计规范(0977)	25.00
51			JTG/T D81—2006	★公路交通安全设施设计细则(0997)	35.00
52			JTG D82—2009	公路交通标志和标线设置规范(07947)	116.00
53		综合	交公路发〔2007〕358 号	公路工程基本建设项目设计文件编制办法(06746)	26.00
54			交公路发〔2007〕358 号	公路工程基本建设项目设计文件图表示例(06770)	600.00
55	检测		JTG E20—2011	公路工程沥青及沥青混合料试验规程(09468)	106.00
56			JTG E40—2007	★公路土工试验规程(06794)	79.00
57			JTG E30—2005	公路工程水泥及水泥混凝土试验规程(0830)	32.00
58			JTG E41—2005	公路工程岩石试验规程(0828)	18.00
59			JTJ 056—84	公路工程水质分析操作规程(02971)	8.00
60			JTG E42—2005	公路工程集料试验规程(0829)	30.00
61			JTG E50—2006	★公路工程土工合成材料试验规程(0982)	28.00
62			JTG E51—2009	公路工程无机结合料稳定材料试验规程(08046)	48.00
63			JTG E60—2008	公路路基路面现场测试规程(07296)	38.00

续上表

序号	类别		编　　号	书名（书号）	定价（元）
64	施工	公路	JTG F10—2006	公路路基施工技术规范(06221)	40.00
65			JTJ 034—2000	公路路面基层施工技术规范(0431)	20.00
66			JTG F30—2003	公路水泥混凝土路面施工技术规范(04622)	46.00
67			JTJ 037.1—2000	公路水泥混凝土路面滑模施工技术规程(0425)	16.00
68			JTG F40—2004	公路沥青路面施工技术规范(05328)	38.00
69			JTG F41—2008	公路沥青路面再生技术规范(07105)	25.00
70		桥隧	JTG/T F50—2011	★公路桥涵施工技术规范(09224)	110.00
71			JTG/T F81-01—2004	公路工程基桩动测技术规程(0783)	20.00
72			JTG F60—2009	公路隧道施工技术规范(07992)	42.00
73			JTG/T F60—2009	公路隧道施工技术细则(07991)	58.00
74		交通	JTG F71—2006	★公路交通安全设施施工技术规范(0976)	20.00
75			JTG/T F83-01—2004	高速公路护栏安全性能评价标准(0809)	15.00
76			JTG/T F72—2011	公路隧道交通工程与附属设施施工技术规范(09509)	35.00
77	质检安全		JTG F80/1—2004	公路工程质量检验评定标准　第一册　(土建工程)(05327)	46.00
78			JTG F80/2—2004	公路工程质量检验评定标准　第二册　(机电工程)(05325)	26.00
79			JTG G10—2006	公路工程施工监理规范(06267)	20.00
80			JTJ 076—95	公路工程施工安全技术规程(0049)	12.00

续上表

序号	类别	编　　号	书名(书号)	定价(元)
81	养护管理	JTG H10—2009	公路养护技术规范(08071)	49.00
82		JTJ 073.1—2001	公路水泥混凝土路面养护技术规范(0520)	12.00
83		JTJ 073.2—2001	公路沥青路面养护技术规范(0551)	13.00
84		JTG H11—2004	公路桥涵养护规范(05025)	30.00
85		JTG H12—2003	公路隧道养护技术规范(0695)	26.00
86		JTG H20—2007	公路技术状况评定标准(1140)	15.00
87		JTG/T H21—2011	★公路桥梁技术状况评定标准(09324)	46.00
88		JTG H30—2004	公路养护安全作业规程(05154)	36.00
89		JTG H40—2002	公路养护工程预算编制导则(0641)	9.00
90	加固设计与施工	JTG/T J21—2011	公路桥梁承载能力检测评定规程(09480)	20.00
91		JTG/T J22—2008	公路桥梁加固设计规范(07380)	52.00
92		JTG/T J23—2008	公路桥梁加固施工技术规范(07378)	30.00
93	造价	JTG M20—2011	公路工程基本建设项目投资估算编制办法(09557)	110.00
94		JTG/T M21—2011	公路工程估算指标(09531)	30.00
1	技术指南	交公便字[2006]02 号	公路工程水泥混凝土外加剂与掺合料应用技术指南(0925)	50.00
2		交公便字[2005]329 号	★微表处和稀浆封层技术指南(0920)	18.00
3		交公便字[2005]329 号	公路冲击碾压应用技术指南(0921)	15.00
4		交公便字[2006]02 号	公路工程抗冻设计与施工技术指南(0926)	26.00

续上表

序号	类别	编　号	书名（书号）	定价（元）
5	技术指南	厅公路字[2006]418 号	公路安全保障工程实施技术指南（1034）	40.00
6		交公便字[2006]02 号	公路土钉支护技术指南（0995）	22.00
7		交公便字[2006]274 号	公路钢箱梁桥面铺装设计与施工技术指南（1008）	25.00
8		交公便字[2006]243 号	盐渍土地区公路设计与施工指南（1006）	20.00
9		交公便字[2009]145 号	公路交通标志和标线设置手册（07990）	165.00

注：JTG——公路工程行业标准体系；JTG/T——公路工程行业推荐性标准体系；JTJ——仍在执行的公路工程原行业标准体系。

批发业务电话：010-59757973；零售业务电话：010-85285659（北京）；网上书店电话：010-59757908；业务咨询电话：010-85285922。带“★”的表示有勘误，详见 www.ccpress.com.cn 人民交通出版社网站首页。